2001 云南统计年鉴
YUNNAN STATISTICAL YEARBOOK

U0922167

红云映辉

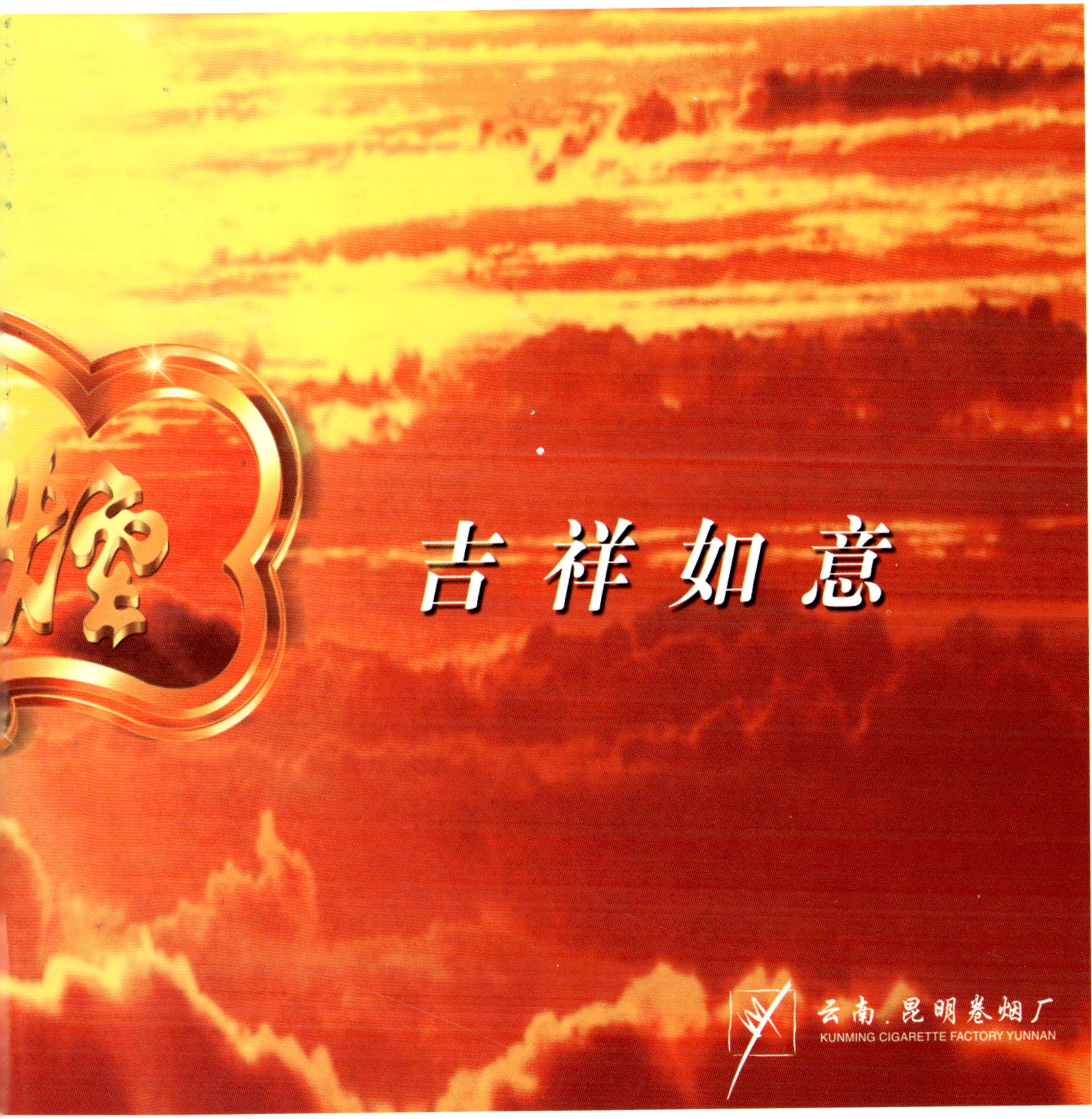
吉祥如意
云南.昆明卷烟厂
KUNMING CIGARETTE FACTORY YUNNAN

云南红塔集团
大理卷烟厂

生产大楼

大理卷烟厂坐落在祖国西部南边陲，大理苍山脚下，云贵高原明珠洱海之滨，国务院颁布的首批历史文化名城和国家级风景名胜区的大理白族自治州首府大理市。卷烟生产历史悠久，始建于1950年，工厂占地面积42万平方米，资产总额17亿元，现有职工2000多人。

1989年起，大理卷烟厂跃入中国500家最大工业企业和行业50家最佳经济效益行列。1992年实行专卖局、公司、烟厂“三合一”管理体制，1995年加入红塔集团，得到集团资金、人才、设备技术的鼎力支持。大理烟厂不断深化内部机制改革，强化生产工世质量管理，优化产品结构，依托大理优质烟叶原料优势，研制出适销对路的“三塔”、“美登”系列名牌产品，走出一条结构，质量，效益型的路子。“三塔”牌系列产品被连续评为全国名优卷烟和卷烟优等品，“美登”牌卷烟在1999年也被评为全国卷烟优等品，两个牌号产品畅销各省市、自治区、出口东南亚。

卷包车间

经过“七五”至“九五”的一系列技术改造，现拥有世界先进水平的意大利打叶复烤线，德国豪尼制丝线，英国帕西姆卷接机，长城机，95级，德国佛克包装机，B1包装机，企业生产设备面貌焕然一新。2000年生产卷烟37万箱，产值13.6亿元，实现工商税利8.57亿元。成为白州的经济支柱。

“风花雪月景，三塔美登情”，大理卷烟厂向全国消费者致意，欢迎您到大理来！

厂长、书记：叶世兴
电话：(0872)2121881（总机）
厂址：云南大理市建设东路191号
邮编：671000

烟草基地

上海浦东发展银行昆明分行

浦发昆明分行与中国人民保险公司云南省分公司签定银行合作协议

浦发昆明分行与昆明世博园股份有限公司签订银企合作协议

上海浦东发展银行昆明分行2000年2月3日经中国人民银行批准设立，于2000年2月25日正式开业，它是上海浦东发展银行在西南地区设立的第二家分行，它的成立标志着滇沪合作已进入一个优势互补、多元化发展的新时期。开业以来，我行坚持以市场为导向，以客户为中心，以综合营销为重点的经营服务观念，初步建立了本外币联动，公司金融、个人金融、机构金融三位一体的综合营销体系。全行各项业务稳步协调发展，品种功能逐步完善，相继开立了人民币储蓄、人民币单位存贷款、国内结算、人民币个人信贷、外币储蓄、外币兑换、外汇单位存贷款、外汇汇款、外汇结、售汇、国际结算、代理收付款、东方信用卡等业务。继分行开业后，又增设了白龙路支行、吴井支行、安康路支行，使我行的网点布局更为合理。截止到2001年上半年末，全行存款余额为122947万元，贷款余额为98386万元，存贷比达80%。通过对工商企业的贷款投入和个人消费贷款的不断增加，有力地支持了本省的经济建设和市场繁荣。

在今后的日子里，我们将继续秉承“笃守诚信，创造卓越”的浦发精神，贯彻“客户至上、满意服务、奉献社会”的服务宗旨，抓住西部大开发的重大机遇，通过实实在在的行动，与广大客户共同携手，为云南经济持续、快速、健康地发展和社会进步作出积极的贡献。

昆明分行地址：昆明市东风西路145号附1号

营业部电话：(0871)5394177

白龙路支行地址：昆明市白龙路196号

营业部电话：(0871)3366163

吴井支行地址：吴井路67号

营业部电话：(0871)3196374

安康路支行地址：安康路195号

营业部电话：(0871)4158942

浦发昆明分行与中国电信集团云南省电信公司签订银企合作协议

曲烟新貌

曲烟夜景

曲靖烟草企业

曲烟企业是一个从烤烟种植到卷烟生产，集农、工、贸、产、供、销为一体的现代化大型企业。

曲烟企业坚持走科技兴烟的道路，在烤烟生产中探索出一套先进的生产管理模式。曲靖市已成为全国、亚洲最大的优质烤烟生产基地。2000年共收购烟叶283.5万担，实现收购总值12.49亿元，实现农特税及附加2.79亿元。企业连年被评为全国烟叶生产收购先进单位。

曲靖卷烟厂充分发挥得天独厚的烟叶原料优势，以市场为导向，以科技质量求发展，经“八五”、“九五”技术改造，具备了国际先进水平的打叶复烤、制丝、卷包设备，形成年产100万箱优质卷烟的生产规模。主要生产“福”牌、“石林”、“吉庆”等优质系列产品。“石林”香烟1987年被评为行业（部）优质产品，并获首届中国食品博览会金奖，1995年被评为全国消费者满意产品，1997年评为“中国十大最具竞争力的香烟品牌”。1996年研制开发的高档“福”牌香烟，投放市场即成为云烟家族中的精品。1999年又研制开发11毫克低焦油特醇“福”牌卷烟，投放市场，销售势头良好。

1995年，曲烟获“中国名星企业”称号。1998年，顺利通过ISO9002国际质量体系认证，获得了走向全球、与国际接轨的“通行证”。企业积极参与市场竞争，走规模化、集约化的生产经营道路，经济效益年年上升，两个文明同步发展。

2000年曲烟生产卷烟84万箱，实现工业总产值24.26亿元，同比增长1.6%；实现销售收入50.02亿元，同比增长17.49%；实现税利32亿元，同比增长27.03%，经济效益居全国烟草行业前列。

曲烟明确了企业的理念，确定了“造福民众、贡献社会”的企业宗旨；“诚信至福”的企业哲学；“超越自我、创造一流”的企业价值观；“竞争不息、追求不止”的企业精神；“企业是家，市场是根，竞争是魂”的企业口号。

曲烟以全新的企业管理模式和企业文化模式武装曲烟人，提升职工素质。曲烟人豪情满怀，不懈追求，为新世纪谱写更加辉煌灿烂的篇章。

引进先进的卷包生产设备

5000公斤/小时制丝生产线计算机监控室

从意大利引进的12000公斤/小时打叶复烤生产线

云南统计年鉴

YUNNAN STATISTICAL YEARBOOK

2001

（总第17期）

云南省统计局　编

中国统计出版社
China Statistics Press

（京）新登字 041 号

图书在版编目(CIP)数据

云南统计年鉴.2001/云南省统计局编，-北京：中国统计出版社，2001.7

ISBN 7-5037-3514-7

Ⅰ.云...

Ⅱ.云...

Ⅲ.社会经济统计-统计资料-云南省-2001-年鉴

Ⅳ.C832.74-54

中国版本图书馆 CIP 数据核字(2001)第 028968

云南统计年鉴-2001

作　　者/云南省统计局

责任编辑/蔡启新

E-mail/yearbook@stats.gov.cn

出版发行/中国统计出版社

通信地址/北京市西城区三里河月坛南街 75 号　中国统计出版社

电　　话/(010)63262295

印　　刷/美盈彩印包装(深圳)有限公司印制

开　　本/889 毫米×1194 毫米 1/16

字　　数/95 万字

印　　张/40

印　　数/2000 册

版　　别/2001 年 8 月第 1 版

版　　次/2001 年 8 月第 1 次印刷

书　　号/ISBN7-5037-3514-7/C·1886

定　　价/220 元

云南统计年鉴编辑委员会

主　　任:赵钟岳

副 主 任:王子元　徐　力　杨　雯　周治平
黄建民　陈文翘

特邀编委:庞锡钧　贺光曙　刀爱民　吴晓青　刘建华　李永康
李元书　王贵明　字国顺　和六中　吴永权　翟家贵
杨国樑　徐华安　付光明　岁克明　郭治新　叶世兴
张　辉　余映宏　杨志远　李保春　刘　野　尚云贵

编　　委:(以姓氏笔划为序)
孔宪亮　史　萌　吕庚龄　庄慧敏　刘天祥　李进云
何小进　陆　浩　汪迈红　肖隆跃　陈一曼　罗进忠
罗兴科　张建华　张金雄　杨卫平　胡利人　胡舒明
俞育民　高玉亭　敖　翔　韩伊玲

云南统计年鉴编辑部

总 编 辑:史　萌

副总编辑:何　蘋　敖　翔　韩伊玲

执行编辑:王　冰　杜克斌

编　　辑:丁　岩　罗　兰　王　晞　邓　平　刘培钦　合　涛
李永全　李陆照　李　赪　李俊萍　陈铭燕　周庆德
杨艳昆　连　桦　呙晓明　沈建华　汪幼新　余云波
胡明武　张建忠　张宜莉　赵　兵　赵惠菊　徐万琼
童　波　徐发明　黄　斌　谢红波　谭俊毅　潘　健
黎　晶

排　　版:孙荣燕　肖继红　周　燕　钟　明　彭　雄　蔡秋林

出版发行人员:史　萌　李进云　王　冰　杜克斌　孙　佩　梁永斌
周立权　吕　兵

编　者　说　明

一、《云南统计年鉴—2001》是一部全面反映云南省国民经济和社会发展情况的资料性年刊。本书汇集了全省各地、州、市2000年经济和社会发展各方面的统计数据，以及全省历年主要统计数据。

二、全书内容分为20个部分，即：1.行政区划和自然资源；2.综合；3.民族自治地方情况；4.人口；5.从业人员和职工工资；6.固定资产投资；7.财政、金融和保险；8.物价；9.人民生活；10.农业；11.工业；12.能源原材料生产和消费；13.运输和邮电；14.建筑业；15.国内贸易；16.对外经济贸易和旅游；17.城市概况；18.教育、科技、文化、体育、卫生和其他；19.基本单位和企业监测、企业集团情况；20.各县市主要指标。另附：香港特别行政区、澳门主要社会经济指标；我国经济、社会统计指标同世界主要国家比较。有关部分附有主要统计指标解释，对主要统计指标的含义、统计范围和统计方法作了简要说明。

三、本年鉴的资料来源，大部分来自年度统计报表，少部分来自抽样调查。由于条块统计分工关系，部分指标各地、州、市、县数字相加不等于全省总计，在使用中请注意。由于统计制度仍处于改革过程中，因此，一些统计指标的统计口径范围有所变化，本年鉴对有关数据作了相应的调整，并在有关统计表下作了解释。

四、附录部分是根据国家统计局编印的《中国统计年鉴》中的有关资料整理的。

五、度量衡单位均采用国家颁布的国际统一标准计量单位。

六、本年鉴中的符号使用说明：

“…”表示数据不足本表最小单位数；

“空格”表示无该项统计指标数据；

“＃”表示其中的主要项。

七、本年鉴在编辑过程中，由于时间和水平关系，如有差错之处，热忱希望读者批评指正。为使本年鉴不断改进和完善，更好地满足社会各界的需要，希望广大读者提出宝贵的意见。

目　　录

一、行政区划和自然资源

二、综　合

三、民族自治地方情况

四、人　口

五、从业人员和职工工资

六、固定资产投资

七、财政、金融和保险

八、物　价

九、人民生活

十、农　业

十一、工　业

十二、能源原材料生产和消费

十三、运输和邮电

十四、建筑业

十五、国内贸易

十六、对外经济贸易和旅游

十七、城市概况

十八、教育、科技、文化体育、卫生和其他

十九、基本单位和企业监测、企业集团情况

二十、各县市主要指标

附录一、香港特别行政区主要社会经济指标

附录二、澳门主要社会经济指标

附录三、我国经济、社会统计指标同世界主要国家比较

云南省统计局

2001年2月5日至6日，全省统计工作会议暨统计系统表彰大会在昆明举行，来自全省县以上统计部门的300多名代表出席了这一云南统计史上规模最大的统计盛会。省人事厅和省统计局在会上表彰了近四年来在云南统计工作中做出显著成绩的40个先进集体和175名先进个人。会议传达了全国统计系统表彰大会和全国统计局长会议主要精神，总结和回顾了2000年云南统计工作的主要成绩和经验，安排部署了2001年全省统计工作主要任务。省委常委、省政府常务副省长牛绍尧出席会议并作重要讲话，充分肯定云南统计工作所取得的成效，对新时期如何围绕建立云南“三大战略”目标做好统计工作提出新的要求和希望。

根据国务院的决定，从2000年11月1日零时为标准时点进行的第五次全国人口普查，在全国积极稳妥地展开。在国务院和省政府的领导下，在全省各族人民的大力支持下，通过有关部门的积极配合和近三十万普查人员的艰苦努力，高质量地完成了我省第五次人口普查现场登记、复查验收和汇总、光电录入数据处理等各项工作，并进入分析运用阶段，为各级党委政府经济决策和社会发展提供决策依据。图为普查登记前，云南省统计局局长、省“五普”领导小组副组长赵钟岳等领导同志在省和昆明市“五普”办于昆明东风广场联合举行的“五普”动员誓师活动上积极参加宣传活动，慰问普查工作者。

2001年7月11日，云南省统计局在昆明举办2001年地州市县统计局长培训班，来自全省20多个地县的统计局长参加了为期半个多月的培训，并实地参观学习省统计局计算中心机房第五次人口普查网络在线汇总情况。省统计局局长赵钟岳、副局长王子元、徐力、杨雯和局机关有关处室负责人及云南大学、云南财贸学院的教师就有关统计改革、决策与统计、人口与社会科技、统计方法制度改革、财务、公文处理、计算机知识等进行了专题讲座。

趁势前进，创造“十五”辉煌

云南省发展计划委员会　　庞锡钧

一、“九五”计划执行情况

庞锡钧主任

我省各族人民在省委、省政府的领导下，坚决贯彻执行中央的一系列路线方针和政策，国民经济持续快速增长，综合实力显著增强。国内生产总值年均增长8.4%，人均国内生产总值年均增长7.1%，提前实现了国内生产总值和人均国内生产总值翻番的战略目标。全社会固定资产投资年均增长16.5%。产业结构调整加快，烟草等支柱产业进一步壮大，第三产业快速发展，一二三产业比例由1995年的25.3:44.0:30.2调整为2000年的22.3:43.0:34.7。非公有制经济正成为经济发展的新增长点，其占国内生产总值的比重提高到21%。人口出生率年均增长12‰，比“八五”时期下降2个千分点。全省呈现出经济发展、社会进步的良好局面，为实现“十五”计划奠定了基础。

二、“十五”发展思路

指导思想是：**高举邓小平理论伟大旗帜，以江泽民同志“三个代表”重要思想为指导，坚持党的基本路线、基本纲领，解放思想，实事求是，开拓创新；抓住西部大开发的重大机遇，紧紧围绕建设绿色经济强省、民族文化大省和中国连接东南亚、南亚国际大通道的三大目标，坚持“两手抓、两手都要硬”，认真实施科教兴滇战略和人才战略、可持续发展战略、城镇化战略、全方位开放战略；坚持以加快发展为主题，经济结构调整为主线，改革开放和科技进步为动力，提高人民生活水平为根本出发点，促进全省经济持续、快速、健康发展和社会全面进步，推动全省综合经济实力和人民生活水平再上新台阶。**

主要目标是：在确保质量和效益提高的前提下，力争全省国内生产总值增长率、固定资产投资增长率高于全国水平，人口自然增长率逐步接近全国水平。国内生产总值年均增长8%左右，全社会固定资产投资年均增长12%左右，力争人口自然增长率控制在10‰以下，三次产业增加值比例调整为19:43:38。“三大目标”建设迈出坚实步伐，社会主义市场经济体制更趋完善。生态环境状况开始好转，精神文明和民主法制建设取得新进展。

主要任务是：大力调整经济结构。巩固和强化农业基础地位；继续加强基础设施建设；积极推进工业结构优化升级；加快培植群体支柱产业；大力发展服务业；推进国民经济和社会信息化；加快非公有制经济发展；促进区域经济协调发展；扶持民族地区加快发展；加快城镇化进程。

切实推进改革开放。继续深化各项改革；不断扩大对内对外开放。

优先发展科技教育。推进科技进步和创新；大力发展教育；加快人才资源开发。

坚持可持续发展。控制人口增长；有效保护资源；加强生态环境保护与建设。

不断改善人民生活。多渠道扩大就业，完善社会保障制度；增加居民收入，提高社会公共服务水平。

重视精神文明和民主法制建设。加强社会主义精神文明建设；加强社会主义民主法制建设。

积极争取国家支持，上一批“新世纪重大建设项目”。

调整结构　创新机制
努力实现新世纪经贸工作的良好开局

云南省经济贸易委员会

省委书记令狐安到省经贸委听取工作汇报

2000年，全省经贸战线的广大干部职工在各级党委、政府的领导下，遵循“三改两加强”的方针，励精图治，团结拼搏，取得了显著成效。主要表现在：一、经济运行的质量和效益明显提高，国有企业三年改革与脱困目标基本实现。2000年，全省工业增加值增长6.6%，超过6%的预期目标。工业产值完成1552.12亿元，增长8.3%，工业企业实现利润67.13亿元，增长23.58%。重点监测的14个行业，有11个实现增盈或扭亏目标；16个地州市有14个整体扭亏或增加盈利，2个大幅度减亏。全省1997年确定的236户地方国有大中型工业企业，有145户完成改制任务，改制比例达到61.4%;二、重点企业技术改造和技术创新工作明显加强。以加快发展、促进结构调整和产业升级为目标，围绕省政府确定的烟草及配套、有色、磷化工等8个重点产业，集中力量支持了一批国家和省级重点技改项目和创新项目，为全省“十五”以及今后相当一段时期的产业结构优化升级打下了坚实基础。三、企业债转股工作稳步推进，资产负债结构有所改善。全省有15户企业进入国家债转股推荐名单，其中13户企业与金融资产管理公司正式签订了债转股协议，协议金额49.5亿元。实施了财政资金“债转股”，到2000年底，仅省级财政的转股额就达到50多亿元。四、经济运行综合协调和服务的质量进一步提高。加强了对重点企业生产经营的综合协调工作，坚持择优扶强的原则，有效地促进了骨干企业经济效益的提高。五、企业安全生产工作取得一定成效。全省工矿企业的安全生产状况有所好转，重特大事故得到初步遏制，安全生产形势基本平衡。六、所有制结构调整步伐加快，个私经济继续快速以展。作为主要组织和参与部门，为“首届中国民营企业交易会”和“第二次个体私营经济工作会议”的圆满举行做出了应有贡献。全省个私经济发展进入了一个新阶段。

省政府召开全省扭亏增盈工作会。图为省政府、省经贸委、省财政厅领导与各地州市领导签订扭亏责任书

2000年，企业治乱减负、经营管理人员和WTO基本知识培训、资源节约和综合利用、有色行业下放接收、企业监督、口岸建设、法制建设、“三讲”教育、纪检监察等项工作也取得了新的进展。省经贸委机构改革顺利完成，通过改革，进一步转变了职能，理顺了关系，精简了人员，优化了队伍，保证了各项工作的平稳有序进行。

国有企业改革与发展暨技术创新展览会于2001年6月18日在北京举办，图为云南展馆一角

2001年全省经贸工作要以发展为主题，经济效益为中心，结构调整为主线，有进有退，把推进全省工业结构的战略性调整加快工业企业改组改造，促进产业优化升级作为工作重点，加强制度创新和管理创新，进一步转变职能，提高素质，改进作风，努力实现新世纪经贸工作的良好开局，为推进全省工业化奠定坚实基础。

国家经贸委领导在云南铝业股份有限责任公司视察工作

云南省民族事务委员会

省民委主任格桑顿珠

一、云南多民族的特殊情况

云南不仅民族众多，而且民族的自然分布和社会发展与内地民族省区有着不同特点。

（一）民族众多。在全国56个民族中，云南5000人以上的世居民族有26个，除汉族外，有25个少数民族。

1999年4月，江泽民总书记与云南少数民族上层人士和部分少数民族代表合影留念

（二）各民族分布表现为大杂居与小聚居交错。全省没有单一的民族县。

（三）民族语言文字种类繁多。全省5000人以上的25个少数民族中，除回族、满族、水族已通用汉语外，其余22个少数民族使用26种语言。

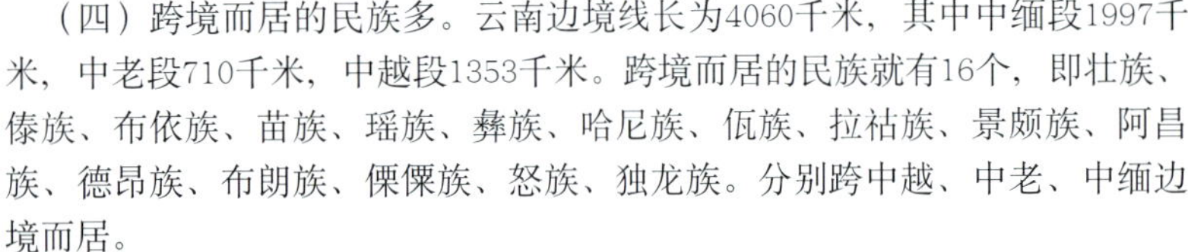

（四）跨境而居的民族多。云南边境线长为4060千米，其中中缅段1997千米，中老段710千米，中越段1353千米。跨境而居的民族就有16个，即壮族、傣族、布依族、苗族、瑶族、彝族、哈尼族、佤族、拉祜族、景颇族、阿昌族、德昂族、布朗族、傈僳族、怒族、独龙族。分别跨中越、中老、中缅边境而居。

（五）各民族经济社会发展很不平衡。新中国成立以前，各民族所处社会发展水平差异很大，从原始社会到资本主义社会，人类社会发展过程中的几种社会形态都存在，被称为“一部活的社会发展史”。到目前为止，各民族经济社会发展的不平衡依然存在。这也是云南省基本的省情之一。

二、各民族共有的优良品格

云南各民族虽然在新中国成立前分别处于不同的社会发展阶段，但各民族都具有自己的思想文化传统，为了民族的生存和发展，在反抗帝国主义侵略、反对国内反动阶级统治的长期斗争中，形成了政治上的共同要求和民族的优良品格。

（一）具有爱国主义的光荣传统。云南各族人民为保卫自己的家园和国家领土完整，进行了反侵略斗争。1875年在滇西腾越地区的景颇族、傣族与清朝驻边爱国官兵密切配合，击退英军入侵的“马嘉理事件”；1900年-1910年在滇西北片马地区的傈僳、景颇等民族配合当地驻军抗击英军占领的“片马事件”；1934年滇西南班洪、班老地区的佤族、傣族组成抗英武装与入侵英军展开殊死战斗的“班洪事件”。19世纪末期马关县猛洞（现属麻栗坡县）苗族首领项崇周领导滇东南边境苗、瑶、壮、傣、汉等各族人民收复失地、保卫边疆的抗法爱国斗争；19世纪末个旧矿工杨自元领导各族矿工及农民攻打法国驻蒙自领事馆和火烧海关的武装斗争等。

文化生活

（二）热爱社会主义。新中国成立后，云南各族人民在党和政府的领导和帮助下，发生了天翻地覆的变化。1998年，云南民族自治地方国内生产总值达到589.24亿元，和1978年相比，20年间平均每年以14.9%的速度递增，高于全省的平均增长速度；工农业总产值由1978年的37.6亿元增加到1998年的734.24亿元；地方财政收入1998年达到43.9亿元，比1978年的3.1亿元增长13.2倍。农民人均纯收入已由1978年的54元增加到1998年的1164元。

（三）长期保持民族团结。全省民族团结，社会稳定，为改革开放和现代化建设提供了重要保证。

（四）勤劳、勇敢、朴实。云南各族人民在长期的历史发展过程中，形成了勤劳、勇敢、朴实的良好品格，这些优良品格在各少数民族脱贫致富奔小康、建设社会主义现代化的进程中正发挥着巨大作用。

民族风情园

云南省农业厅

在国际马玲薯中心南亚及太平洋地区和中国年会上，邹副省长、潘厅长与该中心驻北京首席代表王毅博士亲切交谈

“九五”期间，全省农业认真贯彻执行中央和省委、省政府关于农业和农村工作的各项方针、政策，面对农产品价格低迷、各种自然灾害频繁发生，国家对云南实施烤烟“双控”和天然林禁伐、农民增收缓慢等严峻形势，紧紧围绕农民增收、农业增效，采取有力措施，加大农业和农村经济结构调整的力度，使我省农业保持持续、健康、稳步发展，全额超额完成了“九五”计划，保障了市场供应，促进了农村经济的发展，增加了农民收入。2000年全省农民人均纯收入达1478.60元，比1999年的1437.63元增加50元，增2.85%，比1995年增加467.63元，增46.26%。

“九五”期间是我省历史上畜产品增量最大的时期，成功实现了自给有余，畜牧业正成为全省农村经济发展中的重要支柱产业。到2000年，全省畜牧业总产值已占农业总产值的30%，为农民人均增收约35元。畜牧业收入占全省农民收入的40%左右，占山区、半山区农民收入的60%以上，对提高人民生活水平，增加农民收入和稳定社会起到了重要作用。

厅长潘政扬

潘政扬厅长视察思茅良种茶园

兴水润滇 为民解渴 再创水利辉煌

云南省水利厅党组书记、厅长 孔垂柱

水利部副部长张基光在黄炳生副省长和省水利厅孔垂柱厅长的陪同下视察瑞丽江

"九五"期间，省水利厅在省委、省政府和水利部的直接领导下，高举邓小平理论伟大旗帜，以党的十五大精神和江泽民同志"三个代表"的重要思想为指导，围绕省委提出的"三大目标"，抓住国家扩大内需和西部开发的良好机遇，努力推进水利事业的改革与发展，各项水利建设都取得了显著成绩。到2000年末，全省水库总数达到5185座，总库容101亿立方米，其中水利工程水库（不含电站水库）5179座，总库容87亿立方米；水利工程年供水量达到135亿立方米；有效灌溉面积累计为2105万亩，达到33.42%；水土流失治理面积达到30912平方公里；解决了农村1763万人、1181万头大牲畜的饮水困难；建成各类提防长度累计达到7824公里，保护人口521万人，保护耕地549万亩；地方电力装机累计达到283.11万千瓦，建成农村水电初级电气化县76个。

新平黄草坝水库

在"十五"期内，我们要继续按照省委、省政府的部署，认真学习贯彻江泽民同志在庆祝建党80周年大会上的重要讲话，找准实践"三个代表"与推动全省水利事业全面发展的最佳结合点，把人民群众最关心的干旱缺水、洪涝灾害和水环境恶化三大水问题作为我们的主攻方向，兴水润滇，为民解"渴"。

体察民情，加快建设"六大工程"。充分考虑我省水利化程度低，生产、生活用水供需矛盾尖锐的情况，紧紧抓住国家实施西部大开发的历史机遇，全方位推进以润滇工程为代表的水资源开发工程、防洪减灾工程、水土保持工程、饮水安全工程、节水灌溉工程、电力开发扶贫工程的建设，提高云南水利基础设施水平，把党的十五届五中全会提出的"用五到十年的时间，使西部地区基础设施和生态环境建设有突破性进展"的要求落在实处，努力缓解全省资源性、工程性、水质性缺水并存和人畜饮水困难面广量大的状况。

尊重民意，逐步建立"六大体系"。密切联系云南水利工作的实际，在注重工程措施的同时，加大非工程措施的力度，把建立防洪减灾体系、城乡供水体系、水环境保护体系、工程管理体系、水利法规体系、投入保障体系等方面的工作摆上重要议事日程，促进云南水资源的合理开发利用和有效节约保护，使有限的水资源造福当代，受益千秋。

顺应民心，努力推进"六大改革"。深刻认识我省水资源面临的严峻形势，认真贯彻党的十五届五中全会和省委六届十一次全会提出的改革水的管理体制的精神，勇于开拓，大胆探索，切实加快水务改革、水

金平苦竹林水库

价改革、水利投融资体制改革、农村水利改革、水利工程建设与管理改革、规划计划改革等六个方面改革的力度，逐步将市场经济法则引入部分水利工程，努力实现蓄水、供水、用水、节水和防洪、排涝、治污的统一管理，不断提高用水效率。

善待民望，争取实现“六大目标”。在省委、省政府和水利部的领导下，发扬“穷熬不如苦干，等着不如先干”的精神，全党动员、全民动手，勒紧裤带、艰苦奋斗，努力实现“十五”期间新增蓄水库容16亿立方米，全省水利工程蓄水总库容突破100亿立方米；增加有效灌溉面积200万亩和旱涝保收面积130万亩；治理水土流失面积12000平方公里；新增年供水量20亿立方米；基本解决和改善500万人的饮水困难；新增地方电力装机84万千瓦的奋斗目标，基本保障和满足建设“绿色经济强省”和农民增产、增收的用水需要，再创云南“十五”水利新的辉煌。

喜迎甘泉

蒙自五里冲水库双虹吸管

德宏户牢河电站发电机组

包含水库枢纽大坝、渔洞电站、南(北)干渠取水口、城市供水管及导流洞出口的渔洞水库枢纽区全景

南盘江治理（曲靖段）

云南省文化厅

“九五”时期，我省广大文艺工作者认真贯彻落实十四届六中全会和十五大精神，坚持“二为”方向和“双百”方针，以邓小平理论和党的十五大精神为指导，以建设民族文化大省为目标，以繁荣文艺创作，发展艺术生产力为中心，以农村文化工作为重点，积极推进文化体制改革，全省各项文化事业都得到了全面发展。

世博会开幕式晚会

积极开展创建文化先进县等创优争先活动，至1999年全省命名文化先进县29个，其中全国文化先进县10个、全国文化先进集体6个，全国文化系统先进工作者8人，全国边疆文化长廊建设先进县6个，中国民间艺术之乡11个，全国文化市场先进集体1个，全国劳动模范1人，云南省劳动模范8人。

认真组织实施千里边疆文化长廊工程，至1999年，共建成文化设施178项，在建37项，建筑规模273100平方米，总投资35356万元。全省共有89个县以上公共图书馆达到国家三级馆以上标准，100个县以上文化（群艺）馆达到省级标准，其中36个馆达到国家标准，598个乡文化站达到省级标准。1999年全省图书馆总藏书量达到1242万册，人均藏书0.27册，比1995年增长12.5%。

花卉节开幕式

文艺创作演出空前繁荣活跃。全省十六个地、州、市做到了每两年创作演出一台有代表性的舞台艺术作品，八个民族自治州都有一台有代表性的歌舞节目，全面完成了“九五”创作规划。我省优秀剧（节）目和作品在国际上获奖6项，其中金奖2项。在全国性评奖活动中共获各种奖项128项，其中“五个一工程奖”4项，“文华奖”9项，省文化厅首次授予宗庸卓玛等七位艺术工作者“云南省青年舞台表演艺术家”称号，授予12位青年演员“云南省优秀青年演员”称号。出色地完成了省委、省政府主办的各具特色的晚会，以及’99昆明世博会、昆明国际旅游节、昆明国际艺术节开、闭幕式大型文艺晚会和大型游演活动，特别是有7000多演员参加演出的’99昆明世博会开幕式大型文艺晚会《天地浪漫曲》的成功演出，受到江泽民总书记和李岚清副总理的充分肯定和中外来宾的称赞。

文物工作成绩显著。“九五”期间，年均进行文物保护维修75项，年均维修面积3.1万平方米，一大批濒临毁坏的文物得到抢救和保护，官渡洋甫头汉代青铜墓地发掘被评为1999年全国十大考古新发现之一。

我省各级文化行政主管部门和全体文艺工作者将进一步增强发展文化事业的紧迫感和责任感，振奋精神，克服困难，为实现建设云南民族文化大省的战略目标，为实现我省文化事业发展“十五”计划和2015年远景目标而努力奋斗。

大理图书馆

保山市群艺馆　　保山市博物馆　　保山市图书馆

云南省工商局

局长 何远灿

2000年是世纪交替的一年，也是全省工商行政管理系统垂直管理新体制全面运行的一年。一年来，在省委、省政府和国家工商局的正确领导下，我们以邓小平理论为指导，深入贯彻党的十五届四中全会精神和上级的指示部署，认真学习和实践“三个代表”重要思想，经过全系统干部职工的共同努力，各方面工作都取得了新成效。

1.以新体制的全面运行为契机，以服务改革发展为己任，为支持国有企业的改革和发展作出了积极的努力。

积极发挥企业登记管理职能，依法确认企业的市场主体资格；积极支持非公有制经济的发展，加强监管，促进我省所有制结构调整；积极做好外商投资企业的登记工作，提高我省利用外资的质量和水平；积极引导企业运用商标广告策略增强市场竞争力，开拓市场。

2.以“两整顿”为契机，加大执法力度，为改革开放和经济发展创造良好的市场环境。

加大打假治劣的力度，维护良好的市场秩序；深入贯彻《消费者权益保护法》，切实保护消费者合法权益；加强市场整治，对各类违法违章生产经营活动进行了全面的清理和取缔；严厉打击传销和变相传销行为，遏制了传销和变相传销蔓延势头；坚持从严治政，大力整顿队伍作风。

3.以强化粮食市场监管为重点，加强了对各类市场的监管。

以反仿冒、反误导为重点，加大了反不正当竞争执法力度；坚持“管住收购，管好批发，规范加工，放开零售”的方针，结合我省实际，加强对粮食市场的监管；切实履行职能，认真完成市场综合整治的各项任务；进一步加强法制工作，促进了全省工商行政管理系统依法行政。

2001年是新世纪的第一年，是国家和我省制定和实施“十五”计划的第一年，也是我国应对加入WTO的第一年。做好2001年的工作，对于开创新体制下工商行政管理工作的新局面，具有重要意义。2001年我省工商行政管理工作的总体要求是：以邓小平理论为指导，按照“三个代表”的要求，认真贯彻党的十五届五中全会、中央经济工作会议和省委六届十、十一、十二次全会、全国工商行政管理工作会议精神，集中抓好市场整治，整顿和规范市场准入、市场竞争、市场交易和市场监管执法行为，继续推进四大建设，为建设全国统一、公平竞争、规范有序的市场体系而努力，为促进全省经济发展作贡献，实现新世纪的良好开局。

1.整顿和规范市场主体准入行为，促进各类市场主体科学规范、健康有序发展。

加强登记管理与提高服务质量并重，依法把好市场准入关；登记机关管理与工商所“经济户口”管理并重，实行登记机关与工商所上下联动的监管模式；搞好年检与日常动态管理并重，建立健全各类市场主体的退出机制。

2.整顿和规范市场竞争行为，维护公平竞争的市场秩序。

坚决查处各种不正当竞争行为；认真开展重点垄断性行业限制竞争行为的专项整治；继续加强广告监督管理工作；加强对商标专用权的保护。

3.整顿和规范市场交易行为，保证国民经济的健康运行。

继续深入开展整顿市场秩序和专项斗争；强化消费者权益保护工作；加强对粮食市场等重要商品市场的监督管理；加强对合同和经纪人的监管。

4.整顿和规范市场监管执法行为，提高工商行政管理队伍和监管执法水平。

坚持从严治政的方针，严格依法行政；坚持政务公开，搞好民主监督；整顿和规范监管执法行为的目标有两个：一个是建设好政治坚定、执法严格、作风优良、纪律严明的工商行政管理队伍；一个是建设好优美的市场环境、优良的市场秩序、优质的市场服务，让党委政府放心，让广大生产经营者和消费者满意。

云南省计划生育委员会

国家计生委主任张维庆（右）、省计生委主任刀爱民（左）听取基层计划生育工作情况汇报

"九五"是我省人口与计划生育发展历史上的最好时期之一，在省委、省政府的正确领导下，全省各级党委政府认真贯彻落实省委、省政府人口资源环境座谈会精神，加强了对计划生育工作的领导，加大改革创新的力度，相关部门齐抓共管，广大人民群众密切配合，计划生育工作取得了显著成绩。根据省统计局公报，云南省2000年年末总人口为4240.8万人，全年出生80.3万人，出生率19.10‰；净增48.4万人，五年共增长251.2万人，与"九五"计划生育相比，出生总数和净增总数分别低于计划57.6万人和48.2万人，全面完成国家和省下达的"九五"人口计划。2000年12月，我省经过6年的努力，经国家计生委考评验收，确认全省基本实现国家"三为主"规划的目标。

但是，我省的人口与计划生育还存在不少的困难和问题，首先，我省的人口基本数大，密度高。其次，生育水平较高，是我省人口与计划生育工作多年来的突出问题。第三，我省人口与计划生育工作基础较差、基层薄弱，发展不平衡的被动局面尚未从根本上得到改变。第四，在社会主义市场经济条件下，人口与计划生育工作又面临流动人口和失业人群增加，生殖健康需求急剧增长等新情况新问题。这表明，虽然连续多年完成人口计划，生育水平也逐年有所下降，但并不意味着工作压力有所减轻。任何政策偏差、工作失误以及外部环境变化的不利影响，都可能导致生育水平回升。因此，按照中央《决定》的要求，认真贯彻落实省委《决定》精神，促使各级领导干部从全局和战略的高度认识和解决人口问题，克服盲目和麻痹松懈情绪，锲而不舍地抓好人口与计划生育工作，努力降低生育水平，仍然是一项十分重大而艰巨的任务。

国家计生委主任张维庆到云南基层视察工作

"十五"计划期间人口与计划生育工作的指导思想是：以邓小平理论和江泽民同志"三个代表"的重要思想为指导，坚决贯彻落实《中共中央国务院关于加强人口与计划生育工作稳定低生育水平的决定》和省委六届九次全会精神，围绕实现"用10年或者更长一点时间，使云南人口自然增长率接近全国平均水平"的奋斗目标，全面贯彻党在新时期的人口与计划生育工作方针，不断提高人口与计划生育工作的整体水平，逐步完善计划生育保障机制和社会利益导向机制，坚持以人的全面发展为中心，加强基层基础工作，强化优质服务，实施分类指导，继续降低生育水平，严格控制人口增长，进一步缩小同全国的差距，提高出生人口素质，改善出生人口性别结构，促进我省人口与经济、社会，资源，环境的协调和可持续发展。

"十五"计划期间人口与计划生育工作的目标是：到2005年，全省总人口控制在4550万以内，人口自然增长率降到9.51‰，接近全国1999年8.77‰的平均水平；到2010年，全省总人口要控制在4750万人以内，人口自然增长率降到8.44‰，接近全国7.70‰的规划水平。与此同

省计生委主任刀爱民下基层指导"三结合"开展情况

时，要明显提高出生人口素质，降低出生缺陷率，使出生人口性别比趋于正常；普遍推行避孕节育措施的“知情选择”，育龄群众享有基本的生殖保健服务；初步形成新的婚育观念和生育文化；逐步建立调控有力，管理有效，政策法规完备的人口与计划生育保障体系和工作机制。

实现“十五”奋斗目标，今年是关键，省计生委根据中央和省委的要求；分析了我省人口与计划生育工作的薄弱环节，重点难点，将2001年确定为人口与计划生育工作“强化基层优质服务年”，制订了工作目标，明确了工作思路。

2001年人口控制目标是：总人口控制在4300万人以内，人口自然增长率控制在10.82‰以下。

2001年的工作思路是：搞好一个建设，就是要下大力气继续加强基层计划生育服务网络的建设，确保计划生育工作重心下移到村，

省计生委主任刀爱民

省计生委主任刀爱民，省计生协会会长李桂英下基层指导工作

突出三个重点，即把计划生育宣传教育，优质服务和流动人口计划生育管理作为工作重点。

建立和完善三个机制，就是要坚持和完善党政一把手亲自抓，负总责的综合治理人口问题的机制；建立和健全依法管理计划生育的机制；建立和完善以计划生育“三结合”和社会保障制度为重点的利益导向机制。

抓住三个关键，即抓好人口与计划生育目标责任制考核，抓紧计划生育队伍建设，抓实增加计划生育经费投入。

办好五件事；继续学习，宣传、贯彻、落实《中共中央国务院关于加强人口计划生育工作稳定低生育水平的决定》；坚决贯彻落实省委六届九次全会精神，进一步稳定和完善现行生育政策；进一步强化基层基础工作，巩固、提高计划生育“三为主”成果；抓好计划生育干部队伍的培训，努力提高计划生育工作人员素质；尽快启动“计划生育重点帮扶工程”。

实现一个目标：即确保用10年或更长一点时间，通过艰苦努力，实现云南人口自然增长率接近全国平均水平的奋斗目标。

有省委，省政府的坚强领导，有全省计划生育工作者的努力和广大人民群众的支持，我们一定能完成既定的人口控制目标，为我省人口与经济，社会，资源，环境的协调发展和可持续发展作出新的贡献。

省计生委主任刀爱民下基层视察“婚育进万家活动”开展情况

“九五”云南省环境保护工作情况

云南省环境保护局

牛副省长、陈副省长一行视察滇池

“九五”期间，省委、省政府围绕建设绿色经济强省、民族文化大省和中国通向东南亚、南亚国际大通道的目标，做出了切实加强生态环境保护工作的一系列重要决策，全省环境保护工作取得长足进步。“九五”期间确定的“1369”跨世纪绿色工程计划取得显著成效。2000年底，全省100家重点工业污染源共129个限期治理项目已全面完成；城市污水日处理能力达42.5万吨；六大水系生态保护工作取得进展，流域内森林覆盖率逐步回升；滇池治理取得了阶段性成果，其余8大高原湖泊水污染综合防治工作全面启动。污染物总量控制和工业企业达标排放工作圆满完成，截止2001年1月1日零时，全省1042家重点考核企业有1038家实现了达标排放。12种污染物排放总量完成了国家下达的污染物排放总量控制计划。在生态保护方面，广泛开展了工程造林及“珠防”、“长防”、退耕还林（草）等工程建设，金沙江流域和西双版纳州全面禁伐天然林，森林覆盖率不断提高，水土流失治理面积逐年增加；省政府批准了《云南省自然保护区发展规划》，加快了全省自然保护区建设步伐。

2000年，全省环保直接投资15.34亿元，约占同期全省国内生产总值的0.78%，有力地推动了环保工作的开展；环保机构和队伍建设得到切实加强，环境管理力度进一步加大。从总体上看，全省环境恶化的趋势基本得到控制，部分地区生态环境质量有所改善，促进了全省经济社会的可持续发展。但是，全省面临的环境形势依然严峻，部分地区生态环境还未根本好转；局部区域和水域水环境污染仍很突出；城市环境综合整治有待加强。全省环境保护任务仍十分繁重。

全省2000年工业污染达标排放工作
电视电话会议

中国云南省一加拿大蒙特利尔市环保及高级公务员培训合作项目
CEREMONIE DE SIGNATUREDES ENTENTES DANS L
DOMAINES DE L'ENVIRONNEMENT ET DE

九大高原湖泊水污染综合防治目标责任书签字仪式

省2000年工业企业达标排放工作会议

《2000年云南省环境状况公报》新闻发布会

云南省广播电视局

2000年，全省广播影视工作在省委、省政府的正确领导下，坚持以邓小平理论和党的基本路线为指导，深入贯彻党的十五届五中全会和经济工作会议精神，认真学习江总书记“三个代表”的重要思想和关于加强宣传思想工作、广播覆盖工作等一系列重要批示，按照上级部署，紧紧围绕经济建设中心，牢牢把握正确舆论导向，努力提高广播影视节目质量，不断加快以“村村通”为重点的事业建设步代，全方位推进广播影视各项改革，为维护社会稳定，促进改革发展，发挥了重要作用。

全年省电台、省电视台上中央台的稿件，分别为113件和116件，有23件影视作品获国家级政府奖，4件作品获全国最高奖项（一等奖）。

云南省地球卫星站
（赵承能 摄）

国家广电总局党组成员，局办公厅主任王甘文等一行在我省文副局长的陪同下，到我省迪庆、瑞丽检查指导工作（迪庆—“西新”工程；瑞丽—边境广播电视）

（松云青 摄）

（刘一涛 摄）

建设“村村通”广播电视一景
（赵承能 摄）

云南省邮政局

2001年7月1日，邮政电子汇兑正式开通，李永康局长(左三)周巨平副局长（左四）到电子汇兑工程现场视察

云南邮政局为公用企业单位，既承担国家赋予的为全社会公民提供普遍服务的义务，又负责云南省邮政通信行业管理职能和企业经营管理。2000年云南邮政业务总收入达到70141万元，是1995年的2.5倍；1999-2000年两年共减亏5亿元，减亏幅度达到63.2%。

近年来，云南邮政实施科技兴邮战略，大力加强邮政综合计算机网、“绿卡”网、邮政营销投递网建设，充分发挥邮政信息流、物流、资金流三流整合的优势，邮政业务持续发展，网络能力明显增强，网络规模实现了历史性跨越，服务质量显著提高。在业务方面从“三足鼎立”向“四业并举”发展，形成了以邮递类业务、储蓄类业务、集邮类业务为主体，多种延伸性业务并存的邮政业务结构，并取得了广告、物流配送等新业务。目前、全省已建成密布城乡的营投服务网，邮政局所达1927处，平均网点服务面积为204平方公里。全省已开通汽车、火车、航空邮路1024条，邮政总长度达127612单程公里。

加强基础设施建设，提高服务水平。云南邮政第一个现代化邮件处理中心投产后，通信能力大大增强。今年4月3日全省539个“绿卡”网点、215台自动柜员机接入全国邮政金融计算机网，全面开办全国异地通存通取业务。今年7月1日开通的电子汇兑业务可以实现汇款24小时到达兑付。综合计算机骨干网初步建成，将为电子邮政以及邮政现代化作业、经营管理架起支撑平台。

“十五”时期云南邮政将进入新的发展阶段，云南邮政将以发展为主题，以改革开放、科技进步、队伍建设为动力，使云南邮政运行机制有突破性转变，市场开发有突破性进展，管理水平有突破性提高、经济效益有明显增长，实现整体扭亏，为21世纪云南邮政的可持续发展打下良好基础。

现代化的邮件处理中心—昆明第二邮政枢纽

邮政综合计算机骨干网机房

新颖的邮政书报亭同时也是邮政综合服务亭

依托邮政三流合一优势，云南邮政开辟了鲜花礼仪业务

云南省人民政府外事办公室

“九五”期间，在省委、省政府的正确领导下，全省外事工作认真贯彻执行中央的总体外交方针和省委、省政府确定的“要进一步解放思想，扩大对外开放”的战略部署，抓住历史机遇进一步解放思想，更新观念，团结一致，拼搏进取，努力服务于国家的总体外交，紧紧围绕我省以东南亚为重点、面向全世界的对外开放新格局，不断研究新情况、解决新问题、积极开展全方位、多层次、宽领域的对外交往与合作，各项外事工作取得了较好成绩，有力地促进了我省改革开放和社会经济的全面发展。

云南省委书记令狐安会见老挝人民革命党中央主席坎代·西潘敦阁下

我省与邻国和周边各国的友好合作关系日臻密切，与西方和其它国家（地区）的合作与交流日益扩大。1997年底，经过多方努力，全省127个县（市）全部对外国人开放，开放地区的比例大大高于同期全国平均水平；目前我省已与世界上120多个国家和地区建立了经贸、科技、文化关系；至今已开辟了11个国家级口岸和9个省级口岸以及89条通道；参与了澜沧江－－湄公河次区域经济合作；我省与美国得克萨斯州、马里锡卡索大区建立了友好省州关系，与罗马尼亚蒂米什县签订了省县友好合作协议，省会昆明市与日本藤泽、瑞士苏黎世、美国丹佛、摩洛哥莎温、澳大利亚瓦加瓦加、玻利维亚科恰班巴、泰国清迈、缅甸曼德勒等县市先后建立了友城关系，西双版纳州景洪市与美国得克萨斯州澳斯汀市结好；目前，昆明、版纳、丽江、玉溪等地州市分别与泰国碧差汶府、美国弗吉尼亚州、罗纳克市、澳大利亚昆士兰州马里巴市等也正在洽谈结好事宜。1996年以来，我省接待的来访外国元首、政府首脑和高级官员较以往大大增加，范围亦更为广泛，我省党政领导人的出访也遍及全球，这些双边交往既是我省配合中央总体外交的重要内容，同时也是我们贯彻落实省委、省政府确定的对外开放战略的重要组成部分。

云南省代省长徐荣凯会见美国众议院代表团

云南省外办主任彭仁东和美国前总统布什先生在一起

云南省人民政府外事办公室办公大楼

云南省政府外商投资办公室

省政府外商投资办公室是省政府综合协调和组织促进全省利用外资工作的直属事业机构，按照省政府赋予的权限行使全省利用外资工作的行政管理职能；同时作为省对外开放领导小组的常设机构，与省对外开放领导小组办公室合署办公。

中美合资昆明醋酸纤维有限公司厂景

改革开放以来，我省利用外资经历了从无到有，规模逐渐扩大的过程，利用外资工作取得了一定的成效：一是利用外资总量有所增长。至2000年底，全省累计批准成立外商投资企业1960家，合同利用外资28亿美元，实际利用外资近14亿美元；“九五”期间，全省共批准成立外资企业643个，合同利用外资14.4亿美元，实际利用外资6.98亿美元。合同利用外资和实际利用外资比“八五”期间分别增长6.2%、9.45%。利用国外贷款明显增加，“九五”期间，全省共签订国外贷款项目16个，签约额达8.28 亿美元，分别比“八五”增长23%和50%。二是利用外资的质量逐步提高，投资规模不断增加，单个项目合同利用外资由“八五”的103万美元，增加到143万美元，外资对我省支柱产业的发展起到明显的促进和带动作用。三是利用外资的领域不断扩大。外商投资除继续在传统加工行业发展外，其他领域也有所进展，如国外银行在我省设立了分行或办事处，外商投资商业零售也开始起步，以转让经营权方式利用外资取得突破。四是外商投资带来了先进实用的技术、设备、工艺和管理经验，促进了我省相关产业的技术进步和管理水平的提高。

“十五”期间，我省将按照中央的方针政策，围绕省委、省政府提出的“十五”发展战略和目标，以及“十五”期间我省利用外资工作要取得突破性进展的指示和我省经济发展的需要，抓住加入世贸组织和实施西部大开发战略的历史机遇，主动迎接挑战，扩大对外开放，进一步加大利用外资工作的力度。逐步在全省范围内建立起完善的利用外资投资促进体系。在继续不断改善投资硬环境的同时，加大对投资软环境的改善，不断健全政策法规，贯彻落实好现有政策，切实转变政府职能，增强服务意识，提高服务质量和效率，创造良好的社会生活环境和经济发展环境，将云南建成西部地区投资环境最好的省份之一。

中美合资昆明醋酸纤维有限公司厂热电站厂房

云南省总工会

全国总工会副主席刘珩在省总工会梁福祥主席陪同下看望困难企业

2000年，在省委和全国总工会的领导下，全省各级工会按照全总关于突出维护职能，狠抓“五突破一加强”工作的要求，紧紧围绕省委、省政府的中心工作和工会重点工作，各项重点工作又取得了新的进展。

全省各级工会以经济建设为中心，通过各种形式组织动员职工为我省的两个文明建设建功立业。先后组织职工广泛开展了以“献计策、攻难关、作奉献”为主题内容的劳动竞赛、合理化建议、技术协作、技术革新和发明创造等群众性经济技术活动，创直接经济效益8.9亿元。履行“第一责任人”职责，努力维护困难职工群体的合法权益。2000年的元旦、春节送温暖，全省共筹集资金3241万元，组成了1389个慰问小组，对全省3988户企业，14万多特困职工、离退休人员、劳动模范进行了慰问。协助民政部门为5.7万多人办理了低保救济。积极推行厂务公开，维护职工的民主权利，全省已有95.22%的国有企业，83.18%的城镇集体企业，73.65%的事业单位，43.73%的乡镇企业实行了厂务公开。加快新建企业建会步伐，维护非公有制企业职工的合法权益，全省新建企业组建工会4838家，入会职工25.92万人。推行平等协商、签订集体合同制度，维护职工的经济权益，全省已有5941户企业签订了集体合同，覆盖职工144.89万人。这些工作，有力推动了企业改革，促进了经济发展，维护了社会的稳定。

5月1日，省委副书记王学仁等领导同志到机场迎接参加全国劳动模范、先进工作者表彰大会的劳模代表归来

省总工会和昆明市总工会在昆明翠湖公园举行盛大的“五一”庆祝活动

省总工会召开八届四次全委会，表彰1999年度目标责任制完成的先进单位

云南省妇女联合会

“九五”期间，各级妇联组织在省委、省政府的领导下，坚持以邓小平理论为指导，以经济建设为中心，全面履行妇联职能，深化“双学双比”、“巾帼建功”、“五好文明家庭”活动，以提高妇女素质为重点，实施“扶贫、光明、成才、再就业、绿色、健康”六项工程，在维护妇女权益、促进妇女发展中做了大量卓有成效的工作。

在农村以“双学双比”活动为载体，以实施“扶贫工程”为龙头，以提高妇女素质为重点，以实施项目为依托，有力地促进农村妇女工作的开展，取得了明显的社会、经济、人才效益。五年来，各级妇联共争取项目资金5057万元，项目覆盖了全省16个地州市、126个县市区，使近200万妇女受益。开展各类技术培训41254期，培训妇女2043万人次，扫除妇女文盲近200万人次，培养了妇女为主的科技示范户109万户。全省共动员5000万人次妇女参加植树造林活动，建“三八”绿色基地4314个，总面积达45.57万亩，较好地发挥了基地集生产、培训、示范、服务、创收、培养人才的作用。

在城镇以“巾帼建功”活动为载体，以实施“再就业工程”为重点，不断拓展城市妇女工作的新领域，城市妇女工作有新的突破。各级妇联发挥下岗女职工再就业指导服务中心作用，帮助下岗女职工转变择业观念，为下岗女工办实事。帮助16749名下岗女工实现再就业。建立社区家政服务中心、“巾帼便民连锁店”、社区“巾帼志愿者服务队”等妇字号服务实体103个，安置下岗人员4790人，为妇联组织进入社区、发展社区服务找到了最佳结合点。在不同行业女职工中广泛开展争创“巾帼文明示范岗”的活动，全省有3225个“巾帼文明示范岗”获得县以上表彰。

以“五好文明家庭”活动为载体，发挥优势，突出特点，促进精神文明建设。通过开展“年轻妈妈读书活动”、“妇女、家园、环境”、“尊老爱幼月”、“美在家庭”、“家庭文化周”、“不让黄、赌、毒进我家”等读书活动，推动了全社会的家庭美德建设。五年来，全省有87157户家庭获得县以上“五好文明家庭”称号。各级妇联充分发挥16500多所家长学校的作用，培训家长698万人次，有力地推动我省家教工作的开展。

把实施“春蕾计划”与提高妇女素质、培养少数民族妇女人才有机结合。全省各地共投入资金749.5万元，帮助40412名贫困女学生受到资助，为培养少数民族妇女人才奠定了基础。

今后五年是我省全面实施云南“十五”计划的重要时期，也是我省“十五”妇女发展规划实施的重要时期，各级妇联要自觉学习和运用邓小平理论，认真实践“三个代表”重要思想，自学服从服务于全党的大局，增强做好妇女工作的责任感和紧迫感。要团结动员广大妇女全面参与经济和社会发展，以“双学双比”、“巾帼建功”、“五好文明家庭”创建活动为载体，在广大妇女中实施“素质、科技致富、家庭文明、社区服务、绿色、健康”六项工程，以创新的思维、务实的精神，求得妇女工作新的发展。要努力做好新形势下的妇女儿童维权工作。要加强妇联组织自身建设，着力建设高素质的妇联干部队伍。

全国人大常委会副委员长、全国妇联主席彭佩云与云南省妇联主席赵秀英及省妇联领导班子成员、各地州市妇联主席合影留念

全国妇联副主席、书记处第一书记顾秀莲，副主席、书记处书记华福周，省妇联主席赵秀英到丽江县、村“妇女之家、学校”看望县、乡、村妇女干部。

白族女能手正在进行扎花比赛

“九五”成果丰硕 “十五”再展宏图

云南煤炭工业持续健康发展

省委书记令狐安与原煤炭工业部部长王森浩商谈云南煤炭工业发展大计

云南省常务副省长牛绍尧和国家煤炭工业局、国家煤矿安全监察局副局长王显政为云南煤矿安全监察局揭牌

“九五”期间，云南煤炭行业的广大干部、职工，在党的十五大精神指引下，高举邓小平理论伟大旗帜，以改革为动力，以市场为导向，以经济效益为中心，不断加快煤炭经济结构调整，全面落实扭亏增盈、脱贫解困措施，大力发展多种经营、第三产业和非公有制经济，实施科教兴煤战略，加强行业管理，关井压产、整顿煤炭经营秩序取得阶段性成果，安全监察体制改革基本完成，职工生活逐步改善和提高，住房实现小康目标，物质文明和精神文明建设取得丰硕成果。五年中共生产原煤14350.72万吨，生产洗精煤1044.23万吨，完成基本建设投资13.46亿元，新增探明储量26298万吨，减少亏损1159万元，关闭非法开采、布局不合理和不具备基本安全生产条件的小煤矿2945处，获省部级以上科技成果奖28项，职工人均住房面积达8.04平方米，为“十五”的发展奠定了良好基础。

“十五”期间，云南煤炭工业将以党的十五大精神为指导，按照江泽民总书记“三个代表”的要求，坚持以发展为主题，加快煤炭经济结构调整，重点抓好先锋褐煤液化基地、老厂无烟煤矿区、恩洪矿区洗精煤基地和老厂煤层气基地的建设。深化企业改革，以科技进步推动产业升级，抓好脱贫解困，加快建设小康，加强安全监督监察，促进安全稳定好转，抓好班子建设，提供组织保障，促进全省煤炭工业持续健康发展，全面完成“十五”计划的奋斗目标。

云南省煤炭工业局 法人代表：周世贵
电话：(0871)3152084
地址：昆明市白塔路329号
邮编：650011

云南煤矿安全监察局、云南省煤矿工业局党组书记、局长周世贵

云南省第一个机械化高档普采工作场面（后所煤矿）

云南省气象局

局党组在研究工作

“九五”期间，云南气象事业发展迅速，气象卫星综合运用业务系统、分组交换数据网、气象广域网、机关局域网、政府上网工程等多系统网络集成实现了气象信息资源共享；气象预报准确率稳步提高，特别是昆明新一代多普勒天气雷达的顺利投入使用，强对流灾害性天气的预报准确率进一步有效提高；气象服务领域和内涵不断丰富和拓宽，电视天气预报服务、环境气象服务、气象信息电话服务等深入群众日常生活，专业专项气象服务覆盖全省各个行业，气象预测、预报、情报信息通过网络直接进入各级党委政府决策系统，成为地方党委政府制定规划计划、安排重大活动、指挥重点工程项目、部署工农业生产的重要依据；气象防灾减灾效益显著，人工增雨防雹、防雷减灾、卫星遥感林火监测每年取得经济效益都超过亿元；《中华人民共和国气象法》和《云南省气象条例》的颁布实施，标志着云南气象工作走上了依法行政、更高更快发展的轨道。

“十五”云南气象事业的发展将根据《中国21世纪议程—气象行动计划》和云南省建设绿色经济强省、民族文化大省和中国连接南亚东南亚国际大通道的战略目标，以项目工程带动事业发展、提高服务能力的思路，建设六大重点工程，即：气象防灾减灾系统工程；新一代气象服务系统工程；气候资源的开发利用及气候生态环境保护系统工程；气象科教人才系统工程；气象台站基础设施建设工程；气象现代化保障系统工程。力争到2005年，云南气象事业发展初步适应云南国民经济和社会发展的需求，灾害性天气，气候监测预报能力明显加强，气候资源合理开发利用的综合水平明显提高；气象服务，特别是决策服务和重大社会活动保障服务的综合效益达到国内先进水平；气象业务现代化建设总体水平达到同期国内中、上水平，并力争在某些方面接近或达到东部发达省、市的先进水平，初步建立云南气象事业与地方社会经济协调发展、彼此适应的新型事业结构框架。

省气象局预报员正在会商天气

发展中的云南省公路局

云南省公路局

云南省公路局是主管公路修建和养护管理的二级局。几十年来，这支队伍始终坚持“一流管理、质量第一、信誉至上、优质服务”的宗旨，先后承建了几万公里干线公路和几千座大中桥梁、隧道，同时参与了公路的测设、铁路、机场、码头、水坝、房屋等工程建设施工与监理，足迹遍及亚洲、非洲十多个国家和地区。工程合格率100%，优良品率90%以上，受到了国内外人士的高度赞扬。

近十多年来，在云南公路现代化建设中，发挥了主力军作用。承担了高等级公路的建设和养护管理。“九五”完成施工产值123.8亿元，是“八五”的3.7倍，资产总值由8.28亿元增加到33.26亿元；公路养护完成22.6亿元，大中修油路933.2公里，实施GBM文明路2083公里。2000年公路建养工程产值42.06亿元，其中公路修建完成产值36.43亿元。

2000年底，全省纳入国家统计通车里程109560公里，其中高速公路517公里，公路密度为每平方公里27.81公里，全省所有的乡镇和98.03%的行政村通了公路，省管干线公路累计平均好路率68.83%，比上年提高3.01%。全省干线公路实现了通、平、美、绿，路况质量大为改善，路网服务水平明显提高，受到了交通部年检工作组的好评。公路运输环境的大大改善，为全省国民经济建设的快速发展和社会进步作出了重要贡献。

新的21世纪，云南省公路局进一步抓住西部大开发机遇，解放思想、深化改革、调整结构、加强管理、依靠科技、体制创新、发展生产力，提高效益，全面完成“十五”计划多项任务，为云南公路的现代化，为国民经济的持续发展作出贡献。

省路桥四公司修筑的楚大路

地址：昆明市环城南路262号
邮编：650041
电话：0871-3538293
传真：0871-3538266

芒市总段管养的芒瑞文明路段

省路桥一公司修建的立交桥

省路桥公司修建的隧道

省桥梁公司修建的玉元路画皮冲大桥

云南省人民政府经济技术协作办公室

云南省人民政府经济技术协作办公室是负责全省经济技术协作工作和实施全省对内开放工作的省政府直属部门。

主要职责是：贯彻执行党中央、国务院有关对内开放的方针政策及省委、省政府的决定，结合本省实际，会同有关部门研究拟定全省对内开放工作的措施和办法，并具体组织实施；负责全省对外开放领导小组对内开放工作办公室日常工作；负责省"五分"政策领导小组办公室日常工作；负责省外来滇投资企业认证工作，并协调落实有关优惠政策；承担"省外在滇投资企业投诉中心"的相关工作，会同有关部门依法保护企业和投资者的合法权益；按照云南实际和经济社会发展需要，负责拟订我省扩大对内开放的地方性法规及政策措施，不断完善、优化对内开放的政策环境、法制环境。组织编制对内开放工作规划和专项合作规划，并负责组织实施；承办六省区市七方经济协调会的相关工作；指导、协调省内和省际毗邻地区间区域经济合作组织的工作；指导省内地州市的结对协作工作；参与研究拟订发展区域经济的政策措施；负责云南省滇沪对口帮扶协作领导小组办公室的日常工作；组织、协调全省与上海的对口帮扶协作工作。负责云南省对口支援三峡库区工作领导小组工作办公室的日常工作和对口三峡库区援助项目的组织实施工作；推动和引导企业开展多形式、多渠道的招商引资活动，组织省内优势企业、产品积极向外拓展，开拓国内市场，促进经济发展；会同有关部门推动以科技、教育、文化、卫生为重点的社会合作；指导地州市经协部门开展联合协作工作；负责国内合作项目的组织、编制、发布工作；负责经协系统的统计工作；建设管理经协信息中心，编制、发布我省对内开放的相关信息；利用各种有效手段为省内外企业提供信息咨询服务；对符合条件的省际间经济合作项目进行认定，提出使用省支持联合协作项目资金及滇沪合作专项资金的建议，并对项目的执行情况进行跟踪检查；联系指导省政府驻外机构的经协业务工作；管理省政府驻重庆办事处；负责外省市区政府驻滇办事机构以及经济社团组织的协调服务工作；负责承办省内外企事业单位设立工作机构的相关工作；承担省际间经济社会合作交往中省党政领导率团出访、来访、考察、洽谈等相关业务；完成省委、省政府交办的其他工作。

根据云南省统计局《关于对〈云南省经济社会联合协作统计实施方案〉的批复》（云统法字[1997]18号）明确，省经协办负责实施经协系统的联合协作统计工作，以全面反映我省社会经济联合协作发展规模、结构、速度及效益等基本情况，为当地政府研究制定促进联合协作发展的政策，为经协部门编制联合协作规划，提供科学依据。

联合协作统计表分为云南省经济社会联合协作统计表、云南省经济社会联合协作项目明细表和云南省联合组织统计表三种（半）年报表式。

联合协作统计的范围和对象包括：全省各地州市县各系统参与经济社会联合协作的有关部门和企事业单位；参与经济社会联合协作的省直部门、省属企事业单位。

填报单位：（半）年报报表由各县级经协部门收集、整理有关资料填写，向地州市经协部门报送，地州市经协部门审核、汇总、并统计分析一起向省经协办报送。省直部门、省属企事业单位直接向省经协办报送。

报送时间：半年报，各地州市经协部门、省直部门、省属企事业单位于当年七月十日前报出。年报于次年一月十日前报出。

云南省散装水泥办公室

云南省散装水泥办公室是云南省经济贸易委员会下设的直属事业单位，办公室设在省经贸委建材处。

省人民政府令第61号第四条规定散装水泥管理机构的主要职责是：

（一）贯彻执行发展散装水泥的法规、规章和政策；

（二）编制散装水泥发展规划，制定年度计划，并组织实施；

（三）按规定负责散装水泥专项资金的征收和安排使用；

（四）负责散装水泥新技术、新工艺、新设备的推广应用；

（五）协调解决发展散装水泥工作中出现的问题；

（六）参与水泥生产企业的新建、改建、扩建项目的设计审查和竣工验收；

（七）协同有关部门做好商品混凝土的推广应用工作。

省人民政府令第61号还规定，省散装水泥管理机构负责全省发展散装水泥的行政管理工作，对各地、州、市散装水泥办公室在业务上进行指导。

省人民政府确定昆明水泥股份有限公司、开远水泥股份有限公司、红塔滇西水泥股份有限公司、昆钢集团公司华云实业公司水泥厂、昆明威世实业有限责任公司散装水泥专项资金由省散装水泥管理机构负责征收。

政策依据：1985年国务院下发的《批转“国家经委关于加快发展散装水泥意见”的通知》（国发［1985］27号）。1997年国务院以国函［1997］8号文，批复的国内贸易部、国家经贸委等六部委《进一步加快发展散装水泥的意见》，1998年财政部出台的《散装水泥专项资金管理暂行办法》，2000年财政部以财综［2000］8号文，下发的《关于同意延长散装水泥专项资金征收期限有关问题的复函》。1998年5月18日云南省人民政府出台的《云南省散装水泥管理办法》（省人民政府令第61号）。2000年3月2日省财政厅以云财工［2000］12号文，印发的《云南省散装水泥专项资金管理办法》。

发展散装水泥是进一步实施可持续发展战略的重要内容之一，也是节约资源、保护生态环境的一项重要经济、技术措施，对促进水泥生产、流通、使用领域经济增长方式由粗放型向集约型转变具有十分重要的意义，具有很大的社会经济效益。经过二十多年的发展，我省散装水泥走过了从无到有，从弱到强的过程，形成了散装水泥生产、销售、运输、使用和管理的一套完整体系，1999年全省散装水泥供应量突破了200万吨。发展散装水泥工作为我省的保护生态环境、降低水泥生产费用和工程造价，提高建筑工程质量作出了很大的贡献。

昆明水泥股份有限公司散装水泥发放现场

迎接世纪春风开创世纪伟业

推进怒江州社会的快速发展

州委书记张耀武

州长欧志明

州人大主任张德耀

州政协主席吴花才

“九五”时期，是我州经济、社会发展的辉煌时期。全州人民在州委、州政府领导下，高举邓小平理论伟大旗帜，坚持以经济建设为中心，以扶贫攻坚为重点，以改革开放为动力。以发展特色经济为方向，保证了国民经济持续、快速、健康发展，经济总量翻两番的任务提前完成，基础设施进一步改善；产业结构调整初见成效；科技教育等社会事业不断发展；脱贫攻坚步伐加快；人民生活逐步改善；各项改革不断深化，市场化进程不断推进；对内对外开放取得新成效；精神文明取得新进展；人民安居乐业，政治社会稳定。

2000年，全州国内生产总值比1995年增长47.60%，年均增长8.10%，其中，第一产业比1995年增长18.77%，年均增长3.50%，第二产业比1995年增长75.68%，年均增长11.93%，第三产业比1995年增长56.60%，年均增长9.38%；工业总产值比1995年增长75.70%，年均增长11.94%；地方财政收入比1995年增长95.00%，年均增长14.17%；固定资产投资比1995年增长2.6倍，年均增长29.40%；社会消费品总额比1995年增长66.30%，年均增长10.71%；农业总产值比1995年增长26.60%,年均增长4.83%;粮食总产量比1995年增长23.40%，年均增长4.29%；农民人均纯收入比1995年增长43.07%，年均增长7.43%，牛猪羊存栏分别比1995年增长15.19%、19.55%、66.41%、年均分别增长2.87%、3.64%、10.72%。

“十五”期间是我国经济建设的重要时期。为推进我州经济、社会和各项事业快速、稳定、健康的发展，其指导思想是：高举邓小平理论伟大旗帜，学习贯彻江总书记“七一”建党重要讲话，忠诚实践“三个代表”重要思想，坚持党的基本路线、基本纲领，解放思想、实事求是，开拓创新；抓住西部大开发机遇，紧紧围绕“矿电经济强州”、“生物经济富州”两大目标，认真实施科教兴州，可持续发展、特色经济、小城镇发展和全方位开放的战略；坚持以加快发展为主题，经济结构调整为主线，以脱贫致富为主攻方向，改革开放和科技进步为动力，提高人民生活为根本出发点，促进全州经济发展和社会进步，推动人民生活水平再上新台阶。发展思路是打牢基础、优化结构、强农兴

中共云南省委书记令狐安在常务副州长和六中陪同下到怒江报社调研

怒江傈僳族自治州政府所在地—六库镇

工、抓科重教、建镇促商、育林建材、扩大开放、依法治州。完成摆脱贫困、实现农村温饱的任务；打破交通上“口袋底”的任务；生态建设的任务；加快发展任务；实现五大战略目标任务。实施科教兴州战略，可持续发展战略，特色经济战略，全方位开放战略，发展小城镇战略。培育好五大产业：矿业产业、电力产业、生物产业、旅游产业、新兴的建材和农副产品加工业。要达到的主要指标是国内生产总值年均增长10%左右。其中：第一、第二、第三产业增加值分别年均增长3%、16%、13%，三次产业结构调整为22：44：34；地方财政收入年均增长15%，占GDP的比重和自给率分别升到10%和19%；固定资产投资年均递增28%，边贸进出口总额年均递增25%；其中出口年均递增25%，进口年均递增24%；人口自然增长率控制在10‰以内；新增就业1.38万人，转移农村剩余劳力12万人；城镇居民可支配收入年均递增7%；农民人均可支配收入达1200元，年均递增8%；粮食产量达17万吨，年均递增1%；非公有制经济年均增长25%以上，占GDP的比重达33%。

回顾“九五”，令人欢欣鼓舞。迎接新世纪，开创世纪伟业，怒江人民将高举邓小平理论伟大旗帜，以江总书记“七一”重要讲话和“三个代表”重要思想为指针，发扬团结奋进，负重拚搏，实干脱贫，勇于争先精神，为实现“十五”目标而奋斗。

怒江峡谷天堑

怒江独木舟

怒江第一湾

新世纪　新保山

保山市人民政府市长　王广兴

市长王广兴

市县领导陪同国家有关部门、省领导视察烤烟

"高台曾是汉时营，千载天威尚有名。日暮九隆何处望，夏云飞满不韦城。"这首出自明朝在保山守土御边将士的边塞诗，高度概括了保山的历史渊源。诗中"九隆"是战国至汉时期以保山为中心哀牢古国的首任部落首领，西汉在此置不韦县，东汉又设永昌郡。诗中"汉时营"、"不韦城"写的就是这一历史史实。历经两千多年的历史变迁，哀牢古国、永昌故地已以新形象——地级保山市，跨入新世纪、开创新纪元。

新中国成立后，经过五十多年的建设，特别是改革开放以来，保山发生了翻天覆地的变化，初步形成了农业内部结构基本合理、工业门类齐全、交通通讯初具规模、商业财贸网络配套、城乡市场繁荣的经济格局。"九五"期间是保山经济社会发展最快最好的时期，全市国内生产总值由1995年的41.33亿元增加到70.43亿元，年均增长9.3%，高于全国、全省平均水平。农业连年获得丰收，农业总产值由"八五"末的29.47亿元增加到2000年的45.02亿元，年均增长7.7%;工业总产值由13.82亿元增加到24.25亿元。年均增长14.5%;财政总收入由4.03亿元增加到6.01亿元，年均增长8.4%;社会消费品零售总额2000年完成20.7亿元，"九五"期间年均增长10.7%；"九五"期间累计完成固定资产投资75亿元，比"八五"净增38亿元，年均增长12.49%;2000年底，全市城镇建成区面积29.53平方公里，比1995年增加9.8平方公里，每年约增2平方公里，城市化水平达18.5%。"九五"期间科技进步对经济增长的贡献率为35%,比"八五"末提高7个百分点，全市全面普及六年义务教育，扫除青壮年文盲，基本实现普及九年义务教育，基本实现了人人享有初级卫生保健的目标，人均期望寿命达到70岁，人口自然增长率9.1‰，全市总人口234.46万人，居民恩格尔系数达到53.6%,人民平均生活水平已基本实现小康。

进入新千年，保山迎来了新的发展机遇，国务院批准保山撤地设市，成立新的保山地级市。《保山市国民经济和社会第十个五年计划纲要》获得市一届一次人大会的批准，并颁布实施。"十五"期间保山市国民经济发展总体思路主要内容是：紧紧抓住西部大开发机遇，加强基础设施建设，改善生态环境，围绕把保山建成："云南重要特

保山市城市远景

保山城市一隅

色农业生产加工基地”、“中国通向南亚陆路大通道”和“云南精品特色旅游区”三大目标，实施振兴工业、城镇化、科教兴保和可持续发展战略。主要预期目标为：国内生产总值年均增长8%以上，全社会固定资产投资年均增长14%，地方财政收入年均增长8%，社会消费品零售总额年均增长10%，城镇居民可支配收入年均增长5%，农民人均纯收入年均增长5%，人口自然增长率控制在年均9‰以内，城镇登记失业率控制在3.5%以下。

新世纪已敞开了保山飞速发展的大门，坚信两百多万保山人民将以崭新的面貌继往开来，开拓创新，再造保山历史的新辉煌。

蔗糖是保山市的支柱产业

保山怒江风光

保山举行隆重的撤地设市庆典活动

摄影作者：靳建平
王华沙
李宗华

充满生机和蓄势待发的武定

中共武定县委书记　李小平
武定县人民政府县长　胡贵明

武定位于滇中高原北部。东距昆明78公里，南距州府鹿城160公里，北距四川省攀枝花245公里，108国道穿境而过，幅员面积2948平方公里，山区面积97%，最低海拔862米，最高海拔2956米，年平均气温15.1℃，年平均降雨量999.7毫米。全县辖13个乡镇128个村民委员会，总人口260196人，26个民族。彝族等少数民族人口占51%。

省委书记令狐安深入武定山区作调查

丰富的资源优势。一是矿产资源。县境内有铁、钛、铜、锌、稀土、石膏、石棉、木纹石等多种矿体，其中，钛矿储量达2400万吨，居西南之首，铁矿储量达2.46亿吨，占全省的1/5，木纹石矿储量达34.8亿立方，铜矿储量617万吨，铅锌矿储量9.4万吨，芒硝储量5884万吨，可谓宝藏遍地，有囊中取物之便利。二是旅游资源。集自然、人文、民族风情和科考为一体的旅游资源构成武定独有的特色，紧邻县城的狮子山风景名胜区以其雄险古奇而有“西南第一山”之美誉。景区内有70多个景点。牡丹因花期长、花瓣大、色彩艳丽享誉省内外，有花径达28厘米而被中央台称之为“中国牡丹之最”的牡丹花。2000年接待游客20余万人。三是交通资源。108国道横贯5个乡镇，金沙江航道通达3个乡镇。全县实现村村通路。有车马通楫之便利。四是水利资源。全县地表径流量达9.24亿立方米，水能蕴藏量5.44万千瓦。现以建成大响水、河门口、已衣等11座水电站，装机容量达1.39万千瓦，发展水电条件优越。五是“武定壮鸡”品牌优势。武定壮鸡具有个大体肥，骨酥肉嫩、味鲜可口的等特点。

县委书记李小平深入农村体验民情

坚实的发展基础。改革开放二十年，武定旧貌换新颜，20年来，在县委、县政府的正确领导下，作为国家级贫困县的武定，国民经济持续增长，综合实力明显提高；基础设施大为改善，整个经济社会呈现出蓬勃发展的态势。“九五”期间，国内生产总值年平均递增11.91%。2000年实现国内生产总值64470万元，工农业总产值46963万元，分别是1978年的15.7倍、11.3倍，其中，工业总产值23740万元，农业总产值23223万元，分别是1978年的

县长胡贵明深入农村体验民情

新村湖

禄武二级公路

29.6倍和6.4倍。农民人均纯收入807元，比上年增长7.2%。年内解决了2.1万贫困人口的温饱。

广阔的发展前景。一是紧扣发展主题，突出发展生产力，深入实际，大胆探索束缚和阻碍生产力发展的因素，不断提高全县26万各民族人民群众的生活水平。二是突出农民、财政两大增收重点，把着力点放在农业生产结构调整、扶贫攻坚等多渠道增加农民收入、确保财政增长上。三是加大基础设施建设战略。实施扩大开放、科教人才、民族文化和可持续发展战略。四是坚定不移地扩大对外开放，筑巢引凤加大招商力度，加快发展开放型经济。五是培育五大产业、建好七大基地。即培育和建设好烟草种植业、绿色产业、畜禽养殖业、矿产业和特色旅游业。以热带经济作物、高山反季绿色经济作物、山区林果种植、地道中药材种植和亚麻种植为重点发展绿色产品；以武定壮鸡开发为重点发展畜禽养殖业；以钛矿和木纹石矿加工开发为重点发展矿产业，以狮子山风景名胜区开发为重点发展特色旅游业。建好七大基地即烤烟、优质米、武定鸡、中草药、亚麻、魔芋和洋芋。

我们将突出重点、挖掘潜力，实施东进昆明、北上攀枝花战略，努力开拓两大市场，切实做好服务文章，坚持把资源优势与市场需求有机结合，突出地域特点，发挥特色经济优势和区位优势。“人无我有，人有我优”，优化种植、品种结构，培育开发特色品牌产品，增强市场竞争力，促进特色农业从数量型向质量效益型转化，培育重点产业，增添农村经济增长新亮点，从根本上解决贫困问题，努力建设富裕、文明的新武定。武定人民热忱欢迎各界有识之士莅临武定指导工作、观光旅游、考察投资、开发建设。

素有“西南第一山”的狮子山名胜风景区

优质、高档装饰建筑材料木纹石

果大、味甜的东坡热带河谷香蕉

体大、肉嫩、骨酥的武定壮鸡

发展中的西山区

中共西山区委书记 张建伟

西山区人民政府区长 张辉

办公楼

落笔“山、水、路”谱写新华章

“九五”期间西山区经济社会快速发展

改革开放二十年来，特别是“九五”期间西山区党政领导带领全区各族人民，高举邓小平理论伟大旗帜，坚持以经济建设为中心，立足区情大力弘扬“团结务实、勤奋自强、开拓创新”的西山精神，务实求真，放胆落笔“山、水、路”，疾笔奋进写华章，社会经济发展进入快车道。在云南省县级综合实力评估中，西山区位居第三，有5个乡镇名列全省百强乡镇之列，其中马街镇为全省第一镇。2000年，全区实现国内生产总值32.77亿元，为1995年的2.86倍，平均每年增长16%，实现了“九五”计划年平均增长15%的目标；工农业总产值44.32亿元，为1995年的2.14倍,平均年增长14.6%（按可比价格计算）；乡镇企业营业总收入220.19亿元，是1995年的6.24倍，平均年增长35.71%；社会消费品零售总额21.30亿元，是1995年的2.88倍，平均年增长19.29%；总体财政收入3.98亿元，是1995年的2.81倍，年平均增长23.00%；粮食总产量4.77万吨；全区城镇居民人均可支配收入达7563元，农民人均纯收入达3708元，分别比1995年年平均增长9.65%和15.47%。

随着近郊城市化和城乡一体化步伐的加快，目前西山区有20余平方公里地域与昆明市主城区连为一体，一个崭新的西市区已出现在昆明西区。建成区内兴建各类住宅小区30余个，入住人口已超过20万人，10多条城市主次干道纵横交错，城市载体功能、辐射功能加强，城市化管理水平日益提高，有力地促进了西山区社会经济的健康发展。

一、行政区划和自然资源

DIVISIONS OF ADMINISTRATIVE AREAS AND NATURAL RESOURCES

1-1 全省行政区划

（2000年末）

地、州、市	市、县、区	县级市、县、区数
昆明市	盘龙区 五华区 官渡区 西山区 东川区 呈贡县 晋宁县 富民县 宜良县 石林县 嵩明县 禄劝县 寻甸县 安宁市	5个市辖区、1个市、8个县
曲靖市	麒麟区 马龙县 陆良县 师宗县 罗平县 富源县 会泽县 沾益县 宣威市	1个市辖区、1个市、7个县
玉溪市	红塔区 江川县 澄江县 通海县 华宁县 易门县 峨山县 新平县 元江县	1个市辖区、8个县
昭通地区	昭通市 鲁甸县 巧家县 盐津县 大关县 永善县 绥江县 镇雄县 彝良县 威信县 水富县	1个市、10个县
楚雄州	楚雄市 双柏县 牟定县 南华县 姚安县 大姚县 永仁县 元谋县 武定县 禄丰县	1个市、9个县
红河州	个旧市 开远市 蒙自县 屏边县 建水县 石屏县 弥勒县 泸西县 元阳县 红河县 金平县 绿春县 河口县	2个市、11个县
文山州	文山县 砚山县 西畴县 麻栗坡县 马关县 丘北县 广南县 富宁县	8个县
思茅地区	思茅市 普洱县 墨江县 景东县 景谷县 镇沅县 江城县 孟连县 澜沧县 西盟县	1个市、9个县
西双版纳州	景洪市 勐海县 勐腊县	1个市、2个县
大理州	大理市 漾濞县 祥云县 宾川县 弥渡县 南涧县 巍山县 永平县 云龙县 洱源县 剑川县 鹤庆县	1个市、11个县
保山地区	保山市 施甸县 腾冲县 龙陵县 昌宁县	1个市、4个县
德宏州	瑞丽市 潞西市 梁河县 盈江县 陇川县	2个市、3个县
丽江地区	丽江县 永胜县 华坪县 宁蒗县	4个县
怒江州	泸水县 福贡县 贡山县 兰坪县	4个县
迪庆州	中甸县 德钦县 维西县	3个县
临沧地区	临沧县 凤庆县 云县 永德县 镇康县 双江县 耿马县 沧源县	8个县
合计	**3个省辖市、5个地区、8个自治州、12个地州辖市、80个县、29个自治县、7个市辖区**	

1－2 历届省人民代表大会的代表人数

单位:人

	一 届 1954年 8月	二 届 1958年 11月	三 届 1963年 12月	五 届 1977年 12月	六 届 1983年 4月	七 届 1988年 4月	八 届 1993年 5月	九 届 1998年 1月
代表总数	**392**	**395**	**495**	**1 016**	**885**	**588**	**629**	**619**
在代表总数中								
女 代 表	59	55	92	213	212	134	127	147
占代表总数%	15.10	13.90	18.60	20.90	23.90	22.80	20.20	23.70
在代表总数中								
少数民族代表	160	165	197	359	360	259	287	286
占代表总数%	40.80	41.80	39.80	35.30	40.60	44.00	45.60	46.20

注:第四届省人代会没有召开代表大会,1968年8月省革委会成立。

1－3 历届省政治协商会议的委员人数

单位:人

	一 届 1955年 2月	二 届 1959年 7月	三 届 1963年 12月	四 届 1977年 12月	五 届 1983年 4月	六 届 1988年 4月	七 届 1993年 4月	八 届 1998年 1月
委员总数	**157**	**390**	**387**	**419**	**526**	**561**	**589**	**612**
在委员总数中								
中共委员	33	111	134	158	196	204	228	228
占总数%	21.00	28.50	34.60	37.70	37.30	36.40	38.70	37.25
在委员总数中								
少数民族委员	44	119	106	96	137	160	172	183
占总数%	28.00	30.50	27.40	22.90	26.00	28.50	29.20	29.90

1-4 人口和自然资源

指　　标	单　　位	2000年
全省年底人口总数	万　人	4 240.80
人口密度	人/平方公里	108.00
全省土地面积	万平方公里	39.40
民族自治地方土地面积	万平方公里	27.67
全省荒山荒地面积	万公顷	1 290.40
#宜农荒地	万公顷	286.70
全省森林面积	万公顷	1 287.32
全省活立木总蓄积量	亿立方米	14.24
全省水面面积	万公顷	27.90
全省水力资源蕴藏量	亿千瓦	1.04
全省铁矿保有储量	亿　吨	21.71
全省煤矿保有储量	亿　吨	240.60
全省磷矿石保有储量	亿　吨	28.26

注:森林资源有关数据系1997年全省森林资源连续清查第三次复查统计数。

1-5 主要湖泊情况

名　　称	所属水系	湖面面积(平方公里)	最大水深(米)	平均水深(米)	平均水位(米)	总容水量(亿立方米)
滇　　池	金沙江	306.3	8.0	5.0	1 885.0	15.7
洱　　海	澜沧江	250.0	23.0	10.5	1 974.0	30.0
抚仙湖	南盘江	212.0	151.5	87.0	1 720.0	185.0
阳宗海	南盘江	31.0	30.0	20.0	1 770.0	6.02
星云湖	南盘江	39.0	12.0	9.0	1 723.0	2.3
程　　海	金沙江	78.8	36.9	15.0	1 503.0	27.0
泸沽湖	金沙江	51.8	73.2	40.0	2 685.0	20.72

1－6 土地状况

名　　称	面　　积	占总面积（%）
1.按地形分类：		
山　地	约33.1万平方公里	84
高　原	约3.9万平方公里	10
盆　地	约2.4万平方公里	6
2.按特征分类：		
森　林	1 287万公顷	32.7
疏林地、灌木林	660万公顷	16.8
荒山草坡地	718万公顷	18.2
水面面积	28万公顷	0.7
其　他	953万公顷	24.2

1－7 主要山峰高程

名　　称	标高（米）	所属地、州、市
高黎贡山	3 374	保　山
碧罗雪山	4 141	怒　江
梅里雪山（卡格博峰）	6 740	迪　庆
玉龙雪山（扇子陡峰）	5 596	丽　江
点苍山（马龙峰）	4 122	大　理
大雪山	3 504	临　沧
无量山	3 291	大理、思茅
哀牢山	2 940	思茅、玉溪、红河
五莲峰	2 561	昭　通
拱王山	3 677	东　川
梁王山	2 833	曲　靖

注：全省最低点为河口县境内的南溪河与元江汇合处，海拔76.4米。

1－8 主要河流情况

名　　称	境内河长（公里）	集水面积（平方公里）
大盈江	186	5 723
陇川江	332	9 187
怒　江	547	33 484
澜沧江	1 170	88 655
金沙江	1 560	109 026
元　江	692	37 297
南盘江	677	43 311

1－9　各县市土地、气温、降水量

（2000 年）

地　　区	土地面积（平方公里）	耕地面积（万公顷）	荒山荒地和草地面积（万公顷）	年平均气温（℃）	年平均降水量（毫米）
全省合计	**394 139**	**419.88**			
昆　明　市	**21 582**	**19.21**			
五华区					
盘龙区	2 190			14.7	1 094.1
官渡区		1.22			
西山区		0.72			
东川区	1 674	1.38	3.76	20.2	688.9
呈贡县	541	0.67	1.29	14.6	790.9
晋宁县	1 391	1.45	3.61	14.6	913.0
富民县	1 030	0.76	2.54	15.8	841.6
宜良县	1 880	1.91	3.16	16.3	920.9
石林县	1 777	1.77	4.48	15.6	924.5
嵩明县	1 442	2.17	3.10	14.0	994.7
禄劝县	4 378	2.65	10.21	15.6	964.9
寻甸县	3 966	3.59	8.16	14.4	1 030.8
安宁市	1 313	0.91	2.23	14.7	889.4
曲　靖　市	**29 855**	**29.28**	**71.96**		
麒麟区	1 442	2.00	2.73	14.5	1 002.2
马龙县	1 751	1.49	1.35	13.5	1 021.0
陆良县	2 096	2.80	5.03	14.6	971.7
师宗县	2 858	2.35	6.99	13.7	1 260.8
罗平县	3 116	3.05	8.24	15.1	1 723.8
富源县	3 348	3.26	6.74	13.7	1 075.5
会泽县	6 077	4.60	24.21	12.7	821.0
沾益县	2 910	2.72	3.44	14.5	1 000.0
宣威县	6 257	7.01	5.06	13.3	997.7
玉　溪　市	**15 285**	**11.55**	**47.80**		
红塔区	1 004	1.14	1.75	15.9	888.0
江川县	850	0.92	3.34	15.6	897.6
澄江县	773	0.75	2.79	15.5	942.4
通海县	721	1.21	2.80	15.6	885.2
华宁县	1 313	1.18	5.71	15.6	948.3
易门县	1 571	1.17	4.00	15.9	829.0
峨山县	1 972	1.13	5.98	15.9	981.3
新平县	4 223	2.30	12.82	17.3	970.7
元江县	2 858	1.73	8.61	23.7	804.8

注:土地资源为以前清查数,气候资料为多年平均值,耕地面积为 1997 年农业普查调整数。

地　　区	土地面积（平方公里）	耕地面积（万公顷）	荒山荒地和草地面积（万公顷）	年平均气温（℃）	年平均降水量（毫米）
昭通地区	**23 021**	**40.57**	**61.14**		
昭通市	2 240	6.13	5.83	11.6	736.5
鲁甸县	1 519	3.66	3.99	12.2	917.6
巧家县	3 245	4.69	13.65	21.1	798.1
盐津县	2 096	2.76	7.06	17.0	1 211.7
大关县	1 802	2.16	5.43	15.0	1 006.7
永善县	2 833	3.54	10.01	16.4	667.7
绥江县	882	1.39	1.10	17.8	983.2
镇雄县	3 785	8.42	5.48	11.3	923.2
彝良县	2 884	4.39	6.94	17.0	782.6
威信县	1 416	2.67	1.65	13.3	1 050.0
水富县	319	0.77			
楚雄州	**29 258**	**16.04**	**101.05**		
楚雄市	4 482	2.52	9.18	15.6	831.6
双柏县	4 045	1.28	10.90	14.9	945.7
牟定县	1 494	1.34	7.98	15.6	845.7
南华县	2 343	1.44	6.94	14.8	845.9
姚安县	1 803	1.24	8.13	15.2	776.7
大姚县	4 146	1.70	14.80	15.6	796.3
永仁县	2 189	0.90	8.85	17.8	840.0
元谋县	1 803	1.43	11.94	21.9	611.3
武定县	3 322	1.82	9.25	15.1	1 001.2
禄丰县	3 631	2.39	13.08	16.2	929.1
红河州	**32 931**	**25.96**	**125.53**		
个旧市	1 597	1.29	4.77	15.8	1 106.3
开远市	2 009	1.51	8.52	19.7	815.9
蒙自县	2 228	2.78	10.67	18.5	832.3
屏边县	1 906	1.38	8.01	16.4	1 650.2
建水县	3 940	2.99	12.43	18.4	830.4
石屏县	3 090	1.82	6.42	18.4	955.5
弥勒县	4 004	3.74	14.59	17.3	985.9
泸西县	1 674	2.20	3.26	15.1	971.6
元阳县	2 292	2.10	9.21	16.4	1 421.4
红河县	2 034	1.61	9.59	20.2	906.0
金平县	3 677	2.71	18.16	17.7	2 963.0
绿春县	3 167	1.39	14.55	16.5	2 042.3
河口县	1 313	0.45	5.35	22.6	1 802.5

（2000年）

地 区	土地面积（平方公里）	耕地面积（万公顷）	荒山荒地和草地面积（万公顷）	年平均气温（℃）	年平均降水量（毫米）
文 山 州	**32 239**	**23.13**	**97.18**		
文 山 县	3 064	2.80	5.36	17.8	999.8
砚 山 县	3 888	3.26	8.32	16.0	1 005.9
西 畴 县	1 545	1.34	3.94	15.8	1 294.0
麻栗坡县	2 395	1.96	9.01	17.6	1 051.3
马 关 县	2 755	3.01	6.83	16.8	1 341.2
丘 北 县	5 150	3.92	11.56	16.2	1 203.3
广 南 县	7 983	4.21	28.37	16.6	1 071.7
富 宁 县	5 459	2.62	23.79	19.3	1 198.8
思 茅 地 区	**45 385**	**32.35**	**111.19**		
思 茅 市	4 093	1.44	14.58	18.1	1 406.4
普 洱 县	3 670	2.13			
墨 江 县	5 459	4.87	16.03	17.8	1 364.6
景 东 县	4 532	3.34	5.05	18.3	1 094.1
景 谷 县	7 777	3.36	9.28	20.2	1 245.0
镇 沅 县	4 223	2.55	7.34	18.5	1 301.7
江 城 县	3 476	1.72	19.88	18.1	2 258.5
孟 连 县	1 957	2.49	7.11	19.6	1 373.2
澜 沧 县	8 807	8.98	26.21	18.9	1 643.4
西 盟 县	1 391	1.48	5.71	15.2	2 772.3
西双版纳州	**19 700**	**11.00**	**53.77**		
景 洪 市	7 133	3.43	18.64	21.7	1 211.1
勐 海 县	5 511	4.74	18.57	18.1	1 933.1
勐 腊 县	7 056	2.83	16.56	20.9	1 550.8
大 理 州	**29 459**	**19.69**	**101.11**		
大 理 市	1 468	1.28	6.73	15.2	1 071.9
漾 濞 县	1 957	0.79	6.21	16.1	1 083.3
祥 云 县	2 498	2.18	5.83	14.7	822.5
宾 川 县	2 627	2.44	10.57	17.8	580.7
弥 渡 县	1 571	1.40	7.34	16.2	742.5
南 涧 县	1 802	1.33	5.70	18.9	717.3
巍 山 县	2 266	1.96	9.85	15.5	805.8
永 平 县	2 884	1.46	11.36	15.8	1 040.6
云 龙 县	4 712	1.60	13.17	13.5	861.7
洱 源 县	2 961	2.18	11.01	13.8	763.4
剑 川 县	2 318	1.34	6.31	12.2	743.8
鹤 庆 县	2 395	1.73	7.03	13.5	963.8

(2000年)

地　　区	土地面积（平方公里）	耕地面积（万公顷）	荒山荒地和草地面积（万公顷）	年平均气温（℃）	年平均降水量（毫米）
保山地区	**19 637**	**16.59**	**56.20**		
保山市	5 011	4.65	20.93	15.5	962.6
施甸县	2 009	2.20	6.84	17.1	947.0
腾冲县	5 845	4.10	17.37	14.8	1 465.3
龙陵县	2 884	2.74	5.39	14.9	2 097.5
昌宁县	3 888	2.91	5.67	14.9	1 259.1
德宏州	**11 526**	**12.17**	**32.78**		
瑞丽市	1 020	1.25	2.61	20.0	1 389.5
潞西市	2 987	3.65	10.96	19.5	1 443.8
梁河县	1 159	1.49	3.57	18.3	1 363.1
盈江县	4 429	3.27	11.57	19.3	1 482.1
陇川县	1 931	2.51	3.54	18.9	1 676.0
丽江地区	**21 219**	**10.08**	**58.16**		
丽江县	7 648	3.60	13.75	12.6	947.0
永胜县	5 099	2.73	17.35	13.4	925.1
华坪县	2 266	1.11	9.59	19.8	1 043.8
宁蒗县	6 206	2.64	17.47	12.7	910.8
怒江州	**14 703**	**5.18**	**27.13**		
泸水县	2 938	1.41	3.81	15.0	1 161.1
福贡县	2 804	0.70	4.66	17.0	1 360.1
贡山县	4 506	0.44	6.95	14.8	1 637.9
兰坪县	4 455	2.63	11.71	11.3	1 010.1
迪庆州	**23 870**	**3.66**	**45.67**		
中甸县	11 613	1.43			619.9
德钦县	7 596	0.48	16.84	4.7	663.7
维西县	4 661	1.74		11.3	954.1
临沧地区	**24 469**	**24.75**	**84.66**		
临沧县	2 652	2.18	8.93	17.2	1 161.8
凤庆县	3 451	3.27	10.47	16.5	1 322.3
云　县	3 760	3.60	10.85	19.4	912.0
永德县	3 296	3.59	9.71	17.4	1 292.6
镇康县	2 642	2.61	10.66	18.9	1 622.6
双江县	2 292	1.80	6.40	19.4	1 015.3
耿马县	3 837	4.45	15.42	18.8	1 321.1
沧源县	2 539	3.25	12.22	17.4	1 748.8

主 要 统 计 指 标 解 释

森林面积 指生长着乔木和竹林,郁闭度在0.3以上(不包括0.3)的林地面积,即有林地面积。它是反映森林资源总面积的重要指标。森林面积包括天然林面积和人工林面积。但不包括灌木林地和疏林地面积。

森林覆盖率 通常是指森林面积占土地总面积之比,一般用百分数表示。但国家规定在计算森林覆盖率时,森林面积还包括灌木林面积,农田林网树占地面积以及四旁树木的覆盖面积。森林覆盖率,是反映一个国家或地区森林资源和绿化水平的重要指标。

活立木总蓄积量 指全部土地上树木蓄积的总量。包括森林蓄积、疏林蓄积、散生木蓄积和四旁树蓄积。

林木蓄积量 指森林面积上生长着的林木树干材积总量。它反映一个国家或地区森林资源总规模和水平的重要指标。

淡水总面积 指江、河、湖泊、塘堰、水库等各种流水或蓄水的占地面积。

矿产保有储量 指探明的矿产储量(包括工业储量和远景储量)扣除已开采部分和地下损失量后的年底实有储量。它反映国家矿产资源的现状。

二、综　合

GENERAL SURVEY

2-1　按经济成份划分的主要社会经济指标

（2000年）

指　　标	绝对数	比重（%）	指　　标	绝对数	比重（%）
一、从业人员数（万人）	**2 268.50**	**100**	**五、社会消费品零售总额（亿元）**	**583.17**	**100**
国有经济单位职工	220.60	9.7	国有及国有控股	148.53	25.5
城镇集体经济单位职工	23.70	1.1	集体及股份合作	80.88	13.9
其它各种经济单位职工	29.10	1.3	私有经济	253.92	43.5
乡村从业人员	1 921.90	84.7	其中：个体	216.75	37.2
城镇个体从业人员及其它	73.20	3.2	其它各种经济	99.84	17.1
二、农业总产值（亿元）	**680.86**		**六、普通中学和小学教师数（万人）**	**31.61**	**100**
三、工业总产值（亿元）	**1 589.36**	**100**	教育部门办	30.41	96.2
国有经济	679.38	42.7	其它部门办	1.02	3.2
集体经济	217.84	13.7	集体办及民办	0.18	0.6
个　　体	290.86	18.3	**七、文化事业机构（个）**	**2 228**	**100**
其它各种经济	401.28	25.3	国有经济	2 222	99.7
四、固定资产投资额（亿元）	**697.94**	**100**	集体所有制及其它	6	0.3
国有经济	466.20	66.8	**八、文化事业单位职工人数（人）**	**12 526**	**100**
集体经济	47.44	6.8	国有经济	12 467	99.5
个人投资	110.02	15.8	集体所有制及其它	59	0.5
其它各种经济	74.28	10.6			

注：1. 农业总产值、工业总产值按当年价格计算，村及村以下办工业产值包括在工业总产值中。
2. 本表文化事业机构数和职工人数的统计范围为文化部门。

2-2 主要年份国民经济主要指标

指标	单位	1952年	1978年	1990年	1995年	1999年	2000年
一、人口							
年末总人口数	万人	**1 695**	**3 091**	**3 731**	**3 990**	**4 192.4**	**4 240.80**
二、年末从业人员数	万人	**761**	**1 313**	**1 923**	**2 149**	**2 244**	**2 268.50**
#职工人数	万人	26	216	292	312	285	273.40
三、工农业总产值	亿元	**13.41**	**95.45**	**556.98**	**1 704.47**	**2 203.56**	**2 270.22**
四、国内生产总值(当年价)	亿元	**11.78**	**69.05**	**451.67**	**1 206.68**	**1 855.74**	**1 955.09**
五、农业生产							
1.农业总产值(当年价)	亿元	9.60	40.02	211.72	474.46	642.48	680.86
2.主要农产品产量							
粮食	万吨	451	864	1 061	1 189	1 399.25	1 467.80
油料	万吨	3.37	5.51	13.31	19.58	20.62	26.98
甘蔗	万吨	30.13	160.01	661.88	1 055.92	1 526.53	1 420.29
烤烟	万吨	0.57	12.26	43.60	76.07	60.95	64.61
水果	万吨		11.62	31.97	55.71	73.83	76.95
茶叶	万吨	0.36	1.78	4.48	6.40	7.51	7.94
猪、牛、羊肉	万吨	8.36	29.23	74.74	120.45	180.35	191.51
水产品	万吨	0.14	1.12	4.60	8.44	15.53	16.62
六、工业生产							
1.工业总产值(当年价)	亿元	3.81	55.43	345.26	1 230.01 (1 079.46)	1 561.08	1 589.36
轻工业产值	亿元	2.30	23.84	181.14	656.60 (584.60)	793.88	802.70
重工业产值	亿元	1.51	31.60	164.12	573.41 (494.86)	767.20	786.66
2.主要工业产品产量							
布	万米	3 641	10 507	17 974	13 964	6 143	5 855
机制纸及纸板	万吨	0.08	5.12	15.43	30.41	23.90	22.32
糖	万吨	2	14	51	94	163	152.25
卷烟	万箱	2	63	448	680	603.97	612.77
缝纫机	万架		0.14	11.20	9.53		
自行车	万辆		0.01	34.03	8.55		
钢	万吨	0.25	35.12	80.15	140.50	178.72	189.41
成品钢材	万吨	0.13	25.59	68.97	144.34	182.01	183.71

注:工业总产值及轻重工业产值从1996年开始按新规定的计算方法统计,1995年括号内的数字系按新规定方法统计的。

2-2 续表1

指　　标	单　位	1952年	1978年	1990年	1995年	1999年	2000年
原　　煤	万　吨	28	1 483	2 227	2 803	2 664	2 216
发 电 量	亿千瓦小时	0.52	52.51	125.78	228.42	298.20	317.46
水　　泥	万　吨	1	131	471	997	1 623	1 643
木　　材	万立方米	5	212	245	391	183	127.16
七、运输邮电							
1.货运周转量	亿吨公里	1.54	62.34	260.67	307.71	443.09	479.52
#铁　　路	亿吨公里	0.64	43.52	93.91	114.24	152.64	180.76
公　　路	亿吨公里	0.87	18.57	166.10	192.10	288.14	296.65
水　　运	亿吨公里	0.03	0.24	0.59	1.06	0.92	0.98
2.旅客周转量	亿人公里	1.32	24.25	87.67	137.93	237.99	237.94
#铁　　路	亿人公里	0.73	9.92	17.22	23.03	32.81	31.35
公　　路	亿人公里	0.59	13.89	65.77	93.10	164.20	171.24
水　　运	亿人公里		0.12	0.46	0.35	0.64	0.78
3.邮电业务总量	万　元	264	3 016	12 737	139 729	612 636	990 739
函　　件	万　件	666	5 572	8 958	16 024	10 475	11 664
报刊发行累计数	万　件	2 417	31 539	38 769	50 377	39 149	38 408
八、固定资产投资							
1.全社会固定资产投资	亿　元	0.59	15.04	75.74	380.57	717.28	697.94
2.国有经济固定资产投资	亿　元	0.59	13.44	51.22	262.84	498.35	466.20
#基本建设投资总额	亿　元	0.58	11.77	28.01	133.32	355.02	342.12
基本建设新增固定资产	亿　元	0.50	9.78	25.90	98.54	259.16	205.34
3.集体经济固定资产投资	亿　元		1.15	12.57	38.55	52.43	47.44
城　　镇	亿　元		0.20	5.28	9.92	11.63	10.38
农　　村	亿　元		0.95	7.29	28.63	40.80	37.06
4.个体私营经济固定资产投资	亿　元		0.46	11.96	39.52	100.37	110.02
城　　镇	亿　元			0.91	3.57	54.72	60.27
农　　村	亿　元		0.46	11.05	35.95	45.65	49.75
5.其它经济固定资产投资	亿　元				39.66	66.13	74.28
九、国内商业							
社会消费品零售总额	亿　元	4.87	28.38	145.59	369.55	538.95	583.17

注：报刊发行累计数包括报纸和杂志发行累计数。

2－2 续表2

指　　标	单　位	1952年	1978年	1990年	1995年	1999年	2000年
十、对外贸易							
进出口总额	万美元	32	10 420	75 114	212 102	165 967	181 283
出 口 额	万美元	5	6 948	56 241	133 097	103 443	117 516
进 口 额	万美元	27	3 472	18 873	79 005	62 524	63 767
十一、财　　政							
财政收入	亿　元	1.87	11.76	77.43	285.26	425.43	432.95
财政支出	亿　元	0.99	18.28	90.76	235.10	378.05	414.11
十二、物价指数（以1952年价格为100）							
农副产品收购价格总指数	%	100	192.1	547.2	992.2	900.2	842.6
零售物价总指数	%	100	106.8	214.1	388.8	413.5	403.5
城镇居民消费价格指数	%	100	112.7	237.6	456.3	522.5	509.9
十三、职工工资							
职工工资总额	亿　元		12.68	60.66	158.96	235.93	254.46
#国有单位职工工资总额	亿　元	0.73	11.42	53.56	137.81	195.97	209.50
职工年平均货币工资	元		608	2 130	5 149	8 276	9 231
#国有单位职工年平均工资	元	371	629	2 200	5 286	8 449	9 422
十四、教育文化							
高等学校数	所	2	15	26	26	24	24
高等学校在校学生数	人	3 287	15 900	43 525	51 427	73 902	90 409
中等专业学校在校学生数	人	6 661	26 641	73 779	102 646	119 484	119 199
普通中学在校学生数	万　人	4.73	128.93	123.95	127.25	167.44	185.97
小学在校学生数	万　人	114.85	436.03	446.86	462.41	480.80	472.06
艺术表演团体	个		149	137	134	130	129.00
报纸出版数量	亿　份			2.23	2.59	2.96	3.60
各类杂志出版数量	万　册		17	954	1 604	1 811	2 877
图书出版数量	亿　册		0.45	1.23	1.19	1.72	1.34
十五、卫　　生							
卫生机构数	个	350	5 529	6 671	6 400	11 875	13 356
床位数	万　张	0.43	5.97	8.45	9.56	9.72	9.75
#医院病床数	万　张	0.36	5.41	7.61	8.39	6.46	6.61
专业卫生技术人员	万　人	0.38	6.55	10.16	11.25	12.10	12.41
#医　　生	万　人	0.07	3.11	5.39	5.95	6.07	6.26

注：1.进出口总额包括边境贸易，1998年以前为外贸业务数，1999年以后为海关进出口统计数。

2.财政收入为总收入，包括上划中央的“两税”收入。

3.从1996年开始职工工资总额和平均工资口径有所调整，与过去年度不完全可比。

4.从1996年开始卫生机构数包括主要卫生机构、诊所、卫生保健所、医务室等。

2－3　主要年份国民经济主要指标增长速度

指　　标	2000年比各年增长%					平均每年增长%	
	1952年	1978年	1990年	1995年	1999年	1953－2000年	1979－2000年
一、人　　口	**1.5倍**	**37.2**	**13.7**	**6.3**	**1.2**	**1.9**	**1.4**
二、从业人员数	**2.0倍**	**72.8**	**18.0**	**5.6**	**1.1**	**2.3**	**2.5**
#职工人数	9.5倍	26.6	－6.4	－12.4	－4.1	5.0	1.1
三、工农业总产值	**40.8倍**	**6.3倍**	**1.6倍**	**48.4**	**7.7**	**8.1**	**9.4**
四、国内生产总值	**33.1倍**	**6.4倍**	**1.4倍**	**49.8**	**7.1**	**7.6**	**9.5**
五、农业生产							
1.农业总产值	7.0倍	2.2倍	69.4	35.9	6.5	4.4	5.5
2.主要农产品产量							
粮　　食	2.3倍	69.6	38.3	23.4	4.9	2.5	2.4
油　　料	7.0倍	3.9倍	1.0	37.8	30.8	4.4	7.5
甘　　蔗	46.1倍	7.9倍	1.1倍	34.5	－7.0	8.4	10.4
烤　　烟	112.4倍	4.3倍	48.2	－15.1	6.0	10.4	7.8
水　　果		5.6倍	1.4倍	38.1	4.2		9.0
茶　　叶	21.1倍	3.5倍	77.2	24.1	5.7	6.7	7.0
猪、牛、羊肉	21.9倍	5.6倍	1.6倍	59.0	6.2	6.7	8.9
水 产 品	117.7倍	13.8倍	2.6倍	96.9	7.0	10.5	13.0
六、工业生产							
1.工业总产值	176.5倍	10.1倍	2.2倍	53.3	8.1	11.4	11.6
轻工业产值	141.1倍	11.9倍	1.9倍	39.0	5.5	10.9	12.3
重工业产值	219.7倍	8.7倍	2.5倍	67.8	10.4	11.9	10.9
2.主要工业产品产量							
布	60.8	－44.3	－67.4	－58.1	－4.7	1.0	－2.6
机制纸及纸板	278倍	3.4倍	44.7	－26.6	－6.6	12.4	6.9
糖	75.1倍	9.9倍	2.0倍	61.6	－6.3	9.4	11.5
卷　　烟	305倍	8.7倍	36.8	－9.9	1.5	12.7	10.9
钢	757倍	4.4倍	1.4倍	34.8	6.0	14.8	8.0

指　标	2000年比各年增长%					平均每年增长%	
	1952年	1978年	1990年	1995年	1999年	1953-2000年	1979-2000年
成品钢材	1412倍	6.2倍	1.7倍	27.3	0.9	16.3	9.4
原　煤	78.1倍	49.4倍	-0.5	-20.9	-16.8	9.5	1.8
发电量	610倍	5.0倍	1.5倍	39.0	6.5	14.3	8.5
水　泥	1642倍	11.5倍	2.5倍	64.8	1.2	16.7	12.2
木　材	24.4倍	-40.0倍	-48.1	-67.5	-30.3	7.0	-2.3
七、运　输							
货运周转量	310.4倍	6.7倍	84.0	55.8	8.2	12.7	9.7
旅客周转量	179.3倍	8.8倍	1.7倍	72.5	持平	11.4	10.9
八、国有单位固定资产投资总额	**789.2倍**	**33.7倍**	**8.1倍**	**77.4**	**-6.5**	**14.8**	**18.0**
#基本建设投资总额	588.9倍	28.1倍	11.2倍	1.6倍	-3.6	13.6	15.7
九、社会消费品零售总额	**118.7倍**	**19.5倍**	**3.0倍**	**57.8**	**8.2**	**10.5**	**14.7**
十、进出口总额					**9.2**		
出口额					13.6		
进口额					2.0		
十一、财　政							
财政收入	230.5倍	35.8倍	4.6倍	51.8	1.8	12.0	17.8
财政支出	417.3倍	21.7倍	3.6倍	76.1	9.5	13.4	15.2
十二、零售物价总指数	**3.0倍**	**2.8倍**	**88.5**	**3.8**	**-2.4**	**2.9**	**6.2**
十三、国有单位职工平均工资	**24.4倍**	**14.0倍**	**3.3倍**	**78.2**	**11.5**	**7.0**	**13.1**
十四、高等学校在校学生数	**26.5倍**	**4.7倍**	**1.1倍**	**75.8**	**22.3**	**7.1**	**8.2**
中等专业学校在校学生数	16.9倍	3.5倍	61.6	16.1	-0.2	6.2	7.0
普通中学在校学生数	38.3倍	44.2	50.0	46.1	11.1	7.9	1.7
小学在校学生数	3.1倍	8.3	5.6	2.1	-1.8	3.0	0.4
十五、医院病床数					**2.3**		
专业卫生技术人员	31.7倍	89.5	22.1	10.3	2.6	7.5	2.9
#医　生	88.4倍	1.0倍	16.1	5.2	3.1	9.8	3.2

注:2000年进出口总额因口径与1995年以前不一致,故不可比。

2－4　主要年份国民经济主要比例关系

单位：%

指　　标	1952年	1978年	1980年	1990年	1995年	1999年	2000年
一、人口中的城乡比例							
城镇							23.4
乡村							76.6
二、国内生产总值中三次产业比例							
第一产业	61.7	42.7	42.6	37.2	25.3	22.2	22.3
第二产业	15.5	39.9	40.3	34.9	44.5	44.5	43.1
第三产业	22.8	17.4	17.1	27.9	30.2	33.3	36.6
三、全社会固定资产投资的资金来源比例							
国家预算内投资				13.2	4.9	7.7	8.2
国内贷款				20.8	21.0	22.1	21.8
利用外资				1.8	5.7	2.0	1.1
自筹和其它投资				64.2	68.2	67.5	68.6
股票及债券					0.2	0.7	0.3
四、基建投资中农轻重投资比例							
农　业	2.9	14.2	15.8	7.9	2.4	2.6	6.1
轻 工 业	3.0	6.0	7.6	5.2	5.3	3.3	4.1
重 工 业	28.4	55.8	32.4	42.1	36.0	15.3	17.0
五、基建投资中能源交通投资比例							
能源工业	3.1	20.1	11.7	28.3	20.1	13.5	14.8
运输邮电业	49.9	8.2	13.2	13.2	20.7	43.0	43.6
六、财政收入占国民生产总值的比例	**15.9**	**17.0**	**13.8**	**19.6**	**23.6**	**22.9**	**22.1**
七、基建拨款占财政支出的比例	**25.7**	**39.6**	**26.3**	**10.0**	**14.1**	**16.8**	**14.6**
八、文教卫生科学事业费占财政支出的比例	**14.0**	**14.9**	**21.9**	**23.5**	**23.0**	**23.8**	**23.8**
九、能源使用比例							
物质部门消费				79.8	81.8	84.0	79.4
非物质部门消费				1.2	1.6	3.5	3.4
生活消费				19.0	16.6	12.5	17.2
十、工农业总产值中农轻重比例							
农　业	71.6	41.9	42.4	38.0	27.8	29.2	30.0
轻 工 业	17.1	25.0	26.0	32.5	38.5	36.0	35.4
重 工 业	11.3	33.1	31.6	29.5	33.7	34.8	34.6
十一、工业总产值中轻重工业比例							
轻 工 业	60.3	43.0	45.2	52.5	53.4	50.9	50.5
重 工 业	39.7	57.0	54.8	47.5	46.6	49.0	49.5
十二、农业总产值中农林牧副渔比例							
农　业	70.0	71.4	68.5	56.5	63.1	61.5	61.1
林　业	0.1	6.2	6.1	8.6	8.5	7.1	7.3
牧　业	13.2	17.7	21.2	25.5	26.8	29.4	29.6
副　业	16.7	4.5	3.8	8.7			
渔　业		0.2	0.4	0.9	1.6	2.0	2.0

注：本表按当年价格计算。

2-5 云南的每一天

项目	单位	1995年	1999年	2000年
一、全省每天创造的财富				
工农业总产值	万元	42 575	60 371	62 198
#农业总产值	万元	12 999	17 602	18 654
工业总产值	万元	29 576	42 769	43 544
国内生产总值(按当年价计算)	万元	33 060	50 842	53 564
地方财政收入	万元	2 694	4 731	4 952
布	万米	38	17	16
机制纸及纸板	吨	833	655	612
原煤	万吨	7.68	7.30	6.07
发电量	万千瓦小时	6 258	8 170	8 698
钢	吨	3 849	4 896	5 189
成品钢材	吨	3 955	4 987	5 033
二、全省城乡居民每天消费总额	万元	**16 118**	**26 719**	**29 227**
平均每人每天消费额	元	4.1	6.4	6.9
三、全省每天其它经济活动				
城镇新建住宅面积	万平方米	2.03	3.67	2.98
农民个人新建住宅面积	万平方米	4.13	3.48	3.62
出版图书	万册	33	47	37
出版杂志	万册	4.39	4.96	7.88
出版报纸	万份	71	81	99
邮寄函件	万件	44	29	32
四、全省每天人口变动和婚姻				
出生	人	2 255	2 225	2 200
死亡	人	871	893	874
结婚	对	886	874	854
离婚	对	31	38	43

注:城镇新建住宅面积包括国有单位、其它单位、城镇集体单位、城镇个人新建住宅面积。

2-6 全省社会经济主要指标每人年平均水平

指　　标	单　位	1990年	1995年	1999年	2000年
一、工农业总产值(不变价格)	元	**1 589**	**2 515**	**3 297**	**3 424**
农业总产值	元	606	703	852	898
工业总产值(含村及村以下工业)	元	983	1 812	2 445	2 526
二、国内生产总值(当年价格)	元	**954**	**3 044**	**4 452**	**4 637**
三、地方财政收入	元	**210**	**248**	**414**	**429**
四、耕地面积	公　顷		**0.07**		**0.1**
五、森林面积	公　顷		**0.24**	**0.31**	**0.31**
六、主要工农业产品产量					
纱	千　克	1.1	0.9	0.5	0.5
布	米	4.9	3.5	1.5	1.4
化学纤维	千　克	0.1	0.2	0.4	0.3
糖	千　克	13.8	23.8	39.1	36.1
卷　　烟	箱	0.1	0.2	0.1	0.1
钢	千　克	21.7	35.4	42.9	44.9
成品钢材	千　克	18.7	36.4	43.7	43.6
原　　煤	千　克	604	707	639	525
发 电 量	千瓦小时	341	576	715	753
粮　　食	千　克	288	300	336	348
油　　料	千　克	3.6	4.9	4.9	6.4
甘　　蔗	千　克	179	266	366	337
烤　　烟	千　克	11.8	19.2	14.6	15.3
水　　果	千　克		14.1	17.7	18.2
猪牛羊肉	千　克	20.3	30.4	43.3	45.4
牛　　奶	千　克	2	2.4	2.9	3.1
水 产 品	千　克	1.2	2.1	3.7	3.9
七、交通、邮电(每万人拥有)					
铁路营业里程	公　里	0.5	0.4	0.5	0.5
公路通车里程	公　里	15.2	17.1	24.6	25.8
民用航空航线里程	公　里		13	31.9	28.2
邮电局(所)	个	0.5	0.5	0.5	0.5
电 话 机	部	47.6	211.7	552.3	710.9
八、社会消费品零售总额	元	**448**	**932**	**1 293**	**1 383**
九、城乡储蓄存款余额	元	**316**	**1 254**	**2 454**	**2 684**

2-7 云南省国民经济占全国的比重

指标	全国		云南		云南占全国的比重(%)	
	1999年	2000年	1999年	2000年	1999年	2000年
年末总人口(万人)	**125 909**	**126 583**	**4 192**	**4 241**	**3.3**	**3.4**
国内生产总值(亿元)	**82 067**	**89 404**	**1 855.74**	**1 955.09**	**2.3**	**2.2**
第一产业	14 472	14 212	412.17	436.26	2.9	3.1
第二产业	40 558	45 488	825.12	843.24	2.0	1.9
第三产业	27 038	29 704	618.45	675.59	2.3	2.3
全社会固定资产投资(亿元)	**29 855**	**32 619**	**717.28**	**697.94**	**2.4**	**2.1**
#基本建设	12 455	13 215	373.69	361.84	3.0	2.7
更新改造	4 485	5 077	89.77	81.12	2.0	1.6
社会商品零售总额(亿元)	**31 135**	**34 153**	**538.95**	**583.17**	**1.7**	**1.7**
对外贸易进出口总额(亿美元)	**3 606**	**4 743**	**16.60**	**18.13**	**0.5**	**0.4**
#出口总额	1 949	2 492	10.34	11.75	0.5	0.5
实际利用外资(亿美元)	**526.6**	**593.6**	**2.38**	**2.21**	**0.5**	**0.5**
普通高等学校在校学生数(万人)	**413.4**	**556.1**	**7.39**	**9.04**	**1.8**	**1.8**
医院、卫生院病床数(万张)	**292.9**	**294.8**	**8.80**	**8.90**	**3.0**	**3.0**
卫生技术人员(万人)	**445.9**	**449.1**	**12.10**	**12.41**	**2.7**	**2.8**
#医生	204.5	207.6	6.07	6.26	3.0	3.0
全部职工平均工资(元)	**8 346**	**9 371**	**8 276**	**9 231**		
农民人均纯收入(元)	**2 210**	**2 253**	**1 437.63**	**1 478.60**		
城镇居民年平均可支配收入(元)	**5 854**	**6 280**	**6 178.68**	**6 324.64**		
城乡居民储蓄存款余额(亿元)	**59 622**	**64 332**	**1 028.93**	**1 138.22**	**1.7**	**1.8**
工农业主要产品产量						
粮　　食(万吨)	50 839	46 218	1 399	1 468	2.8	3.2
烤　　烟(万吨)	218.5	223.8	60.95	64.61	27.9	28.9
油　　料(万吨)	2 601.2	2 954.8	20	26.98	0.8	0.9
猪、牛、羊肉(万吨)	4 647.4	4 838.2	180.35	191.51	3.8	4.0
钢　　(万吨)	12 426	12 850	178.72	189.41	1.4	1.5
成品钢材(万吨)	12 110	13 146	182.01	183.71	1.5	1.4
原　　煤(亿吨)	10.45	10	0.27	0.22	2.6	2.2
发 电 量(亿千瓦小时)	12 393	13 556	298.20	317.46	2.4	2.3
水　　泥(万吨)	57 300	59 700	1 622.77	1 642.80	2.8	2.8
农用化肥(折100%)(万吨)	3 251	3 186	177.78	197.22	5.5	6.2
化学纤维(万吨)	600	694	1.73	1.39	0.3	0.2
布　　(亿米)	250	277	0.61	0.59	0.2	0.2
机制纸及纸板(万吨)	2 159	2 487	23.90	22.32	1.1	0.9
糖　　(万吨)	861	700	162.52	152.25	18.9	21.8
卷　　烟(万箱)	3 340	3 397	603.97	612.77	18.1	18.0

2-8 历年国内生产总值和指数

年份	国内生产总值(亿元)				国内生产总值指数(%)			
	国内生产总值	第一产业	第二产业	第三产业	国内生产总值	第一产业	第二产业	第三产业
1952	11.78	7.27	1.82	2.69	100	100	100	100
1957	22.53	12.47	5.43	4.63	177.3	151.1	308.1	159.6
1962	24.50	13.64	6.55	4.31	167.5	138.1	350.8	127.3
1963	25.63	14.01	7.11	4.51	174.8	140.4	381.6	134.2
1964	29.25	16.18	8.19	4.88	200.1	163.0	441.6	144.3
1965	33.62	17.31	11.01	5.30	233.1	174.1	600.5	159.9
1966	36.39	18.37	12.18	5.84	255.8	184.8	684.9	177.2
1967	34.18	18.49	10.17	5.52	235.7	186.0	555.1	165.5
1968	26.51	17.36	4.74	4.41	179.1	174.7	258.9	130.9
1969	34.34	18.63	10.01	5.70	236.8	187.4	546.5	171.3
1970	38.52	18.87	13.38	6.27	271.4	186.9	765.9	190.0
1971	43.47	21.99	14.57	6.91	292.5	197.6	837.3	211.3
1972	49.50	24.84	16.89	7.77	329.6	218.6	973.5	235.2
1973	54.57	27.23	18.85	8.49	363.1	238.9	1 088.6	257.1
1974	51.78	24.29	18.98	8.51	349.5	219.0	1 095.7	257.9
1975	54.29	26.34	19.12	8.83	367.5	239.3	1 102.2	269.2
1976	49.27	25.70	14.96	8.61	332.8	233.6	856.8	266.2
1977	55.84	24.36	21.45	10.03	377.9	220.5	1 240.0	304.3
1978	69.05	29.46	27.58	12.01	459.8	250.8	1 629.2	362.7
1979	76.83	32.38	30.50	13.95	474.1	233.2	1 753.5	416.4
1980	84.27	35.89	33.98	14.40	514.5	256.1	1 930.8	426.8
1981	94.13	41.23	35.80	17.10	554.8	279.9	1 975.1	500.2
1982	110.12	47.04	42.39	20.69	640.8	315.6	2 292.4	602.7
1983	120.07	49.33	47.28	23.46	694.6	328.8	2 534.1	682.9
1984	139.58	57.33	54.38	27.87	795.0	373.9	2 865.4	812.0
1985	164.96	66.07	65.41	33.48	898.6	399.5	3 316.8	971.2
1986	182.28	71.32	70.83	40.13	937.5	390.3	3 603.8	1 045.0
1987	229.03	84.06	84.30	60.67	1 052.8	420.2	4 033.9	1 255.0
1988	301.09	103.47	112.40	85.22	1 221.6	453.0	4 876.4	1 493.5
1989	363.05	119.01	138.06	105.98	1 292.4	467.5	5 098.2	1 662.3
1990	451.67	168.13	157.80	125.74	1 404.9	507.4	5 600.0	1 780.3
1991	517.41	169.48	179.56	168.37	1 497.1	513.0	6 100.3	1 976.1
1992	618.69	186.80	219.03	212.86	1 660.3	528.4	7 125.2	2 240.9
1993	779.21	191.71	327.06	260.44	1 836.3	542.1	8 136.9	2 570.3
1994	973.97	237.51	429.66	306.80	2 049.3	558.4	9 536.4	2 904.4
1995	1 206.68	305.27	536.63	364.78	2 278.8	586.9	10 833.4	3 293.6
1996	1 491.62	364.27	672.82	454.53	2 515.8	618.0	12 090.1	3 721.8
1997	1 644.23	391.48	750.01	502.74	2 752.3	647.0	13 395.8	4 142.4
1998	1 793.90	408.43	828.37	557.10	2 972.5	666.4	14 668.4	4 540.1
1999	1 855.74	412.17	825.12	618.45	3 186.5	697.1	15 709.9	4 948.7
2000	1 955.09	436.26	843.24	675.59	3 412.7	736.8	16 605.4	5 428.7

注:1. 国内生产总值按当年价格计算。

2. 国内生产总值指数按可比价格计算,以 1952 年为 100。

2-9 各地区国内生产总值

（2000 年）

地　　区	国内生产总值（万元）	第一产业	第二产业	工　业	建筑业	第三产业
全省合计	**19 550 900**	**4 362 600**	**8 432 400**	**6 976 900**	**1 455 500**	**6 755 900**
昆　　明	6 262 853	511 345	2 951 033	2 399 960	551 073	2 800 475
曲　　靖	2 131 170	525 469	907 498	762 444	145 054	698 203
玉　　溪	2 945 531	273 368	2 010 060	1 898 789	111 271	662 103
昭　　通	1 065 372	319 286	373 859	247 954	125 905	372 227
楚　　雄	1 055 423	327 457	410 158	351 293	58 865	317 808
红　　河	1 437 578	368 648	627 905	537 993	89 912	441 025
文　　山	707 582	269 000	176 082	139 020	37 062	262 500
思　　茅	536 686	195 790	145 197	92 924	52 273	195 699
西双版纳	462 563	173 553	75 451	28 346	47 105	213 559
大　　理	1 346 657	458 481	387 053	305 493	81 560	501 123
保　　山	704 255	298 590	130 780	76 200	54 580	274 885
德　　宏	367 967	122 939	93 563	60 269	33 294	151 465
丽　　江	308 135	93 476	81 055	45 484	35 571	133 604
怒　　江	111 041	32 343	42 114	30 504	11 610	36 584
迪　　庆	92 305	32 315	19 403	11 130	8 273	40 587
临　　沧	550 038	252 492	141 688	104 646	37 042	155 858

2-9　续表

（2000 年）

地　　区	运输邮电业	商　　业	人均国内生产总值（元）	构成（%）		
				第一产业	第二产业	第三产业
全省合计	**1 197 700**	**1 996 300**	**4 637**	**22.3**	**43.1**	**34.6**
昆　　明	653 279	940 778	13 125	8.2	47.1	44.7
曲　　靖	107 176	290 756	3 946	24.7	42.5	32.8
玉　　溪	102 934	324 940	14 698	9.3	68.2	22.5
昭　　通	75 270	132 792	2 193	30.0	35.1	34.9
楚　　雄	60 318	91 061	4 223	31.0	38.9	30.1
红　　河	71 815	127 712	3 663	25.6	43.7	30.7
文　　山	32 990	65 500	2 199	38.0	24.9	37.1
思　　茅	37 655	45 857	2 161	36.5	27.1	36.4
西双版纳	57 286	47 613	5 422	37.5	16.3	46.2
大　　理	65 362	162 415	4 114	34.1	28.7	37.2
保　　山	44 300	62 055	3 019	42.4	18.6	39.0
德　　宏	28 251	40 212	3 631	33.4	25.4	41.2
丽　　江	22 757	31 964	2 811	30.3	26.3	43.4
怒　　江	5 173	8 225	2 402	29.1	37.9	33.0
迪　　庆	4 204	7 303	2 774	35.0	21.0	44.0
临　　沧	23 798	30 763	2 471	45.9	25.8	28.3

注：由于各地（州）市分别计算，各地（州）市数相加不等于全省数。

2-10 国内支出总额

年份	国内支出总额(亿元)	最终消费	资本形成总额	净出口	最终消费率(%)	资本形成率(%)
1978	69.05	52.03	26.96	-9.94	75.4	39.0
1980	84.27	63.35	30.30	-9.38	75.2	36.0
1985	164.96	119.86	56.76	-11.66	72.7	34.4
1986	182.28	133.08	63.21	-14.01	73.0	34.7
1987	229.03	155.63	68.70	4.70	68.0	30.0
1988	301.09	197.01	93.77	10.31	65.4	31.1
1989	363.05	241.71	114.22	7.12	66.6	31.5
1990	451.67	298.97	132.16	20.54	66.2	29.3
1991	517.41	361.73	185.98	-30.20	69.9	35.9
1992	618.69	413.48	254.18	-48.97	66.8	41.1
1993	779.21	471.26	371.24	-63.29	60.5	47.6
1994	973.97	570.45	433.59	-30.07	58.6	44.5
1995	1 206.68	689.39	492.77	24.52	57.1	40.8
1996	1 491.62	858.69	613.55	19.38	57.6	41.1
1997	1 644.23	983.77	703.39	-42.93	59.8	42.8
1998	1 793.90	1 089.92	770.13	-66.15	60.8	42.9
1999	1 855.74	1 256.46	744.31	-145.03	67.7	40.1
2000	1 955.09	1 481.81	724.70	-251.42	75.8	37.1

2-11 国内支出总额结构

年份	资本形成总额				最终消费					
	绝对数(亿元)		比重(总投资=100)		绝对数(亿元)				比重(总消费=100)	
	固定资产	存货	固定资产	存货	居民消费	农民	非农业居民	社会消费	居民消费	社会消费
1978	20.55	6.41	76.2	23.8	47.80	33.76	14.04	4.23	91.9	8.1
1980	28.70	1.60	94.7	5.3	58.87	39.13	19.74	4.48	92.9	7.1
1985	50.07	6.69	88.2	11.8	110.69	76.46	34.23	9.17	92.3	7.7
1986	55.66	7.55	88.1	11.9	121.36	81.27	40.09	11.72	91.2	8.8
1987	59.75	8.95	87.0	13.0	141.23	93.35	47.88	14.40	90.7	9.3
1988	77.51	16.26	82.7	17.3	178.00	119.38	58.62	19.01	90.4	9.6
1989	79.90	34.32	70.0	30.0	218.26	151.39	66.87	23.45	90.3	9.7
1990	89.25	42.91	67.5	32.5	269.68	191.16	78.52	29.29	90.2	9.8
1991	150.37	35.51	80.9	19.1	325.36	231.62	93.74	36.37	89.9	10.1
1992	208.41	45.77	82.0	18.0	365.98	247.25	118.73	47.50	88.5	11.5
1993	287.57	83.67	77.5	22.5	415.18	263.39	151.79	56.08	88.1	11.9
1994	334.00	99.59	77.0	23.0	493.41	312.18	181.23	77.04	86.5	13.5
1995	395.03	97.74	80.2	19.8	588.14	360.48	227.66	101.25	85.3	14.7
1996	465.05	148.50	75.8	24.2	722.78	442.49	280.29	135.91	84.2	15.8
1997	549.42	153.97	78.1	21.9	806.33	514.51	291.82	177.44	82.0	18.0
1998	689.35	80.78	89.5	10.5	847.89	547.60	300.29	242.03	77.8	22.2
1999	720.87	23.44	96.9	3.1	975.26	668.66	306.60	281.20	77.6	22.4
2000	701.43	23.27	96.8	3.2	1066.77	717.29	349.48	415.04	72.0	28.0

注:资本形成总额即总投资,最终消费即总消费,固定资本形成总额即固定资产。

2－12 各地区国内支出总额

(2000年)

地　区	国内支出总额(万元)	最终消费	资本形成总额	最终消费率(%)	资本形成率(%)
全省合计	**19 550 900**	**14 818 100**	**7 247 000**	**75.8**	**37.1**
昆　明	6 262 853	2 871 320	2 452 312	45.8	39.2
曲　靖	2 131 170	1 143 646	832 520	53.7	39.1
玉　溪	2 945 531	819 739	837 289	27.8	28.4
昭　通	1 065 372	731 263	495 659	68.6	46.5
楚　雄	1 055 423	588 102	466 953	55.7	44.2
红　河	1 437 578	903 598	529 069	62.9	36.8
文　山	707 582	493 208	231 577	69.7	32.7
思　茅	536 686	440 841	247 749	82.1	46.2
西双版纳	462 563	289 815	170 983	62.7	37.0
大　理	1 346 657	990 886	369 833	73.6	27.5
保　山	704 255	510 339	202 313	72.5	28.7
德　宏	367 967	251 300	115 205	68.3	31.3
丽　江	308 135	222 785	106 692	72.3	34.6
怒　江	111 041	81 075	44 314	73.0	39.9
迪　庆	92 305	65 930	38 147	71.4	41.3
临　沧	550 038	363 492	161 096	66.1	29.3

注:1. 由于受净出口及计算误差影响,最终消费加资本形成总额不等于国内支出总额。

2. 由于各地(州)市分别计算,各地(州)市数相加不等于全省数。

2－13 各地区资本形成总额及构成

(2000年)

地　区	资本形成总额(万元)	固定资本形成总额	存　货	资本形成总额=100 固定资本形成总额	资本形成总额=100 存　货
全省合计	**7 247 000**	**7 014 300**	**232 700**	**96.8**	**3.2**
昆　明	2 452 312	2 391 121	61 191	97.5	2.5
曲　靖	832 520	603 911	228 609	72.5	27.5
玉　溪	837 289	583 282	254 007	69.7	30.3
昭　通	495 659	417 701	77 958	84.3	15.7
楚　雄	466 953	311 890	155 063	66.8	33.2
红　河	529 069	444 597	84 472	84.0	16.0
文　山	231 577	157 472	74 105	68.0	32.0
思　茅	247 749	221 457	26 292	89.4	10.6
西双版纳	170 983	147 722	23 261	86.4	13.6
大　理	369 833	317 206	52 627	85.8	14.2
保　山	202 313	160 492	41 821	79.3	20.7
德　宏	115 205	121 032	－5 827	105.1	－5.1
丽　江	106 692	87 478	19 214	82.0	18.0
怒　江	44 314	37 800	6 514	85.3	14.7
迪　庆	38 147	36 079	2 068	94.6	5.4
临　沧	161 096	138 423	22 673	85.9	14.1

注:由于各地(州)市分别计算,各地(州)市数相加不等于全省数。

2－14　各地区最终消费及构成

（2000年）

地　区	最终消费（万元）	居民消费	农民	非农业居民	社会消费	最终消费＝100 居民消费	社会消费
全省合计	**14 818 100**	**10 667 700**	**7 172 900**	**3 494 800**	**4 150 400**	**72.0**	**28.0**
昆　明	2 871 320	1 935 341	661 888	1 273 453	935 979	67.4	32.6
曲　靖	1 143 646	965 855	658 844	307 011	177 791	84.5	15.5
玉　溪	819 739	516 803	308 244	208 559	302 936	63.0	37.0
昭　通	731 263	594 687	412 461	182 226	136 576	81.3	18.7
楚　雄	588 102	501 739	349 961	151 778	86 363	85.3	14.7
红　河	903 598	713 727	375 510	338 217	189 871	79.0	21.0
文　山	493 208	414 292	273 430	140 862	78 916	84.0	16.0
思　茅	440 841	381 806	238 403	143 403	59 035	86.6	13.4
西双版纳	289 815	201 474	89 483	111 991	88 341	69.5	30.5
大　理	990 886	811 918	617 675	194 243	178 968	81.9	18.1
保　山	510 339	426 846	323 602	103 244	83 493	83.6	16.4
德　宏	251 300	192 390	94 623	97 767	58 910	76.6	23.4
丽　江	222 785	202 317	151 846	50 471	20 468	90.8	9.2
怒　江	81 075	56 944	35 615	21 329	24 131	70.2	29.8
迪　庆	65 930	53 618	29 054	24 564	12 312	81.3	18.7
临　沧	363 492	303 706	222 162	81 544	59 786	83.6	16.4

注：由于各地（州）市分别计算，各地（州）市数相加不等于全省数。

2－15　各地区国内生产总值结构项目

（2000年）

地　区	国内生产总值（万元）	劳动者报酬	固定资产折旧	生产税净额	营业盈余
全省合计	**19 550 900**	**8 670 400**	**2 871 100**	**4 821 500**	**3 187 900**
昆　明	6 262 853	2 446 729	877 306	1 459 198	1 479 620
曲　靖	2 131 170	1 063 482	306 131	425 566	335 991
玉　溪	2 945 531	651 030	233 140	1 507 314	554 047
昭　通	1 065 372	646 906	93 943	120 571	203 952
楚　雄	1 055 423	597 488	133 950	186 720	137 265
红　河	1 437 578	783 707	201 878	277 814	174 179
文　山	707 582	483 837	80 224	59 984	83 537
思　茅	536 686	332 619	87 302	54 182	62 583
西双版纳	462 563	290 783	79 618	41 939	50 223
大　理	1 346 657	734 969	191 786	211 223	208 679
保　山	704 255	484 611	94 861	60 287	64 496
德　宏	367 967	269 053	53 226	44 996	692
丽　江	308 135	217 158	44 188	26 283	20 506
怒　江	111 041	75 337	14 336	10 082	11 286
迪　庆	92 305	63 038	13 912	7 207	8 148
临　沧	550 038	367 118	79 077	46 908	56 935

注：由于各地（州）市分别计算，各地（州）市数相加不等于全省数。

2-16 历年全省工农业总产值

（按当年价格计算） 单位：万元

年份	工农业总产值	农业总产值	工业总产值		
				轻工业总产值	重工业总产值
1949	102 500	83 000	19 500	12 480	7 020
1952	134 127	96 000	38 127	22 991	15 136
1957	277 533	165 600	111 933	63 578	48 355
1958	313 119	136 700	176 419	79 741	96 678
1959	377 024	132 500	244 524	97 810	146 714
1960	411 006	133 274	277 732	95 818	181 914
1961	309 142	152 145	156 997	63 113	93 884
1962	332 928	188 280	144 648	63 934	80 714
1963	347 701	200 280	147 421	61 032	86 389
1964	388 815	225 205	163 610	66 426	97 184
1965	431 402	228 306	203 096	89 768	113 328
1966	475 039	240 406	234 633	91 038	143 595
1967	458 413	242 506	215 907	93 488	122 419
1968	302 108	231 706	70 402	30 484	39 918
1969	486 532	246 406	240 126	96 050	144 076
1970	557 125	248 918	308 207	102 325	205 882
1971	615 612	288 135	327 477	127 716	199 761
1972	697 536	328 105	369 431	146 295	223 136
1973	768 814	355 521	413 293	166 144	247 149
1974	745 037	329 113	415 924	182 591	233 333
1975	777 341	354 034	423 307	186 255	237 052
1976	665 206	339 163	326 043	165 630	160 413
1977	796 903	334 745	462 158	216 752	245 406
1978	954 547	400 225	554 322	238 358	315 964
1979	1 070 921	447 083	623 838	262 636	361 202
1980	1 135 544	482 029	653 515	295 389	358 126
1981	1 277 445	552 010	725 435	351 836	373 599
1982	1 454 407	618 381	436 026	412 997	423 029
1983	1 607 918	656 790	951 128	473 662	477 466
1984	1 896 300	773 552	1 122 748	551 269	571 479
1985	2 251 410	888 826	1 362 584	659 277	703 307
1986	2 430 325	960 149	1 470 176	677 101	793 075
1987	2 930 947	1 112 497	1 818 450	855 253	963 197
1988	3 800 173	1 353 906	2 446 267	1 216 368	1 229 899
1989	4 575 929	1 526 820	3 049 109	1 546 107	1 503 002
1990	5 569 820	2 117 233	3 452 587	1 811 436	1 641 151
1991	6 165 571	2 229 305	3 936 266	2 038 510	1 897 756
1992	7 274 242	2 503 535	4 770 707	2 408 461	2 362 246
1993	9 712 867	2 812 100	6 900 767	3 332 846	3 567 921
1994	13 054 849	3 567 761	9 487 088	5 146 859	4 340 229
1995	17 044 717	4 744 641	12 300 076	6 565 984	5 734 092
1996	18 588 947	5 675 149	12 913 798	6 955 577	5 958 221
1997	20 521 244	6 120 148	14 401 096	7 511 543	6 889 553
1998	21 232 596	6 200 248	15 032 348	7 747 162	7 285 186
1999	22 035 572	6 424 748	15 610 824	7 938 783	7 672 041
2000	22 702 182	6 808 567	15 893 615	8 027 044	7 866 571

注：村及村以下办工业产值包括在工业总产值中。

2－17　历年工农业总产值指数

（按可比价格计算，以1949年为100）

年　份	工农业总产值	农业总产值	工业总产值		
				轻工业总产值	重工业总产值
1949	100	100	100	100	100
1952	129.1	115.7	195.4	184.2	215.4
1957	246.9	175.8	601.0	556.8	679.5
1958	293.5	153.8	993.6	733.0	1 424.8
1959	358.8	144.6	1 434.6	936.1	2 253.3
1960	366.8	138.8	1 512.0	851.5	2 591.9
1961	259.5	144.2	837.0	549.1	1 309.8
1962	252.3	159.6	715.9	515.4	1 046.9
1963	262.1	168.0	732.6	494.7	1 124.0
1964	294.6	189.9	817.7	540.8	1 272.7
1965	332.3	192.2	1 033.8	744.3	1 511.8
1966	378.4	202.5	1 260.0	796.4	2 020.4
1967	353.1	204.2	1 098.0	775.5	1 629.7
1968	223.1	195.1	359.6	254.0	533.7
1969	376.3	207.6	1 221.4	795.7	1 920.6
1970	454.0	206.1	1 697.5	918.6	2 969.9
1971	480.6	219.3	1 791.7	1 057.9	2 992.8
1972	539.1	244.4	2 021.1	1 211.6	3 343.2
1973	594.0	264.2	2 261.8	1 376.2	3 704.4
1974	583.2	251.3	2 276.5	1 512.2	3 498.8
1975	610.0	272.4	2 315.7	1 544.6	3 547.5
1976	521.0	261.0	1 782.5	1 371.8	2 400.1
1977	625.4	256.7	2 528.9	1 797.4	3 674.4
1978	743.8	288.4	3 123.7	2 033.0	4 876.8
1979	764.8	272.2	3 378.6	2 153.3	5 357.0
1980	795.2	290.8	3 459.9	2 366.3	5 194.7
1981	859.9	316.7	3 725.9	2 782.1	5 171.4
1982	958.5	350.6	4 175.0	3 171.4	5 699.9
1983	1 049.4	370.0	4 691.4	3 596.9	6 346.6
1984	1 211.1	426.3	5 420.4	4 097.6	7 435.1
1985	1 354.1	453.6	6 261.4	4 819.9	8 436.9
1986	1 409.5	442.9	6 789.1	5 347.3	8 963.4
1987	1 588.5	470.0	7 921.6	6 368.8	10 261.3
1988	1 810.1	501.0	9 347.9	7 669.9	11 873.5
1989	1 909.3	515.4	9 981.1	8 140.1	12 752.8
1990	2 064.7	549.1	10 869.9	9 093.4	13 540.5
1991	2 234.3	579.8	11 937.7	9 780.0	15 169.0
1992	2 502.3	605.6	13 904.3	11 407.0	17 644.9
1993	2 785.9	623.7	16 097.9	13 154.8	20 503.4
1994	3 166.4	642.9	19 101.2	15 955.5	23 828.9
1995	3 635.9	684.4	22 624.4	18 827.5	28 332.6
1996	4 073.1	735.3	25 747.2	21 029.5	32 843.1
1997	4 447.2	795.6	28 204.6	22 178.0	37 276.1
1998	4 658.8	831.7	29 568.7	23 086.3	39 327.4
1999	5 011.7	872.9	32 082.0	24 803.2	43 056.1
2000	5 396.9	930.0	34 680.6	26 167.4	47 533.9

注:1.村及村以下办工业产值包括在工业总产值中。

2.用本表指数可以直接计算年度或时期的增长速度。

2-18 历年工农业总产值构成

（按当年价格计算） 单位：%

年份	以工农业总产值为100				以工业总产值为100	
	农业总产值	工业总产值	轻工业总产值	重工业总产值	轻工业总产值	重工业总产值
1949	81.0	19.0	12.2	6.8	64.0	36.0
1952	71.6	28.4	17.1	11.3	60.3	39.7
1957	59.7	40.3	22.9	17.4	56.8	43.2
1958	43.7	56.3	25.4	30.9	45.2	54.8
1959	35.1	64.9	26.0	38.9	40.0	60.0
1960	32.4	67.6	23.3	44.3	34.5	65.5
1961	49.2	50.8	20.4	30.4	40.2	59.8
1962	56.6	43.4	19.2	24.2	44.2	55.8
1963	57.6	42.4	17.6	24.8	41.4	58.6
1964	57.9	42.1	17.1	25.0	40.6	59.4
1965	52.9	47.1	20.8	26.3	44.2	55.8
1966	50.6	49.4	19.2	30.2	38.8	61.2
1967	52.9	47.1	20.4	26.7	43.3	56.7
1968	76.7	23.3	10.1	13.2	43.3	56.7
1969	50.6	49.4	19.8	29.6	40.0	60.0
1970	44.7	55.3	18.4	36.9	33.2	66.8
1971	46.8	53.2	20.7	32.5	39.0	61.0
1972	47.0	53.0	21.0	32.0	39.6	60.4
1973	46.2	53.8	21.6	32.2	40.2	59.8
1974	44.2	55.8	24.5	31.3	43.9	56.1
1975	45.5	54.5	24.0	30.5	44.0	56.0
1976	51.0	49.0	24.9	24.1	50.8	49.2
1977	42.0	58.0	27.2	30.8	46.9	53.1
1978	41.9	58.1	25.0	33.1	43.0	57.0
1979	41.7	58.3	24.5	33.8	42.1	57.9
1980	42.4	57.6	26.0	31.6	45.2	54.8
1981	43.2	56.8	27.5	29.3	48.5	51.5
1982	42.5	57.5	28.4	29.1	49.4	50.6
1983	40.8	59.2	29.5	29.7	49.8	50.2
1984	40.8	59.2	29.1	30.1	49.1	50.9
1985	39.5	60.5	29.3	31.2	48.4	51.6
1986	39.5	60.5	27.9	32.6	46.1	53.9
1987	38.0	62.0	29.2	32.8	47.0	53.0
1988	35.6	64.4	32.0	32.4	49.7	50.3
1989	33.4	66.6	33.8	32.8	50.7	49.3
1990	38.0	62.0	32.5	29.5	52.5	47.5
1991	36.2	63.8	33.0	30.8	51.8	48.2
1992	34.4	65.6	33.1	32.5	50.5	49.5
1993	29.0	71.0	34.3	36.7	48.3	51.7
1994	27.3	72.7	39.4	33.3	54.3	45.7
1995	27.8	72.2	38.5	33.7	53.4	46.6
1996	30.5	69.5	37.4	32.1	53.9	46.1
1997	29.8	70.2	36.6	33.6	52.2	47.8
1998	29.2	70.8	36.5	34.3	51.5	48.5
1999	29.2	70.8	36.0	34.8	50.9	49.1
2000	30.0	70.0	35.4	34.6	50.5	49.5

注：村及村以下办工业产值包括在工业总产值中。

2－19　各地区工农业总产值

（2000 年）

单位:万元

地　　区	工农业总产值	农业总产值	工业总产值	轻工业总产值	重工业总产值
全省合计	**22 702 182**	**6 808 567**	**15 893 615**	**8 027 044**	**7 866 571**
昆　　明	7 469 972	852 241	6 617 731	2 838 584	3 779 147
曲　　靖	2 574 894	903 078	1 671 816	601 257	1 070 559
玉　　溪	3 395 636	441 220	29 544 416	2 318 341	636 075
昭　　通	904 417	450 149	454 268	251 765	202 503
楚　　雄	1 236 863	509 972	726 891	404 789	322 102
红　　河	1 989 195	587 937	1 401 258	537 817	863 441
文　　山	782 941	400 414	382 527	151 995	230 532
思　　茅	545 039	297 078	247 961	105 452	142 509
西双版纳	328 104	258 155	69 949	49 667	20 282
大　　理	1 481 557	772 993	708 564	412 631	295 933
保　　山	688 463	450 166	238 297	144 921	93 376
德　　宏	391 793	187 337	204 456	133 462	70 994
丽　　江	258 133	153 508	104 625	34 776	69 849
怒　　江	121 421	49 821	71 600	13 796	57 804
迪　　庆	74 403	46 401	28 002	10 182	17 820
临　　沧	628 708	358 097	270 611	138 968	131 643

注:本表按当年价格计算,工业总产值按工业普查的新规定统计。

2－20　各地区工农业总产值构成

（2000 年）

单位:%

地　　区	以工农业总产值为 100				以工业总产值为 100	
	农业总产值	工业总产值	轻工业总产值	重工业总产值	轻工业总产值	重工业总产值
全省合计	**30.0**	**70.0**	**35.4**	**34.7**	**50.5**	**49.5**
昆　　明	11.4	88.6	38.0	50.6	42.9	57.1
曲　　靖	35.1	64.9	23.4	41.6	36.0	64.0
玉　　溪	13.0	87.0	68.3	18.7	78.5	21.5
昭　　通	49.8	50.2	27.8	22.4	55.4	44.6
楚　　雄	41.2	58.8	32.7	26.0	55.7	44.3
红　　河	29.6	70.4	27.0	43.4	38.4	61.6
文　　山	51.1	48.9	19.4	29.4	39.7	60.3
思　　茅	54.5	45.5	19.3	26.1	42.5	57.5
西双版纳	78.7	21.3	15.1	6.2	71.0	29.0
大　　理	52.2	47.8	27.9	20.0	58.2	41.8
保　　山	65.4	34.6	21.0	13.6	60.8	39.2
德　　宏	47.8	52.2	34.1	18.1	65.3	34.7
丽　　江	59.5	40.5	13.5	27.1	33.2	66.8
怒　　江	41.0	59.0	11.4	47.6	19.3	80.7
迪　　庆	62.4	37.6	13.7	24.0	36.4	63.6
临　　沧	57.0	43.0	22.1	20.9	51.4	48.6

注:本表按当年价格计算。

主要统计指标解释

国民生产总值是国(地区)内生产总值和国(地区)外净要素收入之和。

国内生产总值是指一个国家(地区)领土范围内,本国居民和外国居民在一定时期内所生产的最终产品和提供的劳务总量的货币表现。从生产角度来说,他是国民经济各部门的增加值之和;从分配角度来说,是这些部门的劳动者个人收入、税金、利润和固定资产折旧等项目之和;从使用的角度来说,它是最终使用于消费、固定资产投资、增加库存及净出口的产品和劳务。

国(地区)外净要素收入是指本国居民对国外从事投资和提供劳务所得的要素收入,与外国居民对本国从事投资和提供劳务所得的要素收入的差额。

国民生产总值同社会总产值、国民收入的区别,从核算范围看,社会总产值和国民收入都是只计算物质生产部门的劳动成果,而国民生产总值除计算五大物质生产部门的劳动成果之外,还计算各种服务业、公用事业、文化教育卫生、科学研究以及金融保险等非物质生产部门的劳动成果。从这三个产值指标的价值构成来看,社会总产值计算了社会产品的全部价值,而国民生产总值则只计算在生产产品和提供劳务过程中增加的价值即增加值,不计算消耗的原材料、燃料、动力等中间产品和支付其他部门的劳务费用等所谓中间投入的价值。国民收入除了不计算原材料、燃料、动力等中间产品之外,还不包括固定资产折旧费,即只计算净产值。

非生产性积累由社会产品中的消耗资料组成,包括新增加的各种非生产用固定资产(扣除磨损)以及生产消费品工业企业的产成品库存和商业部门消费品库存的增加额。

积累和消费在国民收入使用额中所占比重分别叫做积累率和消费率。

当年价格指报告期的实际价格,如工厂的出厂价格,农产品的收购价格,商业的零售价格等。按当年价格计算,是指一些以货币表现的物量指标,如社会总产值、工农业总产值、国民收入、国民生产总值等,按照当年的实际价格来计算总量。使用当年价格计算的数字,是为了使国民经济各项指标互相衔接,便于考察当年社会经济效益,便于对生产和流通、生产和分配、生产和消费进行经济核算和综合平衡。

按当年价格计算的价值指标,在不同年份之间进行对比时,因为包含有各年间价格变动的因素,不能确切地反映实物量的增减变动。必须消除价格变动因素后,才能真实反映经济发展动态。因此,在计算增长速度时都使用按可比价格计算的数字。

可比价格指在不同时期的价值指标对比时,扣除了价格变动的因素,以确切反映物量的变化。按可比价格计算有两种方法:一种是直接按产品产量乘其不变价格计算;一种是用价格指数换算。

不变价格用某一时期的同类产品的平均价格作为固定价格,来计算各个时期的产品价值。新中国成立后,随着工农业产品价格水平的变化,国家统计局先后五次制定了全国统一的工业产品不变价格和农业产品不变价格,从 1949 年到 1957 年使用 1952 年工(农)业产品不变价格,从 1957 年到 1971 年使用 1957 不变价格,从 1971 年到 1981 年使用 1970 年不变价格,从 1981 年到 1990 年使用 1980 年不变价格,从 1990 年开始使用 1990 年不变价格。

本《年鉴》所列"社会总产值指数"、"工农业总产值指数"、"国民收入指数"等都是按可比价格计算的.如计算有关年份产值增长情况,可用指数直接进行对比。

平均每年增长速度在我国计算平均增长速度有两种方法,一种是习惯上经常使用的"水平法",又称几何平均法,是以间隔期最后一年的水平同基期水平对比来计算平均每年增长(或下降)速度。另一种是"累计法",又称代数平均法或方程法,是以间隔期内各年水平的总和同基期水平对比来计算平均每年增长(或下降)速度。(具体计算方法,可参阅中国财政经济出版社出版的《平均增长速度查对表》。)

在一般正常情况下,两种方法计算的平均每年增长速度比较接近,但在经济发展不平衡,出现大起大落时,两种方法计算的结果差别较大。

本《年鉴》内所列的平均每年增长速度,一般都是用"水平法"计算的。从某年到某年平均增长速度的年份,均不包括基期年在内。如建国三十六年的平均增长速度是以 1949 年为基期计算的,则写为 1950—1985 年平均增长速度,余类推。固定资产投资则是用"累计法"计算的。

各个计划时期表内所用各个"时期"代表的年份如下:恢复时期为 1950 年到 1952 年;第一个五年计划时

期(简称“一五”时期)为1953年到1957年;第二个五年计划时期(简称“二五”时期)为1958年到1962年;第三个五年计划时期(简称“三五”时期)为1966年到1970年;第四个五年计划时期(简称“四五”时期)为1971年到1975年;第五个五年计划时期(简称“五五”时期)为1976年到1980年;第六个五年计划时期(简称“六五”时期)为1981年到1985年;第七个五年计划时期(简称“七五”时期)为1986年到1990年;第八个五年计划时期(简称“八五”时期)为1991年到1995年;从1996年开始为第九个五年计划时期。

国有经济单位指生产资料归全民所有的企业、事业单位,以及各级国家机关、人民团体等单位。

集体经济单位指生产资料归劳动者集体所有的各种企事业单位.包括农村各种经济组织经营的农、林、牧、渔业,乡(社)村(队)经营的企业、事业单位;城市、县、镇以及街道举办的集体所有制的企业、事业单位。

三次产业根据社会生产活动历史发展的顺序对产业结构的划分,产品直接取自自然界的部门称为第一产业,对初级产品进行再加工的部门称为第二产业,为生产和消费提供各种服务的部门为第三产业。它是世界上通用的产业结构分类,但各国的划分不尽一致.我国的三次产业划分是:

第一产业:农业(包括种植业、林业、牧业、渔业)。

第二产业:工业(包括采掘工业、制造业、自来水、电力、蒸气、热水、煤气)和建筑业。

第三产业:除第一、第二产业以外的其他各业.由于第三产业包括的行业多、范围广,根据我国的实际情况,第三产业可分为两大部门:一是流通部门,二是服务部门.具体又可分为四个层次。

第一层次:流通部门,包括交通运输业、邮电通讯业、商业、饮食业、物资供销和仓储业.

第二层次:为生产和生活服务的部门,包括金融、保险业,地质普查业,房地产、公用事业,居民服务业,咨询服务业和综合技术服务业,农、林、牧、渔、水利服务业和水利业,公路、内河(湖)航道养护业等。

第三层次:为提高科学文化水平和居民素质服务的部门,包括教育、文化、广播电视、科学研究、卫生、体育和社会福利事业等。

第四层次:为社会公共需要服务的部门,包括国家机关、政党机关、社会团体,以及军队和警察等。

三、民族自治地方情况

GENERAL SURVEY OF MINORITY NATILNAL AUTONOMOUS AREAS

3－1　民族自治地方行政区划

（2000 年底）　　单位:个

地　级	县　级	地　级	县　级
全省合计	**8 市、42 县、29 自治县**		
一、8 个自治州	**8 市、42 县、9 自治县**	大理白族自治州	1 市、8 县、3 自治县
楚雄彝族自治州	1 市、9 县	德宏傣族景颇族自治州	3 市、3 县
红河哈尼族彝族自治州	2 市、8 县、3 自治县	怒江傈僳族自治州	2 县、2 自治县
文山壮族苗族自治州	8 县	迪庆藏族自治州	2 县、1 自治县
西双版纳傣族自治州	1 市、2 县	**二.其它 5 个地、市辖**	**20 自治县**

3－2　少数民族自治县分布情况

（2000 年底）

地　区	自治县数(个)	自　治　县　名　称
全省合计	**29**	
昆明市	3	禄劝彝族苗族自治县、石林彝族自治县、寻甸回族彝族自治县
玉溪市	3	峨山彝族自治县、新平彝族傣族自治县、元江哈尼族彝族傣族自治县
红河州	3	金平苗族瑶族傣族自治县、屏边苗族自治县、河口瑶族自治县
思茅地区	9	普洱哈尼族彝族自治县、景东彝族自治县、景谷傣族彝族自治县、墨江哈尼族自治县、孟连傣族拉祜族佤族自治县、澜沧拉祜族自治县、西盟佤族自治县、江城哈尼族彝族自治县、镇沅彝族哈尼族拉祜族自治县
大理州	3	漾濞彝族自治县、南涧彝族自治县、巍山彝族回族自治县
丽江地区	2	丽江纳西族自治县、宁蒗彝族自治县
怒江州	2	贡山独龙族怒族自治县、兰坪白族普米族自治县
迪庆州	1	维西傈僳族自治县
临沧地区	3	双江拉祜族佤族布朗族傣族自治县、耿马傣族佤族自治县、沧源佤族自治县

3－3　少数民族分布的主要地区

民　　族	分布的主要地区
彝　　族	楚雄州、红河州、玉溪市、大理州、思茅地区、昆明市
白　　族	大理州
哈 尼 族	红河州、西双版纳州、思茅地区、玉溪市
壮　　族	文山州、红河州、曲靖市
傣　　族	西双版纳州、德宏州、思茅地区、临沧地区
苗　　族	文山州、红河州、昭通地区
傈 僳 族	怒江州、迪庆州、丽江地区、大理州
回　　族	昆明市、大理州、曲靖市、楚雄州、红河州、玉溪市
拉 祜 族	思茅地区、临沧地区、西双版纳州
佤　　族	临沧地区、思茅地区
纳 西 族	丽江地区、迪庆州
瑶　　族	文山州、红河州
藏　　族	迪庆州
景 颇 族	德宏州
布 朗 族	西双版纳州、思茅地区、临沧地区
普 米 族	丽江地区、怒江州、迪庆州
怒　　族	怒江州
阿 昌 族	德宏州、保山地区
基 诺 族	西双版纳州
德 昂 族	德宏州、临沧地区
蒙 古 族	玉溪市
布 依 族	曲靖市
独 龙 族	怒江州
水　　族	曲靖市

3－4 少数民族自治地方基本情况

（2000年）

地　　区	建立时间	含乡镇数（个）	乡镇数占全省的比重(%)
总　　计		**729乡219镇**	**60.7**
一、自治州小计		**516乡168镇**	**43.8**
楚雄彝族自治州	1958年4月15日	92乡36镇	8.2
红河哈尼族彝族自治州	1957年11月18日	112乡38镇	9.6
文山壮族苗族自治州	1958年4月5日	85乡30镇	7.4
西双版纳傣族自治州	1953年1月24日	25乡15镇	2.6
大理白族自治州	1956年11月22日	108乡20镇	8.2
德宏傣族景颇族自治州	1953年7月24日	48乡17镇	4.2
怒江傈僳族自治州	1954年8月23日	21乡8镇	1.9
迪庆藏族自治州	1957年9月13日	25乡4镇	1.9
二、自治州以外的自治县小计		**213乡51镇**	**16.9**
石林彝族自治县	1956年12月13日	8乡2镇	0.6
禄劝彝族苗族自治县	1985年11月25日	15乡3镇	1.1
寻甸回族彝族自治县	1979年12月20日	11乡6镇	1.1
峨山彝族自治县	1951年5月12日	8乡4镇	0.8
新平彝族傣族自治县	1980年11月25日	10乡2镇	0.8
元江哈尼族彝族傣族自治县	1980年11月22日	8乡3镇	0.7
普洱哈尼族彝族自治县	1985年12月15日	9乡2镇	0.7
墨江哈尼族自治县	1979年11月28日	17乡2镇	1.2
景东彝族自治县	1985年12月20日	13乡3镇	1.0
景谷傣族彝族自治县	1985年12月25日	10乡2镇	0.8
镇沅彝族哈尼族拉祜族自治县	1990年5月15日	9乡2镇	0.7
江城哈尼族彝族自治县	1954年5月18日	6乡2镇	0.5
孟连傣族拉祜族佤族自治县	1954年6月16日	5乡2镇	0.4
澜沧拉祜族自治县	1953年4月7日	21乡2镇	1.5
西盟佤族自治县	1965年3月5日	7乡1镇	0.5
丽江纳西族自治县	1961年4月10日	21乡3镇	1.5
宁蒗彝族自治县	1956年9月20日	15乡1镇	1.0
双江拉祜族佤族布朗族傣族自治县	1985年12月30日	5乡2镇	0.4
耿马傣族佤族自治县	1955年10月16日	7乡4镇	0.7
沧源佤族自治县	1964年2月28日	8乡3镇	0.7

（2000年）

地区	土地面积		年末总人口	
	绝对数（平方公里）	占全省%	绝对数（万人）	占全省%
总　　计	**276 674**	**70.2**	**2 069.6**	**50.8**
一、自治州小计	**193 686**	**49.1**	**1 564.9**	**38.4**
楚雄彝族自治州	29 258	7.4	250.9	6.2
红河哈尼族彝族自治州	32 931	8.4	394.1	9.7
文山壮族苗族自治州	32 239	8.2	324.6	8.0
西双版纳傣族自治州	19 700	5.0	85.4	2.1
大理白族自治州	29 459	7.5	328.6	8.1
德宏傣族景颇族自治州	11 526	2.9	101.8	2.5
怒江傈僳族自治州	14 703	3.7	46.4	1.1
迪庆藏族自治州	23 870	6.1	33.2	0.8
二、自治州以外的自治县小计	**82 988**	**21.1**	**504.7**	**12.4**
石林彝族自治县	1 777	0.5	22.3	0.5
禄劝彝族苗族自治县	4 378	1.1	45.2	1.1
寻甸回族彝族自治县	3 966	1.0	49.3	1.2
峨山彝族自治县	1 972	0.5	14.7	0.4
新平彝族傣族自治县	4 223	1.1	26.3	0.6
元江哈尼族彝族傣族自治县	2 858	0.7	19.3	0.5
普洱哈尼族彝族自治县	3 670	0.9	18.6	0.5
墨江哈尼族自治县	5 459	1.4	35.2	0.9
景东彝族自治县	4 532	1.1	35.1	0.9
景谷傣族彝族自治县	7 777	2.0	28.9	0.7
镇沅彝族哈尼族拉祜族自治县	4 223	1.1	20.4	0.5
江城哈尼族彝族自治县	3 476	0.9	9.1	0.2
孟连傣族拉祜族自治县	1 957	0.5	11.0	0.3
澜沧拉祜族自治县	8 807	2.2	46.8	1.1
西盟佤族自治县	1 391	0.4	8.2	0.2
丽江纳西族自治县	7 648	1.9	34.7	0.9
宁蒗彝族自治县	6 206	1.6	22.7	0.6
双江拉祜族佤族布朗族傣族自治县	2 292	0.6	16.2	0.4
耿马傣族佤族自治腺	3 837	1.1	24.9	0.6
沧源佤族自治县	2 539	0.6	15.8	0.4

(2000年)

地区	少数民族人口		总人口按农业、非农业分	
	绝对数(万人)	占本地区总人口的%	农业人口(万人)	非农业人口(万人)
总计	**1 121.2**	**54.2**	**1 794.7**	**275.0**
一、自治州小计	**829.8**	**53.0**	**1 341.1**	**223.9**
楚雄彝族自治州	78.4	31.3	217.2	33.7
红河哈尼族彝族自治州	218.6	55.5	324.3	69.8
文山壮族苗族自治州	183.9	56.7	298.3	26.3
西双版纳傣族自治州	63.2	74.1	59.3	26.1
大理白族自治州	161.8	49.3	290.6	38.0
德宏傣族景颇族自治州	52.7	51.8	82.8	19.0
怒江傈僳族自治州	42.8	92.2	39.6	6.8
迪庆藏族自治州	28.3	85.4	29.0	4.2
二、自治州以外的自治县小计	**291.4**	**57.7**	**453.6**	**51.1**
石林彝族自治县	7.6	34.1	20.2	2.1
禄劝彝族苗族自治县	13.7	30.4	43.0	2.2
寻甸回族彝族自治县	10.7	21.7	46.4	2.9
峨山彝族自治县	9.4	64.0	11.9	2.9
新平彝族傣族自治县	18.2	69.2	23.0	3.3
元江哈尼族彝族傣族自治县	15.3	79.2	16.9	2.4
普洱哈尼族彝族自治县	9.2	49.2	15.2	3.4
墨江哈尼族自治县	25.5	72.5	32.8	2.4
景东彝族自治县	16.2	46.1	32.6	2.5
景谷傣族彝族自治县	13.3	46.0	26.0	2.9
镇沅彝族哈尼族拉祜族自治县	10.4	51.1	18.5	1.9
江城哈尼族彝族自治县	7.4	81.0	7.3	1.8
孟连傣族拉祜族自治县	9.5	86.0	9.6	1.4
澜沧拉祜族自治县	35.9	76.7	43.3	3.5
西盟佤族自治县	7.7	93.7	7.3	0.9
丽江纳西族自治县	28.8	83.1	27.9	6.8
宁蒗彝族自治县	17.9	78.9	20.7	2.0
双江拉祜族佤族布朗族傣族自治县	7.2	44.4	14.8	1.4
耿马傣族佤族自治县	12.8	51.5	22.5	2.4
沧源佤族自治县	14.7	93.1	13.8	2.0

3－4 续表3 （2000年）

地　　区	乡村户数（户）	乡村人口数（人）	乡村从业人员（人）	农林牧渔业从业人员
总　　计	**4 185 914**	**17 936 706**	**10 250 873**	**9 074 377**
一、自治州小计	**3 135 974**	**13 481 781**	**7 774 814**	**6 851 324**
楚雄彝族自治州	539 620	2 185 764	1 333 846	1 164 100
红河哈尼族彝族自治州	769 139	3 263 662	1 935 530	1 723 164
文山壮族苗族自治州	655 408	2 995 629	1 700 151	1 566 930
西双版纳傣族自治州	120 946	578 990	311 527	294 176
大理白族自治州	719 672	2 926 230	1 651 862	1 337 985
德宏傣族景颇族自治州	177 403	843 579	457 700	407 301
怒江傈僳族自治州	92 039	398 461	223 492	208 184
迪庆藏族自治州	61 747	289 466	160 706	149 484
二、自治州以外的自治县小计	**1 049 940**	**4 454 925**	**2 476 059**	**2 223 053**
石林彝族自治县	52 624	195 820	117 159	101 927
禄劝彝族苗族自治县	104 916	430 339	247 950	227 011
寻甸回族彝族自治县	114 247	463 561	271 130	237 274
峨山彝族自治县	32 084	118 182	71 598	61 612
新平彝族傣族自治县	55 785	235 885	135 474	116 303
元江哈尼族彝族傣族自治县	37 665	157 817	88 564	80 669
普洱哈尼族彝族自治县	35 875	152 920	84 629	72 137
墨江哈尼族自治县	63 560	309 640	171 268	156 315
景东彝族自治县	78 072	323 190	182 984	162 247
景谷傣族彝族自治县	58 302	257 925	160 219	138 332
镇沅彝族哈尼族拉祜族自治县	42 574	180 285	97 587	87 111
江城哈尼族彝族自治县	19 996	84 274	40 663	37 157
孟连傣族拉祜族自治县	24 223	97 469	51 900	50 022
澜沧拉祜族自治县	93 848	406 366	213 213	204 327
西盟佤族自治县	17 320	70 484	35 447	34 839
丽江纳西族自治县	66 563	277 380	160 168	131 941
宁蒗彝族自治县	48 565	210 968	108 106	100 238
双江拉祜族佤族布朗族傣族自治县	31 499	144 039	63 066	57 870
耿马傣族佤族自治县	42 752	204 565	113 528	106 477
沧源佤族自治县	29 470	133 816	61 406	59 244

3－5 主要年份全省少数民族自治地方主要指标

指标	单位	1952年	1957年	1965年	1978年	1980年	1985年
一、总人口(年末数)	万人	**866**	**955**	**1 118**	**1 597**	**1 638**	**1 752**
#少数民族人口	万人	478		537	801	828	909
二、工农业总产值	万元	**130 671**	**201 717**	**225 735**	**471 721**	**471 222**	**754 953**
农业总产值	万元	115 239	160 884	167 861	276 017	268 367	413 042
工业总产值	万元	15 432	40 833	57 874	195 704	202 855	341 911
三、农业							
耕地面积	千公顷	1 250	1 529	1 578	1 579	1647	1 612
粮食总产量	万吨	234.70	310.40	327	456	436	476
甘蔗产量	万吨	17.40	43	73	116.50	123.10	339.60
烤烟产量	万吨	0.14	1.10	1.30	3.40	3.40	16.20
大牲畜年末头数	万头	227	316	338	405	414	547
羊年末只数	万只	122	238	358	378	398	431
生猪年末头数	万头	204	363	528	717	703	897
四、工业							
钢产量	万吨			0.10	0.49	0.54	0.84
生铁产量	万吨	0.14	0.86		4.40	4.10	5.60
原煤产量	万吨	6	65	66	420	445	690
发电量	万千瓦小时	1 143	4 722	5 789	180 500	222 621	359 261
木材产量	万立方米	1	21	75	130	176	224
布产量	万米	155	264	165	439	641	2 660
糖产量	万吨	0.80	1.60	4.70	8	11	20.90
卷烟产量	万箱				1.30	4.90	27.50
五、运输、邮电							
铁路通车里程	公里	545	545	545	913	913	913
公路通车里程	公里	2 328	6 200	12 481	28 233	32 500	43 200
邮电局(所)数	个	464	652	732	1 026	1 000	1 000
六、财政							
财政收入	万元	6 288	11 753	19 836	30 215	30 234	77 875
财政支出	万元	2 834	7 689	13 398	50 410	56 774	130 300
七、卫生							
卫生事业机构数	个	182	982	1 703	2 681	3 114	3 157
#医院个数	个	92	99	171	1 045	1 067	1 044
床位数	张	1 428	4 902	13 481	29 819	33 262	37 299
#医院病床数	张	1 359	3 558	8 864	26 957	30 297	34 210
专业卫生技术人员	人	1 715	8 462	17 557	30 073	33 222	39 548

注:1.1990年以前没有包括镇沅县。

2.工农业总产值1990年以前按1980年不变价格计算,1990年及以后按1990年不变价计算。

3.公路通车里程含乡村简易公路。

3－5 续表

指　　标	单　位	1990年	1995年	1998年	1999年	2000年
一、总人口(年末数)	万　人	**1 914**	**1 990**	**2 036**	**2 050**	**2 070**
#少数民族人口	万　人	1 019	1 071	1 099	1 118	1 121
二、工农业总产值(1990年不变价)	万　元	**2 122 135**	**3 622 293**	**4 733 052**	**5 131 161**	**5 188 349**
农业总产值	万　元	1 158 481	1 588 096	1 950 521	2 038 015	2 137 561
工业总产值	万　元	963 654	2 034 197	2 782 531	3 093 146	3 050 788
三、农　　业						
耕地面积	千公顷	1 703	1 780	1 789	1 776	1 766
粮食总产量	万　吨	564.60	643.83	723	740	751
甘蔗产量	万　吨	488.80	790.20	1 230.95	1 158.61	1 075.44
烤烟产量	万　吨	15.20	32.20	23.36	25.05	25.81
大牲畜年末头数	万　头	587	613	644	642	666.62
羊年末只数	万　只	425	443	522	515	548.72
生猪年末头数	万　头	1 109	1 240	1 274	1 302	1 380.53
四、工　　业						
钢 产 量	万　吨	0.54	1	1.13	1.78	1.01
生铁产量	万　吨	15.76	17.80	36.95	0.07	22.60
原煤产量	万　吨	888	1 154	1 276	1 107.82	886.64
发 电 量	万千瓦小时	615 361	832 641	916 097	1 000 319	1 162 066
木材产量	万立方米	153	279	123	97	57.26
布 产 量	万　米	4 776	5 046	3 435	2 752	2 233
糖 产 量	万　吨	34.60	68.07	91.88	121.78	114.37
卷烟产量	万　箱	87.80	142.86	137.24	143.81	142.14
五、运输、邮电						
铁路通车里程	公　里	913	913	923	970	970
公路通车里程	公　里	52 776	71 000	77 858	92 055	94 633
邮电局(所)数	个	1 006	1 023	1 069	1 208	1 208
六、财　　政						
财政收入	万　元	195 508	281 815	429 674	445 634	464 155
财政支出	万　元	326 535	713 377	1 117 882	1 172 933	1 292 331
七、卫　　生						
卫生事业机构数	个	3 380	3 380	1 639	1 634	1 612
#医院个数	个	1 076	1 076	294	296	303
床位数	张	39 453	39 453	44 683	45 298	47 281
#医院病床数	张	35 497	35 497	28 160	28 468	30 039
专业卫生技术人员	人	46 607	47 000	46 851		48 645

注:1. 卫生机构、人员、床位数1994年报表制度作了调整，与以前年份不可比。

2.1994年以后财政收入不包括中央税收入。

3－6　少数民族自治地方主要社会经济指标占全省的比重

（2000年）

指　　标	单　位	民族自治地　方	全　省	民族自治地方占全省的比重(%)
一、市县数	个	**79**	**128**	**61.7**
二、总人口(年末数)	万　人	**2 069.6**	**4 240.8**	**48.8**
#少数民族人口	万　人	1 121.2	1 412.9	79.4
三、工农业总产值(1990年不变价)	亿　元	**518.83**	**1 443.8**	**35.9**
农业总产值	亿　元	213.76	378.51	56.5
工业总产值	亿　元	305.08	1 065.29	28.6
四、土地面积	平方公里	**276 674**	**394 193**	**70.2**
#耕地面积	千公顷	1 766	4 199	42.1
五、主要农产品产量				
粮食总产量	万　吨	751	1 467.8	51.2
甘蔗总产量	万　吨	1 075.44	1 420.29	75.7
烤烟产量	万　吨	25.81	64.61	39.3
大牲畜年末数	万　头	667	1 036.32	64.4
六、国有经济固定资产投资	亿　元	**102.47**	**466.2**	**22.0**
七、社会消费品零售总额	亿　元	**207.84**	**583.17**	**35.6**
八、财政				
财政收入	亿　元	46.42	180.75	25.7
财政支出	亿　元	129.23	414.11	31.2
九、教育文化				
广播电台	个	6	14	38.5
电视台	个	6	14	
公共图书馆	个	87	148	58.8
高等院校数	所	5	24	20.8
普通中学学校数	所	1 230	2 236	55.0
小学学校数	所	12 572	22 151	56.8
十、卫生				
卫生机构	个	1 612	13 356	12.1
#医院	个	303	602	50.3
卫生机构床位数	万　张	4.73	9.75	48.5
#医院病床数	万　张	3	6.61	45.4
专业卫生技术人员	万　人	4.86	12.41	39.2

注:财政收入为地方财政收入。

3－7　少数民族自治地方工农业总产值

单位：万元

地　　区	工农业总产值		工业总产值		农业总产值	
	1999 年	2000 年	1999 年	2000 年	1999 年	2000 年
总　　计	**7 795 393**	**7 927 736**	**4 282 483**	**4 269 147**	**3 512 910**	**3 658 589**
一、自治州小计	**6 389 510**	**6 406 277**	**3 675 661**	**3 593 247**	**2 713 849**	**2 813 030**
楚雄彝族自治州	1 269 844	1 236 863	781 758	726 891	488 086	509 972
红河哈尼族彝族自治州	1 968 923	1 989 195	1 391 941	1 401 258	576 982	587 937
文山壮族苗族自治州	703 943	782 941	327 271	382 527	376 672	400 414
西双版纳傣族自治州	341 349	328 104	79 633	69 949	261 716	258 155
大理白族自治州	1 550 270	1 481 557	816 530	708 564	733 740	772 993
德宏傣族景颇族自治州	381 666	391 793	196 441	204 456	185 225	187 337
怒江傈僳族自治州	110 817	121 421	62 404	71 600	48 413	49 821
迪庆藏族自治州	62 698	74 403	19 683	28 002	43 015	46 401
二、自治州以外的自治县小计	**1 405 883**	**1 521 459**	**606 822**	**675 900**	**799 061**	**845 559**
石林彝族自治县	147 035	188 814	88 476	124 504	58 559	64 310
禄劝彝族苗族自治县	132 822	150 554	35 671	36 067	97 151	114 487
寻甸回族彝族自治县	100 251	108 407	34 918	39 790	65 333	68 617
峨山彝族自治县	96 997	89 646	67 098	58 764	29 899	30 882
新平彝族傣族自治县	90 852	104 414	43 953	52 245	46 899	52 169
元江哈尼族彝族傣族自治县	83 594	101 154	38 330	53 573	45 264	47 581
普洱哈尼族彝族傣族自治县	56 324	55 098	30 358	28 521	25 966	26 577
墨江哈尼族自治县	44 052	48 472	14 625	17 171	29 427	31 301
景东彝族自治县	82 061	82 425	22 927	23 947	59 134	58 478
景谷傣族彝族自治县	86 655	94 185	49 436	55 910	37 219	38 275
镇沅彝族哈尼族拉祜族自治县	40 566	38 286	16 675	13 888	23 891	24 398
江城哈尼族彝族自治县	28 970	27 969	10 662	9 126	18 308	18 843
孟连傣族拉祜族佤族自治县	26 407	27 894	11 348	12 337	15 059	15 557
澜沧拉祜族自治县	85 063	86 024	34 918	36 043	50 145	49 981
西盟佤族自治县	10 219	10 321	3 704	3 862	6 515	6 459
丽江纳西族自治县	87 036	88 348	33 874	31 079	53 162	57 269
宁蒗彝族自治县	24 060	25 113	4 128	5 169	19 932	19 944
双江拉祜族佤族布朗族傣族自治县	38 071	38 328	12 616	12 511	25 455	25 817
耿马傣族佤族自治县	103 571	107 949	41 223	43 153	62 348	64 796
沧源佤族自治县	41 277	48 058	11 882	18 240	29 395	29 818

注：本表按当年价格计算。

3－8 少数民族自治地方国内生产总值

（2000 年） 单位：万元

地区	国内生产总值	第一产业	第二产业	第三产业
总计	**6 875 778**	**2 303 171**	**2 163 236**	**2 409 371**
一、自治州小计	**5 581 116**	**1 784 736**	**1 831 729**	**1 964 651**
楚雄彝族自治州	1 055 423	327 457	410 158	317 808
红河哈尼族彝族自治州	1 437 578	368 648	627 905	441 025
文山壮族苗族自治州	707 582	269 000	176 082	262 500
西双版纳傣族自治州	462 563	173 553	75 451	213 559
大理白族自治州	1 346 657	458 481	387 053	501 123
德宏傣族景颇族自治州	367 967	122 939	93 563	151 465
怒江傈僳族自治州	111 041	32 343	42 114	36 584
迪庆藏族自治州	92 305	32 315	19 403	40 587
二、自治州以外的自治县小计	**1 294 662**	**518 435**	**331 507**	**444 720**
石林彝族自治县	100 067	34 323	31 539	34 205
禄劝彝族苗族自治县	99 908	53 211	16 963	29 734
寻甸回族彝族自治腺	95 007	42 361	13 961	38 685
峨山彝族自治县	75 086	20 688	23 923	30 475
新平彝族傣族自治县	69 567	30 680	19 610	19 277
元江哈尼族彝族傣族自治县	76 900	30 266	21 093	25 541
普洱哈尼族彝族自治县	62 411	18 381	22 452	21 578
墨江哈尼族自治县	71 110	20 972	30 901	19 237
景东彝族自治县	83 007	43 923	15 674	23 410
景谷傣族彝族自治县	85 100	24 674	32 957	27 469
镇沅彝族哈尼族拉祜族自治县	35 678	16 508	5 742	13 428
江城哈尼族彝族自治县	24 960	12 674	4 053	8 233
孟连傣族拉祜族自治县	22 171	9 213	5 586	7 372
澜沧拉祜族自治县	56 660	28 657	6 857	21 146
西盟佤族自治县	9 606	3 039	1 915	4 652
丽江纳西族自治县	138 771	32 925	36 197	69 649
宁蒗彝族自治县	34 430	16 322	8 126	9 982
双江拉祜族佤族布朗族傣族自治县	30 468	18 753	3 434	8 281
耿马傣族佤族自治县	85 937	42 423	22 698	20 816
沧源佤族自治县	37 818	18 442	7 826	11 550

注：本表按当年价格计算。

3-9 少数民族自治地方农林牧渔业总产值

(2000年)　　　　单位:万元

地　　区	农林牧渔业总产值	农业总产值	林业产值	牧业产值	渔业产值
总　　计	**2 137 561**	**1 257 943**	**301 072**	**544 690**	**33 856**
一、自治州小计	**1 614 139**	**939 720**	**229 642**	**417 265**	**27 512**
楚雄彝族自治州	252 939	154 957	17 271	78 262	2 449
红河哈尼族彝族自治州	334 507	212 651	30 925	84 253	6 678
文山壮族苗族自治州	248 089	151 503	14 530	80 362	1 694
西双版纳傣族自治州	198 985	67 483	114 650	13 177	3 675
大理白族自治州	383 294	224 334	25 492	124 864	8 604
德宏傣族景颇族自治州	126 136	92 145	11 466	18 234	4 291
怒江傈僳族自治州	37 257	20 975	6 717	9 519	46
迪庆藏族自治州	32 932	15 672	8 591	8 594	75
二、自治州以外的自治县小计	**523 422**	**318 223**	**71 430**	**127 425**	**6 344**
石林彝族自治县	27 497	17 534	703	9 022	238
禄劝彝族苗族自治县	48 527	27 674	4 002	16 701	150
寻甸回族彝族自治县	37 801	20 275	2 092	15 175	259
峨山彝族自治县	17 086	10 343	1 010	5 268	465
新平彝族傣族自治县	33 418	22 912	1 568	8 691	247
元江哈尼族彝族傣族自治县	28 518	22 448	628	5 092	350
普洱哈尼族彝族自治县	18 824	8 109	4 986	5 276	453
墨江哈尼族自治县	22 054	12 793	3 805	5 442	14
景东彝族自治县	36 496	21 271	7 179	7 860	186
景谷傣族彝族自治县	34 750	18 251	9 229	6 624	646
镇沅彝族哈尼族拉祜族自治县	18 462	10 019	3 383	4 880	180
江城哈尼族彝族自治县	11 531	8 338	1 515	1 624	54
孟连傣族拉祜族自治县	16 510	8 904	6 222	1 304	80
澜沧拉祜族自治县	35 636	24 048	5 754	5 463	371
西盟佤族自治县	5 152	3 514	1 054	575	9
丽江纳西族自治县	32 164	16 007	2 301	12 689	1 167
宁蒗彝族自治县	16 324	7 902	3 002	5 122	298
双江拉祜族佤族布朗族傣族自治县	17 160	12 519	1 126	3 130	385
耿马傣族佤族自治县	48 938	34 254	8 987	5 073	624
沧源佤族自治县	16 574	11 108	2 884	2 414	168

注:本表按1990年不变价格计算。

3-10 少数民族自治地方主要农作物产量

（2000年） 单位：吨

地区	粮食	稻谷	小麦	玉米
总计	**7 508 736**	**3 541 348**	**802 499**	**2 151 327**
一、自治州小计	**5 684 794**	**2 723 330**	**615 939**	**1 612 226**
楚雄彝族自治州	1 030 267	508 416	142 708	216 887
红河哈尼族彝族自治州	1 260 402	653 422	141 611	342 030
文山壮族苗族自治州	1 030 937	394 936	76 421	449 524
西双版纳傣族自治州	347 375	291 039	638	48 275
大理白族自治州	1 318 974	517 204	181 806	380 852
德宏傣族景颇族自治州	396 798	303 849	23 975	46 081
怒江傈僳族自治州	163 588	40 084	17 447	74 146
迪庆藏族自治州	136 453	14 380	31 333	54 431
二、自治州以外的自治县小计	**1 823 942**	**818 018**	**186 560**	**539 101**
石林彝族自治县	113 303	35 431	17 442	39 397
禄劝彝族苗族自治县	170 198	39 253	18 037	67 412
寻甸回族彝族自治县	175 081	47 071	20 065	39 639
峨山彝族自治县	50 987	28 706	4 594	15 173
新平彝族傣族自治县	86 541	45 736	7 772	27 005
元江哈尼族彝族傣族自治县	56 987	28 431	6 880	17 632
普洱哈尼族彝族自治县	71 902	38 497	6 816	17 384
墨江哈尼族自治县	110 771	45 645	5 296	48 564
景东彝族自治县	137 228	53 986	21 474	50 385
景谷傣族彝族自治县	113 120	72 957	4 435	27 748
镇沅彝族哈尼族拉祜族自治县	73 686	38 819	7 549	21 327
江城哈尼族彝族自治县	33 030	23 995	655	7 600
孟连傣族拉祜族自治县	46 736	38 198	197	7 342
澜沧拉祜族自治县	152 441	108 227	2 922	32 768
西盟佤族自治县	31 027	24 241	546	4 295
丽江纳西族自治县	138 838	16 955	42 492	51 855
宁蒗彝族自治县	59 285	9 786	3 563	14 915
双江拉祜族佤族布朗族傣族自治县	60 450	37 454	5 804	12 023
耿马傣族佤族自治县	85 167	47 763	8 578	22 056
沧源佤族自治县	57 164	36 867	1 443	14 581

地　　区	豆　类	油　料	甘　蔗	烤　烟	薯　类
总　　计	**431 456**	**141 337**	**10 754 399**	**258 072**	**288 636**
一、自治州小计	**341 598**	**112 561**	**5 843 203**	**177 597**	**181 802**
楚雄彝族自治州	105 013	23 022	15 171	61 936	25 465
红河哈尼族彝族自治州	47 074	17 694	1 282 593	59 465	47 692
文山壮族苗族自治州	51 080	23 088	192 571	12 397	41 344
西双版纳傣族自治州	2 762	1 507	1 220 049	0	4 024
大理白族自治州	106 461	28 123	199 714	43 749	31 556
德宏傣族景颇族自治州	9 493	17 117	2 910 931	0	12 853
怒江傈僳族自治州	13 090	847	22 174	17	9 126
迪庆藏族自治州	6 625	1 163	0	34	9 742
二、自治州以外的自治县小计	**89 858**	**28 776**	**4 911 196**	**80 475**	**106 834**
石林彝族自治县	8 182	1 259	0	15 446	6 651
禄劝彝族苗族自治县	10 297	733	3 440	12 637	19 252
寻甸回族彝族自治县	9 759	2 612	2	14 859	34 613
峨山彝族自治县	1 100	6 061	33 564	10 095	1 133
新平彝族傣族自治县	1 845	495	698 947	10 536	3 571
元江哈尼族彝族傣族自治县	1 482	679	687 324	4 307	1 762
普洱哈尼族彝族自治县	2 445	1 357	401	72	5 347
墨江哈尼族自治县	5 909	2 525	73 520	1 335	1 481
景东彝族自治县	8 902	565	286 967	1 544	1 737
景谷傣族彝族自治县	3 245	1 693	366 883	116	3 357
镇沅彝族哈尼族拉祜族自治县	4 580	1 231	43 069	2 173	608
江城哈尼族彝族自治县	430	280	119 964	0	350
孟连傣族拉祜族自治县	411	726	312 370	37	135
澜沧拉祜族自治县	2 918	1 127	488 173	0	1 103
西盟佤族自治县	313	157	35 187	0	122
丽江纳西族自治县	14 509	4 521	6	5 974	7 363
宁蒗彝族自治县	6 999	563	0	1 332	13 750
双江拉祜族佤族布朗族傣族自治县	1 351	750	264 660	0	1 789
耿马傣族佤族自治县	3 744	827	1 169 431	6	1 891
沧源佤族自治县	1 437	615	327 288	9	819

3－11　少数民族自治地方全部工业企业单位数及总产值

（2000年）

单位：个，万元

地　　区	工业企业单位数	工业企业单位数中			工业总产值	工业总产值中		
		国有	轻工业	重工业		国　有	轻工业	重工业
总　　计	**101 449**	**531**	**70 801**	**30 648**	**4 269 147**	**1 640 560**	**2 049 232**	**2 219 913**
一、自治州小计	**78 743**	**389**	**54 663**	**24 080**	**3 593 247**	**1 485 098**	**1 714 339**	**1 878 907**
楚雄彝族自治州	14 287	77	10 167	4 120	726 891	237 867	404 790	322 102
红河哈尼族彝族自治州	10 927	82	7 854	3 073	1 401 258	764 915	537 817	863 441
文山壮族苗族自治州	24 000	41	17 778	6 222	382 527	83 864	151 994	230 532
西双版纳傣族自治州	1 141	39	784	357	69 949	23 372	49 668	20 282
大理白族自治州	19 548	22	12 447	7 101	708 564	242 102	412 631	295 933
德宏傣族景颇族自治州	6 538	89	4 260	2 278	204 456	116 540	133 462	70 994
怒江傈僳族自治州	1 739	25	979	760	71 600	11 809	13 796	57 804
迪庆藏族自治州	563	14	394	169	28 002	4 629	10 182	17 820
二、自治州以外的自治县小计	**22 706**	**142**	**16 138**	**6 568**	**675 900**	**155 462**	**334 893**	**341 006**
石林彝族自治县	1 527	12	742	785	124 504	2 137	64 781	59 722
禄劝彝族苗族自治县	3 290	4	1 973	1 317	36 067	5 403	17 336	18 731
寻甸回族彝族自治县	2 805	10	2 007	798	39 790	13 756	10 884	28 906
峨山彝族自治县	659	6	442	217	58 764	6 799	21 465	37 299
新平彝族傣族自治县	610	4	467	143	52 245	1 303	32 016	20 229
元江哈尼族彝族傣族自治县	418	7	245	173	53 573	16 038	28 657	24 916
普洱哈尼族彝族自治县	395	10	181	214	28 521	6 162	6 702	21 820
墨江哈尼族自治县	394	9	238	156	17 171	10 051	5 288	11 884
景东彝族自治县	1 878	9	1 495	383	23 947	15 263	12 719	11 228
景谷傣族彝族自治县	709	6	490	219	55 910	20 372	23 366	32 543
镇沅彝族哈尼族拉祜族自治县	182	11	105	77	13 888	6 959	2 965	10 923
江城哈尼族彝族自治县	519	5	463	56	9 126	1 687	6 171	2 955
孟连傣族拉祜族自治县	596	4	516	80	12 337	929	10 765	1 572
澜沧拉祜族自治县	3 068	12	1 916	1 152	36 043	22 195	19 296	16 748
西盟佤族自治县	382	4	291	91	3 862	2 575	1 667	2 195
丽江纳西族自治县	3 433	12	3 329	104	31 079	7 960	15 768	15 311
宁蒗彝族自治县	687	3	412	275	5 169	436	2 024	3 145
双江拉祜族佤族布朗族傣族自治县	373	4	223	150	12 511	968	9 574	2 937
耿马傣族佤族自治县	457	7	302	155	43 153	14 362	29 480	13 673
沧源佤族自治县	324	3	301	23	18 240	109	13 969	4 271

注：国有企业中含国有联营，国有独资公司。工业总产值系按当年价格计算。

3－12 少数民族自治地方主要工业产品产量

（2000年）

地　　区	钢（吨）	生铁（吨）	原煤（万吨）	发电量（万千瓦时）	糖（吨）	卷烟（万箱）
总　　计	**10 112**	**225 972**	**886.64**	**1 162 066**	**1 143 734**	**142.14**
一、自治州小计	**7 618**	**29 378**	**768.88**	**1 008 795**	**608 928**	**142.14**
楚雄彝族自治州		29 378	95.45	42 691	11 975	44.00
红河哈尼族彝族自治州	7 618		544.13	466 994	96 875	61.14
文山壮族苗族自治州			38.35	127 141	11 485	
西双版纳傣族自治州			2.71	35 872	140 469	
大理白族自治州			77.58	204 242	16 229	37.00
德宏傣族景颇族自治州			10.16	63 595	331 895	
怒江傈僳族自治州			0.50	13 775		
迪庆藏族自治州				54 485		
二、自治州以外的自治县小计	**2 494**	**196 594**	**117.76**	**153 271**	**534 806**	
石林彝族自治县			9.92	1 755		
禄劝彝族苗族自治县				8 484		
寻甸回族彝族自治县			5.30	2 377		
峨山彝族自治县	2 494	72 352	36.05	1 193	6 953	
新平彝族傣族自治县		124 242	0.45	15 845	87 137	
元江哈尼族彝族傣族自治县			0.44	35 428	93 837	
普洱哈尼族彝族自治县			8.31	4 086		
墨江哈尼族自治县				4 706	11 003	
景东彝族自治县			2.92	1 850	30 045	
景谷傣族彝族自治县			3.42	19 491	39 830	
镇沅彝族哈尼族拉祜族自治县			5.49	827	5 304	
江城哈尼族彝族自治县			0.15	1 567	15 927	
孟连傣族拉祜族自治县			1.25	6 327	30 901	
澜沧拉祜族自治县			26.22	3 442	51 463	
西盟佤族自治县				1 096	4 725	
丽江纳西族自治县			5.18	24 650		
宁蒗彝族自治县			3.70	8 009		
双江拉祜族佤族布朗族傣族自治县			1.39	3 311	25 718	
耿马傣族佤族自治县			4.20	5 127	91 716	
沧源佤族自治县			3.37	3 700	40 247	

3－13 少数民族自治地方全部国有及年产品销售收入500万元以上非国有独立核算工业企业主要财务指标

（2000年）　　单位：万元

地　　区	现价总产值	产品销售收入	固定资产原值	固定资产净值	利税总额	亏损企业亏损总额
总　　计	**2 659 116**	**2 686 372**	**4 194 636**	**2 929 620**	**574 978**	**63 868**
一、自治州小计	**2 249 049**	**2 285 474**	**3 393 421**	**2 323 939**	**534 347**	**43 540**
楚雄彝族自治州	360 467	356 143	572 170	410 613	97 147	8 823
红河哈尼族彝族自治州	1 057 376	1 099 167	1 482 744	952 629	260 645	14 794
文山壮族苗族自治州	144 554	154 505	191 431	136 774	28 395	4 453
西双版纳傣族自治州	56 955	59 785	147 541	109 632	7 084	4 954
大理白族自治州	416 974	409 220	584 949	379 556	118 952	1 713
德宏傣族景颇族自治州	154 448	153 619	304 190	244 268	12 718	6 741
怒江傈僳族自治州	45 624	44 139	58 231	45 060	9 164	726
迪庆藏族自治州	12 651	8 896	52 165	45 406	242	1 337
二、自治州以外的自治县小计	**410 068**	**400 898**	**801 214**	**605 681**	**40 630**	**20 327**
石林彝族自治县	55 871	50 161	40 208	32 972	5 927	1 014
禄劝彝族苗族自治县	5 403	5 289	14 391	11 645	446	54
寻甸回族彝族自治县	18 796	20 131	29 695	19 878	634	1 448
峨山彝族自治县	24 357	25 206	59 637	41 468	－1 648	4 651
新平彝族傣族自治县	37 493	42 627	67 850	47 055	2 563	3 001
元江哈尼族彝族傣族自治县	43 925	38 521	52 569	35 317	4 402	2 272
普洱哈尼族彝族自治县	18 839	17 652	35 783	23 856	2 583	289
墨江哈尼族自治县	14 497	13 889	22 644	14 515	2 280	553
景东彝族自治县	16 784	17 449	17 348	9 148	2 669	78
景谷傣族彝族自治县	42 505	40 919	179 249	162 814	6 315	1 761
镇沅彝族哈尼族拉祜族自治县	11 028	10 041	22 315	13 106	－1 122	2 154
江城哈尼族彝族自治县	6 467	6 309	11 623	8 236	634	35
孟连傣族拉祜族自治县	10 339	9 551	12 186	8 128	2 104	12
澜沧拉祜族自治县	28 066	27 804	49 218	31 240	1 793	1 151
西盟佤族自治县	2 575	2 307	11 717	9 912	－134	632
丽江纳西族自治县	16 233	17 560	63 293	48 988	3 458	953
宁蒗彝族自治县	2 457	1 721	12 384	9 436	21	123
双江拉祜族佤族布朗族傣族自治县	8 503	8 656	14 860	12 172	1 475	37
耿马傣族佤族自治县	31 455	31 944	65 405	52 281	4 768	71
沧源佤族自治县	14 473	13 162	18 838	13 513	1 465	39

3－14 少数民族自治地方商品购、销、存

（2000年） 单位：万元

地　　区	社会消费品零售总额	限额以上批发零售贸易业		
		商品购进总　额	商品销售总　额	商品库存总　额
总　　计	**2 078 432**	**1 564 833**	**1 965 175**	**312 567**
一、自治州小计	**1 678 498**	**1 334 030**	**1 668 824**	**276 996**
楚雄彝族自治州	273 946	437 213	582 581	154 567
红河哈尼族彝族自治州	388 045	280 189	349 488	36 385
文山壮族苗族自治州	270 672	92 920	107 870	7 683
西双版纳傣族自治州	133 018	56 003	67 076	22 048
大理白族自治州	370 219	398 967	481 812	33 051
德宏傣族景颇族自治州	166 178	34 138	40 680	18 380
怒江傈僳族自治州	44 865	21 776	24 451	3 304
迪庆藏族自治州	31 555	12 824	14 866	1 578
二、自治州以外的自治县小计	**399 934**	**230 803**	**296 351**	**35 571**
石林彝族自治县	34 178	58 833	67 209	4 683
禄劝彝族苗族自治县	16 102	25 072	30 172	3 027
寻甸回族彝族自治县	29 365	28 342	37 642	7 100
峨山彝族自治县	21 523	16 427	25 295	1 810
新平彝族傣族自治县	27 684	19 516	28 357	3 213
元江哈尼族彝族傣族自治县	28 659	9 360	12 729	1 593
普洱哈尼族彝族自治县	21 273	9 809	11 887	1 120
墨江哈尼族自治县	20 366	4 808	5 521	734
景东彝族自治县	24 343	4 880	6 543	870
景谷傣族彝族自治县	23 347	3 138	4 021	621
镇沅彝族哈尼族拉祜族自治县	12 364	2 639	2 157	1 017
江城哈尼族彝族自治县	9 193	1 751	1 887	391
孟连傣族拉祜族自治县	7 832			
澜沧拉祜族自治县	18 124	6 981	7 047	3 085
西盟佤族自治县	4 496			
丽江纳西族自治县	50 651	28 338	42 690	5 086
宁蒗彝族自治县	8 871	2 846	3 567	240
双江拉祜族佤族布朗族傣族自治县	9 794	1 754	2 484	163
耿马傣族佤族自治县	19 259	4 945	5 868	681
沧源佤族自治县	12 510	1 364	1 275	137

注：由于小数点四舍五入，横、纵向相加与总计数略有出入。

3－15 少数民族自治地方职工人数

（2000年） 单位:人

地区	合计	国有	集体	其它
总计	**1 168 431**	**977 877**	**94 086**	**95 710**
一、自治州小计	**922 266**	**768 388**	**74 092**	**79 786**
楚雄彝族自治州	138 652	112 628	12 430	13 594
红河哈尼族彝族自治州	264 499	208 908	29 262	26 329
文山壮族苗族自治州	112 175	96 812	6 523	8 840
西双版纳傣族自治州	110 490	94 276	7 868	8 346
大理白族自治州	164 769	139 260	11 291	14 218
德宏傣族景颇族自治州	83 909	73 373	5 286	5 250
怒江傈僳族自治州	27 062	23 676	564	2 822
迪庆藏族自治州	20 710	19 455	868	387
二、自治州以外的自治县小计	**246 165**	**209 489**	**19 994**	**15 924**
石林彝族自治县	12 983	10 971	1 105	607
禄劝彝族苗族自治县	13 356	12 316	1 040	
寻甸回族彝族自治县	14 241	13 482	747	12
峨山彝族自治县	13 473	12 224	1 249	
新平彝族傣族自治县	16 257	10 958	1 264	4 035
元江哈尼族彝族傣族自治县	16 030	13 681	512	1 837
普洱哈尼族彝族自治县	13 743	10 556	618	2 569
墨江哈尼族自治县	11 792	10 548	998	246
景东彝族自治县	13 338	11 821	1 089	428
景谷傣族彝族自治县	15 475	11 659	880	2 936
镇沅彝族哈尼族拉祜族自治县	9 244	8 211	1 033	
江城哈尼族彝族自治县	7 364	5 777	1 240	347
孟连傣族拉祜族自治县	6 137	5 150	341	646
澜沧拉祜族自治县	15 390	14 096	1 211	83
西盟佤族自治县	5 637	3 841	1 713	83
丽江纳西族自治县	16 797	14 268	1 931	598
宁蒗彝族自治县	10 638	10 148	490	
双江拉祜族佤族布朗族傣族自治县	8 224	7 791	410	23
耿马傣族佤族自治县	16 820	15 147	1 574	99
沧源佤族自治县	8 768	6 844	549	1 375

注:其它职工人数包括联营经济、股份制经济、外商投资经济、港澳台投资经济、其它经济等各种经济类型单位。

3－16　少数民族自治地方职工工资总额

（2000 年）　　单位：万元

地　　区	合　计	国　有	集　体	其　它
总　　计	**985 735.8**	**849 702.1**	**61 387.1**	**74 645.6**
一、自治州小计	**787 580.6**	**676 778.6**	**49 726.8**	**61 075.2**
楚雄彝族自治州	127 502.2	109 656.3	8 291.0	9 554.9
红河哈尼族彝族自治州	217 850.7	179 504.9	19 138.3	19 207.5
文山壮族苗族自治州	92 038.1	80 948.3	3 887.0	7 202.8
西双版纳傣族自治州	81 772.2	70 252.8	5 781.0	5 738.4
大理白族自治州	152 117.4	132 317.8	8 260.2	11 539.4
德宏傣族景颇族自治州	65 264.1	58 037.8	3 774.8	3 451.5
怒江傈僳族自治州	25 714.9	21 701.7	353.5	3 659.7
迪庆藏族自治州	25 321.0	24 359.0	241.0	721.0
二、自治州以外的自治县小计	**198 155.2**	**172 923.5**	**11 660.3**	**13 570.4**
石林彝族自治县	10 940.6	9 598.7	692.1	649.8
禄劝彝族苗族自治县	10 959.1	10 296.1	663.0	
寻甸回族彝族自治县	12 635.7	12 088.2	540.3	7.2
峨山彝族自治县	12 063.9	11 418.5	645.4	
新平彝族傣族自治县	14 675.8	10 408.3	751.6	3 515.9
元江哈尼族彝族傣族自治县	13 842.6	11 514.6	494.6	1 833.4
普洱哈尼族彝族自治县	11 011.6	8 668.4	361.6	1 981.6
墨江哈尼族自治县	9 446.3	8 755.6	497.1	193.6
景东彝族自治县	10 826.3	9 856.3	627.5	342.5
景谷傣族彝族自治县	12 246.8	9 256.6	575.5	2 414.7
镇沅彝族哈尼族拉祜族自治县	6 814.1	6 344.8	469.3	
江城哈尼族彝族自治县	5 375.2	4 677.4	580.6	117.2
孟连傣族拉祜族自治县	5 178.3	4 222.6	233.5	722.2
澜沧拉祜族自治县	12 252.7	11 393.7	811.5	47.5
西盟佤族自治县	3 954.0	3 145.0	748.5	59.5
丽江纳西族自治县	14 515.4	12 876.3	1 207.6	431.5
宁蒗彝族自治县	7 683.5	7 402.8	280.7	
双江拉祜族佤族布朗族傣族自治县	5 580.0	5 349.1	215.8	15.1
耿马傣族佤族自治县	11 607.1	10 412.6	1 150.9	43.6
沧源佤族自治县	6 546.2	5 237.9	241.0	1 067.3

3－17　少数民族自治地方财政收入和支出

单位:万元

地　　区	财政收入		财政支出	
	1999 年	2000 年	1999 年	2000 年
总　　计	**445 634**	**464 155**	**1 117 882**	**1 292 331**
一、自治州小计	**358 210**	**372 792**	**912 357**	**1 010 220**
楚雄彝族自治州	70 887	72 299	167 184	189 202
红河哈尼族彝族自治州	99 070	104 071	216 059	236 622
文山壮族苗族自治州	34 939	36 666	129 522	142 601
西双版纳傣族自治州	29 968	30 852	55 650	63 148
大理白族自治州	89 448	91 294	191 332	207 071
德宏傣族景颇族自治州	20 550	22 086	64 017	71 826
怒江傈僳族自治州	8 389	9 669	44 723	49 498
迪庆藏族自治州	4 959	5 855	43 870	50 252
二、自治州以外的自治县小计	**87 424**	**91 363**	**260 576**	**282 111**
石林彝族自治县	7 641	8 510	12 854	15 244
禄劝彝族苗族自治县	4 860	5 046	18 742	19 335
寻甸回族彝族自治县	6 228	6 984	16 741	21 254
峨山彝族自治县	5 280	5 599	16 318	16 098
新平彝族傣族自治县	6 582	6 611	21 526	19 944
元江哈尼族彝族傣族自治县	5 398	5 849	17 955	17 651
普洱哈尼族彝族自治县	5 034	4 178	10 106	11 266
墨江哈尼族自治县	3 258	4 369	13 068	14 468
景东彝族自治县	5 059	5 681	13 451	15 668
景谷傣族彝族自治县	7 871	8 575	12 415	14 121
镇沅彝族哈尼族拉祜族自治县	3 433	3 034	9 378	10 811
江城哈尼族彝族自治县	957	1 075	6 529	7 832
孟连傣族拉祜族自治县	1 916	2 157	6 282	7 440
澜沧拉祜族自治县	2 929	3 267	15 136	18 807
西盟佤族自治县	568	623	5 268	6 670
丽江纳西族自治县	9 201	8 872	20 885	21 587
宁蒗彝族自治县	1 338	1 236	16 379	14 872
双江拉祜族佤族布朗族傣族自治县	1 963	2 000	7 435	8 340
耿马傣族佤族自治县	5 876	5 650	11 178	11 544
沧源佤族自治县	2 042	2 047	8 944	9 159

四、人 口

POPULATION

4-1 历年全省年末人口数

单位:万人

年份	总人口	按性别分		按城乡分		按农业、非农业分	
		男	女	市镇人口	乡村人口	农业人口	非农业人口
1949	1 595.0						
1952	1 695.1			82.3	1 612.8		
1957	1 896.8	941.9	954.8	237.1	1 659.7	1 717.0	179.8
1958	1 914.5	959.9	954.6	349.7	1 564.8	1 647.4	267.1
1960	1 894.6	937.8	956.7	305.2	1 589.4	1 615.9	278.7
1962	1 963.7	966.2	997.5	275.0	1 688.7	1 776.5	187.2
1963	2 021.1	998.3	1 022.8	247.4	1 773.7	1 825.5	195.6
1964	2 088.4	1 039.9	1 048.5	296.1	1 792.3	1 882.2	206.2
1965	2 160.4	1 075.3	1 085.1	261.4	1 899.0	1 925.5	234.9
1966	2 231.9	1 113.6	1 118.3	273.9	1 958.0	1 981.2	250.7
1967	2 287.1	1 138.0	1 149.1	276.1	2 011.0	2 037.7	249.4
1968	2 361.7	1 182.1	1 179.6	275.0	2 086.7	2 107.5	254.2
1969	2 422.8	1 212.6	1 210.2	271.2	2 151.6	2 178.5	244.3
1970	2 503.3	1 246.4	1 256.9	271.2	2 232.1	2 256.0	247.3
1971	2 592.7	1 291.4	1 301.3	297.4	2 295.3	2 331.7	261.0
1972	2 663.1	1 327.5	1 335.6	312.2	2 350.9	2 381.9	281.2
1973	2 746.9	1 369.7	1 377.2	323.9	2 423.0	2 461.7	285.2
1974	2 819.0	1 408.0	1 411.0	326.1	2 492.9	2 524.7	294.3
1975	2 884.3	1 441.8	1 442.5	335.9	2 548.4	2 585.9	298.4
1976	2 951.7	1 477.1	1 474.6	343.3	2 608.4	2 646.7	305.0
1977	3 024.6	1 515.0	1 509.6	351.7	2 672.9	2 712.4	312.2
1978	3 091.5	1 548.7	1 542.8	375.7	2 715.8	2 767.5	324.0
1979	3 134.8	1 569.1	1 565.6	388.3	2 746.5	2 798.2	336.6
1980	3 173.4	1 590.0	1 583.4	395.4	2 778.0	2 828.8	344.6
1981	3 222.8	1 622.2	1 600.6	416.5	2 806.3	2 873.0	349.8
1982	3 283.1	1 657.5	1 625.6	433.0	2 850.1	2 924.8	358.3
1983	3 330.8	1 683.1	1 647.7	472.0	2 858.8	2 963.1	367.7
1984	3 372.1	1 707.3	1 664.8	698.7	2 673.4	2 994.8	377.3
1985	3 418.1	1 733.7	1 684.4	904.6	2 513.5	3 021.9	396.2
1986	3 480.0	1 766.8	1 713.2	1 007.5	2 472.5	3 071.8	408.2
1987	3 534.0	1 797.7	1 736.3	996.2	2 537.8	3 112.0	422.0
1988	3 594.0	1 829.0	1 765.0	1 426.1	2 167.9	3 159.5	434.5
1989	3 648.0	1 861.2	1 786.8	1 524.5	2 123.5	3 204.8	443.2
1990	3 730.6	1 910.8	1 819.8	1 510.1	2 220.5	3 271.7	458.9
1991	3 782.1	1 939.1	1 843.0	1 555.2	2 226.9	3 312.0	470.1
1992	3 831.6	1 967.1	1 864.5	1 608.1	2 223.5	3 346.9	484.7
1993	3 885.2	1 997.0	1 888.2	1 664.0	2 221.2	3 380.5	504.7
1994	3 939.2	2 027.1	1 912.1	1 782.1	2 157.1	3 414.5	524.7
1995	3 989.6	2 055.2	1 934.4	1 821.3	2 168.3	3 445.5	544.1
1996	4 041.5	2 084.8	1 956.7	1 857.4	2 184.1	3 477.2	564.3
1997	4 094.0	2 112.9	1 981.1	1 937.3	2 156.7	3 506.1	587.9
1998	4 143.8	2 139.0	2 004.8	1 951.7	2 192.1	3 538.0	605.8
1999	4 192.4	2 165.8	2 026.6	1 991.3	2 201.1	3 554.8	637.6
2000	4 240.8	2 192.0	2 048.8	990.6	3 250.2	3 584.3	656.5

注:本表从1983年起总人口为抽样调查推断数,其分组指标按人口统计年报比例推算。

2000年城镇人口系人口普查比例推算,具体统计范围详见指标解释。

4－2　各地区户数、人口数及构成

（2000年）

地　　区	总户数（万户）	总人口（万人）	按性别分（万人）		按城乡分（万人）		按农业、非农业分（万人）		人口密度（人/平方公里）
			男	女	市镇人口	乡村人口	农业人口	非农业人口	
全省合计	**1 030.6**	**4 240.8**	**2 192**	**2 048.8**	**990.6**	**3 250.2**	**3 584.3**	**656.5**	**107.60**
昆　　明	138.6	480.9	248.6	232.3	264.2	216.8	291.8	189.1	301.68
曲　　靖	140.4	547.1	287.6	259.5	103.1	444.0	482.4	64.7	161.75
玉　　溪	55.3	201.7	102.0	99.7	56.2	145.5	167.8	33.9	131.95
昭　　通	120.0	491.9	256.0	235.9	55.1	436.9	456.8	35.1	213.69
楚　　雄	63.2	250.9	129.5	121.4	50.9	200.0	217.2	33.7	85.75
红　　河	101.0	394.1	202.6	191.5	100.8	293.4	324.3	69.8	119.69
文　　山	72.2	324.6	168.5	156.1	49.3	275.2	298.3	26.3	100.68
思　　茅	55.4	231.8	122.1	109.7	42.4	189.4	203.3	28.5	51.08
西双版纳	22.9	85.4	43.4	42.0	19.7	65.7	59.3	26.1	43.33
大　　理	84.6	328.6	167.1	161.5	62.2	266.4	290.6	38.0	111.53
保　　山	57.1	234.5	120.0	114.5	23.2	211.3	211.3	23.2	119.40
德　　宏	23.2	101.8	51.4	50.4	44.8	57.1	82.8	19.0	88.35
丽　　江	27.6	110.0	56.4	53.6	16.6	93.4	96.7	13.3	51.84
怒　　江	11.2	46.4	23.9	22.5	6.8	39.6	39.6	6.8	31.54
迪　　庆	7.7	33.2	17.0	16.2	5.3	27.9	29.0	4.2	13.89
临　　沧	50.0	213.8	111.1	102.7	19.4	194.4	194.3	19.5	87.38

注：全省合计系人口抽样调查推断数据，分地区数系公安人口年报数。

4－3　全省分民族人口数

（2000年）

民　族	人口数（万人）	比　重（%）	民　族	人口数（万人）	比重（%）
总　计	**4 240.8**	**100.00**	藏　族	12.30	0.30
汉　族	2718.45	66.68	景颇族	12.93	0.32
彝　族	447.03	10.97	布朗族	8.99	0.22
白　族	147.25	3.61	普米族	3.26	0.08
哈尼族	134.51	3.30	怒　族	2.67	0.07
壮　族	112.17	2.75	阿昌族	3.18	0.08
傣　族	112.38	2.76	基诺族	1.87	0.05
苗　族	97.22	2.38	德昂族	1.74	0.04
傈僳族	60.16	1.48	蒙古族	1.49	0.04
回　族	62.28	1.53	独龙族	0.59	0.01
拉祜族	42.70	1.05	满　族	0.85	0.02
佤　族	37.02	0.91	水　族	0.95	0.02
纳西族	27.85	0.68	布依族	4.18	0.10
瑶　族	18.77	0.46	其他族	3.82	0.09

注：全省总计系人口抽样调查推断数据，分民族数系公安人口年报数。

4-4 主要年份全省人口出生率、死亡率、自然增长率

年份	年平均人口(万人)	出生		死亡		自然增长	
		人数(万人)	出生率(‰)	人数(万人)	死亡率(‰)	人数(万人)	自然增长率(‰)
1952	1 677.70	56.5	33.69	27.1	16.16	29.4	17.53
1957	1 869.20	67.8	36.27	30.5	16.29	37.3	19.98
1962	1 931.80	76.7	39.71	21.0	10.85	55.7	28.86
1965	2 124.40	93.5	44.01	27.6	12.99	65.9	31.02
1970	2 548.00	97.1	38.11	20.4	8.02	76.7	30.09
1973	2 705.00	98.4	36.38	23.3	8.60	75.2	27.79
1974	2 782.90	95.6	34.36	24.9	8.49	70.8	25.43
1975	2 851.60	90.5	31.72	24.7	8.68	65.7	23.04
1976	2 918.00	92.9	31.83	22.9	7.84	70.0	24.00
1977	2 988.20	92.6	31.01	22.8	7.65	69.8	23.36
1978	3 058.00	86.8	28.37	21.2	6.93	65.6	21.44
1979	3 113.10	75.0	24.08	25.3	8.13	49.7	15.95
1980	3 154.10	65.9	20.91	23.2	7.36	42.7	13.54
1981	3 198.10	81.1	25.36	27.5	8.60	53.6	16.76
1982	3 252.90	77.4	23.80	32.1	9.88	45.3	13.92
1983	3 307.00	77.8	23.57	30.3	9.19	47.5	14.38
1984	3 351.50	67.8	20.29	26.5	7.92	41.3	12.37
1985	3 395.10	72.9	21.55	27.2	8.03	45.8	13.52
1986	3 449.50	89.1	26.03	27.0	7.87	62.1	18.16
1987	3 457.00	83.5	23.97	29.3	8.40	54.2	15.57
1988	3 564.00	84.9	24.00	25.2	7.13	59.7	16.87
1989	3 621.00	83.0	23.07	29.0	8.05	54.0	15.02
1990	3 689.30	87.0	23.60	29.0	7.92	58.0	15.68
1991	3 756.40	81.9	21.80	30.4	8.10	51.5	13.70
1992	3 806.90	79.9	21.00	30.5	8.00	49.5	13.00
1993	3 858.40	84.9	22.00	31.3	8.10	53.6	13.90
1994	3 912.20	85.3	21.80	31.3	8.00	54.0	13.80
1995	3 964.40	82.3	20.75	31.8	8.03	50.5	12.73
1996	4 015.60	83.8	20.87	31.9	7.94	51.9	12.93
1997	4 067.80	84.7	20.82	32.2	7.91	52.5	12.91
1998	4 118.90	82.4	20.01	32.6	7.91	49.8	12.10
1999	4 168.10	81.2	19.48	32.6	7.82	48.6	11.66
2000	4 216.60	80.3	19.05	31.9	7.57	48.4	11.48

注:本表从 1983 年起的数字系抽样调查推断数。其余年份数字均为人口年报数。

4-5 各地区人口出生率、死亡率、自然增长率

（2000 年）

单位：万人、‰

地区	出生		死亡		自然增长	
	人数	出生率	人数	死亡率	人数	自然增长率
全省合计	**80.30**	**19.05**	**31.90**	**7.57**	**48.40**	**11.48**
昆明	7.75	16.10	3.15	6.60	4.60	9.50
曲靖	9.30	17.25	3.50	6.72	5.80	10.53
玉溪	3.40	17.15	1.15	7.30	2.25	9.85
昭通	10.15	21.20	3.80	7.70	6.35	13.50
楚雄	4.40	17.35	1.88	7.60	2.52	9.75
红河	7.40	19.15	2.70	7.00	4.70	12.15
文山	6.30	19.65	2.35	7.65	3.95	12.00
思茅	4.50	18.20	1.80	8.10	2.70	10.10
西双版纳	1.70	19.50	0.68	7.35	1.02	12.15
大理	5.80	17.45	2.45	7.42	3.35	10.03
保山	4.25	18.20	1.75	7.55	2.50	10.65
德宏	2.10	20.90	0.88	7.80	1.22	13.10
丽江	2.22	20.10	0.85	7.54	1.37	12.56
怒江	1.02	21.50	0.45	8.52	0.57	12.98
迪庆	0.70	21.10	0.31	8.45	0.39	12.65
临沧	4.20	19.80	1.65	7.60	2.55	12.20

注：全省总计系人口抽样调查推断数，分地区数系计划生育人口年报数。

4-6 全省户数、平均人口及人口密度

年份	户数（万户）	平均每户人数（人/户）	年平均人口（万人）			人口密度（人/平方公里）
				农业人口	非农业人口	
1957	395.01	4.80	1 869.20	1 717.0	179.8	45.6
1965	446.30	4.80	2 124.40	1 903.9	220.6	54.8
1970	481.40	5.20	2 548.00	2 217.3	245.8	63.5
1975	538.30	5.40	2 851.60	2 555.3	296.4	73.2
1978	571.80	5.40	3 058.00	2 740.0	318.1	78.5
1980	590.90	5.40	3 154.10	2 813.5	340.6	80.5
1985	667.40	5.10	3 395.10	3 008.4	386.8	86.8
1990	812.00	4.50	3 689.30	3 238.3	451.1	94.7
1991	837.40	4.50	3 756.40	3 291.9	464.5	96.0
1992	857.90	4.40	3 806.90	3 329.5	477.4	97.3
1993	883.40	4.30	3 858.40	3 363.7	494.7	98.6
1994	902.40	4.30	3 912.20	3 397.5	514.7	100.0
1995	925.90	4.30	3 964.40	3 430.0	534.4	101.3
1996	946.10	4.30	4 015.60	3 461.4	554.2	102.6
1997	965.40	4.20	4 067.80	3 491.7	576.1	103.9
1998	991.30	4.20	4 118.90	3 522.1	596.9	105.2
1999	1 012.00	4.16	4 168.10	3 554.8	637.6	106.4
2000	1 030.60	4.11	4 216.60	3 584.3	656.5	107.6

主要统计指标解释

人口数　指一定时点,一定地区范围内的有生命的自然人的总和。年度统计的年末人口数是指每年 12 月 31 日 24 时的人口数。

市镇人口和乡村人口　1999 年以前一般是按常住人口划分的。

市镇人口　指市辖区、县级市和镇辖行政区内的全部人口。

乡村人口　指县(不含镇)的全部人口。

2000 年的城镇人口是第五次人口普查快速汇总数据,城镇人口是按国家统计局 1999 年发布的《关于统计上划分城乡的规定(试行)》计算的。

市　由国务院批准设立。

镇　由省、市、自治区、直辖市人民政府批准设立。1963 年以前为常住人口在 2,000 人以上,非农业人口占 50%以上的,1964 年起改为常住人口在 3,000 人,非农业人口占 85%以上的。1984 年后又调整为,凡县级地方国家机关所在地;或总人口在 20,000 人以下的乡,乡政府驻地非农业人口超过 2,000 人的;或总人口在 20,000 人以上的乡、乡政府驻地非农业人口占全乡人口 10%以上;或少数民族地区、人口稀少的边远地区、山区和小型工矿区、小港口、风景旅游、边境口岸等地,非农业人口不足 2,000 人,确有必要,都可建镇。

人口密度　指一定时点一定地区的人口数与该地区的面积数之比,即一定时点的单位土地面积上的人口数,通常以每平方公里的居民人数来表示:

$$人口密度=\frac{该地区的人口数}{该地区的土地面积}$$

出生率(又称粗出生率)　指一定时期内(通常为一年内)平均每千人所出生的人数的比例,一般用千分率表示。计算公式:

$$出生率=\frac{年出生人数}{年平均人数}\times 1000‰$$

出生人数是指活产婴儿,即胎儿脱离母体时(不管怀孕月数)有过呼吸或其他生命现象。

年平均人数是年初、年末人口数的平均数,也可用年中人口数代替。

死亡率　指在一定时期内(通常为一年内)一定地区的死亡人数与同期平均人数(或期 中人数)之比,一般用千分率表示。计算公式:

$$死亡率=\frac{年死亡人数}{年平均人数}\times 1000‰$$

人口自然增长率　在一定时期内(通常为一年内)人口自然增加数(出生人数减死亡人数)与平均人数(或期中人数)之比,一般用千分表示。计算公式:

$$人口自然增长率=\frac{本年出生人口数-本年死亡人口数}{年平均人数}\times 1000‰$$

$$人口自然增长率=人口出生率-人口死亡率$$

性别比　反映两性人口比例的指标,指在总人口中或各年龄组人口中,男性人数与女性人数之比。通常以每 100 个女性人口相对应的男性人口数。计算公式:

$$性别比=\frac{男性人口}{女性人口}\times 100\%$$

五、从业人员和职工工资

EMPLOYMENT & WAGE

5－1 主要年份从业人员人数

（年底数）　　单位：万人

年份	合计	职工人数	国有经济单位	集体经济单位	其他经济单位	城镇个体和私营	乡村劳动者	其他
1978	1 313.39	216.04	190.66	25.38		0.24	1 097.11	
1980	1 404.03	229.82	200.67	29.15		0.83	1 173.38	
1985	1 672.34	263.00	222.41	40.16	0.43	11.66	1 397.68	
1986	1 731.42	268.66	227.78	40.38	0.50	11.96	1 450.80	
1987	1 777.50	274.74	232.91	41.18	0.65	11.86	1 490.90	
1988	1 826.86	280.09	237.65	41.68	0.76	13.50	1 533.27	
1989	1 880.67	285.81	242.83	42.16	0.82	13.46	1 581.40	
1990	1 922.65	291.87	249.26	41.94	0.67	13.75	1 617.03	
1991	1 989.54	303.07	257.31	45.00	0.76	15.37	1 671.10	
1992	2 032.54	308.11	260.36	47.09	0.66	15.03	1 709.40	
1993	2 071.53	310.35	261.50	46.73	2.12	18.48	1 742.70	
1994	2 108.70	311.37	262.26	44.90	4.21	25.60	1 763.83	7.90
1995	2 149.00	311.50	262.86	43.28	5.36	32.30	1 797.97	7.23
1996	2 186.20	315.40	267.00	41.30	7.10	33.30	1 828.50	9.00
1997	2 223.50	313.70	265.10	39.10	9.50	41.20	1 860.60	8.00
1998	2 240.50	295.10	245.20	30.50	19.40	57.50	1 878.80	9.10
1999	2 244.00	284.50	231.30	26.70	26.50	69.90	1 881.80	7.80
2000	2 268.50	273.40	220.60	23.70	29.10	66.40	1 921.90	6.80

5－2 按三次产业分的从业人员

（年底数）　　单位：万人

年份	人员合计	第一产业	第二产业	第三产业	构成（合计=100）		
					第一产业	第二产业	第三产业
1980	1 404.0	1 194.0	113.1	96.9	85.04	8.06	6.90
1985	1 672.3	1 329.2	172.0	171.1	79.48	10.29	10.23
1986	1 729.0	1 365.4	177.4	186.2	78.97	10.26	10.77
1987	1 777.5	1 411.1	182.9	183.5	79.39	10.29	10.32
1988	1 826.9	1 454.4	183.3	189.2	79.61	10.03	10.36
1989	1 880.7	1 503.2	183.9	193.6	79.93	9.78	10.29
1990	1 922.7	1 537.8	184.8	200.1	79.98	9.61	10.41
1991	1 989.5	1 588.8	191.7	209.0	79.86	9.64	10.50
1992	2 032.6	1 612.9	198.0	221.7	79.35	9.92	10.73
1993	2 071.5	1 630.9	203.6	237.0	78.73	9.88	11.44
1994	2 108.7	1 642.1	215.8	250.8	77.87	10.23	11.90
1995	2 149.0	1 656.1	216.6	276.3	77.06	10.08	12.86
1996	2 186.2	1 596.9	242.7	346.6	73.04	11.10	15.86
1997	2 223.5	1 653.2	236.0	334.3	74.35	10.61	15.04
1998	2 240.5	1 687.5	232.0	321.0	75.32	10.35	14.33
1999	2 244.0	1 720.4	197.5	326.1	76.67	8.80	14.53
2000	2 268.5	1 760.5	210.5	297.5	77.61	9.28	13.11

5－3 分行业从业人员

（年底数） 单位:万人

行　　业	1995年	1997年	1998年	1999年	2000年
合　计	**2 149.0**	**2 223.5**	**2 240.5**	**2 244.0**	**2 268.5**
按行业分					
1.农、林、牧、渔业	1 656.1	1 653.2	1 687.5	1 720.4	1 760.5
2.采掘业	25.4	31.5	28.9	24.6	24.1
3.制造业	121.1	130.9	123.3	107.3	104.3
4.电力、煤气及水的生产和供应业	6.9	7.6	7.7	7.7	7.3
5.建筑业	63.2	66.0	72.1	57.9	74.8
6.地质勘查业、水利管理业	3.4	3.5	2.9	2.8	2.8
7.交通运输、仓储及邮电通讯业	48.0	62.2	51.3	56.3	55.8
8.批发和零售贸易、餐饮业	77.9	111.0	122.0	118.0	99.4
9.金融、保险业	7.1	7.3	7.5	7.6	7.5
10.房地产业	0.9	0.9	1.1	1.1	1.4
11.社会服务业	11.6	23.3	25.5	31.6	24.6
12.卫生、体育和社会福利业	11.1	12.0	12.5	12.6	12.9
13.教育、文化艺术和广播电影电视业	45.2	47.3	48.2	48.7	49.7
14.科学研究和综合技术服务业	4.2	6.0	6.1	5.3	5.3
15.国家机关、政党机关和社会团体	35.5	37.3	38.4	38.5	36.0
16.其他行业	31.4	23.5	3.7	3.6	2.1
按三次产业划分					
第一产业	1 656.1	1 653.2	1 687.5	1 720.4	1 760.5
第二产业	216.6	236.0	232.0	197.5	210.5
第三产业	276.3	334.3	321.0	326.1	297.5

5－4 按国民经济行业分的职工人数

（年底数） 单位:万人

行　　业	1995年	1997年	1998年	1999年	2000年
合　计	**312**	**314**	**304**	**284.5**	**273.4**
按行业分					
1.农、林、牧、渔业	23	23	22	20.5	20.0
2.采掘业	15	14	12	10.8	10.1
3.制造业	79	76	65	58.7	54.7
4.电力、煤气及水的生产和供应业	6	7	7	7.0	6.7
5.建筑业	24	23	23	20.7	18.5
6.地质勘查业、水利管理业	3	3	3	2.8	2.8
7.交通运输、仓储及邮电通讯业	19	20	17	17.5	17.0
8.批发和零售贸易、餐饮业	35	34	30	26.4	24.3
9.金融、保险业	7	7	8	7.4	7.3
10.房地产业	1	1	1	1.1	1.3
11.社会服务业	7	8	9	9.4	9.4
12.卫生、体育和社会福利业	11	12	13	12.3	12.6
13.教育、文化艺术和广播电影电视业	42	45	48	47.1	48.5
14.科学研究和综合技术服务业	4	4	6	3.6	3.5
15.国家机关、政党机关和社会团体	35	36	39	37.7	35.5
16.其他行业	1	1	1	1.5	1.2

5－5　各地区国有经济单位分行业职工人数

（2000 年）　　　　单位：人

地　　区	合　计	农、林、牧渔　　业	采掘业	制造业	电力、煤气及水的生产和供应业	建筑业
全省合计	**2 206 064**	**194 410**	**85 271**	**324 591**	**45 857**	**116 833**
昆　　明	611 833	12 885	18 620	129 231	8 418	76 680
曲　　靖	241 079	7 420	15 325	60 664	8 181	6 614
玉　　溪	122 727	9 905	9 143	13 655	2 908	1 861
昭　　通	138 007	7 093	1 729	11 027	4 036	1 957
楚　　雄	112 628	5 429	11 590	9 690	2 379	4 458
红　　河	208 908	23 288	10 284	49 898	6 563	4 460
文　　山	96 812	8 480	2 515	3 464	1 463	381
思　　茅	105 621	10 716	9 162	7 688	2 141	4 654
西双版纳	94 276	56 998	418	1 762	1 039	449
大　　理	139 260	7 389	2 448	1 064	3 540	14 195
保　　山	76 216	5 923	499	5 742	224	120
德　　宏	73 373	18 247	956	8 934	1 026	335
丽　　江	49 207	4 329	1 554	3 545	424	424
怒　　江	23 676	788	805	272	197	110
迪　　庆	19 455	1 788	13	547	637	18
临　　沧	86 399	13 732	210	6 039	2 681	117

5－5　续表 1　　　　（2000 年）　　　　单位：人

地　　区	地质勘查业、水利管理业	交通运输、仓储及邮电通讯业	批发和零售贸易、餐饮业	金融、保险业	房地产业
全省合计	**27 742**	**152 976**	**132 726**	**52 267**	**7 767**
昆　　明	7 308	79 166	34 202	13 561	4 170
曲　　靖	3 445	8 009	21 428	4 341	684
玉　　溪	1 828	5 549	12 245	3 531	385
昭　　通	1 097	5 902	12 200	2 962	201
楚　　雄	2 453	6 603	5 880	3 581	464
红　　河	3 134	9 225	8 839	4 698	710
文　　山	1 073	5 101	5 606	2 123	243
思　　茅	1 596	4 929	4 836	2 632	119
西双版纳	628	2 843	1 417	1 398	124
大　　理	2 379	7 441	7 477	3 870	165
保　　山	1 129	4 422	6 315	2 161	198
德　　宏	312	3 020	2 917	1 965	74
丽　　江	398	2 801	3 200	1 807	89
怒　　江	117	1 628	1 332	823	25
迪　　庆	136	1 572	844	771	48
临　　沧	709	4 765	3 988	2 043	68

5－5 续表2 （2000年） 单位：人

地　区	社　会服务业	卫生、体育和社会福利业	教育、文化艺术和广播电影电视业	科学研究和综合技术服务业	国家机关、政党机关和社会团体	其　他
全省合计	**60 702**	**124 644**	**483 590**	**33 018**	**353 997**	**9 673**
昆　明	28 477	32 669	79 734	21 866	62 860	1 986
曲　靖	4 013	9 687	58 810	960	31 498	
玉　溪	3 252	8 788	26 728	969	21 849	131
昭　通	1 848	6 943	49 312	599	31 101	
楚　雄	1 685	7 328	28 856	524	21 676	32
红　河	4 882	10 967	41 224	1 450	29 027	259
文　山	1 729	7 053	36 324	556	20 606	95
思　茅	1 617	6 517	27 521	755	20 434	304
西双版纳	2 510	3 292	10 226	2 038	8 924	210
大　理	4 569	10 148	36 711	968	25 737	159
保　山	1 312	5 388	25 217	472	16 868	229
德　宏	1 572	3 735	14 044	768	15 459	9
丽　江	1 309	3 871	13 697	351	11 408	
怒　江	359	1 932	5 466	227	9 595	
迪　庆	609	1 510	5 028	184	5 750	
临　沧	959	4 816	24 695	331	21 205	41

5－6 城镇私营、个体劳动者按行业分的人数

（年底数） 单位：万人

行　业	1995年		1998年		1999年		2000年	
	私营	个体	私营	个体	私营	个体	私营	个体
全省合计	**4.4**	**27.9**	**16.5**	**41.5**	**21.0**	**48.9**	**22.9**	**43.5**
农、林、牧、渔业	0.1		0.5	0.1	0.7	0.1	0.7	0.1
采掘业	0.3	0.1	0.7	0.1	0.6	0.1	0.6	0.1
制造业	1.8	2.8	4.6	4.0	5.4	4.9	5.8	5.0
建筑业	0.3	0.1	2.0	0.2	2.4	0.2	2.6	0.2
交通运输、仓储及邮电通讯业	0.1	1.2	0.2	2.5	0.4	2.7	0.5	2.1
批发和零售贸易、餐饮业	1.3	19.5	6.3	28.3	7.7	32.9	8.7	29.2
房地产业								
社会服务业	0.4	4.0	1.9	6.0	3.3	7.6	3.4	6.5
其他行业	0.1	0.2	0.3	0.3	0.5	0.4	0.6	0.3

5－7 分细行业全部职工人数

（2000年）

单位：人

行业	职工人数合计	国有经济单位	城镇集体单位	其他经济单位
全省合计	**2 733 824**	**2 206 064**	**237 101**	**290 659**
按企、事业和机关分组				
企业	1 546 022	1 024 795	231 715	289 512
#地方	1 311 423	790 196	231 715	289 512
事业	822 764	817 871	3 746	1 147
#地方	794 424	789 531	3 746	1 147
机关	365 038	363 398	1 640	
#地方	348 245	346 605	1 640	
按国民经济行业分组				
农、林、牧、渔、业	200 085	194 410	2 740	2 935
农业	65 047	63 556	563	928
林业	68 941	66 300	1 879	762
畜牧业	3 786	2 512	146	1 128
渔业	268	182		86
农林牧渔服务业	62 043	61 860	152	31
采掘业	100 505	85 271	5 059	10 175
制造业	547 208	324 591	77 346	145 271
电力、煤气及水的生产和供应业	67 347	45 857	2 312	19 178
建筑业	184 441	116 833	39 285	28 323
土木工程建筑业	164 061	111 788	32 853	19 420
线路管道和设备安装业	16 230	4 850	5 472	5 908
建筑物的装修装饰业	4 150	195	960	2 995
地质勘查、水利管理业	27 965	27 742	199	24
地质勘察业	15 100	14 959	117	24
水利管理业	12 865	12 783	82	
交通运输、仓储及邮电通讯业	169 717	152 976	7 051	9 690
铁路运输业	55 434	53 871	1 011	552
公路运输业	41 765	34 679	1 650	5 436
水上运输业	848	675	47	126
航空运输业	5 026	4 938	20	68
交通运输辅助业	28 574	27 297	490	787
其他交通运输业	1 789	342	1 402	45
仓储业	5 416	3 750	1 367	299
邮电通讯业	30 865	27 424	1 064	2 377
批发零售贸易和餐饮业	243 373	132 726	68 591	42 056
食品饮料烟草家庭用品	80 896	63 868	7 539	9 489
能源材料和机械电子设	28 510	18 190	4 310	6 010
其他批发业	17 298	3 809	9 967	3 522
零售业	106 329	42 097	45 066	16 166
商业经纪与代理业	208	65	19	124
餐饮业	10 132	4 697	1 690	3 745
金融、保险业	72 672	52 267	16 610	3 795
金融业	68 022	47 975	16 610	3 437
保险业	4 650	4 292		358

行业	职工人数合计	国有经济单位	城镇集体单位	其他经济单位
房地产业	12 973	7 767	697	4 509
房地产开发与经营业	6 790	4 007	378	2 405
房地产管理业	5 646	3 381	318	1 947
房地产代理与经纪业	537	379	1	157
社会服务业	94 229	60 702	12 196	21 331
公共服务业	32 693	29 798	1 939	1 256
居民服务业	3 226	1 701	972	553
旅馆业	41 117	20 253	6 356	14 508
租赁服务业	279	241	28	10
旅游业	6 261	4 892	490	879
娱乐服务业	2 808	314	556	1 938
信息、咨询服务业	2 229	1 081	400	748
计算机应用服务业	1 070	144	144	782
其他社会服务业	4 546	2 578	1 311	657
卫生体育和社会福利业	125 859	124 644	835	380
卫生	119 343	118 556	747	40
体育	2 222	1 879	17	326
社会福利保障业	4 294	4 209	71	14
教育、文化艺术和广播电影电视业	484 936	483 590	563	783
教育	457 084	456 373	464	247
普通高等学校	20 831	20 831		
普通中学	125 707	125 707		
小学校	261 837	261 837		
文化艺术业	15 230	14 882	66	282
广播、电影、电视业	12 622	12 335	33	254
科学研究和综合技术服务业	34 990	33 018	1 021	951
科学研究业	13 978	13 806	126	46
自然科学研究	12 063	11 899	118	46
社会科学研究	636	936	8	
其他科学研究	979	971		
综合技术服务业	21 012	19 212	895	905
气象	1 926	1 926		
地震	1 160	1 160		
测绘	945	922	23	
技术监督	2 086	1 721	67	298
环境保护	2 073	1 986	79	8
技术推广和科技交流服务业	1 042	814	111	117
工程设计业	9 405	8 844	265	296
其他综合技术服务业	2 357	1 821	350	186
国家机关和社会团体	355 288	353 997	1 291	
国家机关	329 447	328 205	1 242	
政党机关	21 434	21 431	3	
其他	12 236	9 673	1 305	1 258
企业管理机构	5 251	3 059	1 267	925

5-8 主要年份全部职工工资总额和平均工资

年 份	工资总额(万元)				平均工资(元/人)			
	合 计	国有经济单位	城镇集体单位	其他经济单位	全省平均	国有经济单位	城镇集体单位	其他经济单位
1975	104 137	92 915	11 222		550	571	423	
1978	126 803	114 225	12 578		608	629	496	
1980	171 550	154 601	16 949		760	782	604	
1985	301 329	262 970	37 902	457	1 171	1 207	970	1 100
1987	386 828	338 229	47 809	790	1 439	1 483	1 188	1 286
1988	470 891	413 042	56 595	1 254	1 715	1 769	1 405	1 610
1989	526 296	460 737	64 175	1 384	1 880	1 936	1 558	1 717
1990	606 598	535 607	69 695	1 296	2 130	2 200	1 713	2 037
1991	686 627	602 671	82 289	1 667	2 328	2 398	1 919	2 393
1992	814 347	712 593	99 500	2 254	2 686	2 775	2 184	2 993
1993	970 155	841 224	124 990	3 941	3 170	3 253	2 690	3 898
1994	1 389 418	1 213 488	155 660	20 270	4 514	4 673	3 518	5 201
1995	1 589 569	1 378 077	182 208	29 284	5 149	5 286	4 237	5 802
1996	1 940 655	1 690 621	202 732	47 303	6 231	6 419	4 926	6 863
1997	2 190 837	1 907 523	210 466	72 849	7 037	7 237	5 473	7 852
1998	2 260 931	1 931 463	187 028	142 440	7 667	7 882	6 029	7 564
1999	2 359 332	1 959 697	175 717	223 918	8 276	8 449	6 505	8 566
2000	2 544 580	2 095 029	167 795	281 756	9 231	9 422	7 033	9 566

5-9 全部职工工资总额和平均工资指数

(以上年为100)

单位:%

年 份	工资总额			平均工资					
				货币工资			实际工资		
	合 计	国有经济单位	城镇集体经济单位	合 计	国有经济单位	城镇集体经济单位	合 计	国有经济单位	城镇集体经济单位
1978	115.3	117.4	99.6	112.0	108.5	128.8	112.0	108.5	128.8
1980	120.3	120.4	119.6	115.2	115.2	114.2	106.5	106.5	105.6
1985	118.5	118.3	119.4	115.5	115.1	117.9	103.2	102.8	105.3
1987	113.5	113.8	110.9	110.7	111.2	107.6	103.1	103.5	100.2
1988	121.7	122.1	118.4	119.2	119.3	118.3	98.4	98.5	97.7
1989	111.8	111.5	113.4	109.6	109.4	110.9	93.0	92.8	94.1
1990	115.3	116.3	108.6	113.3	113.6	109.9	111.5	111.8	108.2
1991	113.2	112.5	118.1	109.3	109.0	112.0	105.3	105.0	107.9
1992	118.6	118.2	120.9	115.4	115.7	113.8	104.5	104.0	103.7
1994	143.2	144.3	124.5	142.4	143.7	130.8	121.4	122.5	111.5
1995	114.4	113.6	116.7	114.1	113.1	120.4	94.8	94.0	100.1
1996	122.1	122.7	111.3	121.0	121.4	116.3	111.3	111.7	107.0
1997	112.9	112.8	103.8	112.9	112.7	111.1	107.9	107.7	106.2
1998	103.2	101.3	88.9	109.0	108.9	110.2	106.4	106.4	107.6
1999	104.4	101.5	94.0	107.9	107.2	107.9	109.2	108.5	109.2
2000	107.9	106.9	95.5	111.5	111.5	108.1	114.3	114.3	110.8

5-10 分细行业职工平均工资

（2000年）

单位：元/人

行　　业	全部职工	国有经济单　位	城镇集体单　位	其他经济单　位
全省合计	**9 231**	**9 422**	**7 033**	**9 566**
按企、事业和机关分组				
企　业	9 307	9 757	6 997	9 545
#地　方	8 897	9 212	6 997	9 545
事　业	9 156	9 152	8 215	14 745
#地　方	9 143	9 139	8 215	14 745
机　关	9 072	9 070	9 488	
#地　方	8 996	8 994	9 488	
按国民经济行业分组				
农、林、牧、渔业	6 031	6 046	4 162	6 769
农　业	4 283	4 266	4 906	5 085
林　业	5 571	5 608	3 598	6 918
畜牧业	7 163	6 909	4 517	8 083
渔　业	5 919	6 615		4 250
农、林、牧、渔服务业	8 362	8 363	7 709	9 455
采掘业	7 892	7 890	6 443	8 609
制造业	9 712	10 530	7 056	9 301
电力、煤气及水的生产机供应业	13 293	13 202	10 910	13 820
建筑业	8 305	8 284	7 357	9 467
土木工程建筑业	7 945	8 355	6 851	7 443
铁路管道和设备安装业	11 513	6 744	10 176	16 064
装修装饰业	8 690	9 023	6 907	9 310
地质勘查、水利管理业	8 677	8 697	5 952	8 417
地质勘察业	8 570	8 601	4 760	8 417
水利管理业	8 808	8 815	7 768	
交通运输、仓储及邮电通讯业	11 247	11 468	8 287	9 889
铁路运输业	12 309	12 406	7 738	11 662
公路运输业	7 345	7 399	7 426	6 975
水上运输业	5 159	5 145	4 638	5 417
航空运输业	23 808	23 945	5 722	19 824
交通运输辅助业	9 055	8 997	6 190	13 329
其他交通运输业	9 988	7 682	10 602	7 477
仓　储　业	10 808	11 668	9 050	7 718
邮电通讯业	14 911	15 193	7 393	15 033
批发零售贸易和餐饮业	9 164	10 974	5 990	8 503
食品饮料烟草家庭用品批发业	13 180	14 539	6 013	9 602
能源材料和机械电子设备批发业	9 058	9 378	8 201	8 625
其他批发业	8 555	8 783	7 755	11 188
零　售　业	6 391	6 717	5 408	8 005
商业经纪与代理业	9 842	5 413	8 579	13 110
餐　饮　业	6 339	6 915	5 534	6 003
金融、保险业	10 818	11 157	9 259	13 030
金　融　业	10 803	11 196	9 259	12 790
保　险　业	11 054	10 715		15 577

行　　业	全部职工	国有经济单　　位	城镇集体单　　位	其他经济单　　位
房地产业	9 908	9 983	8 362	10 015
房地产开发与经营业	10 832	11 124	7 314	10 851
房地产管理业	8 796	8 587	9 545	9 053
房地产代理与经纪业	9 109	9 480	10 000	8 195
社会服务业	8 404	8 244	7 279	9 481
公共服务业	8 606	8 518	8 004	11 134
居民服务业	8 373	8 845	7 569	8 193
旅　馆　业	7 969	7 460	6 808	9 201
租赁服务业	6 777	6 301	5 939	19 636
旅　游　业	9 298	9 897	9 117	6 188
娱乐服务业	8 795	8 465	7 521	9 205
信息、咨询服务业	11 070	9 548	9 449	14 398
计算机应用服务业	11 035	11 190	5 359	12 063
其他社会服务业	7 734	7 365	7 277	10 270
卫生体育和社会福利业	10 258	10 271	8 029	11 767
卫　　生	10 311	10 323	8 302	12 537
体　　育	9 310	9 088	12 556	11 581
社会福利保障业	9 225	9 313	4 913	11 571
教育、文化艺术和广播电影电视业	9 019	9 020	7 930	9 462
教　　育	8 988	8 986	7 851	17 505
普通高等学校	9 935	9 935		
普通中学	9 514	9 514		
小学校	8 445	8 445		
文化艺术业	9 797	9 988	8 909	4 367
广播、电影、电视业	9 181	9 108	7 091	13 410
科学研究和综合技术服务业	11 350	11 374	9 691	12 334
科学研究业	12 260	12 287	9 063	12 717
自然科学研究	11 879	11 900	9 407	12 717
社会科学研究	10 202	10 202		
其他科学研究	18 669	18 787	4 000	
综合技术服务业	10 747	10 719	9 780	12 314
气　象	10 191	10 191		
地　震	10 112	10 112		
测　绘	14 066	14 146	10 158	
技术监督	10 393	10 343	11 076	10 530
环境保护	10 184	10 281	7 434	13 571
技术推广和科技交流服务业	9 826	9 861	9 436	9 954
工程设计业	11 222	10 983	14 383	15 733
其他综合技术服务业	9 562	9 923	7 217	10 707
国家机关、政党机关和社会团体	9 077	9 075	9 600	
国家机关	9 001	8 998	9 627	
政党机关	10 124	10 124	9 667	
其他行业	9 761	9 256	9 354	13 746
企业管理机构	12 492	12 980	9 340	15 146

5-11 各地区国有经济单位分行业职工工资总额

（2000年）

单位：千元

地区	合计	农、林、牧渔业	采掘业	制造业	电力、煤气及水的生产和供应业	建筑业
全省合计	**20 950 290**	**1 189 780**	**687 003**	**3 487 546**	**613 481**	**948 559**
昆明	6 571 651	10 119	141 675	1 506 214	114 389	648 683
曲靖	2 356 464	57 090	95 220	651 157	127 190	54 882
玉溪	1 464 250	70 936	89 865	241 446	34 709	11 357
昭通	1 140 924	52 896	12 965	107 431	41 789	10 092
楚雄	1 096 563	43 535	91 334	156 871	26 773	30 633
红河	1 795 049	120 658	110 234	402 225	104 588	34 964
文山	809 483	59 120	20 739	21 552	14 765	1 411
思茅	868 406	65 726	71 054	51 348	2 411	29 716
西双版纳	702 528	334 922	3 219	1 337	13 960	2 754
大理	1 323 178	54 906	18 616	135 467	50 775	116 753
保山	649 462	38 628	3 184	45 389	3 088	812
德宏	580 378	72 501	6 067	72 520	14 831	1 671
丽江	422 075	29 458	14 386	22 268	4 599	2 379
怒江	217 017	7 091	6 875	1 588	1 787	1 213
迪庆	243 594	21 338	156	4 173	7 713	177
临沧	662 392	60 856	1 414	50 840	28 414	1 062

5-11 续表1

（2000年）

单位：千元

地区	地质勘查业、水利管理业	交通运输、仓储和邮电通信业	批发和零售贸易餐饮业	金融保险业	房地产业
全省合计	**246 563**	**1 784 770**	**1 503 092**	**585 619**	**79 752**
昆明	69 834	1 074 940	472 226	170 444	45 559
曲靖	33 934	70 415	261 133	41 583	6 644
玉溪	17 875	54 049	200 670	41 086	6 183
昭通	9 259	49 250	113 501	30 827	1 538
楚雄	19 058	64 236	65 259	40 914	3 812
红河	24 980	87 254	74 294	39 433	6 009
文山	9 790	52 475	39 811	22 469	1 995
思茅	12 267	47 333	35 125	27 077	910
西双版纳	5 011	34 542	10 562	16 420	1 030
大理	20 214	78 035	88 564	47 443	2 029
保山	9 606	39 476	46 640	25 434	1 418
德宏	3 208	36 314	23 583	22 916	588
丽江	3 074	23 571	29 633	19 345	739
怒江	1 091	16 900	10 855	9 235	159
迪庆	1 586	20 198	7 294	10 807	626
临沧	5 776	35 782	23 942	20 186	513

5－11 续表2 （2000年） 单位：千元

地　　区	社会服务业	卫生、体育和社会福利业	教育、文化艺术和广播电影电视业	科学研究和综合技术服务业	国家机关、政党机关和社会团体	其　　他
全省合计	**498 486**	**1 266 989**	**4 304 511**	**378 022**	**3 289 660**	**86 457**
昆　明	263 904	332 670	752 776	260 524	588 147	29 547
曲　靖	28 925	100 348	518 644	9 613	299 686	
玉　溪	24 446	107 085	310 652	16 614	235 774	1 503
昭　通	9 803	75 193	374 302	4 789	247 289	
楚　雄	12 637	75 958	257 037	5 048	203 217	241
红　河	33 663	102 457	377 037	13 736	261 114	2 403
文　山	10 239	64 834	292 441	5 391	191 390	1 061
思　茅	11 375	63 462	230 144	7 408	188 921	2 429
西双版纳	21 778	34 338	98 172	19 371	91 315	1 797
大　理	38 647	103 284	317 806	11 094	237 944	1 601
保　山	9 877	51 674	204 895	4 547	162 570	2 224
德　宏	9 147	38 520	126 596	8 118	143 699	99
丽　江	9 779	31 730	123 684	3 920	103 510	
怒　江	2 318	19 320	52 766	2 274	83 548	
迪　庆	4 757	19 855	65 818	2 510	76 586	
临　沧	7 194	46 261	201 741	3 065	174 950	396

5－12 各地区国有经济单位职工人均工资

（2000年） 单位：元/人

地　　区	合　　计	农、林、牧渔　业	采掘业	制造业	电力、煤气及水的生产和供应业
全省合计	**9 422**	**6 046**	**7 890**	**10 530**	**13 202**
昆　明	10 543	7 651	7 636	11 262	13 703
曲　靖	9 663	7 834	6 096	10 747	15 156
玉　溪	12 030	7 254	8 896	17 289	12 179
昭　通	8 394	7 401	7 503	10 007	10 411
楚　雄	9 438	7 921	7 673	15 146	11 330
红　河	8 591	5 154	10 685	8 046	15 340
文　山	8 333	6 949	8 143	7 163	10 155
思　茅	8 259	6 261	7 556	6 676	11 362
西双版纳	7 326	5 729	8 027	6 946	13 527
大　理	9 642	7 399	7 349	11 024	14 561
保　山	8 263	6 491	6 511	7 335	13 786
德　宏	7 778	3 862	6 454	8 064	9 848
丽　江	8 586	6 786	9 222	5 941	11 217
怒　江	9 279	9 209	9 167	5 860	9 405
迪　庆	12 556	12 110	12 000	7 560	12 665
临　沧	7 640	4 311	6 670	7 607	10 726

5－12　续表 1　　（2000 年）　　单位:元/人

地　区	建筑业	地质勘查业、水利管理业	交通运输、仓储和邮电通信业	批发和零售贸易餐饮业	金融保险业	房地产业
全省合计	**8 284**	**8 697**	**11 468**	**10 974**	**11 157**	**9 983**
昆　明	8 178	9 312	13 299	13 158	12 445	10 190
曲　靖	8 684	9 580	8 668	11 591	9 570	10 479
玉　溪	9 536	9 423	9 600	17 422	11 613	16 271
昭　通	5 747	8 718	8 427	8 799	10 334	7 576
楚　雄	7 257	7 350	9 645	9 916	11 340	8 269
红　河	7 537	7 841	9 389	8 002	8 422	8 609
文　山	3 528	8 550	10 134	6 942	10 782	8 278
思　茅	9 169	7 735	9 227	7 280	10 225	7 712
西双版纳	6 203	7 979	11 961	7 371	11 695	8 374
大　理	9 827	8 522	10 128	10 962	12 237	12 525
保　山	7 382	8 189	8 778	7 997	11 431	7 272
德　宏	4 318	10 217	11 836	7 981	11 740	8 055
丽　江	6 536	7 743	8 370	9 118	10 694	8 398
怒　江	13 478	9 246	10 330	8 186	11 180	6 360
迪　庆	9 833	11 662	12 767	8 714	13 909	13 042
临　沧	8 924	8 228	7 520	5 991	9 919	7 435

5－12　续表 2　　（2000 年）　　单位:元/人

地　区	社会服务业	卫生、体育和社会福利业	教育、文化艺术和广播电影电视业	科学研究和综合技术服务业	国家机关、政党机关和社会团体	其　他
全省合计	**8 244**	**10 271**	**9 020**	**11 374**	**9 075**	**9 256**
昆　明	9 187	10 289	9 482	11 757	9 293	14 915
曲　靖	7 401	10 452	8 953	10 130	8 792	
玉　溪	7 685	12 341	11 801	17 600	10 907	11 742
昭　通	5 548	10 868	7 856	8 869	8 060	
楚　雄	7 464	10 477	8 883	9 634	8 645	7 531
红　河	7 120	9 517	9 320	9 454	9 011	9 387
文　山	5 922	9 211	8 107	9 714	8 966	11 168
思　茅	7 013	9 992	8 443	9 747	8 745	8 234
西双版纳	8 544	10 641	9 764	9 486	10 047	8 557
大　理	8 579	10 318	8 780	11 496	9 301	9 703
保　山	7 474	9 704	8 253	9 513	8 313	9 712
德　宏	5 804	10 330	9 043	10 502	9 231	9 000
丽　江	7 755	8 193	9 112	10 919	9 153	
怒　江	6 395	10 021	9 945	10 018	8 737	
迪　庆	7 786	13 063	13 148	13 867	13 324	
临　沧	7 637	9 614	8 316	9 345	8 338	9 429

5－13 企业在岗职工福利费用情况

(2000 年)　　　　单位:千元

行　　业	合　　计	集体福利设施及集体福利事业补贴费	医　疗卫生费	文　体宣传费	其　　他
总　　计	**1 954 827**	**504 277**	**1 034 902**	**73 117**	**342 531**
一、按隶属关系分组					
(一)中央	518 205	128 756	312 609	19 185	57 655
(二)省、自治区、直辖市	854 420	236 872	390 091	26 879	200 578
(三)地区	195 363	37 977	123 359	9 363	24 664
(四)县及县以下	381 799	100 006	206 397	17 450	57 946
(五)其他	5 040	666	2 446	240	1 688
二、按企业登计注册类型分组					
(一)内资企业	1 933 734	496 840	1 028 188	72 088	336 618
1.国有企业	1 625 260	405 154	864 419	61 233	294 454
2.集体企业	117 814	37 356	60 158	3 852	16 448
3.其他企业	190 660	54 330	103 611	7 003	25 716
(二)港、澳、台商投资单位	6 838	1 892	3 703	367	876
(三)外商投资企业	14 255	5 545	3 011	662	5 037

5－14 离休、退休、退职人员人数及保险福利费用构成情况

(2000 年)　　　　单位:千元

行　　业	离休、退休、退职人员年末人数(人)			保险福利费用构成			
	合计	离休人员	退休人员	合计	离休金	退休金	医疗卫生费
总　　计	**883 547**	**35 051**	**835 498**	**9 015 299**	**645 431**	**6 545 769**	**1 221 904**
一、企业	600 955	14 631	576 992	5 021 331	196 324	3 678 466	723 158
其中:地方	495 227	11 244	475 531	3 840 466	146 178	2 796 569	554 742
(一)内资企业	600 225	14 618	576 409	5 015 207	196 151	3 674 139	722 271
1.国有企业	493 539	12 869	472 924	4 364 182	174 824	3 156 947	642 479
2.集体企业	71 935	844	70 102	410 984	10 030	329 617	49 519
3.其他企业	34 751	905	33 383	240 041	11 297	187 575	30 273
(二)港、澳、台投资企业	578	9	435	4 296	121	3 257	312
(三)外商投资企业	152	4	148	1 828	52	1 070	575
二、事业	194 111	9 574	182 188	2 835 260	297 706	2 076 937	325 483
其中:地方	156 774	6 982	148 476	2 382 437	269 439	1 768 422	245 036
三、机关	88 481	10 846	76 318	1 158 708	151 401	790 366	173 263
其中:地方	77 263	9 366	66 611	1 004 062	131 097	694 629	142 204

5-15 城镇私营企业从业人数

（年底数） 单位：万人

行业	1995年	1997年	1998年	1999年	2000年
合计	**4.4**	**7.2**	**16.5**	**21**	**22.9**
1.农、林、牧、渔业	0.1	0.2	0.6	0.7	0.7
2.采掘业	0.3	0.3	0.5	0.6	0.5
3.制造业	1.8	2.6	4.6	5.4	5.8
4.电力、煤气及水的生产和供应业	-	-	-	-	-
5.建筑业	0.3	0.8	2	2.4	2.6
6.地质勘查业、水利管理业	-	-	-	-	-
7.交通运输、仓储及邮电通讯业	0.1	0.2	0.3	0.4	0.6
8.批发和零售贸易、餐饮业	1.3	2.3	6.3	7.7	8.7
9.金融、保险业	-	-	-	-	-
10.房地产业	-	-	-	-	-
11.社会服务业	0.4	0.7	1.9	3.3	3.4
12.卫生、体育和社会福利业	-	-	-	-	-
13.教育、文化艺术和广播电影电视业	-	-	-	-	-
14.科学研究和综合技术服务业	-	-	-	-	-
15.国家机关、政党机关和社会团体	-	-	-	-	-
16.其他行业	0.1	0.1	0.3	0.5	0.6

5-16 城镇个体劳动者按行业分的人数

（年底数） 单位：万人

行业	1995年	1997年	1998年	1999年	2000年
合计	**27.9**	**34**	**41.5**	**48.9**	**43.5**
1.农、林、牧、渔业	0	0.1	0.1	0.1	0.1
2.采掘业	0.1	0.1	0.1	0.1	0.1
3.制造业	2.8	3.4	4.0	4.9	5.0
4.电力、煤气及水的生产和供应业	-	-	-	-	-
5.建筑业	0.1	0.1	0.2	0.2	0.2
6.地质勘查业、水利管理业	- -	-	-	-	-
7.交通运输、仓储及邮电通讯业	1.2	1.9	2.5	2.7	2.1
8.批发和零售贸易、餐饮业	19.5	23.4	28.3	32.9	29.2
9.金融、保险业	-	-	-	-	-
10.房地产业	-	-	-	-	-
11.社会服务业	4	4.8	6	7.6	6.5
12.卫生、体育和社会福利业	-	-	-	-	-
13.教育、文化艺术和广播电影电视业	-	-	-	-	-
14.科学研究和综合技术服务业	-	-	-	-	-
15.国家机关、政党机关和社会团体	-	-	-	-	-
16.其他行业	0.2	0.2	0.3	0.4	0.3

5－17　城镇新安置就业人数

单位:万人

年　份	合　　计	国　　有 单　　位	城镇集体 所有制单位	个体劳动者	其　　他
1979	13.47	7.05	4.42		2.00
1980	9.64	4.19	3.32	0.68	1.45
1985	8.41	2.13	2.45	2.82	1.01
1987	7.77	3.22	2.63	0.65	1.27
1988	8.85	2.87	2.54	1.90	2.54
1989	7.60	2.28	2.42	0.96	1.94
1990	9.51	3.42	2.90	0.87	2.32
1991	9.53	3.47	2.87	0.82	2.37
1992	9.66	3.15	2.78	1.24	2.44
1993	8.92	2.61	2.46	1.03	2.82
1994	9.14	2.10	2.33	1.19	3.52
1995	8.70	2.39	1.78	0.85	3.68
1996	8.99	3.00	2.05	1.14	2.80
1997	7.93	2.56	1.55	1.01	2.81
1998	7.13	1.60	1.02	1.52	2.99
1999	6.80	1.50	0.90	2.10	2.30
2000	7.40	1.19	0.75	2.34	3.12

5－18　城镇待业人数和待业率

年　份	城镇待业人数 (万人)			待业率 %
		待业青年	占城镇待业人数 %	
1978	6.40			2.70
1980	6.00			2.30
1985	4.21	3.61	85.70	2.50
1986	4.77	4.36	91.40	1.70
1987	5.85	5.44	93.00	2.00
1988	5.97	5.57	93.20	2.00
1989	7.07	6.56	92.80	2.40
1990	7.76	6.68	86.10	2.50
1991	7.63	6.97	91.30	2.30
1992	7.53	6.28	83.40	2.30
1993	7.34	6.54	89.10	2.30
1994	7.14	6.37	89.20	2.23
1995	8.10	6.70	82.70	2.26
1996	8.01			2.80
1997	7.84			2.70
1998	6.01			2.20
1999	6.20			2.50
2000	6.77			2.60

主要统计指标解释

从业人员 指从事一定社会劳动并取得报酬或经营收入的全部劳动力，它包括：

①全部职工（含国有经济单位职工，城镇集体经济单位职工，其他各种经济类型单位职工）；

②城镇私营企业从业人员；

③城镇个体劳动者；

④农村社会劳动者（含乡镇企业职工和农村个体劳动者）；

⑤其他社会劳动者（指按现行劳动统计制度规定不作为职工统计，但实际参加社会劳动的人员。包括聘用或留用的离、退休人员；城镇民办教师；参加乡村劳动的城镇人员；国营农、林、牧、渔场代管的村（队）劳动者及宗教职业者等）。

职工 指在国有经济、城镇集体经济、联营经济、股份制经济、外商和港、澳、台经济、其他经济单位及其附属机构中工作，并由其支付工资的各类人员。

国有经济单位职工 指在各级国有经济单位工作，并由其支付工资的各类人员。

城镇集体经济单位职工 指在城镇集体经济企业、事业及其管理部门中工作，并由其支付工资的各种人员。

其他各种经济类型单位职工 指在联营经济（国有与集体联营企业，国有与私人联营企业，集体与私人联营企业，国有、集体与私人联营企业），股份制经济（股份有限公司、有限责任公司），外商投资经济（中外合资经营企业，中外合作经营企业，外资企业），港、澳、台投资经济（与大陆合资经营企业，与大陆合作经营企业，港、澳、台独资企业），其他经济等单位中工作，并由其支付工资的人员。

城镇登记失业人员 指有非农业户口，在一定的劳动年龄内，有劳动能 力，无业而要求就业，并在当地就业服务机构进行求职登记的人员。

城镇登记失业率 指反映城镇劳动者就业程度的指标，它的计算公式：

$$城镇登记失业率=\frac{城镇待业人员}{城镇社会劳动者+城镇待业人员}\times 100\%$$

物质生产部门 指农、林、牧、渔、水利业，工业、建筑业、交通运输、邮电通讯业、商业、公共饮食业、物质供销和仓储业。

非物质生产部门 指除物质生产部门以外的其他国民经济行业。

第一产业 指农业（包括林、牧、渔业等）

第二产业 指工业、建筑业

第三产业 指上述第一、二产业 以外的其他行业。

工资总额 指各单位在一定时期内直接支付给单位全部职工的劳动报酬总额。

凡是各单位根据职工劳动的数量和质量支付给职工个人的劳动报酬以及其它根据国家法令、政策规定支付的工资和津贴，不论是由工资科目开支的，还是工资科目以外的其它各项经费科目（如搬运费、材料费、加工费、职工福利基金、企业基金、企业利润留成与附属机构的业务收入等）开支的，也不论是以货币形式或实物形式支付的 ，均包括在工资总额内，包括范围是：

1.计时工资 指按计时工资标准（包括地区生活费补贴）和工作时间支付给个人的劳动报酬。包括：

①对已做工作按照计时工资标准支付的工资；

②实行结构工资制的单位支付给职工的基础工资和职务（岗位）工资；

③新参加工作职工的见习工资（学徒的生活费）；

④运动员体育津贴；

2.计件工资 指对已做工作按计件单价支付给职工的劳动报酬。

其中：计件超额工资 指计件工人超过定额后所得的工资，即计件工人实得的全部计件工资减去应得的计件标准工资后的数额。某些企业的工人由于从事生产的工作物等级高于本人工资等级，因而其计件标准工资高于本人标准工资,其超额工资也用全部工资减去应得计件标准工资求得。

3.**各种奖金** 对职工超额劳动的一种鼓励,是为了奖励先进,对生产、工作中有优良成绩的职工,在标准工资以外支付给职工的劳动报酬。

4.**各种津贴** 指为了补偿职工额外或特殊的劳动消耗,以及为了保证职工的工资水平不受特殊条件影响,而以津贴形式支付给职工的劳动报酬。

5.**各种补贴** 为保证职工工资水平不受物价上涨或变动的影响而支付的各种补贴,如肉类等价格补贴、副食品价格补贴、粮价补贴、煤价补贴、房贴、水电贴等。

保险福利费用总额 指各单位在工资以外实际支付给职工个人和用于集体的劳动保险和福利的费用,不包括用于职工的劳动保护费用。从企业来讲,保险福利费不仅包括由职工福利基金支出的部分,而且还包括由企业营业外支出、企业基金或利润留成、工会文教费、企业管理费支出的部分。预算单位包括由职工福利费、公务费、差额补助等支出的部分。具体包括范围是:

1.**退休离休退职费** 包括退休人员的退休费、离休人员的工资和生活补贴、退职人员的退职生活费、因工致伤退休离休的护理费、易地安家退休离休人员的安家补助费、对退休离休退职人员的副食品价格补贴、宿舍取暖补贴、医药费、困难补助以及根据国务院规定,支付给离休退休人员的生活补贴费等。

2.**职工死亡丧葬及抚恤费** 包括职工因工死亡或因工负伤致成残废完全丧失劳动能力退职后死亡丧葬费和职工因病或非因工死亡的丧葬补助费、供养直系亲属的抚恤费、救济费和供养直系亲属的死亡丧葬补助费、救济费等。

3.**医疗卫生费** 包括实行公费医疗企业的职工及其供养直系亲属的医药费、医务经费、职工因工负伤就医路费等。卫生部门开支的事业及机关职工的公费医疗经费,以及未参加公费医疗的企业、事业、机关职工的医药费,也包括在内。

4.**职工生活困难补助** 指对生活困难的职工,实际支付的定期补助和临时性补助。

5.**文娱体育宣传费** 包括企业、事业及机关实际支付的文娱体育宣传费,不包括学习费。

6.**集体福利事业的补贴费** 指对职工浴室、洗衣房、哺乳室、托儿所等集体福利设施各项支出与收入相抵后的差额补助费。

7.**集体福利设施费** 指按照国家规定开支的集体福利设施费用,如职工食堂炊事用具的购置、修理费用、职工宿舍修缮费用等。不包括由企业、事业、机关自筹经费开支的职工福利设施的基本建设费用。

8.**其他** 指探亲路费、因工负伤医疗期间的伙食补助、计划生育补贴(独生子女儿童保健费)等。

6

六、固定资产投资

INVESTMENT IN FIXED ASSETS

6-1 全社会固定资产投资

单位:万元

指　　标	1990年	1995年	1996年	1997年	1998年	1999年	2000年
投资总额	**757 446**	**3 805 688**	**4 480 236**	**5 405 030**	**6 725 414**	**7 172 817**	**6 979 424**
一、按经济类型分							
1.国有经济	512 178	2 628 381	2 986 736	3 670 414	4 838 979	4 983 534	4 661 973
基本建设	280 045	1 333 185	1 641 163	2 118 608	3 153 524	3 550 222	3 421 166
更新改造	175 721	964 528	1 043 131	1 158 096	1 180 468	826 547	719 188
其它单位投资	35 775	49 920	52 871	116 318	117 619	110 413	96 501
房地产投资	20 637	280 748	249 571	277 392	335 588	434 754	335 118
2.集体经济	125 713	385 520	475 604	512 983	512 077	524 343	474 362
城镇集体	52 850	91 502	124 120	95 403	102 364	100 542	82 036
房地产投资		7 725	6 308	4 537	6 778	15 844	21 800
农村集体	72 863	286 293	345 176	417 580	402 935	407 957	370 526
3.个体私营经济投资	119 555	395 210	464 504	532 438	595 631	1003 650	1 100 266
城镇私人建房	9 060	35 678	44 738	58 465	80 591	102 674	107 569
农村私人建房	110 495	359 532	419 766	473 973	515 040	456 538	497 534
个体私营企业投资						444 438	495 163
4.其它经济		396 577	553 392	689 195	778 727	661 290	742 823
房地产投资		77 845	92 234	117 648	304 958	326 069	336 168
二、按资金来源分							
1. 国家预算内资金	99 709	185 693	236 142	415 430	420 979	549 153	571 601
2. 国内贷款	157 374	797 980	976 225	1 089 130	1 442 855	1 568 033	1 524 937
3. 债　　券		7 817	5 899	222 991	29 377	50 479	19 965
4. 利用外资	13 841	216 555	161 536	193 511	102 262	144 745	78 666
5. 自筹和其它	486 522	2 597 643	3 100 434	3 683 962	4 678 161	4 798 809	4 694 255
三、按构成分							
建筑安装工程	519 620	2 386 799	2 778 966	3 551 308	4 441 592	5 012 572	4 749 711
设备购置	165 587	992 654	1 233 041	1 181 408	1 283 068	1 245 453	1 363 513
其它费用	72 239	426 235	468 229	672 314	948 974	853 194	776 200
四、按用途分							
生产性建设	477 397	2 293 334	2 692 358	3 278 226	3 886 675	3 453 023	3 441 471
非生产性建设	280 049	1 512 354	1 787 878	2 126 804	2 786 959	3 658 196	1 892 520
住宅	180 785	898 372	911 404	1 032 400	1 338 490	1 831 491	1 555 433

注:1.其它经济投资指上述三项未包括的投资。

2.个体私营企业投资为1999年年报新纳入统计范围的投资。

6－2　全社会固定资产投资各种分组情况

指　　标	1990年		1999年		2000年	
	合　计	地　方	合　计	地　方	合　计	地　方
一、投资总额(万元)	**757 446**	**592 999**	**7 172 817**	**5 652 534**	**6 979 424**	**5 433 968**
1.按资金来源分						
国家预算内资金	99 709	53 920	549 153	354 391	571 601	448 757
国内贷款	157 374	115 733	1 568 033	1 191 275	1 524 937	903 569
债券			50 479	10 479	19 965	6 501
利用外资	13 841	5 317	144 745	142 850	78 666	70 630
自筹资金	486 522	418 029	2 818 892	1 959 887	2 712 775	2 020 713
其它资金			1 979 917	1 932 054	1 981 480	1 893 798
2.按构成分						
建筑安装工程	519 620	429 991	5 012 572	4 167 732	4 749 711	3 888 029
设备、工具器具购置	165 587	119 937	1 245 453	722 206	1 363 513	785 846
其它费用	72 239	43 071	853 194	700 998	776 200	670 093
3.按建设性质分						
新　建	185 501	124 488	2 572 361	1 888 956	2 426 474	1 701 443
扩　建	194 825	146 865	1 114 478	694 813	1 226 191	805 364
改　建	130 779	89 405	663 801	504 461	800 527	484 960
4.按生产用途分						
生产性建设			3 453 023	2 137 114	3 441 471	2 098 558
非生产性建设			3 658 196	3 453 822	1 892 520	1 816 937
住　宅			1 831 491	1 679 553	1 555 433	1 428 473
5.按国民经济行业分						
农　　业	48 855	41 750	276 089	234 651	411 201	386 191
工　　业	328 344	213 705	1 259 463	831 549	1 332 645	683 417
能源工业	100 840	31 431	587 934	289 357	597 706	125 909
运输邮电	78 646	52 202	2 005 317	1 082 880	1 880 301	1 112 460
教　　育			137 674	137 377	145 387	143 997
二、新增固定资产(万元)	**525 679**	**345 504**	**5 794 669**	**4 807 994**	**4 991 474**	**3 869 041**
三、施工项目个数(个)			**18 004**	**16 892**	**16 571**	**15 910**
本年新开工			13 795	13 288	13 405	13 042
投产项目个数			14 635	14 064	13 471	13 102
四、施工房屋面积(万平方米)	**3 045.4**	**2 839.0**	**5 471.3**	**5 029.1**	**5 071.5**	**4 719.8**
住宅	2 037.2		3 634.2	3 383.3	3 219.4	3 061.9
竣工房屋面积	2 485.5	2 373.5	3 774.0	3 547.4	3 552.0	3 359.8
住　宅	1 789.2	1 735.2	2 670.2	2 514.4	2 464.2	2 360.3

注:1993年以前按“建设性质分”和“新增固定资产”不包括农村集体投资和城乡私人投资。1993年以前按“国民经济行业分”不包括城乡私人投资。

6－3　全社会固定资产投资(按经济类型分)

(2000 年)　　单位:万元

指　　标	本年完成投资	国有经济	集体经济		个体私营经济	
				农　村		农　村
合　　计	**6 979 424**	**4 661 973**	**474 362**	**370 526**	**1 100 266**	**497 534**
一、按资金来源分						
(1)国家预算内资金	571 601	472 279	97 852	96 998		
(2)国内贷款	1 524 937	1 297 525	63 824	41 109	33 422	
(3)债券	19 965	19 965				
(4)利用外资	78 666	35 529	2 958	2 958		
(5)自筹资金	2 712 775	2 100 221	202 479	147 855	81 318	
(6)其它资金	1 981 480	646 454	107 249	81 606	985 526	497 534
二、按构成分						
建筑安装工程	4 749 711	3 226 949	359 037	280 889	649 693	412 963
设备、工具器具购置	1 363 513	803 983	50 344	34 957	399 649	84 571
其它费用	776 200	541 041	64 981	54 680	50 924	
三、施工房屋面积(平方米)	**50 715 135**	**21 223 234**	**3 288 522**	**2 190 390**	**20 440 504**	**16 491 550**
四、竣工房屋面积(平方米)	**35 520 167**	**11 579 066**	**2 657 560**	**1 975 407**	**19 422 398**	**16 491 550**
住宅	24 642 979	7 314 734	875 467	544 663	15 550 513	13 209 066
五、按工程用途分						
1.农林牧渔业	301 928	210 542	85 203	82 681	2 131	
2.工业、建筑业	1 144 087	835 751	98 421	68 243	18 917	
3.商业、运输邮电业	1 995 456	1 819 288	71 227	55 642	23 240	
4.住宅	1 555 433	717 349	57 048	25 989	532 277	361 515
5.其它	1 892 520	989 043	162 463	137 971	523 701	136 019
六、新增固定资产	**4 991 474**	**3 115 196**	**417 808**	**327 557**	**1 046 467**	**497 534**
七、按管理类别分						
基本建设	3 618 373	3 421 166				
更新改造	811 207	719 188				
其它投资	1 627 591	96 501	452 562	370 526	961 099	497 534
房地产投资	832 253	335 118	21 800		139 167	
八、按建设地区分						
昆　明	1 994 072	1 209 628	128 398	98 060	236 310	118 432
曲　靖	571 814	395 602	71 127	56 034	88 743	71 599
玉　溪	423 941	288 466	53 537	44 335	51 040	36 446
昭　通	214 411	158 124	20 029	17 441	25 716	16 677
楚　雄	211 579	101 146	33 890	25 566	61 240	38 239
红　河	430 817	280 010	40 800	29 495	62 046	42 403
文　山	148 578	85 666	21 615	20 142	26 393	21 405
思　茅	125 938	74 872	15 302	11 986	25 164	19 025
西双版纳	131 975	85 279	8 225	3 508	20 850	17 537
大　理	309 936	143 127	32 770	25 924	90 762	48 501
保　山	153 021	82 225	21 774	18 184	36 383	25 146
德　宏	106 831	73 669	3 070	1 070	16 581	8 992
丽　江	122 212	62 508	7 557	7 309	20 023	8 817
怒　江	41 545	27 153	2 774	974	6 326	5 655
迪　庆	67 926	50 849	1 799	1 256	7 904	2 254
临　沧	242 230	201 231	11 695	9 242	24 785	16 406
不分地区	1 592 598	1 252 418			300 000	

注:1.1998 年起全省全社会固定资产投资总额及国有投资、地方投资、第三产业投资合计数中包括了基本建设、更新改造、其他投资的 50 万元以下项目投资。1998 年为 51780 万元,1999 年为 61598 万元,2000 年为 90000 万元。其他各种分组均不包括。

2.其它投资包括其它单位投资、个体私营企业、农村集体、城乡私人建房的投资(下同)。

指　　标	联营经济	股份制经济	外商投资经济	港澳台投资经济	其它经济
合　　计	**5 311**	**227 105**	**85 200**	**132 500**	**292 707**
一、按资金来源分					
(1)国家预算内资金	387	182			902
(2)国内贷款	418	39 480	14 578	33 470	42 222
(3)债券					
(4)利用外资			21 582	18 446	150
(5)自筹资金	2 434	146 161	18 961	27 864	133 337
(6)其它资金	2 072	41 282	30 079	52 720	116 096
二、按构成分					
建筑安装工程	4 528	154 871	63 282	87 390	203 961
设备、工具器具购置	435	42 871	15 265	21 178	29 788
其它费用	348	29 363	6 653	23 932	58 958
三、施工房屋面积(平方米)	**65 464**	**1 886 353**	**290 882**	**1 233 455**	**2 286 721**
四、竣工房屋面积(平方米)	**29 175**	**801 461**	**49 519**	**315 927**	**665 061**
#住宅	9 492	310 442	43 259	95 322	443 750
五、按工程用途分					
1.农林牧渔业	1 528	941	537		1 046
2.工业、建筑业	196	58 470	27 237	14 239	90 856
3.商业、运输邮电业	2 357	64 353	3 605	60	11 326
4.住宅	491	64 017	25 914	49 697	108 640
5.其它	739	39 324	27 907	68 504	80 839
六、新增固定资产	**3 120**	**185 062**	**18 626**	**100 126**	**105 069**
七、按管理类别分					
基本建设	2 094	92 411	10 988	4 978	86 736
更新改造	246	39 750	11 660	6 645	33 718
其它投资	2 877	24 425	33 970	23 627	32 530
房地产投资	94	70 519	28 582	97 250	139 723
八、按建设地区分					
昆　明	1 850	108 985	54 747	102 787	151 367
曲　靖	802		8 211		7 329
玉　溪		18 539	6 471	2 758	3 130
昭　通		3 100		7 173	269
楚　雄	100	5 500	1 647	938	7 118
红　河	100	16 330	10 119		21 412
文　山		6 160		1 850	6 894
思　茅	189	4 980	3 405		2 026
西双版纳		15 468		260	1 893
大　理	160	21 793		1 701	19 623
保　山	1 614	3 400	400		7 225
德　宏	116	11 262	200		1 933
丽　江	380	9 152		15 033	7 559
怒　江					5 292
迪　庆		131			7 243
临　沧		2 305			2 214
不分地区					40 180

6－4　全社会固定资产投资(按来源、构成、地区分)

(2000年)

单位:万元

指　　标	合　计		基本建设		更新改造	
		地　方		地　方		地　方
投资总额	**6 979 424**	**5 433 968**	**3 618 373**	**2 387 787**	**811 207**	**505 125**
一、按资金来源分						
(1)国家预算内资金	571 601	448 757	447 962	325 118	19 052	19 052
(2)国内贷款	1 524 937	903 569	1 098 205	519 791	132 400	89 509
(3)债券	19 965	6 501	19 965	6 501		
(4)利用外资	78 666	70 630	35 553	27 518	4 025	4 025
统借统还	209	209	59	59		
(5)自筹资金	2 712 775	2 020 713	1 625 786	1 204 585	603 707	341 392
中央各部门自筹	137 283	56 563	105 489	51 412	27 308	810
省自筹	528 887	429 083	474 648	379 138	45 408	41 220
地(市)自筹	285 848	274 745	200 618	189 990	76 181	75 706
县自筹		196 619	162 569	159 679	25 400	25 400
企事业单位自有资金	1 760 757	1 063 703	682 462	424 366	429 410	198 256
发行股票	33 608	33 608	2 051	2 051	29 261	29 261
(6)其它资金来源	1 981 480	1 893 798	390 902	304 274	52 023	51 147
集　　资	295 283	261 383	212 041	178 742	22 554	22 132
二、按构成分						
建筑安装工程	4 749 711	3 888 029	2 738 378	1 970 198	322 928	236 956
设备、工具器具购置	1 363 513	785 846	449 354	86 740	421 218	207 109
其它费用	776 200	670 093	430 641	330 849	67 061	61 060
三、按工程用途分						
农林牧渔业用	301 928	275 534	200 694	174 300	7 758	7 758
工业、建筑业用	1 144 087	561 284	608 415	126 604	363 272	269 321
商业、运输邮电业用	1 995 456	1 261 740	1 599 101	1 060 742	233 189	38 853
住　　宅	1 555 433	1 428 473	454 534	332 601	28 123	23 340
其　　它	1 892 520	1 816 937	755 629	693 540	178 865	165 853
四、本年新增固定资产	**4 991 474**	**3 869 041**	**2 234 981**	**1 418 739**	**663 734**	**366 499**
五、房屋建筑面积(平方米)						
施工面积	50 715 135	47 198 131	16 206 703	13 293 701	2 085 364	1 505 472
住　　宅	32 193 803	30 619 172	8 341 873	6 871 261	529 569	430 275
竣工面积	35 520 167	33 598 412	8 763 738	7 136 769	926 524	651 089
住　　宅	24 642 979	23 602 947	4 983 099	4 022 986	310 952	232 758

6－4 续表1 （2000年） 单位:万元

指标	其它投资	地方	房地产开发	地方	在其它投资中：农村集体	地方	个体私营	地方
投资总额	**1 627 591**	**1 618 803**	**832 253**	**832 253**	**370 526**	**370 526**	**961 099**	**961 099**
一、按资金来源分								
(1)国家预算内资金	103 487	103 487	1 100	1 100	96 998	96 998		
(2)国内贷款	103 555	103 492	190 777	190 777	41 109	41 109	10 850	10 850
(3)债券								
(4)利用外资	20 275	20 275	18 813	18 813	2 958	2 958		
统借统还			150	150				
(5)自筹资金	340 713	332 168	142 568	142 568	147 855	147 855	37 375	37 375
中央各部门自筹	4 486	4 341						
省自筹	8 830	8 725						
地(市)自筹	9 049	9 049						
县自筹	11 540	11 540						
企事业单位自有资金	306 808	298 513	142 568	142 568	147 855	147 855	37 375	37 375
发行股票	2 296	2 296						
(6)其它资金来源	1 059 561	1 059 381	478 995	478 995	81 606	81 606	912 874	912 874
集资	54 653	54 473	6 036	6 036	32 146	32 146		
二、按构成分								
建筑安装工程	1 053 386	1 045 856	635 019	635 019	280 889	280 889	551 348	551 348
设备、工具器具购置	476 325	475 381	16 616	16 616	34 957	34 957	398 705	398 705
其它费用	97 880	97 566	180 618	180 618	54 680	54 680	11 046	11 046
三、按工程用途分								
农林牧渔业用	93 476	93 476			82 681	82 681	2 131	2 131
工业、建筑业用	172 400	165 359			68 243	68 243	18 917	18 917
商业、运输邮电业用	163 166	162 145			55 642	55 642	23 240	23 240
住宅	506 459	506 215	566 317	566 317	25 989	25 989	452 339	452 339
其它	692 090	691 608	265 936	265 936	137 971	137 971	464 472	464 472
四、本年新增固定资产	**1 459 485**	**1 450 529**	**633 274**	**633 274**	**327 557**	**327 557**	**939 070**	**939 070**
五、房屋建筑面积(平方米)								
施工面积	22 832 897	22 808 787	9 590 171	9 590 171	2 190 390	2 190 390	18 904 107	18 904 107
住宅	16 205 579	16 200 854	7 116 782	7 116 782	604 567	604 567	15 023 262	15 023 262
竣工面积	21 569 440	21 550 089	4 260 465	4 260 465	1 975 407	1 975 407	18 721 651	18 721 651
住宅	15 920 027	15 918 302	3 428 901	3 428 901	544 663	544 663	14 993 189	14 993 189

指 标	本年完成投资	地 方	基本建设	地 方	更新改造	地 方
投 资 总 额	**6 979 424**	**5 433 968**	**3 618 373**	**2 387 787**	**811 207**	**505 125**
一、按经济类型分						
国有经济	4 661 973	3 193 923	3 421 166	2 264 120	719 188	416 037
集体经济	474 362	474 088				
农村	370 526	370 526				
个体私营经济	1 100 266	1 100 266				
农村	497 534	497 534				
联营经济	5 311	5 311	2 094	2 094	246	246
股份制经济	227 105	192 648	92 411	60 362	39 750	37 342
外商投资经济	85 200	85 200	10 988	10 988	11 660	11 660
港澳台投资经济	132 500	132 500	4 978	4 978	6 645	6 645
其它经济	292 707	250 032	86 736	45 245	33 718	33 195
二、按地区分						
昆 明	1 994 072	1 700 160	694 689	488 507	344 971	258 190
曲 靖	571 814	442 230	322 547	213 269	69 710	49 628
玉 溪	423 941	369 392	208 795	174 636	31 096	15 769
昭 通	214 411	202 126	122 727	112 080	45 584	43 946
楚 雄	211 579	199 617	83 012	77 044	13 182	9 405
红 河	430 817	390 124	193 739	178 876	86 619	60 789
文 山	148 578	144 584	78 911	75 487	7 436	6 866
思 茅	125 938	117 766	77 132	69 100	2 717	2 577
西双版纳	131 975	128 981	97 129	94 135	4 119	4 119
大 理	309 936	282 326	139 112	113 465	27 946	25 983
保 山	153 021	146 975	69 427	63 731	16 595	16 245
德 宏	106 831	101 117	70 694	65 516	3 316	2 865
丽 江	122 212	119 492	56 683	54 268	2 729	2 674
怒 江	41 545	38 841	19 659	16 955	2 384	2 384
迪 庆	67 926	66 031	56 434	54 539		
临 沧	242 230	129 715	183 993	71 688	3 895	3 685
不分地区	1 592 598	764 491	1 143 690	464 491	148 908	

指标	其它投资	地方	房地产开发	地方	在其它投资中:农村集体	地方	个体私营	地方
投资总额	**1 627 591**	**1 618 803**	**832 253**	**832 253**	**370 526**	**370 526**	**961 099**	**961 099**
一、按经济类型分								
国有经济	96 501	88 648	335 118	335 118				
集体经济	452 562	452 288	21 800	21 800	370 526	370 526		
农村	370 526	370 526			370 526	370 526		
个体私营经济	961 099	961 099	139 167	139 167			961 099	961 099
农村	497 534	497 534					497 534	497 534
联营经济	2 877	2 877	94	94				
股份制经济	24 425	24 425	70 519	70 519				
外商投资经济	33 970	33 970	28 582	28 582				
港澳台投资经济	23 627	23 627	97 250	97 250				
其它经济	32 530	31 869	139 723	139 723				
二、按地区分								
昆明	315 299	314 350	639 113	639 113	98 060	98 060	134 504	134 504
曲靖	162 209	161 985	17 348	17 348	56 034	56 034	87 993	87 993
玉溪	142 651	137 588	41 399	41 399	44 335	44 335	51 040	51 040
昭通	46 100	46 100			17 441	17 441	25 716	25 716
楚雄	105 288	103 071	10 097	10 097	25 566	25 566	61 240	61 240
红河	114 545	114 545	35 914	35 914	29 495	29 495	54 773	54 773
文山	54 689	54 689	7 542	7 542	20 142	20 142	26 393	26 393
思茅	40 926	40 926	5 163	5 163	11 986	11 986	25 164	25 164
西双版纳	29 009	29 009	1 718	1 718	3 508	3 508	20 850	20 850
大理	108 170	108 170	34 708	34 708	25 924	25 924	68 284	68 284
保山	56 219	56 219	10 780	10 780	18 184	18 184	34 923	34 923
德宏	32 082	31 997	739	739	1 070	1 070	16 581	16 581
丽江	52 236	51 986	10 564	10 564	7 309	7 309	14 623	14 623
怒江	19 502	19 502			974	974	6 326	6 326
迪庆	11 492	11 492			1 256	1 256	7 904	7 904
临沧	37 174	37 174	17 168	17 168	9 242	9 242	24 785	24 785
不分地区	300 000	300 000					300 000	300 000

6－5 全社会固定资产投资主要指标

（2000 年）

单位：万元

指 标	合 计	基本建设	大中型项 目	更新改造	限额以上项目	其它投资	房地产开 发
一、项目个数（个）							
本年施工项目个数	16 571	4 368	29	1 142	34	11 061	
本年新开工	13 405	2 697	5	698	14	10 010	
本年投产项目个数	13 471	2 488	5	649	7	10 334	
二、投资额和新增固定资产							
计划总投资	24 995 992	17 871 187	7 433 207	2 004 102	606 728	2 277 140	2 843 563
实际需要的总投资	26 007 904	18 639 900	7 533 353	2 037 678	608 818	2 328 532	3 001 794
自开始建设累计完成投资	14 397 902	9 189 036	2 657 893	1 493 443	392 188	1 940 430	1 774 993
自开始建设累计新增固定资产	7 327 694	3 917 825	1 018 826	848 737	100 487	1 626 405	934 727
本年底未完成工程累计投资	6 719 490	5 033 292	1 622 718	588 684	261 721	289 402	808 112
本年计划投资	6 752 114	3 358 810	703 139	766 957	181 506	1 688 896	937 451
本年完成投资	6 979 424	3 618 373	644 847	811 207	168 986	1 627 591	832 253
1.建筑工程	4 457 125	2 608 028	407 189	242 634	40 940	1 019 427	587 036
2.安装工程	292 586	130 350	27 166	80 294	17 479	33 959	47 983
3.设备、工具器具购置	1 363 513	449 354	126 970	421 218	97 636	476 325	16 616
购置旧设备	9 017	219		7 135	4 847	1 100	563
4.其它费用	776 200	430 641	83 522	67 061	12 931	97 880	180 618
旧建筑物购置	7 757	2 786		2 556	244	735	1 680
1.农林牧渔业用	301 928	200 694	18 321	7 758		93 476	
2.工业、建筑业用	1 144 087	608 415	338 311	363 272	146 708	172 400	
3.商业、运输邮电业用	1 995 456	1 599 101	239 637	233 189	821	163 166	
4.住宅	1 555 433	454 534	6 023	28 123	3 334	506 459	566 317
5.其它	1 892 520	755 629	42 555	178 865	18 123	692 090	265 936
本年新增固定资产	4 991 474	2 234 981	285 163	663 734	78 653	1 459 485	633 274
三、资金来源（财务拨款）							
（一）本年资金来源合计	7 069 526	3 483 786	656 798	838 959	185 754	1 599 947	1 146 834
1.上年末结余资金	487 958	231 539	19 137	67 639	32 846	10 370	178 410
2.本年资金来源	6 581 568	3 252 247	637 661	771 320	152 908	1 589 577	968 424
（1）国家预算内资金	519 969	403 719	122 590	20 046	1 710	95 254	950
（2）国内贷款	1 431 095	947 260	282 358	126 044	49 243	98 707	259 084
（3）债券	46 263	46 263	14 800				
（4）利用外资	74 641	27 071	7 749	4 265	2 157	16 563	26 742
统借统还	250	100					150
（5）自筹资金	2 572 180	1 496 172	173 089	589 750	92 324	333 670	152 588
中央各部门自筹	125 925	95 189	13 104	27 207		3 529	
省自筹	484 955	425 663	85 573	48 989	3 450	10 303	
地（市）自筹	258 391	184 681	12 536	65 626	5 477	8 084	
县自筹	178 456	147 197	1 300	21 650	4 700	9 609	
企事业单位自有资金	1 297 210	643 442	60 576	426 278	78 697	152 751	74 739
发行股票	36 142	2 051		31 795	5 858	2 296	
（6）其它资金	1 937 420	331 762	37 075	31 215	7 474	1 045 383	529 060
集 资	284 539	202 290		20 802	5 360	55 520	5 927
（二）各项应付款合计	939 410	597 663	14 928	54 114	20 924	53 455	234 178
工程款	605 287	403 950	13 725	40 030	16 928	25 744	135 563
设备、器材款	113 452	87 435		6 764	2 855	3 348	15 905

6－6　全社会地方固定资产投资主要指标

（2000 年）　　单位：万元

指　　标	合　计	基本建设	大中型项　目	更新改造	限额以上项目	其它投资	房地产开　发
一、项目个数（个）							
本年施工项目个数	15 910	3 949	14	928	31	11 033	
本年新开工	13 042	2 469	2	573	12	10 000	
投产项目个数	13 102	2 253	3	528	5	10 321	
二、投资额和新增固定资产							
计划总投资	16 098 260	9 598 410	1 209 865	1 419 722	567 496	2 236 565	2 843 563
实际需要的总投资	17 019 555	10 295 161	1 310 011	1 434 757	566 469	2 287 843	3 001 794
自开始建设累计完成投资	10 972 181	6 309 964	845 384	966 845	354 355	1 920 379	1 774 993
自开始建设累计新增固定资产	5 658 530	2 684 000	631 720	423 942	62 968	1 615 861	934 727
本年底未完成工程累计投资	4 985 230	3 397 570	197 315	491 083	261 407	288 465	808 112
本年计划投资	5 320 618	2 210 837	101 813	493 081	166 145	1 679 249	937 451
本年完成投资	5 433 968	2 387 787	94 370	505 125	151 674	1 618 803	832 253
1.建筑工程	3 720 107	1 926 554	56 093	192 852	40 799	1 013 665	587 036
2.安装工程	167 922	43 644	1 102	44 104	17 409	32 191	47 983
3.设备、工具器具购置	785 846	86 740	7 823	207 109	80 561	475 381	16 616
购置旧设备	9 017	219		7 135	4 847	1 100	563
4.其它费用	670 093	330 849	29 352	61 060	12 905	97 566	180 618
旧建筑物购置	7 477	2 666		2 396	244	735	1 680
1.农林牧渔业用	275 534	174 300	18 321	7 758		93 476	
2.工业、建筑业用	561 284	126 604	26 017	269 321	129 396	165 359	
3.商业、运输邮电业用	1 261 740	1 060 742	10 133	38 853	821	162 145	
4.住　　宅	1 428 473	332 601		23 340	3 334	506 215	566 317
5.其　　它	1 816 937	693 540	39 899	165 853	18 123	691 608	265 936
本年新增固定资产	3 869 041	1 418 739	179 482	366 499	41 134	1 450 529	633 274
三、资金来源（财务拨款）							
（一）本年资金来源合计	5 592 112	2 320 045	105 946	534 141	167 625	1 591 092	1 146 834
1.上年末结余资金	442 474	186 547	15 888	67 186	32 846	10 331	178 410
2.本年资金来源	5 149 638	2 133 498	90 058	466 955	134 779	1 580 761	968 424
（1）国家预算内资金	400 676	284 426	42 200	20 046	1 710	95 254	950
（2）国内贷款	909 925	469 891	12 100	82 306	46 517	98 644	259 084
（3）债　　券	31 463	31 463					
（4）利用外资	65 583	18 013	1 440	4 265	2 157	16 563	26 742
统借统还	250	100					150
（5）自筹资金	1 889 920	1 082 396	32 153	329 839	76 921	325 097	152 588
中央各部门自筹	43 493	39 386		691		3 416	
省自筹	385 534	330 199	8 153	45 137	3 450	10 198	
地（市）自筹	245 281	172 079	7 450	65 118	5 477	8 084	
县自筹	175 661	144 402	1 300	21 650	4 700	9 609	
企事业单位自有资金	812 708	396 330	15 250	197 243	63 294	144 396	74 739
发行股票	36 142	2 051		31 795	5 858	2 296	
（6）其它资金	1 852 071	247 309	2 165	30 499	7 474	1 045 203	529 060
集资	249 638	168 285		20 086	5 360	55 340	5 927
（二）各项应付款合计	814 224	475 352	2 396	51 500	20 924	53 194	234 178
工程款	576 442	377 980	1 193	37 416	16 928	25 483	135 563
设备、器材款	29 970	3 953		6 764	2 855	3 348	15 905

6－7 全社会施工投产项目(按国民经济行业分)

(2000年)

单位:个

行业名称	施工项目				投产项目			
	合计	地方	#国有	地方	合计	地方	#国有	地方
合　　计	**16 571**	**15 910**	**5 441**	**4 790**	**13 471**	**13 102**	**3 152**	**2 789**
按行业类别分								
1.农、林、牧、渔业	4 082	4 074	241	233	3 869	3 869	132	132
2.采掘业	342	307	152	118	262	245	91	75
3.制造业	997	902	467	376	572	541	216	187
4.电力、煤气及水的生产和供应业	1 483	1 457	202	177	1 335	1 323	111	99
5.建筑业	229	227	61	59	188	186	39	37
6.地质勘查业、水利管理业	880	875	191	186	748	744	89	85
7.交通运输、仓储及邮电通信业	1 523	1 323	644	445	1 152	1 035	326	210
8.批发和零售贸易餐饮业	708	639	293	224	481	442	159	120
9.金融、保险业	173	57	132	18	121	44	87	11
10.房地产业	43	43	31	31	20	20	11	11
11.社会服务业	969	961	605	598	614	609	323	319
12.卫生、体育和社会福利业	386	383	239	236	281	279	147	145
13.教育、文化艺术及广播电影电视业	1 856	1 852	804	800	1 561	1 557	557	553
14.科学研究和综合技术服务业	140	128	125	113	100	95	89	84
15.国家机关、政党机关和社会团体	1 760	1 682	1 225	1 147	1 268	1 214	761	707
16.其它行业	1 000	1 000	29	29	899	899	14	14

6-8 全社会固定资产投资额与新增固定资产(按行业分)

(2000年) 单位:万元

行业名称	投资额				按管理类别分其中		
	合计	地方	#国有	地方	基本建设	更新改造	其他投资
合　　计	**6 979 424**	**5 433 968**	**4 661 973**	**3 193 923**	**3 618 373**	**811 207**	**1 627 591**
一、按三次产业分							
第一产业	284 246	259 236	105 112	80 102	98 702	5 144	180 400
第二产业	1 367 046	717 108	1 023 126	425 964	777 943	388 323	200 780
第三产业	5 238 132	4 367 624	3 443 735	2 597 857	2 741 728	417 740	1 246 411
二、按行业类别分							
1.农、林、牧、渔业	284 246	259 236	105 112	80 102	98 702	5 144	180 400
农业	119 900	119 860	29 047	29 007	26 931	1 612	91 357
种植业	29 992	29 952	26 047	26 007	24 123	1 612	4 257
其他农业	89 908	89 908	3 000	3 000	2 808		87 100
林业	41 436	16 615	40 706	15 885	38 864	1 655	917
畜牧业	3 379	3 379	1 452	1 452	3 029		350
牲畜饲养放牧业	1 761	1 761	814	814	1 761		
家禽饲养业	1 311	1 311	489	489	1 119		192
其他畜牧业	307	307	149	149	149		158
农、林、牧、渔服务业	34 913	34 764	33 907	33 758	29 878	1 877	3 158
农业服务业	19 458	19 458	18 858	18 858	16 342	1 772	1 344
林业服务业	1 186	1 037	1 066	917	1 010		176
畜牧兽医服务业	3 916	3 916	3 916	3 916	3 811	105	
渔业服务业	300	300	300	300	300		
其他农、林、牧、渔服务业	10 053	10 053	9 767	9 767	8 415		1 638
2.采掘业	88 646	76 843	60 202	49 575	25 853	20 550	42 243
煤炭采选业	34 912	34 912	19 045	19 045	8 627	10 430	15 855
煤炭开采业	19 771	19 771	18 792	18 792	7 978	10 177	1 616
煤炭洗选业	902	902	253	253	649	253	
石油和天然气开采业	300	300	300	300	300		
天然气开采业	300	300	300	300	300		
黑色金属矿采选业	5 091	5 091	388	388	3 882	448	761
铁矿采选业	1 814	1 814			1 604	210	
其他黑色金属矿采选业	2 516	2 516	388	388	2 278	238	
有色金属矿采选业	44 456	32 653	38 176	27 549	11 308	8 945	24 203
重有色金属矿采选业	41 886	30 083	37 454	26 827	10 317	8 945	22 624
轻有色金属矿采选业	317	317	317	317			317
贵金属矿采选业	991	991	405	405	991		
非金属矿采选业	2 317	2 317	1 063	1 063	261	727	1 329
土沙石开采业	278	278	75	75			278
化学矿采选业	476	476	476	476	261	215	
采盐业	580	580	163	163		163	417
其他非金属矿采选业	636	636	349	349		349	287

注:分行业农村私人投资中的购买生产性固定资产投资划入农业中,建房投资划入其它行业(门类)中;城镇私人建房投资划入其它行业中。

行业名称	投资额				按管理类别分其中		
	合计	地方	#国有	地方	基本建设	更新改造	其他投资
其他矿采选业							
木材及竹材采运业	1 570	1 570	1 230	1 230	1 475		95
木材采运业	1 570	1 570	1 230	1 230	1 475		95
3.制造业	601 295	435 667	394 029	229 715	139 699	340 847	120 749
食品加工业	16 989	16 989	5 997	5 997	4 903	5 052	7 034
粮食及饲料加工业	1 562	1 562	617	617	766	235	561
植物油加工业	1 061	1 061	580	580	400	380	281
制糖业	8 750	8 750	4 480	4 480	2 713	3 957	2 080
屠宰及肉类蛋类加工业	1 764	1 764	320	320	1 024	480	260
盐加工业	62	62					62
其他食品加工业	815	815					815
食品制造业	8 391	8 391	2 061	2 061	2 261		6 130
糕点、糖果制造业	1 053	1 053	120	120	120		933
乳制品制造业	1 664	1 664	1 664	1 664	1 664		
调味品制造业	250	250					250
其他食品制造业	3 948	3 948	277	277	477		3 471
饮料制造业	12 350	12 350	1 463	1 463	542	5 418	6 390
酒精及饮料酒制造业	9 740	9 740	326	326	326	4 197	5 217
软饮料制造业	1 209	1 209	120	120	120	300	789
制茶业	1 187	1 187	1 017	1 017	96	921	170
烟草加工业	154 131	3 770	153 911	3 680	60 768	93 363	
烟叶复烤业	8 180	1 340	8 180	1 340	5 350	2 830	
卷烟制造业	145 551	2 430	145 461	2 340	55 018	90 533	
其他烟草加工业	400		270		400		
纺织业	5 591	5 591	5 121	5 121	150	5 241	200
棉纺织业	1 460	1 460	1 255	1 255		1 260	200
毛纺织业	3 138	3 138	3 138	3 138		3 138	
丝绢纺织业	728	728	728	728	150	578	
针织品业	265	265				265	
服装及其他纤维制品制造业	724	724	40	40	40		684
服装制造业	224	224	40	40	40		184
制鞋业	250	250					250
皮革、毛皮、羽绒及其制品业	145	145					145
制革业	93	93					93
木材加工及竹、藤、棕、草制品业	9 078	9 078	1 102	1 102	870	558	7 650
锯材、木片加工业	380	380			57		323
人造板制造业	4 432	4 432	934	934	695	558	3 179
木制品业	3 198	3 198	50	50	50		3 148
竹、藤、棕、草制品业	438	438	118	118	68		370
家具制造业	404	404	70	70			404
木制家具制造业	188	188	70	70			188
竹、藤家具制造业	30	30					30
造纸及纸制品业	18 422	18 422	2 984	2 984	2 592	11 661	4 169
纸浆制造业	2 212	2 212	2 212	2 212	2 212		
造纸业	13 604	13 604	772	772	380	11 415	1 809
纸制品业	476	476				246	230

行业名称	投资额				按管理类别分其中		
	合计	地方	#国有	地方	基本建设	更新改造	其他投资
印刷业、记录媒介的复制	29 064	29 064	3 896	3 896	2 239	17 390	9 435
印刷业	29 049	29 049	3 896	3 896	2 239	17 390	9 420
石油加工及炼焦业	2 186	2 186	630	630		630	1 556
人造原油生产业	66	66					66
炼焦业	2 120	2 120	630	630		630	1 490
化学原料及化学制品制造业	101 157	90 155	85 124	74 122	24 324	64 262	12 571
基本化学原料制造业	10 138	10 138	4 814	4 814	1 960	5 476	2 702
化学肥料制造业	63 709	63 709	59 629	59 629	8 328	51 121	4 260
化学农药制造业	1 899	1 899	279	279	49	230	1 620
合成材料制造业	15 719	6 817	15 719	6 817	9 282	6 437	
专用化学产品制造业	3 548	3 548	2 246	2 246	2 605	581	362
日用化学产品制造业	2 881	781	2 437	337	2 100	417	364
医药制造业	13 577	13 277	3 585	3 285	700	4 873	8 004
化学药品原药制造业	7 229	7 229	881	881	340	644	6 245
化学药品制剂制造业	2 309	2 309	584	584		2 309	
中药材及中成药加工业	2 583	2 283	2 120	1 820	360	1 920	303
生物制品业	1 330	1 330					1 330
橡胶制品业	1 507	1 507	695	695	1 322		185
轮胎制造业	1 142	1 142	580	580	1 142		
其他橡胶制品业	180	180	115	115	180		
塑料制品业	3 349	3 349	611	611	13	598	2 738
塑料薄膜制造业	1 227	1 227	611	611	13	598	616
塑料板、管、棒材制造业	273	273					273
塑料丝、绳及编织品制造业	698	698					698
塑料鞋制造业	18	18					18
其他塑料制品业	400	400					400
非金属矿物制品业	50 240	50 170	26 544	26 474	13 610	24 384	12 246
水泥制造业	30 668	30 668	14 414	14 414	2 084	21 056	7 528
水泥制品和石棉水泥制品业	11 472	11 402	11 142	11 072	10 472	840	160
砖瓦、石灰和轻质建筑材料制造业	4 935	4 935	138	138		2 488	2 447
石墨及碳素制品业	204	204			204		
其他类未包括的非金属矿物制品业	850	850	850	850	850		
黑色金属冶炼及压延加工业	34 320	34 320	29 740	29 740	15 525	15 489	3 306
炼铁业	3 572	3 572	2 217	2 217	1 754	1 737	81
钢压延加工业	27 523	27 523	27 523	27 523	13 771	13 752	
铁合金冶炼业	2 615	2 615					2 615
有色金属冶炼及压延加工业	83 399	82 538	44 614	44 414	2 110	64 262	17 027
重有色金属冶炼业	38 208	37 547	6 479	6 479	1 500	26 327	10 381
轻有色金属冶炼业	37 945	37 945	37 935	37 935	10	37 935	
贵金属冶炼业	200		200		200		
稀有稀土金属冶炼业	400	400			400		
金属制品业	8 231	8 231	1 364	1 364	686	809	6 736
金属结构制造业	1 441	1 441	1 364	1 364	636	728	77
工具制造业	83	83					83
建筑用金属制品业	327	327			50	81	196
金属制品业	2 586	2 586					2 586
其他金属制品业	2 557	2 557					2 557

行业名称	投资额				按管理类别分其中		
	合计	地方	#国有	地方	基本建设	更新改造	其他投资
普通机械制造业	11 566	11 566	7 423	7 423	1 741	7 902	1 923
锅炉及原动机制造业	3 598	3 598	3 498	3 498	100	3 498	
金属加工机械制造业	3 252	3 252	1 280	1 280	425	2 475	352
通用设备制造业	1 150	1 150	567	567		1 067	83
轴承、阀门制造业	81	81	81	81		81	
其他通用零部件制造业	338	338	338	338	240	98	
铸锻件制造业	1 364	1 364	456	456		456	908
其他普通机械制造业	1 708	1 708	1 203	1 203	976	227	505
专用设备制造业	6 952	6 429	4 565	4 565	2 206	3 875	871
冶金、矿山、机电工业专用设备制造业	1 163	1 163	1 163	1 163	445	718	
石化及其他工业专用设备制造业	501	501	450	450		450	51
轻纺工业专用设备制造业	980	457	249	249	90	890	
农、林、牧、渔、水利机械制造业	3 125	3 125	2 340	2 340	1 399	1 726	
医疗器械制造业	91	91	91	91		91	
其他专用设备制造业	200	200	200	200	200		
专用机械设备修理业	892	892	72	72	72		820
交通运输设备制造业	4 569	4 007	3 591	3 029	398	3 193	978
汽车制造业	2 980	2 418	2 980	2 418	298	2 682	
交通运输设备修理业	1 571	1 571	611	611	100	511	960
武器弹药制造业	636		636		636		
电气机械及器材制造业	6 848	6 848	1 421	1 421	110	6 341	397
电机制造业	913	913	117	117	10	903	
输配电及控制设备制造业	4 483	4 483	885	885	100	3 986	397
电工器材制造业	1 452	1 452	419	419		1 452	
电子及通信设备制造业	2 254	2 188	2 254	2 188	66	2 188	
通信设备制造业	66		66		66		
电子器件制造业	1 681	1 681	1 681	1 681		1 681	
电子元件制造业	507	507	507	507		507	
仪器仪表及文化、办公用机械制造业	4 658	3 411	4 528	3 281	1 628	2 900	130
通用仪器仪表制造业	4 528	3 281	4 528	3 281	1 628	2 900	
文化、办公用机械制造业	130	130					130
其他制造业	10 557	10 557	59	59	259	458	9 840
日用杂品制造业	80	80					80
其他生产、生活用品制造业	817	817	59	59	259	458	100
4.电力、煤气及水的生产和供应业	642 704	170 907	550 438	128 927	596 300	24 343	22 061
电力、蒸气、热水生产和供应业	557 577	85 780	471 815	50 304	525 864	16 157	15 556
电力生产业	303 194	45 005	233 508	25 605	286 102	13 120	3 972
电力供应业	243 789	30 181	238 307	24 699	239 762	3 037	990
煤气生产和供应业	2 731	2 731	1 881	1 881	539	1 204	988
煤气生产业	1 523	1 523	1 523	1 523	319	1 204	
煤气供应业	508	508	358	358	220		288
自来水生产和供应业	82 396	82 396	76 742	76 742	69 897	6 982	5 517
自来水生产业	18 131	18 131	17 889	17 889	15 184	2 560	387
自来水供应业	60 065	60 065	58 853	58 853	54 713	4 422	930
5.建筑业	34 401	33 691	18 457	17 747	16 091	2 583	15 727
土木工程建筑业	25 588	24 878	17 108	16 398	15 114	2 175	8 299
房屋建筑业	14 894	14 774	6 939	6 819	6 470	1 149	7 275
铁路、公路、遂道、桥梁建筑业	9 104	9 104	8 579	8 579	7 054	1 026	1 024

行业名称	投资额				按管理类别分其中		
	合计	地方	#国有	地方	基本建设	更新改造	其他投资
堤坝、电站、码头建筑业	1 440	850	1 440	850	1 440		
其他土木工程建筑业	150	150	150	150	150		
线路、管道和设备安装业	1 855	1 855	1 349	1 349	977	408	470
线路、管道安装业	1 099	1 099	1 099	1 099	691	408	
设备安装业	756	756	250	250	286		470
装修装饰业	425	425					425
6.地质勘查业、水利管理业	147 714	144 994	131 527	128 807	127 650	3 870	16 194
地质勘查业	5 172	2 452	5 172	2 452	4 772	400	
区域地质勘查业	608	608	608	608	608		
矿产地质勘查业	3 807	1 087	3 807	1 087	3 807		
工程地质勘查设计业	42	42	42	42	42		
地质工程技术及其他技术服务业	715	715	715	715	315	400	
水利管理业	126 955	126 955	126 355	126 355	122 878	3 470	607
7.交通运输、仓储及邮电通信业	1 891 851	1 117 223	1 824 834	1 072 149	1 584 863	224 354	82 634
铁路运输业	305 978		305 978		283 244	22 734	
公路运输业	1 045 818	1 045 121	1 028 012	1 027 315	963 799	26 113	55 906
水上运输业	5 026	5 026	5 026	5 026	5 026		
航空运输业	23 839	967	23 839	967	23 139	700	
交通运输辅助业	16 809	16 809	16 809	16 809	15 326	1 483	
其他交通运输业	5 646	5 646	5 556	5 556	4 082	1 514	50
仓储业	11 550	4 763	10 735	3 948	8 693	2 042	815
邮电通信业	451 467	13 173	428 879	12 528	281 554	169 768	145
邮政业	10 212	1 199	10 212	1 199	6 964	3 103	145
电信业	418 209	11 974	417 564	11 329	251 544	166 665	
邮电业	23 046		1 103		23 046		
8.批发和零售贸易餐饮业	161 207	143 126	67 626	49 545	76 420	13 642	71 145
食品、饮料、烟草和家庭用品批发业	50 751	34 271	34 489	18 009	37 787	9 292	3 672
能源、材料和机械电子设备批发业	15 718	15 718	8 098	8 098	8 402	839	6 477
其他批发业	9 153	9 153	2 076	2 076	5 217	292	3 644
零售业	45 855	44 574	20 524	19 243	21 487	3 219	21 149
商业经纪与代理业	2 406	2 086	722	402	1 810		596
餐饮业	5 510	5 510	1 717	1 717	1 717		3 793
9.金融、保险业	54 456	10 863	45 745	4 834	42 300	5 853	6 303
金融业	43 719	6 841	35 953	1 757	32 578	5 783	5 358
中央银行	4 478		4 478		4 478		
商业银行	28 614	686	26 206	686	22 831	5 783	
其他银行	4 843	645	4 843	645	4 843		
信用合作社	5 608	5 334	426	426	426		5 182
其他非银行金融业	176	176					176
保险业	9 792	3 077	9 792	3 077	9 722	70	
10.房地产业	868 475	868 475	366 842	366 842	30 777	3 228	2 217
房地产开发与经营业	864 804	864 804	363 462	363 462	30 275	350	1 926
房地产管理业	3 241	3 241	3 241	3 241	363	2 878	
房地产代理与经纪业	139	139	139	139	139		
11.社会服务业	458 633	456 778	315 371	313 521	271 322	84 366	102 945
公共设施服务业	280 251	280 086	260 762	260 597	198 619	72 307	9 325
市内公共交通业	16 286	16 286	15 558	15 558	13 161	2 777	348

行业名称	投资额				按管理类别分其中		
	合计	地方	#国有	地方	基本建设	更新改造	其他投资
园林绿化业	11 500	11 500	6 575	6 575	10 211		1 289
自然保护区管理业	3 451	3 451	3 451	3 451	3 451		
环境卫生业	19 267	19 267	19 267	19 267	13 976	5 241	50
市政工程管理管理业	210 729	210 564	202 401	202 236	139 587	63 594	7 548
风景名胜区管理业	13 141	13 141	7 633	7 633	12 526	525	90
其他公共服务业	5 877	5 877	5 877	5 877	5 707	170	
居民服务业	2 375	2 375	1 214	1 214	1 214		1 161
殡葬业	719	719	123	123	123		596
其他居民服务业	1 656	1 656	1 091	1 091	1 091		565
旅馆业	54 989	54 709	28 265	27 985	35 415	8 442	11 132
租赁服务业	383	383	383	383	383		
旅游业	51 779	51 774	18 211	18 211	22 509	485	28 785
娱乐服务业	19 079	17 674	2 413	1 008	5 494		13 585
信息、咨询服务业	102	102					102
咨询服务业	102	102					102
计算机应用服务业	160	160			160		
软件开发咨询业	160	160			160		
其他社会服务业	13 608	13 608	4 123	4 123	7 528	3 132	2 948
市场管理服务业	9 228	9 228	3 198	3 198	6 603	77	2 548
其他类未包括的社会服务业	4 380	4 380	925	925	925	3 055	400
12.卫生、体育和社会福利业	121 636	120 827	101 597	100 788	97 228	3 108	21 300
卫生	58 313	57 971	57 311	56 969	52 942	3 108	2 263
医院	51 363	51 021	50 455	50 113	46 486	3 108	1 769
疗养院	2 190	2 190	2 096	2 096	2 096		94
专科防治所(站)	58	58	58	58	58		
卫生防疫站	2 497	2 497	2 497	2 497	2 497		
妇幼保健所(站)	1 497	1 497	1 497	1 497	1 097		400
药品检验所(室)	303	303	303	303	303		
其他卫生	405	405	405	405	405		
体育	55 530	55 530	40 530	40 530	40 530		15 000
社会福利保障业	4 006	3 539	3 756	3 289	3 756		250
社会福利业	3 487	3 073	3 237	2 823	3 237		250
社会保险和救济业	205	152	205	152	205		
其他类未包括的社会福利保障业	314	314	314	314	314		
13.教育、文化艺术及广播电影电视业	207 983	206 593	166 453	165 063	164 844	7 486	35 653
教育	145 387	143 997	135 132	133 742	138 230	3 292	3 865
高等教育	26 585	26 585	26 585	26 585	26 070		515
中等教育	71 105	70 965	70 000	69 860	67 166	1 969	1 970
初等教育	29 874	29 874	29 544	29 544	27 772	982	1 120
学前教育	2 657	2 657	2 397	2 397	2 236	161	260
特殊教育	874	874	874	874	874		
其他教育	14 292	13 042	5 732	4 482	14 112	180	
文化艺术业	23 447	23 447	23 245	23 245	20 433	2 812	202
艺术	760	760	760	760	760		

行业名称	投资额 合计	地方	#国有	地方	按管理类别分其中 基本建设	更新改造	其他投资
出版	3 264	3 264	3 264	3 264	3 264		
文物保护	3 283	3 283	3 196	3 196	384	2 812	87
图书馆	4 084	4 084	4 084	4 084	4 084		
档案馆	6 389	6 389	6 389	6 389	6 389		
群众文化	2 586	2 586	2 471	2 471	2 471		115
新闻	2 480	2 480	2 480	2 480	2 480		
其他文化艺术业	601	601	601	601	601		
广播电影电视业	8 172	8 172	8 076	8 076	6 181	1 382	609
广播	876	876	876	876	804		72
电影	1 647	1 647	1 551	1 551	716	931	
电视	5 649	5 649	5 649	5 649	4 661	451	537
14.科学研究和综合技术服务业	70 958	61 224	65 266	55 532	31 763	33 907	5 288
科学研究业	23 663	15 450	18 012	9 799	17 892	664	5 107
自然科学研究	17 502	9 289	12 395	4 182	12 375	20	5 107
社会科学研究	3 388	3 388	3 388	3 388	3 388		
其他科学研究	2 773	2 773	2 229	2 229	2 129	644	
综合技术服务业	47 254	45 733	47 254	45 733	13 871	33 243	140
气象	861	786	861	786	861		
地震	299	294	299	294	299		
测绘	69	69	69	69	69		
技术监督	1 247	1 247	1 247	1 247	1 247		
环境保护	40 109	40 109	40 109	40 109	7 067	32 982	60
技术推广和科技交流服务业	3 515	2 484	3 515	2 484	3 435		80
工程设计业	954	744	954	744	693	261	
其他综合技术服务业	200		200		200		
15.国家机关、政党机关和社会团体	373 553	355 855	351 695	333 997	309 684	37 609	26 260
国家机关	338 744	321 696	337 961	320 913	296 359	37 443	4 942
政党机关	5 581	4 931	5 581	4 931	5 282	166	133
社会团体	8 166	8 166	8 153	8 153	8 043		123
基层群众自治组织	2 135	2 135					2 135
居民委员会	130	130					130
村民委员会	2 005	2 005					2 005
16.其他行业	881 666	881 666	6 779	6 779	4 877	317	876 472
其他行业	10 448	10 448	6 779	6 779	4 877	317	5 254
企业管理机构	1 687	1 687	1 180	1 180	1 113	67	507
其他类未包括的行业	8 761	8 761	5 599	5 599	3 764	250	4 747

6－9 全社会固定资产投资项目

（2000年）

单位：个

地　　区	施工项目	地方	新开工项目	地方	投产项目	地方
全省合计	**16 571**	**15 910**	**13 405**	**13 042**	**13 471**	**13 102**
昆　明	2 562	2 403	1 923	1 852	1 931	1 848
曲　靖	1 949	1 869	1 555	1 506	1 669	1 625
玉　溪	1 836	1 781	1 673	1 633	1 679	1 645
昭　通	719	688	526	507	586	570
楚　雄	1 226	1 185	1 122	1 092	1 072	1 042
红　河	1 352	1 285	1 045	1 008	936	908
文　山	1 825	1 811	1 419	1 414	1 661	1 649
思　茅	842	813	673	658	630	614
西双版纳	770	760	680	674	694	686
大　理	1 233	1 188	1 034	1 013	1 029	1 003
保　山	730	700	598	581	553	533
德　宏	346	318	254	244	214	196
丽　江	291	279	222	214	183	178
怒　江	202	195	158	154	159	152
迪　庆	125	118	106	99	74	71
临　沧	524	508	401	392	391	382
不分地区	39	9	16	1	10	

6－10 全社会各种房屋竣工面积及价值(按用途分)

（2000年）

指　　标	本年施工房屋面积（平方米）	本年新开工面积	本年竣工房屋面积（平方米）	本年竣工房屋价值（万元）	竣工房屋造价（元/平方米）
合　计	**50 715 135**	**33 614 868**	**35 520 167**	**2 180 653**	**613.92**
1.住　宅	32 193 803	22 592 152	24 642 979	1 319 588	535.48
城镇住宅	18 380 170	8 778 519	10 889 250	934 956	858.60
2.厂　房	1 255 647	578 930	491 082	40 917	833.20
3.仓　库	676 096	276 322	257 128	20 997	816.60
4.商业营业用房	3 016 635	1 255 821	1 235 392	163 042	1 319.76
5.服务业用房	817 744	268 792	426 661	73 654	1 726.29
6.办公楼	2 420 909	992 327	998 648	119 620	1 197.82
7.教育用房	1 582 028	853 428	965 717	73 004	755.96
8.文化体育用房	191 669	89 574	64 850	5 694	878.03
9.医疗用房	538 325	203 280	182 485	19 981	1 094.94
10.科学实验研究用房	208 238	97 046	101 571	13 253	1 304.80
11.其它	7 814 041	6 407 196	6 153 654	330 903	537.73
业务用房	600 858	256 521	282 172	41 770	1 480.30

6－11 全社会房屋建筑施工面积和竣工面积

单位:万平方米

指标	1990年		1999年		2000年	
	合计	住宅	合计	住宅	合计	住宅
一、施工房屋建筑面积	**3 045.36**	**2 037.15**	**5 471.32**	**3 634.17**	**5 071.51**	**3 219.38**
1.国有经济	1 081.69	521.7	2 601.81	1 653.13	2 122.32	1 211.64
基本建设	586.75	273.25	1 730.71	1 050.02	1 503.68	795.26
更新改造	335.51	125.94	307.15	138.35	175.88	49.80
其它单位投资	37.38	13.74	36.94	18.5	22.11	12.08
房地产开发	122.05	108.77	527.01	446.26	420.65	354.51
2.集体经济	264.79	108.14	419.11	129.01	328.85	114.52
城镇集体	112.76	33.74	139.24	56.44	89.74	38.00
房地产开发			18.91	15.31	20.07	16.07
农村集体	152.03	74.4	260.96	57.26	219.04	60.46
3.个体私营经济	1 698.88	1 407.31	1 879.57	1 553.34	2 044.05	1 607.80
城镇居民建房	49.93	44.32	201.8	180.42	210.16	177.32
农民建房	1 648.95	1 362.99	1 513.44	1 271.00	1 649.16	1 320.91
个体私营经济			164.34	101.92	184.73	109.57
4.其它经济			570.83	298.69	576.29	285.42
房地产开发			360.15	255.77	364.65	235.62
二、竣工房屋建筑面积	**2 485.45**	**1 789.24**	**3 774.05**	**2 670.22**	**3 552.02**	**2 464.30**
1.国有经济	564.48	287.48	1 462.11	979.39	1 157.91	731.47
基本建设	313.24	153.28	984.97	636.8	810.35	477.42
更新改造	171.99	75.03	164.19	86.11	78.74	29.90
其它单位投资	20.74	6.96	30.16	13.05	16.43	11.13
房地产开发	58.51	51.21	282.79	243.43	252.39	213.03
2.集体经济	222.09	94.45	341.5	96.55	265.76	87.55
城镇集体	70.06	20.05	98.02	36.11	58.14	23.89
房地产开发			10.52	9.36	10.08	9.19
农村集体	152.03	74.4	232.96	51.08	197.54	54.47
3.个体私营经济	1 698.88	1 407.31	1 782.27	1 490.47	1 942.24	1 555.05
城镇居民建房	49.93	44.32	201.8	180.42	210.16	177.32
农民建房	1 648.95	1 362.99	1 513.44	1 271.00	1 649.16	1 320.91
个体私营经济			67.04	39.05	82.92	56.82
4.其它经济			188.17	103.81	186.11	90.23
房地产开发			93.18	79.77	93.51	64.94

6-12 全社会主要年份竣工房屋面积

单位:万平方米

指　　标	1978年	1980年	1990年	1995年	1999年	2000年
一、全省竣工房屋面积	**621.90**	**2 495.58**	**2 485.45**	**3 442.00**	**3 774.05**	**3 552.02**
1.国有经济	283.49	490.26	564.48	1 047.65	1 462.11	1 157.91
基本建设	254.61	459.07	313.24	568.39	984.97	810.35
更新改造	28.88	31.19	171.99	253.07	164.19	78.74
其它单位投资			20.74	18.63	30.16	16.43
房地产开发			58.51	207.56	282.79	252.39
2.集体经济	88.41	105.32	222.09	287.23	341.50	265.76
城镇集体	8.39	16.88	70.06	52.32	98.02	58.14
房地产开发				6.16	10.52	10.08
农村集体	80.02	88.44	152.03	228.75	232.96	197.54
3.个体私营经济	250.00	1 900.00	734.88	2 015.70	1 782.27	1 942.24
城镇居民建房			49.93	100.92	201.80	210.16
农村居民建房	250.00	1 900.00	1 648.95	1 914.78	1 513.44	1 649.16
个体私营经济					67.04	82.92
4.其它经济				91.42	188.17	186.11
房地产开发				52.13	93.18	93.51
二、全省竣工住宅面积	376.74	2 011.62	1 789.24	2 291.19	2 670.22	2 464.30
1.国有经济	103.54	245.39	287.48	585.25	979.39	731.47
基本建设	92.48	231.47	153.28	310.71	636.80	477.42
更新改造	11.06	13.92	75.03	93.03	86.11	29.90
其它单位投资			6.96	4.48	13.05	11.13
房地产开发			52.21	177.04	243.43	213.03
2.集体经济	48.17	56.23	94.45	68.01	96.55	87.55
城镇集体	2.07	5.23	20.05	19.82	36.11	23.89
房地产开发				5.87	9.36	9.19
农村集体	46.10	51.00	74.40	42.32	51.08	54.47
3.个体私营经济	225.03	1 710.00	1 407.31	1 587.71	1 490.47	1 555.05
城镇居民建房			44.32	79.28	180.42	177.32
农村居民建房	225.03	1 710.00	1 362.99	1 508.43	1 271.00	1 320.91
个体私营经济					39.05	56.82
4.其它经济				50.21	103.81	90.23
房地产开发				41.52	79.77	64.94

6－13 各地区全社会固定资产投资(按用途分)

(2000年)　　单位:万元

地　区	本年完成投资	1.农林牧渔业	2.工业、建筑业	3.商业、运输邮电业	4.住　宅	5.其　它
全省合计	**6 979 424**	**301 928**	**1 144 087**	**1 995 456**	**1 555 433**	**1 892 520**
昆　明	1 994 072	36 760	210 286	243 183	767 409	736 434
曲　靖	571 814	29 511	186 028	127 088	116 253	112 934
玉　溪	423 941	16 854	55 020	161 123	92 369	98 575
昭　通	214 411	27 842	50 431	40 434	42 562	53 142
楚　雄	211 579	28 388	22 859	36 622	64 660	59 050
红　河	430 817	20 883	126 713	62 902	120 898	99 421
文　山	148 578	11 916	15 049	26 587	39 000	56 026
思　茅	125 938	11 779	7 769	25 534	40 700	40 156
西双版纳	131 975	13 309	8 211	48 305	32 444	29 706
大　理	309 936	20 863	47 664	40 572	94 110	106 727
保　山	153 021	15 834	12 534	37 617	36 802	50 234
德　宏	106 831	7 020	10 404	45 970	15 452	27 985
丽　江	122 212	12 659	11 867	26 858	17 669	53 159
怒　江	41 545	3 472	6 103	7 577	11 255	13 138
迪　庆	67 926	1 973	3 465	23 996	13 189	25 303
临　沧	242 230	18 169	119 674	31 120	44 893	28 374
不分地区	1 592 598	24 696	250 010	1 009 968	5 768	302 156

6－14 各地区国有经济固定资产投资(按用途分)

(2000年)　　单位:万元

地　区	本年完成投资	1.农林牧渔业	2.工业、建筑业	3.商业、运输邮电业	4.住　宅	5.其　它
全省合计	**4 661 973**	**210 542**	**835 751**	**1 819 288**	**717 349**	**989 043**
昆　明	1 209 628	29 571	146 378	175 618	397 459	460 602
曲　靖	395 602	14 962	150 061	113 811	43 632	73 136
玉　溪	288 466	4 154	31 973	150 011	35 572	66 756
昭　通	158 124	20 422	36 663	39 289	20 575	41 175
楚　雄	101 146	20 167	8 969	24 011	16 036	31 963
红　河	280 010	16 337	81 397	52 559	61 135	68 582
文　山	85 666	4 836	5 307	18 048	16 591	40 884
思　茅	74 872	8 802	4 919	19 434	17 432	24 285
西双版纳	85 279	10 682	7 271	35 067	15 824	16 435
大　理	143 127	11 354	12 516	31 705	27 082	60 470
保　山	82 225	11 105	8 034	32 841	10 272	19 973
德　宏	73 669	6 816	7 709	34 464	5 731	18 949
丽　江	62 508	9 420	6 114	24 513	3 530	18 931
怒　江	27 153	1 374	3 605	7 117	6 513	8 544
迪　庆	50 849	1 189	938	23 849	7 748	17 125
临　沧	201 231	14 655	114 067	26 983	26 449	19 077
不分地区	1 252 418	24 696	209 830	1 009 968	5 768	2 156

6-15 全社会新增生产能力(或效益)

(2000年)

能力名称	单位	本年新增合计	基本建设	更新改造	其它投资
原煤开采	万吨/年	11.00		9.00	2.00
焦炭	万吨/年	10.00			10.00
锰矿石原矿开采	万吨/年	20.00	20.00		
铁合金	万吨/年	0.60			0.60
铜选矿:处理原矿	万吨/年	0.03		0.03	
铅锌采矿(原矿)	万吨/年	7.00		2.00	5.00
铅冶炼	吨/年	12 000.00			12 000.00
电解铅	吨/年	12 000.00			12 000.00
锌冶炼	吨/年	35 600.00		15 500.00	20 100.00
电解锌	吨/年	13 100.00		8 000.00	5 100.00
电解铝	吨/年	5 000.00	5 000.00		
金选矿:(1)处理原矿	吨/年	30 000.00	30 000.00		
(2)金含量	公斤/年	235.20	235.20		
黄金	公斤/年	200.00	200.00		
水力发电	万千瓦	3.45	2.42	0.30	0.73
火力发电	万千瓦	5.00	5.00		
其他发电	万千瓦	1.00		1.00	
输电线路长度(11万伏及以上)	公里	1 306.22	1 302.98	3.24	
变电设备能力(11万伏及以上)	万千伏安	108.15	105.65	2.50	
水泥	万吨/年	65.20		60.20	5.00
锯材	万立方米/年	1.00			1.00
烧碱	吨/年	10 000.00		10 000.00	
纯碱	吨/年	10 000.00		10 000.00	
电石	吨/年	12 000.00	12 000.00		
磷肥	吨/年	10.00			10.00
注射液	万支/年	450.00		450.00	
中成药	吨/年	478.00		478.00	
交流电动机制造	万千瓦/年	6.00		6.00	
原电池(折一号电池)	万只	3 000.00		3 000.00	
桑蚕缫丝机	绪	800.00		800.00	
糖果	吨/年	100.00			100.00

（2000年）

能力名称	单位	本年新增合计	基本建设	更新改造	其它投资
啤酒	万吨/年	5.00		5.00	
白酒	万吨/年	3.12		3.02	0.10
其它酒	万吨/年	1.00			1.00
软饮料	吨/年	43 800.00			43 800.00
卷烟	箱/年	72 000.00		72 000.00	
机制纸浆	万吨/年	5.00	5.00		
塑料制品	万吨/年	0.12			0.12
移动通信基站设备	个/年	567.00		567.00	
程控交换机	万线/年	134.50	0.10	134.40	
新建铁路主线正线交付运营里程	公里	4.30	4.30		
电气化铁路主线正线交付运营里程	公里	347.00	347.00		
新建公路	公里	690.44	676.02		14.42
二级公路	公里	45.60	45.60		
改建公路	公里	1 068.17	886.35	135.99	45.83
二级公路	公里	44.00		44.00	
新建独立公路桥梁	延长米	671.00	671.00		
	座	8.00	8.00		
新(扩)建客、货运站	个	3.00	3.00		
	平方米	10 172.00	10 172.00		
长途电缆	延长公里	549.61	549.61		
耕地面积	万亩	0.65	0.65		
造林面积	万亩	103.68	103.67		0.01
水库容量(总库容)	亿立方米	4.65	4.65		
有效灌溉面积	万亩	28.32	28.32		
除涝面积	万亩	0.63	0.23	0.40	
商业石油库	万立方米	0.41	0.06	0.23	0.12
商业冷藏库	万吨	0.20			0.20
粮食仓库	万公斤	13 637.00	13 437.00	200.00	
	平方米	40 879.00	39 909.00	970.00	

6－15 续2 （2000年）

能力名称	单位	本年新增合计	基本建设	更新改造	其它投资
高等院校:学生席位	个	6 393.00	6 393.00		
建筑面积	平方米	179 417.00	179 417.00		
中等学校:学生席位	个	113 450.00	110 725.00	160.00	2 565.00
建筑面积	平方米	504 663.00	476 993.00	12 624.00	15 046.00
小学校:学生席位	个	80 586.00	79 106.00	1 120.00	360.00
建筑面积	平方米	236 745.00	230 787.00	3 328.00	2 630.00
其他院校:学生席位	个	2 090.00	2 090.00		
建筑面积	平方米	14 038.00	12 338.00	1 700.00	
公共图书馆:藏书量	万册(件)	30.00	30.00		
阅览室座席	个	280.00	280.00		
建筑面积	平方米	3 587.00	3 587.00		
医院病床	张	5 273.00	4 483.00	630.00	160.00
疗养院、所病床	张	150.00	150.00		
宾馆、旅馆、招待所客房	间	1 687.00	791.00	457.00	439.00
	平方米	93 695.00	34 492.00	12 722.00	46 481.00
城市自来水供水能力	万吨/日	18.03	14.43	3.30	0.30
城市自来水管道长度	公里	169.15	136.42	30.13	2.60
城市公共交通车辆购置	辆	49.00		49.00	
城市道路扩建长度	公里	93.33	77.89	14.44	1.00
城市道路扩建面积	万平方米	222.90	192.11	28.79	2.00
城市排水管道铺设长度	公里	67.69	59.22	6.47	2.00
城市污水处理能力	万吨/日	1.32	1.00	0.12	0.20
城市永久性桥梁	座	5.00	4.00	1.00	
城市防洪堤长度	公里	6.54	6.54		

6－16 历年国有经济固定资产投资

单位:万元

年 份	投资总额	基本建设投资	国家预算内投资	更新改造投资	其它单位投资	房地产开发投资
1952	5 910	5 823	5 262	87		
1957	29 015	28 224	19 594	791		
1962	18 542	16 620	16 137	1 922		
1965	87 957	82 282	77 216	5 675		
1966	114 216	108 770	105 798	5 446		
1967	86 281	79 624	79 624	6 657		
1968	42 489	37 098	37 098	5 391		
1969	76 813	70 360	67 484	6 453		
1970	103 112	95 338	80 551	7 774		
1971	103 076	92 371	75 964	10 705		
1972	102 871	90 996	71 629	11 875		
1973	106 863	92 861	72 142	14 002		
1974	107 554	91 387	69 729	16 167		
1975	110 861	94 197	70 515	16 664		
1976	100 185	85 126	67 313	15 059		
1977	97 204	82 599	56 898	14 605		
1978	134 351	117 738	82 190	16 613		
1979	144 513	127 081	82 872	17 432		
1980	159 530	140 120	55 355	19 410		
1981	137 433	90 548	32 745	46 885		
1982	198 120	129 732	34 490	49 613		
1983	185 436	120 109	45 878	57 995	7 332	
1984	221 059	137 255	57 041	77 424	6 380	
1985	319 945	214 707	63 383	97 786	7 452	
1986	339 113	199 004	64 212	128 970	11 139	
1987	360 852	200 059	65 315	151 218	9 575	
1988	456 149	212 967	63 302	230 737	12 445	
1989	417 209	231 674	60 282	156 466	29 069	
1990	512 178	280 045	70 208	175 721	35 775	20 637
1991	711 943	384 655	62 699	258 330	35 415	33 543
1992	1 039 297	638 355	53 031	322 149	33 701	45 092
1993	1 813 763	1 079 029	103 988	542 075	45 731	146 928
1994	2 211 139	1 199 059	115 110	740 801	44 071	227 208
1995	2 628 381	1 333 185	133 171	964 528	49 920	280 748
1996	2 986 736	1 641 163	163 078	1 043 131	52 871	249 571
1997	3 670 414	2 118 608	329 895	1 158 096	116 318	277 392
1998	4 838 979	3 153 524	329 242	1 180 468	117 619	335 588
1999	4 983 534	3 550 222	455 369	826 547	110 413	434 754
2000	4 661 973	3 421 166	448 885	719 188	96 501	335 118

6－17　全省国有经济固定资产投资主要指标

（2000 年）

单位：万元

指　　标	合　计	基本建设	大中型项目	更新改造	限额以上项目	其它单位投资	房地产开发
一、项目个数							
本年施工项目个数	5 441	4 200	25	1 016	22	225	
本年新开工项目个数	3 381	2 590	5	622	6	169	
本年投产项目个数	3 152	2 404	3	596	6	152	
二、投资额和新增固定资产							
计划总投资	17 405 096	14 095 667	4 058 695	1 755 068	494 737	249 531	1 304 830
实际需要的总投资	18 217 174	14 807 992	4 155 955	1 785 004	497 362	249 343	1 374 835
自开始建设累计完成投资	10 969 304	8 698 992	2 511 521	1 345 814	332 400	149 226	775 272
自开始建设累计新增固定资产	5 123 183	3 684 875	985 379	787 643	88 173	82 796	567 869
本年底未完成工程累计投资	5 553 888	4 798 023	1 509 793	506 541	215 847	50 940	198 384
本年计划投资	4 375 098	3 183 864	638 606	678 718	142 129	102 676	409 840
本年完成投资	4 661 973	3 421 166	586 175	719 188	126 938	96 501	335 118
按构成分：							
1.建筑工程	3 011 473	2 477 937	365 641	212 316	32 615	78 200	243 020
2.安装工程	215 476	117 500	26 696	73 571	16 168	3 595	20 810
3.设备、工具、器具购置	803 983	421 154	118 969	371 731	68 790	8 369	2 729
购置旧设备	2 469	211		2 258			
4.其它费用	541 041	404 575	74 869	61 570	9 365	6 337	68 559
旧建筑物购置	6 215	2 225		2 549	237	201	1 240
按工程用途分：							
1.农林牧渔业	210 542	197 088	18 321	7 758		5 696	
2.工业、建筑业	835 751	535 033	279 639	281 617	104 660	19 101	
3.商业、运输邮电业	1 819 288	1 543 955	239 637	227 941	821	47 392	
4.住　宅	717 349	435 975	6 023	26 413	3 334	5 542	249 419
5.其　它	989 043	709 115	42 555	175 459	18 123	18 770	85 699
本年新增固定资产	3 115 196	2 053 435	278 656	607 748	69 483	80 308	373 705
三、资金来源（财务拨款）							
（一）本年资金来源合计	4 532 509	3 270 053	591 127	740 162	138 889	96 062	426 232
1.上年末结余资金	346 661	202 763	18 824	66 220	32 546	5 702	71 976
2.本年资金来源小计	4 185 848	3 067 290	572 303	673 942	106 343	90 360	354 256
（1）国家预算内资金	428 752	402 454	122 590	19 847	1 710	5 501	950
（2）国内贷款	1 134 631	920 248	282 358	101 235	32 342	21 736	91 412
（3）债券	46 263	46 263	14 800				
（4）利用外资	27 166	22 864	7 749	4 265	2 157		37
（5）自筹资金	1 977 253	1 373 600	116 641	527 193	67 778	47 455	29 005
（6）其它资金	571 783	301 861	28 165	21 402	2 356	15 668	232 852
（二）各项应付款合计	721 201	582 158	14 134	48 153	16 919	9 316	81 574
工程款	489 147	391 370	13 725	36 939	15 194	8 951	51 887
设备、器材款	92 910	87 211		4 338	584		1 361
四、房屋建筑面积（万平方米）							
施工面积	2 122.32	1 503.68	43.52	175.88	28.39	22.11	420.65
住　宅	1 211.64	795.26	8.42	49.80	4.92	12.08	354.51
竣工面积	1 157.91	810.35	24.44	78.74	3.64	16.43	252.39
住　宅	731.47	477.42	8.02	29.90	1.92	11.13	213.03

6－18　地方国有经济固定资产投资主要指标

（2000 年）

单位：万元

指　　标	合　计	基本建设	大中型项　目	更新改造	限额以上项目	其它单位投　资	房地产开　发
一、项目个数							
本年施工项目个数	4 790	3 786	11	804	20	200	
本年新开工项目个数	3 021	2 363	2	498	5	160	
本年投产项目个数	2 789	2 173	1	475	4	141	
二、投资额和新增固定资产							
计划总投资	11 853 781	9 160 492	1 131 886	1 178 222	460 335	210 237	1 304 830
实际需要的总投资	12 584 614	9 810 155	1 229 146	1 189 617	459 843	210 007	1 374 835
自开始建设累计完成投资	7 692 962	5 965 185	797 869	822 147	294 881	130 358	775 272
自开始建设累计新增固定资产	3 499 351	2 492 762	598 818	365 465	50 654	73 255	567 869
本年底未完工程累计投资	3 923 675	3 265 854	182 702	409 254	215 847	50 183	198 384
本年计划投资	3 003 340	2 090 504	90 577	409 026	128 248	93 970	409 840
本年完成投资	3 193 923	2 264 120	85 984	416 037	109 940	88 648	335 118
按构成分：							
1.建筑工程	2 317 647	1 838 439	48 210	162 875	32 615	73 313	243 020
2.安装工程	98 408	38 320	1 082	37 451	16 168	1 827	20 810
3.设备、工具器具购置	244 284	73 988	7 808	160 142	51 818	7 425	2 729
购置旧设备	2 469	211		2 258			
4.其它费用	443 584	313 373	28 884	55 569	9 339	6 083	68 559
土地购置费	5 935	2 105		2 389	237	201	1 240
按工程用途分：							
1.农林牧渔业	184 148	170 694	18 321	7 758		5 696	
2.工业、建筑业	303 887	103 638	17 631	188 189	87 662	12 060	
3.商业、运输邮电业	1 108 181	1 027 544	10 133	33 605	821	47 032	
4.住 宅	591 745	315 218		21 630	3 334	5 478	249 419
5.其 它	915 962	647 026	39 899	164 855	18 123	18 382	85 699
本年新增固定资产	2 037 612	1 278 431	173 046	313 121	31 964	72 355	373 705
三、资金来源(财务拨款)							
(一)本年资金来源合计	3 141 210	2 187 645	98 354	439 092	121 891	88 241	426 232
1.上年末结余资金	322 229	178 784	15 888	65 767	32 546	5 702	71 976
2.本年资金来源小计	2 818 981	2 008 861	82 466	373 325	89 345	82 539	354 256
(1)国家预算内资金	309 459	283 161	42 200	19 847	1 710	5 501	950
(2)国内贷款	614 592	442 879	12 100	58 628	30 747	21 673	91 412
(3)债券	31 463	31 463					
(4)利用外资	18 108	13 806	1 440	4 265	2 157		37
(5)自筹资金	1 348 995	1 010 394	24 561	269 899	52 375	39 697	29 005
(6)其它资金	496 364	227 158	2 165	20 686	2 356	15 668	232 852
(二)各项应付款合计	596 244	459 847	1 602	45 539	16 919	9 284	81 574
工程款	460 531	365 400	1 193	34 325	15 194	8 919	51 887
设备、器材款	9 428	3 729		4 338	584		1 361
四、房屋建筑面积(万平方米)							
施工面积	1 782.73	1 221.90	9.33	119.47	28.38	20.71	420.65
住宅	1 055.99	649.71		39.87	4.92	11.91	354.51
竣工面积	976.24	657.17	6.98	51.47	3.64	15.20	252.39
住宅	628.98	382.92		22.01	1.92	10.96	213.03

6－19　国有经济固定资产投资(按行业分和农轻重分)

（2000 年）

单位:万元

行　　业	本年完成投资		基本建设		更新改造		其它单位投资	
		地方		地方		地方		地方
全省合计	**4 661 973**	**3 193 923**	**3 421 166**	**2 264 120**	**719 188**	**416 037**	**96 501**	**88 648**
一、按国民经济行业分								
1.农、林、牧、渔业	105 112	80 102	94 972	69 962	5 144	5 144	4 996	4 996
2.采掘业	60 202	49 575	17 246	16 668	19 793	17 132	23 163	15 775
3.制造业	394 029	229 715	131 975	59 816	261 616	169 461	438	438
4.电力、煤气及水的生产和供应业	550 438	128 927	527 111	107 847	21 101	18 854	2 226	2 226
5.建筑业	18 457	17 747	15 300	14 710	2 583	2 463	574	574
6.地质勘查业、水利管理业	131 527	128 807	127 050	124 330	3 870	3 870	607	607
7.交通运输、仓储及邮电通信业	1 824 834	1 072 149	1 558 358	1 000 636	222 769	27 951	43 707	43 562
8.批发和零售贸易餐饮业	67 626	49 545	53 495	43 088	12 960	5 416	1 171	1 041
9.金融、保险业	45 745	4 834	42 300	4 834	3 445			
10.房地产业	366 842	366 842	28 426	28 426	3 228	3 228	70	70
11.社会服务业	315 371	313 521	225 698	223 933	80 946	80 946	8 727	8 642
12.卫生、体育和社会福利业	101 597	100 788	97 228	96 419	2 958	2 958	1 411	1 411
13.教育、文化艺术及广播电影电视业	166 453	165 063	155 938	154 548	7 486	7 486	3 029	3 029
14.科学研究和综合技术服务业	65 266	55 532	31 763	22 029	33 363	33 363	140	140
15.国家机关、政党机关和社会团体	351 695	333 997	309 479	292 047	37 609	37 448	4 607	4 502
16.其它行业	6 779	6 779	4 827	4 827	317	317	1 635	1 635
二、按农、轻、重分								
农业	231 467	206 457	217 250	192 240	8 614	8 614	5 603	5 603
轻工业	259 333	106 066	141 698	79 954	116 417	24 894	1 218	1 218
以农产品为原料的工业	176 347	25 480	70 340	10 996	105 887	14 364	120	120
以非农产品为原料的工业	82 986	80 586	71 358	68 958	10 530	10 530	1 098	1 098
重工业	745 336	302 151	534 634	104 377	186 093	180 553	24 609	17 221
采掘工业	60 039	49 412	17 246	16 668	19 630	16 969	23 163	15 775
原材料工业	586 807	156 194	490 662	62 296	95 017	92 770	1 128	1 128
制造工业	98 490	96 545	26 726	25 413	71 446	70 814	318	318

6-20 国有经济农业、轻工业、重工业固定资产投资及构成

行业	投资额		基本建设		更新改造		其它单位投资	
	1999年	2000年	1999年	2000年	1999年	2000年	1999年	2000年
一、农、轻、重合计(万元)	**1 041 662**	**1 236 136**	**699 485**	**893 582**	**318 961**	**311 124**	**23 216**	**31 430**
农业	100 292	231 467	95 869	217 250	2 707	8 614	1 716	5 603
轻工业	204 685	259 333	94 329	141 698	108 442	116 417	1 914	1 218
以农产品为原料的工业	154 791	176 347	60 715	70 340	92 470	105 887	1 606	120
以非农产品为原料的工业	49 894	82 986	33 614	71 358	15 972	10 530	308	1 098
重工业	736 685	745 336	509 287	534 634	207 812	186 093	19 586	24 609
采掘工业	50 989	60 039	20 826	17 246	13 578	19 630	16 585	23 163
原料工业	567 392	586 807	454 716	490 662	109 735	95 017	2 941	1 128
加工工业	118 304	98 490	33 745	26 726	84 499	71 446	60	318
二、构成(以农轻重合计为100%)								
农业	9.6	18.7	13.7	24.3	0.8	2.8	7.4	17.8
轻工业	19.7	21.0	13.5	15.9	34.0	37.4	8.2	3.9
以农产品为原料的工业	14.9	14.3	8.7	7.9	29.0	34.0	6.9	0.4
以非农产品为原料的工业	4.8	6.7	4.8	8.0	5.0	3.4	1.3	3.5
重工业	70.7	60.3	72.8	59.8	65.2	59.8	84.4	78.3
采掘工业	4.8	4.8	3.0	1.9	4.3	6.3	71.4	73.7
原料工业	54.5	47.5	65.0	54.9	34.4	30.5	12.7	3.6
加工工业	11.4	8.0	4.8	3.0	26.5	23.0	0.3	1.0

6-21 各个时期能源工业和运输邮电业基本建设投资

年份 时期	绝对数(万元)		比重(以投资额为100%)	
	能源工业	运输邮电业	能源工业	运输邮电业
恢复时期	278	4 372	3.2	49.9
“一五”时期	12 452	21 805	12.2	21.4
“二五”时期	57 790	61 241	17.4	18.4
1963-1965年	21 051	48 082	14.4	32.8
“三五”时期	53 051	145 776	13.6	37.3
“四五”时期	63 422	53 043	13.7	11.5
“五五”时期	86 125	52 781	15.6	9.6
“六五”时期	135 501	52 450	19.6	7.6
“七五”时期	331 779	123 925	29.5	11
“八五”时期	964 984	1 142 753	19.9	23.5
“九五”时期	2 266 060	6 002 361	7.5	19.8
1995年	311 244	321 277	20.1	20.7
1996年	364 792	543 763	19.5	29
1997年	435 309	799 530	17.3	31.8
1998年	424 608	1 474 328	12.5	43.6
1999年	506 021	1 608 570	13.5	43
2000年	535 330	1 576 170	14.7	43.5

注:1997年以前为国有经济基本建设投资。

6－22　基本建设投资主要指标

指　　标	1990年 合　计	地　方	1999年 合　计	地　方	2000年 合　计	地　方
一、投资总额(万元)	**280 045**	**170 917**	**3 736 909**	**2 601 443**	**3 618 373**	**2 387 787**
1.按资金来源分						
国家预算内资金	70 208	25 656	450 783	257 227	447 962	325 118
国内贷款	49 904	26 171	1 073 070	710 731	1 098 205	519 791
股票和债券			49 265	9 265	19 965	6 501
利用外资	10 662	2 871	83 764	81 869	35 553	27 518
自筹资金	116 514	106 042	1 643 452	1 145 416	1 625 786	1 204 585
其它资金	32 757	10 177	436 575	396 935	390 902	304 274
2.按构成分						
建筑安装工程	189 703	127 176	2 870 183	2 158 609	2 738 378	1 970 198
设备购置	39 727	19 068	402 972	121 674	449 354	86 740
其它费用	50 615	24 673	463 754	321 160	430 641	330 849
3.按建设性质分						
新　　建	130 107	69 409	2 360 867	1 684 916	2 168 411	1 477 385
扩　　建	90 776	59 143	594 605	450 912	774 314	535 013
改　　建	25 723	16 417	242 540	181 555	426 080	201 107
4.按大中小型分						
大中型项目	118 981	35 730	724 080	266 163	644 847	94 370
小型项目	161 064	135 187	3 012 829	2 335 280	2 973 526	2 293 417
5.按国民经济行业分						
农　业	22 261	15 156	97 352	55 914	221 580	196 570
工　业	132 485	57 633	696 619	357 306	761 852	218 259
轻工业	14 459	13 914	123 204	91 888	147 055	85 181
重工业	118 026	43 719	573 415	265 418	614 797	133 078
能源工业	79 170	16 441	506 021	209 317	535 330	65 780
运输、邮电业	37 089	19 766	1 608 570	960 589	1 576 170	1 001 551
教育科研	36 446	32 768	141 171	137 021	156 122	146 519
二、新增固定资产(万元)	258 962	121 439	2 789 417	2 121 176	2 234 981	1 418 739
大中型项目	134 243	18 764	366 340	315 805	285 163	179 482
三、建设项目(个)						
施工项目	3 406	3 070	5 041	4 455	4 368	3 949
本年新开工项目	1 960	1 808	2 778	2 487	2 697	2 469
大中型项目	28	16	29	16	29	14
全部建成投产项目	1 791	1 677	3 251	2 884	2 488	2 253
大中型项目	6	3	4	3	5	3
四、房屋建筑面积(万平方米)						
施工面积	568.75	485.07	1861.3	1542.0	1620.67	1329.37
住　宅	273.25	221.6	1083.2	895.3	834.19	687.13
竣工面积	313.24	258.12	1033.2	859.1	876.37	713.68
住　宅	153.28	124.04	651.2	528.6	498.31	402.30

6－23 基本建设投资额与新增固定资产(按国民经济行业分)

(2000 年)　　单位:万元

行业	投资额				新增固定资产			
	合计	地方	国有经济	地方	合计	地方	国有经济	地方
全省合计	**3 618 373**	**2 387 787**	**3 421 166**	**2 264 120**	**2 234 981**	**1 418 739**	**2 053 435**	**1 278 431**
按三次产业分								
第一产业	98 702	73 692	94 972	69 962	104 622	58 123	101 096	54 597
第二产业	777 943	233 760	691 632	199 041	614 564	300 572	575 822	263 217
第三产业	2 741 728	2 080 335	2 634 562	1 995 117	1 515 795	1 060 044	1 376 517	960 617
按行业类别分								
1.农、林、牧、渔业	98 702	73 692	94 972	69 962	104 622	58 123	101 096	54 597
2.采掘业	25 853	24 099	17 246	16 668	27 788	25 694	16 878	15 960
3.制造业	139 699	67 410	131 975	59 816	247 619	198 050	232 165	182 736
4.电力、煤气及水的生产和供应业	596 300	126 750	527 111	107 847	331 006	69 369	318 988	57 422
5.建筑业	16 091	15 501	15 300	14 710	8 151	7 459	7 791	7 099
6.地质勘查业、水利管理业	127 650	124 930	127 050	124 330	92 382	89 524	91 782	88 924
7.交通运输、仓储及邮电通信业	1 584 863	1 005 198	1 558 358	1 000 636	606 834	225 839	566 814	225 617
8.批发和零售贸易餐饮业	76 420	66 013	53 495	43 088	58 758	53 722	34 571	29 535
9.金融、保险业	42 300	4 834	42 300	4 834	43 512	3 652	43 512	3 652
10.房地产业	30 777	30 777	28 426	28 426	21 285	21 285	19 514	19 514
11.社会服务业	271 322	269 552	225 698	223 933	213 912	212 944	141 358	140 443
12.卫生、体育和社会福利业	97 228	96 419	97 228	96 419	49 914	49 306	49 914	49 306
13.教育、文化艺术及广播电影电视	164 844	163 454	155 938	154 548	145 633	144 028	145 537	143 932
14.科学研究和综合技术服务业	31 763	22 029	31 763	22 029	26 625	19 179	26 625	19 179
15.国家机关、政党机关和社会团体	309 684	292 252	309 479	292 047	251 474	235 099	251 474	235 099
16.其它行业	4 877	4 877	4 827	4 827	5 466	5 466	5 416	5 416

6－24 基本建设施工、投产项目(按国民经济行业分)

(2000 年)　　单位:个

行业	施工项目				投产项目			
	合计	地方	国有经济	地方	合计	地方	国有经济	地方
全省合计	**4 368**	**3 949**	**4 200**	**3 786**	**2 488**	**2 253**	**2 404**	**2 173**
1.农、林、牧、渔业	215	207	209	201	112	112	110	110
2.采掘业	49	47	35	34	28	26	17	16
3.制造业	170	150	128	109	88	83	62	58
4.电力、煤气及水的生产和供应业	190	170	166	147	97	89	89	81
5.建筑业	36	35	32	31	13	12	12	11
6.地质勘查业、水利管理业	175	170	174	169	80	76	79	75
7.交通运输、仓储及邮电通信业	484	354	476	347	220	154	218	153
8.批发和零售贸易餐饮业	238	213	204	179	133	120	113	100
9.金融、保险业	126	18	126	18	81	11	81	11
10.房地产业	20	20	17	17	12	12	10	10
11.社会服务业	420	413	394	388	196	192	187	184
12.卫生、体育和社会福利业	227	224	227	224	139	137	139	137
13.教育、文化艺术及广播电影电视业	763	759	760	756	532	528	531	527
14.科学研究和综合技术服务业	71	59	71	59	40	35	40	35
15.国家机关、政党机关和社会团体	1 158	1 084	1 156	1 082	706	655	706	655
16.其它行业	26	26	25	25	11	11	10	10

6-25 各地区基本建设投资(按国民经济行业分)

(2000年)　　单位:万元

地　　区	基本建设投资额	农、林、牧、渔业	采掘业	制造业	电力、煤气及水的生产和供应业	建筑业	地质勘查业、水利管理业	交通运输、仓储和邮电通信业
全省合计	**3 618 373**	**98 702**	**25 853**	**139 699**	**596 300**	**16 091**	**127 650**	**1 584 863**
昆　　明	694 689	10 928	2 125	66 480	50 831	7 336	16 183	171 794
曲　　靖	322 547	2 093	1 226	5 674	107 240	1 468	17 620	124 700
玉　　溪	208 795	668	4 537	23 240	3 992	250	3 953	110 117
昭　　通	122 727	3 898		4 404	4 719	2 061	16 146	38 418
楚　　雄	83 012	10 435	103	1 313	5 000	652	7 413	18 963
红　　河	193 739	4 025	8 497	11 019	6 740	1 414	15 876	48 944
文　　山	78 911	3 658	2 748	3 833	4 988		2 942	13 998
思　　茅	77 132	5 226	950	4 618	2 459	1 019	10 925	19 364
西双版纳	97 129	9 623		1 519	4 850	320	2 965	28 810
大　　理	139 112	3 061	1 430	12 668	14 432	1 225	4 232	24 207
保　　山	69 427	5 779	300	1 501	6 866		6 323	22 532
德　　宏	70 694	941	235	1 022	6 060		7 911	32 855
丽　　江	56 683	8 319	512	1 250	4 536	214	1 744	12 352
怒　　江	19 659	52	1 894	57	3 601			1 390
迪　　庆	56 434	946	250		2 951		3 183	21 876
临　　沧	183 993	4 354	1 046	1 101	116 875	132	10 234	25 709
不分地区	1 143 690	24 696			250 160			868 834

6-25　续表　　(2000年)　　单位:万元

地　　区	批发和零售贸易餐饮业	金　融保险业	房　地产　业	社　会服务业	卫生、体育和社会福利业	教育、文化艺术和广播电影电视业	科学研究和综合技术服务业	国家机关、政党机关和社会团体	其　它
全省合计	**76 420**	**42 300**	**30 777**	**271 322**	**97 228**	**164 844**	**31 763**	**309 684**	**4 877**
昆　　明	19 104	6 454	23 161	61 883	52 001	64 220	19 721	122 368	100
曲　　靖	9 924	2 987	455	9 860	3 933	15 313	650	18 954	450
玉　　溪	4 221	5 678		18 802	6 392	12 642	1 743	12 560	
昭　　通	4 110	2 856	100	13 922	2 125	11 040	1 480	17 448	
楚　　雄	2 171	2 419	307	10 766	3 644	7 185	1 237	10 375	1 029
红　　河	10 204	1 668	174	27 071	8 535	13 617	3 892	31 255	808
文　　山	2 391	1 381		15 114	5 919	7 069	105	14 674	91
思　　茅	1 703	3 978		9 083	3 043	3 702	983	10 037	42
西双版纳	7 148	3 124	139	19 323	2 826	5 548	1 303	9 468	163
大　　理	6 763	6 247	5 981	22 962	3 474	9 289	229	21 243	1 669
保　　山	893	339	89	10 671	960	6 273	55	6 796	50
德　　宏	477	1 779	371	6 047	2 302	2 283	151	8 005	255
丽　　江	1 044	230		22 234	551	1 220	70	2 407	
怒　　江	956	1 068		600	276	1 368	60	8 337	
迪　　庆	2 994	1 015		14 747	145	1 789		6 318	220
临　　沧	2 317	1 077		8 237	1 102	2 286	84	9 439	
不分地区									

6－26　各地区基本建设投资(按用途分)

(2000 年)

单位:万元

地　　区	基本建设投资额	农林牧渔业	工业、建筑业	商业、运输邮电业	住　宅	其　它
全省合计	**3 618 373**	**200 694**	**608 415**	**1 599 101**	**454 534**	**755 629**
昆　明	694 689	28 903	20 543	156 420	206 073	282 750
曲　靖	322 547	14 962	122 131	107 444	28 319	49 691
玉　溪	208 795	3 928	15 929	121 329	16 095	51 514
昭　通	122 727	20 422	4 722	37 267	20 130	40 186
楚　雄	83 012	18 308	845	21 390	14 005	28 464
红　河	193 739	15 510	14 825	53 898	43 956	65 550
文　山	78 911	4 836	4 992	18 098	14 844	36 141
思　茅	77 132	8 381	4 475	22 638	17 365	24 273
西双版纳	97 129	9 898	4 371	47 112	19 742	16 006
大　理	139 112	7 860	24 863	28 971	23 615	53 803
保　山	69 427	12 559	7 091	25 546	8 701	15 530
德　宏	70 694	6 733	5 702	33 481	5 799	18 979
丽　江	56 683	8 532	6 134	13 297	3 016	25 704
怒　江	19 659	51	3 662	1 653	7 619	6 674
迪　庆	56 434	1 189	2 681	23 980	7 748	20 836
临　沧	183 993	13 926	115 439	25 517	11 739	17 372
不分地区	1 143 690	24 696	250 010	861 060	5 768	2 156

6－27　各地区基本建设投资(按性质分)

(2000 年)

地　　区	投　资　额(万元)			比　重(以投资总额为 100%)		
	新　建	扩　建	改　建	新　建	扩　建	改　建
全省合计	**2 168 411**	**774 314**	**426 080**	**59.93**	**21.40**	**11.78**
昆　明	278 546	240 414	79 519	40.10	34.61	11.45
曲　靖	115 460	168 843	21 489	35.80	52.35	6.66
玉　溪	160 812	24 875	8 016	77.02	11.91	3.84
昭　通	74 568	33 893	2 099	60.76	27.62	1.71
楚　雄	43 339	25 823	4 633	52.21	31.11	5.58
红　河	70 929	55 906	40 030	36.61	28.86	20.66
文　山	29 338	38 029	6 340	37.18	48.19	8.03
思　茅	31 294	26 658	1 123	40.57	34.56	1.46
西双版纳	57 122	27 444	975	58.81	28.26	1.00
大　理	105 815	18 924	7 409	76.06	13.60	5.33
保　山	45 794	8 823	8 776	65.96	12.71	12.64
德　宏	8 709	22 545	31 097	12.32	31.89	43.99
丽　江	19 198	25 360	7 580	33.87	44.74	13.37
怒　江	6 058	7 899	1 170	30.82	40.18	5.95
迪　庆	48 697	7 510	140	86.29	13.31	0.25
临　沧	148 949	16 672	10 473	80.95	9.06	5.69
不分地区	923 783	24 696	195 211	80.77	2.16	17.07

6－28 各地区基本建设项目、投资额及新增固定资产

（2000 年）

地　　区	施工项目（个）	大中型	全投项目（个）	大中型	投资额（万元）	大中型	新增固定资产（万元）	大中型
全省合计	**4 368**	**29**	**2 488**	**5**	**3 618 373**	**644 847**	**2 234 981**	**285 163**
昆　　明	495	7	250	2	694 689	56 336	558 413	60 025
曲　　靖	301	2	192	1	322 547	102 969	107 908	6 236
玉　　溪	239	1	160		208 795	3 111	89 951	145
昭　　通	319	2	209		122 727	6 670	98 875	36 084
楚　　雄	272		186		83 012		55 240	
红　　河	507	1	239		193 739	3 748	137 013	3 748
文　　山	302	1	184	1	78 911	2 000	58 216	200
思　　茅	313	1	163	1	77 132	2 212	173 886	132 076
西双版纳	225		155		97 129		100 850	
大　　理	337	3	199		139 112	19 950	95 438	71
保　　山	220		126		69 427		44 936	
德　　宏	220		110		70 694		87 840	
丽　　江	161		87		56 683		51 309	
怒　　江	96		59		19 659		14 639	
迪　　庆	104		54		56 434		25 385	
临　　沧	226	2	111		183 993	120 101	29 805	
不分地区	31	9	4		1 143 690	327 750	505 277	46 578

6－29　各地区基本建设施工、竣工房屋建筑面积

（2000 年）

单位：平方米

地　　区	施工面积	住　宅	竣工面积	住　宅	竣工率（%）	住　宅
全省合计	**16 206 703**	**8 341 873**	**8 763 738**	**4 983 099**	**54.07**	**59.74**
昆　　明	5 197 231	2 958 389	2 481 787	1 447 066	47.75	48.91
曲　　靖	1 295 663	651 611	794 316	465 719	61.31	71.47
玉　　溪	826 740	299 691	411 145	202 877	49.73	67.70
昭　　通	901 465	479 034	580 080	350 128	64.35	73.09
楚　　雄	587 934	285 914	424 928	218 730	72.27	76.50
红　　河	1 615 127	884 817	968 826	615 243	59.98	69.53
文　　山	1 028 224	362 922	517 338	237 579	50.31	65.46
思　　茅	748 305	407 081	420 252	246 511	56.16	60.56
西双版纳	688 766	301 636	396 078	201 054	57.51	66.65
大　　理	905 643	434 097	575 251	329 313	63.52	75.86
保　　山	582 205	342 560	261 456	119 537	44.91	34.90
德　　宏	442 678	206 113	213 581	107 901	48.25	52.35
丽　　江	243 809	82 404	146 983	60 890	60.29	73.89
怒　　江	219 122	139 865	148 069	99 299	67.57	71.00
迪　　庆	223 032	109 370	175 772	100 593	78.81	91.97
临　　沧	533 667	316 144	142 706	100 434	26.74	31.77
不分地区	167 092	80 225	105 170	80 225	62.94	100.00

6－30　基本建设大中型项目一览表

(2000 年)

项目名称	开工年月	计划总投资(万元)	累计完成投资	本年完成投资	累计新增固定资产
昆明柴石滩水库工程(新建)	1995 03	39 600	47 472	11 801	
昆明机场扩建工程(扩建)	1997 04	99 822	80 883	2 451	51 700
昆西国家粮食储备库(扩建)	1998 01	6 976	6 976	832	6 976
昆南粮食储备库(新建)	1996 05	6 500	6 500	500	6 500
云南磷肥工业基地一期工程(新建)	1991 11	290 715	349 127	100	349 127
昆明第一、四水厂(新建)	1998 05	26 383	17 388	1 550	9 885
昆明市掌鸠河引水供水工程(新建)	1999 12	394 100	52 410	39 102	
陆良协联火电厂(新建)	1995 04	23 588	26 474	6 236	23 011
北盘江响水电站(新建)	1994 03	21 456	20 051	733	18 642
云南大红山铜矿二期工程(扩建)	2000 01	36 972	3 111	3 111	145
昭通渔洞水库(新建)	1993 05	60 491	55 767	6 520	36 084
昭通高桥电站(新建)	1997 12	44 500	11 150	150	
云南小龙潭煤矿四期扩建(扩建)	1988 05	92 015	80 251	3 748	52 859
云南文山斗南 20 万吨/年锰矿采、选、烧工程(扩建)	1997 02	9 891	9 891	2 000	9 891
云南思茅纸厂(新建)	1995 06	114 375	132 076	2 212	132 076
滇西水泥厂三期工程(扩建)	2000 05	16 911	7 006	7 006	
大理徐村电站(新建)	1997 01	62 933	54 677	10 106	545
大理国家粮食储备库(新建)	1998 10	7 464	6 035	2 838	
临沧民用机场(新建)	1998 10	38 868	33 210	10 101	
成昆电铁工程(新建)	2000 04	16 585	15 470	15 470	13 120
内昆电铁工程(新建)	2000 04	93 115	4 230	2 134	2 230
云南大朝山水电站(新建)	1997 08	887 000	432 507	110 000	
大朝山电站 220KV 送出工程(新建)	1997 03	228 870	60 968	29 109	26 061
宣威发电厂五期扩建工程(扩建)	2000 09	277 038	141 833	96 000	
宣威电厂五期 220KV 送出工程(新建)	1998 06	40 747	37 582	8 200	29 609
阳宗海发电厂二期 220KV 送出工程(新建)	1998 06	17 784	17 200	1 500	16 480
云南小湾水电站(筹建)		3 233 600	44 180	40 180	
广通－－大理铁路(新建)	1992 07	265 000	226 200	6 000	226 200
成昆铁路电气化工程(云南段)(改建)	1993 06	135 987	118 906	35 459	7 685
内昆铁路(云南段)(新建)	1998 06	780 000	527 362	159 698	

注:2000 年投产的大中型项目为:昆西国家粮食储备库;昆南粮食储备库;陆良协联火电厂;云南文山斗南 20 万吨/年锰矿采、选、烧工程;云南思茅纸厂。

6－31 基本建设大中型项目建设规模及新增生产能力

(2000 年)

项 目 名 称	能力名称	计算单位	建设规模	本年新增生产能力
昆明市柴石滩水库工程(新建)	水力发电	万千瓦	6.00	
	水库容量(总库容)	亿立方米	4.37	
	有效灌溉面积	万亩	19.6	
昆明机场扩建工程(扩建)	候机楼	平方米/座	59 167.00	
昆西国家粮食储备库(扩建)	粮食仓库	万公斤	10 000.00	765.00
		平方米	23 800.00	1 889.00
昆南粮食储备库(新建)	粮食仓库	万公斤	10 500.00	10 500.00
		平方米	31 014.00	31 014.00
云南磷肥工业基地一期工程(新建)	磷肥	吨/年	180 000.00	
昆明第一、四水厂(新建)	城市自来水供水能力	万吨/日	17.00	
	城市自来水管道长度	公里	14.70	
昆明市掌鸠河引水供水工程(新建)	城市自来水管道长度	公里	130.00	
陆良协联火电厂(新建)	火力发电	万千瓦	5.00	5.00
北盘江响水电站(新建)	水力发电	万千瓦	10.00	
云南大红山铜矿二期工程(扩建)	铁矿石成品矿	万吨/年	13.90	
	铜采矿(原矿)	万吨/年	79.20	
	铜选矿:(1)处理原矿	万吨/年	79.20	
	(2)铜含量	吨/年	8 000.00	
昭通渔洞水库(新建)	水库容量(总库容)	亿立方米	3.55	3.55
	有效灌溉面积	万亩	32.00	
昭通高桥电站(新建)	水力发电	万千瓦	7.50	
云南小龙潭煤矿四期扩建(扩建)	原煤开采	万吨/年	240.00	
云南文山斗南 20 万吨/年锰矿采、选、烧工程(扩建)	锰矿石原矿开采	万吨/年	20.00	20.00
云南思茅造纸厂(新建)	机制纸浆	万吨/年	5.00	5.00
滇西水泥厂三期工程(扩建)	水泥	万吨/年	35.00	
大理徐村电站(新建)	水力发电	万千瓦	7.80	
大理国家粮食储备库(新建)	粮食仓库	万公斤	7 464.00	
		平方米	29 418.00	
临沧民用机场(新建)	民航机场跑道	米/条	2 400.00	
成昆电铁工程(新建)	输电线路长度(11 万伏及以上)	公里	402.26	402.26
	变电设备能力(11 万伏及以上)	万千伏安	15.00	15.00
内昆电铁工程(新建)	输电线路长度(11 万伏及以上)	公里	409.00	43.11
	变电设备能力(11 万伏及以上)	万千伏安	12.00	
云南大朝山水电站(新建)	水力发电	万千瓦	135.00	
大朝山电站 220KV 送出工程(新建)	输电线路长度(11 万伏及以上)	公里	895.94	200.22
	变电设备能力(11 万伏及以上)	万千伏安	402.00	9.00
宣威发电厂五期扩建工程(扩建)	火力发电	万千瓦	60.00	
宣威电厂五期 220KV 送出工程(新建)	输电线路长度(11 万伏及以上)	公里	276.87	142.95
	变电设备能力(11 万伏及以上)	万千伏安	63.00	36.00
阳宗海发电厂二期 220KV 送出工程(新建)	输电线路长度(11 万伏及以上)	公里	177.65	
	变电设备能力(11 万伏及以上)	万千伏安	45.00	12.00
云南小湾水电站(筹建)	水力发电	万千瓦	420.00	
广通－－大理铁路(新建)	新建铁路主线正线交付运营里程	公里	204.30	
成昆铁路电气化工程(云南段)(改建)	新建铁路主线正线交付运营里程	公里	4.30	4.30
	增建铁路第二线交付运营里程	公里	8.30	
	电气化铁路主线正线交付运营里程	公里	347.00	347.00
内昆铁路(云南段)(新建)	新建铁路主线正线交付运营里程	公里	200.00	

6－32 更新改造投资和新增固定资产

指　　标	1998年	地方	1999年	地方	2000年	地方
一、投资总额(万元)	**1 301 370**	**797 948**	**897 657**	**531 749**	**811 207**	**505 125**
限额以上项目	521 984	442 284	205 238	170 393	168 986	151 674
1.按资金来源分						
国家预算内资金	7 310	6 743	10 541	9 365	19 052	19 052
国内贷款	184 871	136 585	114 237	99 818	132 400	89 509
股票和债券			1 032	1 032		
利用外资	10 839	2 394	791	791	4 025	4 025
自筹资金	1 010 970	571 752	687 791	338 138	603 707	341 392
其它资金	87 380	80 474	83 265	82 605	52 023	51 147
2.按构成分						
建筑工程	456 148	340 154	322 315	262 356	242 634	192 852
安装工程	119 449	99 580	102 824	45 396	80 294	44 104
设备购置	617 889	257 035	396 422	157 358	421 218	207 109
其它费用	107 884	101 179	76 096	66 639	67 061	61 060
3.按建设性质分						
新　　建	36 870	33 975	31 537	24 445	57 380	24 121
扩　　建	760 869	430 122	461 493	186 312	386 741	205 439
改　　建	452 388	288 372	372 634	290 248	310 649	227 443
4.按用途分						
增　　产	415 204	360 255	183 091	148 655	163 032	141 544
节约能源	9 841	8 621	11 790	11 397	12 601	11 672
其它节约	479	479	8 413	799	6 386	1 447
增加品种	100 729	99 756	59 158	58 701	42 089	41 919
提高产品质量	64 051	22 900	24 805	6 213	46 209	17 343
三废治理	9 661	8 429	7 296	7 078	59 891	58 559
其　　它	701 405	297 508	603 104	298 906	480 999	232 641
5.按国民经济性质分						
农　业	4 610	4 232	2 707	2 707	8 614	8 614
工　业	733 408	584 604	378 511	305 858	385 740	288 154
轻工业	251 562	112 577	134 046	66 236	150 641	59 118
重工业	481 846	472 027	244 465	239 622	235 099	229 036
能源工业	87 870	83 946	43 380	41 507	28 421	26 174
运输邮电业	365 527	33 568	311 696	37 983	222 312	29 235
教育科研	9 533	8 996	5 393	5 393	3 956	3 956
二、新增固定资产(万元)	**1018 366**	**678 891**	**866 725**	**562 149**	**663 734**	**366 499**
限额以上项目	480 510	410 398	280 784	227 869	78 653	41 134
三、建设项目(个)						
施工项目	1 658	1 224	1 488	1 047	1 142	928
本年新开工项目	922	691	651	505	698	573
限额以上项目	70	55	50	42	34	31
全部建成投产项目	828	701	769	627	649	528
限额以上项目	19	14	19	18	7	5
四、房屋建筑面积(万平方米)						
施工面积	400.25	272.83	337.30	231.30	208.54	150.55
住宅	155.68	99.33	146.70	98.50	52.96	43.03
竣工面积	193.08	140.30	181.90	140.00	92.65	65.11
住宅	78.25	53.86	92.50	68.80	31.10	23.28

6－33 更新改造施工投产项目(按国民经济行业分)

(2000年)　　单位:个

行业名称	施工项目				投产项目			
	合计	地方	国有经济	地方	合计	地方	国有经济	地方
全省合计	**1 142**	**928**	**1 016**	**804**	**649**	**528**	**596**	**475**
1.农、林、牧、渔业	17	17	17	17	12	12	12	12
2.采掘业	57	44	53	40	35	28	32	25
3.制造业	425	351	335	263	177	152	151	126
4.电力、煤气及水的生产和供应业	32	26	27	21	18	14	16	12
5.建筑业	28	27	28	27	27	26	27	26
6.地质勘查业、水利管理业	13	13	13	13	6	6	6	6
7.交通运输、仓储及邮电通信业	139	70	134	65	96	45	92	41
8.批发和零售贸易餐饮业	87	44	80	37	47	22	42	17
9.金融、保险业	6		6		6		6	
10.房地产业	13	13	13	13	1	1	1	1
11.社会服务业	193	193	188	188	126	126	121	121
12.卫生、体育和社会福利业	10	10	9	9	6	6	5	5
13.教育、文化艺术及广播电影电视业	33	33	33	33	16	16	16	16
14.科学研究和综合技术服务业	61	61	52	52	55	55	48	48
15.国家机关、政党机关和社会团体	26	24	26	24	19	17	19	17
16.其它行业	2	2	2	2	2	2	2	2

6－34 更新改造投资额与新增固定资产(按国民经济行业分)

(2000年)　　单位:万元

行业名称	投资额				新增固定资产			
	合计	地方	国有经济	地方	合计	地方	国有经济	地方
全省合计	**811 207**	**505 125**	**719 188**	**416 037**	**663 734**	**366 499**	**607 748**	**313 121**
按三次产业分								
第一产业	5 144	5 144	5 144	5 144	4 319	4 319	4 319	4 319
第二产业	388 323	290 617	305 093	207 910	256 844	156 800	214 784	114 940
第三产业	417 740	209 364	408 951	202 983	402 571	205 380	388 645	193 862
按行业类别分								
1.农、林、牧、渔业	5 144	5 144	5 144	5 144	4 319	4 319	4 319	4 319
2.采掘业	20 550	17 889	19 793	17 132	19 863	17 313	18 641	16 091
3.制造业	340 847	248 169	261 616	169 461	219 588	124 296	179 154	84 062
4.电力、煤气及水的生产和供应业	24 343	22 096	21 101	18 854	14 906	13 136	14 502	12 732
5.建筑业	2 583	2 463	2 583	2 463	2 487	2 055	2 487	2 055
6.地质勘查业、水利管理业	3 870	3 870	3 870	3 870	1 843	1 843	1 843	1 843
7.交通运输、仓储及邮电通信业	224 354	29 536	222 769	27 951	221 681	48 732	220 576	47 627
8.批发和零售贸易餐饮业	13 642	6 098	12 960	5 416	23 323	5 182	22 921	4 780
9.金融、保险业	5 853		3 445		5 933		3 525	
10.房地产业	3 228	3 228	3 228	3 228	2 138	2 138	2 138	2 138
11.社会服务业	84 366	84 366	80 946	80 946	67 273	67 273	57 780	57 780
12.卫生、体育和社会福利业	3 108	3 108	2 958	2 958	2 816	2 816	2 666	2 666
13.教育、文化艺术及广播电影电视业	7 486	7 486	7 486	7 486	6 377	6 377	6 377	6 377
14.科学研究和综合技术服务业	33 907	33 907	33 363	33 363	33 849	33 849	33 481	33 481
15.国家机关、政党机关和社会团体	37 609	37 448	37 609	37 448	37 021	36 853	37 021	36 853
16.其它行业	317	317	317	317	317	317	317	317

6－35 各地区更新改造施工、投产项目个数、投资额及新增固定资产

（2000 年）

地　　区	施工项目（个）	限额以上项目	全投项目（个）	限额以上项目	投资额（万元）	限额以上项目	新增固定资产（万元）	限额以上项目
全省合计	**1 142**	**34**	**649**	**7**	**811 207**	**168 986**	**663 734**	**78 653**
昆　　明	604	13	348	3	344 971	72 534	268 731	16 481
曲　　靖	154	2	70		69 710	3 122	43 015	330
玉　　溪	52		39		31 096		36 424	
昭　　通	21	5	13	2	45 584	39 713	34 285	28 893
楚　　雄	39	2	25		13 182	1 859	10 288	
红　　河	86	8	39	2	86 619	43 381	61 235	30 974
文　　山	16		10		7 436		4 084	
思　　茅	15		12		2 717		5 844	
西双版纳	9		8		4 119		2 619	
大　　理	59	3	36		27 946	7 415	26 033	1 975
保　　山	47		25		16 595		17 880	
德　　宏	14		8		3 316		2 956	
丽　　江	7	1	3		2 729	962	1 086	
怒　　江	2		2		2 384		2 384	
迪　　庆								
临　　沧	9		5		3 895		2 846	
不分地区	8		6		148 908		144 024	

6－36　各地区更新改造投资(按国民经济行业分)

（2000 年）

单位:万元

地　　区	投资额	农、林、牧、渔业	采掘业	制造业	电力、煤气及水的生产和供应业	建筑业	地质勘查、水利管理业	交通、仓储和邮电业
全省合计	**811 207**	**5 144**	**20 550**	**340 847**	**24 343**	**2 583**	**3 870**	**224 354**
昆　　明	344 971	217	2 580	156 120	3 386	1 857	358	45 645
曲　　靖	69 710		3 649	34 685	5 640			5 701
玉　　溪	31 096		1 273	13 686	103		175	8 583
昭　　通	45 584		305	40 529	700			1 685
楚　　雄	13 182	75	2 679	3 434	681	726	1 159	1 268
红　　河	86 619	220	9 454	66 815	6 500			1 624
文　　山	7 436	146		3 304	3 220			
思　　茅	2 717	358	270	1 266	683			140
西双版纳	4 119	1 575			1 500			
大　　理	27 946	2 251	67	10 409	829		663	3 172
保　　山	16 595	219	273	2 996	350		1 515	4 745
德　　宏	3 316	83		2 324				745
丽　　江	2 729			1 735	22			292
怒　　江	2 384			2 314				
迪　　庆								
临　　沧	3 895			1 230	729			1 846
不分地区	148 908							148 908

6-36 续表 (2000年) 单位:万元

地区	批发和零售贸易餐饮业	金融保险业	房地产业	社会服务业	卫生、体育和社会福利业	教育、文化艺术和广播电影电视业	科学研究和综合技术服务业	国家机关、政党机关和社会团体	其它
全省合计	**13 642**	**5 853**	**3 228**	**84 366**	**3 108**	**7 486**	**33 907**	**37 609**	**317**
昆明	8 530	5 603	3 148	42 175	463	5 770	33 907	35 145	67
曲靖	970			19 065					
玉溪	753			6 523					
昭通	640			1 418	75	154		78	
楚雄				1 336	1 084	155		335	250
红河	1 036			500	150	245		75	
文山				203		563			
思茅									
西双版纳				1 044					
大理	972	90		7 252	1 336	313		592	
保山	547	160	80	4 200		196		1 314	
德宏	74					90			
丽江	120			560					
怒江								70	
迪庆									
临沧				90					
不分地区									

6-37 各地区更新改造施工、竣工房屋建筑面积

(2000年) 单位:平方米

地区	施工面积	住宅	竣工面积	住宅	竣工率(%)	住宅
全省合计	**2 085 364**	**529 569**	**926 524**	**310 952**	**44.43**	**58.72**
昆明	1 189 974	326 862	530 215	167 493	44.56	51.24
曲靖	251 897	76 901	89 784	50 780	35.64	66.03
玉溪	89 521	8 062	33 060	8 062	36.93	100.00
昭通	38 952	8 566	36 122	8 566	92.73	100.00
楚雄	60 795	3 940	13 618	3 940	22.40	100.00
红河	155 818	24 583	54 982	22 912	35.29	93.20
文山	42 715	14 187	42 715	14 187	100.00	100.00
思茅	7 769		7 769		100.00	
西双版纳	2 200					
大理	155 526	56 235	76 149	29 951	48.96	53.26
保山	50 034	10 233	27 867	5 061	55.70	49.46
德宏	11 526		8 993		78.02	
丽江	23 207		3 420		14.74	
怒江						
迪庆						
临沧	5 430		1 830		33.70	
不分地区						

6－38 更新改造限额以上项目一览表

（2000年）

项目名称	开工年月	竣工年月	计划总投资(万元)	累计完成投资	本年完成投资	累计新增固定资产
云南铝业股份有限公司治污节能	1995 12		166 357	141 699	37 830	
晋宁县水泥厂30万吨工程扩建	1999 05	2000 03	13 840	9 683	1 483	9 683
昆明华狮啤酒有限公司车间改造	1999 05	2000 08	5 500	4 965	3 488	4 965
云南磷肥厂18万吨/年湿法磷酸国产化	2000 06		18 023	512	512	
云南昆阳磷肥厂污水综合治理	1998 08		13 000	4 261	2 571	
云南内燃机厂轻型车用柴油机等技术改造	1994 02	2000 05	25 282	20 170	2 853	18 762
昆明机床股份有限公司九五技改	1996 03		6 600	1 620	1 620	
云南变压器有限责任公司第二期双加工程	1996 12		6 500	5 900	2 100	3 654
昆明钢铁总公司1＊15MW抽汽供热机组	2000 09		4 497	650	650	
昆明钢铁总公司五高炉改造	2000 11		4 400	1 899	1 899	
云南省陆东煤矿二号井扩建	1999 10		5 485	2 129	270	
云南云峰化学工业公司双硝改造	1997 03		47 011	17 490	2 852	330
昭通市建筑建材集团公司二十万吨水泥生产线	1999 07	2000 10	8 510	9 248	7 662	9 248
云天化集团公司大颗粒尿素改造工程	2000 05		6 655	1 511	1 511	48
云天化集团有限责任公司年1万吨聚甲醛	1998 12		39 944	21 482	17 008	558
云天化集团有限责任公司煤代汽供热工程	1998 07	2000 12	9 039	9 039	5 887	9 039
昭通侨通包装印刷有限公司引进设备	2000 04		7 315	6 645	6 645	

项目名称	开工年月	竣工年月	计划总投资(万元)	累计完成投资	本年完成投资	累计新增固定资产
昭通卷烟厂设备更新			10 000	10 000	1 000	10 000
楚雄德胜钢铁有限公司炼钢工程	2000 12		12 774	1 074	1 074	
云南锡业公司澳斯麦特工程	1999 11		11 720	4 934	4 858	
小龙潭煤矿边坡治理	1995 05		12 771	12 771	2 810	2 965
开远市交通局过境公路	1996 12		8 616	4 967	323	
建水县新型建材公司年产3万立方米石膏刨花板	2000 02		6 450	2 488	2 488	
云南红塔蓝鹰纸业有限公司1#纸机技术改造	1999 05		30 000	22 582	10 119	
红河雄风印业有限责任公司厂房.设备引进	2000 03		8 500	6 785	6 785	1 720
红河卷烟厂引进卷接包设备	2000 11	2000 12	11 866	11 866	11 866	11 866
红河烟厂引进辅料物流自动化系统及配套设备	1997 03	2000 09	12 536	15 653	4 132	15 653
大理红山水泥公司30万吨立改旋	2000 12		7 462	173	173	
祥云县建材集团公司技改	2000 07		9 930	3 742	3 742	75
金丰实业有限公司20万吨技改工程	2000 05		6 130	3 500	3 500	1 900
华坪县化肥厂合成氨填平补齐年产6万吨尿素	1994 08		15 053	9 768	962	
国营云南开关厂高压电器装配厂	1999 08		15 132	1 290	785	
昆船公司自动化物流国债技改项目	2000 05		4 830	314	314	

6－39 更新改造限额以上项目建设规模及新增生产能力

（2000 年）

项目名称	能力名称	计算单位	建设规模	本年新增生产能力
云南铝业股份有限公司治污节能	电解铝	吨/年	80 000.00	
	石墨及炭素制品	吨/年	56 605.00	
晋宁县水泥厂 30 万吨工程扩建	水泥	万吨/年	30.00	30.00
昆明华狮啤酒有限公司车间改造	啤酒	万吨/年	5.00	5.00
云南磷肥厂 18 万吨/年湿法磷酸国产化	磷肥	吨/年	180 000.00	
昆明机床股份有限公司九五技改	金属切削机床制造	台/年	150.00	
昆明钢铁总公司 1＊15MW 抽汽供热机组	其他发电	万千瓦	1.50	
昆明钢铁总公司五高炉改造	炼铁	万吨/年	7.00	
云南省陆东煤矿二号井扩建	原煤开采	万吨/年	21.00	
云南云峰化学工业公司双硝改造	硫酸	吨/年	200 000.00	
	浓硝酸	吨/年	90 000.00	
	氮肥	吨/年	90 000.00	
	磷肥	吨/年	75 000.00	
昭通市建筑建材集团公司二十万吨水泥生产线	水泥	万吨/年	20.00	20.00
楚雄德胜钢铁有限公司炼钢工程	方坯连铸(含矩形坯)	万吨/年	40.00	
云南锡业公司澳斯麦特工程	锡冶炼	吨/年	25 000.00	
建水县新型建材公司年产 3 万立方米石膏刨花板	刨花板	万立方米/年	3.00	
云南红塔蓝鹰纸业有限公司 1＃纸机技术改造	机制纸	万吨/年	1.00	
红河卷烟厂引进卷接包设备	卷烟	箱/年	72 000.00	72 000.00
金丰实业有限公司 20 万吨技改工程	水泥	万吨/年	28.00	
华坪县化肥厂合成氨填平补齐年产 6 万吨尿素	合成氨	吨/年	40 000.00	

6－40　其它单位固定资产投资主要指标

指　　标	1990 年	1995 年	1998 年	1999 年	2000 年
一、本年完成投资(万元)	**52 850**	**218 908**	**342 276**	**288 379**	**295 966**
1.按资金来源分					
国家预算内资金	311	460	9 757	4 956	6 490
国内贷款	23 406	53 325	92 707	77 954	51 596
股票和债券	181				
利用外资	1 335	26 676	17 493	6 459	17 316
自筹和其它	27 798	138 428	222 319	198 829	220 564
2.按构成分					
建筑安装工程	30 983	127 751	239 738	222 042	221 149
设备购置	17 352	67 142	71 822	38 676	42 663
其它费用	4 515	24 015	30 716	27 661	32 154
3.按建设性质分					
新　　建			188 830	157 149	157 853
扩　　建			44 212	52 976	57 689
改　　建			63 792	46 764	59 385
4.按工程用途分					
农林牧渔业		965	4 757	4 757	8 664
工业、建筑业		55 549	144 930	72 904	85 240
商业、运输邮电业		12 052	80 952	79 726	84 284
住　　宅		13 386	36 502	46 694	28 131
5.按国民经济行业分					
农　业	1 452	5 179	5 663	11 818	9 687
工　业	141 661	163 058	90 260	120 358	100 882
轻工业	38 267	59 606	43 426	44 995	40 372
重工业	103 394	103 452	46 834	75 363	60 510
能源工业	12 482	32 749	9 385	8 422	5 795
运输、邮电	6 348	56 756	55 296	56 101	46 291
教育、科研		1 742	1 457	8 972	8 362
二、项目个数(个)					
施工项目	638	396	762	709	660
本年新开工项目	393	270	501	452	467
全部建成投产项目	406	259	473	507	416
三、新增固定资产(万元)	60 062	69 828	299525	325 423	192 858
四、房屋建筑面积(万平方米)					
1.施工面积	112.76	80.48	215.7	226.11	173.84
住　宅	33.74	27.52	71.53	76.34	57.78
2.竣工面积	70.06	52.32	121.46	157.28	87.24
住　宅	20.05	19.81	39.97	52.41	38.22

6－41　各地区其它单位投资(按国民经济行业分)

(2000 年)　　单位:万元

地　　区	投资额	农、林、牧、渔业	采掘业	制造业	电力、煤气及水的生产和供应业	建筑业	地质勘查、水利管理业	交通、仓储和邮电业
全省合计	**295 966**	**9 080**	**25 353**	**71 305**	**4 224**	**5 243**	**607**	**46 366**
昆　　明	82 735	657	1 613	20 181	317	20		9 760
曲　　靖	18 182	70		9 980	387	101		
玉　　溪	47 276	126	5 019	13 981	418	57		17 566
昭　　通	2 943	120	269	790	990			
楚　　雄	18 482	1 597	2 015	7 977	360	115		1 013
红　　河	30 277	1 317	15 728	7 076	163	150		75
文　　山	8 154	32		464	219	1 500		
思　　茅	3 776	363	95	1 156				150
西双版纳	4 651		13	1 996				122
大　　理	13 962	1 716	95	4 396	150	2 666		293
保　　山	3 112		55	766				71
德　　宏	14 431	32	150	1 268				503
丽　　江	30 304	300	150	260	760	634	607	9 924
怒　　江	12 202	2 611		70				6 889
迪　　庆	2 332	139			460			
临　　沧	3 147		151	944				
不分地区								

6－41　续表　　(2000 年)　　单位:万元

地　　区	批发和零售贸易餐饮业	金　融保险业	房　地产　业	社　会服务业	卫生、体育和社会福利业	教育、文化艺术和广播电影电视业	科学研究和综合技术服务业	国家机关、政党机关和社会团体	其　它
全省合计	**32 849**	**5 182**	**70**	**56 774**	**17 163**	**4 066**	**5 247**	**7 333**	**5 104**
昆　　明	5 517		70	37 243	682	900	5 107	668	
曲　　靖	4 929	663		262		72		1 378	340
玉　　溪	1 437	660		7 065	357	530	60		
昭　　通	474	300							
楚　　雄	2 378	641		1 938	203				245
红　　河	2 627	701		822	474	557		405	182
文　　山	636	80		1 000				1 723	2 500
思　　茅	325	193		1 369					125
西双版纳	160	960		591				809	
大　　理	1 758	361		1 960	370			30	167
保　　山	1 696	211		149		87			77
德　　宏	10 514	350		1 599		15			
丽　　江	238			946	15 077	905	80	423	
怒　　江						1 000		1 632	
迪　　庆								265	1 468
临　　沧	160	62		1 830					
不分地区									

6－42　其它单位固定资产施工、投产项目(按国民经济行业分)

(2000年)　　单位:个

行业名称	施工项目				投产项目			
	合计	地方	国有经济	地方	合计	地方	国有经济	地方
全省合计	**660**	**632**	**225**	**200**	**416**	**403**	**152**	**141**
1.农、林、牧、渔业	32	32	15	15	21	21	10	10
2.采掘业	81	61	64	44	53	45	42	34
3.制造业	178	177	4	4	118	117	3	3
4.电力、煤汽及水的生产和供应业	16	16	9	9	9	9	6	6
5.建筑业	12	12	1	1	5	5		
6.地质勘查业、水利管理业	4	4	4	4	4	4	4	4
7.交通运输、仓储及邮电通信业	41	40	34	33	21	21	16	16
8.批发和零售贸易餐饮业	111	110	9	8	67	66	4	3
9.金融、保险业	28	26			21	20		
10.房地产业	1	1	1	1				
11.社会服务业	63	62	23	22	34	33	15	14
12.卫生、体育和社会福利业	9	9	3	3	4	4	3	3
13.教育、文化艺术及广播电影电视业	17	17	11	11	12	12	10	10
14.科学研究和综合技术服务业	4	4	2	2	1	1	1	1
15.国家机关、政党机关和社会团体	51	49	43	41	39	38	36	35
16.其它行业	12	12	2	2	7	7	2	2

6－43　其它单位投资和新增固定资产(按国民经济行业分)

(2000年)　　单位:万元

行业名称	投资额				新增固定资产			
	合计	地方	国有经济	地方	合计	地方	国有经济	地方
全省合计	**295 966**	**287 178**	**96 501**	**88 648**	**192 858**	**183 902**	**80 308**	**72 355**
1.农、林、牧、渔业	9 080	9 080	4 996	4 996	8 531	8 531	3 722	3 722
2.采掘业	25 353	17 965	23 163	15 775	25 308	17 655	21 355	13 702
3.制造业	71 305	70 644	438	438	57 169	56 450	518	518
4.电力、煤气及水的生产和供应业	4 224	4 224	2 226	2 226	4 448	4 448	3 439	3 439
5.建筑业	5 243	5 243	574	574	543	543		
6.地质勘查业、水利管理业	607	607	607	607	659	659	659	659
7.交通运输、仓储及邮电通信业	46 366	46 221	43 707	43 562	30 902	30 902	28 564	28 564
8.批发和零售贸易餐饮业	32 849	32 719	1 171	1 041	17 524	17 394	481	351
9.金融、保险业	5 182	4 908			6 842	6 558		
10.房地产业	70	70	70	70				
11.社会服务业	56 774	56 689	8 727	8 642	27 346	27 261	11 176	11 091
12.卫生、体育和社会福利业	17 163	17 163	1 411	1 411	2 039	2 039	1 434	1 434
13.教育、文化艺术及广播电影电视业	4 066	4 066	3 029	3 029	3 627	3 627	3 032	3 032
14.科学研究和综合技术服务业	5 247	5 247	140	140	60	60	60	60
15.国家机关、政党机关和社会团体	7 333	7 228	4 607	4 502	5 283	5 198	4 233	4 148
16.其它行业	5 104	5 104	1 635	1 635	2 577	2 577	1 635	1 635

6-44 各地区其它单位投资施工、竣工房屋建筑面积

（2000年） 单位：平方米

地　区	施工房屋面积	住　宅	竣工房屋面积	住　宅	竣工率(%)	住　宅
全省合计	**1 738 400**	**577 750**	**872 382**	**382 175**	**50.18**	**66.15**
昆　明	292 327	63 908	105 603	34 414	36.12	53.85
曲　靖	172 994	48 897	143 694	35 644	83.06	72.90
玉　溪	110 984	48 622	84 411	29 923	76.06	61.54
昭　通	23 285	10 960	20 285	9 160	87.12	83.58
楚　雄	210 024	53 574	83 243	38 212	39.63	71.33
红　河	289 029	194 955	183 037	136 019	63.33	69.77
文　山	165 934	28 767	28 449	17 287	17.14	60.09
思　茅	46 034	18 453	18 748	10 270	40.73	55.65
西双版纳	65 655	30 566	54 065	23 921	82.35	78.26
大　理	85 793	27 568	62 299	24 846	72.62	90.13
保　山	51 378	25 366	28 992	12 614	56.43	49.73
德　宏	171 171	18 590	16 927	2 341	9.89	12.59
丽　江	28 437	6 174	21 047	6 174	74.01	100.00
怒　江	5 800	1 150	4 800	1 150	82.76	100.00
迪　庆	8 151		6 657		81.67	
临　沧	11 404	200	10 125	200	88.78	100.00

6-45 全省房地产业生产经营情况

指　　标	1995年	1999年	2000年	2000年比1999年增长(%)
1.本年完成投资(万元)	366 318	920 755	832 253	-9.61
住　宅	253 432	645 445	566 317	-12.26
经济适用房屋	29 459	134 730	159 968	18.73
土地开发	45 247	137 757	140 874	2.26
2.施工面积(万平方米)	541.31	1 052.32	959.02	-8.87
本年新开工	232.42	309.64	351.37	13.48
3.商品房竣工价值(万元)	248 909	527 674	556 914	5.54
4.商品房竣工面积(万平方米)	265.85	441.19	426.05	-3.44
5.土地开发面积(公顷)	430	357	375	5.04
6.商品房销售额(万元)	227 948	519 687	596 712	14.82
住宅	202 910	468 396	512 009	9.31
7.商品房销售面积(万平方米)	172.03	314.8	343.16	9.01
住宅	157.83	298.49	311.03	4.20
8.房地产业经营总收入(万元)	243 595	546 336	525 512	-3.81
9.营业利润(万元)	12 050	5 497	6 493	18.12
10.职工平均工资(元)	6 478	10 564	10 368	-1.86

6－46　各地区房地产开发投资和新增固定资产

（2000 年）　　　　单位:万元

地　区	投资额	国有经济	本年新增固定资产	国有经济	商品房建设投资额	国有经济	土地开发投资额	国有经济
全省合计	**832 253**	**335 118**	**633 274**	**373 705**	**682 841**	**287 142**	**140 874**	**45 789**
昆　明	639 113	244 563	481 739	268 666	529 544	211 997	108 440	32 466
曲　靖	17 348	14 623	24 984	22 229	14 699	13 774	1 024	849
玉　溪	41 399	25 642	33 190	29 990	35 237	20 880	5 400	4 000
昭　通								
楚　雄	10 097	2 700	4 436	2 087	8 020	2 163	2 036	497
红　河	35 914	15 471	33 896	17 918	31 398	14 603	1 678	330
文　山	7 542	6 642	3 186	3 186	2 716	2 316	4 826	4 326
思　茅	5 163	1 279	2 637	1 263	3 914	1 154	1 011	
西双版纳	1 718	672	1 389	672	1 218	172	500	500
大　理	34 708	1 000	16 127	2 000	27 950	1 000	6 587	
保　山	10 780	4 700	7 542	5 598	1 775	1 411	7 275	2 671
德　宏	739	180	701	162	342	26	393	150
丽　江	10 564	478	3 991	478	8 860	478	1 704	
怒　江								
迪　庆								
临　沧	17 168	17 168	19 456	19 456	17 168	17 168		

6－47　各地区房地产开发投资(按用途分)

（2000 年）　　　　单位:万元

地　区	本年完成投　资	住　宅	办　公　楼	商业营业用　房	其　它
全省合计	**832 253**	**566 317**	**34 544**	**118 938**	**112 454**
昆　明	639 113	424 290	30 830	92 684	91 309
曲　靖	17 348	16 139		491	718
玉　溪	41 399	36 491	1 559	519	2 830
昭　通					
楚　雄	10 097	8 776		894	427
红　河	35 914	26 991	532	7 017	1 374
文　山	7 542	2 837	1 301	703	2 701
思　茅	5 163	3 747	144	115	1 157
西双版纳	1 718	1 622	9	87	
大　理	34 708	21 578	55	12 575	500
保　山	10 780	3 150		526	7 104
德　宏	739	190	97		452
丽　江	10 564	4 833	17	2 927	2 787
怒　江					
迪　庆					
临　沧	17 168	15 673		400	1 095

6－48　各地区房地产开发施工房屋面积

（2000 年）

单位：平方米

地　区	施工房屋面　积	国有单位	施工住宅面　积	国有单位	竣工房屋面　积	国有单位	竣工住宅面　积	国有单位
全省合计	**9 590 171**	**4 206 533**	**7 116 782**	**3 545 086**	**4 260 465**	**2 523 870**	**3 428 901**	**2 130 282**
昆　明	6 356 847	2 313 971	4 378 969	1 873 949	2 645 772	1 369 081	2 038 293	1 097 836
曲　靖	473 658	405 971	447 212	381 847	330 959	300 659	307 435	277 135
玉　溪	684 764	550 271	610 825	476 332	296 478	273 284	265 784	242 590
昭　通								
楚　雄	199 861	84 614	175 905	69 536	55 402	28 427	38 636	13 349
红　河	803 150	400 886	639 084	341 593	400 209	233 462	327 043	210 032
文　山	50 236	40 936	22 555	17 965	36 049	36 049	17 965	17 965
思　茅	90 027	29 683	83 921	26 689	38 480	22 975	34 812	21 205
西双版纳	45 743	3 000	42 303	3 000	15 452	3 000	13 365	3 000
大　理	349 073	3 980	254 162	3 100	117 853	3 980	100 502	3 100
保　山	93 570	47 764	78 706	39 531	57 578	37 801	48 637	31 349
德　宏	2 737	218	1 818	218	2 737	218	1 818	218
丽　江	123 759	8 493	77 999	8 003	57 055	8 493	30 111	8 003
怒　江								
迪　庆								
临　沧	316 746	316 746	303 323	303 323	206 441	206 441	204 500	204 500

6－49　各地区房地产开发企业情况

（2000 年）

地　区	开发公司个数（个）	年平均职工人数（人）	实际需要总投资（万元）	自开始建设至本年底累计完成投资（万元）	本年完成	全部建成尚需投资（万元）
全省合计	**329**	**11 850**	**3 001 794**	**1 774 993**	**832 253**	**1 226 801**
昆　明	178	5 580	2 310 322	1 381 316	639 113	929 006
曲　靖	9	391	106 318	40 099	17 348	66 219
玉　溪	15	479	189 292	115 577	41 399	73 715
昭　通						
楚　雄	17	310	54 904	34 894	10 097	20 010
红　河	44	860	82 865	58 111	35 914	24 754
文　山	5	84	40 145	9 936	7 542	30 209
思　茅	7	351	13 893	12 769	5 163	1 124
西双版纳	5	116	5 573	4 010	1 718	1 563
大　理	18	3 211	77 137	60 160	34 708	16 977
保　山	12	206	31 049	16 625	10 780	14 424
德　宏	12	105	3 335	2 227	739	1 108
丽　江	4	104	27 430	14 600	10 564	12 830
怒　江						
迪　庆						
临　沧	3	53	59 531	24 669	17 168	34 862

6－50 各地区房地产开发经营情况

（2000 年）

单位：万元

地　区	经营总收入	土地转让收入	商品房屋销售收入	房屋出租收入	其它收入	本年缴纳税费	本年实现利润
全省合计	**525 512**	**24 885**	**478 540**	**4 282**	**17 805**	**28 944**	**6 493**
昆　明	392 171	10 614	373 057	3 840	4 660	22 750	7 321
曲　靖	23 427	1 050	20 997		1 380	735	4 359
玉　溪	27 174	1 696	20 644	4	4 830	1 321	1 363
昭　通							
楚　雄	7 192	215	5 664	47	1 266	347	127
红　河	22 745	819	18 639	140	3 147	968	－4 596
文　山	3 335	2 093	440	19	783	105	75
思　茅	2 244	13	1 510	15	706	72	－ 160
西双版纳	1 419		1 266		153	41	－ 210
大　理	26 675	4 678	21 599	41	357	1 659	267
保　山	2 424	1 413	708	26	277	60	－28
德　宏	773	216	322	150	85	31	－55
丽　江	8 763	2 078	6 665		20	471	－ 119
怒　江							
迪　庆							
临　沧	7 170		7 029		141	384	－1 851

6－51 各地区商品房屋平均销售价格（按用途分）

（2000 年）

单位：元/平方米

地　区	房屋销售价格	住　宅	#别墅、高档公寓	#经济适用房屋	办公楼	商业营业用房	其　他
全省合计	**1 739**	**1 646**	**2 444**	**1 314**	**2 135**	**3 143**	**1 781**
昆　明	2 111	1 985	2 900	1 795	3 224	4 005	2 367
曲　靖	927	951		968		774	714
玉　溪	1 141	1 083		1 049	700	1 860	1 776
昭　通							
楚　雄	1 239	1 318		610		898	
红　河	1 127	1 069		885	1 818	1 944	1 053
文　山	642	583		841	645	1 071	
思　茅	858	859		1 026	943	762	810
西双版纳	1 032	801		625		4 453	
大　理	1 589	1 183	2 334	900		4 725	
保　山	954	945				3 125	
德　宏	1 031	1 031					
丽　江	808	933		874		602	
怒　江							
迪　庆							
临　沧	818	818		818			

6－52　各地区商品房屋销售情况(按用途分)

(2000年)

地　区	销售面积(平方米)	个 人	住　宅(平方米)	别 墅	经济适用房屋	个 人	办公楼(平方米)	商业营业用房(平方米)	其　它(平方米)	销售额(万元)	个 人
全省合计	**3 431 587**	**1 943 108**	**3 110 297**	**213 187**	**1 319 757**	**1 795 436**	**56 852**	**187 006**	**77 432**	**596 712**	**346 397**
昆　明	2 204 249	1 300 945	2 025 705	167 574	585 100	1 222 637	29 417	112 517	36 610	465 275	274 590
曲　靖	243 702	92 311	217 617	6 375	192 840	86 387		6 561	19 524	22 591	9 069
玉　溪	259 360	155 578	231 055	23 054	182 282	149 907	4 500	3 033	20 772	29 588	18 339
昭　通											
楚　雄	45 756	38 505	37 108		2 592	29 887		8 648		5 668	4 169
红　河	232 991	126 781	216 478		160 462	117 842	7 074	9 382	57	26 258	13 195
文　山	34 321	17 521	17 215	14 800	2 415	17 215	14 800	2 306		2 204	1 090
思　茅	18 303	13 412	15 933		6 510	13 412	1 061	840	469	1 571	1 071
西双版纳	12 420	12 150	11 634		4 176	11 364		786		1 282	1 259
大　理	143 342	98 849	126 895	1 384	3 633	86 215		16 447		22 780	16 427
保　山	7 421	7 421	7 389			7 389		32		708	708
德　宏	3 124	3 124	3 124			3 124				322	322
丽　江	69 851	69 851	43 397		23 000	43 397		26 454		5 644	5 644
怒　江											
迪　庆											
临　沧	156 747	6 660	156 747		156 747	6 660				12 821	514

6－53　全省商品房屋销售出租情况

(2000年)

指　　标	实际销售面　积(平方米)	预　售面　积(平方米)	出租面积(平方米)	实　际销售额(万元)
全省合计	**3 431 587**	**936 849**	**174 295**	**596 712**
外销(租)	4 812		390	689
个人	1 943 108	230 594	16 507	346 397
1.住宅	3 110 297	867 139	47 388	512 009
#别墅、高档公寓	213 187	99 016	2 688	52 107
经济适用房屋	1 319 757	365 044		173 472
#个人	1 795 436	203 237	7 942	312 307
2.办公楼	56 852	19 274	19 290	12 139
3.商业营业用房	187 006	44 760	82 321	58 773
4.其它	77 432	5 676	25 296	13 791

6－54　城镇集体单位固定资产投资主要指标

指　　标	1990 年	1995 年	1998 年	1999 年	2000 年
一、本年完成投资(万元)	**52 850**	**91 502**	**109 142**	**100 542**	**82 036**
1.按资金来源分					
国家预算内资金	311	142	166	1 669	854
国内贷款	23 406	34 268	41 472	21 855	20 258
股票和债券			337		
利用外资	1 335	1 369	336		
自筹和其它	27 798	55 723	67 167	76 682	60 924
2.按构成分					
建安工程	30 983	55 083	67 449	77 147	58 921
设备购置	17 352	28 146	29 034	13 342	14 187
其它费用	4 515	8 273	12 659	10 053	8 928
3.按工程用途分					
农林牧渔业		965	1 318	1 685	2 522
工业、建筑业		55 549	52 628	29 758	30 178
商业、运输邮电业		12 052	17 686	17 734	15 585
住　　宅		13 386	23 627	28 991	18 323
二、项目个数(个)					
施工项目	638	396	358	378	326
本年新开工项目	393	270	245	206	229
全部建成投产项目	406	259	225	261	216
三、新增固定资产(万元)	**60 062**	**69 828**	**114 369**	**135 120**	**81 974**
四、房屋建筑面积(万平方米)					
1.施工面积	112.76	80.48	115.95	1 39.20	89.74
住　宅	33.74	27.52	48.74	56.40	38.00
2.竣工面积	70.06	52.32	66.64	98.00	58.14
住　宅	20.05	19.81	23.87	36.10	23.89

6－55　各地区城镇集体投资(按国民经济行业分)

(2000 年)

单位:万元

地　区	投资额	农、林、牧、渔业	采掘业	制造业	电力、煤气及水的生产和供应业	建筑业	地质勘查业、水利管理业	交通运输、仓储和邮电通信业
全省合计	**82 036**	**3 320**	**956**	**38 823**	**1 629**	**3 116**		**686**
昆　明	11 805	600	347	6 077	179	20		
曲　靖	15 093			9 980		101		
玉　溪	9 202		136	3 142		57		
昭　通	2 588	120		790	990			
楚　雄	8 324	68	70	5 282		115		540
红　河	9 793		109	5 024		150		75
文　山	1 473			464				
思　茅	3 316	363		1 156				
西双版纳	4 070		13	1 996				
大　理	6 455	286		2 468		2 613		
保　山	3 025		55	766				71
德　宏	1 848		75	1 268				
丽　江	248					60		
怒　江	1 800	1 800						
迪　庆	543	83			460			
临　沧	2 453		151	410				

(2000 年) 单位:万元

地区	批发和零售贸易餐饮业	金融保险业	房地产业	社会服务业	卫生、体育和社会福利业	教育、文化艺术和广播电影电视业	科学研究和综合技术服务业	国家机关、政党机关和社会团体	其它
全省合计	**14 704**	**5 182**		**10 431**	**382**	**795**		**1 383**	**629**
昆明	2 547			1 450	94	400		91	
曲靖	3 909	663		160				280	
玉溪	807	660		4 200		200			
昭通	388	300							
楚雄	1 160	641			203				245
红河	2 168	701		822	85	195		282	182
文山	499	80		50				380	
思茅	325	193		1 154					125
西双版纳	160	960		591				350	
大理	702	361		25					
保山	1 696	211		149					77
德宏	155	350							
丽江	188								
怒江									
迪庆									
临沧		62		1 830					

6-56 各地区城镇集体施工、竣工房屋建筑面积

(2000 年) 单位:平方米

地区	施工面积	住宅	竣工面积	住宅	竣工率(%)	住宅
全省合计	**897 433**	**379 961**	**581 371**	**238 925**	**64.78**	**62.88**
昆明	110 063	51 331	66 502	25 914	60.42	50.48
曲靖	143 989	43 271	120 549	30 533	83.72	70.56
玉溪	84 641	41 137	69 029	28 198	81.56	68.55
昭通	21 190	9 449	18 190	7 649	85.84	80.95
楚雄	105 151	31 630	49 597	23 231	47.17	73.45
红河	123 958	80 796	57 378	32 703	46.29	40.48
文山	43 596	15 669	26 831	15 669	61.54	100.00
思茅	43 679	18 453	16 393	10 270	37.53	55.65
西双版纳	65 655	30 566	54 065	23 921	82.35	78.26
大理	65 191	25 424	41 697	22 702	63.96	89.29
保山	51 378	25 366	28 992	12 614	56.43	49.73
德宏	17 204	3 689	11 904	2 341	69.19	63.46
丽江	4 562	2 980	4 562	2 980	100.00	100.00
怒江						
迪庆	8 151		6 657		81.67	
临沧	9 025	200	9 025	200	100.00	100.00

6－57　各地区农村集体投资(按国民经济行业分)

(2000 年)　　单位:万元

地　区	投资额	农、林、牧、渔业	采掘业	制造业	电力、煤气及水的生产和供应业	建筑业	地质勘查业、水利管理业	交通运输、仓储和邮电通信业
全省合计	**370 526**	**84 618**	**16 609**	**32 592**	**15 494**	**6 533**	**15 587**	**25 718**
昆　明	98 060	7 296	90	9 651	2 201	2 346	4 185	3 027
曲　靖	56 034	14 400	13 515	92	686	18	2 887	5 253
玉　溪	44 335	12 844	997	5 371	83	1 766	798	2 683
昭　通	17 441	7 502	347	635	2 157	628	2 474	827
楚　雄	25 566	6 023	119	3 013	1 285	188	654	641
红　河	29 495	4 349	333	8 236	3 459	1 188	643	2 392
文　山	20 142	7 048	384	7	2 192	39	772	3 716
思　茅	11 986	3 107		44	1 122		388	930
西双版纳	3 508	2 805				144	319	
大　理	25 924	9 401		2 508	573		727	2 217
保　山	18 184	1 731	387		680	34	1 420	1 463
德　宏	1 070	204	35	8	85	137	24	403
丽　江	7 309	3 244	320	1 551	220			699
怒　江	974	213	82			45		215
迪　庆	1 256	934			241			16
临　沧	9 242	3 517		1 476	510		296	1 236

6－57　续表　　(2000 年)　　单位:万元

地　区	批发和零售贸易餐饮业	金　融保险业	房　地产　业	社　会服务业	卫生、体育和社会福利业	教育、文化艺术和广播电影电视业	科学研究和综合技术服务业	国家机关、政党机关和社会团体	其　它
全省合计	**31 814**	**945**	**291**	**35 907**	**3 787**	**30 977**	**41**	**18 927**	**50 686**
昆　明	15 705		291	20 739	1 433	5 042		5 604	20 450
曲　靖	4 416			389	147	7 876		3 228	3 127
玉　溪	4 680			1 951	105	1 938		1 020	10 099
昭　通	31	180		1 177		363		504	616
楚　雄	902	183		2 002	649	4 966	34	2 686	2 221
红　河	2 492	136		840	170	2 952		1 165	1 140
文　山	31	180		5	42	3 193		394	2 139
思　茅	125	136		676	187	1 011		105	4 155
西双版纳									240
大　理	393	110		3 995	772	481	7	3 148	1 592
保　山	471			3 991	187	2 396		644	4 780
德　宏	40			19				45	70
丽　江	1 187			20	32			36	
怒　江						372		20	27
迪　庆						65			
临　沧	1 341	20		103	63	322		328	30

6－58　各地区农村集体固定资产投资

（2000年）

地　区	投资额（万元）	本年施工项目个数（个）	本年新开工项目个数（个）	本年投产项目个数（个）	计划总投资（万元）	本年新增固定资产（万元）	房屋建筑面积（平方米）			
							施工面积	住宅	竣工面积	住宅
全省合计	**370 526**	**10 286**	**9 457**	**9 839**	**468 527**	**327 557**	**2 190 390**	**604 567**	**1 975 407**	**544 663**
昆　明	98 060	1 371	1 282	1 291	119 625	69 082	609 731	112 907	517 527	103 360
曲　靖	56 034	1 389	1 183	1 322	71 426	54 063	255 087	80 126	246 360	70 611
玉　溪	44 335	1 478	1 435	1 443	50 716	43 990	206 922	37 100	188 284	30 924
昭　通	17 441	364	284	352	23 700	16 655	87 143	55 697	84 943	55 697
楚　雄	25 566	817	807	800	33 615	25 414	218 794	72 308	208 850	67 646
红　河	29 495	652	614	593	34 297	25 456	160 487	55 547	150 855	51 499
文　山	20 142	1 486	1 230	1 455	21 877	19 839	94 767	25 312	94 367	25 312
思　茅	11 986	484	470	439	14 156	11 214	157 852	84 027	146 669	76 599
西双版纳	3 508	515	510	514	4 304	3 350	43 806	3 906	37 703	3 906
大　理	25 924	762	736	737	29 366	24 652	110 125	17 617	100 265	16 302
保　山	18 184	433	400	386	28 256	16 558	120 765	16 726	102 845	15 936
德　宏	1 070	82	82	80	1 196	1 046	6 552	180	6 552	180
丽　江	7 309	72	65	58	24 580	4 601	19 069	3 303	8 410	2 970
怒　江	974	84	84	84	974	974	40 133	5 584	40 133	5 584
迪　庆	1 256	19	19	19	1 396	1 256	29 300	29 000	13 300	13 000
临　沧	9 242	278	256	266	9 043	9 407	29 857	5 227	28 344	5 137

6－59　各地区城镇和工矿区私人建房

（2000年）

地　区	城镇工矿区个数（个）	建房户数（户）	竣工房屋建筑面积（平方米）	住　宅	竣工房屋价值（万元）	住　宅
全省合计	**251**	**9 540**	**2 101 618**	**1 773 237**	**107 569**	**87 988**
昆　明	22	458	89 505	89 005	4 448	4 375
曲　靖	39	895	264 293	186 085	12 175	7 997
玉　溪	14	598	143 693	141 304	7 893	7 899
昭　通	32	1 040	208 952	201 831	8 839	8 556
楚　雄	22	669	179 825	162 480	9 817	8 716
红　河	14	880	155 303	144 389	8 720	6 640
文　山	8	544	89 613	67 129	4 300	4 065
思　茅	23	328	115 192	94 773	5 914	4 344
西双版纳	3	193	49 038	29 667	3 313	1 722
大　理	21	696	152 443	112 523	9 240	8 022
保　山	5	731	137 056	130 657	8 999	8 031
德　宏	13	594	134 358	105 750	6 151	3 878
丽　江	5	343	59 741	54 567	3 245	2 767
怒　江	16	114	12 144	11 619	586	526
迪　庆	5	552	144 014	102 188	5 650	3 948
临　沧	9	905	166 448	139 270	8 279	6 502

6-60 各地区农村个人固定资产投资

(2000年)

单位:万元

地区	投资额	竣工房屋价值	住宅	购置生产性固定资产投资
全省合计	**497 534**	**412 963**	**361 515**	**84 571**
昆明	118 432	105 989	103 348	12 443
曲靖	71 599	61 005	55 041	10 594
玉溪	36 446	30 057	27 136	6 389
昭通	16 677	14 445	11 843	2 232
楚雄	38 239	31 702	25 814	6 537
红河	42 403	35 258	30 322	7 145
文山	21 405	16 754	14 068	4 651
思茅	19 025	15 272	11 946	3 753
西双版纳	17 537	11 118	7 729	6 419
大理	48 501	38 271	32 917	10 230
保山	25 146	19 499	14 456	5 647
德宏	8 992	6 661	5 361	2 331
丽江	8 817	7 860	6 619	957
怒江	5 655	4 106	2 965	1 549
迪庆	2 254	1 605	1 343	649
临沧	16 406	13 361	10 607	3 045

6-61 各地区农村个人建房

(2000年)

地区	建房户数(户)	施工房屋建筑面积(平方米)	竣工房屋建筑面积(平方米)	住宅	竣工房屋造价(元/平方米)	住宅
全省合计	**188 390**	**16 491 550**	**16 491 550**	**13 209 066**	**250.41**	**273.69**
昆明	19 211	2 393 058	2 393 058	2 325 644	442.90	444.38
曲靖	30 561	2 532 486	2 532 486	2 134 585	240.89	257.85
玉溪	8 549	844 892	844 892	712 737	355.75	380.73
昭通	26 059	952 990	952 990	738 529	151.58	160.36
楚雄	19 562	1 713 249	1 713 249	1 116 475	185.04	231.21
红河	14 316	1 208 323	1 208 323	1 019 549	291.79	297.41
文山	10 055	1 365 590	1 365 590	944 344	122.69	148.97
思茅	14 518	961 119	961 119	764 002	158.90	156.36
西双版纳	4 357	468 818	468 818	292 428	237.15	264.30
大理	12 813	1 237 791	1 237 791	1 005 418	309.19	327.40
保山	7 662	887 003	887 003	690 740	219.83	209.28
德宏	3 690	371 191	371 191	285 563	179.45	187.73
丽江	4 447	456 999	456 999	337 001	171.99	196.41
怒江	3 653	261 859	261 859	208 893	156.80	141.94
迪庆	1 283	117 297	117 297	95 473	136.83	140.67
临沧	7 654	718 885	718 885	537 685	185.86	197.27

主要说明和统计指标解释

一、说　明

1. 1994年前基本建设、更新改造、房地产开发和其他投资均为国有经济投资，1994年后包括纳入这些计划的其他经济类型的投资。

2. 自1997年起除房地产开发投资、农村集体投资、个人投资外，基本建设、更新改造和其他投资的统计起点由5万元提高到50万元。为了便于比较，准确地反映全社会固定资产投资，在本年年鉴中对1997年以后的数据做了同口径的调整，把50万元以下投资额(推算数)，放在其他投资中的其他行业。

从1999年起全省全社会固定资产投资总额及国有投资、地方投资、第三产业投资合计数中包括了基本建设、更新改造、其他投资的50万元以下项目投资。其他各种分组均不包括。

3. 房地产开发投资统计，从1995年年报起改为企业统计。

4. 个体私营经济投资从1999年起纳入统计。

二、主要指标解释

全社会固定资产投资　固定资产投资是社会固定资产再生产的主要手段。通过建造和购置固定资产活动，国民经济不断采用先进技术装备，建立新兴部门，进一步调整经济结构和生产力的地区分布，增强经济实力，为改善人民物质文化生活创造物质条件，这对我国社会主义现代化建设具有重要意义。

固定资产投资额是以货币表现的建造和购置固定资产活动的工作量，它是反映固定资产投资规模、速度、比例关系和使用方向的综合性指标。全社会固定资产投资包括国有经济单位投资、城乡集体经济单位投资、各种经济类型的单位投资和城乡居民个人投资。按照我国现行管理渠道，国有经济单位固定资产投资总额分为基本建设、更新改造、房地产开发投资(1994年后，基本建设、更新改造和房地产开发投资纳入这些计划的其他经济类型的投资)和其他固定资产投资四个部分；集体经济单位投资包括城镇集体所有制单位投资和农村集体所有制投资；各种经济类型的单位投资包括联营经济、股份制经济、个体私营经济、外商投资经济、港澳台商投资经济的单位投资。城乡居民个人投资包括城市、县城、镇、工矿区所辖范围的个人建房和农村个人建房及购买生产性固定资产的投资。

基本建设投资　基本建设是指企业、事业单位以扩大生产能力或工程效益为主要目的的新建、扩建工程及有关工作量。包括工厂、矿山、铁路、桥梁、港口、农田水利、商店、住宅、学校、医院等工程的建造和机器设备、车辆、船舶、飞机等的购置。

基本建设投资额是以货币表现的基本建设完成的工作量，是反映一定时期内基本建设规模和建设进度的综合性指标。它是根据工程的实际进度按预算价格(预算价格是编制施工图预算时所用的价格)计算的工作量。没有形成工程实体的建筑材料和没有开始安装的设备，都不计算投资完成额。

更新改造投资　更新改造是指企业、事业单位对原有设施进行固定资产更新和技术改造，以及相应配套的工程和有关工作量(不包括大修理和维护工程)。更新改造投资是以货币表现的更新改造完成的工作量。根据我国现行统计制度，基本建设和更新改造的划分是：(1)列入基本建设计划的项目作为基本建设投资，列入更新改造计划的项目作为更新改造投资；(2)更新改造计划与基本建设计划结合安排的项目及未列入计划的项目，根据工程性质分别作为基本建设投资或更新改造投资。属于对企业、事业单位原有设施进行技术改造或更新的项目和新建主要生产车间、分厂等，其新增生产能力或效益未达到大中型标准的项目，以及由于城市环境保护和安全生产的需要而进行的迁建工程，作为更新改造投资。

其他单位固定资产投资　是指按照国家规定不纳入基本建设和更新改造计划管理，其总投资在5万元以上的固定资产投资。具体包括：国有经济单位用油田维护费和石油开发基金进行的油田维护和开发工程；煤炭、铁矿、森林工业等采掘采伐业用维简费进行的开拓延伸工程；交通部门用公路养路费对原有公路、桥梁进行改建的工程；商业部门用简易建筑费建造的仓库工程。1994年后其他投资还包括未纳入基本建设、更新改造计划的其他经济类型(不包含城乡私人和农村集体)的投资。

房地产开发投资 是以货币形式表现的房地产开发企业(单位)在一定时期内进行房屋建造及土地开发完成工作量及相关费用总称。

固定资产投资的资金来源 根据固定资产投资的资金来源不同,分为上年末结余资金和本年资金来源。其中本年资金来源又分为六种:

(1)国家预算内资金 指国家预算、地方财政、主要部门和国家专业投资公司拨给或委托银行贷给建设单位的基本建设拨款和中央基本建设基金,拨给企业单位的更新改造拨款,以及中央财政安排的专项拨款中用于基本建设的资金。

(2)国内贷款 指报告期企、事业单位向银行及非银行金融机构借入的用于固定资产投资的各种国内借款。国内贷款包括:银行利用自有资金及吸收的存款发放的贷款、上级主管部门拨入的国内贷款、国家专项贷款(包括煤代油贷款、劳改煤矿专项贷款等),地方财政专项资金安排的贷款、国内储备贷款、周转贷款等。

(3)债券 是企业(公司)或金融机构通过发行各种债券筹集到的用于固定资产投资的资金。包括由银行代理国家专业投资公司发行的重点企业债券和重点建设债券。

(4)利用外资 指报告期收到的用于固定资产投资的国外资金,包括统借统还、自借自还的国外贷款,中外合资项目中的外资,以及无偿捐赠等。其中,国家统借统还的外资,是指由我国政府出面同外国政府、团体或金融组织签订贷款协议,并负责偿还本息的国外贷款。

(5)自筹资金 指建设单位报告期收到的,用于进行固定资产投资的上级主管部门、地方和本单位自筹资金。

(6)其他资金来源 指报告期收到的除以上各种拨款、借款、自筹资金之外,其他用于固定资产投资的资金。

固定资产投资按国民经济行业分 建设项目归哪个行业,按其建成投产后的主要产品或主要用途及社会经济活动性质来确定。基本建设按建设项目划分国民经济行业,更新改造、国有经济单位其他固定资产投资及城镇集体投资根据整个企业、事业单位所属的行业来划分。一般情况下,一个建设项目或一个企业、事业单位只能属于国民经济一种行业,为了更准确地反映国民经济各行业之间的比例关系,联合企业(总厂)所属分厂属于不同行业的,原则上按分厂划分行业。

固定资产投资按建设性质分 建设项目的性质一般分为新建、扩建、改建、迁建、恢复。基本建设按建设项目分建设性质,更新改造、国有经济单位其他固定资产投资及城镇集体投资按整个企业、事业单位的建设情况确定建设性质。目前基本建设和更新改造是根据我国现行管理渠道区分的,所以基本建设和更新改造都可以分别按新建、扩建和改建等划分。

(1)新建 一般是指从无到有,"平地起家"新开始建设的单位。有的单位原有的基础很小,经过建设后其新增加的固定资产价值超过原有固定资产价值(原值)三倍以上的也算新建。

(2)扩建 一般是指为扩大原有产品的生产能力,在厂内或其他地点增建主要生产车间(或主要工程)、独立的生产线或总厂之下的分厂的企业;事业单位和行政单位在原单位增建业务用房(如学校增建教学用房、医院增建门诊部或病床用房,行政机关增建办公楼等)也作为扩建。

(3)改建 一般是指现有企业、事业单位为了技术进步,提高产品质量,增加花色品种,促进产品升级换代,降低消耗和成本,加强资源综合利用和三废治理,劳保安全等,采用新技术、新工艺、新设备、新材料等对现有设施、工艺条件进行技术改造或更新(包括相应配套的辅助性生产、生活福利设施)。有的企业为充分发挥现有生产能力,进行填平补齐而增建不增加本单位主要产品生产能力的车间等,也属于改建。

固定资产投资按用途分 固定资产投资按工程的经济用途分为用于第一产业、第二产业、第三产业和住宅四部分的投资,是研究不同用途的固定资产投资之间比例关系的重要指标。基本建设投资、国有经济单位其他固定资产投资及城镇集体投资的用途按单项工程确定,现有企业、事业单位更新改造投资的用途按更新改造项目确定。

固定资产投资按构成分　固定资产投资活动按其工作内容和实现方式分为建筑安装工程,设备、工具、器具购置和其他费用三个部分。

(1)建筑安装工程(建筑工作量)　指各种房屋、建筑物的建造工程和各种设备、装置和安装工程。包括各种房屋建造工程,各种用途设备基础和各种工业窑炉的砌筑工程;为施工而进行的各种准备工作和临时工程以及完工后的清理工作等;铁路、道路的铺设,矿井的开凿及石油管道的架设等;水利工程;防空地下建筑等特殊工程;以及各种机械设备的安装工程;为测定安装工程质量,对设备进行试行工作。在安装工程中,不包括被安装设备本身的价值。

(2)设备、工具、器具购置　指购置或自制达到固定资产标准的设备、工具、器具的价值,固定资产的标准由财务部门规定。新建单位、扩建的新建车间按照设计和计划要求购置或自制的全部设备、工具、器具,不论是否达到固定资产标准均计入"设备、工具、器具购置"中。

(3)其他费用　指除建筑安装和设备、工具、器具购置以外的投资完成额。它包括两种性质的费用,一种是属于增加固定资产的费用,主要有:建设单位管理费,土地,青苗等补偿费用和安置补助费、勘察设计费、研究实验费、农林单位牲畜购置费、各种经济林木的营造费、办公和生活家具、器具购置费、引进技术和进口设备项目的其他费用、联合试运转费等;另一种是属于不增加固定资产的费用,主要有:施工机械转移费、生产职工培训费、农业开荒费用及报废工程损失费等。

基本建设项目按大中型划分　基本建设划分大中小型项目原则上应按照上级批准的设计任务书初步设计所确定的总规模或总投资划分,没有正式批准设计任务书或初步设计的,按国家或省、自治区、直辖市年度基本建设投资计划中所列的总投资划分。上述两条均不具备的,按本年计划施工工程的建设总规模或总投资划分。生产单一产品的工业项目,按产品的设计能力划分;生产多种产品的工业项目,按其主要产品的设计能力划分;品种繁多,难以按生产能力划分的,按全部计划投资额划分。划分标准以国家颁发的《大中小型建设项目划分标准》为依据。国家曾在1958年、1962年、1977年1979年先后五次修订《大中小型建设项目划分标准》。因此各历史时期的大中型项目数不完全可比。

施工项目　指报告期内曾进行建筑或安装施工活动的建设项目。包括报告期内新开工项目、报告期以前开工跨入报告期继续施工的项目,以及报告期施工并在报告期内全部建设投产或停缓建的项目。

全部建成投产项目　工业项目是设计文件规定形成生产能力的主体工程及其相应配套的辅助设施全部建成,已负荷试运转,证明具备生产设计规定合格产品的条件,并经过验收鉴定合格或达到竣工验收标准,与生产性工程配套的生活福利设施可以满足近期正常生产的需要,正式移交生产的建设项目;非工业项目是指设计文件规定的主体工程和相应的配套工程全部建成,能够发挥设计规定的全部效益,经验收鉴定合格或达到竣工验收标准,应正式移交使用的建设项目。

新增生产能力　指通过固定资产投资活动而增加的设计能力或工程效益,它是用实物形态表示的固定资产投资的成果。新增生产能力的计算,是以能独立发挥生产能力或效益的单项工程(或项目)为对象。当单项工程(或项目)建成,经有关部门鉴定合格,正式移交投入生产,即可计算新增生产能力。

新增生产能力或工程效益有以下几种表现形式:

(1)以建设项目或单位工程建成后的年产能力表示。如煤炭开采、石油开采等。

(2)以建设项目或单项工程建成后处理原料的能力表示。如选矿工程的年处理矿石能力、洗煤厂原煤能力等。

(3)以新增的主要设备数量或容量表示。如棉纺锭锭数、发电机组容量等。

(4)以建筑物容积、容量、面积或长度表示。如水库容量、铁路公路里程等。

新增生产能力的数量一般按设计能力计算。设计能力是指设计文件中规定的在正常情况下能够达到的生产能力,而不论投产后的实际产量如何。以设备数量、建筑物容积、面积、长度等表示的新增生产能力(或效益),则按建成的实际数量计算。

施工和竣工房屋建筑面积 房屋建筑面积是从房屋外墙线算起的各层平面面积的总和。包括房屋结构(如柱、墙)占用的面积和地下室面积。多层建筑按各自然层面积总和计算,包括房屋内的楼隔层,突出墙面的眺望间、门斗、有柱雨罩的面积。不包括突出墙面的构件、艺术装饰等所占的面积,如台阶等。凹阳台、挑阳台按其水平投影面积一半计算建筑面积。

竣工面积 指在报告期内房屋建筑按照设计要求已全部完工,达到入住和使用条件,经验收鉴定合格,正式移交使用单位的建筑面积。

房屋建筑面积竣工率 指一定时期内房屋竣工面积占同期房屋施工面积的比率。它是从房屋建筑施工速度角度反映投资效果和建筑业经济效益的指标。

新增固定资产 指通过投资活动所形成的新的固定资产价值。包括已经建成投入生产或交付使用的工程价值和达到固定资产标准的设备、工具、器具的价值及有关应摊入的费用。它是以价值形式表示的固定资产投资成果的综合性指标,可以综合反映不同时期、不同部门、不同地区的固定资产投资效果。

建设项目投产率 指一定时期内全部建成投入生产的项目个数占同期正式施工项目个数的比率。它是从项目建设速度的角度反映投资效果的指标。

固定资产交付使用率 指一定时期新增固定资产与同期完成投资额的比率。它是反映各个时期固定资产动用速度,衡量建设过程中投资效果的一个综合性指标。

未完工程占用率 指年末未完工程累计完成投资额占全年实际完成投资额的比率。它反映未完工程的相对规模,并可从资金占用的角度反映固定资产投资效果。由于未完工程是指已开工,但尚未建成交付使用的工程,有个跨年度问题,因此未完工程占用率会出现大于100%的情况。

七、财政、金融和保险

FINANCE, BANKING AND INSURANCE

7－1 财 政 收 入

单位:万元

年　份	地方财政收入	国有资产经营收益	税收收入	国有企业计划亏损补贴	其它收入
1978	117 606	18 441	92 233		6 932
1980	116 407	13 162	98 052		5 793
1985	274 321	4 644	253 725		15 952
1987	374 860	4 797	365 455	－49 673	54 281
1988	505 325	7 700	563 693	－65 777	0
1989	632 701	－14 809	680 331	－72 508	39 687
1990	774 346	12 527	772 501	－78 676	67 994
1991	997 814	10 519	874 467	－74 861	187 689
1992	1 093 214	10 670	943 325	－93 928	233 147
1993	2 049 436	9 805	1 436 527	－81 877	684 981
1994	676 018	4 993	710 383	－69 095	29 737
1995	983 491	9 420	905 902	－75 138	143 307
1996	1 300 129	11 494	1 178 209	－78 216	188 642
1997	1 504 181	7 565	1 345 394	－64 931	216 153
1998	1 682 347	11 987	1 392 892	－32 289	309 757
1999	1 726 690	7 434	1 440 829	－31 299	309 726
2000	1 807 450	9 014	1 531 141	－27 211	294 506

7－2 各 项 税 收

单位:万元

年　份	各项税收合计	工商税收	农牧和耕地占用税	企业所得税
1978	92 233	81 220	9 282	
1980	98 052	89 687	7 075	
1985	253 795	243 588	10 207	59 845
1987	365 455	352 198	12 503	47 832
1988	563 693	472 509	20 084	75 910
1989	680 331	579 593	22 578	91 871
1990	772 501	680 172	26 071	72 086
1991	874 467	784 069	28 003	80 890
1992	943 325	863 265	33 245	51 663
1993	1 436 527	1 359 550	37 921	49 906
1994	710 383	515 030	129 311	
1995	905 902	587 648	240 008	68 000
1996	1 178 209	738 729	351 684	106 647
1997	1 345 394	849 048	405 940	96 969
1998	1 392 892	1 006 759	248 957	144 691
1999	1 440 829	1 086 634	215 895	149 479
2000	1 531 141	1 055 279	204 659	201 689

7－3　历年全省财政分项目支出

单位:万元

年　份	财　政 支　出	基本建 设拨款	流　动 资　金	企业挖 潜改造 资　金	城　市 维护费	地　质 勘探费	工、交、 商部门 事业费
1978	182 840	72 327	7 155	6 938	1 291	7 077	2 877
1980	173 210	45 562	4 176	7 792	2 692	5	2 857
1985	366 986	61 208	1 385	25 835	12 486	10	9 696
1987	538 586	71 630	1 132	37 411	18 775	5	13 692
1988	648 423	74 147	942	44 696	23 526	2	14 166
1989	818 882	74 381	1 735	54 888	31 265	17 715	
1990	907 586	90 556	2 084	64 930	33 588	33	20 926
1991	1 108 165	108 773	3 827	81 400	41 406	322	27 192
1992	1 215 908	131 795	4 352	70 630	46 801	350	53 180
1993	2 006 172	288 398	6 565	351 545	67 024	281	63 990
1994	2 037 309	305 975	1 256	167 995	87 083	1 060	55 011
1995	2 350 993	330 791	891	172 434	103 340	964	64 038
1996	2 703 945	354 440	1 240	152 214	96 744	2 736	67 511
1997	3 132 012	442 387	1 147	142 545	110 414	2 059	68 128
1998	3 280 023	422 513	888	134 465	128 154	1 685	52 083
1999	3 780 468	634 850	158	124 658	158 519	739	71 174
2000	4 141 074	604 507	1 329	158 680	146 200	13 783	92 550

7－3　续表

单位:万元

年　　份	支援农 业支出	文教、科 学、卫生 事业费	抚恤和 社　会 救济费	行　政 管理费	科技三 项费用	其　它 支　出
1978	22 616	27 322	3 516	16 067	1 495	14 159
1980	26 447	37 941	4 108	20 510	986	20 134
1985	41 767	93 818	11 419	49 158	2 919	57 285
1987	66 610	125 880	12 694	62 873	2 650	125 234
1988	83 873	155 598	17 005	64 504	2 459	167 505
1989	116 229	181 549	37 079	75 000	3 133	225 908
1990	132 048	213 211	37 033	88 814	3 678	220 685
1991	159 073	240 835	40 702	105 614	5 461	293 560
1992	185 262	287 561	37 019	138 573	4 907	255 478
1993	238 180	373 626	33 776	167 296	5 540	409 951
1994	250 572	489 124	36 114	214 043	6 380	422 696
1995	282 832	540 638	59 238	244 747	8 154	542 926
1996	325 054	690 417	92 600	302 168	14 085	604 736
1997	338 153	750 078	95 484	305 799	18 468	857 350
1998	346 635	805 044	86 461	320 730	22 028	959 337
1999	365 858	898 645	75 827	334 725	26 481	1 088 834
2000	392 018	987 030	88 609	372 394	32 685	1 251 289

7－4　全省主要年份文教、科学、卫生事业费分项目数

单位:万元

年　份	合　计	文　化事业费	计划生育事 业 费	教　育事业费	卫　生事业费	公费医疗经费	体　育事业费	科　学事业费
1952	1 264	26		834	378		3	
1957	5 315	175		3 883	764	363	50	7
1962	6 557	229		4 286	1 329	515	94	58
1965	8 632	337	38	5 450	1 883	511	179	158
1970	9 981	558		5 764	2 914		107	37
1975	20 121	982	326	11 944	4 267	1 065	480	349
1980	37 941	1 681	759	23 032	7 790	1 919	882	536
1985	93 818	3 534	1 936	57 177	16 447	4 846	2 174	2 428
1989	181 549	6 078	4 342	106 901	25 019	14 975	4 401	6 698
1990	213 211	7 247	6 228	122 831	28 831	19 483	4 990	7 832
1991	240 835	9 910	8 094	135 135	31 603	22 622	5 987	8 953
1992	287 561	10 475	9 402	163 632	37 648	25 443	6 615	11 021
1993	373 626	10 929	13 123	217 141	48 081	35 048	7 488	15 052
1994	489 124	13 324	13 495	291 709	66 906	41 702	9 597	21 415
1995	540 638	15 663	15 720	317 416	69 350	51 008	11 797	22 700
1996	690 417	19 681	19 990	412 850	90 516	63 336	13 403	29 123
1997	750 078	20 349	21 511	440 181	97 384	76 349	13 041	33 122
1998	805 044	20 157	19 695	499 317	99 222	74 546	14 587	32 027
1999	898 645	26 744	21 786	559 911	102 604	91 079	11 520	34 194
2000	987 030	26 617	24 067	623 109	110 200	104 260	14 462	33 796

7－5　全省主要年份财政支援农业的资金

单位:万元

年　份	支援农业支出合计	支援农村生产支出	农林水气象等部门事 业 费	农业基本建设支出	科　　技三项费用
1978	22 616			13 558	7
1980	26 448	26 448		8 356	399
1985	41 767	21 077	20 690	6 090	499
1988	83 873	54 085	29 788	6 764	839
1989	116 229	81 894	34 335	13 479	1 108
1990	132 048	93 355	38 693	15 297	710
1991	159 073	113 947	45 126	15 926	1 604
1992	185 262	132 137	53 125	17 453	997
1993	238 180	172 320	65 860	23 495	1 859
1994	250 572	165 591	84 981	32 854	1 791
1995	282 832	190 180	92! 652	37 313	3 486
1996	325 054	204 910	120 144	44 048	4 433
1997	338 153	206 819	131 334	55 706	4 782
1998	346 635	187 607	134 758	56 332	4 222
1999	365 858	170 307	168 257	96 717	6 537
2000	392 018	163 951	199 080	133 608	7 387

7-6 财政政策性补贴

单位:万元

年 份	合 计	粮棉油价格补贴	平抑物价等补贴	肉食价格补贴	其 它
1985	17 617	9 518		8 099	
1986	47 037	30 233	1 345	9 886	5 573
1987	67 048	47 268	1 890	10 880	7 010
1988	81 587	57 320	2 734	11 541	9 992
1989	101 671	79 347	2 386	11 798	8 140
1990	92 157	68 171	2 395	11 657	9 934
1991	96 501	71 691	2 016	12 533	10 261
1992	81 134	52 085	1 872	12 819	14 358
1993	84 350	29 319	7 706	12 726	34 599
1994	79 088	23 757	3 555	12 709	39 067
1995	156 356	81 872	3 870	13 506	57 108
1996	98 882	28 127	3 615	13 714	53 426
1997	142 281	39 290	3 578	12 955	86 458
1998	98 103	10 301	3 165	13 055	71 582
1999	63 997	5 742	2 022	10 055	46 178
2000	57 764	3 321	735	9 324	44 384

7-7 云南省金融机构信贷资金平衡表(资金运用)

(年末余额)

单位:万元

项 目	1990 年	1995 年	1997 年	1998 年	1999 年	2000 年
贷款合计	**2 753 240**	**9 246 652**	**14 969 543**	**17 139 721**	**18 240 410**	**19 878 301**
一、流动资金贷款	1 995 537	7 133 201	11 873 161	13 213 198	13 809 128	13 803 463
1.工业贷款	813 119	2 315 234	3 690 813	3 756 140	3 777 645	3 399 585
2.商业贷款	1 008 009	3 236 407	5 030155	5 216 936	5 124 717	4 336 597
3.建筑业贷款	49 528	105 541	200 762	265 993	293 756	305 866
4.农业贷款	296 428	459 441	763 298	1 008 528	1 112 435	1 185 182
5.乡镇企业贷款	119 487	438 863	734 919	734 275	825 991	815 616
6.三资企业贷款		91 096	122 974	157 841	165 471	171 471
7.私营企业及个体贷款	5 394	21 717	83 363	121 704	178 272	185 058
8.其他短期贷款		464 902	1 246 877	1 719 343	1 823 931	3 404 088
二、固定资产贷款	373 406	1 626 134	2 723 732	3 476 251	3 896 001	5 490 099
1.基本建设贷款	146 970	555 893	850 142	1 129 977	1 319 212	2 681 225
2.技术改造贷款	139 937	544 648	868 084	1 135 300	1 117 832	1 104 064
3.其它中长期贷款	86 499	134 053	1 005 506	1 210 974	1 458957	1 704 810
三、信托贷款	23 467	336 920	166 800	162 131	95 128	21 551
四、其它贷款	360 830	150 397	205 850	288 141	440 153	563 188

注:1998 年后的流动资金贷款包括中期流动资金贷款。

7－8　云南省金融机构信贷资金平衡表（资金来源）

（年末余额）　　单位：万元

项　目	1990 年	1995 年	1997 年	1998 年	1999 年	2000 年
存款合计	**2 921 911**	**11 872 364**	**18 293 989**	**20 760 568**	**22 543 844**	**24 656 844**
一、企业存款	1 058 128	4 788 949	8 252 438	9 106 445	9 407 893	10 384 035
二、财政存款	208 809	743 959	554 597	719 732	571 782	538 962
三、储蓄存款	1 178 898	5 001 334	8 059 887	9 128 919	10 289 259	11 382 215
四、农业存款	119 090	396 509	642 915	647 453	705 734	830 666
五、信托存款	39 140	663 008	345 684	242 977	259 991	243 582
六、其它存款	317 846	278 605	438 468	915 042	1 309 185	1 277 384

7－9　云南省银行机构信贷资金平衡表（资金来源）

（年末余额）　　单位：万元

项　目	1985 年	1990 年	1995 年	1998 年	1999 年	2000 年
各项存款	**929 580**	**2 656 124**	**9 629 362**	**17 888 280**	**19 363 366**	**21 266 912**
一、企业存款	409 284	998 197	4 600 10	8 747 734	9 109 904	10 064 664
二、财政性存款	77 195	208 809	418 229	648 276	500 096	465 813
三、机关团体存款	74 989	162 315	325 730	6 273	1 923	725 705
四、储蓄存款	231 158	938 207	3 956 444	7 425 645	8 418 908	9 283 860
五、农业存款	71 804	194 619	95 782	137 121	132 727	124 297
六、信托存款	28 907	31 760	233 068	2 503	2 475	3 245
七、其它存款	36 243	122 217		920 728	1 197 333	599 328

7－10　云南省银行机构信贷资金平衡表（资金运用）

（年末余额）　　单位：万元

项　目	1985 年	1990 年	1995 年	1998 年	1999 年	2000 年
各项贷款	**968 798**	**2 505 422**	**8 106 570**	**15 223 405**	**16173 499**	**17 616 394**
一、工业贷款	194 937	770 052	2 266 27	3 745 609	3 766 864	3 385 700
二、商业贷款	449 578	995 760	3 162 090	5 184 784	5 107 532	4 321 975
三、建筑业贷款	15 516	49 528	105 541	265 844	292 777	305 521
四、农业贷款	116 058	178 543	161 838	307 701	296 771	243 277
五、乡镇企业贷款		80 266	139 164	280 466	311 680	225 871
六、三资企业贷款			91 096	157 841	165 471	171 471
七、私营企业及个体贷款	3 786	3 305	8 750	98 706	147 740	150 502
八、固定资产贷款	156 300	371 548	1 624 637	3 299 107	3 736 533	5 336 701
九、信托贷款	29 065	7 057	173 476	300	300	0
十、其它贷款	3 558	49 363	464 867	2 040 888	2 347 811	3 475 376

7－11　历年云南省金融机构现金收支情况

单位：万元

年　份	现金收入	商品销售收　　入	现金支出	工资性支　出	产品采购支出	投　放
1978	299 657	216 218	306 099	144 400	30 478	6 442
1980	428 907	298 595	454 839	213 332	51 746	25 932
1985	1 204 862	681 745	1 261 591	440 951	218 240	56 729
1990	3 095 363	1 347 624	3 134 779	960 650	455 596	39 377
1995	14 033 672	3 865 337	14 509 164	2 913 771	1 309 018	475 492
1996	19 142 609	4 539 097	19 575 196	3 303 255	1 613 568	432 587
1997	27 413 930	5 292 736	27 916 975	3 646 727	1 716 806	503 045
1998	36 159 566	5 872 416	36 519 847	4 028 938	2 299 578	360 281
1999	44 387 057	5 962 034	44 586 659	4 040 979	2 523 153	199 602
2000	50 477 852	6 541 556	50 602 544	3 998 215	2 947 615	124 692

7－12　全省保险业务经济技术指标

项　　目	单位	1995 年	1997 年	1998 年	1999 年	2000 年
一、保费收入	万元	139 797	315 889	354 724	373 748	403 494
1.财产险	万元	82 580	150 277	181 259	182 283	190 573
#农业险	万元	4 298	6 237	5 443	5 639	5 866
2.人身险	万元	46 732	153 672	173 465	191 465	212 921
#短期人身险	万元	7 475	18 899	12 097	20 910	20 249
3.其它险	万元	6 188	5 703			
二、储金期末余额	万元	20 323	34 003	27 622	26 348	20 087
1.财产险	万元	13 681	25 958	27 107	24 643	19 287
#农业险	万元					
2.人身险	万元	6 642	5 768	4 157	1 706	806
#短期人身险	万元		1 630			
3.其它险	万元		2 277			
三、保险金额	亿元	2 514	8 194	6 741	8 810	8 521
1.财产险	亿元	1 309	2 766	3 722	3 198	2 373
#农业险	亿元	9	13	12	10	10
2.人身险	亿元	1 196	5 229	3 019	5 702	6 148
#短期人身险	亿元	1 098	4 176	1 049	1 254	3 226
3.其它险	亿元	677	186			
四、已决案件数	件(人)	210 883	334 369	642 695	528 827	584 630
五、已决案赔款金额	万元	50 508	95 131	114 079	122 549	120 389
1.财产险	万元	41 256	74 137	91 084	95 095	98 920
#农业险	万元	2 528	5 572	5 314	4 633	6 335
2.人身险	万元	5 823	13 680	22 995	27 455	30 732
#短期人身险	万元	4 166	4 675	6 587	6 910	6 588
3.其它险	万元	902	1 742			

主要统计指标解释

财政收入

1. 企业收入,包括各部门所属国有企业、事业单位上交国家的利润。

2. 各项税收,包括营业税、增值税、资源税、企业所得税、盐税、关税、农牧业税、固定资产投资方向调节税、屠宰税、房产税、城市维护建设税以及有关罚款补税收入等。

财政支出

1. 基本建设支出,是指国家预算内的基本建设拨款,不包括国家预算外自筹的各种基本建设基金。为加强基本建设投资规模的控制,提高资金使用效益,国家从一九八五年起,对预算内基本建设拨款实行拨款改贷款的新的管理办法。即由原来直接无偿的拨给建设单位,改为拨给建设银行视同信贷基金管理,建设银行根据国家预算安排的基建项目,给予有偿贷款,用投产后新增利润还本付息。因改革之中情况不一,目前仍有一些基建项目未实现拨改贷办法。

2. 流动资金,是指国家预算增拨各部门所属国有企业的流动资金和增拨银行的信贷资金。

3. 文教科学卫生事业费,包括科学、文化、教育、卫生、公费医疗、体育、通讯和广播、地震、海洋、文物、计划生育等方面的事业费。

存款 企业、机关、团体或居民根据可以收回的原则,把货币资金存入银行或其他信用机构保管并取得一定利息的一种信用活动形式。根据存款对象的不同可划分为企业存款、财政存款、机关团体存款、对外贸易存款、城镇居民储蓄存款、农村存款等科目。

贷款 银行或其他信用机构根据必须归还的原则,按一定利率,为企业、个人等提供资金的一种信用活动形式。我国银行贷款,分流动资金贷款、中短期设备贷款以及农户贷款等科目。

承保额 又叫保险金额。它是保险人对被保险人负担损失补偿或约定给付的金额。它是保险合同上的最高责任额,也是计算保费的依据。

保费 被保险人按其得到保险利益的保障程度(保险金额)的一定比率向保险人缴付的费用。

赔款 保险人对财产保险的保险事故给予的经济补偿或对人身保险的保险事故给付的保险金。分为已决赔款和未决赔款。

八、物　价

PRICE

8-1 主要年份各种物价总指数

（2000年以各年价格为100）

年份	全省商品零售物价总指数	城镇居民消费价格总指数	农副产品收购价格总指数	农村居民消费价格总指数	集市贸易价格总指数
1950	351.9	522.5	819.6		
1952	403.5	510.0	842.6		
1965	382.7	461.0	477.8		
1978	377.9	452.8	438.4	443.0	317.9
1980	354.9	414.8	354.7	421.9	387.8
1985	307.2	350.7	239.7	377.9	285.1
1986	292.6	334.6	224.6	355.0	257.9
1987	274.7	311.7	205.9	333.1	231.6
1988	229.5	257.3	182.4	280.3	180.0
1989	192.5	218.1	162.1	235.5	151.2
1990	188.6	214.5	154.1	227.7	162.2
1991	181.8	206.8	158.4	221.9	164.2
1992	168.8	187.5	150.9	203.7	153.0
1993	142.0	157.6	132.4	165.3	131.4
1994	122.6	134.5	106.7	138.0	111.9
1995	103.8	111.8	84.9	113.2	79.5
1996	97.4	103.3	75.8	104.0	76.9
1997	95.2	98.8	81.9	100.2	78.6
1998	95.9	96.4	89.5	99.1	84.2
1999	97.6	97.6	93.6	98.4	89.8

8-1 续表

（各年以上年价格为100）

年份	全省商品零售物价总指数	城镇居民消费价格总指数	农副产品收购价格总指数	农村居民消费价格总指数	集市贸易价格总指数
1952	95.3		98.8		
1957	101.3		107.1		
1965	99.3	100.1	101.3		
1978	100.1	100.0	101.2	100.3	103.0
1980	105.7	108.1	106.0	103.7	89.9
1985	108.0	111.9	116.7	105.7	120.1
1986	105.0	104.8	106.9	106.4	110.6
1987	106.6	107.4	109.1	106.6	111.3
1988	119.6	121.1	112.9	118.8	128.6
1989	119.3	117.9	112.4	119.0	119.1
1990	102.1	101.6	105.3	103.4	93.3
1991	103.7	103.8	97.2	102.7	98.7
1992	107.7	110.4	105.0	108.8	107.3
1993	118.9	118.8	113.9	123.3	116.5
1994	115.8	117.3	124.2	119.9	117.4
1995	118.1	120.3	125.6	121.8	140.8
1996	106.6	108.2	112.0	108.8	103.3
1997	102.3	104.6	92.6	103.9	97.9
1998	99.2	102.4	91.5	101.1	93.3
1999	98.3	98.8	95.6	100.7	93.8
2000	97.6	97.6	93.6	98.4	89.8

8－2 零售物价指数

(以上年价格为 100)

项目	全省		城镇		农村	
	1999 年	2000 年	1999 年	2000 年	1999 年	2000 年
商品零售价格总指数	**98.3**	**97.6**	**97.4**	**97.0**	**99.3**	**98.4**
1. 食 品 类	98.6	94.3	96.6	92.8	100.6	95.8
2. 饮料、烟酒类	96.1	95.3	95.8	93.5	96.4	97.6
3. 服装、鞋帽类	100.3	102.0	102.1	102.8	98.5	101.1
4. 纺织品类	97.3	96.3	98.9	94.0	95.9	98.6
5. 中、西药品类	102.4	99.9	101.9	99.2	102.9	100.7
6. 化妆品类	95.3	103.2	90.6	103.2	101.3	103.0
7. 书报杂志类	109.3	109.1	114.5	109.4	105.1	109.1
8. 文化体育用品类	100.2	98.0	99.7	96.5	100.8	99.4
9. 日用品类	98.9	97.5	97.8	96.3	99.9	98.8
10. 家用电器类	91.5	95.5	89.9	96.7	94.3	94.0
11. 首饰类	96.6	104.6	97.1	106.7	95.2	99.2
12. 燃料类	101.7	123.1	102.6	127.0	100.4	118.7
13. 建筑装璜材料类	96.8	96.0	95.5	92.8	97.9	98.4
14. 机电产品类	96.2	94.3	96.2	94.4	96.2	94.2
农业生产资料零售价格指数	**98.7**	**98.9**			**98.7**	**98.9**
# 小农具	100.6	103.6			100.6	103.6
半机械化农具	101.1	101.0			101.1	101.0
机械化农具	97.4	98.1			97.4	98.1
化学肥料	97.2	97.3			97.2	97.3
农药及农药械	99.0	97.9			99.0	97.9
服务项目价格指数	**108.4**	**103.8**	**105.6**	**102.0**	**112.2**	**106.0**
1. 电讯费	100.3	100.1	100.0	100.0	100.8	100.2
2. 邮费	136.7	108.4	137.3	108.7	136.3	108.2
3. 交通费	103.9	103.4	102.2	100.1	105.6	106.7
4. 洗理美容费	111.8	106.5	112.8	107.0	110.8	105.9
5. 文娱费	116.1	101.9	120.1	100.6	112.8	103.4
6. 学杂保育费	111.6	104.5	104.6	102.1	122.4	108.2
7. 修理及其他服务费	105.0	106.5	105.8	107.0	104.5	106.3
8. 医疗保健服务	102.6	102.1	100.0	100.0	103.9	103.1

8－3 各市居民消费价格指数和零售物价分类指数

（2000 年以上年价格为 100）

项　　目	全省平均	昆明市	个旧市	大理市	东川区
一、居民消费价格指数	**97.9**	**97.5**	**97.0**	**98.6**	**99.0**
二、零售物价指数	**97.6**	**97.0**	**96.9**	**97.2**	**98.5**
1. 食品类	94.3	92.4	94.4	95.3	97.0
(1)粮　食	90.8	90.2	92.7	91.5	86.2
(2)油脂类	86.8	81.8	88.3	88.2	81.7
(3)肉禽蛋	91.1	88.5	92.4	93.4	93.9
(4)水产品	92.0	90.1	87.1	94.9	95.7
(5)鲜　菜	97.8	94.6	103.1	102.2	107.8
(6)干　菜	96.6	96.3	94.6	92.2	86.2
(7)鲜　果	93.9	91.4	84.5	94.8	100.9
(8)干　果	94.0	89.3	92.0	97.7	92.6
(9)其它食品	100.5	100.4	105.6	99.9	99.6
2. 饮料、烟酒类	95.3	93.3	92.6	94.9	97.0
(1)饮　料	100.8	99.9	98.3	99.8	100.5
(2)烟　酒	93.3	90.5	91.1	92.6	96.2
3. 服装、鞋帽类	102.0	102.9	105.1	99.7	102.3
#服　装	102.8	104.8	103.3	102.0	105.4
4. 纺织品类	96.3	93.5	98.0	96.4	101.1
5. 中、西药品类	99.9	99.6	99.3	95.6	98.5
6. 化妆品类	103.2	103.1	98.3	105.1	103.6
7. 书报杂志类	109.1	110.0	100.0	111.2	113.5
8. 文化体育用品类	98.0	96.3	101.0	98.3	99.7
9. 日用品类	97.5	96.0	98.7	97.8	94.3
10. 家用电器类	95.5	97.3	90.2	93.1	92.8
11. 首饰类	104.6	107.4	103.7	102.2	102.1
12. 燃料类	123.1	129.2	114.5	108.8	120.8
13. 建筑装璜材料类	96.0	91.8	100.1	98.0	94.4
14. 机电产品类	94.3	94.5	94.2	94.2	100.3

8－4　各市服务项目价格指数

（2000年以上年价格为100）

项　　目	全省平均	昆明市	个旧市	大理市	东川区
服务项目价格指数	**103.8**	**102.1**	**100.1**	**102.8**	**104.9**
一、电讯费	100.1	100.0	100.0	100.0	99.5
#市内电话费	100.0	100.0	100.0	100.0	100.0
长途电话费	100.1	100.0	100.0	100.0	100.0
二、邮　费	108.4	109.0	106.9	106.2	111.4
#平信邮寄	110.5	110/0	110.0	110.0	110.0
三、交通费	103.4	100.0	102.1	99.0	100.0
#公共汽车票	100.3	100.0	100.0	100.3	
长途汽车票	107.4	100.0	104.4	96.8	100.0
火车票	99.8	99.8	100.0	100.0	
出租汽车费	100.0	100.0	100.0	100.0	100.0
四、洗理美容费	106.5	108.2	102.5	100.0	100.0
#理发费	105.4	105.0	100.0	100.0	100.0
洗澡费	114.3	119.7	125.0	100.0	100.0
美容费	102.7	100.0	100.0	100.0	100.0
五、文娱费	101.9	100.6	102.0	100.0	100.0
#电影票	111.7	122.5	121.7	100.0	100.0
公园门票	102.6	104.2	94.9	100.0	100.0
舞会票	92.2	80.4	100.0	100.0	100.0
六、学杂保育费	104.5	101.3	100.5	108.3	110.9
#学杂费	102.3	102.9	100.0	107.4	109.4
托幼费	113.1	85.5	100.0	114.3	122.5
七、修理及其它服务	106.5	111.8	94.5	100.0	100.8
#修　鞋	112.7	143.9	100.0	100.0	100.0
自行车补胎	100.0	100.0	100.0	100.0	100.0
缝　纫	100.0	98.7	100.0	100.0	100.0
照　像	108.2	117.3	128.6	100.0	100.0
八、医疗保健服务	102.1	100.0	100.0	100.0	100.0
#挂号费	101.5	100.0	100.0	100.0	100.0
住院费	104.0	100.0	100.0	100.0	100.0

8-5 农村零售物价分类指数

(2000年以上年价格为100)

地　区	零售物价指数	一、食品类	1. 粮　食	2. 油脂类	3. 肉禽蛋	4. 水产品	5. 鲜　菜	6. 干　菜
全省农村	**98.4**	**95.8**	**91.2**	**89.1**	**93.7**	**92.4**	**101.2**	**96.9**
玉　溪	98.4	95.1	94.2	84.1	91.2	88.7	104.7	103.6
保　山	95.6	89.2	83.5	83.8	90.1	74.8	86.6	91.3
大　姚	100.2	94.2	85.6	88.3	92.0	101.9	89.9	100.4
宣　威	98.1	96.7	84.7	94.5	98.7	83.6	103.5	99.7
丽　江	98.4	96.5	86.4	88.1	90.8	106.7	106.9	102.2
普　洱	96.0	94.2	91.8	87.7	92.7	89.6	92.7	88.9
文　山	98.7	94.0	94.4	88.5	90.3	85.3	102.5	91.0
临　沧	98.2	96.7	94.2	96.3	91.2	97.8	106.5	97.6
潞　西	96.3	93.1	90.9	80.3	89.7	95.5	97.0	94.6
景　洪	99.9	98.7	99.5	101.0	99.9	94.7	96.8	96.8
昭　通	100.8	100.7	89.8	88.8	101.8	98.3	120.9	96.4

8-5 续表1

(2000年以上年价格为100)

地　区	7. 鲜　果	8. 干　果	9. 其它食品	二、饮料烟酒类	1. 饮　料	2. 烟　酒	三、服装鞋帽类	四、纺织品类	五、中西药品类
全省农村	**97.1**	**96.8**	**100.5**	**97.6**	**102.5**	**96.2**	**101.1**	**98.6**	**100.7**
玉　溪	93.9	95.9	97.5	93.8	99.2	92.8	98.8	97.3	112.1
保　山	99.9	87.5	97.0	92.6	99.9	91.8	100.7	98.8	97.5
大　姚	101.6	110.4	102.4	104.2	104.2	104.2	98.4	99.9	99.9
宣　威	107.4	89.1	105.7	94.2	100.9	93.0	100.4	97.8	96.7
丽　江	111.8	112.2	102.4	95.5	97.5	94.5	99.7	98.4	100.1
普　洱	93.8	82.2	100.3	99.4	96.4	99.7	100.3	98.8	87.5
文　山	71.8	98.8	97.9	97.9	99.0	97.8	112.5	101.0	100.4
临　沧	97.8	99.6	100.9	98.5	105.8	95.6	97.0	97.9	103.0
潞　西	96.7	93.9	96.3	96.7	111.5	86.5	100.7	96.2	106.6
景　洪	94.7	96.9	102.2	108.3	116.5	105.6	100.2	96.5	98.2
昭　通	96.7	95.1	106.3	99.1	99.6	98.8	104.1	102.8	101.9

8－5　续表2　　（2000年以上年价格为100）

地　　区	六、化妆品类	七、书报杂志类	八、文化体　育用品类	九、日用品　类	十、家用电器类	十一、首饰　类	十二、燃料　类	十三、建筑装璜材料类	十四、机电产品类
全省农村	**103.0**	**109.1**	**99.4**	**98.8**	**94.0**	**99.2**	**118.7**	**98.4**	**94.2**
玉　　溪	95.9	110.1	99.8	97.7	98.2	100.8	120.5	96.0	94.5
保　　山	101.4	115.1	95.4	102.0	86.6	99.2	109.5	102.8	93.6
大　　姚	102.8	109.3	98.5	101.5	100.1	100.0	129.7	102.0	98.4
宣　　威	93.2	109.5	104.5	95.4	95.2	102.8	114.7	99.4	100.0
丽　　江	121.2	100.0	98.9	99.5	99.2	99.0	113.7	99.3	100.0
普　　洱	100.3	127.8	100.7	94.6	91.4	98.6	128.5	95.8	88.8
文　　山	103.2	102.0	101.1	101.7	90.0	97.0	105.7	97.3	93.5
临　　沧	99.1	99.8	99.6	100.7	97.9	96.1	111.4	99.1	95.8
潞　　西	102.4	104.1	95.9	96.0	86.6	99.0	119.4	96.7	87.4
景　　洪	103.3	108.1	99.1	100.3	94.5	100.4	124.8	97.2	98.2
昭　　通	100.9	112.1	104.7	99.1	91.8	96.3	117.6	98.8	95.4

8－5　续表3　　（2000年以上年价格为100）

地　　区	农　业生　产资　料	（一）小农　具	（二）半机械化农具	（三）机械化农具	（四）化学肥　料	（五）农药及农药械	（六）农用机　油	（七）其　它
全省农村	**98.9**	**103.6**	**101.0**	**98.1**	**97.3**	**97.9**	**122.7**	**100.1**
玉　　溪	96.4	100.0	100.0	99.6	94.5	98.5	131.0	101.0
保　　山	102.1	99.5	99.4	97.4	99.9	99.6	127.0	104.0
大　　姚	97.2	101.8	102.5	98.4	98.5	102.1	109.9	100.0
宣　　威	101.0	88.4	100.0	99.6	98.4	88.6	127.3	96.8
丽　　江	99.7	100.0	100.1	94.4	98.5	100.0	120.0	98.9
普　　洱	98.4	95.8	100.7	97.0	102.9	98.1	127.8	92.8
文　　山	96.9	100.9	98.5	102.4	95.3	95.6	111.8	102.2
临　　沧	97.8	116.8	100.0	96.1	98.0	100.0	116.2	98.8
潞　　西	100.5	101.6	100.0	98.7	94.8	94.3	121.5	103.0
景　　洪	100.4	106.1	111.4	97.8	97.5	98.4	125.5	98.4
昭　　通	98.1	103.2	99.3	96.6	97.6	99.2	131.9	98.8

8-6 农村居民消费价格分类指数

(2000年以上年价格为100)

地　区	农村居民消费价格指数	一、食品类	二、衣着类	三、家庭设备及用品	四、医疗保健	五、交通和通讯工具	六、娱乐教育文化用品	七、居住	八、服务项目
全省农村	**98.4**	**95.5**	**100.3**	**99.1**	**100.8**	**93.7**	**98.9**	**102.0**	**106.0**
玉　溪	99.5	94.4	94.9	97.4	106.6	97.8	102.2	96.2	123.0
保　山	95.5	89.8	100.4	99.8	97.2	90.7	89.8	106.4	108.5
大　姚	98.3	93.5	97.9	100.9	100.1	98.7	105.9	100.2	106.3
宣　威	98.1	96.1	100.1	97.6	96.1	98.2	99.6	98.7	106.5
丽　江	97.9	95.5	99.6	99.0	100.3	100.0	99.7	100.9	101.4
普　洱	96.8	95.7	100.4	99.3	87.6	88.3	98.8	98.4	100.5
文　山	98.1	93.8	111.7	101.8	105.3	95.6	96.0	98.9	100.4
临　沧	97.7	95.8	97.7	98.9	103.5	99.2	97.4	99.6	101.2
潞　西	96.8	93.5	99.7	94.2	106.6	86.8	95.6	104.9	104.7
景　洪	99.2	100.0	98.3	98.7	98.2	91.2	99.9	104.1	100.7
昭　通	101.2	100.2	101.7	99.1	102.0	95.1	97.6	102.7	109.0

8-6 续表　　(2000年以上年价格为100)

地　区	1.电讯费	2.邮　费	3.交通费	4.洗理美容费	5.文娱费	6.学杂保育费	7.修理及其它服务	8.医疗保健服务
全省农村	**100.2**	**108.2**	**106.7**	**105.9**	**103.4**	**108.2**	**106.3**	**103.1**
玉　溪	100.0	106.5	100.0	102.5	105.9	202.1	96.3	100.0
保　山	99.1	111.1	111.7	100.9	114.3	111.8	101.6	110.5
大　姚	103.1	110.0	114.3	101.5	123.9	112.2	96.9	100.0
宣　威	100.0	106.5	130.2	122.2	98.2	98.8	102.0	106.8
丽　江	100.0	108.0	100.8	100.0	97.1	100.0	103.4	103.3
普　洱	99.7	109.1	93.4	102.0	92.4	103.7	100.2	101.5
文　山	100.0	108.1	110.8	102.1	103.3	92.3	109.7	101.4
临　沧	100.5	107.0	100.0	100.0	100.0	103.7	100.0	100.0
潞　西	102.0	106.5	102.2	117.8	101.0	106.0	103.6	102.2
景　洪	100.0	111.3	100.0	100.0	100.0	102.3	100.3	100.0
昭　通	100.0	104.7	132.8	106.6	100.5	103.5	116.7	102.1

8－7 全省城市集市贸易价格分类指数

（以上年价格为100）

项　　目	1985年	1990年	1995年	1997年	1998年	1999年	2000年
消费品指数	**119.5**	**94.4**	**140.8**	**97.9**	**93.3**	**93.8**	**89.8**
1. 粮　食	98.7	78.6	143.9	85.6	92.7	95.1	90.7
2. 油脂类	122.6	87.3	140.8	100.7	97.9	92.1	85.0
3. 鲜　菜	126.5	95.6	146.4	103.9	86.9	103.6	92.1
4. 干　菜	106.2	82.0	164.7	80.9	87.7	105.4	82.5
5. 肉禽蛋	121.6	96.6	145.8	99.4	95.6	90.2	91.4
6. 水产品	119.0	100.3	107.3	102.1	89.0	90.9	90.7
7. 鲜　果	141.6	96.0	119.7	94.0	105.6	93.1	87.4
8. 干　果	100.9	93.7	133.5	101.5	99.4	92.7	91.2
9. 日用杂品	114.2	112.5					
10. 柴　草	118.3	83.9					
11. 其　它	110.7	98.2					

8－8 各城市集市贸易价格分类指数

（2000年以上年价格为100）

项　　目	全　省 平　均	昆明市	个旧市	大理市	东川区
消费品指数	**89.8**	**88.1**	**91.1**	**91.6**	**92.3**
1. 粮　食	90.7	90.4	93.4	90.3	87.5
2. 油脂类	85.0	82.2	90.2	88.5	81.5
3. 肉禽蛋	91.4	89.3	93.4	93.0	95.2
4. 水产品	90.7	88.4	85.8	95.5	95.6
5. 鲜　菜	92.1	89.0	93.6	95.6	99.0
6. 干　菜	82.5	88.4	84.1	77.3	74.2
7. 鲜果类	87.4	88.8	82.4	92.9	92.8
8. 干果类	91.2	88.8	89.4	96.4	94.2

8－9　主要年份农副产品收购价格分类指数

（各年以上年价格为100）

项　　目	1978年	1980年	1985年	1990年	1995年	1999年	2000年
总　指　数	**101.2**	**106.0**	**116.7**	**105.3**	**125.6**	**95.6**	**93.6**
一、粮　食　类	101.0	100.0	127.9	96.8	121.6	90.9	80.7
二、经济作物类	100.1	99.9	102.9	117.1	131.9	101.1	94.1
1.食用植物油及油料	100.5	100.1	118.1	99.4	101.5	97.9	82.6
2.棉　　花	100.0	105.0	112.0	79.0	104.3		
3.麻　　类	100.9	92.4	134.8	93.5			
4.烟　　叶	100.0	100.0	100.0	133.7	141.0	111.9	102.4
5.糖　　料	100.0	100.0	105.1	102.6	138.4	90.0	76.4
6.茶　　叶	100.0	100.0	109.0	87.9	108.0	81.6	102.5
三、竹木材类	100.0	103.2	195.5	98.9	110.1	96.3	97.0
四、工业用油漆类	105.6	104.0	101.3	94.6	109.4	115.4	99.6
五、禽畜产品类	100.0	107.1	146.7	91.8	132.7	87.6	94.3
1.肉　　畜	100.0	106.3	147.4	93.1	140.2	87.2	93.9
2.禽　　蛋	100.0	106.1	118.9	98.7	113.1	93.4	95.2
3.皮　　张	100.0	125.9	159.7	71.0	105.6	79.2	111.4
4.鬃　　毛	100.4	101.1	178.7	76.0	85.7	102.0	85.9
六、蚕茧蚕丝类	100.0	100.0	104.7	77.8	96.7	102.9	96.0
七、干鲜果类	99.8	104.7	131.3	96.3	106.2	95.1	104.1
八、干鲜菜及调味品类	106.6	104.6	135.4	100.2	114.7	98.2	99.7
鲜　　菜	99.4	107.1	165.7	109.7	146.3	99.0	93.0
九、药材类	100.2	96.2	111.6	148.7	100.0	85.9	93.3
十、土副产品类	105.6	95.8	105.5	105.9	139.2	97.7	98.2
十一、水产品类	100.0	149.0	123.2	69.0		96.2	91.5

8－10　全省工业品出厂价格分类指数

（各年以上年价格为100）

类　　别	1991年	1995年	1997年	1998年	1999年	2000年
全省总指数	**106.3**	**110.2**	**100.7**	**97.2**	**98.2**	**101.2**
轻工业	104.0	105.2	100.0	99.1	98.5	100.5
以农副产品为原料	103.9	104.7	100.0	99.2	98.8	100.9
以非农产品为原料	107.1	113.6	100.1	97.3	97.0	97.5
重工业	108.2	117.1	101.6	94.4	97.8	101.8
采　掘	104.7	123.1	100.5	95.2	100.1	107.6
原　料	113.5	114.7	103.6	95.0	97.2	102.4
加　工	99.8	118.8	98.3	93.1	97.7	98.7
生产资料	108.2	117.5	101.0	94.9	97.7	101.5
采　掘	104.7	123.1	100.5	95.2	100.1	107.5
原　料	113.5	115.6	102.8	95.2	97.2	102.2
加　工	99.9	118.8	97.9	94.1	97.4	98.7
生活资料	103.9	104.6	100.4	98.9	98.9	100.8
食　品	102.8	102.7	100.3	99.1	99.3	101.4
衣　着	120.9	125.7	99.4	95.7	90.8	97.6
一般日用品	105.7	112.9	102.5	98.5	99.4	98.6
耐用消费品	109.1	104.5	98.7	93.3	95.8	96.2

8－11　全省主要原材料、燃料、动力购进价格分类指数

（各年以上年价格为100）

类　　别	1991年	1995年	1997年	1998年	1999年	2000年
全省总指数	**108.2**	**113.2**	**103.1**	**100.7**	**98.8**	**101.5**
（一）燃料、动力类	104.4	107.1	118.3	100.8	100.2	106.5
（二）黑色金属材料类	117.2	91.0	101.1	96.1	94.0	99.3
（三）有色金属材料和电线类	103.9	140.4	90.0	86.6	96.1	107.0
（四）化工材料类	117.5	126.1	93.4	95.1	95.0	100.2
（五）木材及纸浆类	95.9	106.6	102.9	94.3	102.7	103.6
（六）建筑材料类	106.3	98.6	97.8	101.0	97.6	98.1
（七）非金属矿类	110.3	108.7	99.2	91.7	99.7	102.3
（八）农副产品类	109.3	132.7	100.1	116.8	104.5	96.8
（九）纺织原料类	120.6	155.3	97.0	96.5	89.4	95.8

主 要 统 计 指 标 解 释

物价指数　物价指数也称“商品价格指数”是反映两个时期商品价格变化和平均升降程度的相对数，通常用百分比表示。例如1988年全省零售物价总指数为119.6%，它说明零售物价总水平1988年比1987年平均上升19.6%。其中既包括了涨价的商品，也包括降价和价格不变的商品，是1988年的商品价格和1987年的商品价格综合比较的结果。

零售物价指数　采用加权算术平均公式计算，全省共有十五个市（县）物价点，每个调查点抽选400个左右的商品进行价格调查登记，根据商品流转统计中商品销售构成资料（即权数）按加权算术平均公式进行计算。

居民消费价格指数　根据城市和农村的居民实际消费构成加权计算而得。

农副产品收购价格指数　农副产品收购价格指数分十一个大类，二十五个小类，包括了全省各种主要农副产品在内，采用加权倒数平均公式（即按报告期实际收购金额加权综合法）计算。

集市贸易价格指数　是反映城乡集市贸易商品价格变动趋势和程度的相对数。集市贸易价格指数分消费品和农业生产资料两个大部分，采用报告期集市贸易成交额作为权数，采用加权倒数平均公式进行计算。现行制度只编制城市农贸市场农产品成交价格指数。

九、人民生活

PEOPLE'S LIVELIHOOD

9－1　主要年份人民物质文化生活水平

项　　目	单　位	1978年	1990年	1995年	1999年	2000年
一、城乡居民收入						
农村居民家庭人均纯收入(抽样调查)	元	130.6	540.21	1 010.97	1 437.63	1 478.60
城市居民家庭人均可支配收入(抽样调查)	元	327.7	1 514.81	4 064.93	6 178.68	6 324.64
全部职工年平均工资	元	608	2 130	5 149	8 276	9 231
二、生活消费						
居民每人每年平均消费水平	元	156	731	1 484	2 340	2 530
居民每人每年社会消费品零售额	元	92.81	394.64	932.18	1 293.04	1 383.03
三、居住面积						
城镇居民平均每人居住	平方米		7.2	8.6	11.23	12
农村居民平均每人居住(抽样调查)	平方米	7.69	16.96	19.78	21.37	22.18
四、交　　通						
城镇每百户拥有自行车	辆		170	190	200	139
城市每万人拥有公共车辆(城市年报)	辆		1.40	2.57	11.00	8.10
五、邮电、通讯						
每万人拥有电话机	部	29.47	47.64	211.66	552.27	710.86
每人每年函件交寄	件	1.82	2.43	4.04	2.51	2.75
六、储　　蓄						
城乡居民储蓄存款余额	亿元	4.20	117.89	500.13	1 028.93	1 138.22
平均每人储蓄存款余额	元	13.59	316	1 253.60	2 454.27	2 683.97
七、文　　化						
城镇每百户拥有彩色电视机	台		62	90	110	116
农村每百户拥有电视机	台		21	56	74	71
每百人每天拥有报纸	份	2.73	2.64	3.23	2.35	2.28
每人每年拥有图书、杂志	册	1.48	3.6	3.4	4.55	3.86
广播人口覆盖率	%	68.00	74.00	81.66	84.68	86.00
电视人口覆盖率	%	65.00	79.00	84.84	86.83	88.00
八、教　　育						
学龄儿童入学率	%	88.60	94.64	97.40	99.00	99.00
每万人口中在校大学生数	人	4.92	11.67	12.89	17.63	21.32
九、卫　　生						
每万人拥有医院病床数	张	17.5	20.41	21.03	15.50	15.59
每万人拥有医生数	人	10.08	14.44	14.91	14.56	14.76
十、就　　业						
城镇每一就业者负担人数(包括就业者本人)	人	2.07	1.85	1.73	1.69	1.76

注:1.1990年农民人均纯收入农民自用部分按新价计算,故与历年不可比。

2.1990年及以后的“年平均工资”均包括肉食补贴部份。“每人每年拥有图书杂志”系我省出版数。

9－2 主要年份居民消费水平及其指数

（指数以 1952 年为 100）

年份	消费水平(元)				指数(%)		
	全省居民	农民	非农业居民	农与非农对比	全省居民	农民	非农业居民
1952	54	47	123	1:2.62	100	100	100
1978	156	124	406	1:3.27	284.3	270.6	346.5
1980	187	141	530	1:3.76	342.0	306.7	530.6
1985	327	258	814	1:3.16	564.4	527.5	733.9
1990	731	601	1 548	1:2.58	1 096.5	1 050.5	1 375.3
1991	862	712	1 790	1:2.51	1 239.0	1 191.3	1 523.8
1992	957	753	2 202	1:2.92	1 465.7	1 404.5	1 604.6
1993	1 069	792	2 715	1:3.43	1 804.3	1 679.8	2 071.5
1994	1 261	933	3 195	1:3.42	1 845.8	1 706.7	2 144.0
1995	1 484	1 064	3 958	1:3.72	1 867.9	1 725.5	2 180.4
1996	1 800	1 287	4 849	1:3.77	1 914.6	1 753.1	2 282.9
1997	1 982	1 477	5 002	1:3.39	1 983.5	1 814.5	2 376.5
1998	2 059	1 555	5 032	1:3.24	2 019.2	1 849.0	2 400.3
1999	2 340	1 885	4 933	1:2.62	2 340.3	2 281.7	2 393.1
2000	2 530	2 007	5 444	1:2.71	2 550.9	2 455.1	2 651.6

注：绝对数按当年价格计算。农与非农消费水平对比没有剔除城乡价格不可比的因素，以农民为 1。

9－3 主要年份全省城乡储蓄存款余额

单位：万元

年份	总计	城镇储蓄合计	定期储蓄	农户储蓄
1978	42 001	32 353	26 572	9 649
1980	67 803	54 305	43 161	13 498
1985	298 259	231 158	222 759	67 101
1986	397 639	310 863	347 339	86 776
1987	554 604	431 172	343 697	123 432
1988	637 325	490 353	382 943	146 972
1989	864 530	687 682	570 601	176 858
1990	1 178 897	948 827	784 846	230 070
1991	1 522 838	1 221 682	1 008 686	301 156
1992	1 958 154	1 564 095	1 245 073	394 059
1993	2 512 327	1 995 352	1 556 572	516 975
1994	3 514 008	2 808 076	2 204 069	705 932
1995	5 001 334	4 047 009	3 216 902	954 325
1996	6 712 022	5 469 939	4 302 375	1 242 083
1997	8 059 887	6 567 800	5 030 542	1 492 087
1998	9 128 919	7 514 500	5 522 222	1 614 419
1999	10 289 259	8 517 513	5 982 205	1 771 746
2000	11 382 215	9 374 993	6 050 216	2 007 222

9－4 历年城镇居民家庭生活基本情况

年 份	平均每户家庭人口（人）	平均每户就业人口（人）	平均每户就业面（%）	负担人数（人）	人均年可支配收入（元）	人均年消费性支出（元）	食 品
1957	4.45	1.48	33.30	3.00	201.60	189.90	102.55
1960	4.32	1.62	37.60	2.67	252.82	238.33	143.00
1962	4.25	1.63	38.30	2.61	255.00	254.49	162.87
1963	4.23	1.62	38.40	2.61	256.11	247.04	164.95
1964	4.20	1.62	38.50	2.59	257.21	237.34	141.09
1965	4.19	1.62	38.60	2.59	261.95	240.69	143.32
1966	4.66	1.78	38.20	2.62	259.39	234.43	140.43
1967	4.69	1.79	38.10	2.62	260.55	228.33	136.62
1968	4.68	1.78	38.00	2.63	277.69	260.98	161.33
1969	4.66	1.77	38.00	2.63	281.47	263.12	167.04
1970	4.65	1.79	38.40	2.60	298.93	266.46	165.76
1971	4.63	1.78	38.50	2.60	291.02	268.77	167.02
1972	4.60	1.77	38.50	2.60	294.77	272.25	169.01
1973	4.58	1.77	38.60	2.59	297.08	275.98	171.14
1974	4.55	1.76	38.60	2.59	297.81	277.68	172.01
1975	4.53	1.75	38.70	2.59	300.29	282.53	174.62
1976	4.50	1.76	39.10	2.56	298.01	284.39	175.59
1977	4.48	1.80	40.10	2.49	296.28	283.89	175.10
1978	4.45	2.15	48.30	2.07	327.70	303.12	190.94
1979	4.39	2.16	49.30	2.03	362.40	342.60	214.56
1980	4.34	2.14	49.40	2.03	420.45	380.64	236.66
1981	4.28	2.20	51.40	1.95	446.41	411.57	247.19
1982	4.24	2.27	53.50	1.87	492.51	455.92	273.26
1983	4.21	2.29	54.40	1.83	532.54	480.13	285.94
1984	4.13	2.27	55.00	1.82	608.23	527.27	311.02
1985	3.85	2.03	52.70	1.89	752.29	703.56	360.39
1986	3.80	2.03	53.40	1.88	871.75	813.92	423.93
1987	3.77	2.01	53.30	1.88	989.37	883.52	481.85
1988	3.69	1.92	52.00	1.93	1 156.49	1 143.29	553.70
1989	3.67	1.92	52.30	1.91	1 305.15	1 140.71	621.33
1990	3.57	1.93	54.10	1.85	1 514.81	1 272.09	679.18
1991	3.48	1.91	54.90	1.82	1 703.16	1 428.28	763.42
1992	3.37	1.91	56.70	1.76	2 061.74	1 704.15	861.60
1993	3.30	1.87	56.70	1.76	2 639.07	2 186.29	1 066.99
1994	3.20	1.83	57.10	1.75	3 433.97	2 843.69	1 441.93
1995	3.17	1.84	57.80	1.73	4 064.93	3 448.27	1 808.71
1996	3.13	1.86	59.40	1.68	4 977.95	4 007.48	1 971.54
1997	3.12	1.88	60.30	1.66	5 558.29	4 537.08	2 109.53
1998	3.05	1.83	60.00	1.67	6 042.78	5 032.67	2 222.58
1999	3.05	1.80	59.00	1.69	6 178.68	4 941.26	2 194.25
2000	3.12	1.77	56.70	1.76	6 324.64	5 185.31	2 091.70

9－5 主要年份城镇居民家庭基本情况

项　　目	单　位	1985年	1990年	1995年	1998年	1999年	2000年
一、调查户数	户	650	950	950	950	950	1250
二、平均每户家庭人口数	人	3.85	3.57	3.17	3.05	3.05	3.12
三、平均每户就业人口数	人	2.03	1.93	1.84	1.83	1.80	1.77
四、平均每户就业面	%	52.73	54.06	58.00	60.00	59.00	56.70
五、平均每一就业者负担人数（包括就业者本人）	人	1.89	1.85	1.73	1.67	1.69	1.76
六、平均每人全年全部收入	元	761.95	1 528.28	4 113.24	6 100.26	6 234.59	6 369.58
#可支配收入	元	752.29	1 514.81	4 064.93	6 042.78	6 178.68	6 324.64
按每人每月可支配收入分组户数占总户数的比重	%	100	100	100	100	100	100
100元以下	%	100	47.09	1.15	0.05	0.27	0.34
100－200元	%		52.91	13.00	3.18	3.89	2.96
200－300元	%			35.61	12.30	12.50	9.42
300－400元	%			32.17	17.07	19.15	16.87
400－500元	%			10.74	20.24	15.67	18.84
500－600元	%		47.09	4.00	17.34	15.49	17.94
600－700元	%			1.37	10.57	9.87	12.92
700－800元	%			1.18	7.42	9.60	6.78
800－900元	%			0.78	6.25	5.66	4.63
900－1000元	%				2.33	3.58	3.89
1000元以上	%				3.25	4.31	5.41
七、平均每人全年消费性支出	元	703.56	1 272.09	3 448.27	5 032.67	4 941.26	5 185.31

9－6　城镇居民家庭生活基本情况

（2000 年）

项　　目	单位	全　省	特大城市	中等城市	小 城 市	县　城
调查户数	户	1250	300	100	400	450
平均每户家庭人口数	人	3.12	3.03	2.88	3.03	3.21
平均每户就业人口数	人	1.77	1.99	1.64	1.80	1.67
平均每户就业面	%	56.70	65.70	56.90	59.40	52.00
平均每一就业者负担人数（包括就业者本人）	人	1.76	1.52	1.76	1.68	1.92
平均每人全年全部收入	元	6 369.58	7 621.17	5 568.28	6 589.44	5802.59
平均每人全年可支配收入	元	6 324.64	7 563.32	5 523.36	6 565.20	5759.95
平均每人全年消费性支出	元	5 185.31	6 844.64	4 597.55	5 596.15	4391.53

9－6　续表　　（2000 年）

项　　目	单位	总平均	最　低收入户	困难户	低　收入　户	中　等偏下户	中　等收入户	中　等偏上户	高　收入　户	最　高收入户
调查户数	户	1250	125	69	125	250	250	250	125	125
比　　重	%	100	10	5.52	10	20	20	20	10	10
平均每户家庭人口数	人	3.12	3.47	3.39	3.27	3.28	3.22	3.00	2.88	2.57
平均每户就业人口数	人	1.77	1.53	1.52	1.68	1.77	1.84	1.90	1.82	1.63
平均每户就业面	%	56.70	44.10	44.80	51.40	54.00	57.10	63.30	63.20	63.40
平均每一就业者负担人数	人	1.76	2.27	2.23	1.95	1.85	1.75	1.58	1.58	1.58
平均每人全年全部收入	元	6 369.58	2 782.60	2 422.00	3 861.42	4 901.45	6 158.72	7 625.99	9 279.19	12 504.68
平均每人全年可支配收入	元	6 324.64	2 744.18	2 377.39	3 830.35	4 863.91	6 114.54	7 581.85	9 229.63	12 415.67
平均每人全年消费性支出	元	5 185.31	2 427.39	2 161.53	3 430.38	4 173.61	5 002.46	6 004.95	7 565.55	9 615.75

9－7 各市县城镇居民家庭基本情况

（2000年）

项　　目	单位	全省平均	市合计	昆明市	个旧市	大理市	东川区
调查户数	户	1250	800	300	100	100	100
比　　重	%	100	64	24	8	8	8
平均每户家庭人口数	人	3.12	3.03	3.03	2.88	3.26	2.72
平均每户就业人口数	人	1.77	1.87	1.99	1.64	1.86	1.51
平均每户就业面	%	56.70	61.70	65.70	56.90	57.10	55.50
平均每一就业者负担人数	人	1.76	1.62	1.52	1.76	1.75	1.80
平均每人全部收入	元	6 369.58	7 010.16	7 621.17	5 568.28	7 001.70	5 600.16
平均每人可支配收入	元	6 324.64	6 962.62	7 563.32	5 523.36	6 955.94	5 573.56
平均每人消费性支出	元	5 185.31	6 082.10	6 844.64	4 597.55	5 544.96	4 756.69

9－7　续表1　　（2000年）

项　　目	单位	保山市	红塔区	县城合计	宣威市	普洱县	丽江县
调查户数	户	100	100	450	50	50	50
比　　重	%	8	8	36	4	4	4
平均每户家庭人口数	人	3.11	3.03	3.21	3.00	2.86	3.50
平均每户就业人口数	人	1.86	1.97	1.67	1.74	1.44	1.50
平均每户就业面	%	59.80	65.00	52.00	58.00	50.30	42.90
平均每一就业者负担人数	人	1.67	1.54	1.92	1.72	1.99	2.33
平均每人全部收入	元	5 810.02	7 832.49	5 802.59	6 457.50	6 310.49	6 162.45
平均每人可支配收入	元	5 796.11	7 822.90	5 759.95	6 365.78	6 250.54	6 117.29
平均每人消费性支出	元	4 532.09	7 494.55	4 391.53	4 676.45	5 385.77	4 601.47

9－7　续表2　　（2000年）

项　　目	单位	腾冲县	临沧县	武定县	会泽县	盐津县	文山县
调查户数	户	50	50	50	50	50	50
比　　重	%	4.0	4.0	4.0	4.0	4.0	4.0
平均每户家庭人口数	人	3.28	3.26	3.12	3.22	3.70	2.92
平均每户就业人口数	人	1.85	1.91	1.62	1.45	1.80	1.74
平均每户就业面	%	56.4	58.6	51.9	45.0	48.6	59.6
平均每一就业者负担人数	人	1.77	1.71	1.93	2.22	2.06	1.68
平均每人全部收入	元	5 274.88	5 967.23	4 950.73	5 845.06	5 266.13	6 152.91
平均每人可支配收入	元	5 267.37	5 888.17	4 909.59	5 780.52	5 265.32	6 151.35
平均每人消费性支出	元	3 466.17	5 044.92	4 081.95	4 586.03	3 132.48	4 894.94

9－8　城镇居民家庭不同收入水平基本情况

（按人均月可支配收入分组,2000年）

项　　目	单位	全省合计	100元以下	100－200元	200－300元	300－400元	400－500元
调查户数	户	1 250	4.25	37.05	117.73	210.87	235.49
比　　重	%	100	0.34	2.96	9.42	16.87	18.84
平均每户家庭人口数	人	3.12	3.24	3.30	3.53	3.38	3.21
平均每户就业人口数	人	1.77	0.84	1.46	1.51	1.81	1.76
平均每户就业面	%	56.70	25.90	44.20	42.80	53.60	54.80
平均每一就业者负担人数	人	1.76	3.86	2.26	2.34	1.87	1.82
平均每人全部收入	元	6 369.58	798.23	1 953.34	3 086.00	4 264.43	5 425.60
平均每人可支配收入	元	6 324.64	773.69	1 922.24	3 048.45	4 229.10	5 384.49
平均每人消费性支出	元	5 185.31	1 525.38	1 806.01	2 566.84	3 530.51	4 531.08

9－8　续表1　　　（按人均月可支配收入分组,2000年）

项　　目	单位	500－600元	600－700元	700－800元	800－900元	900－1000元	1000－1100元
调查户数	户	224.28	161.45	84.79	57.88	48.63	26.85
比　　重	%	17.94	12.92	6.78	4.63	3.89	2.15
平均每户家庭人口数	人	3.06	3.00	2.81	2.81	2.72	2.89
平均每户就业人口数	人	1.87	1.84	1.74	1.99	1.75	1.92
平均每户就业面	%	61.10	61.30	61.90	70.80	64.30	66.40
平均每一就业者负担人数	人	1.64	1.63	1.61	1.41	1.55	1.51
平均每人全部收入	元	6624.25	7810.54	9053.8	10169.17	11426.26	12614.05
平均每人可支配收入	元	6588.76	7761.73	8997.03	10112.79	11371.1	12523.29
平均每人消费性支出	元	5283.12	6311.08	6694.04	9011.28	8720.71	11654.84

9－8　续表2　　　（按人均月可支配收入分组,2000年）

项　　目	单　位	1100－1200元	1200－1300元	1300－1400元	1400－1500元	1500元以上
调查户数	户	18.07	6.08	4.08	4.53	7.98
比　　重	%	1.45	0.49	0.33	0.36	0.64
平均每户家庭人口数	人	2.39	2.67	3.13	1.46	2.20
平均每户就业人口数	人	1.50	1.93	2.17	1.00	1.38
平均每户就业面	%	62.80	72.30	69.30	68.50	62.70
平均每一就业者负担人数	人	1.59	1.38	1.44	1.46	1.59
平均每人全部收入	元	13885.32	14939.49	16315.77	17489.31	20486.31
平均每人可支配收入	元	13776.11	14801.13	16167.27	17286.44	20261.95
平均每人消费性支出	元	10788.15	8214.24	12854.39	16572.16	16463.87

9－9 城镇居民平均每人全年收入来源

（2000年）

城　　市	可支配收　入	实　际收　入	生活费收　入	国有单位职工工资	集体单位职工工资	其它经济类型单位职工全部收入
全　　省	6 324.64	6 369.58	5 563.37	3 886.95	418.65	63.71
特大城市	7 563.32	7 621.17	6 941.44	4 720.52	893.06	53.54
中等城市	5 523.36	5 568.28	5 031.48	3 028.42	535.66	
小 城 市	6 565.20	6 589.44	5 723.13	4 544.08	274.95	41.69
县　　城	5 759.95	5 802.59	4 940.62	3 412.20	225.50	87.92

9－10 城镇居民家庭平均每人全年消费性支出及构成

（2000年）

指　　标	金　额（元）	构　成（%）	指　　标	金　额（元）	构　成（%）
消费性支出	**5 185.31**	**100**	（三）家庭设备、用品及服务	384.15	7.41
（一）食　　品	2 091.70	40.34	#耐用消费品	221.11	4.26
1.粮　　食	195.34	3.77	（四）医疗保健	291.76	5.63
2.油　　脂	51.62	1.00	#医药费	259.95	5.01
#植物油	32.27	0.62	（五）交通和通讯	421.76	8.13
3.肉禽及其制品	448.29	8.65	1.交通费	61.40	1.18
#活　鸡	79.62	1.54	2.电讯费	189.25	3.65
4.蛋　　类	51.25	0.99	3.邮　费	2.76	0.05
5.水 产 品	71.05	1.37	（六）娱乐、教育、文化服务	649.33	12.52
#鱼	59.74	1.15	1.文娱用耐用消费品	208.53	4.02
6.菜　　类	220.96	4.26	2.教　育	332.13	6.41
#鲜 菜	209.76	4.05	#学 杂 费	224.51	4.33
7.食　　糖	7.32	0.14	3.文化娱乐	108.67	2.10
8.烟　　草	215.65	4.16	#书报杂志	23.74	0.46
#卷 烟	215.36	4.15	（七）居　住	480.04	9.26
9.酒和饮料	74.27	1.43	1.建筑材料	74.44	1.44
10.干鲜瓜果	141.42	2.73	2.房　租	138.48	2.67
11.奶及奶制品	45.76	0.88	（八）杂项商品和服务	344.65	6.65
（二）衣　　着	521.92	10.07	1.个人用品	58.91	1.14
1.服　　装	383.41	7.39	#金银珠宝首饰	17.53	0.34
#男士服装	132.38	2.55	2.理发美容用品	49.00	0.94
女士服装	199.04	3.84	#美容化妆品	35.60	0.69
童　　装	51.99	1.00	3.旅　游	153.32	2.96
2.衣着材料	14.73	0.28	#火车费	9.01	0.17
			其他交通费	45.01	0.87

9－11 城镇居民家庭按收入水平分组的平均每人全年消费性支出和构成

（2000 年）

项目	总平均	最低收入户		低收入户	中等偏下户	中等收入户	中等偏上户	高收入户	最高收入户
			困难户						
消费性支出(元)	**5 185.31**	**2 427.39**	**2 161.53**	**3 430.38**	**4 173.61**	**5 002.46**	**6 004.95**	**7 565.55**	**9 615.75**
(一)食　品	2 091.70	1 328.34	1 202.74	1 723.05	1 903.89	2 108.13	2 278.06	2 714.79	2 899.53
(二)衣　着	521.92	196.91	160.12	322.70	407.87	532.95	628.94	811.00	905.28
(三)家庭设备、用品及服务	384.15	85.97	41.04	107.50	205.98	345.84	389.94	865.08	1 139.53
(四)医疗保健	291.76	118.73	106.21	235.34	272.05	274.17	299.27	398.78	554.94
(五)交通和通讯	421.76	121.43	114.32	202.17	243.62	461.84	502.18	507.79	1 178.54
(六)娱乐、教育、文化服务	649.33	204.56	193.38	377.04	490.15	532.92	941.54	1 004.39	1 215.98
(七)居　住	480.04	286.26	272.43	319.19	430.93	418.12	536.77	674.04	878.34
(八)杂项商品和服务	344.65	85.20	71.29	143.39	219.13	328.49	428.25	589.68	843.62
消费性支出构成(%)	**100**	**100**	**100**	**100**	**100**	**100**	**100**	**100**	**100**
(一)食　品	40.34	54.72	55.64	50.23	45.62	42.14	37.94	35.88	30.15
(二)衣　着	10.07	8.11	7.41	9.41	9.77	10.65	10.47	10.72	9.41
(三)家庭设备、用品及服务	7.41	3.54	1.90	3.13	4.94	6.91	6.49	11.43	11.85
(四)医疗保健	5.63	4.89	4.91	6.86	6.52	5.48	4.98	5.27	5.77
(五)交通和通讯	8.13	5.00	5.29	5.89	5.84	9.23	8.36	6.71	12.26
(六)娱乐、教育、文化服务	12.52	8.43	8.95	10.99	11.74	10.65	15.68	13.28	12.65
(七)居　住	9.26	11.79	12.60	9.30	10.33	8.36	8.94	8.91	9.13
(八)杂项商品和服务	6.65	3.51	3.30	4.18	5.25	6.57	7.13	7.79	8.77

9－12 主要年份城镇居民家庭平均每人全年购买主要商品数量

品　名	单位	1985年	1990年	1995年	1997年	1998年	1999年	2000年
粮　食	千克	135.54	140.23	89.6	85.7	87.6	85.0	80.5
鲜　菜	千克	133.18	148.43	127.3	112.9	121.3	116.9	122.0
油　脂	千克	3.75	3.74	7.1	6.6	5.9	5.7	6.0
猪　肉	千克	15.86	20.09	21.9	21.2	19.9	19.7	22.9
牛羊肉	千克	3.80	3.10	1.9	2.2	2.6	2.6	2.4
家　禽	千克	2.70	2.74	5.2	5.3	6.3	6.7	6.9
鲜　蛋	千克	3.10	3.56	5.6	6.3	7.0	7.4	7.0
鱼	千克	3.02	3.68	4.5	4.4	5.4	6.1	5.6
食　糖	千克	3.19	2.18	0.3	1.5	2.0	2.0	1.9
卷　烟	盒	45.31	59.80	48.9	51.4	50.9	49.1	49.5
白　酒	千克	3.33	4.02	3.1	3.4	3.1	2.6	3.1
服　装	件	2.40	2.30	5.4	6.3	6.6	6.2	6.0
#男式服装	件			1.7	1.9	1.8	1.8	1.7
女式服装	件			2.3	2.9	3.1	2.8	2.8
儿童服装	件			1.4	1.6	1.6	1.5	1.5
皮　鞋	双	0.66	0.88	0.9	1.0	0.9	1.0	0.9
肥　皂	块	8.21	5.64	3.6	1.9	1.7	1.7	1.1
煤　炭	千克	142.55	89.74	24.8	22.9	38.2	33.3	55.2

9－13 主要年份城镇居民家庭平均每百户年底主要耐用消费品拥有量

品　名	单位	1985年	1990年	1995年	1997年	1998年	1999年	2000年
自行车	辆	105	170	190	180	204	200	139
缝纫机	架	66	69	60	54	53	52	47
电风扇	台	4	25	35	36	31	29	42
洗衣机	台	59	84	92	92	95	96	92
电冰箱	台	1	23	56	61	64	65	70
大衣柜	个	96	88	79	86	91	91	91
沙　发	个	168	209	358	376	380	373	343
写字台	张	116	95	108	104	105	106	97
组合音响	套		8	11	15	24	26	32
影碟机	台				13	31	40	60
彩色电视机	台	18	62	90	101	105	110	116
收录机	台	44	76	79	63	60	62	51
照相机	架	8	20	38	40	46	48	48
家用电脑	台				2	3	6	8
摄像机	台				1	2	1	1
微波炉	台				1	4	10	17

9－14 城镇居民家庭平均每人全年购买主要商品数量

（2000 年）

商品名称	单位	总平均	最低收入户	困难户	低收入户	中等偏下户	中等收入户	中等偏上户	高收入户	最高收入户
粮食	千克	80.5	80.4	85.7	87.3	75.2	77.2	79.1	84.1	92.6
鲜菜	千克	122.0	102.9	100.3	118.8	117.6	122.1	123.0	140.3	140.2
油脂	千克	6.0	6.1	6.7	5.6	6.1	5.7	5.9	5.8	7.5
猪肉	千克	22.9	18.3	16.8	21.2	22.0	23.7	23.3	27.7	25.7
牛羊肉	千克	2.4	2.0	2.1	1.6	2.4	2.5	2.7	3.2	2.8
禽及制品	千克	6.9	4.4	3.3	5.4	6.3	7.0	7.1	9.1	10.2
蛋类	千克	7.0	5.2	4.6	6.8	6.3	7.4	7.2	8.3	8.4
水产品	千克	6.2	4.6	4.2	5.5	5.5	6.5	6.4	8.0	8.0
酒和饮料	千克	6.0	6.4	5.5	5.9	5.2	5.3	6.4	5.8	8.9
卷烟	盒	49.5	38.8	38.7	55.6	46.7	45.8	51.2	55.1	62.5
干鲜瓜果	千克	48.0	29.6	25.0	39.8	44.5	47.6	53.2	64.4	63.4
服装	件	6.0	3.1	2.6	4.4	5.4	6.1	7.1	8.3	8.7
1.男士服装	件	1.7	0.8	0.6	1.1	1.5	1.8	2.0	2.4	2.8
2.女士服装	件	2.8	1.2	1.0	2.0	2.3	2.8	3.2	4.1	4.7
3.各式童装	件	1.5	1.0	0.9	1.3	1.6	1.5	1.9	1.8	1.2
旅游鞋	双	0.1				0.1	0.1	0.1		0.1
皮鞋	双	0.9	0.6	0.4	0.7	0.8	0.9	1.0	1.1	1.2
百户购买耐用品										
组合家具	套	0.4					0.3	1.3		1.2
洗衣机	台	3.8	3.6	0.3	1.3	4.1	2.2	5.6	5.5	3.6
电冰箱	台	2.6	0.2	0.3		1.4	4.6	1.7	2.3	7.8
彩色电视机	台	6.3			5.1	5.3	5.7	8.4	6.8	12.1

9－15 城镇居民家庭平均每百户年底主要消费品拥有量

（2000 年）

商品名称	单位	总平均	最低收入户	困难户	低收入户	中等偏下户	中等收入户	中等偏上户	高收入户	最高收入户
呢大衣	件	113	71	60	64	111	101	122	158	168
毛毯	条	182	133	105	134	173	182	197	228	223
大衣柜	个	91	71	62	78	92	98	93	96	102
沙发	个	343	254	249	305	303	355	370	395	415
写字台	张	97	77	73	76	93	98	105	106	118
组合家具	套	53	38	32	45	51	56	63	56	51
沙发床	个	54	46	33	35	48	56	59	67	64
自行车	辆	139	122	105	129	140	143	151	141	125
缝纫机	架	47	37	35	49	47	45	44	49	64
摩托车	辆	17	8	8	11	14	22	20	14	23
家用汽车	辆	1				1	1	3	2	1
电风扇	台	42	34	25	34	46	47	41	45	43
洗衣机	台	92	79	71	86	90	92	95	98	98
电冰箱	台	70	48	47	48	68	76	75	85	78
彩色电视机	台	116	98	94	105	114	118	119	128	127
影碟机	台	60	35	24	51	53	68	64	68	74
录音机	台	51	43	41	48	55	49	52	51	54
摄像机	台	1	1	1		1	1	1	1	3
照相机	架	48	24	16	25	44	50	54	63	69
淋浴热水器	台	39	23	11	27	35	44	41	51	50

9－16　主要年份农民家庭生活基本情况

年份	平均每户常住人口（人）	平均每户整半劳动力（人）	平均每个劳动力负担人口（人）	平均每人全年纯收入（元）	平均每人全年生活消费支出（元）		平均每人年末居住面积（平方米）
						食品	
1962	4.76	2.36	2.01	92.12	84.20	55.30	8.50
1965	4.88	2.51	2.00	101.00	90.70	64.40	7.71
1975	6.15	2.83	2.18	110.14	105.00	71.60	8.35
1978	6.28	3.03	2.10	130.60	113.40	84.00	7.69
1979	6.01	2.83	2.12	125.21	111.50	81.00	8.37
1980	5.98	2.90	2.06	147.70	122.63	86.21	8.96
1981	5.93	2.92	2.03	178.08	137.75	91.83	9.10
1982	5.95	2.99	1.99	231.83	185.80	124.30	9.50
1983	6.04	3.37	1.79	266.66	223.81	144.63	11.68
1984	5.93	3.38	1.75	310.43	260.62	160.25	14.08
1985	5.83	3.31	1.76	325.74	267.01	177.91	14.92
1986	5.76	3.22	1.79	338.14	304.99	205.19	15.45
1987	5.68	3.20	1.77	364.57	325.65	217.26	15.86
1988	5.58	3.19	1.75	427.72	389.20	240.49	16.31
1989	5.50	3.20	1.72	477.89	436.18	269.18	16.56
1990	5.42	3.16	1.72	489.75	453.03	274.73	16.96
1991	5.20	3.02	1.72	572.58	501.36	315.10	18.02
1992	5.18	3.05	1.70	617.98	536.06	324.96	18.07
1993	5.10	3.11	1.64	674.79	625.19	382.60	20.12
1994	5.01	3.07	1.62	802.95	764.91	458.43	18.68
1995	4.94	3.12	1.59	1 010.97	981.10	602.92	19.78
1996	4.90	3.15	1.56	1 229.28	1 209.16	743.33	19.80
1997	4.82	3.10	1.55	1 375.50	1 318.07	818.51	20.42
1998	4.68	3.05	1.53	1 387.25	1 312.31	801.99	20.64
1999	4.59	2.96	1.55	1 437.63	1 269.33	815.67	21.37
2000	4.56	2.85	1.60	1 478.60	1 270.83	749.22	22.18

9-17 主要年份农民家庭基本情况

项　　目	单位	1978年	1980年	1985年	1990年	1995年	1999年	2000年
调查户数	户	544	610	2 400	2 400	2 400	2 400	2 400
调查户常住人口	人	3 421	3 646	13 981	13 001	11 862	11 012	10 940
平均每户常住人口	人	6.30	6.00	5.83	5.42	4.94	4.59	4.56
平均每户整、半劳动力	人	3.03	2.90	3.31	3.16	3.12	2.96	2.85
平均每个劳动力负担人口	人	2.10	2.10	1.76	1.72	1.59	1.55	1.60
平均每户年内新建房屋间数	间	0.10	0.12	0.25	0.15	0.15	0.08	
平均每户年底使用房屋间数	间	3.80	4.20	6.13	6.58	4.97	4.95	
平均每人居住面积	平方米	7.69	8.96	14.92	16.96	19.78	21.37	22.18

9-18 主要年份农民家庭按平均每人纯收入水平分组的户数构成

单位:%

分　　组	1980年	1985年	1990年	1995年	1999年	2000年
501元以上的户		13.5	49	83.67	94.25	97.5
401-500元的户		13.20	16.10	7.25	2.79	1.75
301-400元的户	4.80	23.40	17.80	5.67	1.75	0.50
201-300元的户	17.20	31.30	13.10	2.50	0.88	0.25
151-200元的户	45.60	12.70	3.00	*0.79	*0.25	
100-150元的户	23.40	4.80	0.70			
100元以下的户	9.00	1.10	0.30	0.17	0.08	

注:打*号数据为100-200元分组数据

9-19 农民家庭每人平均总收支及纯收入情况

单位:元

项　　目	1999年	2000年	项　　目	1999年	2000年
全年总收入	**2 209.64**	**2 246.94**	**全年总支出**	**2 045.51**	**2 066.36**
一、基本收入	2 095.32	2 108.31	一、家庭经营费用支出	656.42	625.70
(一)劳动者报酬收入	215.26	263.58	1.种植业生产支出	265.23	268.09
(二)家庭经营收入	1 880.06	1 844.73	2.林业生产支出	2.60	4.84
1.种植业收入	1 056.02	1 048.66	3.牧业生产支出	325.79	253.83
2.林业收入	42.78	42.22	4.渔业生产支出	2.02	0.96
3.牧业收入	513.06	488.68	5.手工业生产支出	2.59	
4.渔业收入	11.54	5.41	6.工业生产支出	7.49	34.39
5.手工业收入	16.88		7.建筑业支出	3.65	2.23
6.采集捕猎收入	24.56		8.运输业支出	18.40	*20.68
7.工业收入	19.23	65.17	9.商业支出	3.22	*14.90
8.建筑业收入	28.87	11.16	10.饮食业支出	3.99	
9.运输业收入	47.69	*43.98	11.服务业支出	3.93	1.69
10.商业收入	18.01	*37.93	12.其他经营支出	17.50	23.51
11.饮食业收入	10.85		二、购置生产用固定资产支出	41.68	50.53
12.服务业收入	21.81	5.88	三、缴纳税金	24.37	22.39
13.其他家庭经营收入	68.76	94.22	四、上交集体承包任务	6.82	
二、转移性收入	88.29	90.70	五、集体提留和摊派	11.90	*8.89
三、财产性收入	26.03	47.94	六、生活消费支出	1 269.33	1 270.83
每人平均全年纯收入	1 437.63	1 478.60	七、其它非借贷性支出	35.00	

注:打*号的指标表示国家统计局2000年对该指标计算口径已进行了调整。

9－20　农村住户现金收支情况

单位:元

项　　目	1999年	2000年	项　　目	1999年	2000年
全年现金收入合计	**1 614.27**	**1 715.26**	**全年现金支出合计**	**1 516.31**	**1 572.07**
一、基　本　收　入	1 238.95	1 430.02	一、生产费用支出的现金	431.41	451.85
(一)劳动者的报酬收入	215.01	263.18	(一)家庭经营费用支出的现金	389.73	401.32
(二)家庭经营现金收入	1 023.94	1 038.20	1.种植业生产支出	197.67	201.74
1.出售产品的现金收入	808.48	796.31	2.林业生产支出	1.80	2.67
其中:出售种植业产品的现金收入	426.69	455.31	3.牧业生产支出	133.47	106.49
出售林业产品的现金收入	34.72	29.13	4.渔业生产支出	1.93	0.79
出售牧业产品的现金收入	302.87	290.57	5.手工业生产支出	2.58	
出售渔业产品的现金收入	9.34	2.26	6.工业生产支出	7.43	34.39
出售手工业产品的现金收入	8.71		7.建筑业生产支出	3.34	2.23
出售采集捕猎产品的现金收入	14.68		8.运输业生产支出	18.25	*20.59
出售工业产品的现金收入	5.30	5.36	9.商业支出	2.69	*14.65
2.工业加工费的现金收入	13.93	59.81	10.饮食业支出	3.72	
3.建筑业的现金收入	28.87	11.16	11.服务业支出	3.93	1.49
4.运输业的现金收入	47.69	*43.98	12.其他现金支出	12.83	15.70
5.商业的现金收入	18.01	*37.93	(二)购置生产用固定资产支出	41.68	50.53
6.饮食业的现金收入	10.85		二、缴纳税金	8.13	10.63
7.服务业的现金收入	21.81	*5.88	三、上交集体承包任务现金	3.43	
8.其他家庭经营的现金收入	74.29	80.53	四、集体提留和摊派	11.90	*7.30
二、转移性收入	123.10	86.98	五、生活消费支出的现金	753.24	808.34
三、财产性收入	42.47	41.66	六、其它非借贷性支出	88.81	
四、储蓄借贷现金收入	209.75	285.24	七、储蓄借贷现金支出	219.40	211.48

注:打*号的指标表示国家统计局2000年对该指标计算口径已进行了调整。

9－21　农民家庭平均每人生活消费支出和构成

项　　目	绝对数(元)			构　成(%)		
	1995年	1999年	2000年	1995年	1999年	2000年
生活消费支出合计	**981.10**	**1 269.33**	**1 270.83**	**100**	**100**	**100**
1.食品支出	602.92	815.67	749.22	61.4	64.3	59.0
#主食支出	214.89	299.10	259.55	21.9	23.6	20.4
#副食支出	286.98	378.63	351.09	29.3	29.8	27.6
2.衣着支出	60.77	56.59	55.35	6.2	4.5	4.4
#服　　装	34.08	32.12		3.5	2.5	
3.居　　住	133.94	128.13	177.14	13.7	10.1	13.9
#住　　房	92.63	77.82		9.4	6.1	
#建筑材料	80.76	67.09		8.2	5.3	
4.家庭设备、用品及服务	54.29	53.43	47.53	5.5	4.2	3.7
5.医疗保健	32.04	58.4	64.31	3.3	4.6	5.1
6.交通和通讯	21.49	27.96	31.96	2.2	2.1	2.5
7.文化教育娱乐用品及服务	58.07	102.86	106.14	5.9	8.1	8.3
8.其它商品	17.58	26.27	39.18	1.8	2.1	3.1

9－22 农民家庭每人平均商品性和自给性生活消费支出及构成

项　　目	合　　计		食　品		衣　着		居　住	
	1999年	2000年	1999年	2000年	1999年	2000年	1999年	2000年
一、生活消费支出(元)								
合　　计	1 269.33	1 270.83	815.67	749.22	56.59	55.35	128.13	177.14
商 品 性	753.24	808.34	313.01	305.83	56.57	55.31	114.74	158.09
自 给 性	516.09	462.49	502.66	443.39	0.02	0.04	13.39	19.05
二、构　　成(%)								
合　　计	100	100	100	100	100	100	100	100
商 品 性	59.34	63.61	38.37	40.82	99.96	99.93	89.55	89.25
自 给 性	40.66	36.39	61.63	59.18	0.04	0.07	10.45	10.75

9－23 主要年份农民家庭平均每人主要消费品消费量

品　　名	单位	1980年	1985年	1990年	1995年	1998年	1999年	2000年
粮　　食(原粮)	千克	222.00	228.00	232.00	248.22	244.46	245.11	238.25
蔬　　菜	千克	124.00	155.00	145.00	126.82	113.55	115.97	104.07
食　　油	千克	1.70	2.90	4.00	4.45	4.76	4.66	4.63
肉　　类	千克	8.90	14.70	16.40	21.42	24.39	25.39	25.25
家　　禽	千克	0.70	0.80	1.70	2.04	1.81	2.51	
蛋　　类	千克	0.60	1.10	1.40	1.66	1.75	1.78	1.78
鱼　　虾	千克	0.20	0.50	0.50	0.82	0.87	1.00	0.98
食　　糖	千克	1.40	1.60	1.80	1.75	1.57	1.56	1.18
酒	千克	1.80	3.70	4.50	5.24	5.12	5.24	5.93
棉　　布	米	4.00	4.10	0.80	0.35	0.22	0.26	
化　纤　布	米	0.30	2.60	1.40	1.50	1.18	1.22	
呢　　绒	米	0.01	0.02	0.05	0.03	0.24	0.01	
绸　　缎	米	0.01	0.01	0.01				
毛线及毛线织品	千克	0.01	0.03	0.09	0.11	0.11	0.08	
胶鞋、球鞋、皮鞋	双	0.40	0.50	0.70	0.75	0.69	0.71	

9－24 主要年份农民家庭平均每百户耐用消费品年底拥有量

品　　名	单位	1980年	1985年	1990年	1995年	1998年	1999年	2000年
自　行　车	辆	8.2	29.3	62	86	75	74	49
缝　纫　机	架	7.5	19.9	35.4	46	75	113	
收　音　机	台	12.6	27.3	22	16	15	15	
钟　　表	只	26	120.9	170.8	176	186	191	
#手　　表	只	17	112.5	160.2	151	151	153	
电　视　机	台	0.5	4	21	56	68	74	71

主要统计指标解释

城镇居民家庭就业人口 指从事社会劳动并取得劳动报酬或经营收入的人口。我国的就业方针是:“在国家统筹规划和指导下,实行劳动部门介绍就业,自愿组织起来就业和自谋职业相结合”的方针。因此通过这三种方式就业的,不论在国有、集体经济单位工作或从事个体劳动,不论有固定性职业或临时性职业都是就业人口。城镇就业人口包括“国有经济单位职工”、“集体经济单位职工”、“其他所有制职工”、“个体经营者”、“个体被雇人员”、“离退休再就业人员”、“其他就业人员”七项。

城镇居民家庭实际收入 指调查户的全部实际的现金收入,包括经常或固定得到的收入和一次性收入。不包括周转性的收入,如提取银行存款、向亲友代借入款、收回借出款以及其他各种暂收款。

城镇居民家庭可支配收入 指居民家庭在支付个人所得税,家庭副业生产支出和记帐补贴之后所余下的实际收入。

城镇居民家庭消费性支出 指调查户用于日常生活的全部支出,包括食品、衣着、家庭设备用品及服务、医疗保健、交通和通讯、娱乐教育文化服务、居住、杂项商品和服务等八大类支出。

农民全年总收入 指农村住户年内从各种来源得到的全部实际收入(包括现金收入和实物收入)。由基本收入,转移性收入和财产性收入等三部分组成。

农民全年纯收入 指总收入扣除相应的各项费用性支出后,归农民所有的收入。它是可用于生产和非生产投资,改善物质和文化生产以及用于再分配的支出和结余的收入,是用来观察农民实际收入水平,以及农民扩大再生产和改善生活能力的指标。

全年纯收入 = 总收入 - 家庭经营费用支出 - 生产用固定资产折旧 - 税收 - 上交集体承包任务 - 集体提留和摊派 - 调查补贴 - 赠送农村内部亲友的支出

农民全年总支出 指农村住户全年用于生产、生活和再分配等方面的全部实际支出,包括家庭经营费用支出、购置生产性固定资产支出、缴纳税款、上交集体承包任务、集体提留和各种摊派、生活消费支出和其它非借贷性支出。但借贷性支出不包括在内。

城乡居民储蓄存款余额 包括城镇居民储蓄和农民个人储蓄两部分的余额。不包括工矿企业、部队、机关团体等集团存款。

城镇居民储蓄存款余额是指各专业银行的城市居民储蓄、华侨储蓄之和。农民个人储蓄是指信用社社员储蓄。

十、农　业

AGRICULTUER

10－1 主要年份全省农业生产基本情况

指　　标	单 位	1978年	1980年	1985年	1990年	1995年	1999年	2000年
户数、人口、从业人员								
乡村总户数	万户	513	523	573	590	769	817	830
乡村总人口	万人	2 736	2 798	2 996	3 226	3 335	3 409	3 450
乡村从业人员	万人	1 097	1 199	1 420	1 647	1 835	1 911	1 949
#农林牧渔业	万人	1 044	1 166	1 297	1 503	1 632	1 655	1 674
工　业	万人	9	11	31	36	48	51	52
建筑业	万人			27	28	39	49	53
运输邮电业	万人			11	16	27	35	36
商业、饮食业	万人			10	12	22	34	37

10－2 农 村 基 本 情 况

指　　标	单 位	1990年	1995年	1996年	1999年	2000年
一、农村基层组织情况						
1.乡镇个数	个	1 576	1 574	1 575	1 565	1 564
#镇个数	个	358	370	379	416	462
2.村委会个数	个	13 365	13 415	13 419	13 428	13 433
二、乡村户数、人口、从业人员						
乡村户数	万户	590	769	783	817	830
乡村人口数	万人	3 226	3 335	3 352	3 409	3 450
乡村从业人员	万人	1 647	1 835	1 856	1 911	1 949
1.按性别分						
男从业人员	万人	849	943	956	990	1 009
女从业人员	万人	798	892	900	921	940
2.按行业分						
农、林、牧、渔从业人员	万人	1 503	1 632	1 642	1 655	1 674
工业从业人员	万人	36	48	48	51	52
建筑业从业人员	万人	28	39	41	49	53
交通运输和邮电通讯业从业人员	万人	16	27	29	35	36
批发、零售、餐饮业、金融、保险业从业人员	万人	12	22	24	34	37
其他从业人员	万人	57	67	72	87	97

注：乡村总人口是按1984年前的老口径统计，故本表的数字大于人口篇乡村总人口。

10－3　全省水库库容量

指　　标	水　库（座）		水库库容量(亿立方米)		2000年比1999年±%	
	1999年	2000年	1999年	2000年	水　　库	水库库容量
合　　计	**5 132**	**5 179**	**81.32**	**86.79**	**0.9**	**6.7**
大型水库	3	4	8.78	12.42	33.3	41.5
中型水库	141	145	41.00	42.45	2.8	3.5
小型水库	4 988	5 030	31.55	31.92	0.8	1.2

10－4　主要年份全省主要农业机械拥有量

年　份	农用大中型拖拉机（混合台）	农用小型及手扶拖拉机（台）	大中型拖拉机机引农具（部）	联　合收割机（台）	农　用载重汽车（辆）
1978	14 361	25 215	22 270	215	1 853
1980	17 234	33 431	21 097	184	3 464
1985	17 741	73 783	12 813	53	10 542
1989	16 751	128 064	9 747	124	16 575
1990	16 247	141 277	9 362	120	17 528
1991	15 545	159 914	9 002	154	20 022
1992	13 937	172 167	8 572	125	21 523
1995	9 568	216 192	6 568	134	30 083
1996	8 425	260 296	3 520	101	19 146
1997	8 488	291 619	3 438	171	20 471
1998	10 092	314 089	3 633	257	21 811
1999	15 557	304 434	8 187	360	39 564
2000	38 331	300 694	8 138	450	38 819

注:1996—1998年数字为农业普查衔接数。

10－5　全省农业机械和农产品加工机械拥有量

（年末数）

机械名称	单　位	1998 年	1999 年	2000 年
农用大中型拖拉机	台/万瓦特	10092/38920	15557/49860	38331/101623
小型及手扶拖拉机	台/万瓦特	314089/30516	304434/298310	300694/299355
大中型拖拉机机引农具	部	3633	8187	8138
小型手扶拖拉机机引农具	部	81655	138973	150317
农用水泵	台	62017	78781	88845
联合收割机	台	257	360	450
机动脱粒机	台	102181	92391	111029
农用载重汽车	辆/万瓦特	21811/193400	39564/346920	38819/337101

注:本表 1998 年数据为农业普查衔接数。

10－6　各地区农村基本情况及农业生产条件

（2000 年）

地　区	乡镇个数(个)	镇个数(个)	村委会个数(个)	自来水受益村数(个)	通汽车村数(个)	通电话村数(个)	农村用电量(万千瓦小时)	乡村办电站/装机容量(个/万瓦特)
全省合计	**1 564**	**462**	**13 433**	**10 405**	**12 727**	**12 459**	**317 402**	**1776/26642**
昆　明	143	50	1 367	1 225	1 343	1 354	65 850	55/2587
曲　靖	121	40	1 546	1 089	1 515	1 378	34 685	28/1127
玉　溪	77	46	654	588	653	648	67 510	23/595
昭　通	173	39	1 211	687	1033	940	15 955	378/4860
楚　雄	128	36	1 131	1 018	1 118	1 119	14 484	54/637
红　河	153	46	1 189	778	1 125	1 142	29 161	210/3578
文　山	115	35	933	567	906	784	14 614	402/1786
思　茅	121	25	992	929	840	897	8 014	239/907
西双版纳	40	15	259	231	259	197	3 067	9/230
大　理	129	51	1 100	802	1 092	1 087	28 026	63/1900
保　山	83	13	911	781	896	902	13 479	84/2241
德　宏	65	18	341	303	341	318	3 029	20/496
丽　江	69	12	437	245	428	411	6 771	106/2172
怒　江	29	8	260	203	163	241	2 259	13/711
迪　庆	29	4	183	116	138	150	2 995	49/2080
临　沧	89	24	919	843	877	891	7 503	43/735

10－7 各地区农用化肥施用量

（2000年） 单位：吨

地区	化肥施用量合计（按折纯计算）	氮肥	磷肥	钾肥	复合肥
全省合计	**1 120 930**	**661 305**	**182 923**	**90 602**	**184 822**
昆明	125 664	65 477	29 349	11 282	19 345
曲靖	186 133	104 686	26 035	12 150	43 262
玉溪	76 716	51 214	10 643	12 201	2 658
昭通	95 102	60 609	15 548	8 370	10 530
楚雄	78 163	46 422	6 794	2 659	21 388
红河	117 013	64 896	26 669	8 617	16 831
文山	84 550	57 406	13 986	5 276	7 882
思茅	32 535	24 111	3 502	2 803	2 119
西双版纳	15 260	10 719	1 359	1 558	1 624
大理	96 778	46 748	13 675	10 727	25 506
保山	71 018	41 029	12 087	9 072	8 830
德宏	39 323	27 088	4 945	1 259	6 031
丽江	39 181	23 180	9 808	2 092	4 101
怒江	3 744	3 072	259	140	273
迪庆	6 043	3 617	1 761	223	442
临沧	53 707	31 031	6 503	2 173	14 000

10－8 各地区水利情况

（2000年） 单位：千公顷

地区	水库座数（座）	水库总库容（万立方米）	农田水利情况		
			有效灌溉面积	旱涝保收面积	机电排灌面积
全省合计	**5 179**	**867 898**	**1 403.40**	**836.94**	**201.30**
昆明	750	162 350	136.91	87.54	49.56
曲靖	611	156 774	158.73	99.84	33.75
玉溪	539	64 686	85.27	56.54	19.13
昭通	143	51 148	84.40	42.23	5.04
楚雄	1 016	94 642	112.26	76.28	10.37
红河	403	79 651	151.34	80.58	29.41
文山	217	29 518	84.63	50.50	6.18
思茅	250	35 035	93.60	53.04	0.71
西双版纳	166	23 403	41.59	23.94	0.50
大理	426	65 999	138.08	75.20	28.23
保山	263	35 498	100.91	72.44	6.89
德宏	69	20 171	57.20	25.80	1.21
丽江	128	24 676	61.41	34.51	7.15
怒江	2	80	12.66	10.38	
迪庆	1	13	13.56	8.91	1.71
临沧	195	24 255	70.85	39.21	1.46

10－9 历年农业总产值

（按当年价格计算）

单位:亿元

年份	农业总产值	农业	林业	牧业	副业	渔业
1952	9.60	6.72	0.01	1.27	1.60	
1957	16.56	10.52	0.35	2.58	3.11	
1960	13.33	9.89	0.46	1.55	1.40	0.03
1961	15.21	11.24	0.23	1.61	2.10	0.03
1962	18.83	12.99	0.30	2.81	2.69	0.04
1963	20.03	13.12	0.46	3.53	2.88	0.04
1964	22.52	14.75	0.68	4.12	2.93	0.04
1965	22.83	14.63	0.73	4.57	2.85	0.05
1966	24.04	15.72	0.75	4.49	3.03	0.05
1967	24.25	15.93	0.75	4.49	3.03	0.05
1968	23.17	14.83	0.76	4.52	3.01	0.05
1969	24.64	16.26	0.77	4.53	3.03	0.05
1970	24.89	18.32	0.77	4.65	1.10	0.05
1971	28.81	22.30	0.92	3.89	1.67	0.03
1972	32.81	23.76	1.31	6.17	1.54	0.03
1973	35.55	25.70	1.46	6.75	1.60	0.04
1974	32.91	23.37	1.45	6.45	1.58	0.06
1975	35.40	25.81	1.73	6.16	1.63	0.07
1976	33.92	24.72	1.36	6.14	1.63	0.07
1977	33.47	23.60	1.84	6.26	1.71	0.07
1978	40.02	28.58	2.48	7.08	1.80	0.08
1979	44.71	31.03	3.17	8.27	2.15	0.09
1980	48.20	33.02	2.94	10.22	1.83	0.19
1981	55.20	38.32	3.77	10.74	2.17	0.20
1982	61.84	41.90	3.87	12.79	3.07	0.21
1983	65.68	42.30	4.73	13.84	4.57	0.24
1984	77.36	48.78	5.97	15.79	6.55	0.27
1985	88.88	52.02	7.90	20.33	8.23	0.40
1986	96.01	51.80	7.40	26.14	9.96	0.71
1987	111.25	61.75	8.85	29.42	10.28	0.95
1988	135.39	76.11	10.05	37.01	10.66	1.56
1989	152.68	84.30	12.97	41.68	11.80	1.93
1990	211.72	119.63	18.27	54.01	18.42	1.39
1991	222.93	130.67	18.69	55.68	16.52	1.37
1992	250.35	146.70	22.84	61.54	17.25	2.02
1993	281.21	179.39	25.39	72.89	－	3.54
1994	356.78	228.99	30.41	92.13	－	5.25
1995	474.46	299.48	40.53	127.19	－	7.26
1996	567.51	369.36	43.21	146.03	－	8.91
1997	612.01	397.09	40.40	163.93	－	10.59
1998	620.02	381.26	41.77	184.83	－	12.16
1999	642.48	394.96	45.60	188.82	－	13.10
2000	680.86	416.36	49.75	201.49	－	13.26

注:1993 年起副业产值已划归农业产值和牧业产值。

10－10 历年农业总产值

（按不变价格计算）　　单位：亿元

年　份	农业总产值	农　业	林　业	牧　业	副　业	渔　业
			（按1952年不变价计算）			
1952	10.71	7.49	0.01	1.42	1.79	
1957	16.27	10.33	0.34	2.54	3.06	0.01
			（按1957年不变价计算）			
1957	16.56	10.51	0.34	2.59	3.11	0.01
1965	18.11	11.61	0.58	3.62	2.26	0.04
1966	19.07	12.46	0.60	3.56	2.40	0.05
1967	19.24	12.64	0.60	3.56	2.40	0.04
1968	18.38	11.76	0.60	3.58	2.40	0.04
1969	19.55	12.90	0.61	3.60	2.40	0.04
1970	19.42	14.30	0.60	3.63	0.85	0.04
1971	20.66	14.64	0.72	3.42	1.86	0.03
			（按1970年不变价计算）			
1971	28.26	21.88	0.89	3.80	1.65	0.04
1972	31.49	22.80	1.25	5.92	1.48	0.04
1973	34.04	24.60	1.40	6.47	1.53	0.04
1974	32.38	22.98	1.42	6.34	1.57	0.07
1975	35.10	25.58	1.73	6.11	1.60	0.08
1976	33.63	24.52	1.34	6.08	1.63	0.06
1977	33.08	23.33	1.80	6.20	1.69	0.06
1978	37.17	26.56	2.29	6.57	1.68	0.07
1979	35.08	24.34	2.49	6.48	1.69	0.08
1980	37.47	26.37	2.61	6.70	1.70	0.09
1981	40.82	29.14	2.81	7.05	1.72	1.10
			（按1980年不变价计算）			
1981	55.35	37.79	4.55	10.69	2.12	0.20
1982	61.26	40.51	4.76	12.76	3.02	0.21
1983	64.66	40.62	5.54	13.81	4.46	0.23
1984	74.50	44.89	7.20	15.69	6.46	0.26
1985	79.26	45.55	8.25	17.01	8.13	0.32
1986	77.40	42.57	7.18	17.44	9.83	0.38
1987	82.13	46.67	6.89	17.96	10.15	0.46
1988	87.56	50.21	7.32	19.00	10.53	0.50
1989	90.08	51.20	7.72	19.97	10.65	0.54
1990	95.97	54.11	8.46	21.46	11.38	0.56
			（按1990年不变价计算）			
1990	223.58	122.00	21.28	57.08	21.56	1.66
1991	236.08	132.83	21.82	60.09	19.56	1.78
1992	246.56	138.83	24.04	62.59	19.17	1.93
1993	253.92	140.69 （158.90）	28.57	64.10 （64.12）	18.23	2.33
1994	261.74	160.49	30.47	67.89	0.00	2.89
1995	278.63	172.04	31.17	71.93	0.00	3.49
1996	299.36	184.80	33.15	77.28	0.00	4.13
1997	323.91	199.58	35.44	84.29	0.00	4.60
1998	338.63	200.73	37.26	94.93	0.00	5.71
1999	355.41	209.16	38.28	101.63	0.00	6.34
2000	378.51	221.85	39.85	110.29		6.52

注：括号内数字为副业产值划归农业产值和牧业产值后的数字。

10－11 历年农业总产值指数

（以1952年为100）

年　份	农业总产值	农　　业	林　　业	牧　　业	副　　业	渔　　业
1952	100.0	100.0	100.0	100.0	100.0	100.0
1957	151.9	137.8	2 428.8	179.6	171.1	225.6
1961	124.6	131.8	1 469.4	98.7	103.4	702.0
1962	137.8	136.0	1 642.5	155.6	118.3	819.8
1963	145.1	135.8	2 570.1	192.5	125.8	915.1
1964	164.0	153.8	3 823.3	226.3	127.6	897.5
1965	166.1	152.3	4 105.9	250.8	124.4	920.1
1966	174.9	163.5	4 238.7	246.9	132.0	1 163.3
1967	176.5	165.8	4 238.7	246.9	132.0	930.1
1968	168.6	154.3	4 238.7	248.1	132.0	930.1
1969	179.3	169.3	4 309.3	249.3	132.0	1 045.5
1970	178.1	187.6	4 263.4	251.2	46.8	1 002.8
1971	189.5	191.9	5 097.0	237.4	101.7	749.6
1972	211.1	200.0	7 168.2	369.6	91.3	806.7
1973	228.2	215.8	8 026.2	404.1	94.0	720.1
1975	235.3	224.4	9 917.4	381.2	98.7	1 627.1
1976	225.5	215.1	7 708.3	379.8	100.1	1 099.9
1977	221.7	204.6	10 327.5	386.9	104.0	1 139.2
1978	249.2	233.0	13 119.8	410.2	103.5	1 296.6
1979	235.2	213.5	14 288.8	404.3	103.9	1 619.3
1980	251.2	231.3	14 938.3	418.3	104.9	1 759.0
1981	273.6	255.7	16 118.2	439.9	105.7	1 886.9
1982	302.9	274.1	16 885.3	525.0	150.0	1 946.7
1983	319.7	274.8	19 622.1	568.2	222.2	2 225.7
1984	368.3	303.7	25 504.0	645.6	321.5	2 500.9
1985	391.8	308.2	29 241.5	700.0	404.4	3 058.1
1986	382.6	288.0	25 449.1	717.4	489.3	3 599.1
1987	406.0	315.8	24 428.5	738.9	504.9	4 402.0
1988	432.8	339.7	25 935.5	781.7	524.1	5 771.3
1989	445.3	346.4	27 366.2	821.8	530.0	5 091.1
1990	474.5	366.1	29 995.2	882.9	566.6	5 318.0
1991	501.1	398.6	30 756.4	929.5	514.0	5 702.4
1992	523.0	416.5	33 893.6	968.5	503.7	6 181.4
1993	538.8	422.1	40 280.4	991.9	479.0	7 462.5
1994	555.4	426.3	42 959.2	1 050.2	0.0	9 256.1
1995	591.2	457.0	43 946.1	1 112.7	0.0	11 177.8
1996	634.9	490.8	46 714.7	1 195.0	0.0	13 223.3
1997	686.9	530.1	49 941.7	1 303.4	0.0	14 728.1
1998	718.1	533.2	52 506.4	1 467.9	0.0	18 282.1
1999	753.7	555.6	53 943.5	1 571.6	0.0	20 274.7
2000	802.7	589.3	56 155.9	1 705.5		20 850.3

注:本表按可比价格计算。

10－12　全省农林牧渔业总产值

单位:亿元

项　　目	按1990年不变价格计算			按当年价格		
	1998年	1999年	2000年	1998年	1999年	2000年
农林牧渔业总产值总计	**338.63**	**355.41**	**378.51**	**620.02**	**642.48**	**680.86**
一、农业产值合计	200.73	209.16	221.85	381.26	394.96	416.36
1.种植业产值	171.96	179.25	189.61	341.61	351.75	368.09
(1)主产品产值	161.57	168.53	178.95	325.77	335.31	351.26
#粮食	74.83	75.74	79.31	175.25	167.41	170.12
豆类	8.39	8.02	7.84	14.70	13.53	12.91
油料	2.50	2.93	3.82	4.95	5.63	6.60
糖类	20.24	21.79	20.57	30.16	22.92	21.59
烟叶	17.33	19.46	20.50	39.91	54.69	57.74
(2)副产品产值	10.39	10.72	10.66	15.84	16.44	16.83
#粮食	7.65	7.88	8.35	12.81	13.32	14.25
2.其他农业产值	28.77	29.91	32.24	39.64	43.21	48.27
(1)采集野生植物	13.11	13.37	13.54	20.18	22.14	24.04
(2)农民家庭兼营商品性工业	15.66	16.54	18.70	19.46	21.07	24.23
二、林业产值合计	37.26	38.28	39.85	41.77	45.60	49.75
1.营林产值	6.35	6.41	7.22	9.42	9.93	11.80
2.林产品产值	17.88	19.52	20.21	20.65	23.75	25.74
3.村及村以下竹木采伐产值	13.03	12.36	12.42	11.70	11.92	12.21
三、牧业产值合计	94.93	101.63	110.29	184.83	188.82	201.49
1.生猪产值	71.32	76.36	82.58	143.40	144.13	151.88
2.大牲畜产值	8.99	9.11	9.42	11.62	11.93	12.62
3.羊产值	1.81	1.94	2.04	5.15	5.49	6.30
4.家禽产值	6.03	7.00	7.77	13.05	15.24	16.78
5.活的畜禽产品产值	5.06	5.42	6.60	8.84	9.26	11.07
6.其他动物饲养产值	1.64	1.73	1.86	2.67	2.66	2.81
7.捕猎产值	0.08	0.05	0.02	0.10	0.10	0.03
四、渔业产值	5.71	6.34	6.52	12.16	13.10	13.26

10－13 各地区农林牧渔业总产值

（2000年按当年价格计算）

单位：万元

地　　区	农林牧渔业总产值	农业产值	林业产值	牧业产值	渔业产值
全省合计	**6 808 567**	**4 163 603**	**497 495**	**2 014 908**	**132 561**
昆　　明	852 241	526 523	32 815	267 559	25 344
曲　　靖	903 078	523 396	17 252	349 382	13 048
玉　　溪	441 220	292 053	14 054	123 148	11 965
昭　　通	450 149	271 197	20 473	157 521	958
楚　　雄	509 972	320 691	31 721	151 443	6 117
红　　河	587 937	373 088	39 415	161 950	13 484
文　　山	400 414	236 458	19 492	141 046	3 418
思　　茅	297 078	177 614	44 086	70 522	4 856
西双版纳	258 155	103 090	119 068	29 138	6 859
大　　理	772 993	468 632	42 616	244 177	17 568
保　　山	450 166	285 936	38 667	116 318	9 245
德　　宏	187 337	129 772	16 617	33 186	7 762
丽　　江	153 508	80 050	12 351	54 632	6 475
怒　　江	49 821	28 829	5 619	15 229	144
迪　　庆	46 401	25 652	6 981	13 560	208
临　　沧	358 097	230 622	36 268	86 097	5 110

10－14 各地区农林牧渔业总产值指数

（2000年以上年为100）

单位：%

地　　区	农林牧渔业总产值	农业产值	林业产值	牧业产值	渔业产值
全省合计	**106.5**	**106.1**	**104.1**	**108.5**	**102.8**
昆　　明	108.2	110.6	102.5	106.5	95.1
曲　　靖	107.0	104.6	102.9	110.1	125.4
玉　　溪	107.1	106.3	119.5	108.1	101.8
昭　　通	103.7	104.0	95.7	104.8	98.2
楚　　雄	104.7	103.9	104.8	105.9	111.6
红　　河	103.4	100.9	110.9	106.9	108.3
文　　山	105.8	103.4	97.5	112.1	114.7
思　　茅	101.4	97.2	110.1	104.7	111.9
西双版纳	102.1	103.0	101.5	98.6	121.3
大　　理	109.6	110.2	118.5	108.1	95.3
保　　山	107.3	108.0	102.7	107.2	115.4
德　　宏	101.7	101.1	96.5	107.0	107.9
丽　　江	103.6	101.8	130.2	105.6	71.3
怒　　江	103.2	106.4	93.0	104.6	107.0
迪　　庆	104.5	97.5	116.5	107.9	85.2
临　　沧	102.2	102.7	91.7	107.2	119.9

注：本表按可比价格计算。

10－15　各地区农林牧渔业总产值构成

（2000年按当年价格计算）

单位：%

地　　区	农林牧渔业总产值	农业产值	林业产值	牧业产值	渔业产值
全省合计	**100**	**61.2**	**7.3**	**29.6**	**1.9**
昆　　明	100	61.8	3.9	31.3	3.0
曲　　靖	100	58.0	1.9	38.7	1.4
玉　　溪	100	66.2	3.2	27.9	2.7
昭　　通	100	60.2	4.5	35.1	0.2
楚　　雄	100	62.9	6.2	29.7	1.2
红　　河	100	63.5	6.7	27.5	2.3
文　　山	100	59.1	4.9	35.1	0.9
思　　茅	100	59.8	14.8	23.8	1.6
西双版纳	100	39.9	46.1	11.3	2.7
大　　理	100	60.6	5.5	31.6	2.3
保　　山	100	63.5	8.6	25.8	2.1
德　　宏	100	69.3	8.9	17.7	4.1
丽　　江	100	52.1	8.0	35.7	4.2
怒　　江	100	57.9	11.3	30.5	0.3
迪　　庆	100	55.3	15.0	29.3	0.4
临　　沧	100	64.4	10.1	24.1	1.4

10－16　各地区农林牧渔业增加值

（2000年按当年价格计算）

单位：万元

地　　区	合　　计	农　　业	林　　业	牧　　业	渔　　业
全省合计	**4 362 600**	**2 767 500**	**368 100**	**1 139 200**	**87 800**
昆　　明	527 031	331 195	24 781	154 696	16 359
曲　　靖	537 982	323 740	12 472	194 716	7 054
玉　　溪	273 368	199 689	10 470	54 779	8 430
昭　　通	319 286	203 835	16 752	97 978	721
楚　　雄	327 457	219 224	23 237	81 313	3 683
红　　河	368 648	241 150	29 773	88 962	8 763
文　　山	276 207	166 030	16 459	91 147	2 571
思　　茅	195 790	121 476	32 564	38 730	3 020
西双版纳	173 553	66 704	85 162	16 598	5 089
大　　理	462 185	290 695	32 051	128 270	11 169
保　　山	293 886	189 271	27 676	69 820	7 119
德　　宏	122 939	86 734	14 497	16 293	5 415
丽　　江	93 476	52 918	7 601	28 228	4 729
怒　　江	32 343	18 573	4 433	9 245	92
迪　　庆	32 315	18 262	6 558	7 311	184
临　　沧	252 492	161 809	30 114	56 557	4 012

10－17　各地区农林牧渔业中间消耗

（2000年按当年价格计算）

单位:万元

地　　区	合　　计	农　　业	林　　业	牧　　业	渔　　业
全省合计	**2 445 967**	**1 396 103**	**129 395**	**875 708**	**44 761**
昆　　明	325 210	195 328	8 034	112 863	8 985
曲　　靖	365 096	199 656	4 780	154 666	5 994
玉　　溪	167 852	92 364	3 584	68 369	3 535
昭　　通	130 863	67 362	3 721	59 543	237
楚　　雄	182 515	101 467	8 484	70 130	2 434
红　　河	219 289	131 938	9 642	72 988	4 721
文　　山	124 207	70 428	3 033	49 899	847
思　　茅	101 288	56 138	11 522	31 792	1 836
西双版纳	84 602	36 386	33 906	12 540	1 770
大　　理	310 808	177 937	10 565	115 907	6 399
保　　山	156 280	96 665	10 991	46 498	2 126
德　　宏	64 398	43 038	2 120	16 893	2 347
丽　　江	60 032	27 132	4 750	26 404	1 746
怒　　江	17 478	10 256	1 186	5 984	52
迪　　庆	14 086	7 390	423	6 249	24
临　　沧	105 605	68 813	6 154	29 540	1 098

10－18 各地区农林牧渔业中间消耗、增加值占总产值比重

（2000年按当年价格计算）

单位:万元

地　　区	农林牧渔业总产值	农林牧渔业中间消耗	农林牧渔业增加值	占农林牧渔业总产值比重(%)	
				中间消耗	增加值
全省合计	**6 808 567**	**2 445 967**	**4 362 600**	**35.9**	**64.1**
昆　　明	852 241	325 210	527 031	38.2	61.8
曲　　靖	903 078	365 096	537 982	40.4	59.6
玉　　溪	441 220	167 852	273 368	38.0	62.0
昭　　通	450 149	130 863	319 286	29.1	70.9
楚　　雄	509 972	182 515	327 457	35.8	64.2
红　　河	587 937	219 289	368 648	37.3	62.7
文　　山	400 414	124 207	276 207	31.0	69.0
思　　茅	297 078	101 288	195 790	34.1	65.9
西双版纳	258 155	84 602	173 553	32.8	67.2
大　　理	772 993	310 808	462 185	40.2	59.8
保　　山	450 166	156 280	293 886	34.7	65.3
德　　宏	187 337	64 398	122 939	34.4	65.6
丽　　江	153 508	60 032	93 476	39.1	60.9
怒　　江	49 821	17 478	32 343	35.1	64.9
迪　　庆	46 401	14 086	32 315	30.4	69.6
临　　沧	358 097	105 605	252 492	29.5	70.5

10－19　各地区主要农作物播种面积

（2000年）　　　　单位：公顷

地　　区	总播种面积	粮食播种面　　积	稻　谷	小　麦	玉　米	豆　类	薯　类
全省合计	**5 539 963**	**3 991 666**	**891 901**	**677 835**	**1 155 718**	**541 952**	**404 864**
昆　　明	395 367	273 690	59 453	54 417	55 395	44 364	26 715
曲　　靖	761 676	477 108	60 420	65 223	139 467	52 171	85 947
玉　　溪	209 863	113 635	30 839	41 847	23 686	9 466	5 071
昭　　通	628 113	478 055	30 247	70 511	190 358	33 069	127 221
楚　　雄	298 529	233 979	68 832	49 120	41 418	55 601	7 716
红　　河	458 187	326 160	99 514	63 019	89 767	38 350	17 464
文　　山	506 013	376 678	68 949	56 729	131 067	70 245	31 741
思　　茅	387 156	305 002	116 042	33 224	93 443	37 625	10 165
西双版纳	125 321	85 796	60 605	312	19 531	3 018	1 888
大　　理	365 814	283 331	70 818	53 681	68 623	44 464	9 902
保　　山	328 199	227 798	63 236	45 966	56 721	28 308	15 608
德　　宏	178 226	95 065	52 395	9 513	16 705	9 243	6 474
丽　　江	161 753	135 901	21 835	24 759	33 404	27 507	14 659
怒　　江	85 238	74 681	7 369	10 760	27 191	14 316	5 974
迪　　庆	60 123	51 542	2 932	12 578	16 219	4 975	3 888
临　　沧	390 994	294 491	78 415	53 896	97 686	38 548	12 264

10－19　续表　　　　（2000年）　　　　单位：公顷

地　　区	油料播种面积	花　生	油菜籽	甘　　蔗	烤烟播种面　　积	蔬菜瓜类播种面积	其它作物
全省合计	**212 612**	**41 159**	**125 958**	**260 055**	**330 047**	**371 622**	**344 076**
昆　　明	8 479	749	6 864	114	45 151	40 330	24 435
曲　　靖	50 973	717	22 505	174	89 341	31 238	110 725
玉　　溪	8 705	669	7 624	18 850	41 524	23 981	2 921
昭　　通	16 009	4 301	11 044	2 415	32 459	40 269	56 013
楚　　雄	11 134	1 770	7 953	531	26 868	19 755	5 950
红　　河	13 949	8 312	4 562	20 904	28 688	37 205	29 661
文　　山	29 166	10 272	9 874	6 114	7 550	41 381	40 123
思　　茅	10 750	8 174	2 474	37 169	3 182	15 076	15 221
西双版纳	1 837	1 642	48	20 641		14 561	1 980
大　　理	13 150	956	10 490	2 021	26 755	28 649	7 751
保　　山	18 750	679	17 982	34 388	19 680	16 468	7 783
德　　宏	15 163	553	14 551	50 534		13 518	2 611
丽　　江	5 134	662	3 468	1 290	6 788	5 626	6 250
怒　　江	1 258	97	676	454	24	5 916	1 490
迪　　庆	900	6	862		28	839	6 048
临　　沧	7 255	1 600	4 981	64 456	2 009	15 767	6 353

10－20 主要年份全省主要农产品产量

单位:万吨

年份	粮食	稻谷	小麦	油料	花生	油菜籽	烤烟
1949	393.00	229.50	19.15	2.35	0.58	1.77	0.22
1952	450.70	255.75	19.60	3.37	0.82	2.10	0.57
1957	583.20	325.50	29.60	8.01	2.46	4.07	2.82
1962	534.50	273.55	27.10	3.53	1.07	2.05	2.55
1965	586.95	304.75	31.85	8.75	2.75	5.75	4.65
1970	698.45	396.65	36.65	4.77	2.01	2.68	3.25
1975	798.90	400.00	60.32	6.97	1.80	5.08	9.72
1978	864.05	411.60	85.95	5.51	2.05	3.18	12.26
1980	865.55	387.60	78.55	6.48	1.83	4.18	10.32
1985	935.00	482.95	61.90	11.81	3.60	7.17	41.00
1990	1 061.21	509.44	106.79	13.31	2.93	9.65	43.60
1993	1 085.24	479.31	135.58	13.37	3.37	9.04	87.44
1994	1 146.47	510.23	124.07	13.95	4.11	9.06	59.23
1995	1 188.91	515.77	138.50	19.58	4.33	14.29	76.07
1996	1 246.30	535.15	145.39	18.81	4.32	13.61	88.39
1997	1 271.90	533.77	166.14	17.43	3.82	12.80	109.28
1998	1 319.50	540.86	152.22	17.46	4.55	11.95	56.37
1999	1 399.25	534.34	153.47	20.62	4.78	14.54	60.95
2000	1 467.80	536.29	151.19	26.98	5.35	19.11	64.61

10－20 续表

单位:万吨

年份	糖料	甘蔗	茶叶	水果	猪牛羊肉	禽蛋	水产品
1949	27.55	27.55					
1952	30.13	30.13	0.36				
1957	66.60	66.60	0.84	6.07			0.50
1962	42.25	42.25	0.63				0.75
1965	107.35	107.35	0.89		24.58		0.80
1970	88.32	88.32	1.05	8.78			0.92
1975	133.31	133.31	1.64	12.93	28.56		1.40
1978	160.04	160.01	1.78	11.62	29.23		1.12
1980	184.59	184.45	1.78	11.63	30.91		1.52
1985	480.13	479.77	3.11	21.18	56.82	3.90	2.65
1990	662.32	661.88	4.48	31.97	74.74	4.90	4.60
1993	900.03	899.92	6.10	47.72	96.16	5.17	5.83
1994	928.46	928.00	6.38	50.14	107.68	6.42	6.85
1995	1 056.31	1 055.92	6.40	55.71	120.45	6.85	8.44
1996	1 143.36	1 143.08	6.82	59.01	133.37	7.41	10.20
1997	1 435.18	1 434.92	7.08	66.02	148.95	8.51	11.89
1998	1 598.09	1 597.71	7.75	68.07	166.21	8.70	13.84
1999	1 526.89	1 526.53	7.51	73.83	180.35	9.83	15.53
2000	1 420.61	1 420.29	7.94	76.95	191.51	10.63	16.62

注:1.1991 年起粮食产量为抽样推算数,分品种、分地区为全面统计数。
2.猪牛羊肉产量 1996－1998 年为农业普查衔接数。

10－21　各地区主要农作物产量

（2000 年）　　单位:吨

地　　区	粮食总产量	谷物产量				豆类产量	
			稻　谷	小　麦	玉　米		蚕　豆
全省合计	**14 678 000**	**11 899 251**	**5 362 945**	**1 511 892**	**4 460 276**	**727 686**	**335 222**
昆　　明	1 232 357	1 049 843	454 760	167 476	350 568	79 023	54 245
曲　　靖	1 927 137	1 489 982	403 965	153 122	777 599	113 853	56 358
玉　　溪	612 329	569 981	268 238	132 598	160 445	16 296	8 394
昭　　通	1 302 458	962 343	161 870	99 046	672 493	45 473	6 145
楚　　雄	1 030 267	899 789	508 416	142 708	216 887	105 013	65 174
红　　河	1 260 402	1 165 636	653 422	141 611	342 030	47 074	14 180
文　　山	1 030 937	938 513	394 936	76 421	449 524	51 080	6 814
思　　茅	820 973	775 450	470 363	54 203	235 321	30 324	6 798
西双版纳	347 375	340 589	291 039	638	48 275	2 762	289
大　　理	1 318 974	1 180 957	517 204	181 806	380 852	106 461	70 324
保　　山	916 511	845 996	411 111	137 166	260 497	31 086	9 191
德　　宏	396 798	374 452	303 849	23 975	46 081	9 493	1 735
丽　　江	404 810	334 347	134 807	69 488	111 218	40 921	21 249
怒　　江	163 588	141 372	40 084	17 447	74 146	13 090	1 389
迪　　庆	136 453	120 086	14 380	31 333	54 431	6 625	951
临　　沧	762 987	709 915	334 501	82 854	279 909	29 112	11 986

10－21　续表　　（2000 年）　　单位:吨

地　　区	薯类产量	油料产量			甘　　蔗	烤烟产量
			花　　生	油 菜 籽		
全省合计	**1 037 419**	**269 831**	**53 539**	**191 081**	**14 202 944**	**646 073**
昆　　明	103 491	10 309	1 085	7 856	6 071	81 396
曲　　靖	323 302	57 433	831	45 313	3 710	175 570
玉　　溪	26 052	18 781	1 212	16 977	1 452 170	105 681
昭　　通	294 642	13 447	4 904	8 146	167 668	56 691
楚　　雄	25 465	23 022	4 198	16 777	15 171	61 936
红　　河	47 692	17 694	10 895	5 328	1 282 593	59 465
文　　山	41 344	23 088	13 925	6 022	192 571	12 397
思　　茅	15 199	10 855	8 309	2 499	1 729 970	5 590
西双版纳	4 024	1 507	1 438	11	1 220 049	
大　　理	31 556	28 123	1 912	23 969	199 714	43 749
保　　山	39 429	26 179	1 206	24 619	1 807 122	29 325
德　　宏	12 853	17 117	642	16 349	2 910 931	
丽　　江	29 542	7 350	1 028	5 344	102 844	11 460
怒　　江	9 126	847	90	367	22 174	17
迪　　庆	9 742	1 163		978		34
临　　沧	23 960	12 917	1 864	10 526	3 090 185	2 763

10－22 历年全省大小春粮食面积和产量

年 份	粮食总计（万吨）	小春		大春	
		面 积（万亩）	粮食产量（万吨）	面 积（万亩）	粮食产量（万吨）
1952	450.70	853.69	52.32	3 240.02	398.38
1957	583.20	1 186.22	71.35	3 859.32	511.85
1960	489.35	1 263.93	56.55	3 883.33	432.80
1961	500.05	1 363.53	50.65	3 792.53	449.40
1962	534.50	1 141.59	70.46	3 799.59	464.04
1963	537.15	1 096.68	58.57	3 861.50	478.58
1964	606.70	1 169.03	73.90	3 907.26	532.80
1965	586.95	1 162.83	76.88	3 894.48	510.07
1966	628.60	1 227.65	73.85	3 874.02	554.75
1967	634.20	1 349.81	84.09	3 805.81	550.11
1968	587.05	1 269.68	85.95	3 742.02	501.10
1969	650.50	1 194.97	62.19	3 808.99	584.31
1970	698.45	1 354.15	84.41	3 838.69	614.04
1971	671.05	1 544.48	104.01	3 665.85	567.04
1972	735.05	1 518.91	110.10	3 692.10	624.95
1973	798.80	1 459.01	107.49	3 702.35	691.31
1974	680.35	1 406.28	88.52	3 739.64	591.83
1975	798.90	1 427.81	111.13	3 767.41	687.77
1976	761.30	1 443.83	122.76	3 734.60	638.54
1977	730.20	1 441.53	115.90	3 845.15	614.30
1978	864.05	1 578.92	134.79	3 937.87	729.26
1979	792.90	1 557.12	107.27	3 973.99	685.63
1980	865.55	1 409.80	126.64	3 979.23	738.91
1981	917.10	1 323.67	124.01	3 986.30	793.09
1982	945.90	1 240.77	111.59	3 970.09	834.31
1983	954.35	1 272.87	140.28	3 933.34	814.07
1984	1 005.00	1 281.50	135.28	3 880.56	869.72
1985	935.00	1 268.20	109.23	3 709.57	825.77
1986	870.00	1 266.33	75.48	3 733.04	794.52
1987	934.84	1 288.10	133.89	3 758.63	800.95
1988	940.72	1 392.94	138.49	3 733.81	802.23
1989	998.41	1 467.68	132.19	3 822.92	866.22
1990	1 061.21	1 543.05	170.02	3 890.39	891.19
1991	1 093.00	1 566.19	184.25	3 862.21	908.75
1992	1 070.40	1 584.30	196.00	3 788.70	874.40
1993	1 085.24	1 598.05	211.24	3 692.51	874.00
1994	1 146.47	1 704.37	201.36	3 798.90	945.11
1995	1 188.91	1 690.28	228.18	3 773.79	960.73
1996	1 246.30		234.30		1 012.00
1997	1 271.90		254.70		1 017.20
1998	1 319.50		240.15		1 079.35
1999	1 399.25	1 951.28	234.49	4 111.83	1 164.76
2000	1 467.80	1 897.13	241.00	4 090.38	1 226.80

10－23 全省主要农作物产量

单位：产量：吨

指 标	1995年	1998年	1999年	2000年	2000年比1999年±%
一、粮食	11 889 100	13 195 000	13 992 500	14 678 000	4.9
#稻谷	5 157 703	5 408 640	5 343 435	5 362 945	0.4
小麦	1 384 963	1 522 160	1 534 639	1 511 892	－1.5
玉米	3 418 326	4 207 228	4 450 756	4 460 276	0.2
大豆	131 278	129 454	134 309	139 913	4.2
薯类	794 800	875 776	952 121	1 037 419	9.0
二、油料	195 847	174 603	206 212	269 831	30.9
油菜籽	142 891	119 525	145 434	191 081	31.4
三、棉花	703	756	640	541	－15.5
四、麻类	2 173	2 236	2 085	1 902	－8.8
五、糖类	10 563 133	15 980 938	15 268 899	14 206 105	－7.0
#甘蔗	10 559 183	15 977 108	15 265 345	14 202 944	－7.0
六、烟叶	768 335	572 854	626 573	655 656	4.6
#烤烟	760 675	563 708	609 533	646 073	6.0

10－24 全省茶叶、水果生产情况

单位：面积：公顷 产量：吨

指 标	1995年		1999年		2000年	
	面 积	产 量	面 积	产 量	面 积	产 量
茶 叶	164 459	68 169	162 968	75 137	167 383	79 396
#红毛茶		15 383		14 034		13 736
绿毛茶		51 530		59 763		63 517
水 果	185 078	590 057	199 792	738 302	229 324	769 537
#香 蕉	13 774	86 673	15 208	105 119	18 449	109 728
苹 果	47 151	65 763	45 137	85 919	50 280	101 105
柑 桔	15 688	62 433	17 611	89 435	19 544	91 640
梨	28 955	136 243	38 865	152 099	45 609	158 112
葡 萄	1 553	9 008	2 562	15 599	3 761	17 746
菠 箩	4 444	30 117	6 091	42 232	6 295	32 097

10－25　全省主要农产品产量与历史最高年比较

项　　目	单 位	历史最高年		2000年产量	2000年比历史最高年增减	
		年　份	产　量		绝　对　数	%
一、主要农产品产量						
(一)粮食总产量	万吨	1999	1 399.25	1 467.80	68.55	4.9
1.小春粮食产量	万吨	1997	254.70	241.00	－13.70	－5.3
2.大春粮食产量	万吨	1999	1 164.76	1 226.80	62.04	5.3
(二)主要经济作物						
1.花　生	万吨	1999	4.78	5.35	0.57	11.9
2.油菜籽	万吨	1992	14.88	19.11	4.23	28.4
3.甘　蔗	万吨	1998	1 597.71	1 420.29	－177.42	－11.1
4.烤　烟	万吨	1997	109.28	64.61	－44.67	－40.9
5.茶　叶	万吨	1998	7.75	7.94	0.19	2.5
6.水　果	万吨	1999	73.83	76.95	3.12	4.2
二、主要林产品产量						
1.橡胶	万吨	1999	16.67	17.17	0.50	3.0
2.松脂	万吨	1997	5.94	5.43	－0.51	－8.6
3.核桃	万吨	1999	6.05	6.88	0.83	13.7
4.板栗	万吨	1999	1.10	1.46	0.36	32.7
三、主要畜产品产量						
1.肉猪出栏头数	万头	1999	1 944.88	2 033.26	88.38	4.5
2.猪牛羊肉总产量	万吨	1999	180.35	191.51	11.16	6.2
#猪肉产量	万吨	1999	162.17	172.94	10.77	6.6
3.牛奶产量	万吨	1999	12.28	12.97	0.69	5.6
四、水产品产量	万吨	1999	15.53	16.62	1.09	7.0

10－26　热带、亚热带作物面积和产量

单位：面积：公顷
产量：吨

指　　标	年末实有面积		收获面积		总　产　量	
	1999年	2000年	1999年	2000年	1999年	2000年
橡　胶	209 769	210 247	105 064	109 045	167 638	171 650
咖　啡	20 936	22 936	6 532	8 992	8 368	11 149
香料作物(折香料油)	11 680	11 279	5 988	5 945	564	555
胡　椒	146	236	78	104	74	94
砂　仁	7 389	7 771	4 781	4 963	831	982

10-27 各地区营林生产情况

(2000年)　　单位:千公顷

地区	造林面积	飞播造林	迹地更新面积	幼林抚育面积	成林抚育面积	零星(四旁)植树(万株)	育苗面积(公顷)
全省合计	**430.65**	**99.73**	**151.79**	**150.58**	**181.38**	**13 433**	**1 886**
昆明	37.01		0.44	25.55	7.96	756	133
曲靖	24.65		8.43	20.46	9.06	2 520	161
玉溪	12.01		1.53	6.41	20.73	473	51
昭通	32.38		2.63	30.22	2.95	2 152	388
楚雄	43.02	19.75	2.85	0.75	3.91	1 864	92
红河	47.99		0.52	11.28	12.53	1 029	298
文山	24.40		20.91	25.98	6.71	671	167
思茅	28.79		10.05	11.87	5.60	553	97
西双版纳	5.46			0.46	1.10	174	36
大理	90.48	60.98	22.86	6.10	36.55	1 199	117
保山	10.73		1.62	4.86	5.33	616	103
德宏	6.90		0.07	3.45	5.41	147	55
丽江	29.51	19.01	71.07	1.05	56.87	576	66
怒江	8.90		6.55		4.77	121	15
迪庆	6.29		1.86			63	27
临沧	22.12		0.40	2.15	1.90	519	80

10-28 各地区主要林产品产量

(2000年)　　单位:百公斤

地区	橡胶	松脂	油桐籽	油茶籽	核桃	板栗	紫胶
全省合计	**1 716 504**	**543 604**	**196 976**	**48 859**	**687 879**	**146 140**	**7 168**
昆明		880	750	170	13 800	45 920	
曲靖		101	6 869	3 000	27 032	9 328	
玉溪		15 148	218	24	10 309	6 361	2
昭通		5	31 262	167	38 114	5 830	19
楚雄		7 302	2 944	226	107 845	45 959	
红河	106 628	145	1 356	30	11 406	5 536	761
文山	4 673	467	119 357	42 878	10 526	6 744	
思茅	92 092	497 465	2 278		21 711	812	1 944
西双版纳	1 376 352	6 481				17	268
大理		1 299	7 311	27	144 451	7 110	186
保山		312	1 826	1 329	54 720	3 060	1 025
德宏	46 605	6 623	2 638	67	4 406	1 025	122
丽江		250	1 916		41 464	3 156	
怒江		8	16 205	60	30 688	895	
迪庆			8		70 345	3 086	
临沧	90 154	7 118	2 038	881	101 062	1 301	2 841

10－29 主要年份全省大牲畜年末数

单位:万头

年 份	大牲畜	黄 牛	水 牛	马	驴	骡
1978	656.29	365.97	187.44	68.07	12.43	22.38
1980	678.90	373.83	196.61	71.40	14.31	22.75
1985	874.12	484.66	247.46	90.26	20.88	30.87
1988	923.55	498.96	267.41	95.39	24.36	37.43
1989	922.63	494.22	269.09	94.69	25.22	39.41
1990	929.75	495.47	272.06	94.24	26.32	41.66
1991	931.91	490.27	276.74	93.92	26.99	43.99
1992	931.20	485.67	277.63	93.42	27.88	46.60
1993	938.52	485.79	280.08	93.50	29.69	49.46
1994	946.09	488.57	280.76	94.14	30.40	52.22
1995	966.37	501.21	284.79	94.14	31.44	54.69
1996	928.28	453.72	286.97	88.04	32.64	55.17
1997	940.58	462.79	291.56	86.30	32.75	57.06
1998	951.01	472.51	295.12	86.35	33.08	58.40
1999	1 000.37	511.76	292.61	87.87	32.34	61.46
2000	1 036.32	532.16	307.98	86.28	32.10	63.12

注:2000 年畜牧业主要产品数据为抽样调查数。

10－30 主要年份全省猪、羊年末数及肉猪出栏数

单位:万头、万只

年 份	猪年末数	当年生猪出栏头数	出栏率(%)	羊	山 羊	绵 羊
1978	1 297.93	514.76	41.9	707.75	528.54	179.21
1980	1 312.98	523.96	40.0	746.77	561.28	185.49
1985	1 703.30	740.73	43.5	723.94	558.83	165.11
1988	1 930.80	772.21	42.4	716.13	548.20	167.93
1989	2 001.41	823.19	42.6	728.86	564.92	163.94
1990	2 064.91	897.37	44.8	722.38	568.65	153.73
1991	2 096.34	963.92	46.7	685.67	543.89	141.78
1992	2 112.24	1 019.47	48.6	631.21	507.04	124.17
1993	2 168.20	1 112.04	52.6	627.19	508.17	119.02
1994	2 215.29	1 234.86	57.0	666.29	547.15	119.14
1995	2 295.07	1 368.07	61.8	718.66	597.79	120.87
1996	2 432.44	1 602.98	69.8	734.44	637.90	96.54
1997	2 461.63	1 764.88	72.6	767.83	672.35	95.48
1998	2 507.91	1 926.01	78.2	802.01	705.03	96.98
1999	2 459.40	1 944.88	79.1	836.38	717.41	118.97
2000	2 587.14	2 033.26	82.7	892.92	770.83	122.09

注:2000 年畜牧业主要产品数据为抽样调查数。

10－31 全省畜牧业生产情况

指　　标	单位	1990年	1991年	1995年	1997年	1998年	1999年	2000年
一、牲畜年末头数								
(一)大牲畜	万头	929.70	931.90	966.40	940.58	951.01	1 000.37	1 036.32
1.牛	万头	767.50	767.00	786.10	764.47	773.10	818.69	854.82
2.马	万头	94.20	93.90	94.10	86.30	86.35	87.87	86.28
3.驴	万头	26.30	27.00	31.40	32.75	33.08	32.34	32.10
4.骡	万头	41.70	44.00	54.70	57.06	58.40	61.46	63.12
(二)猪	万头	2 064.90	2 096.30	2 295.10	2 461.63	2 507.91	2 459.40	2 587.14
(三)羊	万只	722.40	685.70	718.70	767.83	802.01	836.38	892.92
二、畜禽产品产量								
(一)肉类总产量	万吨	78.60	85.50	128.20	158.44	176.96	192.14	205.17
#1.猪　肉	万吨	71.00	76.90	111.60	136.17	150.45	162.17	172.94
2.牛　肉	万吨	2.50	2.80	6.30	8.73	10.66	12.60	12.77
3.羊　肉	万吨	1.20	1.60	2.60	4.05	5.10	5.59	5.80
(二)其它畜禽产品产量								
1.牛　奶	万吨	7.30	8.20	9.50	9.01	9.37	12.28	12.97
2.山羊毛	吨	61.00	77.20	102.00	139.52	93.66	152.00	118.00
3.绵羊毛	吨	1 854.00	1 797.00	1 838.00	1 371.06	1 389.16	1 709.00	1 690.00
4.禽　蛋	万吨	4.90	5.10	6.90	8.51	8.70	9.83	10.63
5.蚕　茧	吨	2 482.40	3 035.00	7 828.00	6 513.00	7 149.00	7 042.00	7 496.00

注:2000年畜牧业主要产品数据为抽样调查数。

10－32 各地区牲畜饲养情况

(2000年)　　　　单位:头、只

地　　区	大牲畜年末头数	役　畜	牛	乳　牛	马	驴	骡	肉猪出栏头　数	猪年末头　数	羊年末只　数
全省合计	**10 363 175**	**6 038 744**	**8 548 225**	**103 937**	**862 755**	**321 000**	**631 183**	**20 332 574**	**25 871 446**	**8 929 223**
昆　明	718 992	459 373	499 816	19 332	141 459	17 934	55 992	2 304 900	2 040 338	1 024 687
曲　靖	1 044 092	795 328	795 977	4 051	172 858	10 240	62 363	3 766 575	3 666 413	1 145 990
玉　溪	318 264	175 316	275 055	431	15 717	14 635	13 366	1 194 902	1 161 412	317 892
昭　通	697 351	455 138	522 854	1 621	160 669	3 478	8 220	1 769 662	2 296 961	544 142
楚　雄	953 185	565 716	752 821	231	45 852	70 590	82 562	1 630 673	1 706 754	1 262 197
红　河	941 995	597 748	805 054	1 708	51 186	9 350	77 543	1 574 913	2 179 540	422 719
文　山	1 157 460	853 633	1 031 487	61	85 902	250	42 939	1 435 934	2 093 046	290 598
思　茅	866 305	373 107	855 221	231	801	10 547	5 451	837 833	2 030 011	301 752
西双版纳	172 426	45 190	172 590	23	225	621	224	253 617	475 909	8 228
大　理	996 961	446 872	748 348	67 550	63 653	68 715	113 235	2 101 166	2 250 926	1 183 623
保　山	669 107	402 624	550 071	394	25 115	12 916	80 929	1 335 810	1 970 652	311 875
德　宏	200 812	101 855	179 654	398	6 301	2 049	13 377	311 629	530 298	67 887
丽　江	459 948	199 846	327 998	1 923	57 247	38 027	34 586	652 484	849 930	1 006 663
怒　江	182 083	108 748	152 748	1 485	11 184	6 872	11 382	243 600	421 714	392 456
迪　庆	287 971	99 661	244 965	441	24 245	6 969	12 094	148 522	369 341	254 845
临　沧	696 225	358 589	633 565	4 059	341	47 807	16 920	770 355	1 828 202	393 669

注:各地州市数据为抽样调查衔接数。

10－33 各地区畜产品产量

（2000 年）

单位:吨

地 区	猪牛羊肉产 量	猪 肉	牛 肉	羊 肉	奶 类	牛 奶	绵羊毛	禽 蛋	蜂 蜜
全省合计	**1 915 107**	**1 729 387**	**127 679**	**58 041**	**146 909**	**129 677**	**1 690**	**106 295**	**6 729**
昆 明	207 875	188 474	12 485	6 916	55 538	46 735	231	30 522	288
曲 靖	408 127	390 264	11 762	6 101	5 388	887	223	9 570	1 285
玉 溪	106 968	95 363	8 346	3 259	863	707	8	8 626	73
昭 通	177 592	166 478	8 445	2 669	967	967	632	11 656	226
楚 雄	156 400	130 696	15 432	10 272	984	977	61	3 370	953
红 河	145 546	136 551	6 648	2 347	5 630	5 535	15	7 542	801
文 山	126 282	112 199	11 594	2 489	109	109		4 734	161
思 茅	62 306	54 715	6 288	1 303	433	433	1	3 922	400
西双版纳	20 304	17 208	3 031	65	8			1 059	68
大 理	213 402	180 104	21 174	12 124	61 054	57 818	189	13 907	1 267
保 山	116 311	106 791	7 382	2 138	1 126	1 070	33	4 279	344
德 宏	27 740	25 283	2 080	377	616	616	1	1 366	54
丽 江	56 965	48 734	4 188	4 043	1 409	1 407	193	2 467	243
怒 江	17 648	14 843	1 203	1 602	37	37	39	555	150
迪 庆	10 645	8 057	1 754	834	12 382	12 379	37	435	104
临 沧	60 996	53 627	5 868	1 501	365		27	2 285	312

注:各地州市数据为抽样调查衔接数。

10－34 各地区水产品产量及养殖面积

（2000 年）

单位:吨、公顷

地 区	水产品产量	养殖产量	捕捞产量	鱼 类	虾蟹类	贝类	其它	水产养殖面积
全省合计	**166 164**	**144 936**	**21 228**	**158 228**	**6 416**	**1 012**	**508**	**81 603**
昆 明	32 000	25 744	6 253	28 268	3 658	58	16	10 989
曲 靖	21 335	19 982	1 353	21 314	10		11	10 223
玉 溪	10 228	8 285	1 943	10 165	58		5	10 881
昭 通	3 850	3 600	250	3 850				2 566
楚 雄	5 950	5 790	160	5 947	3			8 039
红 河	15 694	14 919	775	15 571	61	5	57	10 371
文 山	7 819	7 389	430	7 465	173	171	10	4 535
思 茅	9 183	8 685	498	9 054	33	95	1	3 746
西双版纳	11 353	10 729	624	11 053	37	263		3 645
大 理	18 513	12 634	5 879	15 346	2 371	420	376	7 336
保 山	9 367	9 018	349	9 364	3			2 669
德 宏	9 496	9 302	194	9 455	9		32	2 145
丽 江	5 657	3 579	2 078	5 657				2 306
怒 江	223	212	11	223				41
迪 庆	523	423	100	523				204
临 沧	4 973	4 642	331	4 973				1 907

10－35　农村劳动力转移情况

指　　标	计量单位	数　　量		占整半劳动力比重(%)	
		1999年	2000年	1999年	2000年
一、调查户劳动力基本情况	人	**6 481**	**6 763**	**100**	**100**
(一)劳动力素质情况	人				
1. 男女劳动力情况					
(1)男劳动力	人	3 405	3 545	52.54	52.42
其中:整劳动力	人	2 713	2 927	41.86	43.28
(2)女劳动力	人	3 076	3 218	47.46	47.58
其中:整劳动力	人	2 223	2 382	34.30	35.22
2. 劳动力文化素质情况					
(1)文盲或半文盲	人	1 207	1 165	18.62	17.23
(2)小学程度	人	2 861	3 136	44.15	46.37
(3)初中程度	人	2 069	2 098	31.92	31.02
(4)高中程度	人	298	295	4.60	4.36
(5)中专程度	人	41	62	0.63	0.92
(6)大专及以上程度	人	5	7	0.08	0.10
3. 接受过专业培训情况					
(1)接受过专业培训	人	607	523	9.37	7.73
(2)未接受过专业培训	人	5 874	6 240	90.63	92.28
(二)行业分布情况	人	6 481	6 763	100	100
1. 农林牧渔业劳动力	人	5 942	6 237	91.68	92.23
其中:种植业	人	5 821	6 127	89.82	90.6
2. 工业劳动力	人	118	87	1.82	1.29
3. 建筑业劳动力	人	72	78	1.11	1.15
4. 交通运输业劳动力	人	55	42	0.85	0.62
5. 邮电通讯业劳动力	人				
6. 商业、饮食业劳动力	人	95	72	1.47	1.06
7. 服务业劳动力	人	92	78	1.42	1.15
8. 文教卫生业劳动力	人	37	32	0.57	0.47
9. 其他劳动力	人	70	137	1.08	2.03
二、调查户劳动力转移人数	人	**545**	**535**	**8.41**	**7.91**
(一)转移劳动力素质情况					
1. 男女劳动力情况					
(1)男劳动力	人	388	375	5.99	5.54
其中:整劳动力	人	344	346	5.31	5.12
(2)女劳动力	人	157	160	2.42	2.37
其中:整劳动力	人	130	133	2.01	1.97
2. 文化素质情况					
(1)文盲或半文盲	人	25	13	0.39	0.19
(2)小学程度	人	171	132	2.64	1.95
(3)初中程度	人	263	283	4.06	4.18

指　　标	计量单位	数　　量		占整半劳动力比重(%)	
		1999年	2000年	1999年	2000年
(4)高中程度	人	60	70	0.93	1.04
(5)中专程度	人	23	31	0.35	0.46
(6)大专及以上程度	人	3	6	0.04	0.09
3. 接受过专业培训情况					
(1)接受过专业培训	人	216	145	3.33	2.14
(2)未接受过专业培训	人	329	390	5.08	5.77
(二)转移劳动力行业分布情况					
1. 农林牧渔业劳动力	人	10	14	0.15	0.21
其中:种植业	人	9	13	0.14	0.19
2. 工业劳动力	人	116	86	1.79	1.27
3. 建筑业劳动力	人	72	77	1.11	1.14
4. 交通运输业劳动力	人	55	42	0.85	0.62
5. 邮电通讯业劳动力	人				
6. 商业、饮食业劳动力	人	93	71	1.43	1.05
7. 服务业劳动力	人	92	78	1.42	1.15
8. 文教卫生业劳动力	人	37	32	0.57	0.47
9. 其他劳动力	人	70	135	1.08	2.00
(三)转移劳动力地域分布情况					
1. 本省内转移	人	519	510	8.01	7.55
(1)省会城市	人	44	62	0.68	0.92
(2)地级市	人	19	18	0.29	0.27
(3)县级市	人	59	66	0.91	0.98
(4)建制镇	人	75	84	1.16	1.24
(5)其它	人	322	280	4.97	4.14
2. 转向外省	人	26	24	0.40	0.35
(1)省会城市	人	9	6	0.14	0.09
(2)地级市	人	6	5	0.09	0.07
(3)县级市	人	8	1	0.12	0.01
(4)建制镇	人	1	1	0.02	0.01
(5)其他	人	2	11	0.03	0.17
3. 转向国外	人		1		0.01
(四)转移劳动力寄回和带回现金					
1. 不同行业寄回和带回现金	元	1 783 305	1 890 969	100	100
(1)农业	元	13 100	15 686	0.73	0.83
(2)工业	元	368 438	398 269	20.66	21.06
(3)建筑业	元	178 827	143 047	10.03	7.56
(4)交通运输业	元	290 798	150 830	16.31	7.98
(5)邮电通讯业	元				
(6)商业、饮食业	元	258 027	265 520	14.47	14.04

指　　标	计量单位	数　　量		占整半劳动力比重(%)	
		1999年	2000年	1999年	2000年
(7)服务业	元	282 321	270 600	15.83	14.31
(8)文教卫生业	元	143 122	95 767	8.03	5.06
(9)其他行业	元	248 672	551 250	13.94	29.16
2. 不同地域寄回和带回现金					
(1)本省内	元	1 725 895	1 856 697	96.78	98.19
(2)省外	元	57 410	33 100	3.22	1.75
(3)国外	元		1 190		0.06
三、调查户劳动力当年转移人数	人	**269**	**203**	**100**	**100**
(一)当年转移劳动力素质情况					
1. 男女劳动力情况					
(1)男劳动力	人	190	142	70.63	69.96
其中:整劳动力	人	173	134	64.31	66.01
(2)女劳动力	人	79	61	29.37	30.04
其中:整劳动力	人	69	54	25.65	26.60
2. 文化素质情况					
(1)文盲或半文盲	人	10	5	3.72	2.46
(2)小学程度	人	88	66	32.71	32.51
(3)初中程度	人	130	107	48.33	52.71
(4)高中程度	人	28	18	10.41	8.87
(5)中专程度	人	11	7	4.09	3.45
(6)大专及以上程度	人	2		0.74	
3. 接受过专业培训情况					
(1)接受过专业培训	人	101	48	37.55	23.65
(2)未接受过专业培训	人	168	155	62.45	76.35
(二)当年转移劳动力行业分布					
1. 农林牧渔业劳动力	人	8	11	2.97	5.42
其中:种植业	人	7	11	2.60	5.42
2. 工业劳动力	人	49	38	18.22	18.72
3. 建筑业劳动力	人	48	40	17.84	19.70
4. 交通运输业劳动力	人	24	9	8.92	4.43
5. 邮电通讯业劳动力	人		0		
6. 商业、饮食业劳动力	人	41	19	15.24	9.36
7. 服务业劳动力	人	50	26	18.59	12.81
8. 文教卫生业劳动力	人	16	6	5.95	2.96
9. 其他劳动力	人	33	54	12.27	26.60
(三)当年转移劳动力地域分布					
1. 本省内转移	人	252	185	93.68	91.14
(1)省会城市	人	33	35	12.27	17.24

10－35 续表3

指　　标	计量单位	数　　量		占整半劳动力比重(%)	
		1999年	2000年	1999年	2000年
(2)地级市	人	10	9	3.72	4.43
(3)县级市	人	27	39	10.04	19.21
(4)建制镇	人	45	27	16.73	13.30
(5)其他	人	137	75	50.92	36.96
2.转向外省	人	17	17	6.32	8.37
(1)省会城市	人	7	6	2.60	2.95
(2)地级市	人	2	3	0.74	1.48
(3)县级市	人	6	1	2.24	0.49
(4)建制镇	人	1		0.37	
(5)其他	人	1	7	0.37	3.45
3.转向外省区域分布情况	人	17	17	6.32	8.37
(1)由东部转向东部	人				
(2)由中部转向东部	人				
(3)由西部转向东部	人	10	13	3.71	6.40
(4)由东部转向中部	人				
(5)由中部转向中部	人				
(6)由西部转向中部	人	4	1	1.49	0.49
(7)由东部转向西部	人				
(8)由中部转向西部	人				
(9)由西部转向西部	人	3	3	1.12	1.48
4.转向国外	人		1		0.49
(四)当年转移劳动力寄回和带回					
1.不同行业寄回和带回现金	元	731 583	359 688	100	100
(1)农业	元	7 500	10 186	1.03	2.83
(2)工业	元	119 121	87 123	16.28	24.22
(3)建筑业	元	101 530	71 289	13.88	19.82
(4)交通运输业	元	138 583	26 180	18.94	7.28
(5)邮电通讯业	元				
(6)商业、饮食业	元	92 528	25 360	12.65	7.05
(7)服务业	元	145 715	31 950	19.92	8.88
(8)文教卫生业	元	45 714	12 350	6.25	3.43
(9)其他行业	元	80 892	95 250	11.05	26.49
2.不同地域寄回和带回	元				
(1)本省内	元	697 273	338 348	95.31	94.07
(2)省外	元	34 310	20 150	4.69	5.60
(3)国外	元		1 190		0.33

10－36　乡村全社会人均固定资产投资及建设情况

指　　标	计量单位	乡级所有		村及村以下所有		农户所有	
		1999年	2000年	1999年	2000年	1999年	2000年
一、本年新增固定资产原值	元	**67.65**	**71.84**	**70.30**	**51.22**	**164.59**	**191.47**
二、本年固定资产投资完成额	元	**82.21**	**89.26**	**83.92**	**61.22**	**169.15**	**205.67**
(一)按投资来源来分							
1. 国内贷款	元	7.10	10.94	7.31	6.55	1.82	7.97
2. 群众集资	元	8.27	7.55	3.38	6.17		
3. 国家资金	元	33.16	40.66	14.70	20.39		
4. 利用外资	元	0.80	0.04	0.27			
5. 自筹资金	元	32.88	30.07	58.26	28.11	167.33	197.70
(二)按投资构成分							
1. 建筑工程	元	62.96	66.31	64.11	45.06	92.07	117.88
其中:农田水利	元	18.02	17.23	16.63	9.29	0.47	1.43
住宅	元	15.35	17.20	6.80	2.58	83.17	106.12
2. 安装工程	元	1.61	1.38	0.93	0.99	0.10	1.13
3. 设备工器具购置	元	10.05	12.89	12.11	7.72	35.14	22.76
其中:生产设备	元	5.39	10.11	9.74	6.67	20.68	12.03
4. 其它	元	7.59	8.68	6.77	7.45	41.84	63.90
(三)按投资方向分							
1. 农业	元	20.30	18.29	9.93	10.81	30.85	29.24
2. 采掘业	元	1.26	0.75	0.62	3.59		0.66
3. 制造业	元	3.43	11.48	23.75	4.46	0.42	0.32
4. 电力煤气及水的生产和供应业	元	1.90	1.73	2.41	0.10		
5. 建筑业	元	4.89	3.25	5.50	1.42	17.29	12.55
6. 交通运输业	元	2.86	1.45	1.28	0.26	10.36	5.69
7. 邮电通讯业	元	0.32	0.25		0.02		0.02
8. 批发零售贸易餐饮业	元	4.49	2.61	0.76	3.40		
9. 社会服务业	元	3.77	8.97	18.55	15.16		
10. 文化教育事业	元	14.06	14.35	0.98	3.78	2.14	
11. 卫生体育社会福利事业	元	3.11	4.40	0.90	0.59	1.43	
12. 其它	元	21.82	21.73	19.24	17.63	106.66	157.19
(四)按具体投资项目分							
1. 住宅	元	15.35	17.20	6.80	2.58	83.16	106.12
2. 道路	元	3.74	10.40	1.74	6.82		
3. 桥梁	元	0.46	0.21	0.02	1.28		
4. 设备	元	11.68	12.89	11.88	7.72	14.59	22.76
5. 水利	元	17.53	17.23	16.82	9.29	10.74	1.43
6. 其它	元	33.45	31.33	46.66	33.53	60.66	75.36
三、本年施工房屋面积	平方米	**0.08**	**0.08**	**0.07**	**0.08**	**0.41**	**0.72**
其中:住宅	平方米	0.02	0.05	0.01	0.01	0.35	0.57
其中:当年新开工	平方米	0.05	0.07	0.04	0.07	0.36	0.62
四、本年竣工房屋面积	平方米	**0.07**	**0.08**	**0.07**	**0.07**	**0.38**	**0.62**
其中:住宅	平方米	0.02	0.04	0.01	0.01	0.33	0.50
五、本年竣工房屋投资完成额	元	**29.89**	**29.54**	**46.81**	**26.30**	**94.99**	**110.62**
其中:住宅	元	10.60	14.93	6.79	2.52	84.82	97.39

主要统计指标解释

农林牧渔业总产值　指以货币为表现的农林渔业全部产品总量,它用价值量形式综合说明了一定时期(通常指一年)农林牧渔业生产的总成果和总规模。

农、林、牧、渔业总产值的统计范围是:

一、农业产值:包括种植业和其他农业的主产品和副产品产值。

1.**种植业产值:**指从事农作物栽培取得的产品的产值。包括谷物、豆类、薯类、油料、棉花、麻类、糖类、烟叶、药材、蔬菜、瓜果和其他农作物的种植,以及茶园、桑园、果园的生产经营。

2.**其他农业产值:**包括采集野生植物和农民家庭兼营的商品性工业产值。

二、林业产值:包括林木的栽培(不包括茶园、桑园、果园的栽培、管理和收获等活动),林产品的采集和村及村以下竹木采伐的产值。

三、牧业产值:包括除渔业养殖以外的一切动物饲养、放牧及捕猎野禽的产值。

四、渔业产值:包括水生动物和海藻类植物的养殖和捕捞产值。

从所有制看,包括全民所有制和各种专业农(林、牧、渔)场和农业试验场、所,集体所有制的农村各种经济组织经营的农林牧渔业;农民自营的农作物栽培、动物饲养及农民家庭兼营商品性工业等。

农林牧渔业总产值的计算方法通常是以农林牧渔业产品及其副产品的产量乘以该项目产品的单位价格而得该产品的产值,少数生产周期较长,当年没有产品产量不易统计的则采用间接法匡算产值。四业产品产值之和即为农林牧渔业总产值。

1957年以前的农业总产值包括了厩肥和农民自给性手工业(如农民自制衣服、鞋、袜,自己从事粮食初步加工等)。1958年及以后的农业总产值,林业中增加了村及村以下竹木采伐产值;牧业中取消了厩肥产值;副业中取消了农民自给性手工业产值,增加了村及村以下的工业产值;渔业中增加了机械化捕渔产值。1980年及以后农业总产值,在副业中增加了农民商品性家庭手工业的产值。从1984年起村及村以下办工业产值划归工业。1993年取消副业产值,农业总产值改为农林牧渔业总产值。原副业产值的采集野生植物和农民家庭兼营商品性工业划归农业产值;捕猎野兽野禽划归牧业产值。

农林牧渔业中间消耗　指各种经济类型的农业生产单位和农户在农业生产经营过程中投入(或消耗)的各种物质产品和劳务价值的总和。包括中间物质消耗和中间劳务消耗两个部份。计入中间消耗必须具备以下两个条件:一是与总产出相对应的生产过程中消耗的物质产品和劳务活动;二是本期投入并一次性消耗的不属于固定资产的非耐用品。

农林牧渔业增加值　指各种经济类型的农业生产单位和农户从事农业生产经营活动所提供的社会最终产品的货币表现。增加值的计算方法有两种,一是生产法:农林牧渔业增加值 = 农林牧渔业总产出 - 农林牧渔业中间消耗;二是分配法:农林牧渔业增加值 = 固定资产折旧 + 劳动者报酬 + 生产税净额(生产税 - 生产补贴) + 营业盈余。

自来水受益村数　包括取水、净水、输配水三部分组成的自来水供给的,或由取水和输配水两部分的符合饮用卫生标准的简易自来水年末实际受益的村委会个数。

通汽车村数　指拥有乡级以上公路通过,并通达客运或货运汽车的村委会个数。

粮食产量　指全社会的产量。包括国营农场等全民所有制经营的、集体统一经营的和农民家庭经营的粮食产量,还包括工矿企业家属办的农场和其他生产单位的产量。粮食除包括稻谷、小麦、玉米、高粱、谷子及其他杂粮外,还包括薯类和大豆。其产量计算方法,豆类按去豆荚后的干豆计算;薯类(包括甘薯和马铃薯,不包括芋头和木薯)1963年以前按每4公斤鲜薯折1公斤粮食计算,从1964年以后按5公斤鲜薯折1公斤粮食计算。其他粮食一律按脱粒后的原粮计算。

谷物　指稻谷、小麦、玉米、谷子、高粱和其他谷物,不包括薯类和大豆。其他谷物指除稻谷、小麦、玉谷、高粱以外的一些子实主要用作粮食的作物,包括大麦、元麦(青稞)、莜麦、荞麦、糜子等。

水产品产量　指人工养殖的水产品的天然生长的水产品的捕捞量。包括海水的鱼类、虾蟹类、贝类和藻类以及淡水的鱼类、虾蟹类、贝类,不包括淡水水生植物。

猪、牛、羊产量　指当年的猪、牛、羊的肉产量。即屠宰后除去头蹄下水后带骨肉(即胴体重)的重量。

灌溉面积　指有效灌溉面积,即具有一家的水源,地块比较平整,灌溉工程或设备已经配套,在一般年景下当年能够进行正常灌溉的耕地面积。

云南省人民政府生物资源开发创新办公室

自九十年代中期开始，省委、省政府决定将生物资源开发产业作为云南支柱产业建设以来，天然药物、花卉及绿化园艺、绿色食品及保健品、生物化工等新兴生物资源开发产业取得了长足发展，保持了25%的增长率，增长速度大大高于全省GDP增长速度，成为云南省经济增长的新亮点。

据统计，2000年四个新生物资源开发产业总产值达117.4亿元，其中：医药产业总产值12.5亿元，食品产业总产值80.5亿元，花卉产业总产值14.2亿元，生物化工产业总产值10.2亿元。实现增加值23.5亿元，增幅比1999年增长25%。

1995年以来，我省新兴生物资源开发产业发展速度一直很快，天然药物、花卉、绿色食品及保健品、生物化工四个产业1999年总值为87.7亿元，2000年为117.4亿元，保持了高速增长，同时由于四个产业产值基数低，发展的空间较大，在我省形成了新的投资热点。相当一部分企业选择了生物资源开发产业作为二次创业的主战场，如红塔集团、云天化等一批优质企业加大了利用现代生物技术开发云南生物制药产业的步伐。经过几年的努力，形成了一批龙头企业和品牌，这部分企业表现出了在生物资源开发领域里进一步投资扩展的趋势。如云南红将生产规模从3000吨扩大到10000吨，排毒养颜对灵丹草的开发。

截至2000年底，我省累计实施省级生物资源开发创新工程项目101项，累计投资35.48亿元，实现销售收入23.9亿元，利润2.75亿元，上缴税金1.77亿元，分别比1999年增长67.17%、91.34%、和49.26%。初步培育了一批在全国有一定影响的新品牌如“排毒养颜胶囊”、“云南红”、“云大120”等,这些企业成为推动我省生物资源开发创新发展的重要力量，对全省生物资源产业开发建设起到了重要的示范带动作用。

昆明市官渡区联盟镇

昆明市官渡区联盟镇位于昆明市区北部，东与金马镇，西临西山区，南连盘龙，五华两区，北接龙泉镇，总面积15平方公里，全镇辖胜利、桃园、虹山、马村、长青、小坝6个社区居民委员会，26个居民小组。全镇总人口3149人，其中农业人口5650人，驻镇中央，省，市属企业事业单位55家，大中专院校科研单位比较集中。随着昆明市政建设不断扩大，联盟镇已全部城市化。

几年来，镇党政一班人在改革开放的大政方针指导下，解放思想，统一认识，抓住机遇，结合自己的实际和区位优势，因地制宜，大力发展乡镇企业。特别是“八五”期间小平同志南巡讲话后，联盟镇乡镇企业迅速发展，一跃成为云南省乡镇企业发展的排头兵。首先从政策上，资金上扶持骨干企业，其次不断调整产业结构，以“一、二、三”产业到“二、三”产业，三是抓重点工程建设，使乡镇企业不断向高层次，规模化产业化发展，四是抓紧基础设施建设，为发展乡镇企业创造良好的外部环境。经过几年的发展形成了四大产业支柱，即：家具制造、建材、化工、汽车修理，并创立了一批名牌产品。随着"退二进三"的产业调整，第三产业真正形成了联盟镇又一发展方向，大型批发市场，农贸市场、娱乐城、大酒店、宾馆分布在辖区内。“九五”期间，全镇经济仍保持持续快速增长的良好势头，产业结构进一步优化，由“八五”末期的“二、三、一”结构，调整为“三、二”结构，第三产业已成为联盟镇今后的主要发展方向，区域功能发生巨变，已由城郊型经济完成变为城市经济。

从1996年到2000年全镇经济发展取得可喜成绩。

1996年全镇经济总收入完成321693万元，比上年增长48%；乡镇企业营业收入完成321460万元，比上年增长53%；总体财政收入完成3652.3万元，比上年增长21.8%(不含“三资”企业上交市财政税)；农民人均纯收入达到8482元，比上年增长20%；实现了全省乡镇企业发展的“五连冠”。

1997年，全镇经济总收入完成454334万元，比上年增长42%；乡镇企业营业收入完成451049万元，比上年增长40%；总体财政收入完成4301万元，比上年增长18%(不含“三资”企业税)；农民人均纯收入达到10366元，比上年增长22%。

1998年，全镇经济总收入完成561713万元，比上年增长24%；乡镇企业营业收入完成553680万元，比上年增长22.8%；总体财政收入完成4996万元，比上年增长16%(不含“三资”企业税)；农民人均纯收入达到11686元，比上年增长12.7%。

1999年，全镇经济总收入完成665868万元，比上年增长18.5%；乡镇企业营业收入完成659206万元，比上年增长19%；总体财政收入完成5789万元，比上年增长15.9%（不含“三资”企业税）；农民人均纯收入达到12038元，比上年增长3%。

2000年，全镇经济总收入完成761161万元，比1999年增长14%，是"八五"末期216441万元的3.5倍，平均增长28%；乡镇企业营业收入完成75亿元，比1999年增长15%，比"八五"末期的21亿元增长257%，平均增长29%；总体财政收入完成6524万元，比1999年增长12.7%，是"八五"末期29967万元的2.2倍，平均增长16.8%；农民人均纯收入达到12279元，比1999年增长2%，是"八五"末期7064元的1.7倍，平均增长11.7%。企业个数由1995平均1849个增加到4876个。

云南省盐业总公司

云南省盐业总公司是云南省唯一集食盐生产、销售为一体的国有专营企业。隶属于云南轻纺集团有限公司（代建制转体前省轻纺工业厅），下辖昆明盐矿及分布全省各地的二十五个分（支）公司，共有职工1100余人。负责云南省食盐和工业盐的生产及云南省所有食盐、大部分工业盐的营销工作。

云南食盐生产历史悠久，源远流长。在距今2100年前的汉代即已有滇盐生产的记载。到民国时期，云南盐的税收已位居第二，仅次于田赋。1932年开始在食盐中加碘。盐的生产及大额的税收，对云南的政治、经济、社会的发展起着重要作用。盐税是云南历代财政收入的重要来源，因而历代朝廷及历届政府都非常重视云南盐业生产及云南盐政机构的建设与完善。这一切都为今天云南盐业的发展提供了深厚的的底蕴。

云南省盐业总公司正式成立于1964年，其间虽几经沉浮，但在各级党委和政府的关心支持下，在全系统职工的共同努力下，云南盐业始终朝着健康的方向不断发展和完善。公司现有资产3.57亿元，2000年实现税利4.88千万元。为云南社会经济的发展，维护边疆少数民族地区的稳定作出了应有的贡献。

随着改革开放的不断深入，社会主义市场经济体制的逐步完善，云南省盐业总公司顺应历史朝流，适应新的形势，按照国家有关法律、法规强化食盐专营工作，在全省地、州（市）、县设立了盐业分支机构及委托代转批单位，建立了较完善的专营体系。向社会供给“白象牌”加碘食盐。所属昆明盐矿是我省最大的制盐企业和盐化工原料基地，引进瑞士先进设备，产品质量居全国一流。

云南省盐业总公司通过加强市场管理，积极开展以三级批发为基础，零售环节为重点的专营网络建设和销售服务的延伸，确保合格碘盐的有效供应，为我省消除碘缺乏病作出了积极贡献。2000年云南省合格碘盐供应量达26.38万吨。经国家卫生部等五部局派出的专家组对云南消除碘缺乏病工作评估，全省碘盐覆盖率达98.3%；合格碘盐食用率达87.9%。云南省已基本实现消除碘缺乏病阶段目标。

为实现多元化发展，云南省盐业总公司积极进行产业结构调整。除巩固食盐专营的成果外，按照现代企业制度积极拓展其它产业。拥有全资的丽江云燕宾馆、云南省盐业服务中心、云南白象实业开发公司、大理风仪转运中心、安宁晶盐实业公司以及控股的大理苍洱酒店、中港合资的云南白象彩印包装有限公司等多种经营企业。形成集盐的生产、运销、转运服务、旅游、塑料彩印等为一体的发展格局。同时为适应新形势，公司正进行建立现代企业制度等方面的改制工作。

新的世纪，我国即将加入WTO，国家实施西部大开发战略及云南省委、省政府的“二省一通道”战略，都使云南盐业面临巨大挑战，但也给我们带来很好的机遇。云南省盐业总公司将不断完善自我，解放思想，深化改革，开拓创新，抓住契机，努力奋斗，使云南盐业走上可持续发展的健康道路。

思茅红塔木业有限公司

思茅红塔木业有限公司位于云南省思茅市北郊翠塔路，占地9.7万M²，是由（红塔集团）云南红塔实业有限责任公司、香港玉成贸易发展有限公司和思茅市云岭栲胶有限公司三家企业于一九九三年十二月合资兴建的木材加工企业。公司立足于我省第二大林区——思茅林木资源的综合利用和深度开发，投资3.2亿元人民币，从德国成套引进具有九十年代国际先进水平的技术和设备，是迄今为止国内技术装备起点较高，工艺水平一流的中纤板生产企业，也是我省规模最大的中密度纤维板生产厂家之一。生产线于一九九七年建成，一九九八年试生产，一九九九年正式生产经营。经过五年的建设和发展，在各级党委政府及兄弟单位的关心支持下，在广大干部员工的共同的努力下，公司事业有了飞速发展。特别是2000年以来思茅红塔木业有限公司依靠技术进步，社会各界的支持及全体员工团结拼搏，坚持发展为主题、结构调整为主线、改革创新为动力的经营理念。2000年生产产量突破设计能力达60000M³，实现利润1180万元，上交税金1000万元，取得了历史性的进步，同时，公司生产经营转入全面健康的良性阶段。

展望未来，任重道远。本公司将一如既往，坚持技术创新，机制创新，管理创新，严格按现代企业制度运作，强化内部管理。建立健全各项管理制度。走以“效益、市场导向生产为中心”的质量效益型发展路子。公司决心以一流技术、一流管理、创造一流效益，最大限度地满足国内外用户的需要，保护人类赖以生存的生态环境，缓解资源供给与需求的矛盾，保证经济的可持继发展，使公司发展成为一个有竞争能力、有激励机制的当地龙头企业，为地方经济的发展作出新的、更大的贡献是我公司全体员工的共同心愿。

我们坚信，思茅红塔木业有限公司的事业明天将更加美好，更加辉煌。

山常青水长流
思茅地区卫国林业局

思茅地区卫国林业局地处驰名中外的普洱茶的故乡－－普洱县城北郊，森林经营区属澜沧江流域小黑江水系，横跨景谷、普洱两个民族自治县。1969年10月建局以来，从单一的森工企业发展成为以林为主、林板结合、林运结合、林果结合、工农结合的综合型林业企业，近年来全面进入天然林保护工程，形成了以实施天然林保护工程为主，以林产加工业、花卉种苗培育、森林旅游服务为一体的现代林业企业。年产中密度纤维板2.5万立方米，细木工板5000立方米，地板条12 万平方米，柑桔类水果600吨，还投资建设了小黑江森林公园，为人们提供了一个休闲娱乐和旅游观光的好去处。

改革开放以来，卫国林业局积极探索森工企业的发展路子，1992年兼并了当时思茅地区的亏损大户普洱人造板厂，使该厂当年扭亏为盈，拥有了胶合板、硬质纤维板、中密度纤维板、刨花板、二次贴面板、地板条、细木工板等生产线，有固定资产1.4亿元，实现了木材的综合利用，企业进入了快速发展时期，有正式职工2100人，有短期合同工和季节性用工1000余人。1997年，为支持云南省政府分流中甸林业局职工，一次接收中甸林业局转产分流职工120人，连同家属200多人。

1998年，国家决定森工企业全面停止木材采伐，实施天然林保护工程。在森工企业的伟大转折中，卫国林业局的胶合板、硬质纤维板、刨花板、二次贴面板等生产线不得不全面停产，靠外购枝丫、加工剩余物为原材料保留了中密度纤维板、细木工板、地板条等有市场前景的生产线来分流天然林保护工程中的富余人员。但由于近十年来摊子铺得过大，投入较多，企业陷入了人员多、债务重、经营困难、亏损严重的困境。

2000年2月，思茅地委、行署任命了卫国林业局新的领导班子，新领导班子上任以后，针对企业的困难和问题，在全力抓好天然林保护工程的同时，对企业进行了大刀阔斧的改革，撤并机构，精减分流人员，完善承包责任，实施机制创新和技术创新，全面加强企业内部管理，从上海等地引进先进的技术和人才，对保留下来的中密度纤维板、细木工板等生产线进行了技术改造。在上级领导的正确领导和关心帮助下，经过企业干部、职工半年多的共同努力，卫国林业局摔掉了亏损的帽子，步入良性发展的轨道。

建局三十多年来，卫国林业局始终坚持做好经营区内的营林造林工作，做到了当年采伐迹地当年更新，不留空地，经上级有关部门调查监测的结果显示，卫国林业局10.1万公顷的经营区内活立木蓄积量为647.8万立方米，森林覆盖率为86%，实现了青山常在，永续利用。荣获了“国家二级企业”、“全国森工系统优秀企业”、“全国模范职工之家”、“全国林业行业思想政治工作优秀单位”、“云南省文明单位”、“云南省优秀企业”、“云南省思想政治工作优秀企业”等荣誉称号，4次被评为“全国营造林先进单位”。

保护森林，崇尚绿色，维护生态平衡已成为人类共同关注的话题。让卫国人感到欣慰和自豪的是，经过三十多年的辛勤耕耘和无私奉献，卫国林业局经营的小黑江林区内始终保持了山常青水长流，得到了上级领导和旅游观光游客的赞赏与好评。在西部大开发和云南建设绿色经济强省的方针政策的鼓舞下，小黑江林区将会在新的世纪里焕发出更加迷人的风采，卫国林业局的明天一定会更加美好。

云南省民族艺术研究所

云南省民族艺术研究所成立于1984年，是云南省唯一集戏剧、音乐、舞蹈和其它民族文化艺术为一体的综合性艺术研究机构。云南省艺术创作中心也设在研究所内。研究所除承担对云南民族文化艺术的研究外，还承担了对云南省重点剧（节）目的组织，指导、协调工作。同时，还承担了国家重点科研项目《中国戏曲志·云南卷》、《中国民族民间舞蹈集成·云南卷》、《中国戏曲集成·云南卷》、《中国民族民间器乐集成·云南卷》、《中国民间歌曲集成·云南卷》的编纂工作。此外，还编辑出版了在国内外公开发行的艺术研究期刊《民族艺术研究》。全所现有副高职以上职称的专业技术人员25人，中级专业技术人员21人。

云南省民族艺术研究所自成立以来，始终坚持以马列主义、毛泽东思想、特别是邓小平理论为指导，认真学习贯彻党的十五大精神和江泽民同志“三个代表”的重要思想，坚持为人民服务，为社会主义服务的方向和百花齐放、百家争鸣，推陈出新，古为今用，洋为中用的方针，植根于云南26个民族丰富多彩的民族生活和民族文化艺术，致力于对云南民族文化艺术的搜集、整理、研究、努力培养多民族的马克思主义的民族文化艺术研究队伍和艺术创作人才，为繁荣云南多民族的社会主义艺术做出贡献。

云南发展建设监理有限公司

云南发展建设监理有限公司，由原云南建设监理公司改制设立，于1993年5月28日成立。属智力密集型、专业化、社会化的具有法人地位的股份制企业。受建设单位委托开展工程建设全程及分阶段的建设监理工作，并提供工程建设方面的技术、经济、管理咨询服务。是云南省最早批准成立的社会监理单位之一。公司主营一般工业与民用建筑及安装、公路建筑工程一、二、三等工程的建设监理业务。甲级监理单位资质等级。

公司拥有一批专业配套、结构合理的工程建设咨询、可行性研究、经济评估、设计、施工、检测及计算机等各类专业人才，具有装备齐全、手段先进的试验检测设备。现从业人员156人，其中高职31人，中职60人，高中职占从业人员的58.3%。

公司特别重视建设监理工作的程序化、规范化、制度化建设，从正式开业起。始终坚持高起点、高质量、高水准创云南建设监理路子；始终坚持全方位全过程全环节为业主提供优质监理服务。在监理业务中坚持“守法、诚信、公正、科学”的执业准则；坚持“严格监理、热情服务、秉公办事、一丝不苟”的工作原则；紧紧把住“规划—控制—协调”的主线，严格控制、积极参与、全力协调、做好工作；深受业主的信任和好评。在市场经济中树立起以技术水平、工作质量、服务态度、工作效率取胜的企业形象。

到2000年底，公司承担了玉溪烟厂关索坝工程、昆明机场扩建工程、云南建工大楼、云南省第一人民医院综合楼、昭通卷烟厂打叶复烤生产线（12000kg/h）、昆明卷烟厂红云小区及省政府杨家地住宅小区等工程监理项目142个，投资150多亿元，面积300多万平方米。20层以上高层建筑工程15幢，工业生产群体工程4项，住宅小区3个，均是速度快、质量好的建设监理项目，受到业主广泛赞誉。公司监理的昆明新机场候机楼工程获得国家鲁班奖，公司监理的昆明西郊垃圾填埋场、晋宁污水处理厂、昆阳磷肥厂污水处理系统等世行贷款项目，工程质量优良，投资得到有效控制，获得业主及世行贷款项目办的好评。公司历年所监理的工程涉及烟草、粮油、邮电、医药、文教、电子、航天、轻工、房地产行业的多层、高层、大中型工业建设项目和民用建筑。

云南发展建设监理有限公司将继续高标准、严要求、不断提高监理水平，进一步完善规范管理，充分发挥自身优势，竭诚为社会各界提供满意的服务。

董事长 总经理： 钱维基

地址：昆明环城南路326号　　邮编：650041

电话：(0871)3551618 3513173 3551585

昆明市红十字会

昆明市红十字会备灾救灾中心是由香港特别行政区红十字会和昆明市人民政府共同投资建盖的。2000年4月18日，举行了落成典礼仪式。中国红十字会总会孙爱明副会长，昆明市人民政府副市长、市红十字会林爽爽会长为中心落成揭牌。市人大原副主任、市红十字会名誉会长江风同志和陈龙江副主任，市政协庄毓纹副主席、姚承济副主席，省红十字会施路华副会长，市卫生局尹曰葵局长等领导同志出席了仪式。中国红十字会总会、香港和澳门特别行政区红十字会、台湾地区红心字会和省内外兄弟红十字会纷纷致电致函表示庆贺。

开展红十字会博爱系列工作

（一）、救援工程

全年共收到县区报灾27次，向省红十字会报灾15次，5月份到禄劝县、富民县，8月份到寻甸县、东川区实地考察灾情。开展了“对姚安地区地震灾害募捐”和“对贫困地区献爱心、送温暖募捐活动”，募集资金8万余元、衣物22余万件。

（二）、生命工程

1、完成了对3万余名机动车驾驶员进行初级卫生救护培训任务。

2、举办了31个艾滋病预防青年同伴教育培训班，培训学员800余名。两次参加了国家卫生部、铁道部、省市红会组织的“列车艾滋病预防宣传活动”。

3、“五·八世界红十字日”、“十·一献血法宣传日”开展了无偿献血组织动员工作。

（三）、爱心工程

向十四县（市）区红十字会分配价值20余万元的春节慰问物资；自筹资金10万余元，对贫因地区学校师生、社会福利院孤寡老人、麻风病休养员等进行慰问；向禄劝县、富民县灾区下拨了价值2.5万元的食品和棉被等救灾物资。

红十字青少年工作

我会派员参加韩国国际青少年夏令营活动，并代表省红十字会参加“八省（区、市）青少年夏令营”活动，为我省红十字会工作赢得了荣誉。

加强红十字会财务管理工作

2000年，从根本上完善了红十字会的财务管理工作。严格执行市财政局的收缴分离制度；严格执行常务副会长一支笔审批制度；在募捐物资的管理中，严格按总会接捐受赠的条例执行，并将使用情况及时向捐赠者进行通报。在我市财政、物价、纪委、审计组织的预算外资金收支两条线、票据管理使用的检查工作中，我会的财务管理工作得到检查组的好评。

云南教育出版社

云南教育出版社连续三次荣获“全国良好出版社”称号，并被国家人事部和新闻出版署授予全国新闻出版系统“先进集体”称号的云南教育出版社，是祖国大西南出版界一颗璀璨的明珠。独特的地理环境和丰厚的民族文化营养，滋润着一批富于敬业精神和开创意识的出版人，也培养了他们重管理、求质量、讲信誉的工作作风和追求传世之作的出版风格。云南教育出版社以大教育的眼光和出版老百姓喜欢看的书的出版理念，以民族文化类图书、中小学素质教育教材和课外读物、教育科学理论图书及其他学术著作为出书方向和出版特色，已有300余种图书在全国和跨地区的图书评比中获奖。其中《壮丽中华》获第七届“五个一工程”“一本好书奖”（与云南美术出版社共同出版）、《国立西南联合大学史料》和《五十六个民族五十六朵花》获第四届国家图书奖（提名奖）、“云南民族女性文化丛书”获第十届中国图书奖、《云南物质文化.农耕卷》获得十一届中国图书奖、《云南野生动物》获第十二届中国图书奖、“边地文化丛书”、“云南民族文化知识丛书”、“中外文化名人与云南系列”、“大青树丛书”等一大批图书也获得了广大读者的好评、为我省“两省一通道”的建设和地方文化教育事业的发展作出了积极的贡献。此外，一批图书与美国、日本、新加坡和马来西亚及香港特别行政区建立了版权贸易和联合出版关系，把云南民族文化介绍到了五湖四海。

云南教育出版社积极探索既符合社会主义精神文明建设的需要，又适应市场经济规律的出版理念和发展思路，用创新求生存，靠改革促发展，通过调整自身结构，整合自身资源，合理地挖掘人、财、物诸生产要素的潜力，大力组织生产和经营既有利于精神文明建设又适合于市场需求的项目。以全面推进素质教育，注重培养健康人生为办刊宗旨的社办杂志《学生广角》出版以后深受广大读者的欢迎，专家评价“杂志覆盖面比较广，内容生动活泼，着眼于全面提高学生的素质”，读者反映“文章内容丰富，有实际意义，可谓篇篇精彩，插图形象活泼、新颖”，坐落在西华园畔的云南继续教育培训学院环境幽雅、师资一流、设施完备，集人才培养、继续教育、出版科研为一体，是提高云南省科教从业人员的素质，进行新闻出版在职人员岗位培训，中小学教师继续培训，家庭教育骨干教师培训的理想基地。云南教育出版社已形成了图书出版、教育培训、社刊工程“一鼎三足”的发展格局，将为西部大开发，为云南教育事业的发展探索一条出书——育人的发展之路。

社长：何学惠
电话：0871-4121040
传真：0871-4121007
电子信箱：yneph@pubilc.km.yn.cn
地址：昆明市环城西路609号云南新闻出版大楼16~18楼
邮编：650034

云南省注册会计师协会

一、云南省注册会计师协会的职责

云南省注册会计师协会是省财政厅的下属事业单位，是全省注册会计师和行业、资产评估行业的自律管理组织，又是中国注册会计师协会的地方组织，其主要职责是:

1、负责全省会计师事务所、资产评估事务所等团体会员的管理。具体包括事务所成立、分设、联合、合并和清算时相关事项的审批；机构资质的认证；机构资质证书的核发、年检；机构的日常监管等。

2、负责全省注册会计师、注册资产评估师等个人会员的管理。具体包括“两师”的培训教育；考试及注册；后续教育及年检；转所及日常监管等。

3、负责注册会计师、注册资产评估师执业道德、执业标准、规范、准则及行业管理规章制度的研究制定并组织实施。

4、负责会计师事务所、资产评估事务所等中介机构执业情况的日常监管；检查其执业道德、执业标准、规范、准则的实施情况；对违反行业管理规定乱执业的中介机构及相关人员提出相应的处罚建议。

5、根据党和国家有关方针政策及市场经济发展的需要，研究制定我省会计师事务所、资产评估事务的行业发展规划；提出行业建设的意见和建议。

6、发挥协会联系政府部门与会计师事务所、资产评估机构之间的桥梁和纽带作用；为中介机构和注册会计师、注册资产评估师的规范执业做好服务。

7、组织业务交流和国际交往；开展理论研究；协调行业内、外关系，维护会员的合法权益。

8、办理国家法律、行政法规规定和国家机关委托或授权的其他有关工作。

二、云南省注册会计师协会的内部机构、联系电话

云南省注册会计师协会秘书处是协会的常设办事机构，秘书处通迅地址：云南省昆明市南屏街4号云南国托大厦A座25楼，邮政编码：650021。现任秘书长岁克明，联系电话：0871-3138611；副秘书长施秀振，联系电话：0871-3138604；副秘书长许建康，联系电话：0871-3138603。协会秘书处现设有办公室、财务管理部、综合信息部、业务监管部、培训工作部、考试工作部、注册管理部等六部一室。

1、协会办公室　联系电话：0871-3138610。

2、财务管理部　联系电话：0871-3138650。

3、综合信息部　联系电话：0871-3138615。

4、业务监管部　联系电话：0871-3138670。

5、培训工作部　联系电话：0871-3138625。

6、考试工作部　联系电话：0871-3138622。

7、注册管理部　联系电话：0871-3138617。

云南省注册会计师协会年检公告名单

昆明地区

1、事务所代码53010001 云南亚太会计师事务所有限公司 法人代表 杨守仁 地址 昆明市拓东路23号 邮编 650011
联系电话 0871-3184387 资产评估资格：证券、整体

2、事务所代码53010002 云南云审会计师事务所有限公司 法人代表 温 琳 地址 昆明市翠湖北路23号 邮编 650031
联系电话 0871-5131405 资产评估资格：整体

3、事务所代码53010003 云南光大会计师事务所有限公司 法人代表 张家礼 地址 昆明市东风东路62号4楼 邮编 650041
联系电话 0871-3153193 资产评估资格：整体

4、事务所代码53010004 云南云达会计师事务所有限公司 法人代表 谭克文 地址 昆明市环城西路21号 邮编 650031
联系电话 0871-5328179 资产评估资格：整体

5、事务所代码53010005 云南云信会计师事务所有限公司 法人代表 孙素云 地址 昆明市东风东路125号邮电宾馆内
邮编 650041 联系电话 0871-3390918

6、事务所代码53010006 云南云建会计师事务所有限有公司 法人代表 张凤谟 地址 昆明市北京路658号附12号 邮编 650011
联系电话 0871-5115100 资产评估资格：整体

7、事务所代码53010007 昆明云欣会计师事务所有限公司 法人代表 孙执金 地址 昆明市塘双路铁路局大院82栋 邮编 650011
联系电话 0871-3022623 资产评估资格：单项

8、事务所代码53010008 云南耕耘会计师事务所有限公司 法人代表 米开先 地址 昆明市学府路2号教委大楼3楼 邮编 650021
联系电话 0871-5191726 资产评估资格：整体

9、事务所代码53010009 云南云岭会计师事务所有限公司 法人代表 张素华 地址 昆明市大观路152号 邮编 650032
联系电话 0871-5321199 资产评估资格：整体

10、事务所代码53010010 云南云能会计师事务所有限公司 法人代表 李向丹 地址 昆明市拓东路94号东园大厦六楼 邮编 650011
联系电话 0871-3150630 资产评估资格：整体

11、事务所代码53010012 云南东陆会计师事务所有限公司 法人代表 李碧琼 地址 昆明市一二一大街云大信息楼 邮编 650091
联系电话 0871-5033620 资产评估资格：整体

12、事务所代码53010013 云南汇通会计师事务所有限公司 法人代表 杨 苍 地址 昆明市东风东路145号昆明饭店内1楼
邮编 650041 联系电话 0871-3193293 资产评估资格：整体

13、事务所代码53010014 云南天赢会计师事务所有限公司 法人代表 杨 勇 地址 昆明市昆铁得胜大厦B栋 邮编 650011
联系电话 0871-3133220 资产评估资格：整体

14、事务所代码53010015 云南华信会计师事务所有限公司 法人代表 陶 琴 地址 昆明市金实小区华信综合楼 邮编 650000
联系电话 0871-5719819 资产评估资格：整体

15、事务所代码53010016 昆明亚太会计师事务所有限公司 法人代表 钱 敏 地址 昆明市东风东路108号4楼 邮编 650041
联系电话 0871-3133215 资产评估资格：整体

16、事务所代码53010017 云南兴华会计师事务所有限公司 法人代表 陈德明 地址 昆明市东风西路197号 邮编 650031
联系电话 0871-5310224 资产评估资格：单项

17、事务所代码53010018 云南凌云会计师事务所有限公司 法人代表 王述元 地址 昆明市护国路49号聚兴大厦三楼 邮编 650021
联系电话 0871-3192208

18、事务所代码53010019 云南中庆会计师事务所有限公司 法人代表 杨银秀 地址 昆明市人民中路右弼大厦十五楼 邮编 650021
联系电话 0871-3645599 资产评估资格：整体

19、事务所代码53010020 云南云新会计师事务所有限公司 法人代表 蒋臣炳 地址 昆明市翠湖南路152号 邮编 650031
联系电话 0871-5335934 资产评估资格：单项

20、事务所代码53010022 云南正太会计师事务所有限公司 法人代表 李 翔 地址 昆明市祥云街55号银佳大厦19楼
邮编 650021 联系电话 0871-3643696

21、事务所代码53010023 天一(云南)会计师事务所 法人代表 王著琴 地址 昆明市人民中路36号如意大厦九楼
邮编 650051 联系电话 0871-3131939 资产评估资格：证券、整体

22、事务所代码53010024 云南中立会计师事务所有限公司 法人代表 罗 毅 地址 昆明市书林街书林花园五幢七楼
邮编 650021 联系电话 0871-3166383 资产评估资格：整体

23、事务所代码53010025 昆明鸿润会计师事务所有限公司 法人代表 辛元鸿 地址 昆明市青年路145号 邮编 650051
联系电话 0871-3137751 资产说估资格：整体

24、事务所代码53010026 昆明博扬会计师事务所有限公司 法人代表 杨昆慧 地址 昆明市江滨西路盘龙地税大厦九楼
邮编 650021 联系电话 0871-3139946 资产评估资格：整体

25、事务所代码53010027 昆明信联会计师事务所有限公司 法人代表 施惟翰 地址 昆明市民权街66号 邮编 650021
联系电话 0871-3638587 资产评估资格：整体

26、事务所代码53010028 昆明仁和会计师事务所有限公司 法人代表 杨玉琴 地址 昆明市西昌路6号 邮编 650032
联系电话 0871-4153330 资产评估资格：整体

27、事务所代码53010029 昆明精诚会计师事务所有限公司 法人代表 余琼华 地址 昆市市官渡区关上关岭路13号 邮编 650200
联系电话 0871-7174241 资产评估资格：整体

28、事务所代码53010030 昆明大地会计师事务所有限公司 法人代表 那田骐 地址 昆明市兴隆小区2组团13栋 邮编 650100
联系电话 0871-8233433 资产评估资格：整体

29、事务所代码53010032 呈贡南天会计师事务所有限公司 法人代表 李艳红 地址 云南省呈贡龙城镇双龙路东大河旁
邮编 650500 联系电话 0871-7476490 资产评估资格：单项

30、事务所代码53010033 昆明安泰会计师事务所有限公司 法人代表 蒋本义 地址云南省安宁市财政局 邮编 650300
联系电话 0871-8697085 资产评估资格：整体

31、事务所代码53010034 安宁正宇会计师事务所有限公司 法人代表 刘建国 地址 云南省安宁市连然镇金方路21号 邮编 650300
联系电话 0871-8693002 资产评估资格 ：单项
32、事务所代码53010035 昆明兴嵩会计师事务所有限公司 法人代表 马明顺 地址 云南省嵩明县嵩明镇兴云路26号
邮编 651700 联系电话 0871-7911024
33、事务所代码53010036 寻甸敬业联合会计师事务所 法人代表 崔懋溪 地址 云南省寻甸县仁德镇南中街20号 邮编 655200
联系电话 0871-2663356
34、事务所代码53010037 昆明同心会计师事务所有限公司 法人代表 王耀祖 地址 云南晋宁县政府大院内 邮编 650600
联系电话 0871-7892473
35、事务所代码53010038 禄劝通泰联合会计师事务所 执行合伙人 陈绍宗 地址 云南省禄劝县屏山镇南街26号 邮编 651500
联系电话 0871-8914477
36、事务所代码53010039 云南鹏骧会计师事务所有限公司 法人代表 叶世驰 地址 云南省富民县永定街46号 邮编 650400
联系电话 0871-4160088 资产评估资格：整体
37、事务所代码53010040 云南谊林会计师事务所有限公司 法人代表 郭立贤 地址 云南省宜良县寿山路6号 邮编 652100
联系电话 0871-7596056
38、事务所代码53010041 昆明至诚会计师事务所有限公司 法人代表 李玉龙 地址 昆明市东川区桂苑街财政局内 邮编 654100
联系电话 0871-2121284 资产评估资格：整体
39、事务所代码53010116 云南华昆会计师事务所有限公司 法人代表 史金生 地址 昆明市东风西路139号10楼 邮编 650032
联系电话 0871-3139848 资产评估资格：整体
40、事务所代码53210042 昭通永信会计师事务所有限公司 法人代表 陈 勇 地址 云南省昭通市迎丰路南段 邮编 657000
联系电话 0870-2157047 资产评估资格：整体
41、事务所代码53210043 昭通立信联合会计师事务所 执行合伙人 肖 壁 地址 云南昭通市小石桥250号 邮编 657000
联系电话 0870-2224141
42、事务所代码53210044 威信九龙会计师事务所有限公司 法人代表 龚文仲 地址 云南省威信县审计局内 邮编 657800
联系电话 0870-6124495
43、事务所代码53210045 水富瑞达(联合)会计师事务所 执行合伙人 李奇瑞 地址 云南省水富县人民东路丰华市场 邮编 657800
联系电话 0870—8636259
44、事务所代码53210046 永善正大(联合)会计师事务所 执行合伙人 张祥林 地址 云南省永善县景新镇兴隆街73号 邮编 657300
联系电话 0870-4121472
45、事务所代码53210047 巧家诚信联合会计师事务所 执行合伙人 陈顺德 地址 云南省巧家县金江路口 邮编 654600
联系电话 0870-7122122
46、事务所代码53210048 盐津正中联合会计师事务所 执行合伙人 刘效忠 地址 云南省盐津县盐井大街242号 邮编 657500
联系电话 0870-6620101
47、事务所代码53210049 绥江瑞亨会计师事务所有限公司 法人代表 黄开全 地址 云南省绥江县中城镇县府街 邮编 657700
联系电话 0870-7624268

曲靖地区

48、事务所代码53220050 曲靖鑫诚会计师事务所有限公司 法人代表 刘耀明 地址 云南省曲靖市麒麟南路225号 邮编 655000
联系电话 0874-3125728 资产评估资格：整体
49、事务所代码53220051 曲靖新光(联合)会计师事务所 执行合伙人 李荣武 地址 云南省曲靖市南宁北路11号 邮编 655000
联系电话 0874-3120493
50、事务所代码53220052 曲靖公信会计师事务所有限公司 法人代表 黄朝清 地址 云南省曲靖市翠峰路 邮编 655000
联系电话 0874-3315687 资产评估资格：整体
51、事务所代码53220053 会泽忠诚会计师事务所有限公司 法人代表 施加玲 地址 云南省会泽县钟屏镇东内街150号
邮编 654200 联系电话 0874-5122575 资产评估资格：单项
52、事务所代码53220054 师宗弘扬(联合)会计师事务所 执行合伙人 杨祖尧 地址 云南省师宗县丹凤镇青年路26号 邮编 655700
联系电话 0874-5758658
53、事务所代码53220055 陆良同乐会计师事务所有限公司 法人代表 高建桥 地址 云南省陆良县中枢镇 邮编 655600
联系电话 0874-6220598 资产评估资格：单项
54、事务所代码53220056 罗平九龙会计师事务所有限公司 法人代表 孔益仙 地址 云南省罗平县乡镇企业局院内 邮编 655800
联系电话 0874-8224746
55、事务所代码53220058 富源云东会计师事务所有限公司 法人代表 毛嘉吉 地址 云南省富源县中安街301号 邮编 655500
联系电话 0874-4612283 资产评估资格：单项
56、事务所代码53220059 富源金城会计师事务所有限公司 法人代表 方映松 地址 云南省富源县胜境大街中段 邮编 655500
联系电话 0874-4612996
57、事务所代码53220060 宣威广信联合会计师事务所 执行合伙人 周均良 地址 云南省宣威县榕城镇城双路北段 邮编 655400
联系电话 0874-7122264 资产评估资格：单项
58、事务所代码53220061 宣威中信联合会计师事务所 执行合伙人 范廷沛 地址 云南省宣威县榕城镇财政局 邮编 655400
联系电话 0874-7137533 资产评估资格：整体

楚雄州

59、事务所代码53230062 楚雄中大会计师事务所有限公司 法人代表 刘春华 地址 云南省楚雄市北浦路104号 邮编 675000
联系电话 0878-3121457 资产评估资格：整体
60、事务所代码53230063 云南华昆(楚雄)会计师事务所有限公司 负责人 李同荣 地址 云南省楚雄市团结路龙飞巷 邮编 675000
联系电话 0878-3010171 资产评估资格：整体

61、事务所代码53230064 云南华能会计师事务所有限公司 法人代表 熊应菊 地址 云南省楚雄市三市街115号 邮编 675000
联系电话 0878-3125586
62、事务所代码53230065 双柏根华会计师事务所有限公司 法人代表 郭长德 地址 云南省双柏县妥甸镇 邮编 675100
联系电话 0878-7712392
63、事务所代码53230066 永仁星源(联合)会计师事务所 执行合伙人 尹绍伟 地址 云南省永仁县如安街 邮编 651400
联系电话 0878-6712672
64、事务所代码53230067 元谋诚信会计师事务所有限公司 法人代表 李常木 地址 云南省元谋县体育馆三楼 邮编 651300
联系电话 0878-8212731

玉溪地区

65、事务所代码53240068 玉溪汇励会计师事务所有限公司 法人代表 孙庆华 地址 云南省玉溪市红塔区棋阳路131号 邮编 653100
联系电话 0877 -2037588 资产评估资格: 整体
66、事务所代码53010116 云南华昆(玉溪)会计师事务所有限公司 负责人 期晓岐 地址 云南省玉溪市玉兴路7号 邮编 653100
联系电话 0877-2021308 资产评估资格: 整体
67、事务所代码53240070 玉溪永信会计师事务所有限公司 法人代表 李继荣 地址 云南省玉溪市东风路中段方圆楼四楼
邮编 653100 联系电话 0877-2061728 资产评估资格 单项
68、事务所代码53240071 澄江平正会计师事务所有限公司 法人代表 许绍平 地址 云南省澄江县振兴路17号 邮编 652500
联系电话 0877-6917782
69、事务所代码53240072 通海安鑫会计师事务所有限公司 法人代表 周家虎 地址 云南省通海县秀山镇财政局内 邮编 652700
联系电话 0877-3012401 资产评估资格: 单项
70、事务所代码53240073 新平坤达会计师事务所有限公司 法人代表 方红田 地址 云南省新平县桂山镇中横街62号 邮编 653400
联系电话 0877-7011939
71、事务所代码53240074 峨山新财会计师事务所有限公司 法人代表 陈金荣 地址 云南省峨山县财政局内 邮编 653200
联系电话 0877-4011133
72、事务所代码53240075 元江星原会计师事务所有限公司 法人代表 袁保程 地址 云南省元江县澧江路67号 邮编 653300
联系电话 0877-6018696 资产评估资格: 单项
73、事务所代码53240076 江川星湖会计师事务所有限公司 法人代表 傅树明 地址 云南省江川县湖滨路10号 邮编 652600
联系电话 0877-8014996
74、事务所代码53240077 华宁新颖会计师事务所有限公司 法人代表 金　虹 地址 云南省华宁县宁州镇 邮编 652800
联系电话 0877-5011302
75、事务所代码53240078 易门佳诚会计师事务所有限公司 法人代表 郁保寿 地址 云南易门县财政局内 邮编 651100
联系电话 0877-4961221

红河州

76、事务所代码53250079 红河大成会计师事务所有限公司 法人代表 解水萍 地址 云南省个旧市五一路58 号 邮编 661400
联系电话 0873-2138838 资产评估资格: 整体
77、事务所代码53250080 红河明鑫联合会计师事务所 执行合伙人 王　明 地址 云南省个旧市川庙街梧桐大厦 邮编 661000
联系电话 0873-2122475 资产评估资格: 整体
78、事务所代码53250081 个旧锡都会计师事务所有限公司 法人代表 张成伟 地址 云南省个旧市表年路31号 邮编 661000
联系电话 0873-2127852 资产评估资格: 整体
79、事务所代码53250082 弥勒立信会计师事务所有限公司 法人代表 朱保寿 地址 云南省弥勒县桃园路31号 邮编 652300
联系电话 0873-6133384
80、事务所代码53250083 蒙自瀛州会计师事务所有限公司 法人代表 周　洪 地址 云南省蒙自县安宁街12号 邮编 661100
联系电话 0873-3642811
81、事务所代码53250084 开远方圆会计师事务所有限公司 法人代表 朱映仙 地址 云南省开远市灵泉西路532号 邮编 661600
联系电话 0873-7122088 资产评估资格: 单项

文山州

82、事务所代码53250085 文山安信会计师事务所有限公司 法人代表 梁远正 地址 云南省文山县州财政局招待所 邮编 663000
联系电话 0876-2183890 资产评估资格: 整体
83、事务所代码53250086 文山正达会计师事务所有限公司 法人代表 袁洪波 地址 云南省文山县果园小区 邮编 663000
联系电话 0876-2126490 资产评估资格: 整体

思茅地区

84、事务所代码53270087 思茅诚挚会计师事务所有限公司 法人代表 李树清 地址 云南省思茅市振兴中路51号 邮编 665000
联系电话 0879-2122374 资产评估资格: 整体
85、事务所代码53270088 思茅思联会计师事务所有限公司 法人代表 程克敏 地址 云南省思茅市环城西路257号 邮编 665000
联系电话 0879-2123200
86、事务所代码53270089 墨江通达(联合)会计师事务所 执行合伙人 王立章 地址 云南省墨江县新建路10号 邮编 654800
联系电话 0879-4231286 资产评估资格: 整体
87、事务所代码53270090 景谷欣然联合会计师事务所 执行合伙人 罗承昌 地址 云南省景县谷城文明路5号 邮编 666400
联系电话 0879-5221319
88、事务所代码53280091 西双版纳允诚会计师事务所有限公司 法人代表 杨希耘 地址 云南省景洪市景洪北路9号 邮编 666100
联系电话 0691-2132178 资产评估资格: 整体
89、事务所代码53280092 西双版纳绿圆会计师事务所有限公司 法人代表 陈文祥 地址 云南省景洪市景洪东路19号 邮编 666100
联系电话 0691-2124034 资产评估资格: 单项

大理州

90、事务所代码53290093 大理同济会计师事务所有限公司 法人代表 李远廉 地址 云南省大理市下关人民南路 邮编 671000
联系电话 0872－2124811 资产评估资格：整体

91、事务所代码53290094 大理聚诚会计师事务所有限公司 法人代表 熊有明 地址 云南省大理市下关建设东路94号 邮编 671000
联系电话 0872-2124369 资产评估资格：整体

92、事务所代码53290095 大理振兴会计师事务所有限公司 法人代表 李国萍 地址 云南省大理市下关振兴街联贸大厦
邮编 671000 联系电话 0872-2120171 资产评估资格 ：整体

93、事务所代码53290096 大理北斗会计师事务所有限公司 法人代表 宋汝亮 地址 云南省洱源县玉湖镇兴源路 邮编 671200
联系电话 0872-5124039 资产评估资格：单项

94、事务所代码53290097 弥渡正兴联合会计师事务所 执行合伙人 徐贵和 地址 云南省弥渡县弥城锦屏街 邮编 675600
联系电话 0872-8161345

95、事务所代码53290098 宾川永正联合会计师事务所 执行合伙人 张忠祥 地址 云南省宾川县牛井镇西街37号 邮编 671800
联系电话 0872 -7142040

保山地区

96、事务所代码53300099 保山永顺联合会计师事务所 执行合伙人 那顺发 地址 保山市永昌镇保岫西路58号 邮编 678000
联系电话 0875-2121826 资产评估资格：整体

97、事务所代码53300100 保山中信会计师事务所有限公司 法人代表 杨立和 地址 云南保山市正阳北路市图书馆四楼
邮编 678000 联系电话 0875-2121317 资产评估资格：单项

98、事务所代码53300101 腾冲志信会计师事务所有限公司 法人代表 杨志清 地址 云南省腾冲县城关镇凤山南路57号
邮编 679100 联系电话 0875-5125034 资产评估资格 ：单项

99、事务所代码53300102 施甸昌隆会计师事务所有限公司 法人代表 谢应良 地址 云南省施甸县交通局二楼 邮编 678200
联系电话 0875-8125593

德宏州

100、事务所代码53310103 德宏求实会计师事务所有限公司 法人代表 张兴洲 地址 云南省潞西市芒市镇青年路37号 邮编 678400
联系电话 0692-2121103

101、事务所代码53310104 德宏永兴联合会计师事务所 执行合伙人 段萍 地址 云南省潞西市青年路36号 邮编 678400
联系电话 0692-2123573 资产评估资格：单项

102、事务所代码53310105 盈江中元会计师事务所有限公司 法人代表 周树芹 地址 云南省盈江县永胜路文化巷1号 邮编 678700
联系电话 0692-8180986 资产评估资格：整体

丽江地区

103、事务所代码533320106 丽江高原会计师事务所有限公司 法人代表 贺正洪 地址 云南省丽江县香格里大道 邮编 674100
联系电话 0888-5162314 资产评估资格：整体

104、事务所代码53320107 丽江意诚会计师事务所有限公司 法人代表 王洪全 地址 云南省丽江县汇德市场 邮编 674100
联系电话 0888-5123350

怒江州

105、事务所代码53330108 怒江江峡联合会计师事务所 执行合伙人 赵学义 地址 云南省泸水县六库镇文化路9号 邮编 673100
联系电话 0886-3623561 资产评估资格：单项

106、事务所代码53330109 怒江云峡(联合)会计师事务所 执行合伙人 杨光裕 地址 云南省兰坪县城人民路3号 邮编 671400
联系电话 0886-3626163

107、事务所代码53340110 维西阳光(联合)会计师事务所 执行合伙人 杨顺才 地址 云南省维西县保和镇小平街23号 邮编 674600
联系电话 0887-8628080

108、事务所代码53340111 迪庆驰谌联合会计师事务所 执行合伙人 吴永三 地址 云南省中甸县州政府大院内 邮编 674400
联系电话 0887-8224132

临沧地区

109、事务所代码53350112 临沧安信会计师事务所有限公司 法人代表 朱庆云 地址 云南省临沧县凤翔镇 邮编 677000
联系电话 0883-2123875 资产评估资格：单项

110、事务所代码53350113 凤庆时代会计师事押所有限公司 法人代表 陈凤生 地址 云南省凤庆县武烈街27号 邮编 675900
联系电话 0883-4211632

111、事务所代码53350114 云县中誉会计师事务所有限公司 法人代表 周希唐 地址 云南省云县爱华镇打铁街1号 邮编 675800
联系电话 0883-3211843 资产评估资格： 整体

资产评估机构

112、事务所代码53350115 云南正太资产评估有限公司 法人代表 杨 春 地址 昆明市滇池路2号20层A座 邮编 650034
联系电话 0871-4156079 资产评估资格：整体

113、事务所代码53350116 云南通达资产评估有限公司 法人代表 李猛 地址 昆明市小菜园古楼路120号 邮编 650034
联系电话 0871-5152758 资产评估资格：单项

114、事务所代码53350117 云南瑞尔资产评估有限公司 法人代表 唐雅丽 地址 昆明市西昌路189号 邮编 650032
联系电话 0871-4150301 资产评估资格：单项

115、事务所代码53350118 云南银信资产评估有限公司 法人代表 胥劲松 地址 昆明市马市口2号楼3楼 邮编 650021
联系电话 0871-3610917 资产评估资格：整体

116、事务所代码53350119 云南佳信资产评估有限公司 法人代表 王 景 地址 昆明市北京路559号附2号七楼 邮编 650051
联系电话 0871-3113599 资产评估资格 ：单项

昆明市轻工业学校

昆明市轻工业学校是市属工科类全日制普通中专，位于安宁市太平乡象石村。距昆明市区27公里。

1979年经省政府批准，省国防工办所属安宁化工厂搬走，旧址以60万元转让给昆明市二轻局办学。同年成立二轻教育中心，先后开办过电大、干训班、技工学校。1985年5月经省政府批准成立为昆明市二轻局职工中专。1987年经省政府同意改为昆明二轻工业学校（职业中专）。1990年经省计委、省教委、批准，改为全日制普通中专，更名昆明市轻工业学校。1992年停办电大班，并将昆明二轻技校从象石村搬迁到西山区马街镇明波村。仍是一套班子，两块牌子，人事、财务、物资设备统一管理。昆明市轻工业学校1997年10月以前属于昆明市二轻局，后按昆明市政府办公厅1997（155）号文规定，划归昆明市经济贸易委会管理（未办移交手续）。业务受昆明市教委职教处指导。

学校主要面向昆明地区招收应届初中毕业生，近几年也向云南部分地、州、县招生。学制3-4年。2000年10月止，学生总数近1100人（中专900人、技校200人）。中专主干专业是：机械、机电、电算会计、计算机及应用。先后设过轻工机械、机电、模具设计与制造、机械设备、计算机及运用、计算机文秘、工业会计、会计电算、经营管理、市场营销、工艺美术、室内设计与装璜、工业会计与统计等专业。技校主干专业是：维修电工、服装设计与制作。先后设钳工、机加工、维修电工、电化学、纸箱制造、冷作铆焊、服装设计与制作等专业。

学校高度重视素质教育，培养学生创新精神和实践能力，鼓励学生自学成才。让学生在校3年，实现“中专文凭到手，大专文凭有望（指业余参加高等教育自学考试），各类职业技能资格证书在握”，增强心理承受能力和就业竞争力的目标。学校先后被昆明市劳动人事局评为专业技术职务评聘工作先进单位、毕业生教育和就业工作先进单位；被昆明市劳动就业局定为实施劳动预备制度定点培训单位，被安宁市社会治安综合治理委员会授予安全文明小区。

学校决心在第三次全国教育工作会议精神指导下，内强素质，外塑形象，苦练内功，提高管理水平和办学质量，争取2000年通过办学水平合格评估，2003年进入省部级重点中专行列。

法人代表：陆昆生
电话：(0871)8614341 8614145
邮编：650301

昆明市官渡区房地产经营总公司

昆明市官渡区房地产经营总公司经云南省建设厅、昆明市建委和官渡区政府批准，于1996年成立，是实行自主经营、独立核算、自负盈亏，并独立承担经济、民事及法律责任，具有二级开发资质等级的全民所有制企业。

总公司下属福海、前卫、联盟、关上、金马、龙泉、小板桥、茨坝八个分公司以及雄骏物业公司、福应混凝土制品有限责任公司等，现已成为一个集建筑、装饰、物业管理为一体的，具有较强经济和技术实力的房地产开发经营企业，固定资产达七千万元。

几年来，为改善昆明城市居民的居住条件，官渡地产先后建盖了新迎北区、福德小区、大树中营小区、双龙小区、五里小区、五新小区、东骏苑小区等大量住宅小区，以“区位好、质量优、配套全”的特点受到社会普遍赞誉。开发面积超过百万平方米。1999年又完成了金庭小区，在昆明率先推出大量半错层户型结构，入户回廊半错层空间，中式阁楼的韵味中又含有西式别墅的情趣，同时体现“食寝分离，居寝分离”的小康型设计原则，满足了广大用户需要。与此同时，公司遵循市场发展规律，把市场的需要作为企业的发展目标，以跨世纪的眼光对开发的小区实施专业化、现代化的物业管理。其中，双龙小区被评定为“云南省物业管理优秀住宅小区”。

1996年，经云南省建设厅、云南省统计局的综合评定，官渡地产综合实力和上缴税金分别名列第三和第二位。

1996及1997年度，经国家统计局、建设部及中国生产力学会评定，官渡地产荣膺“全国房地产领先企业”。

1997年度，官渡地产被昆明市建委、昆明市统计局及昆明市企业家协会评定为“昆明市房地产开发管理先进企业”。

1997年度，经云南省建设厅和云南省统计局的评定，官渡地产名列“云南省房地产开发企业综合实力三十强”第三位。

1997年，被建设部评为“全国房地产领先企业”第517位。

1998年，官渡地产以项目的良好质量和公司的良好信誉，被云南省质量技术监督局评为“房地产质量计量信得过单位”。

1999年，官渡地产继续弘扬“团结、求实、开拓、进取”的企业精神，全力开发占地约4公倾、总建筑面积接近九万平方米的“福源小区”，努力为改善昆明城乡居民的居住条件作出更大贡献。

2001年初计完成开发量11万平方米，完成投资8000万元，实现销售收入8000万元，上缴国家税收400万元。

昆明市第二建筑工程有限责任公司

法定代表人、董事长：朱学普

副董事长、总经理：吴　笙

公司质量方针

科技开路　质量第一　顾客至上　再创精品

公司对社会的公开承诺

优质高速创名牌　重誉守信广交友

文明整洁树形象　回访保修服务优

地址：中国·云南·昆明市北京路338号
电话：(0871)3164343
传真：(0871)3184894
邮政编码：650011

云南省外文书店

云南省外文书店是以发行外文图书为主的专业书店，是省级宣传文化企业，于1979年6月1日成立至今，已有21年的历史。拥有一支懂业务、通外语、善经营的发行队伍。主要业务部门有业务部（含进口科）、音像复录部、销售部等，全店固定资产1600多万元，是集生产、批发、零售为一体的省级文化企业。

云南省外文书店和中国图书进出口总公司、中国国际图书贸易总公司、中国出版对外贸易总公司、外语与教学研究出版社、上海外语出版教育社、上海外语音像出版社、外文出版社等单位建立了长期的业务合作关系，从而保证了书店的高档次、高品位。

外文书店是对外宣传的重要窗口，是进行中外文化交流、传播科学文化知识的桥梁和纽带，是宣传中国和云南改革开放以来党的方针政策的阵地。多年来，外文书店始终坚持为社会主义服务、为人民服务的方针；为科研单位、大专院校和企业界引进科学技术书刊，使他们及时了解和掌握世界科学技术信息；做好对外宣传书刊的发行工作，让世界人民更好地了解中国，了解云南。

外文书店主要经营世界各国的原版图书、期刊、文献，国内版中外文图书、语言录音带、计算机软件；还经营科技、文化生活、艺术、服饰、旅游画册、贺卡等。具体负责云南省各大专院校科研、企业等单位所需要的国内外图书资料的供应工作，通过征订的方式和零售，充分满足读者日益增长的多层次文化需要。云南省外文书店发行的各类图书，在促进我省两个文明建设中发挥了重要的作用。

外文书店是我省唯一向国外办理进出口书刊业务的专业的书店，在目前我省还没有图书进出口公司的情况下，进出口业务由我店通过中央一级图书进出口公司联系办理，也可以通过申请代办专项图书进出口业务。

外文书店具备有先进的美国产“高斯——2460型”高速复录主机，拥有年产300万盒音带的复录设备和高质量的检测仪器，有1000多平方米的生产车间。书店录制的初高中大学英语教学磁带及其他磁带均质优价廉，交货及时，在客户中享有较高信誉。

书店法人代表：李宁　　电话：3184052
业务部电话：3102974
进口科电话：3161285
音像复录部电话：3315198　3811229
云南大学门市部：5036209（云南大学图书馆旁）
金碧门市电话：3642077（地址：昆明市金碧路书林街口）

云南省外文书店真诚的欢迎国内国外同行携手合作，共同创造美好的明天。

中国保险监督管理委员会
昆明特派员办事处

中国保险监督管理委员会昆明特派员办事处，是中国保监会的派出机构，内设三个机构：综合管理处、机构管理处、稽核检查处，主任：孙抱平，副主任：左绪文、邓俊辉。

昆明保监办于2001年4月13日正式成立，在中国保监会的授权下，负责对云南省保险市场进行监管，其主要职责：

一、贯彻执行党中央和国务院的方针政策和有关法律、法规以及中国保监会的各项规章制度；结合辖区实际，拟定实施监管的具体办法，并报中国保监会备案。

二、负责对辖区内保险公司分支机构、保险中介公司分支机构和境外保险公司代表处的设立、合并、分立和撤消进行初审，并报中国保监会审批。

三、负责辖区内保险公司分支机构、保险中介公司分支机构许可证发放和登记事项变更的审批工作；审批保险兼业代理资格，承办兼业代理许可证发放和登记事项变更的审批工作；协助保监会组织本辖区保险个人代理人从业资格考试，并负责核发其资格证书。

四、负责辖区内保险公司地方性险种的备案；监管辖区内保险机构执行中国保监会批准和备案的主要保险条款、费率的情况。

五、负责对辖区内保险公司分支机构、保险中介公司分支机构、保险兼业代理单位进行现场检查，并依照第七条的规定行使处罚权。

六、负责对辖区内保险公司分支机构报送的监管报表进行汇总分析，对保险公司经营状况和保险市场发展趋势进行调查研究，并将有关分析报中国保监会。

七、对涉及吊销保险公司分支机构《经营保险业许可证》、停止保险公司分支机构经营业务、取消保险公司分支机构高级管理人员任职等重大处罚事项提出初步意见，并报中国保监会批准。

八、负责审查辖区内保险公司地、市级分支机构（含省分公司营业部）高级管理人员任职资格；审查保险中介公司分支机构高级管理人员任职资格；对外资保险公司代表处、总代表处高级管理人员任职资格进行初审，并报中国保监会审批。

九、负责接收、办理来自辖区和中国保监会批转的保险信访投诉；定期分析辖区内保险信访、投诉情况，并报中国保监会。遇有重大情况，及时报告。

十、负责指导辖区内保险行业协会和保险学会等保险社团组织。

十一、派出机构承办中国保监会授权或交办的其他工作。

昆明保监办的成立，对云南保险市场健康发展和云南经济建设将起着重要的作用。

改革开放以来，云南保险市场发展迅速。截止2000年底，累计保险承保总额8982亿元，缴纳税金1.8亿元，保险公司总资产已达55亿，各种责任准备金达63.52亿元。保险的社会效益不断提高，经济补偿作用得到有效发挥，为促进云南经济建设、稳定社会、造福人民作出了积极的贡献。

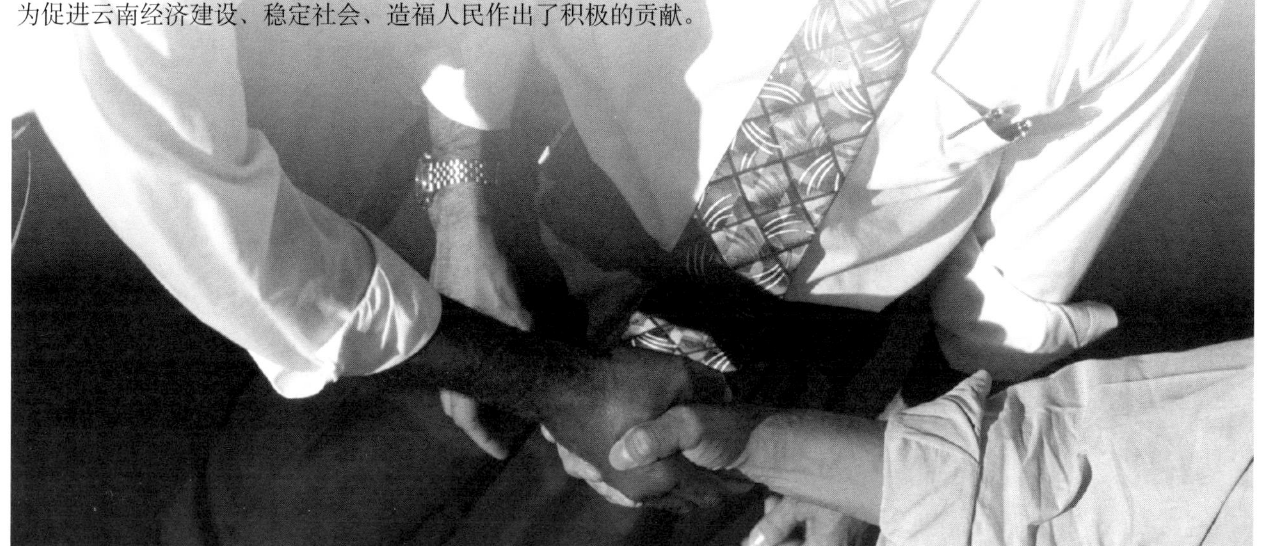

中国华融资产管理公司昆明办事处

中国华融资产管理公司是经国务院批准设立的国有独资金融企业，于1999年10月19日在北京成立。公司由中国人民银行负责监管，涉及人民银行监管范围以外的金融业务，由中国证监会等相关业务主管部门监管，财政部负责财务监管。

中国华融资产管理公司昆明办事处于2000年3月18日筹建，2000年6月9日正式挂牌成立，是中国华融资产管理公司在云南省的唯一派出机构，其主要任务和经营目标是收购、管理、处置工商银行云南省分行剥离的不良资产，肩负着国家赋予资产管理公司的三大职能：一是收购不良资产，帮助提高国有商业银行的资信；二是利用国家给予的特殊法律地位和专业优势，实现不良资产价值回收最大化；三是运用债权转股、资产证券化、资产置换等市场化债权重组手段，支持、帮助国有企业摆脱困境。

昆明办事处现有员工50名，平均年龄37岁，全部是大专以上文化程度，50%是共产党员，是一支政治素质高、业务素质好、年轻富于开拓的干部员工队伍，5000多平方米的办公大楼座落于昆明市北市区金星小区金江路1号。在省委、省政府、人民银行、财政专员办、工商银行等有关部门的关心支持下，昆明办事处克服了人员少、时间紧、工作量大、任务艰巨、要求高的困难，收购了不良资产1773户，总金额82.43亿元，是省内资产管理公司分支机构中最大的一家。

办事处成立了党委，下设党委办公室、组织部、宣传部。行政领导班子总经理、副总经理各一名，并根据公司总部要求和业务需要，设立了综合部、债权管理部、股权管理部、资金财务部和审计评估部5个职能部门，建立了资产处置审查委员会、资产评估审查委员会和资金财务审查委员会三个决策机构。工会、妇女等群工组织已建立并积极开展工作。

昆明办事处认真学习和实践江泽民总书记“三个代表”的重要思想，胸怀国家赋予资产管理公司的三大任务，紧紧围绕“千方百计保全资产，防止资产在我们手中流失或贬值；千方百计加快处置进度和提高资产回收率，特别是现金回收率，实现资产回收价值最大化；千方百计降低处置成本，努力提高营运效益和减轻财政负担；千方百计强化内控机制，防止出现任何重大违规违纪问题”，解放思想、实事求是、扎实工作、争创一流。一方面加大资产处置力度，充分依靠社会各界力量，综合运用折扣变现处置、依法追偿、资产重组、以物抵债及抵债返租处置、“捆绑处置”和“批量处置”、债权转股等多种方式开展资产处置。另一方面，办事处对云南锡业公司、昆明玻璃股份有限公司等7户企业实施债权转股权，致力于帮助企业减轻债务负担，优化资产负债结构，转换经营机制，建立现代企业制度，并依法行使和履行股东的权利和义务。截止2001年8月31日，累计回收现金近一亿元。

在抓好业务发展的同时，昆明办事处注重内部规范化、制度化建设，班子员工队伍的政治思想、业务素质建设，党的思想建设、作风建设、组织建设、干部管理，理论和业务知识学习、员工岗位培训和党风廉政建设、纪检监察等工作得到进一步加强，办事处正朝着持续、健康的方向发展。

十一、工　业

INDUSTRY

11－1 全部工业分经济类型工业产值和比重

（2000年）

指　　标	全部单位数(个)		工业总产值(万元)(当年价,新规定)	
	绝对数	比重(%)	绝对数	比重(%)
总　　计	**179 966**	**100.00**	**15 893 615**	**100.00**
国有企业	1 119	0.62	6 344 876	39.92
集体企业	6 417	3.57	2 178 354	13.71
股份合作企业	480	0.27	265 803	1.67
联营企业	166	0.09	78 876	0.50
有限责任公司	239	0.13	1 343 915	8.46
股份有限公司	85	0.05	965 495	6.07
私营企业	5 677	3.15	1 047 540	6.59
其他企业	535	0.30	109 312	0.69
外商及港澳台投资	231	0.13	650 836	4.09
个体经营	165 017	91.69	2 908 610	18.30
在总计中：农村工业	156 388	86.90	5 250 988	33.04
在总计中：轻工业	119 018	66.13	8 027 044	50.50
重工业	60 948	33.87	7 866 572	49.50

11－2 历年工业总产值及指数

年份	工业总产值（当年价）（亿元）	国有工业	集体工业	个体工业	其他经济类型工业	工业总产值指数（%）	国有工业	集体工业	个体工业	其他经济类型工业
1978	55.43	46.97	8.46	–	–	123.53	126.51	112.61	–	–
1979	62.38	53.45	8.93	–	–	108.14	109.40	103.15	–	–
1980	65.35	55.36	9.98	0.01	–	102.42	100.81	109.00	–	–
1981	72.54	61.88	10.45	0.03	0.17	107.69	108.33	102.26	2 700.00	466.67
1982	83.60	71.31	12.01	0.04	0.24	112.05	112.52	107.04	239.29	141.18
1983	95.11	80.80	13.87	0.12	0.32	112.37	111.41	111.53	220.90	133.33
1984	112.27	89.42	22.25	0.29	0.31	115.54	114.17	126.58	66.89	96.88
1985	136.26	109.12	24.29	2.23	0.62	115.51	113.08	119.32	225.25	187.10
1986	147.02	114.28	28.98	3.19	0.57	108.43	105.71	115.48	143.05	103.45
1987	181.85	140.25	36.45	4.35	0.80	116.68	115.63	118.84	128.53	120.00
1988	244.63	185.55	51.64	6.10	1.34	118.01	114.40	126.92	133.90	169.44
1989	304.91	232.34	63.26	7.36	1.95	106.77	106.03	107.35	113.84	131.97
1990	345.26	264.87	69.05	9.41	1.93	108.91	108.50	108.06	127.52	94.41
1991	393.63	300.45	80.68	10.41	2.09	109.82	108.95	113.85	102.58	114.69
1992	477.07	363.35	98.74	13.13	1.85	116.47	116.23	117.79	117.48	91.74
1993	690.08	516.22	144.02	19.89	9.95	115.78	110.76	123.03	139.05	380.63
1994	948.71	696.63	189.12	40.47	22.49	118.66	111.30	124.10	179.67	209.23
1995	1 230.01	736.79	231.41	62.54	42.47	118.45	111.04	120.63	164.65	209.44
1996	1 291.38	802.07	300.74	120.13	68.43	113.80	102.11	123.58	171.19	152.66
1997	1 440.11	784.69	344.35	192.20	118.86	109.54	95.74	109.49	151.35	174.06
1998	1 503.23	703.00	309.00	233.02	207.01	104.84	86.89	90.84	152.12	168.95
1999	1 561.08	678.30	248.74	253.76	380.28	108.52	94.06	85.31	94.05	187.67
2000	1 589.36	679.38	217.84	290.86	401.28	108.08	98.32	97.23	118.11	122.94

注：1.本表工业总产值按当年价计算，指数按可比价格，以上年为100计算。

2.本表国有工业中含国有联营工业、国有独资公司。

11－3 全部国有及年产品销售收入500万元以上非国有独立核算工业企业从业人员平均人数

（2000年）

单位：人

行　　业	全部独立核算工业从业人员年平均人数	国有企业	集体企业	"三资"企业
总　　计	**770 691**	**458 929**	**94 398**	**22 416**
按轻重工业分：				
轻工业	204 966	102 804	28 860	12 401
重工业	565 725	356 125	65 538	10 015
按工业行业分：				
煤炭采选业	40 432	32 903	5 536	0
石油和天然气开采业	70	70	0	0
黑色金属矿采选业	4 613	1 664	991	0
有色金属矿采选业	50 247	26 221	14 169	65
非金属矿采选业	13 772	11 578	1 226	0
木材及竹材采运业	6 403	6 403	0	0
食品加工业	45 630	23 002	4 390	806
食品制造业	6 117	3 514	673	459
饮料制造业	11 685	5 089	792	918
烟草加工业	30 076	25 675	2 788	0
纺织业	22 343	9 029	4 284	0
服装及其他纤维制品制造业	3 296	1 125	1 255	510
皮革、毛皮、羽绒及其制品业	2 847	468	305	270
木材加工及竹、藤、棕、草制品业	12 229	7 248	867	2 456
家具制造业	1 326	107	639	500
造纸及纸制品业	15 058	4 536	4 807	1 655
印刷业、记录媒介的复制	13 950	5 787	1 366	3 013
文教体育用品制造业	88	88	0	0
石油加工及炼焦业	2 069	1 426	0	0
化学原料及化学制品制造业	90 159	64 677	6 404	1 529
医药制造业	13 624	3 447	820	1 164
化学纤维制造业	417	0	0	366
橡胶制品业	7 817	2 391	403	173
塑料制品业	7 017	1 889	2 271	1 444
非金属矿物制品业	68 191	16 359	19 973	414
黑色金属冶炼及压延加工业	44 930	34 598	5 892	0
有色金属冶炼及压延加工业	57 791	41 097	4 181	583

注：国有企业中含国有联营企业、国有独资公司。

行　　业	全部独立核算工业从业人员年平均人数	国有企业	集体企业	"三资"企业
金属制品业	8 500	3 590	3 533	630
普通机械制造业	21 897	11 200	1 713	2 790
专用设备制造业	28 375	17 166	726	362
交通运输设备制造业	20 229	13 330	349	563
武器弹药制造业	5 086	5 086	0	0
电气机械及器材制造业	15 460	4 090	1 962	66
电子及通信设备制造业	2 477	1 084	0	0
仪器仪表及文化、办公用机械制造业	7 195	581	746	866
其他制造业	295	75	220	0
电力、蒸汽、热水的生产和供应业	79 581	62 937	1 117	814
煤气生产和供应业	2 990	2 990	0	0
自来水的生产和供应业	6 409	6 409	0	0
按地州市分:				
昆明市	289 651	177 811	28 389	12 650
曲靖市	112 186	80 158	16 445	1 480
玉溪市	66 179	25 209	16 168	3 344
昭通地区	23 584	16 556	3 088	562
楚雄州	32 101	22 631	2 951	1 389
红河州	104 106	67 790	14 330	1 474
文山州	14 551	7 040	473	0
思茅地区	29 981	21 278	1 704	156
西双版纳州	6 621	3 916	1 320	0
大理州	25 836	7 414	1 880	119
保山地区	15 434	3 226	1 255	881
德宏州	16 526	12 314	925	125
丽江地区	11 796	4 927	2 909	0
怒江州	5 103	1 503	1 448	112
迪庆州	1 069	934	0	0
临沧地区	15 500	5 755	1 113	124
其他	467	467	0	0

11－4 全部国有及年产品销售收入500万元以上非国有独立核算工业企业单位数及总产值

（2000年）　　单位：万元

行　　业	企业单位数（个）	亏损企业	工业总产值（当年价）	工　业销售产值（当年价）	工业增加值（当年价）
总　　计	**2 124**	**862**	**10 633 561**	**10 504 500**	**5 314 697**
按登记注册类型分：					
内资企业	2 007	814	10 031 082	9 909 995	5 114 583
国有经济	1 119	530	6 344 876	6 301 834	3 968 408
集体企业	333	125	856 311	835 283	266 987
股份合作企业	98	23	194 033	189 743	59 717
联营企业	28	15	47 221	50 115	11 353
有限责任公司	239	62	1 343 915	1 323 857	462 035
股份有限公司	85	23	965 495	950 882	271 343
私营企业	105	36	279 231	258 280	74 740
港、澳、台商投资企业	63	25	271 977	264 053	78 246
外商投资企业	54	23	330 501	330 452	121 868
按轻重工业分：					
轻工业	896	380	5 566 281	5 555 918	3 523 014
以农产品为原料	639	282	5 215 493	5 214 601	3 390 521
以非农产品为原料	257	98	350 788	341 316	132 494
重工业	1 228	482	5 067 279	4 948 583	1 791 682
采掘工业	188	62	422 124	412 888	176 529
原料工业	593	235	3 126 868	3 061 520	1 194 499
加工工业	447	185	1 518 287	1 474 174	420 654
按企业规模分：					
大型企业	92	22	6 017 591	5 992 341	3 673 560
中型企业	295	94	1 514 877	1 471 565	493 185
小型企业	1 737	746	3 101 092	3 040 594	1 147 951
按工业行业分：					
煤炭采选业	63	31	123 418	122 979	63 962
石油和天然气开采业	1	1	311	415	55
黑色金属矿采选业	6	3	28 071	27 931	8 241
有色金属矿采选业	57	12	224 225	219 183	91 092
非金属矿采选业	29	9	54 856	49 887	18 902
化学矿采选业	16	5	34 035	29 756	7 647
采盐业	7	4	16 637	16 004	9 937
木材及竹材采运业	39	10	7 880	8 497	4 214
食品加工业	188	99	568 468	553 605	146 357
制糖业	80	30	414 849	407 682	126 168

行业	企业单位数(个)	亏损企业	工业总产值(当年价)	工业销售产值(当年价)	工业增加值(当年价)
食品制造业	64	36	37 530	35 922	10 683
饮料制造业	95	51	99 370	92 517	34 068
制茶业	25	13	24 997	24 434	6 724
烟草加工业	26	4	3 738 424	3 775 306	2 929 952
卷烟制造业	13	1	3 482 279	3 508 603	2 767 044
纺织业	22	9	66 859	64 105	21 630
服装及其他纤维制品制造业	18	6	11 245	11 164	2 724
皮革、毛皮、羽绒及其制品业	7	2	13 501	11 757	5 012
木材加工及竹、藤、棕、草制品业	48	29	81 989	77 646	20 320
家具制造业	8	3	12 966	12 833	3 187
造纸及纸制品业	56	14	190 282	190 235	63 228
印刷业、记录媒介的复制	93	34	262 715	259 775	98 128
文教体育用品制造业	2	1	215	243	102
石油加工及炼焦业	10	5	12 618	12 755	4 422
化学原料及化学制品制造业	187	87	911 258	877 423	232 942
基本化学原料制造业	60	36	218 424	209 596	47 359
化学肥料制造业	64	32	503 017	494 137	121 388
日用化学产品制造业	20	7	44 984	45 961	8 347
医药制造业	68	16	260 490	239 013	101 344
化学纤维制造业	2		42 538	49 833	15 824
橡胶制品业	13	9	46 789	46 363	11 725
塑料制品业	59	25	107 241	105 000	30 311
非金属矿物制品业	247	118	438 325	424 846	167 494
水泥制造业	175	90	338 886	331 177	133 920
黑色金属冶炼及压延加工业	48	21	540 794	545 287	190 409
有色金属冶炼及压延加工业	66	27	978 819	961 844	222 510
金属制品业	50	13	82 589	82 459	23 849
日用金属制品业	7	4	3 873	3 983	869
普通机械制造业	56	28	130 702	119 866	42 840
专用设备制造业	73	37	135 467	131 326	42 683
交通运输设备制造业	58	24	189 556	189 870	36 560
汽车制造业	26	13	137 879	139 598	14 807

(2000 年)

单位:万元

行业	企业单位数(个)	亏损企业	工业总产值(当年价)	工业销售产值(当年价)	工业增加值(当年价)
武器弹药制造业	3	1	22 070	22 044	12 102
电气机械及器材制造业	46	17	152 062	153 474	42 028
日用电器制造业	1		37	38	22
电子及通信设备制造业	6	2	41 382	42 391	9 236
仪器仪表及文化、办公用机械制造业	16	3	57 010	56 792	22 364
其他制造业	4	2	1 992	2 135	767
电力、蒸汽、热水的生产和供应业	184	33	874 843	839 500	551 511
煤气生产和供应业	3	3	34 410	38 539	3 418
自来水的生产和供应业	103	37	50 283	49 740	28 504
按地州市分:					
昆明市	698	265	3 834 468	3 758 931	1 466 267
曲靖市	204	106	1 230 733	1 229 213	679 289
玉溪市	215	95	2 421 870	2 411 260	1 723 496
昭通地区	80	30	318 601	304 179	173 975
楚雄州	116	46	360 467	361 266	164 462
红河州	156	45	1 057 376	1 035 601	497 568
文山州	69	27	144 554	151 777	70 364
思茅地区	110	51	187 298	182 343	71 850
西双版纳州	48	24	56 955	58 258	22 390
大理州	82	15	416 974	415 742	221 425
保山地区	57	23	134 347	136 070	46 215
德宏州	107	59	154 448	153 152	46 667
丽江地区	51	25	52 890	52 549	23 026
怒江州	37	14	45 624	44 083	20 629
迪庆州	16	8	12 651	9 375	5 742
临沧地区	77	28	204 246	200 601	81 297
其他	1	1	60	102	34

11－5 独立核算国有工业企业单位数及总产值

（2000 年）

单位:万元

行　　业	企业单位数（个）	亏损企业	工业总产值（当年价）	工业销售产值（当年价）	工业增加值（当年价）
总　计	**1 144**	**541**	**6 793 820**	**6 749 443**	**4 126 134**
按轻重工业分:					
轻工业	539	278	4 140 147	4 165 952	3 059 115
以农产品为原料	371	203	4 019 383	4 045 065	3 005 793
以非农产品为原料	168	75	120 765	120 886	53 322
重工业	605	263	2 653 673	2 583 491	1 067 019
采掘工业	119	45	251 050	247 382	113 548
原料工业	249	86	1 757 198	1 704 731	785 086
加工工业	237	132	645 424	631 378	168 385
按企业规模分:					
大型企业	53	18	5 056 197	5 041 731	3 401 919
中型企业	168	63	826 955	810 861	274 997
小型企业	923	460	910 668	896 851	449 218
按工业行业分:					
煤炭采选业	45	25	96 018	95 736	52 895
石油和天然气开采业	1	1	311	415	55
黑色金属矿采选业	2	2	10 406	11 439	3 902
有色金属矿采选业	22	5	119 486	116 029	49 349
非金属矿采选业	16	6	33 144	30 247	12 848
化学矿采选业	8	2	16 570	14 944	2 886
采盐业	6	4	16 195	14 982	9 715
木材及竹材采运业	39	10	7 880	8 497	4 214
食品加工业	114	70	259 973	254 440	70 976
制糖业	37	14	201 817	199 798	61 495
食品制造业	49	31	15 078	13 907	4 001
饮料制造业	67	42	20 561	19 972	5 229
制茶业	19	12	9 309	9 286	2 640
烟草加工业	19	3	3 610 282	3 644 577	2 880 615
卷烟制造业	9	0	3 412 488	3 439 203	2 732 213
纺织业	11	6	28 054	25 409	6 634
服装及其他纤维制品制造业	11	3	2 978	2 915	616
皮革、毛皮、羽绒及其制品业	3	1	103	110	24
木材加工及竹、藤、棕、草制品业	24	15	27 803	27 616	7 250
家具制造业	2	1	25	25	－2
造纸及纸制品业	14	6	27 806	32 030	7 862
印刷业、记录媒介的复制	58	28	30 774	30 402	18 180
文教体育用品制造业	2	1	215	243	102
石油加工及炼焦业	5	2	6 334	6 319	2 131
化学原料及化学制品制造业	86	47	511 989	496 518	117 195
基本化学原料制造业	23	14	79 213	74 315	8 630
化学肥料制造业	39	24	366 286	358 238	82 111
日用化学产品制造业	3	2	6 671	6 647	1 091
医药制造业	26	11	38 744	36 231	15 110

注:本表国有企业含国有联营企业、国有独资公司。

行　　业	企业单位数（个）	亏损企业	工业总产值（当年价）	工业销售产值（当年价）	工业增加值（当年价）
橡胶制品业	5	5	9 586	9 857	2 743
塑料制品业	17	10	10 253	10 322	1 756
非金属矿物制品业	68	37	71 287	67 857	28 245
水泥制造业	37	21	55 111	53 075	22 343
黑色金属冶炼及压延加工业	15	9	421 207	420 858	156 078
有色金属冶炼及压延加工业	11	4	433 568	416 522	131 124
金属制品业	20	11	18 841	18 170	4 365
日用金属制品业	3	3	835	970	13
普通机械制造业	32	23	43 898	43 715	13 356
专用设备制造业	51	28	49 878	49 950	14 877
交通运输设备制造业	42	22	77 449	74 962	18 310
汽车制造业	16	12	41 337	39 965	1 215
武器弹药制造业	3	1	22 070	22 044	12 102
电气机械及器材制造业	18	9	19 504	21 152	5 860
日用电器制造业	1	0	37	38	22
电子及通信设备制造业	4	1	4 613	4 144	1 958
仪器仪表及文化、办公用机械制造业	5	2	2 593	3 062	220
其他制造业	2	2	345	450	－ 3
电力、蒸汽、热水的生产和供应业	129	21	676 074	645 022	444 036
煤气生产和供应业	3	3	34 410	38 539	3 418
自来水的生产和供应业	103	37	50 283	49 740	28 504
按地州市分:					
昆明市	343	157	2 121 617	2 084 480	997 707
曲靖市	119	64	894 142	897 869	569 887
玉溪市	56	31	1 844 148	1 847 551	1 550 982
昭通地区	60	21	193 171	186 198	124 923
楚雄州	77	34	237 867	239 570	130 429
红河州	82	28	764 915	746 846	402 553
文山州	41	20	83 864	96 181	40 974
思茅地区	87	45	105 292	103 445	40 684
西双版纳州	39	20	23 372	23 562	10 387
大理州	22	8	242 102	241 852	154 322
保山地区	17	7	23 912	23 513	5 924
德宏州	89	51	116 540	116 338	35 744
丽江地区	26	15	14 100	14 159	4 929
怒江州	25	10	11 809	11 716	6 913
迪庆州	14	7	4 629	4 617	2 215
临沧地区	46	22	112 280	111 445	47 527
其他	1	1	60	102	34

11－6　年产品销售收入500万元以上的独立核算“三资”工业企业单位数及总产值

（2000年）　　单位：万元

行　　业	企业单位数（个）	亏损企业	工业总产值（当年价）	工　业销售产值（当年价）	工业增加值（当年价）
总　　计	**117**	**48**	**602 479**	**594 505**	**200 114**
按轻重工业分：					
轻工业	66	26	410 728	401 880	142 525
以农产品为原料	49	20	334 686	330 963	110 754
以非农产品为原料	17	6	76 042	70 917	31 771
重工业	51	22	191 751	192 625	57 589
采掘工业	1	0	1 642	1 642	766
原料工业	26	14	78 405	78 976	19 350
加工工业	24	8	111 703	112 007	37 473
按企业规模分：					
大型企业	4	0	63 492	59 767	28 169
中型企业	8	4	44 794	40 503	15 626
小型企业	105	44	494 193	494 235	156 319
按工业行业分：					
有色金属矿采选业	1	0	1 642	1 642	766
食品加工业	5	4	38 660	36 110	4 284
食品制造业	4	2	3 767	3 589	760
饮料制造业	5	3	20 069	17 015	8 148
服装及其他纤维制品制造业	2	2	1 924	1 924	364
皮革、毛皮、羽绒及其制品业	1	0	1 259	1 160	504
木材加工及竹、藤、棕、草制品业	14	9	34 356	31 949	6 914
家具制造业	1	0	4 713	4 696	903
造纸及纸制品业	6	0	76 963	74 474	27 588
印刷业、记录媒介的复制	15	3	131 431	130 716	49 842
化学原料及化学制品制造业	14	5	45 365	52 881	11 098
基本化学原料制造业	8	3	16 579	18 314	4 832
化学肥料制造业	2	0	14 338	19 744	4 489
日用化学产品制造业	2	1	9 596	10 415	618
医药制造业	8	2	54 970	49 068	26 806
化学纤维制造业	1	0	42 538	49 833	15 824

行　　业	企业单位数（个）	亏损企业	工业总产值（当年价）	工　业销售产值（当年价）	工业增加值（当年价）
橡胶制品业	1	0	2 827	2 696	1 246
塑料制品业	12	6	49 977	48 571	18 399
非金属矿物制品业	2	2	1 993	1 777	262
水泥制造业	2	2	1 993	1 777	262
有色金属冶炼及压延加工业	4	3	21 624	21 551	2 897
金属制品业	3	0	6 157	6 105	2 056
普通机械制造业	3	1	17 600	14 388	8 549
专用设备制造业	4	2	4 454	3 649	1 773
交通运输设备制造业	3	2	9 053	8 385	116
汽车制造业	1	1	4 398	4 183	－1 038
电气机械及器材制造业	1	0	4 182	4 289	1 430
仪器仪表及文化、办公用机械制造业	3	0	14 707	15 862	4 044
电力、蒸汽、热水的生产和供应业	4	2	12 250	12 176	5 543
按地州市分:					
昆明市	65	28	320 159	313 532	100 243
曲靖市	7	2	24 044	23 466	7 310
玉溪市	22	8	124 265	121 974	43 567
昭通地区	1	0	33 856	33 410	12 272
楚雄州	6	3	24 725	29 280	7 789
红河州	6	2	41 843	39 493	19 007
思茅地区	1	0	9 603	9 075	5 268
大理州	1	0	8 790	9 674	2 003
保山地区	5	4	9 785	9 455	1 485
德宏州	1	0	3 353	3 280	678
怒江州	1	0	1 167	1 092	372
临沧地区	1	1	891	776	121

11－7 各地区按轻重工业分的工业企业单位数及总产值

单位:个、万元

地区	轻工业				重工业			
	单位数		总产值		单位数		总产值	
	1999年	2000年	1999年	2000年	1999年	2000年	1999年	2000年
全省合计	**977**	**896**	**5 426 723**	**5 566 281**	**1 235**	**1 228**	**4 602 039**	**5 067 279**
昆　明	316	306	1 447 878	1 488 369	395	392	2 156 720	2 346 099
曲　靖	69	63	418 605	458 671	133	141	674 139	772 061
玉　溪	92	79	1 987 510	2 014 446	134	136	373 894	407 424
昭　通	44	32	188 006	190 775	48	48	121 818	127 825
楚　雄	51	50	248 648	221 172	61	66	119 830	139 295
红　河	69	62	380 792	421 462	93	94	579 924	635 914
文　山	27	26	63 766	65 948	47	43	69 541	78 607
思　茅	47	45	69 919	77 777	64	65	103 113	109 521
西双版纳	30	29	52 473	44 403	30	19	14 722	12 552
大　理	36	30	286 029	270 862	49	52	118 391	146 112
保　山	37	36	80 047	83 198	21	21	45 072	51 149
德　宏	68	59	88 466	104 826	50	48	41 808	49 622
丽　江	26	20	17 137	13 593	32	31	38 210	39 297
怒　江	8	7	675	648	25	30	36 898	44 976
迪　庆	9	9	727	5 675	11	7	6 737	6 977
临　沧	48	43	96 046	104 455	41	34	101 164	99 790
其　他	0	0	0	0	1	1	57	60

11－8 各地区按企业规模分的工业企业单位数及总产值

(2000年)

单位:个、万元

地区	大型企业		中型企业		小型企业	
	单位数	总产值	单位数	总产值	单位数	总产值
全省合计	**92**	**6 017 591**	**295**	**1 514 877**	**1 737**	**3 101 092**
昆　明	44	2 111 553	108	513 786	546	1 209 128
曲　靖	13	736 067	32	199 247	159	295 419
玉　溪	7	1 804 438	23	119 393	185	498 039
昭　通	3	242 203	5	14 090	72	62 308
楚　雄	5	177 050	14	50 414	97	133 003
红　河	11	655 935	39	192 630	106	208 812
文　山	0	0	5	35 153	64	109 401
思　茅	2	26 125	15	90 593	93	70 580
西双版纳	0	0	6	29 638	42	27 317
大　理	5	191 195	11	39 351	66	186 427
保　山	0	0	9	46 926	48	87 421
德　宏	0	0	11	88 060	96	66 388
丽　江	0	0	3	5 691	48	47 199
怒　江	0	0	1	19 536	36	26 088
迪　庆	0	0	1	2 868	15	9 783
临　沧	1	72 966	12	67 500	64	63 780
其　他	1	60	0	0	0	0

注:1.本表为全部国有及年产品销收入500万元以上非国有工业数据;
2.工业总产值按当年价计算。

11－9 各地区主要行业工业企业单位数及总产值

（2000年） 单位：个、万元

地区	1.煤炭采选业		3.黑色金属矿采选业		4.有色金属矿采选业		5.非金属矿采选业	
	单位数	总产值	单位数	总产值	单位数	总产值	单位数	总产值
全省合计	**63**	**123 418**	**6**	**28 071**	**57**	**224 225**	**29**	**54 856**
昆明	4	9 339	1	1 350	2	30 532	19	41 946
曲靖	18	47 930	0	0	4	9 977	0	0
玉溪	3	5 072	1	9 969	2	26 934	0	0
昭通	3	770	0	0	3	5 812	1	768
楚雄	2	10 797	1	2 939	3	21 525	1	6 884
红河	4	34 242	1	4 871	11	44 397	2	380
文山	2	1 689	1	5 535	3	15 452	1	424
思茅	9	2 036	0	0	5	18 396	3	3 002
西双版纳	1	96	0	0	2	141	0	0
大理	1	51	1	3 406	4	8 472	1	1 163
保山	0	0	0	0	0	0	0	0
德宏	3	513	0	0	2	2 564	0	0
丽江	8	10 667	0	0	0	0	0	0
怒江	1	39	0	0	12	36 071	1	290
迪庆	0	0	0	0	0	0	0	0
临沧	4	179	0	0	4	3 952	0	0
其他	0	0	0	0	0	0	0	0

注：本表为全部国有及年产品销售收入500万元以上非国有工业数据，工业总产值按当年价计算。

11－9 续表1 （2000年） 单位：个、万元

地区	7.木材及竹材采选业		8.食品加工业		9.食品制造业		10.饮料制造业	
	单位数	总产值	单位数	总产值	单位数	总产值	单位数	总产值
全省合计	**39**	**7 880**	**188**	**568 468**	**64**	**37 530**	**95**	**99 370**
昆明	0	0	39	113 885	25	20 601	24	20 793
曲靖	1	14	10	6 613	10	3 372	4	896
玉溪	0	0	15	61 680	7	2 552	4	1 481
昭通	0	0	7	4 243	4	552	1	567
楚雄	9	942	12	5 212	5	148	1	5 066
红河	2	643	10	33 599	4	2 055	7	14 603
文山	1	0	5	3 228	1	4	3	258
思茅	5	1 334	18	56 394	1	52	8	7 505
西双版纳	3	0	9	35 782	2	201	7	3 994
大理	2	855	4	8 488	1	7 397	3	16 946
保山	0	0	18	56 893	0	0	3	9 026
德宏	1	417	16	90 822	2	31	9	627
丽江	4	234	4	3 274	1	540	4	1 152
怒江	8	2 701	2	44	0	0	1	52
迪庆	0	0	1	496	0	0	3	4 890
临沧	3	741	18	87 817	1	27	13	11 515
其他	0	0	0	0	0	0	0	0

11－9 续表2 （2000年） 单位：个、万元

地区	11.烟草加工业		12.纺织业		13.服装、其他纤维制品业		14.皮革、毛皮、羽绒及其制品业	
	单位数	总产值	单位数	总产值	单位数	总产值	单位数	总产值
全省合计	**26**	**3 738 424**	**22**	**66 859**	**18**	**11 245**	**7**	**13 501**
昆明	4	794 279	11	36 082	12	8 247	2	103
曲靖	5	388 280	4	20 854	2	210	0	0
玉溪	3	1 750 577	1	619	1	305	2	11 881
昭通	2	143 188	0	0	0	0	1	0
楚雄	1	136 857	2	1 627	0	0	0	0
红河	2	278 640	1	0	3	2 483	0	0
文山	1	43 249	0	0	0	0	0	0
思茅	1	0	0	0	0	0	1	678
西双版纳	0	0	0	0	0	0	0	0
大理	4	196 931	2	7 096	0	0	0	0
保山	1	5 806	0	0	0	0	0	0
德宏	0	0	0	0	0	0	0	0
丽江	2	617	1	582	0	0	1	840
怒江	0	0	0	0	0	0	0	0
迪庆	0	0	0	0	0	0	0	0
临沧	0	0	0	0	0	0	0	0
其他	0	0	0	0	0	0	0	0

11－9 续表3 （2000年） 单位：个、万元

地区	15.木材加工及竹藤棕草制品业		16.家具制造业		17.造纸及纸制品业		18.印刷业、记录媒介的复制	
	单位数	总产值	单位数	总产值	单位数	总产值	单位数	总产值
全省合计	**48**	**81 989**	**8**	**12 966**	**56**	**190 282**	**93**	**262 715**
昆明	18	29 682	7	12 941	14	41 691	40	75 776
曲靖	0	0	0	0	4	11 245	7	12 375
玉溪	3	10 071	0	0	15	63 162	13	92 952
昭通	0	0	0	0	2	2 496	3	34 138
楚雄	4	4 623	1	25	3	4 509	6	14 485
红河	2	3 184	0	0	5	36 013	3	20 568
文山	0	0	0	0	1	706	3	231
思茅	6	26 840	0	0	1	8 549	4	407
西双版纳	2	889	0	0	0	0	1	224
大理	1	96	0	0	4	14 239	3	10 256
保山	3	2 757	0	0	1	1 145	2	936
德宏	7	2 620	0	0	3	2 067	4	244
丽江	0	0	0	0	1	2 031	0	0
怒江	1	1 167	0	0	0	0	1	70
迪庆	0	0	0	0	0	0	2	41
临沧	0	0	0	0	2	2 431	1	15
其他	1	60	0	0	0	0	0	0

11－9 续表4 （2000年） 单位:个、万元

地区	21.化学原料及化学制品制造业		22.医药制造业		24.橡胶制造业		25.塑料制品业	
	单位数	总产值	单位数	总产值	单位数	总产值	单位数	总产值
全省合计	**187**	**911 258**	**68**	**260 490**	**13**	**46 789**	**59**	**107 241**
昆明	72	303 451	37	170 083	8	36 361	32	62 615
曲靖	24	192 147	3	3 020	1	653	5	11 656
玉溪	33	128 584	3	3 732	1	684	3	17 010
昭通	7	80 404	0	0	0	0	3	4 010
楚雄	10	27 511	3	42 189	0	0	3	3 113
红河	16	141 533	4	7 705	1	6 278	1	1 360
文山	3	5 525	4	16 720	0	0	1	722
思茅	10	25 367	0	0	0	0	0	0
西双版纳	0	0	3	1 905	0	0	0	0
大理	1	1 057	2	2 959	1	1 400	2	2 637
保山	5	3 259	2	4 335	0	0	2	1 046
德宏	2	198	4	4 334	0	0	5	1 717
丽江	3	2 167	2	3 291	0	0	0	0
怒江	0	0	0	0	0	0	0	0
迪庆	0	0	0	0	0	0	0	0
临沧	1	54	1	218	1	1 413	2	1 354
其他	0	0	0	0	0	0	0	0

11－9 续表5 （2000年） 单位:个、万元

地区	26.非金属矿物制品业		27.黑色金属冶炼及压延加工业		28.有色金属冶炼及压延加工业		29.金属制品业	
	单位数	总产值	单位数	总产值	单位数	总产值	单位数	总产值
全省合计	**247**	**438 325**	**48**	**540 794**	**66**	**978 819**	**50**	**82 589**
昆明	57	135 032	17	483 890	19	517 276	26	49 702
曲靖	28	45 177	6	21 671	10	129 439	5	2 746
玉溪	43	64 894	10	19 244	4	27 377	8	25 089
昭通	12	16 095	0	0	2	3 507	0	0
楚雄	8	12 136	1	1 630	5	10 485	1	46
红河	14	32 414	2	1 776	9	246 786	4	2 548
文山	9	12 042	5	5 295	4	6 638	0	0
思茅	13	17 563	2	455	0	0	1	355
西双版纳	5	6 287	0	0	0	0	1	503
大理	17	51 846	0	0	3	9 199	0	0
保山	6	10 853	0	0	8	20 426	0	0
德宏	14	12 195	5	6 834	1	6 798	0	0
丽江	10	9 933	0	0	1	887	1	1 523
怒江	2	516	0	0	0	0	2	72
迪庆	2	398	0	0	0	0	1	5
临沧	7	10 945	0	0	0	0	0	0
其他	0	0	0	0	0	0	0	0

11－9　续表 6　　(2000 年)　　单位:个、万元

地　区	30.普通机械制造业		31.专用设备制造业		32.交通运输设备制造业	
	单位数	总产值	单位数	总产值	单位数	总产值
全省合计	**56**	**130 702**	**73**	**135 467**	**58**	**189 556**
昆　明	35	114 503	45	112 835	36	89 649
曲　靖	3	1 705	8	5 501	7	91 330
玉　溪	7	8 738	3	1 204	2	801
昭　通	3	500	0	0	0	0
楚　雄	1	281	4	8 705	2	2 433
红　河	1	978	4	4 306	4	1 747
文　山	2	1 395	0	0	1	404
思　茅	0	0	2	950	0	0
西双版纳	0	0	0	0	0	0
大　理	2	2 458	0	0	2	2 709
保　山	0	0	2	781	0	0
德　宏	1	142	2	404	4	483
丽　江	0	0	0	0	0	0
怒　江	0	0	0	0	0	0
迪　庆	0	0	0	0	0	0
临　沧	1	3	3	781	0	0
其　他	0	0	0	0	0	0

11－9　续表 7　　(2000 年)　　单位:个、万元

地　区	37.其他制造业		38.电力、蒸汽、热水的生产和供应业		40.自来水生产及供应业	
	单位数	总产值	单位数	总产值	单位数	总产值
全省合计	**4**	**1 992**	**184**	**874 843**	**103**	**50 283**
昆　明	3	1 987	21	212 543	12	24 633
曲　靖	0	0	17	199 805	8	3 519
玉　溪	0	0	18	60 061	5	2 626
昭　通	0	0	17	19 767	9	1 785
楚　雄	0	0	15	26 762	10	2 327
红　河	0	0	18	107 217	13	3 918
文　山	0	0	10	23 485	7	1 482
思　茅	0	0	12	15 592	8	1 825
西双版纳	0	0	7	5 729	5	1 203
大　理	0	0	16	63 475	3	2 502
保　山	0	0	1	15 773	3	1 313
德　宏	1	5	10	17 367	8	1 512
丽　江	0	0	4	14 562	2	118
怒　江	0	0	4	4 410	2	192
迪　庆	0	0	4	6 573	3	248
临　沧	0	0	10	81 722	5	1 080
其　他	0	0	0	0	0	0

11－10 历年主要工业产品产量

年 份	纱（万吨）	布（亿米）	机制纸及纸板（万吨）	自行车（万辆）	电视机（万台）	彩 电（万台）	家 用电冰箱（万台）	糖（万吨）	卷烟（万箱）
1978	2.20	1.05	5.12	0.09	0.14	–	–	13.49	63.30
1980	2.92	1.32	6.46	2.50	1.28	–	–	16.87	89.00
1985	3.57	1.52	10.16	25.01	11.14	3.12	1.70	32.83	206.30
1988	4.22	1.78	14.49	50.52	11.05	7.04	10.83	55.52	354.90
1989	4.05	1.79	15.22	42.81	11.00	4.97	8.86	46.39	407.40
1990	4.03	1.80	15.43	34.03	13.04	5.50	3.81	51.01	448.25
1991	4.17	1.73	17.46	44.02	14.97	7.24	2.74	60.02	437.49
1992	4.33	1.79	19.43	43.35	17.70	7.99	2.58	83.66	466.17
1993	3.89	1.72	21.82	30.80	12.68	7.30	3.63	89.98	532.02
1994	3.54	1.33	32.03	12.03	9.94	6.16	3.55	80.85	611.09
1995	3.57	1.40	30.41	8.55	7.94	4.72	2.37	94.21	680.45
1996	3.16	1.28	39.42	3.87	3.89	2.45	1.68	83.65	656.38
1997	2.67	1.12	38.51	2.01	2.22	1.26	0.78	112.12	624.80
1998	1.99	0.73	28.51	0.12	–	–	0.44	125.59	632.99
1999	2.13	0.61	23.90	–	–	–	–	162.52	603.97
2000	2.27	0.59	22.32	–	–	–	–	152.25	612.77

11－10 续表

年 份	合 成洗涤剂（万吨）	原 煤（万吨）	发电量（亿千瓦小时）	钢（万吨）	成 品钢 材（万吨）	水 泥（万吨）	平板玻璃（万 重量 箱）	农用化肥（万吨）	小 型拖拉机（万台）
1978	0.62	1 483	52.51	35.12	25.59	131.23	46.08	42.05	0.79
1980	0.80	1 174	56.20	46.33	29.46	163.00	26.29	46.40	0.27
1985	1.92	1 638	75.45	56.16	45.96	307.76	87.42	60.20	1.16
1988	4.55	2 054	102.26	68.26	57.33	443.05	106.29	72.61	1.85
1989	4.53	2 181	114.12	72.22	61.85	452.42	138.44	81.12	1.73
1990	4.96	2 227	125.78	80.15	68.97	470.73	120.17	90.32	1.85
1991	4.88	2 194	140.85	93.62	83.77	565.19	128.32	95.72	2.23
1992	5.41	2 379	155.75	103.02	97.18	663.87	157.00	96.79	2.34
1993	6.25	2 402	172.07	116.63	113.07	732.25	131.57	94.06	2.28
1994	8.22	2 597	203.43	134.89	139.35	865.26	166.85	105.09	1.83
1995	7.10	2 803	228.42	140.50	144.34	996.93	165.88	121.46	2.47
1996	8.37	3 072	253.65	161.83	171.71	1 152.28	155.65	133.93	3.05
1997	9.06	3 296.67	253.14	184.00	185.78	1 341.26	110.50	144.31	3.35
1998	7.54	3 090.67	264.62	176.22	184.12	1 558.66	259.97	163.39	1.81
1999	3.97	2 663.63	298.20	178.72	182.01	1 622.77	302.56	177.78	1.51
2000	3.30	2 215.61	317.46	189.41	183.71	1 642.80	289.84	197.22	1.48

11－11　主要年份全省主要工业产品产量

产品名称	单位	1990年	1995年	1998年	1999年	2000年
原煤	万吨	2 227.17	2 803	3 090.67	2 663.63	2 215.61
洗精煤	万吨	122.91	178.48	221.13	208.29	207.71
铁矿石成品矿	万吨	314.41	246.37	291.71	463.45	282.35
铜金属含量	吨	47 113	66 672	76 363	82 010	92 001
铅金属含量	吨	56 273	36 511	69 477	112 524	138 647
锌金属含量	吨	146 257	101 012	127 425	141 166	220 357
锡金属含量	吨	25 429	31 059	32 392	43 881	43 052
硫铁矿生产量	万吨	11.41	21.31	19.44	11.87	14.50
磷矿生产量	万吨	485.73	665.98	800.45	982.88	921.11
原盐	吨	324 467	429 757	474 362	421 255	494 338
全部木材	万立方米	244.86	390.88	232.67	182.53	127.16
原木	万立方米	214.48	353.54	200.06	147.87	102.68
工业木材	万立方米	107.74	162.70	214.25	133.40	89.15
发电量总计	万千瓦小时	1 257 762	2 284 217	2 646 175	2 981 982	3 174 567
水力发电	万千瓦小时	754 594	1 620 469	1 699 763	1 849 118	2 160 783
火力发电	万千瓦小时	503 168	663 748	946 412	1 132 864	1 013 784
自来水(生产量)	万吨	23 194	30 423	47 385	53 047	49 887
糖	吨	510 143	942 053	1 255 906	1 625 179	1 522 548
糖果	吨	18 191	14 909	8 856	4 804	1 865
糕点	吨	52 646	47 368	47 386	41 543	41 368
罐头	吨	10 653	13 337	7 573	6 616	7 667
饮料酒(混合量)	吨	170 060	264 628	366 498	383 221	385 297
白酒(商品量)	吨	103 586	158 570	218 070	216 697	216 821
啤酒	吨	39 125	92 434	147 947	159 479	158 675
精制茶	万吨	3.59	4.96	3.84	2.92	2.82
卷烟	万箱	448.25	680.45	632.99	603.90	612.77
复烤烟叶	万吨	34.88	56.19	64.12	52.37	22.26
化学纤维	吨	5 114	8 511	23 000	17 301	13 925
合成纤维	吨	2 021	3 583	18 836	1 997	
纱总计	吨	40 268	35 682	19 898	21 263	22 722
棉纱	吨	24 121	21 618	11 076	20 980	16 044
布总计	万米	17 974	13 964	7 297	6 143	5 855
棉布	万米	8 547.76	5 203	2 201	1 720	2 454
毛线	吨	827.00	595.00	231.00	136.50	297
呢绒总计	万米	52.17	5.00	4.89	7.80	6.20
毛毯	条	360 246	342 588	101 200	41 300	
服装	万件	2 197.36	3 022	1 744	1 648	1 452
皮鞋	万双	363.20	564.00	388.06	384.69	235.40
锯材	万立方米	37.06	72.21	44.12	30.76	17.85
人造板	立方米	55 668	197 008	336 104	392 640	448 020
胶合板	立方米	26 838	84 949	120 900	73 719	53 693
家具	万件	171.56	485.72	601.24	613.20	482.93
木制家具	万件	150.89	383.84	539.69	516.77	412.67
机制纸及纸板	吨	154 331	304 050	285 093	239 005	223 206
焦炭	万吨	250.44	370.27	405.84	387.76	359.87

产品名称	单位	1990年	1995年	1998年	1999年	2000年
硫酸	吨	419 287	989 326	1 578 746	1 811 298	2 055 179
烧碱(氢氧化钠)	吨	25 217	35 733	26 640	25 489	30 533
合成氨	吨	707 457	926 439	1 098 185	1 275 552	1 294 528
农用化学肥料总计(折纯)	吨	903 167	1 214 612	1 633 855	1777794	1 972 192
氮肥	吨	514 718	637 777	795 797	915 090	966 949
磷肥	吨	388 447	575 932	837 968	862 049	1 004 547
三聚磷酸钠	吨	61 225	108 362	50 714	64 128	42 209
酒精(商品量)	吨	35 204	71 998	112 234	148 014	152 743
火柴	万件	85.01	105.12	55.99	47.44	33.20
合成洗涤剂	吨	49 609	70 981	75 436	39 671	33 049
肥皂	吨	13 657	10 480	7 623	5 861	5 856
中成药	吨	2 414	3 852	4 355	4 484	5 175
轮胎外胎	条	503 897	706 035	1 026 065	612 056	748 520
力车胎外胎	条	1 737 360	3 440 866	6 733 700	5 287 200	6 658 200
塑料制品	吨	43 699	111 746	104 930	102 731	104 470
水泥	万吨	470.73	996.93	1 558.66	1 622.77	1 642.80
砖	万块	419 496	865 487	1 086 146	1 132 204	878 851
瓦	万片	129 786	226 205	275 419	294 713	185 294
平板玻璃	万重量箱	120.17	165.88	259.97	302.56	289.84
日用玻璃制品	吨	24 461	36 546	27 963	37 434	33 788
保温瓶及商品瓶胆	万只	122.94	292.76	216.97	3.82	
日用陶瓷器	万件	9 972.30	18 527	15 179	16 794	15 888
钢	万吨	80.15	140.5	176.22	178.72	189.41
生铁	万吨	119.81	180.75	205.33	234.90	309.42
成品钢材	万吨	68.97	144.34	184.12	182.01	183.71
十种有色金属	吨	217 313	406 679	513 595	645 073	748 452
铜	吨	71 350	96 601	124 090	131 221	160 558
铅	吨	56 145	81 283	127 290	152 185	162 369
锌	吨	48 559	139 707	160 654	201 002	234 962
锡	吨	22 725	33 142	39 024	42 663	47 287
铝	吨	13 631	47 871	55 528	112 910	138 317
日用精铝制品	吨	1 087	2 132	363	130.30	76
内燃机生产量总计	万千瓦	75.06	351	343.81	308.33	401.28
金属切削机床	台	4 511	6 149	5 635	5 327	7 333
泵	台	5 272	11 674	9 257	8 481	6 816
农用水泵	台	2 856	4 120	3 313	3 225	2 278
小型拖拉机	台	18 484	24 432	18 139	15 145	14 759
缝纫机	架	112 006	95 279	11 658		
汽车	辆	6 131	19 009	10 940	10 931	22 110
载货汽车	辆	3 762	15 091	8 955	9 031	21 172
变压器	万千伏安	128.72	300.31	352.67	354.55	369.85
发电设备(500千瓦及以上)	千瓦	15 000	105 073	182 190	195 002	154 181
交流电动机	千瓦	502 501	719 281	700 446	765 218	975 414
灯泡	万只	3 609.77	4 491	4 482	4 045	559
微型计算机系统	部	2 337	6 479	27 632	1 342	
电子元件	万只	44	315	131	94	73.93

11－12 各地区主要工业产品产量

（2000 年）

地　　区	原　煤（万吨）	工业木材产量（万立方米）	发电量（万千瓦时）	水　电（万千瓦时）	自来水（万吨）	糖（吨）	罐　头（吨）
全省合计	**2 215.61**	**89.15**	**3 174 567**	**2160 783**	**49 887**	**1522 548**	**7 667**
昆　　明	154.48	0.00	289 469	55 576	23 864	1 123	2 431
曲　　靖	953.03	0.15	891 247	501 370	3 986	0	527
玉　　溪	56.91	0.44	113 043	105 934	2 900	192 939	1 957
昭　　通	121.84	2.72	82 277	75 271	1 609	14 485	40
楚　　雄	95.45	2.46	42 691	37 940	2 038	11 975	0
红　　河	544.13	6.87	466 995	132 265	3 986	96 875	2 712
文　　山	38.35	1.68	127 141	127 141	1 319	11 485	0
思　　茅	47.75	52.11	48 925	42 901	1 196	189 198	0
西双版纳	2.71	0.00	35 872	31 390	1 322	140 469	0
大　　理	77.58	2.51	204 242	203 711	2 997	16 229	0
保　　山	21.69	10.66	74 751	70 589	1 227	199 139	0
德　　宏	10.16	2.44	63 595	53 093	1 364	331 895	0
丽　　江	71.68	0.00	51 511	51 284	686	7 823	0
怒　　江	0.50	3.20	13 775	13 775	168	0	0
迪　　庆	0.00	2.80	54 485	54 485	212	0	0
临　　沧	19.36	1.12	614 548	604 057	1 015	308 913	0
其　　他	0.00	0.00	0	0	0	0	0

11－12　续表 1　　　　（2000 年）

地　　区	白　酒（吨）	啤　酒（吨）	精制茶（吨）	卷　烟（万箱）	布（万米）	服　装（万件）	皮　鞋（万双）
全省合计	**216 821**	**158 675**	**28 217**	**612.77**	**5 855.00**	**1 452.27**	**235.40**
昆　　明	52 516	16 084	835	122.55	2 725.00	449.17	9.35
曲　　靖	14 179	1 916	0	93.79	838.00	60.79	33.50
玉　　溪	8 443	0	692	201.17	36.00	29.80	40.88
昭　　通	15 740	0	28	53.11	0.00	290.83	11.92
楚　　雄	19 232	12 254	462	44.00	54.00	59.90	24.78
红　　河	30 207	25 889	804	61.14	68.00	95.37	8.27
文　　山	39 931	0	22	0.00	0.00	273.21	13.63
思　　茅	3 839	4 300	1 718	0.00	21.00	8.76	9.53
西双版纳	61	0	3 691	0.00	0.00	2.87	0.00
大　　理	13 154	54 525	5 838	37.00	2 056.00	94.37	46.05
保　　山	4 726	25 326	2 821	0.00	2.00	35.45	26.20
德　　宏	4 008	0	1 732	0.00	0.00	21.91	0.00
丽　　江	3 296	408	0	0.00	56.00	5.40	9.60
怒　　江	335	0	0	0.00	0.00	3.20	0.00
迪　　庆	2 077	0	0	0.00	0.00	8.40	0.00
临　　沧	5 078	17 973	9 575	0.00	0.00	12.84	1.69
其　　他	0	0	0	0.00	0.00	0.00	0.00

11－12 续表2 （2000年）

地区	锯材（立方米）	人造板（立方米）	机制纸及纸板（吨）	农用化肥（吨）	中成药（吨）	塑料制品（吨）	水泥（万吨）
全省合计	**178 524**	**448 020**	**223 206**	**1 972 192**	**5 175**	**104 470**	**1 642.80**
昆明	9 228	47 319	70 987	686 590	2 135	51 414	347.58
曲靖	905	1 006	13 355	440 248	12	14 692	234.40
玉溪	2 777	83 232	41 607	57 042	394	17 293	336.14
昭通	1 324	0	2 979	311 419	0	3 623	73.68
楚雄	965	41 019	1 259	34 757	300	4 154	43.52
红河	19 230	66 071	29 500	418 049	260	3 891	135.46
文山	27 409	0	1 624	12 380	190	769	55.54
思茅	77 472	176 013	0	590	175	492	59.65
西双版纳	3 778	1 583	0	0	126	368	17.41
大理	5 607	769	32 770	0	353	2 923	186.65
保山	1 927	23 360	6 570	3 285	1 058	1 223	39.78
德宏	7 545	5 201	6 459	0	79	2 059	42.59
丽江	80	2 446	8 018	7 832	45	236	27.53
怒江	19 260	0	0	0	0	0	1.55
迪庆	0	0	0	0	0	0	1.67
临沧	1 017	0	8 078	0	47	1 333	39.65
其他	0	0	0	0	0	0	0.00

11－12 续表3 （2000年）

地区	生铁（吨）	钢（吨）	成品钢材（吨）	铁合金（吨）	十种有色金属（吨）	铜（吨）	锡（吨）
全省合计	**3 094 239**	**1 894 111**	**1 837 087**	**177 784**	**748 452**	**160 558**	**47 287**
昆明	2 179 560	1 857 861	1 747 945	24 768	369 697	156 171	0
曲靖	197 114	0	13 063	16 523	121 628	0	0
玉溪	683 023	23 232	36 290	17 247	1 519	1 519	0
昭通	5 164	0	0	3 429	4 457	0	0
楚雄	29 378	0	27 724	0	9 588	1 384	0
红河	0	7 618	1 113	35 740	155 905	872	46 863
文山	0	0	0	56 190	6 011	0	10
思茅	0	0	0	4 795	12 300	0	0
西双版纳	0	0	0	0	0	0	0
大理	0	0	0	3 208	45 495	0	414
保山	0	5 400	5 325	0	8 028	0	0
德宏	0	0	5 627	10 575	5 000	0	0
丽江	0	0	0	0	612	612	0
怒江	0	0	0	0	8 212	0	0
迪庆	0	0	0	5 309	0	0	0
临沧	0	0	0	0	0	0	0
其他	0	0	0	0	0	0	0

11－13　全省主要工业产品生产、销售、库存量

（2000年）

产品名称	计量单位	年初库存量	本年生产量	本年销售量	年末库存量
原煤	吨	343 272	9 941 328	7 824 579	163 514
洗煤	吨	195 520	2 758 224	2 676 261	145 281
铁矿石成品矿	吨	152 469	1 013 246	424 139	84 703
硫铁矿（折含S 35%）	吨	0	110 650	107 433	0
磷矿石（折含P2O5 30%）	吨	233 651	3 335 409	2 910 873	283 637
原盐	吨	45 267	480 850	435 950	89 790
木材	立方米	131 892	491 713	431 827	104 356
机制糖	吨	16 045	1 487 554	1 473 236	28 696
配混合饲料	吨	6 113	368 238	359 082	4 986
乳制品	吨	394	5 394	5 319	315
罐头	吨	1 008	5 371	5 366	1 003
白酒	吨	6 338	8 190	8 855	5 309
啤酒	吨	21 883	156 759	154 189	23 115
软饮料	吨	4 023	36 048	34 817	5 204
卷烟	箱	56 346	6 127 680	6 180 486	3 559
化学纤维	吨	3 402	13 925	16 308	997
纱	吨	2 408	22 157	13 676	2 463
布	万米	1 981	5 336	4 747	2 385
棉布	万米	1 035	2 010	1 700	1 210
混纺交织布	万米	571	2 844	2 387	1 024
纯化纤布	万米	376	481	661	151
绒线（毛线）	吨	47	297	229	115
呢绒	万米	2	6	7	2
丝	吨	16	617	518	52
丝织品	万米	81	72	96	52
服装	万件	327	426	394	336
锯材	立方米	5 702	43 624	43 131	6 175
人造板	立方米	48 938	382 801	372 215	56 188

（2000年）

产品名称	计量单位	年初库存量	本年生产量	本年销售量	年末库存量
机制纸	吨	30 213	83 812	87 428	21 940
新闻纸	吨	44	2 306	1 998	352
机制纸板	吨	12 469	68 671	60 252	14 279
润滑油	吨	529	3 775	3 952	352
焦炭	吨	220 718	2 212 520	1 317 256	12 442
硫酸(折100%)	吨	39 299	1 991 283	520 377	44 812
氢氧化钠(烧碱)(折100%)	吨	1 758	30 533	28 845	1 599
碳酸钠(纯碱)	吨	566	77 340	77 492	284
红矾钠	吨	58	3 321	2 580	29
碳化钙(电石)(折300升/千克)	吨	2 061	82 738	20 574	4 773
合成氨	吨	6 451	1 294 528	86 126	8 811
农用氮、磷、钾化学肥料总计(折纯)	吨	176 458	1 744 406	1 654 730	222 421
氮肥(折含N 100%)	吨	83 348	966 662	899 450	130 558
尿素	吨	47 886	554 592	526 454	69 884
磷肥(折合P2O5 100%)	吨	93 110	777 695	755 231	91 863
钾肥(折含K2O 100%)	吨	0	49	49	0
化学农药	吨	189	2 352	1 525	684
纯苯	吨	116	6 652	6 610	158
油漆	吨	1 708	8 886	8 550	2 044
塑料树脂及共聚物	吨	546	17 076	17 059	563
合成纤维聚合物	吨	1 181	15 212	15 289	1 103
合成洗涤剂	吨	5 003	32 519	31 680	5 111
化学原料药	吨	41	166	137	44
轮胎外胎	条	482 287	741 586	740 169	483 704
塑料制品	吨	16 580	80 788	81 967	12 272
农用薄膜	吨	6 185	25 470	26 162	5 493
水泥	万吨	95	1 512	1 499	96
平板玻璃	重量箱	378 731	2 877 102	2 746 177	432 938
生铁	吨	42 892	2 612 268	674 653	20 831
钢	吨	94 637	1 870 879	318 074	46 132

（2000 年）

产品名称	计量单位	年初库存量	本年生产量	本年销售量	年末库存量
成品钢材	吨	44 098	1 764 509	1 790 845	17 072
普通小型钢材	吨	17 416	625 523	636 670	6 259
线材	吨	13 475	775 052	784 254	4 267
中厚钢板	吨	1 606	157 641	158 577	670
薄钢板	吨	0	57 593	57 593	0
钢带	吨	65	64 457	64 434	63
无缝钢管	吨	2 584	6 712	8 088	1 086
焊接钢管	吨	4 566	75 931	75 243	4 727
铁合金	吨	19 897	102 512	92 900	11 365
十种有色金属	吨	19 454	670 695	538 775	28 671
铜	吨	4 624	158 525	80 528	1 791
铅	吨	6 526	136 274	121 496	2 956
锌	吨	3 623	194 060	185 118	10 989
锡	吨	372	38 786	32 404	2 808
铝	吨	3 799	138 317	115 082	9 033
铜加工材	吨	1 171	7 670	7 518	1 323
铝材	吨	3 727	29 189	28 631	4 136
日用精铝制品	吨	99	17	38	78
工业锅炉	蒸发量吨	0	47	43	4
内燃机	万千瓦	16	401	363	54
金属切削机床	台	2 120	7 333	7 244	2 209
高精度机床	台	9	15	11	13
数控机床	台	131	206	180	157
大型机床	台	38	161	151	48
小型拖拉机	台	4 359	14 759	14 789	4 054
汽车	辆	3 205	22 110	23 227	2 088
载货汽车	辆	2 961	21 172	22 259	1 874
公路客车	辆	15	27	27	15
发电设备	千瓦	70 872	154 181	175 622	49 431
交流电动机	千瓦	120 055	975 414	991 920	99375

11－14 全省国有及年产品销售收入500万元以上非国有独立核算工业企业主要财务指标(一)

(2000年)　　单位:万元

行　　业	流动资产合　计	流动资产年平均余额	长　期投　资	固定资产合　　计	固定资产原价合计	固定资产净值年平均余额
总　　计	**8 128 068**	**8 110 114**	**2 399 371**	**11 566 533**	**14 099 209**	**9 699 018**
按轻重工业分:						
轻工业	3 339 075	3 448 568	1 692 112	3 700 099	4 640 025	3 253 369
重工业	4 788 993	4 661 546	707 260	7 866 434	9 459 184	6 445 649
按工业行业分:						
煤炭采选业	142 703	146 089	23 367	290 406	336 362	235 429
石油和天然气开采业	177	180	0	2 391	2 388	2 239
黑色金属矿采选业	29 318	31 622	1 636	35 080	47 442	30 279
有色金属矿采选业	178 128	171 054	27 639	242 805	289 627	201 312
非金属矿采选业	72 203	69 473	11 546	93 906	135 477	92 334
化学矿采选业	54 390	53 525	8 946	74 511	102 055	73 452
采盐业	16 305	14 551	2 524	18 370	32 302	17 969
木材及竹材采运业	17 401	17 501	5 128	26 841	32 467	24 352
食品加工业	284 176	300 804	18 698	575 554	745 756	518 589
制糖业	214 623	233 140	13 810	495 553	646 260	448 534
食品制造业	30 524	29 518	1 064	38 952	49 723	35 525
饮料制造业	116 514	115 348	12 907	132 065	157 099	122 145
制茶业	29 292	27 257	3 447	22 533	27 868	18 979
烟草加工业	1 904 887	2 059 153	1 496 894	1 906 229	2 400 527	1 665 735
卷烟制造业	1 762 328	1 933 094	1 496 501	1 822 839	2 293 154	1 581 684
纺织业	72 947	72 718	12 619	79 762	102 357	66 128
服装及其他纤维制品制造业	12 973	12 901	420	10 389	13 896	9 338
皮革、毛皮、羽绒及其制品业	28 820	27 408	1 316	8 299	10 443	7 426
木材加工及竹、藤、棕、草制品业	87 150	86 939	5 632	171 346	183 801	145 566
家具制造业	11 055	13 934	1 012	8 221	11 183	8 096
造纸及纸制品业	174 378	171 425	36 439	274 049	325 578	260 787
印刷业、记录媒介的复制	177 774	174 421	36 603	149 848	227 119	143 397
文教体育用品制造业	454	503	0	231	344	232
石油加工及炼焦业	11 445	11 558	442	17 993	19 878	17 596
化学原料及化学制品制造业	874 304	863 728	114 478	1 466 567	1 764 690	1 275 841
基本化学原料制造业	211 482	213 514	16 330	316 964	416 657	299 155
化学肥料制造业	419 089	425 065	49 850	1 022 246	1 178 467	869 224
日用化学产品制造业	33 934	32 263	4 398	23 507	29 520	22 618
医药制造业	252 604	209 491	50 231	126 312	132 671	99 361
化学纤维制造业	28 281	26 406	0	21 625	34 925	22 750
橡胶制品业	49 579	50 999	2 946	116 236	45 734	26 455
塑料制品业	87 103	82 507	4 850	74 334	101 194	72 807
非金属矿物制品业	364 493	360 824	36 123	554 293	755 111	500 241
水泥制造业	285 098	287 526	30 155	461 003	639 306	421 302

行　　业	流动资产合　计	流动资产年平均余额	长　期投　资	固定资产合　　计	固定资产原价合计	固定资产净值年平均余额
黑色金属冶炼及压延加工业	449 756	434 301	29 752	761 156	807 363	497 495
有色金属冶炼及压延加工业	680 665	625 411	31 566	746 698	811 569	586 460
金属制品业	57 131	56 084	2 861	35 421	44 258	30 952
日用金属制品业	4 293	4 504	142	3 939	4 080	2 739
普通机械制造业	211 870	205 119	19 226	136 741	147 749	102 163
专用设备制造业	243 745	222 756	22 049	132 320	180 029	108 908
交通运输设备制造业	187 900	187 920	8 886	147 148	171 021	128 444
汽车制造业	130 644	130 862	7 813	115 306	131 647	100 327
武器弹药制造业	27 768	24 925	2 249	30 314	40 109	27 393
电气机械及器材制造业	126 351	120 537	6 697	75 622	107 068	64 992
日用电器制造业	961	1 158	20	1 758	1 145	797
电子及通信设备制造业	56 914	53 943	16 252	12 588	15 521	10 366
仪器仪表及文化、办公用机械制造业	56 165	52 946	14 350	20 209	32 939	21 011
其他制造业	6 664	6 107	1 317	1 875	3 109	1 729
电力、蒸汽、热水的生产和供应业	905 106	907 667	334 978	2 772 942	3 493 459	2 326 875
煤气生产和供应业	46 881	48 856	1 324	68 018	95 989	54 846
自来水的生产和供应业	61 763	57 040	5 878	201 747	223 235	153 428
按地州市分:						
昆明市	3 231 802	3 132 560	574 575	4 297 089	4 785 591	3 413 221
曲靖市	883 362	875 018	118 714	1 682 247	2 228 227	1 379 893
玉溪市	1 856 364	1 943 781	1 397 489	1 273 515	1 628 753	1 054 668
昭通地区	199 662	228 268	47 689	446 928	548 829	357 350
楚雄州	239 337	234 806	47 145	450 887	572 170	397 343
红河州	595 371	588 547	76 042	1 150 781	1 482 744	999 064
文山州	141 001	138 083	4 163	150 396	191 431	135 201
思茅地区	193 754	179 614	14 998	402 203	470 831	355 627
西双版纳州	52 960	51 705	5 227	119 001	147 541	108 731
大理州	276 903	283 461	36 802	423 772	584 949	385 269
保山地区	96 227	97 153	12 710	168 752	225 981	155 921
德宏州	86 990	92 266	48 254	255 886	304 190	261 562
丽江地区	60 331	58 667	2 522	131 053	149 572	111 226
怒江州	45 702	42 706	2 219	56 472	58 231	43 024
迪庆州	8 636	7 608	1 813	48 695	52 165	42 229
临沧地区	156 672	152 619	8 913	500 833	657 380	490 675
其他	2 995	3 250	97	8 025	10 625	8 013

11－15 全省国有及年产品销售收入500万元以上非国有独立核算工业企业主要财务指标(二)

(2000年)

单位:万元

行业	资产合计	流动负债合计	长期负债合计	所有者权益合计	产品销售收入	产品销售成本
总计	**23 102 178**	**8 056 028**	**4 750 219**	**10 295 931**	**10 589 075**	**6 852 569**
按轻重工业分:						
轻工业	9 127 006	2 765 410	917 038	5 444 559	5 433 966	2 747 981
重工业	13 975 172	5 290 618	3 833 181	4 851 372	5 155 109	4 104 588
按工业行业分:						
煤炭采选业	481 817	164 634	163 840	153 343	120 280	95 153
石油和天然气开采业	2 567	152	1 400	1 015	398	313
黑色金属矿采选业	68 913	34 353	17 778	16 782	28 357	22 660
有色金属矿采选业	500 865	275 519	67 073	158 273	231 116	177 010
非金属矿采选业	182 539	69 901	73 190	39 449	56 061	39 239
化学矿采选业	142 290	55 862	66 205	20 223	36 035	27 523
采盐业	37 599	13 438	6 378	17 783	15 923	9 909
木材及竹材采运业	51 169	24 904	10 837	15 428	9 224	6 040
食品加工业	935 201	637 652	253 651	43 898	548 156	442 014
制糖业	773 385	542 426	237 108	－6 149	404 014	311 957
食品制造业	79 100	38 839	13 994	26 267	36 359	29 521
饮料制造业	299 109	141 023	65 896	92 189	106 659	77 499
制茶业	58 836	30 027	14 100	14 709	26 953	21 554
烟草加工业	5 444 886	1 001 476	177 355	4 266 055	3 660 145	1 384 741
卷烟制造业	5 213 170	879 215	139 473	4 194 483	3 471 270	1 242 241
纺织业	172 720	108 791	22 274	41 656	63 526	55 120
服装及其他纤维制品制造业	25 008	15 145	3 220	6 642	11 235	10 077
皮革、毛皮、羽绒及其制品业	40 605	27 528	3 697	9 380	13 358	10 506
木材加工及竹、藤、棕、草制品业	283 478	112 780	103 260	67 438	73 485	63 947
家具制造业	20 406	12 263	377	7 765	12 944	11 377
造纸及纸制品业	527 602	188 061	152 746	186 795	202 048	161 433
印刷业、记录媒介的复制	386 881	178 005	34 415	174 461	248 070	189 589
文教体育用品制造业	697	365	127	205	337	205
石油加工及炼焦业	30 493	15 531	10 092	4 870	14 317	12 064
化学原料及化学制品制造业	2 578 481	1 044 180	808 882	725 419	842 279	705 827
基本化学原料制造业	596 220	341 487	112 697	142 036	201 894	177 890
化学肥料制造业	1 528 997	540 294	635 458	353 244	462 683	396 617
日用化学产品制造业	69 625	30 574	5 751	33 300	43 282	38 142
医药制造业	471 417	158 663	60 284	252 470	233 032	140 840
化学纤维制造业	50 430	1 438	0	48 992	47 965	35 948
橡胶制品业	176 854	71 715	82 624	22 516	45 628	39 728
塑料制品业	175 954	84 360	27 401	64 193	106 458	86 703
非金属矿物制品业	990 030	466 140	239 982	283 909	413 153	317 958
水泥制造业	803 901	381 335	186 543	236 023	323 553	246 055

行　　业	资　产 合　计	流动负债 合　　计	长期负债 合　　计	所有者 权　益 合　计	产品销 售收入	产品销 售成本
黑色金属冶炼及压延加工业	1 261 928	634 803	145 807	481 317	560 313	443 809
有色金属冶炼及压延加工业	1 497 524	664 298	238 887	594 339	1 052 900	923 236
金属制品业	101 763	54 059	7 245	40 460	83 436	69 708
日用金属制品业	8 390	4 773	193	3 423	3 840	3 058
普通机械制造业	389 059	148 490	32 806	207 763	120 713	95 562
专用设备制造业	448 603	245 836	47 122	155 645	123 704	92 899
交通运输设备制造业	382 425	240 950	74 177	67 298	209 919	178 166
汽车制造业	290 244	191 189	65 541	33 514	138 495	121 050
武器弹药制造业	60 799	33 261	15 607	11 931	22 433	11 571
电气机械及器材制造业	223 014	121 507	31 312	70 195	153 357	125 212
日用电器制造业	3 344	1 014	100	2 230	44	43
电子及通信设备制造业	85 881	22 659	9 086	54 136	40 477	34 288
仪器仪表及文化、办公用机械制造业	96 666	46 853	6 083	43 730	49 378	41 307
其他制造业	10 146	4 879	642	4 625	6 411	5 255
电力、蒸汽、热水的生产和供应业	4 171 713	853 325	1 680 804	1 637 584	947 285	638 073
煤气生产和供应业	116 646	42 510	10 958	63 178	45 712	46 700
自来水的生产和供应业	278 790	69 178	55 289	154 324	48 447	31 276
按地州市分:						
昆明市	8 431 353	3 154 233	1 717 874	3 559 246	3 766 918	2 770 519
曲靖市	2 840 762	976 092	823 507	1 041 163	1 241 635	800 216
玉溪市	4 616 083	950 328	314 881	3 350 873	2 417 881	1 099 829
昭通地区	734 665	279 764	63 936	390 965	307 299	185 313
楚雄州	782 105	399 633	138 112	244 360	356 143	237 768
红河州	1 918 386	808 983	409 771	699 632	1 099 167	781 811
文山州	311 820	135 290	109 177	67 353	154 505	95 993
思茅地区	633 522	214 309	272 617	146 595	180 377	136 493
西双版纳州	182 450	73 800	54 800	53 851	59 785	50 628
大理州	864 233	315 474	219 833	328 926	409 220	272 317
保山地区	306 508	176 748	59 442	70 318	137 074	98 024
德宏州	403 458	158 800	174 143	70 515	153 619	117 235
丽江地区	205 494	88 910	60 898	55 687	53 583	38 480
怒江州	107 810	36 641	28 166	43 003	44 139	29 986
迪庆州	60 060	7 644	32 908	19 507	8 896	5 133
临沧地区	692 328	271 964	269 113	151 251	197 926	131 962
其他	11 142	7 414	1 042	2 686	908	861

11－16　全省国有及年产品销售收入500万元以上非国有独立核算工业企业主要财务指标(三)

(2000年)

单位:万元

行　　业	产品销售费用	产品销售税及附加	产品销售利润	管理费用	利润总额	利税总额
总　　计	**265 753**	**1 748 610**	**1 721 352**	**861 186**	**697 503**	**3 331 326**
按轻重工业分:						
轻工业	109 915	1 707 502	868 568	336 368	572 842	2 831 044
重工业	155 838	41 108	852 784	524 819	124 661	500 281
按工业行业分:						
煤炭采选业	6 903	1 400	16 825	24 744	－1 777	8 751
石油和天然气开采业	82	0	3	49	－134	－76
黑色金属矿采选业	2 173	750	2 774	3 804	－2 138	865
有色金属矿采选业	5 310	2 290	46 506	37 839	4 013	20 362
非金属矿采选业	5 335	1 308	10 179	14 111	－2 967	2 996
化学矿采选业	4 039	350	4 124	8 058	－4 145	－1 104
采盐业	990	671	4 354	4 987	360	2 878
木材及竹材采运业	674	768	1 743	1 885	－1 094	－31
食品加工业	27 657	4 649	73 836	46 186	－3 405	40 571
制糖业	21 381	4 433	66 242	35 445	2 804	45 138
食品制造业	2 322	220	4 296	5 247	－1 532	1 127
饮料制造业	8 148	6 011	15 001	11 174	－869	13 108
制茶业	950	794	3 656	2 796	－129	1 929
烟草加工业	15 790	1 687 251	572 363	157 644	484 302	2 604 608
卷烟制造业	2 621	1 686 172	540 236	147 611	467 343	2 571 998
纺织业	1 262	396	6 748	10 419	292	5 055
服装及其他纤维制品制造业	623	50	486	1 411	－211	180
皮革、毛皮、羽绒及其制品业	734	31	2 087	935	－202	115
木材加工及竹、藤、棕、草制品业	3 952	1 144	4 443	8 678	－6 163	－592
家具制造业	543	32	992	757	22	528
造纸及纸制品业	4 950	857	34 808	14 834	19 859	31 348
印刷业、记录媒介的复制	2 090	818	55 573	22 648	31 064	47 500
文教体育用品制造业	15	4	113	192	－98	－55
石油加工及炼焦业	946	64	1 244	1 223	－528	593
化学原料及化学制品制造业	39 194	4 027	93 231	86 755	－17 946	19 422
基本化学原料制造业	14 337	702	8 965	20 343	－17 861	－7 549
化学肥料制造业	17 747	911	47 407	43 150	－12 089	1 208
日用化学产品制造业	1 090	167	3 883	3 483	－50	1 790
医药制造业	37 330	1 348	53 514	27 975	31 952	51 549
化学纤维制造业	118	0	11 899	3 056	10 788	14 885
橡胶制品业	3 976	1 833	92	5 723	－6 999	－2 658
塑料制品业	3 550	121	16 085	10 307	3 859	8 398
非金属矿物制品业	21 443	4 251	69 501	54 926	－2 144	36 060
水泥制造业	19 419	3 200	54 879	41 534	－1 992	28 505

行　　业	产品销售费用	产品销售税及附加	产品销售利润	管理费用	利润总额	利税总额
黑色金属冶炼及压延加工业	13 657	5 693	97 154	55 798	18 870	72 948
有色金属冶炼及压延加工业	19 377	4 163	106 124	61 485	32 846	81 597
金属制品业	1 870	820	11 038	7 479	2 313	5 864
日用金属制品业	235	32	515	875	－285	－87
普通机械制造业	5 427	484	19 240	18 000	4 988	11 671
专用设备制造业	2 969	795	27 041	30 339	－2 086	6 627
交通运输设备制造业	7 939	676	23 138	24 696	－4 851	2 707
汽车制造业	6 962	256	10 227	13 338	－6 714	－3 611
武器弹药制造业	209	80	10 573	5 667	3 907	4 796
电气机械及器材制造业	4 921	745	22 479	15 748	4 284	11 970
日用电器制造业	0	2	－1	255	3	6
电子及通信设备制造业	618	110	5 461	3 302	2 781	4 838
仪器仪表及文化、办公用机械制造业	1 727	57	6 289	4 855	1 107	2 125
其他制造业	81	22	1 053	825	205	446
电力、蒸汽、热水的生产和供应业	9 812	10 731	287 879	66 635	96 804	211 973
煤气生产和供应业	506	326	－1 820	5 049	－3 666	－80
自来水的生产和供应业	1 523	4 285	11 363	8 785	2 056	9 238
按地州市分:						
昆明市	111 294	346 759	538 285	348 203	114 540	716 978
曲靖市	27 998	188 401	225 020	102 356	72 276	368 882
玉溪市	22 513	887 011	407 902	110 990	350 832	1 495 463
昭通地区	2 684	62 869	56 433	27 465	25 925	115 681
楚雄州	11 278	61 669	45 428	32 940	6 302	97 147
红河州	20 337	124 028	172 992	105 740	59 680	260 645
文山州	20 184	1 319	37 009	14 882	11 626	28 395
思茅地区	9 301	4 529	29 949	23 333	3 213	22 725
西双版纳州	2 079	943	6 135	8 488	369	7 084
大理州	8 846	63 591	64 466	28 379	20 197	118 952
保山地区	7 630	1 622	29 798	15 356	3 763	17 379
德宏州	8 311	1 674	26 399	14 532	－1 344	12 718
丽江地区	2 977	626	11 499	7 490	19	5 748
怒江州	1 517	761	11 875	6 607	4 424	9 164
迪庆州	1 344	137	2 282	1 132	－1 037	242
临沧地区	7 438	2 644	55 883	12 857	27 018	54 394
其他	22	28	－3	437	－300	－272

11－17 全省独立核算国有工业企业主要财务指标(一)

(2000 年)　　　　单位:万元

行　　业	流动资产合计	流动资产年平均余额	长期投资	固定资产合计	固定资产原价合计	固定资产净值年平均余额
总　　计	**4 948 869**	**5 096 772**	**1 966 693**	**8 088 315**	**9 831 482**	**6 677 552**
按轻重工业分:						
轻工业	2 282 477	2 451 809	1 529 541	2 688 065	3 301 123	2 321 520
重工业	2 666 392	2 644 964	437 151	5 400 250	6 530 358	4 356 032
按工业行业分:						
煤炭采选业	127 262	130 689	20 243	263 399	299 458	211 563
石油和天然气开采业	177	180	0	2 391	2 388	2 239
黑色金属矿采选业	10 364	9 272	540	17 520	18 794	14 819
有色金属矿采选业	92 603	91 577	21 210	147 259	188 241	128 680
非金属矿采选业	59 198	56 956	11 327	84 048	122 029	83 237
化学矿采选业	43 225	42 905	8 726	66 414	91 123	66 066
采盐业	15 083	13 214	2 524	17 091	30 388	16 740
木材及竹材采运业	17 401	17 501	5 128	26 841	32 467	24 352
食品加工业	132 205	144 613	8 701	286 815	378 420	260 052
制糖业	95 355	109 225	4 470	245 242	322 461	223 582
食品制造业	12 836	12 711	663	18 438	22 801	15 522
饮料制造业	32 744	32 429	2 915	33 716	37 422	26 840
制茶业	9 423	8 785	1 068	10 169	12 045	6 836
烟草加工业	1 840 924	2 006 207	1 489 411	1 790 075	2 239 085	1 545 545
卷烟制造业	1 729 017	1 903 388	1 489 018	1 733 363	2 161 330	1 486 999
纺织业	39 059	37 541	5 763	43 313	48 622	36 967
服装及其他纤维制品制造业	3 065	3 244	7	3 955	4 869	3 545
皮革、毛皮、羽绒及其制品业	1 388	1 409	42	1 636	1 925	1 535
木材加工及竹、藤、棕、草制品业	30 344	33 743	4 709	69 255	79 367	61 763
家具制造业	101	116	0	382	578	384
造纸及纸制品业	41 739	41 595	2 003	180 104	181 211	166 583
印刷业、记录媒介的复制	14 171	14 336	5 869	31 577	43 748	29 520
文教体育用品制造业	454	503	0	231	344	232
石油加工及炼焦业	7 656	8 117	442	6 275	7 375	6 043
化学原料及化学制品制造业	519 811	514 591	35 397	1 108 456	1 336 964	987 974
基本化学原料制造业	107 792	110 229	7 219	150 067	230 321	160 764
化学肥料制造业	323 753	317 366	18 041	903 447	1 025 124	785 441
日用化学产品制造业	2 675	2 806	179	1 214	1 723	1 138
医药制造业	45 694	43 168	1 737	44 604	42 943	35 064
橡胶制品业	10 125	11 437	1 051	8 902	13 020	8 321
塑料制品业	11 907	11 560	1 062	10 201	12 947	8 358
非金属矿物制品业	70 526	65 643	4 206	114 715	135 959	94 048
水泥制造业	51 146	47 356	2 050	93 180	113 391	79 655

注:本表国有企业中含国有联营企业,国有独资公司。

行　　业	流动资产合　计	流动资产年平均余额	长　期投　资	固定资产合　　计	固定资产原价合计	固定资产净值年平均余额
黑色金属冶炼及压延加工业	366 242	352 036	9 988	682 686	696 497	428 757
有色金属冶炼及压延加工业	275 590	266 609	24 787	470 218	522 917	386 542
金属制品业	20 414	19 544	471	15 594	18 386	14 810
日用金属制品业	2 127	2 192	20	2 548	2 270	1 551
普通机械制造业	87 013	86 262	17 815	55 344	58 448	37 870
专用设备制造业	115 197	109 941	9 896	65 464	84 595	54 088
交通运输设备制造业	104 247	103 810	4 088	82 139	91 188	65 787
汽车制造业	60 423	60 385	3 830	63 236	67 818	49 535
武器弹药制造业	27 768	24 925	2 249	30 314	40 109	27 393
电气机械及器材制造业	27 467	27 641	579	29 294	32 959	23 584
日用电器制造业	961	1 158	20	1 758	1 145	797
电子及通信设备制造业	9 830	9 718	351	8 066	10 005	7 170
仪器仪表及文化、办公用机械制造业	3 176	3 307	475	2 822	3 207	2 896
其他制造业	1 510	1 506	43	669	1 176	668
电力、蒸汽、热水的生产和供应业	680 021	696 442	266 326	2 081 834	2 701 796	1 666 529
煤气生产和供应业	46 881	48 856	1 324	68 018	95 989	54 846
自来水的生产和供应业	61 763	57 040	5 878	201 747	223 235	153 428
按地州市分:						
昆明市	1 655 805	1 695 480	358 080	3 158 803	3 484 519	2 530 887
曲靖市	649 165	643 250	104 293	1 226 216	1 676 908	922 034
玉溪市	1 391 990	1 483 576	1 304 319	759 482	943 250	587 303
昭通地区	109 193	125 193	20 333	331 835	397 513	277 828
楚雄州	147 678	151 224	44 192	350 700	442 429	306 027
红河州	415 277	409 661	56 656	948 448	1 212 612	823 922
文山州	89 207	90 689	1 129	77 093	99 997	73 201
思茅地区	107 531	104 769	8 766	301 322	342 694	267 459
西双版纳州	26 473	26 402	3 491	74 424	88 826	65 118
大理州	146 945	153 492	5 195	219 130	309 917	200 984
保山地区	17 197	19 047	3 734	38 098	47 933	33 987
德宏州	68 284	74 520	47 954	132 270	174 302	138 344
丽江地区	20 449	19 493	1 660	43 454	52 466	40 333
怒江州	14 589	14 167	1 675	26 158	23 460	16 621
迪庆州	4 205	3 816	1 813	20 968	22 182	14 619
临沧地区	81 888	78 745	3 307	371 890	501 850	370 872
其他	2 995	3 250	97	8 025	10 625	8 013

11－18　全省独立核算国有工业企业主要财务指标(二)

(2000 年)　　　　单位:万元

行业	资产合计	流动负债合计	长期负债合计	所有者权益合计	产品销售收入	产品销售成本
总计	**15 482 494**	**4 856 628**	**3 184 956**	**7 440 910**	**6 746 763**	**3 790 761**
按轻重工业分:						
轻工业	6 690 746	1 564 778	559 131	4 566 837	4 038 806	1 682 968
重工业	8 791 748	3 291 850	2 625 825	2 874 073	2 707 957	2 107 793
按工业行业分:						
煤炭采选业	435 675	148 779	158 657	128 239	93 167	74 299
石油和天然气开采业	2 567	152	1 400	1 015	398	313
黑色金属矿采选业	29 070	16 165	10 526	2 380	10 392	8 305
有色金属矿采选业	280 966	180 373	45 157	55 437	124 746	96 004
非金属矿采选业	158 552	58 296	72 183	28 073	37 363	27 979
化学矿采选业	121 938	45 226	65 916	10 796	22 224	18 847
采盐业	35 098	12 547	5 673	16 877	14 822	8 950
木材及竹材采运业	51 169	24 904	10 837	15 428	9 224	6 040
食品加工业	441 392	319 207	137 195	－15 009	252 569	201 245
制糖业	356 180	264 669	130 404	－38 892	198 360	151 889
食品制造业	35 138	21 797	4 553	8 788	14 195	11 672
饮料制造业	76 076	44 371	25 974	5 731	22 587	17 646
制茶业	23 935	10 519	10 875	2 542	10 892	9 088
烟草加工业	5 251 732	876 962	172 786	4 201 985	3 531 390	1 288 389
卷烟制造业	5 079 239	781 997	135 212	4 162 031	3 400 486	1 192 665
纺织业	91 481	56 601	13 345	21 535	25 056	22 187
服装及其他纤维制品制造业	7 245	3 708	221	3 316	3 217	2 898
皮革、毛皮、羽绒及其制品业	3 066	2 449	272	345	42	33
木材加工及竹、藤、棕、草制品业	114 477	59 262	36 908	18 307	27 591	22 955
家具制造业	483	263	87	132	28	23
造纸及纸制品业	234 332	44 604	113 413	76 315	29 652	26 554
印刷业、记录媒介的复制	54 314	25 405	5 142	23 767	22 654	17 685
文教体育用品制造业	697	365	127	205	337	205
石油加工及炼焦业	14 835	8 626	5 647	563	8 238	7 001
化学原料及化学制品制造业	1 745 599	706 423	682 845	356 332	465 292	407 918
基本化学原料制造业	304 248	195 847	38 661	69 740	71 961	66 017
化学肥料制造业	1 277 995	451 354	609 498	217 144	327 398	294 634
日用化学产品制造业	4 275	3 233	129	913	6 591	5 951
医药制造业	93 899	32 153	12 274	49 472	35 081	20 124
橡胶制品业	20 929	13 191	4 715	3 023	8 805	7 931
塑料制品业	24 153	15 134	3 458	5 561	11 764	10 265
非金属矿物制品业	195 051	110 893	45 065	39 092	65 771	51 701
水泥制造业	150 342	83 211	36 909	30 222	50 770	39 115

注:本表国有企业中含国有联营企业,国有独资公司。

行　　业	资产合计	流动负债合计	长期负债合计	所有者权益合计	产品销售收入	产品销售成本
黑色金属冶炼及压延加工业	1 059 220	534 759	136 461	388 000	414 590	311 579
有色金属冶炼及压延加工业	779 047	346 940	129 277	302 830	462 827	382 917
金属制品业	39 629	18 425	5 309	15 896	18 512	14 517
日用金属制品业	4 697	3 486	138	1 073	883	864
普通机械制造业	168 316	88 724	15 810	63 782	44 370	36 108
专用设备制造业	225 521	110 055	33 847	81 619	47 499	37 441
交通运输设备制造业	209 422	144 139	39 468	25 814	71 850	57 745
汽车制造业	145 268	109 610	32 813	2 846	38 709	34 998
武器弹药制造业	60 799	33 261	15 607	11 931	22 433	11 571
电气机械及器材制造业	65 410	33 474	8 344	23 593	20 345	16 672
日用电器制造业	3 344	1 014	100	2 230	44	43
电子及通信设备制造业	18 272	9 479	5 710	3 084	4 034	2 473
仪器仪表及文化、办公用机械制造业	10 136	2 592	327	7 218	3 197	2 708
其他制造业	2 224	960	60	1 204	416	432
电力、蒸汽、热水的生产和供应业	3 086 163	652 051	1 165 705	1 268 407	742 976	509 256
煤气生产和供应业	116 646	42 510	10 958	63 178	45 712	46 700
自来水的生产和供应业	278 790	69 178	55 289	154 324	48 447	31 276
按地州市分:						
昆明市	5 343 930	1 849 101	1 315 056	2 179 772	2 050 634	1 381 470
曲靖市	2 084 246	713 251	535 639	835 356	912 604	521 634
玉溪市	3 496 774	374 352	84 168	3 038 255	1 840 994	613 640
昭通地区	487 997	194 188	39 593	254 216	184 844	99 417
楚雄州	568 549	299 152	112 724	156 673	238 321	144 549
红河州	1 462 900	606 778	334 888	521 235	778 650	527 468
文山州	171 555	87 035	63 040	21 480	97 253	63 194
思茅地区	437 109	133 685	211 317	92 107	102 155	81 533
西双版纳州	107 275	36 578	35 661	35 035	24 078	20 964
大理州	378 776	158 922	105 396	114 458	235 714	142 207
保山地区	63 779	59 601	8 611	－4 433	22 985	15 900
德宏州	257 189	131 376	97 115	28 698	116 794	88 361
丽江地区	68 234	35 360	18 677	14 197	13 693	10 977
怒江州	43 932	14 711	14 516	14 705	11 965	7 463
迪庆州	27 379	4 111	10 235	13 033	4 138	2 301
临沧地区	471 729	151 014	197 278	123 436	111 034	68 821
其他	11 142	7 414	1 042	2 686	908	861

11－19 全省独立核算国有工业企业主要财务指标(三)

(2000 年)　　　　单位:万元

行　　业	产品销售费用	产品销售税及附加	产品销售利润	管理费用	利润总额	利税总额
总　　计	**112 274**	**1 704 544**	**1 138 393**	**539 088**	**502 977**	**2 872 120**
按轻重工业分:						
轻工业	41 657	1 679 818	634 363	219 532	467 710	2 606 893
重工业	70 617	24 726	504 030	319 556	35 267	265 228
按工业行业分:						
煤炭采选业	5 422	1 031	12 414	21 079	－1 711	6 775
石油和天然气开采业	82	0	3	49	－134	－76
黑色金属矿采选业	742	45	1 299	1 604	－1 325	－332
有色金属矿采选业	3 619	1 218	23 906	24 030	－3 781	4 037
非金属矿采选业	2 077	869	6 439	11 775	－4 372	136
化学矿采选业	1 088	209	2 080	6 747	－4 726	－2 681
采盐业	975	647	4 251	4 925	349	2 770
木材及竹材采运业	674	768	1 743	1 885	－1 094	－31
食品加工业	14 523	2 672	34 130	22 964	－4 238	17 899
制糖业	11 617	2 495	32 359	16 685	－162	21 107
食品制造业	998	113	1 412	2 760	－1 444	－493
饮料制造业	1 171	1 504	2 267	3 721	－3 332	－782
制茶业	210	673	920	1 149	－578	289
烟草加工业	13 043	1 669 619	560 339	148 607	482 034	2 574 948
卷烟制造业	1 739	1 668 757	537 325	141 134	470 976	2 551 705
纺织业	572	138	2 159	4 054	－1 528	94
服装及其他纤维制品制造业	187	30	102	687	－22	106
皮革、毛皮、羽绒及其制品业	2	0	7	91	－246	－242
木材加工及竹、藤、棕、草制品业	1 707	718	2 212	4 549	－2 768	－138
家具制造业	0	0	4	11	－17	－15
造纸及纸制品业	973	81	2 044	3 382	－1 799	－255
印刷业、记录媒介的复制	267	244	4 457	5 208	－1 223	819
文教体育用品制造业	15	4	113	192	－98	－55
石油加工及炼焦业	459	48	730	892	－436	248
化学原料及化学制品制造业	18 612	1 544	37 219	57 041	－44 040	－25 799
基本化学原料制造业	3 309	234	2 401	12 631	－15 884	－12 807
化学肥料制造业	12 188	506	20 070	32 623	－30 408	－21 505
日用化学产品制造业	83	19	538	491	－26	150
医药制造业	6 356	284	8 318	7 764	261	3 653
橡胶制品业	305	52	517	1 854	－1 936	－1 253
塑料制品业	347	27	1 125	1 583	－896	－498
非金属矿物制品业	3 449	712	9 909	11 287	－4 317	1 801
水泥制造业	3 011	454	8 190	7 926	－3 086	1 606

注:本表国有企业中含国有联营企业,国有独资公司。

行　　业	产品销售费用	产品销售税及附加	产品销售利润	管理费用	利润总额	利税总额
黑色金属冶炼及压延加工业	10 812	4 773	87 426	48 088	18 324	66 059
有色金属冶炼及压延加工业	8 868	2 811	68 231	41 604	19 098	43 563
金属制品业	688	89	3 218	3 589	－736	35
日用金属制品业	24	3	－8	277	－330	－302
普通机械制造业	2 502	249	5 511	9 649	－3 450	－513
专用设备制造业	1 273	253	8 532	12 133	－1 412	1 462
交通运输设备制造业	1 751	488	11 865	15 549	－5 849	－1 059
汽车制造业	1 506	139	2 065	6 798	－7 151	－5 635
武器弹药制造业	209	80	10 573	5 667	3 907	4 796
电气机械及器材制造业	1 031	153	2 490	3 365	－909	708
日用电器制造业	0	2	－1	255	3	6
电子及通信设备制造业	212	22	1 327	1 077	－141	100
仪器仪表及文化、办公用机械制造业	62	20	407	529	－72	105
其他制造业	13	4	－33	95	－210	－163
电力、蒸汽、热水的生产和供应业	7 221	9 271	216 437	46 844	74 495	167 322
煤气生产和供应业	506	326	－1 820	5 049	－3 666	－80
自来水的生产和供应业	1 523	4 285	11 363	8 785	2 056	9 238
按地州市分：						
昆明市	45 355	320 876	302 873	205 024	20 937	519 045
曲靖市	15 579	186 720	188 671	81 639	72 347	343 821
玉溪市	3 939	884 099	338 690	70 713	337 447	1 448 978
昭通地区	1 242	62 374	21 811	18 621	78	82 825
楚雄州	3 442	60 540	29 790	23 843	1 593	84 917
红河州	10 847	121 479	118 856	76 308	39 422	218 896
文山州	11 251	762	22 047	8 071	5 277	15 950
思茅地区	4 924	2 619	12 973	15 947	－2 765	8 849
西双版纳州	579	572	1 964	5 203	－439	2 723
大理州	1 656	61 085	30 766	8 487	7 195	89 110
保山地区	1 475	206	5 404	2 696	－419	1 941
德宏州	7 629	1 163	19 640	12 020	341	11 765
丽江地区	871	113	1 732	2 508	－1 883	－748
怒江州	686	338	3 478	2 213	1 242	2 470
迪庆州	645	89	1 103	884	－313	196
临沧地区	2 134	1 480	38 600	4 475	23 217	41 652
其他	22	28	－3	437	－300	－272

11－20 全部国有及年产品销售收入500万元以上非国有独立核算工业企业全员劳动生产率

（2000年） 单位：元/人·年

行业	全员劳动生产率	国有企业	集体企业	"三资"企业
总计	**68 960**	**89 908**	**28 283**	**89 273**
按轻重工业分：				
轻工业	171 883	297 568	38 704	114 931
以农产品为原料	208 264	373 437	43 135	110 710
以非农产品为原料	31 421	23 896	23 872	132 545
重工业	31 671	29 962	23 694	57 502
采掘工业	15 891	15 222	13 853	117 769
原料工业	43 062	44 079	29 338	55 191
加工工业	23 733	16 281	26 661	58 152
按企业规模分：				
大型企业	150 036	184 572	24 510	82 655
中型企业	26 510	23 415	39 205	90 483
小型企业	33 782	28 582	26 506	90 457
按工业行业分：				
煤炭采选业	15 820	16 076	12 025	
石油和天然气开采业	7 843	7 843		
黑色金属矿采选业	17 864	23 449	13 943	
有色金属矿采选业	18 129	18 821	12 288	117 769
非金属矿采选业	13 725	11 097	39 635	
化学矿采选业	8 751	4 023	59 634	
采盐业	22 331	22 875	10 946	
木材及竹材采运业	6 581	6 581		
食品加工业	32 075	30 856	35 115	53 149
制糖业	34 566	35 178	41 226	
食品制造业	17 464	11 386	29 718	16 547
饮料制造业	29 155	10 274	21 280	88 753
制茶业	16 213	13 835	4 367	
烟草加工业	974 183	1 121 953	118 196	
卷烟制造业	1 179 121	1 329 997	118 196	

注：1.本表的劳动生产率按现价工业增加值计算。
2.国有企业含国有联营企业，国有独资公司。

行业	全员劳动生产率	国有企业	集体企业	“三资”企业
纺织业	9 681	7 347	13 002	
服装及其他纤维制品制造业	8 265	5 476	12 328	7 137
皮革、毛皮、羽绒及其制品业	17 604	521	10 984	18 674
木材加工及竹、藤、棕、草制品业	16 616	10 003	19 201	28 151
家具制造业	24 034	－215	33 244	18 056
造纸及纸制品业	41 990	17 332	37 200	166 692
印刷业、记录媒介的复制	70 343	31 415	60 685	165 424
文教体育用品制造业	11 614	11 614		
石油加工及炼焦业	21 373	14 945		
化学原料及化学制品制造业	25 837	18 120	39 566	72 584
基本化学原料制造业	21 564	6 381	33 744	78 958
化学肥料制造业	25 407	20 448	20 979	96 748
日用化学产品制造业	33 618	31 083	50 011	24 919
医药制造业	74 386	43 834	94 320	230 295
橡胶制品业	14 999	11 474	17 057	72 006
塑料制品业	43 196	9 298	26 439	127 414
非金属矿物制品业	24 563	17 265	18 826	6 321
水泥制造业	25 894	21 448	19 201	6 321
黑色金属冶炼及压延加工业	42 379	45 112	39 350	
有色金属冶炼及压延加工业	38 503	31 906	42 498	49 696
金属制品业	28 057	12 159	38 740	32 627
日用金属制品业	7 207	296	9 640	
普通机械制造业	19 564	11 925	11 161	30 643
专用设备制造业	15 042	8 666	9 054	48 981
交通运输设备制造业	18 073	13 736	22 372	2 064
汽车制造业	10 650	1 345	22 372	－33 481
武器弹药制造业	23 795	23 795		

行业	全员劳动生产率	国有企业	集体企业	“三资”企业
电气机械及器材制造业	27 185	14 328	28 981	216 712
日用电器制造业	935	935		
电子及通信设备制造业	37 285	18 065		
仪器仪表及文化、办公用机械制造业	31 083	3 790	32 946	46 695
其他制造业	25 997	－333	34 973	
电力、蒸汽、热水的生产和供应业	69 302	70 552	26 343	68 095
煤气生产和供应业	11 430	11 430		
自来水的生产和供应业	44 474	44 474		
按地州市分:				
昆明市	50 622	56 111	37 854	79 243
曲靖市	60 550	71 095	18 793	49 389
玉溪市	260 429	615 249	36 666	130 283
昭通地区	73 768	75 455	17 784	218 368
楚雄州	51 233	57 633	22 080	56 074
红河州	47 794	59 382	13 960	128 951
文山州	48 357	58 201	18 408	
思茅地区	23 965	19 120	30 131	337 699
西双版纳州	33 816	26 523	64 352	
大理州	85 704	208 150	38 104	168 303
保山地区	29 943	18 363	22 979	16 852
德宏州	28 239	29 027	24 568	54 264
丽江地区	19 521	10 003	15 414	
怒江州	40 426	45 995	20 839	33 196
迪庆州	53 710	23 715		
临沧地区	52 450	82 583	26 983	9 718
其他	734	734		

11－21 全省国有及年产品销售收入500万元以上非国有独立核算工业企业主要经济效益指标

（2000年）

行业	资产负债率（%）	每百元固定资产原价实现利税（元）	总资产贡献率（%）	资本保值增值率（%）	成本费用利润率（%）	每百元销售收入实现利润（元）
总计	**55.43**	**23.63**	**16.35**	**106.40**	**8.39**	**6.59**
按轻重工业分：						
轻工业	40.35	61.01	32.96	111.06	17.46	10.54
重工业	65.29	5.29	5.46	101.61	2.48	2.42
按工业行业分：						
煤炭采选业	68.17	2.60	2.84	108.71	－1.36	－1.48
石油和天然气开采业	60.47	－3.19	0.02	0.87	－24.73	－33.58
黑色金属矿采选业	75.65	1.82	3.74	88.25	－7.07	－7.54
有色金属矿采选业	68.40	7.03	5.78	117.54	1.76	1.74
非金属矿采选业	78.39	2.21	2.01	71.80	－4.98	－5.29
化学矿采选业	85.79	－1.08	－0.05	65.29	－10.20	－11.50
采盐业	52.70	8.91	6.60	80.31	2.30	2.26
木材及竹材采运业	69.85	－0.10	0.86	53.14	－11.12	－11.86
食品加工业	95.31	5.44	7.95	748.37	－0.62	－0.62
制糖业	100.80	6.98	9.77		0.70	0.69
食品制造业	66.79	2.27	3.48	103.80	－3.97	－4.21
饮料制造业	69.18	8.34	7.38	133.59	－0.84	－0.81
制茶业	75.00	6.92	5.20	96.24	－0.49	－0.48
烟草加工业	21.65	108.50	48.79	107.56	30.76	13.23
卷烟制造业	19.54	112.16	50.28	107.53	33.31	13.46
纺织业	75.88	4.94	5.17	108.44	0.41	0.46
服装及其他纤维制品制造业	73.44	1.29	2.72	136.10	－1.68	－1.88
皮革、毛皮、羽绒及其制品业	76.90	1.10	3.83	109.41	－1.49	－1.51
木材加工及竹、藤、棕、草制品业	76.21	－0.32	1.45	93.68	－7.58	－8.39
家具制造业	61.95	4.72	3.37	106.23	0.17	0.17
造纸及纸制品业	64.60	9.63	8.12	146.92	10.69	9.83
印刷业、记录媒介的复制	54.91	20.91	13.56	103.55	14.09	12.52
文教体育用品制造业	70.66	－15.86	－5.47	35.81	－23.45	－29.08
石油加工及炼焦业	84.03	2.98	4.67	222.06	－3.55	－3.69
化学原料及化学制品制造业	71.87	1.10	2.53	81.23	－2.05	－2.13
基本化学原料制造业	76.18	－1.81	0.36	79.22	－8.01	－8.85
化学肥料制造业	76.90	0.10	2.08	69.98	－2.49	－2.61
日用化学产品制造业	52.17	6.06	3.50	102.50	－0.11	－0.12
医药制造业	46.44	38.85	13.35	148.96	15.23	13.71
化学纤维制造业	2.85	42.62	28.36	99.53	27.59	22.49
橡胶制品业	87.27	－5.81	－0.28	70.14	－13.57	－15.34
塑料制品业	63.52	8.30	7.24	118.89	3.72	3.62
非金属矿物制品业	71.32	4.78	5.63	99.35	－0.52	－0.52
水泥制造业	70.64	4.46	5.71	99.90	－0.61	－0.62

行　　业	资产负债率（%）	每百元固定资产原价实现利税（元）	总资产贡献率（%）	资本保值增值率（%）	成本费用利润率（%）	每百元销售收入实现利润（元）
黑色金属冶炼及压延加工业	61.86	9.04	7.80	107.30	3.53	3.37
有色金属冶炼及压延加工业	60.31	10.05	8.13	131.07	3.18	3.12
金属制品业	60.24	13.25	7.25	111.25	2.87	2.77
日用金属制品业	59.20	－2.13	0.13	95.67	－6.68	－7.42
普通机械制造业	46.60	7.90	3.76	108.14	4.11	4.13
专用设备制造业	65.30	3.68	2.68	110.63	－1.59	－1.69
交通运输设备制造业	82.40	1.58	2.26	82.47	－2.23	－2.31
汽车制造业	88.45	－2.74	0.57	70.31	－4.57	－4.85
武器弹药制造业	80.38	11.96	9.82	111.50	20.94	17.42
电气机械及器材制造业	68.52	11.18	6.78	113.41	2.87	2.79
日用电器制造业	33.31	0.55	0.00	152.95	0.99	6.61
电子及通信设备制造业	36.96	31.17	5.06	102.23	7.20	6.87
仪器仪表及文化、办公用机械制造业	54.76	6.45	3.65	110.98	2.25	2.24
其他制造业	54.42	14.36	4.23	87.92	3.33	3.20
电力、蒸汽、热水的生产和供应业	60.75	6.07	7.48	109.17	12.13	10.22
煤气生产和供应业	45.84	－0.08	－0.10	114.74	－7.02	－8.02
自来水的生产和供应业	44.65	4.14	4.45	124.04	4.76	4.24
按地州市分：						
昆明市	57.79	14.98	10.18	102.45	3.42	3.04
曲靖市	63.35	16.55	15.51	107.66	7.41	5.82
玉溪市	27.41	91.82	33.48	109.59	28.06	14.51
昭通地区	46.78	21.08	16.52	82.53	11.46	8.44
楚雄州	68.76	16.98	14.80	119.64	2.13	1.77
红河州	63.53	17.58	15.81	110.53	6.37	5.43
文山州	78.40	14.83	12.26	89.87	8.30	7.52
思茅地区	76.86	4.83	6.20	191.64	1.77	1.78
西双版纳州	70.48	4.80	5.22	98.77	0.58	0.62
大理州	61.94	20.34	15.94	104.26	6.24	4.94
保山地区	77.06	7.69	8.76	108.19	2.86	2.75
德宏州	82.52	4.18	7.31	219.17	－0.87	－0.88
丽江地区	72.90	3.84	5.11	113.46	0.03	0.03
怒江州	60.11	15.74	10.80	121.81	11.22	10.02
迪庆州	67.52	0.46	3.66	113.08	－10.53	－11.65
临沧地区	78.15	8.27	11.11	105.14	15.42	13.65
其他	75.89	－2.56	－2.34	89.97	－22.60	－32.98

11－22 全省独立核算国有工业企业主要经济效益指标

(2000 年)

行　　业	资　产负债率(%)	每百元固定资产原价实现利　税(元)	总资产贡献率(%)	资　本保　值增值率(%)	成本费用利润率(%)	每百元销售收入实　现利　润(元)
总　　计	**51.94**	**29.21**	**20.05**	**100.93**	**10.86**	**7.46**
按轻重工业分:						
轻工业	31.74	78.97	40.34	108.82	23.55	11.58
重工业	67.31	4.06	4.73	90.49	1.33	1.30
按工业行业分:						
煤炭采选业	70.57	2.26	2.38	98.12	－1.65	－1.84
石油和天然气开采业	60.47	－3.19	0.02	0.87	－24.73	－33.58
黑色金属矿采选业	91.81	－1.76	2.35	49.53	－11.45	－12.75
有色金属矿采选业	80.27	2.14	3.31	99.60	－2.92	－3.03
非金属矿采选业	82.29	0.11	0.46	65.71	－10.29	－11.70
化学矿采选业	91.15	－2.94	－1.44	50.93	－17.16	－21.27
采盐业	51.91	9.12	6.73	79.51	2.39	2.36
木材及竹材采运业	69.85	－0.10	0.91	58.38	－11.12	－11.86
食品加工业	103.40	4.73	7.57		－1.65	－1.68
制糖业	110.92	6.55	9.74		－0.08	－0.08
食品制造业	74.99	－2.16	－0.15	55.17	－9.09	－10.17
饮料制造业	92.47	－2.09	1.68	80.34	－13.56	－14.75
制茶业	89.38	2.40	2.84	81.07	－5.31	－5.30
烟草加工业	19.99	115.00	50.03	108.14	32.96	13.65
卷烟制造业	18.06	118.06	51.26	108.14	35.06	13.85
纺织业	76.46	0.19	2.12	106.07	－5.27	－6.10
服装及其他纤维制品制造业	54.23	2.19	1.93	155.16	－0.57	－0.68
皮革、毛皮、羽绒及其制品业	88.74	－12.56	－2.34	21.85	－83.14	－589.93
木材加工及竹、藤、棕、草制品业	84.01	－0.17	2.60	110.29	－8.62	－10.03
家具制造业	72.60	－2.54	－0.56	115.34	－35.87	－59.57
造纸及纸制品业	67.43	－0.14	0.42	422.34	－5.62	－6.07
印刷业、记录媒介的复制	56.24	1.87	2.50	73.07	－5.05	－5.40
文教体育用品制造业	70.66	－15.86	－5.47	35.81	－23.45	－29.08
石油加工及炼焦业	96.21	3.37	3.55	54.50	－5.00	－5.29
化学原料及化学制品制造业	79.59	－1.93	0.51	55.19	－8.48	－9.46
基本化学原料制造业	77.08	－5.56	－2.10	57.65	－18.01	－22.07
化学肥料制造业	83.01	－2.10	0.39	45.75	－8.29	－9.29
日用化学产品制造业	78.63	8.72	5.32	59.01	－0.39	－0.39
医药制造业	47.31	8.51	4.48	87.09	0.74	0.74
橡胶制品业	85.56	－9.62	－2.45	45.28	－18.14	－21.99
塑料制品业	76.97	－3.85	0.17	114.70	－7.03	－7.61
非金属矿物制品业	79.96	1.32	2.78	82.89	－6.14	－6.56
水泥制造业	79.90	1.42	3.29	89.72	－5.77	－6.08

注:本表国有企业含国有联营企业,国有独资公司。

11－22 续表 (2000年)

行业	资产负债率(%)	每百元固定资产原价实现利税(元)	总资产贡献率(%)	资本保值增值率(%)	成本费用利润率(%)	每百元销售收入实现利润(元)
黑色金属冶炼及压延加工业	63.37	9.48	8.38	99.46	4.69	4.42
有色金属冶炼及压延加工业	61.13	8.33	8.45	159.61	4.26	4.13
金属制品业	59.89	0.19	1.14	128.67	－3.84	－3.97
日用金属制品业	77.17	－13.29	－4.36	127.60	－26.26	－37.40
普通机械制造业	62.11	－0.88	0.74	108.33	－6.91	－7.77
专用设备制造业	63.81	1.73	1.25	94.05	－2.70	－2.97
交通运输设备制造业	87.67	－1.16	1.13	86.79	－7.41	－8.14
汽车制造业	98.04	－8.31	－1.82	39.18	－15.32	－18.47
武器弹药制造业	80.38	11.96	9.82	111.50	20.94	17.42
电气机械及器材制造业	63.93	2.15	2.08	111.37	－4.15	－4.47
日用电器制造业	33.31	0.55	0.00	152.95	0.99	6.61
电子及通信设备制造业	83.12	1.00	1.65	60.47	－3.50	－3.48
仪器仪表及文化、办公用机械制造业	28.80	3.27	0.41	26.93	－2.17	－2.26
其他制造业	45.86	－13.89	－5.73	83.12	－37.50	－50.47
电力、蒸汽、热水的生产和供应业	58.90	6.19	7.34	103.16	12.15	10.03
煤气生产和供应业	45.84	－0.08	－0.10	114.74	－7.02	－8.02
自来水的生产和供应业	44.65	4.14	4.45	124.04	4.76	4.24
按地州市分：						
昆明市	59.21	14.90	11.22	93.43	1.22	1.02
曲靖市	59.92	20.50	19.28	113.72	11.28	7.93
玉溪市	13.11	153.62	42.14	109.90	49.44	18.33
昭通地区	47.91	20.84	15.02	56.14	0.06	0.04
楚雄州	72.44	19.19	17.16	102.00	0.87	0.67
红河州	64.37	18.05	16.73	104.58	6.21	5.06
文山州	87.48	15.95	12.96	77.91	5.92	5.43
思茅地区	78.93	2.58	4.42	221.79	－2.52	－2.71
西双版纳州	67.34	3.07	3.38	103.05	－1.57	－1.82
大理州	69.78	28.75	24.34	84.51	4.52	3.05
保山地区	106.95	4.05	7.27	－419.98	－1.79	－1.82
德宏州	88.84	6.75	8.00	154.31	0.29	0.29
丽江地区	79.19	－1.42	0.70	74.67	－11.99	－13.75
怒江州	66.53	10.53	6.80	97.59	11.67	10.38
迪庆州	52.40	0.89	1.62	106.81	－7.09	－7.56
临沧地区	73.83	8.30	12.03	96.37	25.13	20.91
其他	75.89	－2.56	－2.34	89.97	－22.60	－32.98

11－23 大中型工业企业主要指标及在全省工业中的地位

(2000年)　　　　单位:亿元

指　标	大中型企业合计	大型	中型	国有大中型企业	在合计中:轻工业	重工业	占独立核算工业比重(%):合计	大型	中型
企业单位数(个)	387	92	295	221	147	240	18.22	4.33	13.89
亏损企业数(个)	116	22	94	81	37	79	13.46	2.55	10.90
工业总产值(现价、新规定)	753.25	601.76	151.49	588.32	424.30	328.94	70.84	56.59	14.25
工业总产值(不变价、新规定)	489.22	362.64	126.58	331.97	225.27	263.95	68.64	50.88	17.76
工业增加值(现价)	416.67	367.36	49.32	367.69	301.25	115.43	78.40	69.12	9.28
全部从业人员平均人数(万人)	43.09	24.48	18.60	30.18	10.51	32.57	55.91	31.77	24.14
流动资产合计	544.06	417.38	126.68	387.38	235.56	308.50	66.94	51.35	15.59
产成品	38.67	22.46	16.21	19.51	8.34	30.33	51.15	29.71	21.44
流动资产年平均余额	551.35	424.03	127.32	403.90	250.51	300.85	67.98	52.28	15.70
固定资产合计	748.33	549.94	198.39	609.37	264.63	483.70	64.70	47.55	17.15
固定资产原价合计	920.25	672.87	247.38	753.70	336.28	583.97	65.27	47.72	17.55
生产经营用	797.21	587.39	209.82	647.30	279.20	518.01	66.73	49.17	17.56
累计折旧	300.42	223.53	76.90	240.43	100.91	199.52	71.37	53.10	18.27
本年折旧	50.59	38.37	12.22	42.27	22.33	28.26	68.79	52.17	16.62
固定资产净值年平均余额	597.96	435.80	162.16	490.81	229.57	368.39	61.65	44.93	16.72
资产总计	1 532.84	1 172.20	360.64	1 195.22	686.56	846.28	66.35	50.74	15.61
负债总计	765.95	514.52	251.43	565.09	214.96	550.99	59.81	40.18	19.63
流动负债	510.72	342.90	167.82	361.62	172.51	338.22	63.40	42.56	20.83
所有者权益合计	766.89	657.68	109.21	630.12	471.61	295.28	74.48	63.88	10.61
产品销售收入	755.93	600.57	155.36	589.11	421.04	334.89	71.39	56.72	14.67
产品销售成本	443.58	321.24	122.33	312.16	180.65	262.92	64.73	46.88	17.85
产品销售税金及附加	172.46	168.28	4.18	169.42	169.89	2.58	98.63	96.24	2.39
产品销售利润	127.26	104.31	22.95	100.66	66.99	60.27	73.93	60.60	13.33
利润总额	61.60	58.45	3.16	51.59	50.57	11.03	88.32	83.79	4.53
亏损企业亏损总额	10.53	5.65	4.88	7.62	2.15	8.38	45.48	24.40	21.08
利税总额	302.73	284.69	18.04	280.19	268.07	34.67	90.88	85.46	5.42
应交所得税	19.87	18.34	1.53	17.58	15.62	4.24	82.21	75.89	6.33
本年应付工资总额	52.68	35.47	17.21	38.28	17.75	34.93	66.36	44.68	21.68

11－24 全省大中型工业企业一览表

（2000年）

单位：万元

企业名称	全部职工平均人数（人）	工业增加值（当年价）	年末固定资产		全部流动资产平均余额	本年提取的折旧基金	利润总额	利税总额
			原值	净值				
总计	**430 882**	**4 166 745**	**9 202 535**	**6 198 296**	**5 513 545**	**505 887**	**616 039**	**3 027 348**
煤炭采选业	**20 245**	**40 534**	**190 032**	**115 168**	**89 505**	**11 146**	**688**	**6 953**
云南省凤鸣村煤矿	839	1 267	8 551	6 085	5 429	504	－680	－567
云南省田坝煤矿	3 555	3 931	28 033	19 334	11 219	932	0	699
云南省来宾煤矿	2 766	1 188	10 344	6 302	4 703	353	－1 415	－1 055
云南省羊场煤矿	4 277	3 367	14 854	9 467	8 382	510	－2	757
云南省后所煤矿	1 951	2 588	16 417	7 553	15 578	894	－1	225
云南省一平浪煤矿	3 378	4 679	13 566	9 210	8 654	468	1 108	1 458
云南省小龙潭矿务局	3 479	23 514	98 267	57 216	35 541	7 485	1 678	5 437
黑色金属矿采选业	**3 622**	**6 859**	**42 665**	**26 183**	**30 444**	**1 919**	**－2 492**	**378**
云南新平鲁奎山矿冶(集团)有限责任公司	1 268	1 769	19 431	9 571	17 230	1 125	－1 355	167
云南建水锰矿	682	955	5 702	3 101	4 561	186	－880	－251
云南文山斗南锰业实业有限责任公司	982	2 947	13 092	10 585	4 711	733	－444	－80
云南省鹤庆锰业集团有限责任公司	690	1 188	4 441	2 926	3 942	－125	188	542
有色金属矿采选业	**29 117**	**57 817**	**205 873**	**137 642**	**107 549**	**12 717**	**－1 211**	**8 304**
东川矿务局	8 540	10 548	15 305	7 666	27 329	1 179	－6 445	－4 592
云南牟定铜矿	647	638	8 967	4 764	2 937	331	－1 391	－1 104
云南大姚铜矿	2 958	6 975	17 765	8 085	11 234	4 075	1 779	2 554
易门矿务局	7 633	14 326	87 930	64 778	19 065	2 869	22	1 744
个旧市前进矿业有限责任公司	1 013	1 788	5 664	3 123	2 146	232	20	313
个旧市革新矿业有限责任公司	1 414	1 324	8 051	6 233	2 551	302	100	368
云南省文山州都龙锡矿	964	3 941	9 251	7 132	8 346	366	385	1 009
云南省澜沧铅矿	1 847	3 280	11 774	5 606	5 163	624	6	1 001
云南兰坪有色金属有限责任公司	1 614	8 499	21 921	17 289	21 284	1 077	2 164	4 534
个旧市促进矿业有限责任公司	473	499	2 660	2 151	1 192	19	100	145
个旧市红旗矿业有限责任公司	708	1 321	5 025	3 447	1 472	84	260	385
个旧市新建矿业有限责任公司	648	840	4 874	3 457	1 783	151	0	117
云南省墨江县金矿	658	3 838	6 688	3 912	3 048	1 409	1 788	1 831
非金属矿采选业	**9 128**	**10 414**	**114 395**	**74 212**	**52 486**	**4 141**	**－4 284**	**－190**
云南省磷业公司	346	488	4 656	2 949	7 642	121	－471	－352
云南磷化学工业(集团)公司	5 659	484	81 487	56 106	31 785	2 290	－4 487	－2 800
云南上磷化工有限责任公司	414	382	1 931	1 224	1 033	132	15	81
云南成达矿业化工有限公司	125	1 527	2 620	1 885	1 725	213	－20	320
云南省盐业公司昆明盐矿	512	3 694	15 801	8 125	5 968	883	653	1 604
云南一平浪盐矿	2 072	3 838	7 901	3 924	4 333	504	26	957
木材及竹材采运业	**749**	**63**	**12 331**	**9 954**	**2 724**	**186**	**－482**	**－458**

企业名称	全部职工平均人数（人）	工业增加值（当年价）	年末固定资产		全部流动资产平均余额	本年提取的折旧基金	利润总额	利税总额
			原值	净值				
云南省下关木业总公司	323	0	4 085	2 776	825	121	－413	－413
云南玉林实业总公司	293	18	3 398	3 050	947	10	2	8
云南省碧泉林业局	133	44	4 848	4 127	952	55	－71	－52
食品加工业	**26 966**	**102 548**	**477 945**	**328 868**	**185 732**	**21 614**	**8 495**	**42 108**
昆明面粉厂	262	1 363	3 906	1 891	3 273	215	144	189
昆明黄龙山饲料粮油总公司	361	654	4 886	3 720	3 637	200	－262	－262
云南省巧家糖厂	419	810	3 669	1 465	1 886	60	9	270
云南新平云新糖业有限责任公司	992	5 022	15 981	12 169	15 116	436	1 055	2 684
云南新平南恩糖纸有限责任公司	691	525	16 086	12 455	4 098	641	－1 437	－614
云南蒙自恒翔糖业有限责任公司	603	201	6 207	2 218	2 365	261	－457	278
云南建水糖业有限责任公司	534	363	5 425	2 302	1 650	231	－258	126
云南建水县曲江糖业有限责任公司	367	64	3 580	977	1 048	171	－765	－451
云南富屏糖业有限公司	357	258	3 595	1 651	1 806	155	－303	－167
云南省弥勒糖业有限责任公司	1 152	3 873	17 037	8 684	6 066	627	3	974
景东县糖业总公司	989	5 069	6 761	2 499	5 380	420	85	1 012
景谷县糖业企业总公司	1 090	4 261	13 133	6 999	6 824	792	26	1 062
孟连县白糖厂	781	1 689	9 390	5 711	3 643	371	1 016	1 982
澜沧县上允白糖厂	595	951	20 486	14 688	9 117	1 081	－320	675
澜沧县勐滨糖厂	434	911	10 745	6 727	11 171	875	－683	－273
黎明农工商联合公司糖厂	283	2 350	7 095	4 436	2 911	344	336	969
勐海县景真糖厂	551	4 953	15 649	11 412	3 753	575	1 927	3 102
勐海县勐阿糖厂	446	2 339	9 441	5 265	5 562	381	1 052	1 757
鹤庆县糖业有限责任公司	428	1 444	7 329	5 829	1 114	363	51	426
保山地区怒江糖厂	401	1 376	5 902	3 892	1 918	135	458	941
保山市芒合糖厂	383	1 589	6 498	4 278	2 490	200	424	812
施甸旧城糖业有限责任公司	265	1 149	3 869	2 431	1 357	117	107	485
龙陵县路路发集团公司	446	1 934	13 188	11 441	1 086	783	－679	129
龙陵县龙塘糖厂	381	1 636	4 424	2 739	4 057	247	422	897
云南省昌宁柯街糖业有限责任公司	382	1 258	5 725	3 924	1 555	201	816	1 175
云南省昌宁卡斯糖业有限责任公司	536	697	6 905	3 929	2 329	630	490	1 054
云南省潞西市遮放糖厂	485	72	14 070	11 384	1 424	510	－991	－503
潞西市芒市糖厂	963	3 835	12 225	7 042	3 114	729	377	1 438
潞西芒市华侨蔗糖公司	342	886	4 537	2 600	1 061	212	41	398
云南省梁河县勐养糖厂	479	1 395	6 377	4 451	1 843	318	37	560
云南省梁河县糖厂	820	3 782	16 239	11 416	4 168	1 121	19	1 130

企业名称	全部职工平均人数(人)	工业增加值(当年价)	年末固定资产		全部流动资产平均余额	本年提取的折旧基金	利润总额	利税总额
			原值	净值				
云南省盈江县平原糖厂	560	2 327	5 154	2 805	3 130	312	941	1 857
云南省盈江县弄璋糖厂	789	2 792	15 842	11 722	2 834	1 095	159	1 386
云南省陇川糖厂	526	2 162	5 047	2 885	847	340	306	1 027
云南省陇川景坎糖厂	956	7 234	27 191	21 465	7 553	1 110	1 509	3 176
云南省瑞丽市糖厂	649	2 945	9 594	4 861	5 630	531	791	1 829
云南省凤庆县糖业集团有限责任公司	475	3 486	7 108	4 829	7 208	450	607	1 423
云南省云县糖厂	406	672	8 937	7 464	2 146	303	－495	11
云南省云县幸福糖业有限责任公司	467	3 099	8 055	6 345	2 495	227	430	906
云南省永德县大雪山糖业有限责任公司	303	824	9 743	8 536	2 852	374	－621	－489
云南康白糖业集团勐堆糖厂	269	1 290	5 614	4 369	2 271	201	39	463
云南省双江白糖厂	345	2 687	12 825	10 617	3 688	434	512	1 355
耿马县白糖厂	898	4 256	35 727	31 276	7 779	1 253	265	1 887
耿马县华侨糖厂	363	2 206	9 296	6 297	1 414	558	531	1 348
耿马县勐永糖厂	485	1 224	9 755	7 308	5 861	378	237	703
云南沧源糖厂	306	1 228	6 479	4 815	3 044	397	13	447
元江县元江糖业有限责任公司	1 042	6 856	9 757	6 298	4 832	188	1 173	2 720
元谋县制糖总厂一分厂	334	－138	4 485	3 107	419	0	－657	－456
昆明市肉类联合加工厂	426	477	4 052	1 612	4 632	38	6	202
昆明市食品(集团)冷冻冷藏有限公司	149	214	2 926	1 634	275	25	11	62
食品制造业	**1 883**	**5 877**	**19 383**	**12 898**	**11 838**	**954**	**1 046**	**2 768**
昆明吉庆祥糕点厂	251	749	2 762	2 113	1 614	157	1	200
云南邓川蝶泉乳品有限责任公司	378	2 710	7 424	3 929	2 828	383	900	1 678
昆明德和罐头厂	462	466	913	401	1 284	49	3	186
云南王国食品有限公司	185	543	2 647	2 341	2 253	89	61	186
弥勒县蜂业有限责任公司	38	63	1 281	1 102	701	0	－90	－82
昆明市味精厂	94	123	612	454	299	21	0	25
昆明酿造总厂	248	310	1 467	1 056	1 649	83	10	105
昆明天使食品总厂	227	912	2 277	1 502	1 210	172	161	470
饮料制造业	**4 353**	**15 074**	**66 116**	**48 566**	**54 331**	**2 626**	**2 828**	**9 342**
昭通地区葡萄井酒厂	317	256	2 499	1 797	1 837	0	－219	－140
云南红河光明股份有限公司	260	4 067	6 399	3 673	14 392	515	2 913	4 141
楚雄德力高啤酒有限公司	400	1 300	10 187	7 852	6 554	501	－580	94
大理啤酒有限公司	867	4 534	23 452	19 212	9 978	680	168	2 875
云南咖啡厂	52	40	1 374	979	1 566	65	－102	－17
国营大渡岗茶厂	269	421	1 839	904	1 385	99	87	381

企业名称	全部职工平均人数（人）	工业增加值（当年价）	年末固定资产		全部流动资产平均余额	本年提取的折旧基金	利润总额	利税总额
			原值	净值				
勐海茶业有限责任公司	354	370	3 562	2 127	4 987	98	82	278
云南省下关茶厂	427	1 035	3 468	2 006	5 407	153	303	731
云南滇红集团股份有限公司	709	1 407	6 713	6 113	5 604	133	24	400
云南思茅龙生绿色产业(集团)有限公司	698	1 643	6 622	3 905	2 621	382	152	600
烟草加工业	**21 738**	**2 753 264**	**2 278 462**	**1 599 703**	**1 922 362**	**172 906**	**464 775**	**2 567 206**
云南春城卷烟厂	1 730	24 751	117 132	76 323	18 974	7 407	－6 201	15 501
昆明卷烟厂	3 098	422 703	538 929	437 670	145 603	28 036	16 037	383 053
昭通卷烟厂	2 910	97 069	231 531	161 613	42 552	12 307	1 369	80 178
曲靖卷烟厂	2 687	289 283	210 060	126 387	166 450	17 818	70 436	293 069
会泽卷烟厂	855	24 068	55 481	36 270	11 595	7 372	5 057	19 367
楚雄卷烟厂	1 751	89 644	170 931	129 877	47 434	7 851	1 254	74 295
玉溪红塔烟草(集团)有限责任公司	5 048	1 485 736	693 871	448 240	1 362 497	72 394	340 031	1 442 220
红河卷烟厂	2 160	209 379	170 020	117 464	25 651	13 714	35 831	184 983
大理卷烟厂	1 499	110 632	90 508	65 860	101 606	6 007	961	74 540
纺织业	**20 534**	**19 266**	**90 057**	**61 739**	**65 959**	**2 599**	**385**	**4 813**
昆明纺织染整厂	62	－65	1 310	798	569	8	－85	－83
昆明纺织厂	3 914	3 004	15 769	12 455	21 131	568	51	969
云南省曲靖纺织厂	2 214	2 618	9 917	6 447	4 570	14	62	564
云南宏华(集团)股份有限公司	4 599	4 051	18 167	13 100	17 388	669	1 547	2 457
大理苍洱实业有限公司	2 536	3 738	11 810	5 314	4 234	110	52	699
昆明金泽工贸有限公司	130	76	5 947	4 099	3 030	0	－293	－268
云南毛巾床单厂	434	160	2 358	1 794	1 291	15	1	70
云南华益毛纺丝绸集团有限公司	1 080	103	6 605	5 422	2 673	85	－835	－815
大理毛纺织厂	469	－173	1 025	640	848	12	－354	－348
云南千佛茧丝绸集团有限公司	4 067	5 304	10 641	7 373	6 927	972	145	1 350
云南金花针织有限公司	1 019	449	6 509	4 298	3 299	147	94	217
云南省个旧市云沙针织厂	10	0	0	0	0	0	0	0
服装及其他纤维制品制造业	**1 066**	**215**	**5 980**	**3 687**	**4 420**	**46**	**－116**	**44**
昆明市石林针织有限责任公司	406	197	4 096	2 735	1 692	29	234	354
云南省个旧市制鞋总厂	660	18	1 883	952	2 728	18	－350	－310
木材加工及竹、藤、棕、草制品业	**6 633**	**12 354**	**89 495**	**70 176**	**33 004**	**3 301**	**－361**	**2 738**
云南省金沙江林产品公司	467	13	10 625	8 025	3 250	70	－300	－293
云南思茅三木(集团)有限公司	1 495	1 557	5 780	3 446	7 279	277	－428	7
普洱林达木业有限公司	830	2 603	6 194	4 131	3 935	239	438	900
镇沅县林产品有限责任公司	558	511	4 647	2 686	3 157	122	13	468
思茅地区卫国林业局	1 670	1 225	13 462	10 599	1 526	317	16	317

企业名称	全部职工平均人数（人）	工业增加值（当年价）	年末固定资产		全部流动资产平均余额	本年提取的折旧基金	利润总额	利税总额
			原值	净值				
思茅红塔木业有限公司	156	5 268	30 128	26 689	5 650	1 799	1 181	2 027
云南省昆明木材厂	566	977	9 053	7 956	3 053	385	4	397
昆明市木器厂	635	－17	5 255	3 440	3 734	15	－919	－854
云南西双版纳沧江木材厂	256	197	4 351	3 204	1 420	79	－364	－253
造纸及纸制品业	**6 133**	**6 479**	**78 263**	**53 357**	**50 675**	**2 494**	**1 310**	**3 230**
云丰造纸厂	974	162	14 117	9 986	9 866	217	27	205
昆明市福保造纸厂	620	632	8 612	6 319	3 580	286	0	97
昭通地区水电综合经营公司	340	473	3 325	2 536	3 061	125	52	207
云南陆良银河纸业有限公司	923	1 265	4 921	2 113	5 572	437	159	328
玉溪市第一造纸厂	340	1 254	7 040	3 262	2 001	369	47	303
大理市洱滨纸厂	492	1 013	6 846	5 033	3 738	310	33	317
云南大理造纸股份有限公司	1 220	2 045	18 676	13 178	13 633	411	1 830	2 383
云南临沧林纸集团有限责任公司	640	－816	8 103	7 681	6 655	85	－373	－326
昆明市纸箱厂	283	199	3 074	1 053	1 351	53	－125	－75
通海县包装制品厂	146	471	2 013	739	461	131	20	111
云南楚雄恒宇纸业有限责任公司	155	－218	1 537	1 456	758	71	－359	－319
印刷业，记录媒介的复制	**5 880**	**46 499**	**108 589**	**67 055**	**83 621**	**8 678**	**15 216**	**23709**
云南新华印刷实业总公司	901	2 570	12 250	9 084	3 848	606	206	807
云南国防印刷厂	499	2 462	7 023	4 784	893	484	73	316
昆明市印刷有限责任公司	350	327	4 763	2 996	1 384	490	－781	－616
楚雄州彩印厂	291	479	2 298	1 202	1 103	113	10	104
云南省玉溪印刷有限责任公司	608	2 079	12 333	6 133	6 341	1 004	802	1 380
云南省通海工艺美术厂	590	4 889	16 161	10 286	17 132	998	345	1 412
云南华宁兴宁彩印有限公司	96	1 543	3 626	1 359	3 686	421	330	480
云南红河彩印包装股份有限公司	287	5 219	5 757	3 768	4 569	440	2 277	3 650
云南建恒彩印包装有限公司	82	1 801	2 700	1 770	2 884	55	629	785
云南侨通包装印刷有限公司	562	12 272	20 601	12 453	23 431	2 169	7 106	8 856
云南岭东纸业有限公司	230	3 204	7 650	5 787	5 857	664	1 200	1 980
云南华玉彩印包装有限公司	129	2 436	2 915	1 723	5 009	246	737	1 102
昆明彩印有限责任公司	735	6 379	8 178	4 557	4 898	701	2 516	3 457
云南曲靖彩印有限责任公司	520	839	2 336	1 153	2 586	289	－234	－5
化学原料及化学制品制造业	**64 362**	**157 669**	**1 127 607**	**722 328**	**626 663**	**54 421**	**－5 569**	**19 686**
昆明电化厂	299	22	4 029	1 881	4 988	213	－329	－282
云南化工厂	2 043	7 901	22 569	10 380	10 966	1 669	260	1 477
中轻依兰(集团)有限公司	2 368	－9 074	93 334	34 974	24 463	3 591	－8 929	－9 064

企业名称	全部职工平均人数（人）	工业增加值（当年价）	年末固定资产		全部流动资产平均余额	本年提取的折旧基金	利润总额	利税总额
			原值	净值				
昆明南坝化工总厂	236	393	1 343	945	1 045	96	7	126
云南省建水县化工总厂	887	578	11 458	7 851	8 242	507	63	261
云南省富民县磷酸盐总厂	260	848	5 107	3 590	2 484	220	191	402
云南省滇东磷化工公司	2 980	2 106	18 228	11 151	12 882	395	-2 981	-2 534
云南省曲靖磷酸盐化工厂	449	409	4 527	2 055	1 866	269	-120	60
云南省罗平县黄磷厂	330	705	2 419	1 808	1 725	76	-200	-115
云南省澄江县磷业化工公司	990	3 648	14 327	6 423	16 228	876	-358	649
云南省石屏县磷酸盐厂	150	521	2 502	935	1 636	143	-178	-24
河口县磷酸盐厂	143	125	2 431	1 518	1 021	96	1	127
云南马龙化建股份有限公司	844	362	6 682	2 991	13 950	331	-765	-438
云南江磷集团股份有限公司	846	3 517	27 580	22 242	9 221	682	70	591
昆明化肥厂	853	1 448	12 012	8 395	8 465	3 255	91	206
昆明氮肥厂	827	2 304	17 039	12 335	4 975	1 543	3	43
云南省彝良县氮肥厂	433	700	5 147	4 043	1 511	216	4	4
云南省曲靖化工厂	1 417	1 815	14 908	10 463	7 603	237	219	703
云南沾益化肥厂	3 087	12 361	99 509	73 013	20 357	3 175	-1 896	-1 270
云南云峰化学工业公司	4 324	14 124	121 535	93 395	62 945	3 708	-8 249	-7 586
云南省陆良氮肥厂	860	964	7 540	4 741	2 445	393	-99	-93
云南滇中化工厂	292	-169	4 147	2 728	2 986	-18	-851	-658
云南省峨山化工有限责任公司	883	-2 089	19 340	15 656	5 331	178	-2 666	-2 634
驻昆解放军化肥厂	5 064	12 447	122 739	97 468	18 704	5 380	-1 658	-319
云南东风氮肥厂	865	-446	28 506	24 401	3 847	4 105	-2 268	-2 234
泸西县氮肥厂	830	3 760	16 908	13 992	2 633	283	212	772
云南省文山州化工厂	387	719	3 175	1 497	973	157	-74	259
云天化股份有限公司	1 595	27 480	90 606	39 048	64 413	5 911	19 552	23 423
云南昆阳磷肥厂	2 176	5 236	20 887	12 009	9 776	663	-998	-199
云南磷肥厂	2 814	6 734	56 219	33 567	57 312	3 685	260	1 894
云南宜良县磷化工总厂	950	2 572	17 044	11 083	10 006	421	2	38
寻甸县化肥厂	406	1 140	5 185	3 168	2 351	338	311	560
会泽县磷肥厂	341	425	3 925	2 769	3 312	110	-74	-68
云南楚雄磷肥厂	523	531	6 299	3 622	3 123	437	-313	-66
禄丰磷肥厂	497	687	9 049	7 776	1 248	531	-386	-79
云南省玉溪化肥厂	959	1 571	8 242	3 727	3 575	538	33	69

企业名称	全部职工平均人数（人）	工业增加值（当年价）	年末固定资产		全部流动资产平均余额	本年提取的折旧基金	利润总额	利税总额
			原值	净值				
云南省玉溪钙镁磷肥厂	529	358	3 918	2 555	3 796	90	－358	－358
云南红磷化工有限责任公司	1 800	3 122	50 935	34 337	28 886	1 652	－2 297	－2 241
个旧市化肥厂	1 012	1 898	17 815	13 006	3 621	780	16	318
个旧远帆集团个旧市磷化工总厂	1 151	511	7 250	3 466	5 489	17	0	40
云南金星化工厂	606	1 112	9 494	4 746	3 325	244	－124	－48
云南省光明磷化工总厂	1 183	898	11 733	6 665	4 294	475	－826	－784
云南沾益化工有限责任公司	698	1 300	4 393	2 235	4 257	183	－353	－309
昆明农药厂	357	644	848	538	4 764	57	5	105
昆明云大科技产业股份有限公司	2 358	8 882	4 719	3 629	37 619	396	4 791	5 077
昆明中华涂料有限责任公司	450	511	4 758	3 272	4 270	123	2	171
云南省通海县氮肥厂	441	1 004	6 209	4 317	2 538	537	101	259
云南云维集团有限公司	2 236	9 491	35 324	11 456	37 492	2 278	956	2 325
景东县林产工业集团总公司	691	1 077	4 371	2 944	4 747	225	228	1 192
景谷县林业股份有限公司	1 633	6 340	14 464	10 676	25 756	566	3 239	5 162
国营云南安宁化工厂	1 545	3 827	7 928	6 083	10 963	394	601	1 700
国营云南包装厂	1 337	2 074	3 432	2 284	8 025	134	62	585
国营云南燃料一厂	1 419	3 385	2 743	1 473	6 915	0	455	1 150
国营云南燃料二厂	873	2 984	12 049	6 035	7 065	746	373	1 038
昆明市日用化工厂	222	428	989	742	949	53	16	239
昆明蓝风洗涤用品有限公司	396	1 289	3 924	3 117	4 560	237	－180	18
昆明芬美意香料有限公司	217	26	13 814	11 115	8 723	831	－167	－87
医药制造业	**3 111**	**28 890**	**32 293**	**22 357**	**40 945**	**2 445**	**11 943**	**16 902**
昆明制药股份有限公司	1 235	8 390	8 810	6 086	13 811	684	3 775	5 048
昆明市东川制药厂	241	1 086	1 694	1 303	2 886	339	62	292
昆明贝克诺顿制药有限公司	305	10 230	3 532	2 289	7 735	255	3 090	4 631
昆明康普莱特制药有限公司	99	328	2 582	2 144	1 500	144	－180	3
昆明赛诺制药有限公司	342	344	2 973	2 078	2 956	481	235	498
云南白药集团股份有限公司	596	7 836	10 426	6 830	10 105	440	4 879	6 168
楚雄雁塔药业有限责任公司	293	675	2 276	1 626	1 952	102	82	263
橡胶制品业	**6 862**	**9 162**	**41 467**	**24 987**	**43 187**	**1 488**	**－6 875**	**－2 780**
云南石林轮胎橡胶公司	3 244	3 194	18 132	9 362	22 068	385	－5 209	－2 673
云南交通橡胶轮胎有限公司	564	1 810	5 037	3 770	6 078	292	82	519
昆明三叶轮胎制造有限责任公司	737	1 457	5 416	3 533	3 748	314	71	514
昆明橡胶管带厂	451	323	3 651	2 983	2 761	134	－545	－443

企业名称	全部职工平均人数(人)	工业增加值(当年价)	年末固定资产		全部流动资产平均余额	本年提取的折旧基金	利润总额	利税总额
			原值	净值				
昆明联谊橡胶厂	356	224	1 836	1 334	2 242	70	－382	－278
昆明橡胶厂	572	156	4 439	2 658	2 410	114	－623	－548
云南省南湖橡胶厂	938	1 998	2 957	1 348	3 881	179	－270	128
塑料制品业	**2 041**	**4 072**	**23 678**	**15 277**	**20 452**	**848**	**－1 096**	**－355**
昆明市塑料厂	256	367	808	565	1 426	33	－418	－345
云南塑料厂	260	273	2 518	1 447	1 746	81	58	102
云南曲靖塑料集团有限公司	215	1 072	3 136	2 077	5 530	202	125	161
云南省玉溪市第一塑料厂	183	790	1 745	1 023	1 931	104	44	56
个旧市塑料厂	136	155	875	645	1 703	22	0	12
云南圆峰有限公司	227	－190	1 477	808	2 165	62	－196	97
云南麒麟塑化集团有限公司	254	778	4 897	3 545	2 011	73	－484	－426
云南电子管厂	72	－25	2 631	1 870	691	65	－241	－227
昆明民族塑料化工实业总公司	171	677	3 668	2 245	1 749	138	16	142
昆明塑料工业(集团)公司	267	177	1 922	1 052	1 500	69	0	74
非金属矿物制品业	**15 486**	**46 922**	**177 898**	**109 095**	**108 102**	**10 275**	**4 705**	**15 778**
昆明水泥股份有限公司	1 849	10 689	28 938	12 425	31 161	2 436	3 171	5 509
昆明立宇建材有限责任公司	586	687	3 609	2 289	3 083	154	0	71
云南省师宗县水泥厂	322	992	7 038	5 004	2 785	409	－252	－234
玉溪市莲池水泥厂	636	195	4 399	1 514	2 276	240	－266	－65
峨山彝族自治县塔甸水泥厂	980	902	2 856	2 749	2 058	11	－23	177
云南省个旧市水泥总厂	414	1 201	2 080	1 107	1 990	71	55	203
思茅地区普洱水泥厂	800	2 097	3 528	1 926	2 988	337	17	464
大理水泥集团有限责任公司	936	1 894	6 346	3 088	1 964	257	4	471
云南省富邦科技实业股份有限公司	572	3 470	12 333	7 762	6 192	573	1 070	1 784
昆明威世实业有限责任公司	379	652	6 679	3 181	1 121	180	－202	－58
云南水泥有限公司	858	2 596	5 574	3 179	6 793	558	1	760
楚雄奕标水泥有限公司	473	2 154	8 410	7 059	3 760	373	305	844
云南开远水泥股份有限公司	1 496	4 495	21 072	8 381	12 558	1 349	299	1 879
元江县永发水泥厂	200	1 012	4 952	3 813	1 529	389	57	290
昆明预达制管有限责任公司	468	1 145	3 652	2 672	1 943	154	38	171
昆明石棉制品厂	125	271	1 664	1 132	1 064	57	－117	－47
通海县通秀建材有限公司	114	547	687	522	386	51	58	149
昆明玻璃股份有限公司	1 327	6 453	42 675	33 989	16 883	2 332	598	2 961
昆明市玻璃制瓶厂	616	1 419	2 102	1 388	1 549	81	1	196

企业名称	全部职工平均人数(人)	工业增加值(当年价)	年末固定资产		全部流动资产平均余额	本年提取的折旧基金	利润总额	利税总额
			原值	净值				
云南易门意达陶瓷有限公司	315	2 000	3 479	3 171	1 208	149	0	161
个旧市高压电瓷厂	754	1 230	2 187	1 206	2 146	61	7	95
个旧市瓷器厂	692	107	1 461	643	1 744	22	1	46
昆明市耐火材料厂	306	258	2 177	895	924	33	－115	－50
昆明玻璃纤维厂	268	457	0	0	0	0	0	0
黑色金属冶炼及压延加工业	**32 447**	**149 770**	**678 821**	**517 140**	**334 442**	**25 526**	**20 134**	**66 887**
云南省曲靖市越州钢铁厂	1 678	2 443	16 418	9 206	5 847	656	102	953
云南省富源矿厂	1 803	2 536	8 107	3 826	7 456	492	－140	776
昆明钢铁总公司	28 966	144 790	654 296	504 108	321 139	24 377	20 173	65 158
有色金属冶炼及压延加工业	**50 801**	**184 695**	**671 912**	**462 136**	**531 639**	**27 873**	**37 664**	**75 869**
云南大东产业股份有限公司	667	3 886	18 080	16 483	2 962	350	209	1 453
云南铜业股份有限公司	2 781	33 320	79 544	36 299	226 020	3 844	16 223	23 680
云南冶炼厂	1 020	5 728	39 933	24 155	25 497	1 636	75	1 417
云南省罗平县矿冶集团有限责任公司	1 128	5 467	11 951	8 610	12 081	523	1 191	2 214
云南驰宏锌锗股份有限公司	8 805	30 901	69 152	42 487	28 787	5 414	2 936	8 179
个旧市鸡街冶炼厂	1 776	2 493	8 835	4 741	14 089	443	－202	368
云南省个旧市沙甸电冶厂	231	1 324	1 692	685	3 344	34	111	253
云南永生有色金属集团有限公司	1 460	676	13 266	9 767	4 276	730	110	371
云南保山铅锌股份有限公司	945	3 268	13 395	10 457	5 416	578	814	1 697
云南新立有色金属有限公司	1 116	1 937	1 181	1 078	14 861	103	22	1 169
个旧市有色金属加工厂	369	1 538	1 589	1 062	5 815	77	300	692
云南锡业公司	24 728	58 723	209 483	137 409	112 858	6 521	4 034	15 001
个旧市自立矿冶厂	1 406	6 082	5 601	3 266	4 570	540	527	2 922
云南木利锑业有限公司	660	1 847	4 691	2 071	2 827	232	378	682
云南铝业股份有限公司	2 802	26 544	176 760	151 391	60 077	6 216	11 465	16 236
东川铝业有限责任公司	690	714	12 937	9 866	7 397	525	－583	－526
大理州北衙矿业有限责任公司	217	248	3 821	2 310	763	108	53	62
金属制品业	**998**	**1 020**	**2 993**	**1 489**	**5 732**	**207**	**18**	**237**
云南省通海玛钢厂	648	939	2 190	969	4 863	112	7	182
昆明市民族铝制品厂	350	80	803	521	869	95	11	55
普通机械制造业	**12 388**	**32 823**	**105 350**	**68 234**	**163 443**	**5 084**	**6 114**	**11 031**
云南金马柴油机总厂	926	546	4 959	1 832	9 293	246	－715	－583
云南金马机械总厂	692	986	5 389	2 637	8 182	270	307	296

企业名称	全部职工平均人数（人）	工业增加值（当年价）	年末固定资产		全部流动资产平均余额	本年提取的折旧基金	利润总额	利税总额
			原值	净值				
昆明云内动力股份有限公司	1 531	13 580	24 531	15 932	58 613	1 470	7 647	9 046
大理市泰安实业有限责任公司	610	523	2 940	1 833	1 200	161	50	175
昆明市三龙机械集团公司	979	3 549	6 204	3 948	15 305	429	10	644
云南机床厂	2 350	3 426	12 055	7 037	22 334	637	－901	202
玉溪机床厂	784	1 042	8 281	6 973	5 494	120	－396	－192
昆明机床股份有限公司	2 460	7 425	31 059	21 168	33 756	1 472	563	1 476
昆明市水泵厂	404	640	3 997	3 333	1 799	78	0	166
云南省玉溪轴承有限责任公司	383	507	2 107	1 438	1 968	57	18	78
云南省红河轴承厂	589	355	1 499	919	2 328	56	－106	－71
云南海旋齿轮有限责任公司	605	230	2 329	1 183	3 172	89	－364	－221
专用设备制造业	**21 474**	**35 645**	**147 712**	**84 827**	**192 967**	**5 037**	**－137**	**7 649**
昆明煤矿机械总厂	2 486	1 847	8 171	4 187	19 884	223	38	524
个旧市矿山机械有限责任公司	631	1 086	3 770	1 515	2 802	154	3	194
昆明重工(集团)股份有限公司	1 874	275	17 181	7 299	31 622	383	－1 276	－646
云南化工机械厂	458	628	2 631	1 885	3 422	127	25	137
昆明人造板机器厂	290	901	4 601	2 427	6 980	174	16	196
曲靖重机械制造有限公司	1 052	2 152	11 696	7 861	4 933	301	206	393
云南建筑材料机械厂	499	0	0	0	0	0	0	0
云南烟草机械厂	514	1 128	5 744	3 194	5 451	320	－288	－150
昆明市机器厂	336	329	4 530	2 934	7 180	127	461	510
国营云南模具三厂	601	217	2 959	2 116	2 911	－13	－345	－294
云南茶叶机械总厂	334	372	1 555	802	879	44	21	82
云南昆船第二机械有限公司	1 942	8 296	19 089	12 159	18 869	677	262	1 922
云南昆船第一机械有限公司	2 172	5 784	24 934	16 137	21 750	1 011	244	1 750
云南昆船电子设备有限公司	782	5 357	7 140	4 248	9 695	268	307	1 299
昆明克林轻工机械(集团)股份有限公司	1 037	801	4 031	1 970	10 656	198	10	186
昆明烟机集团二机有限公司	729	1 585	2 952	1 899	7 466	42	801	1 143
昆明烟机集团三机有限公司	450	708	2 165	1 140	6 783	112	556	946
昆明烟机集团风动新技术发展有限公司	446	554	1 245	857	6 805	50	250	322
昆明市手扶拖拉机厂	854	868	3 695	1 427	7 009	140	60	191
云南金马农用车制造总厂	1 095	－419	6 154	2 579	5 388	188	－792	－576
楚雄华力机械制造有限公司	296	1 188	2 306	1 592	2 429	137	164	172
云南省热带作物机械厂	168	42	1 698	1 057	786	25	－187	－183
云南省金马冷作厂	398	209	1 890	1 060	1 907	103	－226	－187

企业名称	全部职工平均人数（人）	工业增加值（当年价）	年末固定资产		全部流动资产平均余额	本年提取的折旧基金	利润总额	利税总额
			原值	净值				
云南建筑机械厂	666	133	2 664	1 368	3 143	79	－486	－365
中国人民解放军第七三二一工厂	478	1 138	2 272	952	2 154	86	37	67
中国人民解放军第七四三四工厂	352	465	2 637	2 163	2 064	81	4	17
交通运输设备制造业	**13 933**	**28 569**	**140 762**	**96 666**	**158 968**	**5 575**	**－3 134**	**2 940**
中国铁道建筑总公司昆明机械厂	1 084	11 086	8 046	5 188	33 833	634	1 291	3 912
东风汽车工业联营公司云南汽车厂	2 884	－1 139	41 876	28 019	27 466	652	－3 943	－3 491
中国人民解放军第七四三三厂	1 105	－714	8 361	6 452	2 834	87	－745	－941
一汽红塔云南汽车制造有限公司	2 827	11 155	41 776	30 939	47 768	2 446	1 484	2 027
云南客车厂	610	79	1 651	854	4 810	122	－295	－95
东风汽车工业联营公司昆明化油器厂	233	506	3 003	1 779	2 229	77	0	87
禄丰缸套厂	468	749	1 546	1 126	1 287	80	29	249
云南汽车修理四厂	571	659	2 193	1 536	2 006	57	55	110
昆明钢板弹簧有限公司	368	1 379	3 499	1 659	5 092	179	357	756
云达利铝合金制品有限公司	310	－1 038	7 838	5 135	10 020	315	－1 594	－1 440
国营云南机器二厂	975	520	764	408	4 823	14	－75	106
国营云南模具二厂	569	499	1 242	480	3 682	61	－268	－229
昆明铁路局昆明机车厂	526	1 790	6 564	3 644	3 590	266	58	364
云南云汽实业有限责任公司	823	1 887	7 921	6 155	6 282	373	417	1 050
云南第一汽车工贸有限公司	580	954	4 483	3 294	3 244	213	95	279
武器弹药制造业	**5 086**	**12 102**	**40 109**	**23 850**	**24 925**	**1 473**	**3 907**	**4 796**
云南西南仪器厂	2 926	3 428	24 336	11 202	14 884	719	－399	418
国营云南铸造厂	800	639	3 952	3 147	4 739	92	52	52
国营云南机器三厂	1 360	8 035	11 820	9 501	5 301	662	4 254	4 327
电气机械及器材制造业	**11 077**	**31 717**	**78 349**	**47 504**	**89 651**	**3 413**	**5 135**	**11 443**
昆明电机有限责任公司	1 512	3 473	8 409	4 268	14 479	468	412	799
昆明电工有限责任公司	537	1 498	3 436	2 428	4 100	126	103	156
昆明市电机制造厂	448	274	1 198	593	1 289	60	－99	－19
个旧市变压器厂	352	512	1 431	882	1 795	86	60	207
云南变压器有限责任公司	820	4 896	10 456	6 224	14 129	619	1 600	2 618
云南通变电器(集团)股份有限公司	659	3 611	5 812	4 300	5 467	283	613	1 463
昆明开关厂	509	446	3 232	2 569	2 506	145	18	206
国营云南开关厂	1 078	2 727	12 813	10 067	10 995	285	202	1 049
云南红河电线厂	340	162	2 447	1 259	3 140	0	10	183
昆明电缆股份有限责任公司	1 969	7 937	15 810	5 673	21 708	827	1 675	3 432
昆明云铜云珠电磁线工贸有限公司	182	731	1 590	568	871	19	2	43

企业名称	全部职工平均人数（人）	工业增加值（当年价）	年末固定资产		全部流动资产平均余额	本年提取的折旧基金	利润总额	利税总额
			原值	净值				
云南999电池股份有限公司	1 490	4 089	9 300	7 175	4 500	348	433	918
昆明电池厂	611	1 026	1 270	710	3 515	130	100	383
云南省医疗器械厂	231	22	1 145	789	1 158	17	3	6
电子及通信设备制造业	**2 103**	**9 508**	**13 963**	**8 730**	**51 087**	**707**	**3 660**	**5 689**
云南无线电厂	446	838	2 511	1 456	3 763	92	42	111
云南南天电子信息产业集团公司	1 069	7 550	3 958	1 925	41 369	340	3 800	5 589
云南半导体器件厂	284	869	4 712	3 305	4 702	212	13	169
国营春光器材厂	304	252	2 782	2 044	1 254	63	－196	－180
仪器仪表及文化、办公用机械制造业	**4 890**	**14 652**	**23 001**	**11 750**	**30 073**	**980**	**18**	**67**
昆明泰和仪器仪表有限公司	266	212	1 929	1 854	764	48	0	48
云南北方光学电子有限公司	4 624	13 896	21 071	9 896	29 309	933	18	－526
电力、蒸汽、热水的生产和供应业	**21 182**	**325 889**	**1 909 326**	**1 220 369**	**325 116**	**104 182**	**56 445**	**114 213**
云南省阳宗海发电有限责任公司	939	12 520	182 888	139 126	28 765	13 176	9 901	16 702
云南宣威发电有限责任公司	1 489	5 647	160 703	137 082	7 858	1 462	－793	634
云南省昆明发电厂	1 242	3 659	40 815	14 708	4 587	2 815	356	966
云南省小龙潭发电厂	4 817	23 950	152 968	56 122	16 738	8 957	1 281	3 472
昭通地区电力公司	782	4 530	11 490	6 257	6 153	553	1 015	2 091
云南省鲁布革发电总厂	713	49 426	234 139	97 495	3 274	15 920	1 749	4 655
云南以礼河发电厂	1 014	27 182	76 445	23 666	954	2 748	457	1 254
丽江黑白水电力集团股份有限公司	810	5 550	23 280	16 944	11 938	1 072	1 539	2 483
迪庆州电力有限责任公司	367	1 593	10 209	6 747	1 212	391	22	358
云南漫湾发电有限责任公司	471	36 120	357 812	246 981	36 623	18 907	23 535	36 756
云南省滇东电业局	625	18 908	134 386	104 363	55 680	7 560	3 109	8 594
云南省滇北电业局	559	4 922	39 199	28 302	8 848	1 978	697	1 967
云南省玉溪供电局	508	9 279	52 329	39 210	26 310	3 107	1 472	4 104
个旧市电力公司	268	617	3 595	2 761	2 369	167	131	376
大理白族自治州电力工业公司	503	3 523	12 269	8 146	5 867	339	919	1 538
德宏傣族景颇族自治州电力公司	241	187	1 139	934	3 163	0	179	328
云南文山电力股份有限公司	1 931	7 713	29 828	20 600	12 386	921	2 520	3 904
云南省昆明供电局	2 301	87 352	278 182	191 010	59 048	17 005	6 382	18 418
云南省个旧供电局	1 602	23 211	107 651	79 915	33 344	7 104	1 976	5 613
煤气生产和供应业	**2 919**	**3 535**	**93 917**	**56 392**	**48 274**	**6 536**	**－3 642**	**－70**
昆明焦化制气厂	2 035	845	44 335	22 771	27 288	3 750	－2 781	174
昆明煤气总公司	884	2 690	49 582	33 621	20 987	2 786	－861	－244
自来水的生产和供应业	**1 624**	**12 844**	**113 794**	**95 957**	**23 232**	**4 491**	**952**	**6 422**
昆明市自来水总公司	1 624	12 844	113 794	95 957	23 232	4 491	952	6 422

主要统计指标解释

工业 我国的工业包括以下四个方面的生产活动:(1)对自然资源的开采。如采矿、晒盐、森林采伐等,但不包括禽兽捕猎和水产捕捞;(2)对农副产品的加工,再加工,如粮油加工、食品加工、轧花、缫丝、纺织、制革等;(3)对采掘品的加工、再加工,如炼铁、炼钢、轧钢、化工生产、石油加工、机械制造、木材加工等,以及电力、自来水 、煤气的生产和供应等;(4)对工业品的修理,翻新,如机器设备的修理,交通运输工具(包 括小卧车)的修理等。

1984年以前农村的村及村以下办工业归属农业,1984年及以后划归工业。

独立核算法人工业企业和工业活动单位:工业统计调查单位分为两类:独立核算法人工业企业和工业活动单位。

独立核算法人工业企业 是指从事工业生产经营活动的单位。应同时具备以下条件:(1)依法成立,有自己的名称,组织机构和场所,能够承担民事责任;(2)独立拥有和使用资产,承担负债,有权与其他单位签订合同;(3)独立核算盈亏,并能够编制资产负债表。

工业活动单位 是指在一个场所从事一种或主要从事一种工业生产活动的经济单位。一般应同时具备以下三个条件:(1)具有一个场所,从事一种或主要从事一种工业活动;(2)单独组织工业生产、经营或业务活动;(3)单独核算收入和支出。

国有经济(全民所有制工业) 是指生产资料归国家所有的一种经济类型。包括中央和地方各级国家机关,事业单位和社会团体使用国有资产和使用自有资金投资举办的工业企业。1957年以前的公私合营和私营工业,后均改造为国营工业,这部分工业资料 不单独列时,均包括在国有经济内。

集体经济 是指生产资料归公民、集体所有的一种经济类型,包括城乡所有使用集体投资举办的工业企业,以及部分个人通过集体自愿放弃所有权并依法经工商行政管理机关认定为集体所有制的工业企业。

私营经济 是指生产资料归公民私人所有,以雇佣劳动力为基础的一种经济类型,包括私营独资企业,私营合伙企业和私营有限责任公司。

个体经济 是指生产资料归劳动者个人所有,以个体劳动为基础,劳动成果归劳动者个人占有和支配的一种经济类型。

"三资工业" 包括外商投资经济和港、澳、台投资经济。

其他经济 指除国有经济、集体经济和私营、个体经济以外的其他经济,包括联营经济、股份制经济、外商投资经济、港、澳、台投资经济等。

轻工业 指提供生活消费品和制作手工工具的工业,是为满足人们吃、穿、用需要的工业。按其所使用的原料不同,可分为两大类:(1)以农产品为原料的轻工业,是指直接或间接以农产品为基本原料的轻工业。主要包括食品制造、饮料制造、烟草加工、纺织、缝纫、皮革和毛皮制作、造纸以及印刷等工业;(2)以非农产品为原料的轻工业,是指以工业品为原料的轻工业,主要包括文教体育用品、化学药品制造、合成纤维制造、日用化学制品、日用玻璃制品、日用金属制品、手工工具制造、医疗器械制造、文化和办公用 机械制造等工业。

重工业 指生产生产资料的工业,是为国民经济各部门提供物质技术基础 的工业。按其生产和产品用途,可分为下列三大类:(1)采掘(伐)工业,是指对自然资源的开采,包括石油开采、煤炭开采、金属矿开采、非金属矿开采和木材采伐等工业;(2)原材料工业,是指提供国民经济各部门使用的原料、动力和燃料的工业。包括金属冶炼及加工、炼焦及焦炭化学、化工原料、水泥、人造板以及电力、石油和煤炭加工等工业;(3)加工工业,是指对原材料进行加工制造的工业。包括装备国民经济各部门的机械设备制造工业、金 属结构、水泥制品等工业,以及为农业提供的生产资料和化肥、农药等工业。

根据上述划分原则,修理业中修理作业对象是重工业的划为重工业,否则划为轻工业。

大、中、小型企业 依据企业生产规模划分为特大型、大型(分为大一、大二两档)、中型(分为中一、中二两档)、小型四个类型。

1.按企业产品的年生产能力划分。凡产品比较单一的行业,能以产品生产能力划分的必须按产品设计生产能力或查定生产能力划分,如电力、原煤、石油、钢铁、有色金属、硫酸、烧碱、合成氨、汽车、拖拉机、水泥、平板玻璃、纺织、造纸、制糖、手表、缝纫、自行车等均以产品生产能力作为划分大、中、小型的标准(生产多种产品的企业,以其主要产品的生产能力来划分)。

2.按企业拥有固定资产原值划分。凡产品种类繁多,难以按生产能力划分的,则以企业的生产用固定资产原值(即依据上年度财务决算数据)作为划分大、中、小型企业的标准。

工业总产值 是以货币表现的工业企业在一定时间内生产的工业产品总量,它反映工业生产的总规模和总水平。它包括:在本企业内不再进行加工,经检验、包装入库的成品价值,工业性作业价值,自制半成品、在制品期末期初差额价值。工业总产值采用"工厂法"计算,即以工业企业作为一个整体,按企业工业生产活动的最终成果计算,企 业内部不允许重复计算,不能把企业内部各个车间(分厂)生产的成果相加。但在企业之间、行业之间、地区之间存在重复计算。

轻重工业总产值的划分也是按“工厂法”计算的,即一个工业企业在正常情况下生产的主要产品的性质属于轻工业,则该企业的全部总产值作为轻工业总产值;一个工业企业生产的主要产品的性质属于重工业,则该企业的全部总产值作为重工业总产值。

说明:工业总产值计算新规定与原规定的区别(要点) 自 1992 年起,国务院决定以国内生产总值作为衡量国民经济发展的总量指标,以工业增加值作为衡量工业经济的总量指标,淡化工业总产值指标的作用。但工业增加值指标的计算仍然要以工业总产值为 基础。为使工业总产值的计算口径与工业中间投入的计算相配套,减少计算难度,保证工业增加值计算的准确性,在第三次全国工业普查方案中,针对工业总产值计算原规定的缺陷,对其作了下列四个方面的修订:

1.凡用自备原材料生产的产品,不论其加工的繁简程度如何,一律按全价,即工业总产值包括自备原材料的价值。

2.凡承接来料加工生产的产品,加工企业一律按财务上结算的加工费计算工业总产值,即不包括定货者来料的价值。

3.自制半成品、在制品期末期初差额价值,原则上应计入工业总产值,不再按生产周期是六个月以上还是六个月以下来区分是否计入工业总产值。

4.现价工业总产值一律采用不含销项税额的价格计算。

工业总产值计算新规定与原规定的区别主要包括以下两点:

1.计算口径不同 (1)全价与加工费的计算原则不同:新规定凡用自备原材料生产的产品,不论其加工的繁简程度如何,一律按加工费计算工业总产值。原规定则根据加工的繁简程度,有一些特殊规定 ,即对某些来料加工,允许按全价计算工业总产值,对某些自备原材料生产的产品,只允许按加工费计算总产值。

(2)自制半成品、在制品期末、期初差额价值计算规定不同:新规定要求原则上将自制半成品在制品期末期初差额价值计入工业总产值,并明确,如果会计的产品成本核算计算了这部分价值,工业总产值中也相应包括,否则可不包括;原规定,凡生产周期在六个月以上的产品,在计算工业总产值时应包括这部分差额价值,否则,可不包括这部分价值。

2.计算价格不同

按新规定计算的工业总产值按不含销项税额的价格计算;原规定则按含销项税额的价格计算。按 1990 年不变价格计算的工业总产值则不涉及计算价格扣除增值税的问题。

有关工业总产值计算的新规定详见《第三次全国工业普查实施方案》。

工业销售产值 是以货币表现的工业企业在一定时期内销售的本企业生产的工业产品产量。它包括已销售的成品、半成品的价值,对外提供的工业性作业价值和对本单位基本建设部门、生活福利部门提供的产品和工业性作业及自制设备的价值。已销售的成品、半成品,不论是本期生产的,还是上期生产的,只要是本期销售出去的均包括在内。对外提供的工业性作业是指企业按合同对外提供的工业性劳务。企业为本单位的基本建设部门、生活福利部门等提供的产品和工业性作业及自制设备也应视同销售,作为销售统计。

工业增加值 是指工业企业在一定时期内以货币表现的工业生产活动的最终成果。

工业企业主要财务指标

1.固定资产原价(原值):指企业在建造、购置、安装、改建、扩建、技术改造某项固定资产时所支出的全部货币总额。一般包括买价、包装费、运杂费和安装费等。

2.固定资产净值:指固定资产原价减去历年所提折旧额的净额。

3.流动资产平均余额:流动资产是指可以在一年或者超过一年的一个营业周期内变现或者耗用的资产,包括现金及各种存款、短期投资、存货等;流动资产平均余额指全部流动资产报告期平均余额。

计算公式为: 流动资产月平均余额 = 月初、月末流动资产余额之和 ÷ 2

流动资产季平均余额 = 季内各月流动资产平均余额之和 ÷ 3

流动资产年平均余额 = 1 至 12 月各月流动资产平均余额之和 ÷ 12

4.提取的盈余公积:反映工业企业按规定从利润中提取的盈余公积,可用于弥补亏损或转增资本。

工业企业主要经济效益指标

1.全员劳动生产率 指根据产品的价值量指标的平均每一职工在单位时间内的产品生产量。目前我国的全员劳动生产率是用工业总产值或工业增加值除以同一时期全部职工的平均人数来计算的。

其公式为: $$\text{全员劳动生产率} = \frac{\text{工业总产值}}{\text{全部职工平均人数}} \text{或} = \frac{\text{工业增加值}}{\text{全部职工平均人数}}$$

2.工业产品销售率 指报告期工业销售产值与同期全部工业总产值之比,反映工业产品生产已实现销售的程度。计算公式为:

$$工业产品销售率(\%)=\frac{报告期现价工业销售产值}{报告期现价工业总产值}\times 100\%$$

3.工业资产利税率　指报告期已实现的利税总额与同期的资产(流动资产和固定资产净值)之比,反映企业资金运用的经济效益。计算公式为:

$$工业资产利税率(\%)=\frac{报告期止累计实现利税总额}{报告期平均流动资产+固定资产净值平均余额}\times\frac{12}{累计月数}\times 100\%$$

4.工业增加值率　指报告期工业增加值与同期工业总产值之比,反映降低中间消耗的经济效益。计算公式为:

$$工业增加值率(\%)=\frac{报告期工业增加值}{报告期现价工业总产值(原规定)}\times 100\%$$

5.工业成本费用利润率　指报告期实现利润总额与成本费用之比,反映降低成本的经济效益。公式为:

$$工业成本费用利润率(\%)=\frac{报告期实现利润总额}{报告期成本费用总额}\times 100\%$$

成本费用是产品销售成本、产品销售费用、管理费用、财务费用之和

6.流动资产周转率　指一定时期内流动资产完成的周转次数,反映流动资产的周转速度。计算公式为:

$$流动资产周转次数=\frac{报告期止累计产品销售收入}{报告期平均流动资产}\times\frac{12}{累计月数}$$

7.资产负债率又称债务比率。该比率反映在企业资产总额中有多少资产是通过借债而得 的。是反映企业长期偿债能力的指标之一,也可以用于衡量企业利用债权人提供资金进行经营活动的能力以及企业在清算时保护债权人利益的程度。计算公式为:

$$资产负债率=负债总额\div资产总额\times 100\%$$

8.总资产贡献率　是反映全部资产的获利能力,是企业管理水平和经营业绩的集中体现。计算公式为:

$$总资产贡献率(\%)=\frac{利税总额+利息支出}{平均资产总额}\times\frac{12}{累计月数\times 100\%}$$

平均资产总额为资产总计期初、期末之和的算术平均值。即

(期初资产总计+期末资产总计)÷2

9.资本保值增值率　反映企业资产的变动状况,是企业发展能力的集中体现。计算公式为:

$$资产保值增值率(\%)=\frac{期末所有者权益}{期初所有者权益}\times 100\%$$

12

十二、能源原材料生产和消费

ENERGY RATERIA PRODUCTION AND CONSUMPTION

12－1　主要年份能源生产消费总量和构成

年　份	能源生产总量（万吨标准煤）	占能源生产总量的(%)		能源消费总量（万吨标准煤）	占能源消费总量的(%)			
		原　煤	水　电		煤　炭	石　油	天然气	水　电
1952	17.50	90.30	9.70	19.00	83.20	7.90		8.90
1957	114.30	96.00	4.00	119.20	92.00	4.10		3.90
1962	224.70	93.50	6.50	256.30	89.30	4.50		6.20
1965	326.10	93.90	6.10	348.70	87.80	6.50		5.70
1970	555.60	91.80	8.20	591.50	86.20	6.10		7.70
1975	861.10	85.60	14.40	920.30	80.10	6.40		13.50
1976	751.20	85.40	14.60	797.00	79.40	6.80		13.80
1977	893.20	86.30	13.70	931.10	79.60	7.30		13.10
1978	1 002.60	84.50	15.50	1 065.90	78.20	7.20		14.60
1979	933.90	82.70	17.30	1 072.20	72.00	7.50	5.40	15.10
1980	841.90	79.60	20.40	946.10	67.00	9.00	5.70	18.30
1981	872.50	77.90	22.10	948.40	65.90	8.60	5.90	19.60
1982	930.20	81.90	18.10	1 020.60	69.70	8.30	4.90	17.10
1983	966.30	83.30	16.70	1 094.70	72.20	8.50	4.60	14.70
1984	1 076.30	81.50	18.50	1 226.30	71.20	8.30	4.20	16.30
1985	1 162.80	80.40	19.60	1 298.33	69.60	8.50	4.40	17.50
1986	1 220.30	79.50	20.50	1 399.07	69.70	8.40	4.10	17.80
1987	1 355.30	91.10	8.90	1 533.22	72.20	8.40	3.50	15.90
1988	1 404.50	83.50	16.50	1 622.52	75.70	6.90	3.10	14.30
1989	1 522.79	81.80	18.20	1 706.87	72.30	8.10	3.20	16.40
1990	1 594.50	79.80	20.20	1 954.18	71.70	7.20	2.80	18.30
1991	1 649.02	75.30	24.70	1 961.92	67.00	8.50	2.80	21.70
1992	1 763.66	77.10	22.90	2 016.61	69.40	8.00	2.70	19.90
1993	1 811.57	76.70	24.30	2 089.80	70.00	8.00	2.70	19.30
1994	2 073.79	71.50	28.50	2 282.80	66.00	7.70	2.50	23.80
1995	2 313.65	69.20	30.80	2 640.55	66.10	6.90	2.20	24.80
1996	2 556.85	68.60	31.40	2 819.43	64.50	6.90	2.50	26.10
1997	2 619.97	71.85	28.15	3 428.98	71.38	6.01	2.01	20.60
1998	2 451.49	71.99	28.01	3 364.49	71.31	6.52	1.76	20.41
1999	2 267.97	67.06	32.94	3 287.97	68.22	7.18	1.88	22.72
2000	2 138.07	59.17	40.83	3 206.77	62.75	8.07	1.96	27.22

12－2　主要行业能源消费总量和构成

行　　业	1998年		1999年		2000年	
	消费量（万吨标煤）	构成（%）	消费量（万吨标煤）	构成（%）	消费量（万吨标煤）	构成（%）
一、工　　业	**2 488.36**	**100.00**	**2 388.30**	**100.00**	**2 193.27**	**100.00**
轻工业	366.87	14.74	347.03	14.53	314.69	14.35
重工业	2 027.31	81.47	1 931.73	80.88	1 784.28	81.35
（一）采掘业	353.07	14.19	321.16	13.45	275.53	12.56
煤炭采选业	242.20	9.73	230.74	9.66	202.32	9.22
石油和天然气开采业	26.82	1.08	11.17	0.47	6.36	0.29
黑色金属矿采选业	9.61	0.39	12.48	0.52	11.19	0.51
有色金属矿采选业	14.92	0.60	36.32	1.52	28.23	1.29
非金属矿采选业	50.77	2.04	26.40	1.11	23.42	1.07
其他矿采选业	4.55	0.18				
木材及竹材采运业	4.21	0.17	4.08	0.17	3.99	0.18
（二）制造	1 914.63	76.94	1 821.53	76.27	1 695.84	77.32
食品加工业	70.76	2.84	61.94	2.59	50.54	2.30
食品制造业	113.10	4.55	124.93	5.23	107.00	4.88
饮料制造业	9.95	0.40	8.25	0.35	6.79	0.31
烟草加工业	37.08	1.49	35.35	1.48	26.60	1.21
纺织业	8.94	0.36	8.11	0.34	6.87	0.31
服装及其他纤维制品制造业	1.03	0.04	0.98	0.04	0.89	0.04
皮革、毛皮、羽绒及其制品业	0.58	0.02	0.58	0.02	0.47	0.02
木材加工及竹、藤、棕、草制品业	11.29	0.45	10.01	0.42	8.40	0.38
家具制造业	0.17	0.01	0.17	0.01	0.15	0.01
造纸及纸制品业	33.25	1.34	28.94	1.21	24.12	1.10
印刷业	2.25	0.09	2.45	0.10	2.30	0.10
文教体育用品制造业	0.03		0.04		0.03	
石油加工及炼焦业	25.23	1.01	19.07	0.80	17.24	0.79
化学原料及化学品制造业	651.45	26.18	632.90	26.50	594.07	27.09
医药制造业	5.95	0.24	4.88	0.20	3.96	0.18
化学纤维制造业	7.67	0.31	6.36	0.27	5.21	0.24
橡胶制品业	8.97	0.36	7.72	0.32	22.11	1.01
塑料制品业	4.80	0.19	5.09	0.21	4.45	0.21
非金属矿物制品业	365.42	14.69	314.03	13.15	285.29	13.01
黑色金属冶炼及压延加工业	365.57	14.69	355.19	14.87	343.46	15.66
有色金属冶炼及压延加工业	161.79	6.50	165.17	6.92	159.60	7.28
金属制品业	4.05	0.16	3.98	0.17	3.51	0.16
普通机械制造业	8.21	0.33	8.10	0.34	7.23	0.33
专用设备制造业	4.81	0.19	4.91	0.21	4.39	0.20
交通运输设备制造业	4.98	0.20	5.04	0.21	4.64	0.21
武器弹药制造业	0.89	0.04	0.86	0.04	0.74	0.03
电气机械及器材制造业	0.48	0.18	4.39	0.18	3.88	0.18
电子及通信设备制造业	0.26	0.01	0.34	0.01	0.29	0.01
仪器仪表、文化办公用机械制造业	1.40	0.06	1.40	0.06	1.24	0.06
其他制造业	0.24	0.01	0.21	0.01	0.18	0.01
（三）电力、煤气及水生产和供应业	220.65	8.87	245.60	10.28	221.91	10.12
电力、蒸气、热水的生产和供应业	202.09	8.12	227.39	9.52	204.20	9.31
煤气生产和供应业	13.65	0.55	12.76	0.53	12.89	0.59
自来水的生产和供应业	4.92	0.20	5.44	0.23	4.84	0.22
二、建筑业	**39.92**		**42.26**		**39.49**	
三、交通运输、仓储及邮电通信业	**226.76**		**236.58**		**229.02**	

12－3 主要行业原煤消费量和构成

行业	1998年		1999年		2000年	
	消费量（万吨）	构成（%）	消费量（万吨）	构成（%）	消费量（万吨）	构成（%）
一、工业	**2 651.63**	**100.00**	**2 471.96**	**100.00**	**2 169.57**	**100.00**
轻工业	216.98	8.18	171.94	6.96	176.57	8.14
重工业	2 434.65	91.82	2 300.02	93.04	1 993.00	91.86
（一）采掘业	1 020.73	38.49	936.89	37.90	854.81	39.40
煤炭采选业	979.75	36.95	904.90	36.61	826.82	38.11
石油和天然气开采业	0.10		0.07		0.06	
黑色金属矿采选业	3.42	0.13	2.86	0.12	2.52	0.12
有色金属矿采选业	9.91	0.37	8.19	0.33	6.94	0.32
非金属矿采选业	25.89	0.98	19.65	0.79	17.44	0.80
其他矿采选业						
木材及竹材采运业	1.66	0.06	1.22	0.05	1.03	0.05
（二）制造业	881.89	33.26	675.36	27.32	671.80	30.96
食品加工业	69.16	2.61	63.58	2.57	59.18	2.73
食品制造业	2.41	0.09	1.75	0.07	1.46	0.07
饮料制造业	9.08	0.34	6.60	0.27	5.49	0.25
烟草加工业	19.24	0.73	13.99	0.57	11.64	0.54
纺织业	5.93	0.22	4.31	0.17	3.59	0.17
服装及其他纤维制品制造业	0.06		0.04		0.03	
皮革、毛皮、羽绒及其制品业	0.39	0.01	0.28	0.01	0.23	0.01
木材加工及竹、藤、棕、草制品业	8.38	0.32	6.09	0.25	5.07	0.23
家具制造业	0.01		! 0.01		0.01	
造纸及纸制品业	27.95	1.05	21.20	0.86	22.01	1.01
印刷业	0.12		0.09		0.07	
文教体育用品制造业						
石油加工及炼焦业	55.00	2.07	40.80	1.65	36.05	1.66
化学原料及化学品制造业	257.33	9.70	199.24	8.06	192.78	8.89
医药制造业	5.62	0.21	4.09	0.17	3.40	0.16
化学纤维制造业	7.08	0.27	5.15	0.21	4.28	0.20
橡胶制品业	7.37	0.28	5.36	0.22	4.46	0.21
塑料制品业	0.59	0.02	0.43	0.02	0.36	0.02
非金属矿物制品业	311.49	11.75	226.49	9.16	226.94	10.46
黑色金属冶炼及压延加工业	44.69	1.69	36.98	1.50	44.14	2.03
有色金属冶炼及压延加工业	38.37	1.45	28.75	1.16	40.50	1.87
金属制品业	1.28	0.05	0.93	0.04	0.77	0.04
普通机械制造业	2.19	0.08	1.59	0.06	1.32	0.06
专用设备制造业	0.94	0.04	0.68	0.03	0.57	0.03
交通运输设备制造业	1.24	0.05	0.90	0.04	0.75	0.03
武器弹药制造业	0.39	0.01	0.28	0.01	0.23	0.01
电气机械及器材制造业	1.72	0.06	1.25	0.05	1.04	0.05
电子及通信设备制造业	0.01		0.01		0.01	
仪器仪表、文化办公用机械制造业	0.45	0.02	0.33	0.01	0.27	0.01
其他制造业	3.40	0.13	4.16	0.17	5.15	0.24
（三）电力、煤气及水生产和供应业	749.01	28.25	859.71	34.78	642.96	29.64
电力、蒸气、热水的生产和供应业	739.05	27.87	850.58	34.41	635.83	29.31
煤气生产和供应业	9.96	0.38	9.13	0.37	7.13	0.33
自来水的生产和供应业						
二、建筑业	**9.53**		**9.86**		**10.20**	
三、交通运输、仓储及邮电通信业	**16.34**		**16.73**		**17.12**	

12－4 主要行业焦炭消费量和构成

行　　业	1998年		1999年		2000年	
	消费量（万吨）	构成(%)	消费量（万吨）	构成(%)	消费量（万吨）	构成(%)
一、工　业	**404.80**	**100.00**	**386.77**	**100.00**	**358.84**	**100.00**
轻工业	1.82	0.45	1.74	0.45	1.61	0.45
重工业	402.98	99.55	385.03	99.55	357.23	99.55
(一)采掘业	12.13	3.00	11.58	2.99	10.75	3.00
煤炭采选业	3.25	0.80	3.11	0.80	2.89	0.81
石油和天然气开采业						
黑色金属矿采选业	5.69	1.41	5.42	1.40	5.03	1.40
有色金属矿采选业	1.38	0.34	1.32	0.34	1.22	0.34
非金属矿采选业	1.80	0.44	1.72	0.44	1.60	0.45
其他矿采选业						
木材及竹材采运业	0.01		0.01		0.01	
(二)制造业	392.22	96.89	374.77	96.90	347.70	96.90
食品加工业	0.35	0.09	0.33	0.09	0.31	0.09
食品制造业	0.03	0.01	0.03	0.01	0.03	0.01
饮料制造业	0.04	0.01	0.04	0.01	0.04	0.01
烟草加工业						
纺织业						
服装及其他纤维制品制造业	0.85	0.21	0.81	0.21	0.75	0.21
皮革、毛皮、羽绒及其制品业						
木材加工及竹、藤、棕、草制品业						
家具制造业	0.01		0.01		0.01	
造纸及纸制品业						
印刷业						
文教体育用品制造业						
石油加工及炼焦业						
化学原料及化学品制造业	189.41	46.79	180.98	46.79	167.91	46.79
医药制造业	0.01					
化学纤维制造业			0.01		0.01	
橡胶制品业						
塑料制品业						
非金属矿物制品业	7.40	1.83	7.07	1.83	6.56	1.83
黑色金属冶炼及压延加工业	172.08	42.51	164.43	42.51	152.55	42.51
有色金属冶炼及压延加工业	17.46	4.31	16.69	4.32	15.48	4.31
金属制品业	0.98	0.24	0.94	0.24	0.87	0.24
普通机械制造业	2.14	0.53	2.04	0.53	1.89	0.53
专用设备制造业	1.03	0.25	0.98	0.25	0.91	0.25
交通运输设备制造业	0.22	0.05	0.21	0.05	0.19	0.05
武器弹药制造业	0.03	0.01	0.03	0.01	0.03	0.01
电气机械及器材制造业	0.16	0.04	0.15	0.04	0.14	0.04
电子及通信设备制造业						
仪器仪表、文化办公用机械制造业	0.01		0.01		0.01	
其他制造业	0.01		0.01		0.01	
(三)电力、煤气及水生产和供应业	0.45	0.11	0.42	0.11	0.39	0.11
电力、蒸气、热水的生产和供应业	0.45	0.11	0.42	0.11	0.39	0.11
煤气生产和供应业						
自来水的生产和供应业						
二、建筑业	**0.56**		**0.58**		**0.60**	
三、交通运输、仓储及邮电通信业	**0.25**		**0.26**		**0.27**	

12－5　主要行业石油消费量和构成

行　　业	1998年		1999年		2000年	
	消费量（万吨）	构成（%）	消费量（万吨）	构成（%）	消费量（万吨）	构成（%）
一、工　　业	**30.87**	**100.00**	**35.59**	**100.00**	**42.11**	**100.00**
轻工业	4.82	15.61	5.52	15.51	6.51	15.46
重工业	26.05	84.39	30.07	84.49	35.60	84.54
（一）采掘业	10.11	32.75	10.75	30.21	11.47	27.24
煤炭采选业	5.20	16.84	5.55	15.59	5.92	14.06
石油和天然气开采业	0.68	2.20	0.71	1.99	0.75	1.78
黑色金属矿采选业	0.17	0.55	0.17	0.48	0.19	0.45
有色金属矿采选业	0.77	2.49	0.80	2.25	0.85	2.02
非金属矿采选业	1.73	5.60	1.85	5.20	1.97	4.68
其他矿采选业						
木材及竹材采运业	1.56	5.05	1.67	4.69	1.79	4.25
（二）制造业	18.95	61.39	22.94	64.46	28.65	68.04
食品加工业	2.23	7.22	2.35	6.60	2.49	5.91
食品制造业	0.13	0.42	0.13	0.37	0.13	0.31
饮料制造业	0.14	0.45	0.14	0.39	0.14	0.33
烟草加工业	0.38	1.23	0.40	1.12	0.42	1.00
纺织业	0.03	0.10	0.03	0.08	0.03	0.07
服装及其他纤维制品制造业	0.01	0.03	0.01	0.03	0.01	0.02
皮革、毛皮、羽绒及其制品业	0.01	0.03	0.01	0.03	0.01	0.02
木材加工及竹、藤、棕、草制品业	0.09	0.29	0.10	0.28	0.12	0.28
家具制造业	0.01	0.03	0.01	0.03	0.01	0.02
造纸及纸制品业	0.14	0.45	0.15	0.42	0.16	0.38
印刷业	0.54	1.75	0.58	1.63	0.62	1.47
文教体育用品制造业						
石油加工及炼焦业	0.01	0.03	0.01	0.03	0.10	0.02
化学原料及化学品制造业	2.94	9.52	3.18	8.94	3.48	8.26
医药制造业	0.07	0.23	0.07	0.20	0.07	0.17
化学纤维制造业	0.03	0.10	0.03	0.08	0.03	0.07
橡胶制品业	0.10	0.32	0.11	0.31	11.09	26.34
塑料制品业	0.16	0.52	0.17	0.48	0.18	0.43
非金属矿物制品业	4.91	15.91	8.03	22.56	1.78	4.23
黑色金属冶炼及压延加工业	2.80	9.07	2.97	8.35	3.15	7.48
有色金属冶炼及压延加工业	2.39	7.74	2.53	7.11	2.69	6.39
金属制品业	0.14	0.45	0.15	0.42	0.16	0.38
普通机械制造业	0.28	0.91	0.30	0.84	0.32	0.76
专用设备制造业	0.22	0.71	0.23	0.65	0.24	0.57
交通运输设备制造业	0.97	3.14	1.02	2.87	1.07	2.54
武器弹药制造业	0.01	0.03	0.01	0.03	0.01	0.02
电气机械及器材制造业	0.14	0.45	0.15	0.42	0.16	0.38
电子及通信设备制造业	0.01	0.03	0.01	0.03	0.01	0.02
仪器仪表、文化办公用机械制造业	0.05	0.16	0.05	0.14	0.05	0.12
其他制造业	0.01	0.03	0.01	0.03	0.01	0.02
（三）电力、煤气及水生产和供应业	0.81	5.86	1.90	5.34	1.99	4.73
电力、蒸气、热水的生产和供应业	1.73	5.60	1.82	5.11	1.91	4.54
煤气生产和供应业	0.02	0.06	0.02	0.06	0.02	0.05
自来水的生产和供应业	0.06	0.19	0.06	0.17	0.06	0.14
二、建筑业	**7.76**		**8.01**		**8.27**	
三、交通运输、仓储及邮电通信业	**79.63**		**85.10**		**92.81**	

12－6　主要行业电力消费量和构成

行　　业	1998年		1999年		2000年	
	消费量(亿千瓦小时)	构成(%)	消费量(亿千瓦小时)	构成(%)	消费量(亿千瓦小时)	构成(%)
一、工　　业	**193.59**	**100.00**	**210.98**	**100.00**	**219.51**	**100.00**
轻工业	42.89	22.16	46.74	22.15	48.62	22.15
重工业	150.70	77.84	164.24	77.85	170.89	77.85
(一)采掘业	12.23	6.32	13.33	6.32	13.10	5.97
煤炭采选业			3.77	1.79	3.99	1.82
石油和天然气开采业	3.46	1.79	0.53	0.25	0.56	0.26
黑色金属矿采选业	0.49	0.25	1.29	0.61	1.36	0.62
有色金属矿采选业	1.18	0.61	6.45	3.06	5.82	2.65
非金属矿采选业	5.92	3.06	1.16	0.55	1.23	0.56
其他矿采选业	1.06	0.55				
木材及竹材采运业	0.12	0.06	0.13	0.06	0.14	0.06
(二)制造业	156.65	80.92	170.72	80.82	177.93	81.06
食品加工业	4.12	2.13	4.49	2.13	4.07	1.85
食品制造业	25.79	13.32	28.11	13.32	28.74	13.09
饮料制造业	0.46	0.24	0.50	0.24	0.53	0.24
烟草加工业	4.71	2.43	5.13	2.43	4.43	2.02
纺织业	0.90	0.46	0.98	0.46	1.04	0.47
服装及其他纤维制品制造业	0.03	0.02	0.03	0.01	0.03	0.01
皮革、毛皮、羽绒及其制品业	0.06	0.03	0.07	0.03	0.07	0.03
木材加工及竹、藤、棕、草制品业	0.92	0.48	1.00	0.47	1.06	0.48
家具制造业	0.03	0.02	0.03	0.01	0.03	0.01
造纸及纸制品业	2.46	1.27	2.68	1.27	2.85	1.30
印刷业	0.32	0.17	0.35	0.17	0.37	0.17
文教体育用品制造业	0.01	0.01	0.01		0.01	
石油加工及炼焦业	0.04	0.02	0.04	0.02	0.04	0.02
化学原料及化学品制造业	52.13	26.93	56.82	26.93	60.11	27.38
医药制造业	0.25	0.13	0.27	0.13	0.28	0.13
化学纤维制造业	0.38	0.20	0.41	0.19	0.43	0.20
橡胶制品业	0.60	0.31	0.65	0.31	0.69	0.31
塑料制品业	0.94	0.49	1.02	0.48	1.08	0.49
非金属矿物制品业	18.25	9.43	19.89	9.43	21.04	9.58
黑色金属冶炼及压延加工业	15.99	8.26	17.43	8.26	18.44	8.40
有色金属冶炼及压延加工业	24.83	12.83	27.06	12.83	28.63	13.04
金属制品业	0.42	0.22	0.46	0.22	0.49	0.22
普通机械制造业	0.90	0.46	0.98	0.46	1.04	0.47
专用设备制造业	0.63	0.33	0.69	0.33	0.73	0.33
交通运输设备制造业	0.53	0.27	0.58	0.27	0.61	0.28
武器弹药制造业	0.12	0.06	0.13	0.06	0.14	0.06
电气机械及器材制造业	0.53	0.27	0.58	0.27	0.61	0.28
电子及通信设备制造业	0.06	0.03	0.07	0.03	0.07	0.03
仪器仪表、文化办公用机械制造业	0.22	0.11	0.24	0.11	0.25	0.11
其他制造业	0.02	0.01	0.02	0.01	0.02	0.01
(三)电力、煤气及水生产和供应业	24.71	12.76	26.93	12.76	28.48	12.97
电力、蒸气、热水的生产和供应业	23.22	11.99	25.31	12.00	26.77	12.20
煤气生产和供应业	0.37	0.19	0.40	0.19	0.42	0.19
自来水的生产和供应业	1.12	0.58	1.22	0.58	1.29	0.59
二、建筑业	**4.61**		**4.83**		**4.94**	**2.25**
三、交通运输、仓储及邮电通信业	**4.04**		**5.91**		**6.25**	**2.85**

12－7 主要年份能源利用经济效益指标

（按 1990 年不变价格计算）

年　份	能源消费量（万吨标煤）	工业部门消费	亿元工业产值耗能（万　吨）	亿元国民生产总值耗能（万吨）	吨能创造工业产值（元）	吨能创造国民生产总值（元）
1949	16.8	9.2				
1952	19.0	11.4	1.6	0.6	6 048	18 047
1957	119.2	72.7	3.4	2.0	2 916	5 100
1962	256.3	166.6	6.9	4.5	1 448	2 242
1965	348.7	226.7	6.5	4.4	1 540	2 295
1970	591.5	390.4	7.1	6.4	1 415	1 572
1975	920.3	607.4	7.9	7.3	1 267	1 370
1976	797.0	494.1	8.5	7.0	1 173	1 434
1977	931.1	605.2	7.2	7.2	1 395	1 394
1978	1 065.9	692.8	6.5	6.7	1 523	1 482
1979	1 072.2	696.9	6.1	6.6	1 636	1 519
1980	946.1	615.5	5.3	5.4	1 890	1 868
1981	948.4	612.6	4.9	5.0	2 051	2 008
1982	1 020.6	668.2	4.7	4.6	2 115	2 156
1983	1 094.7	651.3	4.1	4.6	2 428	2 178
1984	1 226.3	709.7	3.9	4.5	2 563	2 227
1985	1 298.3	761.1	3.7	4.2	2 740	2 377
1986	1 399.1	875.0	3.8	4.3	2 580	2 300
1987	1 533.2	937.8	3.6	4.2	2 818	2 357
1988	1 622.5	991.5	3.2	3.9	3 145	2 584
1989	1 706.9	1 037.1	3.1	3.8	3 210	2 599
1990	1 954.8	1 143.6	3.2	4.1	3 171	2 466
1991	1 961.9	1 143.4	2.9	3.8	3 483	2 624
1992	2 016.6	1 189.1	2.7	3.5	3 745	2 833
1993	2 089.8	1 282.0	2.7	3.3	3 686	3 024
1994	2 282.8	1 402.7	2.4	3.2	4 232	3 090
1995	2 640.6	1 688.6	2.8	3.4	3 623	2 969
1996	2 819.4	1 746.0	2.7	3.3	3 726	3 071
1997	3 429.0	2 090.8	3.1	3.6	3 227	2 763
1998	3 364.5	2 222.9	3.4	3.3	2 954	3 041
1999	3 288.0	2 125.2	3.2	3.0	3 153	3 336
2000	3 206.8	1 960.7	2.8	2.7	3 635	3 664

12－8 能源生产弹性系数

年 份	能源生产平均增长(%)	电力生产平均增长(%)	国民生产总值年平均增长(%)	能源生产弹性系数	电力生产弹性系数
1980	－12.14	1.63	8.50		0.19
1985	3.43	5.31	11.24	0.31	0.47
1986	3.54	6.25	10.23	0.35	0.61
1987	4.74	6.90	10.48	0.45	0.66
1988	4.78	7.70	11.09	0.43	0.64
1989	5.00	7.51	10.55	0.47	0.71
1990	4.86	7.76	10.38	0.47	0.75
1991	4.46	8.10	10.05	0.44	0.81
1992	4.70	8.29	10.12	0.46	0.82
1993	4.63	9.50	10.48	0.44	0.91
1994	6.19	9.62	10.38	0.60	0.93
1995	6.53	9.27	10.32	0.63	0.89
1996	7.02	9.88	10.41	0.67	0.95
1997	6.91	9.26	10.38	0.67	0.89
1998	6.12	8.99	10.23	0.60	0.88
1999	5.35	9.18	10.07	0.53	0.91
2000	4.77	9.04	9.92	0.48	0.91

12－9 能源消费弹性系数

年 份	能源消费平均增长(%)	电力消费平均增长(%)	国民生产总值年平均增长(%)	能源消费弹性系数	电力消费弹性系数
1980	－14.14	5.07	8.50		0.60
1985	2.93	5.74	11.24	0.26	0.51
1986	2.44	7.37	10.23	0.24	0.72
1987	4.53	7.00	10.48	0.43	0.67
1988	4.84	7.73	11.09	0.44	0.70
1989	4.70	7.47	10.55	0.45	0.73
1990	5.39	8.54	10.38	0.52	0.82
1991	4.73	8.87	10.05	0.47	0.88
1992	4.73	8.94	10.12	0.47	0.88
1993	4.69	10.14	10.48	0.45	0.97
1994	5.97	9.39	10.38	0.58	0.90
1995	5.21	8.98	10.32	0.50	0.87
1996	5.85	9.39	10.41	0.56	0.90
1997	6.67	9.58	10.38	0.64	0.92
1998	6.20	9.12	10.23	0.61	0.89
1999	5.76	9.15	10.07	0.57	0.91
2000	5.36	9.04	9.92	0.54	0.91

12－10　全省工业企业消费与库存

（2000 年）

名　称	计　量 单　位	年　初 库　存	消　费　量			年　末 库　存
			合　计	工业生产	非工业生产	
一、能源						
原煤	万吨	97.72	1 937.85	1 930.40	7.45	112.72
洗精煤	万吨	13.56	218.62	218.62	0.00	17.30
其他洗煤	万吨	20.60	23.89	23.84	0.05	14.56
型煤	吨	1.00	1 650.00	1 650.00	0.00	0.00
焦炭	万吨	37.87	446.63	438.09	8.54	29.50
其他焦化产品	吨	1 386.00	36 742.00	36 738.00	4.00	1 164.00
焦炉煤气	万立方米	0.00	38 819.00	37 714.00	1 105.00	0.00
高炉煤气	万立方米	0.00	309 605.00	309 605.00	0.00	0.00
其他煤气	万立方米	0.00	1 953.00	1 953.00	0.00	0.00
天然气	万立方米	0.00	52 602.00	52 398.00	204.00	0.00
原油	吨	51.00	1 970.00	1 970.00	0.00	29.00
汽油	吨	3 013.00	62 080.00	52 049.00	10 031.00	3 557.00
煤油	吨	72.00	756.00	722.00	34.00	83.00
柴油	吨	5 615.00	104 322.00	91 212.00	13 111.00	5 538.00
燃料油	吨	3 164.00	31 432.00	31 432.00	0.00	3 401.00
液化石油气	吨	0.00	83.00	79.00	4.00	0.00
其他石油制品	吨	515.00	4 255.00	4 069.00	186.00	763.00
热力	百万千焦	0.00	99 645.00	99 618.00	27.00	0.00
电力	亿千瓦时	0.00	2 070 222.00	1 991 660.00	78 562.00	0.00
其他燃料	吨标准煤	27 721.00	856 277.00	855 825.00	452.00	42 670.00
能源合计	万吨标煤	123.69	2 789.38	2 736.13	53.25	127.60
二、原材料						
生铁	吨	29 375.00	2 019 592.00	2 019 493.00	99.00	5 853.00
钢材	吨	92 586.00	446 908.00	423 178.00	23 730.00	95 002.00
铜	吨	601.00	64 358.00	64 354.00	4.00	646.00
铝	吨	525.00	55 481.00	55 481.00	0.00	808.00
铜材	吨	1 247.00	9 725.00	9 720.00	5.00	925.00
硫酸	吨	19 507.00	1 087 156.00	1 063 523.00	23 633.00	38 379.00
烧碱	吨	1 349.00	25 443.00	25 412.00	31.00	1 169.00
纯碱	吨	4 878.00	80 425.00	80 358.00	67.00	3 519.00
水泥	吨	70 160.00	403 111.00	328 854.00	74 257.00	49 980.00
原木	立方米	236 537.00	835 928.00	813 939.00	21 989.00	176 872.00
其中:原木直接消费	立方米	0.00	285 579.00	282 964.00	2 615.00	6.00
锯材	立方米	13 307.00	85 621.00	84 806.00	815.00	11 270.00

12－11　主要工业行业钢材和木材消费量

行　　业	钢　材(吨)			木　材(立方米)		
	1998 年	1999 年	2000 年	1998 年	1999 年	2000 年
总　　计	**467 137**	**422 105**	**446 908**	**715 906**	**453 269**	**407 895**
一、采掘业	**21 715**	**25 584**	**19 176**	**116**	**52 652**	**36 261**
煤炭采选业	5 295	6 420	6 404	40 300	30 376	13 921
石油和天然气开采业	44	7 550		7	14	
黑色金属矿采选业	718	735	917	2	849	170
有色金属矿采选业	9 438	9 891	10 649	18 766	19 638	17 550
非金属矿采选业	1 318	837	1 205	452	342	283
木材及竹材采运业	298	153	2	56 696	1 435	4 336
二、制造业	**424 163**	**379 928**	**399 185**	**599 449**	**400 406**	**371 589**
食品加工业	6 512	3 083	3 536	4 842	1 220	103
食品制造业	434	17	389		0	
饮料制造业	160	76	178	278	94	26
烟草加工业	948	627	559		83	74
纺织业	497	256	48	1	4	9
服装及其他纤维制品制造业			25			
皮革、毛皮、羽绒及其制品业						
木材加工及竹、藤、棕、草制品业	4 393	18	1 238	325 678	209 527	253 121
家具制造业	6 351	4 154	1 823	11 187	13 590	1 376
造纸及纸制品业	713	389	402	146 684	119 415	52 195
印刷业	20	500	426	0		
文教体育用品制造业	2	5				
石油加工及炼焦业	2	1	1			
化学原料及化学制品制造业	16 981	11 856	9 619	23 918	12 986	19 157
医药制造业	152	134	75	54	49	37
化学纤维制造业	23			16 868		
橡胶制品业	335	37	210	9	7	2
塑料制品业	191	205	276			
非金属矿物制品业	18 924	13 502	15 854	20 253	17 883	16 324
黑色金属冶炼及压延加工业	120 921	72 694	67 438	3 389	1 999	1 825
有色金属冶炼及压延加工业	19 351	14 476	17 410	26 540	16 098	20 797
金属制品业	64 485	80 117	88 894	35	450	94
普通机械制造业	30 352	30 461	27 305	5 067	2 990	3 417
专用设备制造业	63 433	56 576	61 992	3 526	1 303	988
交通运输设备制造业	43 714	61 690	70 977	286	159	97
武器弹药制造业	1 854	2 641	3 370	1 099	127	6
电气机械及器材制造业	22 190	25 639	26 391	1 629	2 220	1 801
电子及通信设备制造业	446	243	155	36	14	
仪器仪表及文化、办公用机械制造业	664	531	594	256	187	133
其他制造业	119			7 756		
三、电力、煤气及水的生产和供应业	**21 259**	**16 593**	**28 547**	**234**	**211**	**53**
电力、蒸气、热水的生产和供应业	15 888	8 603	3 257	164	210	53
煤气生产和供应业	3 112	3 672	4 405		1	
自来水的生产和供应业	2 259	4 318	20 885	70		

12－12　每百万元工业总产值钢材和木材消费量

行　业	钢　材(吨)			木　材(立方米)		
	1998年	1999年	2000年	1998年	1999年	2000年
总　计	**7.11**	**6.30**	**6.27**	**10.90**	**6.76**	**5.72**
一、采掘业	**6.10**	**7.50**	**5.68**	**32.64**	**15.44**	**10.74**
煤炭采选业	6.99	8.97	8.52	53.24	42.47	18.52
石油和天然气开采业	16.06	28.19		0.02	0.05	
黑色金属矿采选业	3.22	3.81	3.91	0.01	4.40	0.72
有色金属矿采选业	7.07	6.63	6.05	14.06	13.16	9.97
非金属矿采选业	1.92	1.39	2.10	0.66	0.57	0.49
木材及竹材采运业	1.07	1.08	0.04	203.71	10.12	84.34
二、制造业	**7.18**	**6.30**	**6.23**	**10.15**	**6.64**	**5.80**
食品加工业	1.49	0.57	0.67	1.11	0.22	0.02
食品制造业	1.50	0.06	1.72			
饮料制造业	0.23	0.14	0.29	0.41	0.17	0.04
烟草加工业	0.06	0.04	0.03		0.01	
纺织业	0.84	0.44	0.09		0.01	0.02
服装及其他纤维制品制造业	0.00		0.26			
皮革、毛皮、羽绒及其制品业	0.00					
木材加工及竹、藤、棕、草制品业	5.58	0.03	1.64	413.90	323.91	336.19
家具制造业	37.62	29.45	16.59	66.26	96.36	12.52
造纸及纸制品业	0.63	0.36	0.32	129.11	111.27	41.98
印刷业	0.01	0.22	0.19	0		
文教体育用品制造业	0.77	3.30				
石油加工及炼焦业	0.04	0.01	0.01			
化学原料及化学制品制造业	2.30	1.49	1.13	3.24	1.64	2.24
医药制造业	0.08	0.06	0.03	0.03	0.02	0.01
化学纤维制造业	0.03			25.04		
橡胶制品业	0.40	0.07	0.35	0.01	0.01	
塑料制品业	0.24	0.27	0.32			
非金属矿物制品业	6.37	4.65	5.42	6.82	6.16	5.58
黑色金属冶炼及压延加工业	31.59	21.66	18.02	0.89	0.60	0.49
有色金属冶炼及压延加工业	3.19	2.14	2.18	4.38	2.37	2.61
金属制品业	100.52	120.85	123.91	0.05	0.68	0.13
普通机械制造业	25.22	27.92	21.20	4.21	2.74	2.65
专用设备制造业	47.12	43.60	45.36	2.62	1.00	0.72
交通运输设备制造业	31.42	36.33	33.60	0.21	0.09	0.05
武器弹药制造业	13.52	15.25	15.19	8.01	0.73	0.03
电气机械及器材制造业	15.78	17.69	15.97	1.16	1.53	1.09
电子及通信设备制造业	0.65	0.35	0.26	0.05	0.02	
仪器仪表及文化、办公用机械制造业	1.48	1.01	0.84	0.57	0.35	0.19
其他制造业	2.19			142.80		
三、电力、煤气及水的生产和供应业	**7.03**	**5.02**	**7.40**	**0.08**	**0.06**	**0.01**
电力、蒸气、热水的生产和供应业	5.78	2.82	0.92	0.06	0.07	0.01
煤气生产和供应业	21.28	30.02	25.21		0.01	
自来水的生产和供应业	17.62	32.35	156.21	0.55		

主要统计指标解释

能源生产总量　指一定时期内全国(地区)一次能源生产量的总和。一次能源生产量包括原煤、原油、天然气、水电及其他动力能发电量(如风能、地热能等),不包括生物质能、太阳能等的利用和由一次能源加工转换而成的二次能源产量。能源生产总量是观察全国(地区)能源生产水平、规模、构成和发展速度的总量指标。

能源消费总量　指一定时期内全国(地区)用于生产和生活的各种能源消费量的总和。能源消费总量包括原煤和原油及其制品、天然气、电力的消费量,不包括生物质能和太阳能等的利用。能源消费总量分为三部分,即终端能源消费量、能源加工转换损失量和损失量。它是观察能源消费水平、构成和增长速度的总量指标。

1.终端能源消费量　指一定时期内全国(地区)物质生产部门、非物质生产部门和生活消费的各种能源数量,不包括用于加工转换的中间能源消费量、加工转换损失量和损失量。

2.能源加工转换损失量　指一定时期内全国(地区)投入加工转换的各种能源数量之和与产出各种能源产品及其他石油制品和其它焦化产品之和的差额。他是观察能源在加工转换过程中损失量变化的指标。

3.能源损失量　指一定时期内能源在生产、输送、储存过程中发生的经营管理损失和由于客观原因造成的各种损失量,不包括各种气体能源放空、放散量。

能源生产弹性系数　是研究能源生产量的增长与国民经济增长之间关系的指标。其计算公式为:

$$能源生产弹性系数=\frac{能源生产总量年平均增长速度}{国民经济年平均增长速度}$$

国民经济年平均增长速度,可根据不同的目的或需要,用工农业总产值、国内生产总值等指标来计算,本资料是采用国内生产总值指标计算的。

电力生产弹性系数　是研究电力生产量的增长与国民经济增长之间关系的指标。一般来说,电力的发展应当快于国民经济的发展,也就是说电力应超前发展。其计算公式为:

$$电力生产弹性系统=\frac{电力生产量年平均增长速度}{国民经济年平均增长速度}$$

能源消费弹性系数　是反映能源消费增长速度与国民经济增长之间比例关系的指标。其计算公式为:

$$能源消费弹性系数=\frac{能源消费年平均增长速度}{国民经济年平均增长速度}$$

能源节约量　指一定时期内节约和少用的能源数量。它是评价和考核节约能源工作好坏的重要指标。包括由于提高管理水平和技术水平,使单位产品能耗降低而节约能源数量,以及由于调整产业结构、产品结构等使产值能耗降低而少用的能源数量。

能源节约率　是反映能源节约程度的综合性指标。能源节约率一般按年计算,如果要研究一个时期内能源节约程度的一般水平,可计算平均能源节约率指标。计算公式为:

$$节能率=(\frac{报告期单位能源消费量}{基期单位能源消费量}-1)\times 100\%$$

$$年平均节能率=\sqrt[n]{(\frac{报告期单位能源消费量}{基期单位能源消费量}-1)\times 100\%}$$

式中:单位能源消费量可以按国内生产总值、国民收入或工业总产值等计算。

n 为基期与报告期间隔的年份数。

能源加工转换效率 指一定时期内能源经过加工转换后,产出的各种能源产品及其它石油制品和其他焦化产品的数量与同期内投入加工转换的各种能源数量的比率。它是观察能源加工转换装置和生产工艺先进与落后、管理水平高低等的重要指标。

能源折算标准 各种能源由于原始计算单位不同,热值也不一样。因此,必须折算成同一标准计算单位,才能进行汇总、对比和分析。国际上习惯采用两种标准计算单位:一种为标准煤,另一种为标准油。目前我国采用标准煤为能源的计算单位,即每公斤标准煤的热值为 7000 千卡。

原材料、能源消费量 指在报告期内实际使用的原材料、能源的数量,包括企业主营活动和附营活动实际使用的数量。消费的核算原则为:“谁消费谁统计”,即按使用权来统计,核算方法为当进入第一道生产工序,改变原来的形态或性能、或已实际投入使用,即作消费统计。

原材料、能源库存量 指在报告期期初、期末实际结存的原材料、能源数量。库存的核算原则为“谁支配,谁统计”,即按所有权来统计。核算方法是指企业有权支配动用的某一时点实际结存的原材料、能源的数量。

十三、运输和邮电

TRANSPORTATION POSTAL AND
TELECOMMUNICA TIONS SERVICES

13－1 主要年份运输线路长度

（年底数） 单位:公里

年份	铁路营业里程	公路通车里程	内河航道里程	民用航空航线里程	
					国际航线
1978	1 705	41 816	2 809	1 009	
1980	1 682	44 149	1 006	1 009	
1985	1 679	49 541	1 042	22 720	1 318
1987	1 638	49 879	1 042	22 089	3 071
1988	1 626	52 534	1 072	23 682	3 071
1989	1 694	54 732	1 072	22 682	3 071
1990	1 695	56 536	1 130	26 639	3 065
1991	1 684	58 123	1 130	30 773	3 114
1992	1 651	60 045	1 130	47 322	4 147
1993	1 644	63 086	1 130	45 132	6 964
1994	1 642	65 578	1 324	64 220	9 464
1995	1 644	68 236	1 324	51 638	9 464
1996	1 644	70 279	1 324	70 610	6 693
1997	2 023	73 821	1 324	89 781	6 693
1998	1 991	76 957	1 324	128 685	16 256
1999	2 015	102 405	1 530	133 105	33 672
2000	2 015	109 560	1 580	119 702	20 356

13－2 各地区公路运输线路长度

（2000年底） 单位:公里

地区	公路通车里程	按公路等级分				等外公路
		合计	二级	三级	四级	
全省合计	**109 560**	**102 550**	**1 722**	**8 798**	**91 436**	**7 010**
昆明	7 308	7 046	417	783	5 688	262
曲靖	9 135	8 795	81	955	7 671	340
玉溪	12 840	12 603	209	1 039	11 221	237
昭通	7 448	5 926	25	144	5 757	1 522
楚雄	6 816	6 424	114	652	5 598	392
红河	11 309	9 955	225	1 229	8 501	1 354
文山	7 719	7 378	0	964	6 414	341
思茅	8 659	8 180	86	476	7 618	479
西双版纳	4 259	4 259	29	30	4 191	0
大理	8 122	7 224	158	919	6 017	898
保山	7 575	7 197	149	278	6 770	378
德宏	3 103	2 814	188	252	2 408	255
丽江	4 543	4 440	18	458	3 949	103
怒江	2 524	2 429	13	61	2 355	95
迪庆	2 872	2 697	7	56	2 634	175
临沧	5 328	5 149	3	502	4 644	179

13－3　铁路里程和机车拥有量

指　　标	单位	1990年	1995年	1998年	1999年	2000年
铁路里程						
正线延长里程	公里	1 693.4	1 694.4	2 076.0	2 075.4	2 075.4
营业里程	公里	1 695.3	1 643.7	1 991.0	2 015.2	2 015.2
准轨	公里	994.4	983.6	1 330.0	1 354.4	1 354.4
米轨	公里	660.1	660.1	661.0	660.8	660.8
寸轨	公里	33.5				
内燃机牵引里程	公里	1 369.3	1 273.5	1 365.0	1 365.9	1 026.3
占营业里程比重	%	80.8	77.5	69.0	67.8	50.9
半自动闭塞里程	公里	1 447.0	1 615.3	2 014.0	2 036.4	2 015.0
占营业里程比重	%	85.4	98.3	91.0	100.0	100.0
无缝线路里程	公里	224.2	369.6	367.0	363.9	383.3
占正线里程比重	%	13.2	23.4	18.0	18.1	18.5
有电气集中的车站	个	67.0	72.0	125.0	115.0	116.0
占正式营业线路车站比重	%	37.9	41.1	73.0	73.0	56.6
办理客运业务车站	个	159.0	161.0	147.0	147.0	
营业线路主要车站	个	177.0	175.0	172.0	205.0	205.0
铁路机车拥有量						
蒸气机车(寸)	台	2.0				
内燃机车	台	221.0	254.0	248.0	149.0	163.0
东风1型(准)	台	88.0	121.0	73.0	0.0	
东风2型(准)	台	31.0	31.0	31.0	0.0	
东方红21型(米)	台	102.0	102.0	102.0	91.0	91.0
电力机车	台	29.0	42.0	88.0	97.0	136.0

13－4　铁路客货车拥有量

指　　标	1998年		1999年		2000年	
		准轨		准轨		准轨
客车合计(辆)	**736**	**560**	**831**	**655**	**910**	**734**
软卧车	43	36	49	42	53	46
硬卧车	218	192	253	227	293	267
硬座车	370	249	405	284	425	304
餐车	37	33	53	39	47	43
行李邮政车	30	30	36	36	40	40
其它	37	19	33	25	47	29
货车合计(辆)	**1 293**		**1 393**		**1 393**	
按车型分						
棚车	389		389		389	
敞车	796		796		796	
平车			100		100	
罐车	98		98		98	
其它	10		10		10	
按载重量分						
25－40吨						
60吨						
货车总载重(万吨)	4		4		4	
平均每辆车载重量(吨)	30		31		31	

13－5 各地区民用汽车拥有量

（2000 年）

地　区	总　计（辆）	载客汽车						专用载货汽车	
		辆　数			客　位			辆　数	吨　位
		合 计	大 型	小 型	合 计	大 型	小 型		
全省合计	**600 152**	**282 822**	**14 301**	**268 521**	**2 455 314**	**588 920**	**1 866 394**	**4 616**	**16 467**
昆　明	174 371	111 005	4 183	106 822	932 193	188 451	743 742	1 682	3 512
曲　靖	54 639	19 442	1 439	18 003	209 030	61 384	147 646	331	1 588
玉　溪	53 951	18 890	390	18 500	142 999	14 344	128 655	171	738
昭　通	31 423	10 293	1 374	8 919	111 066	52 143	58 923	61	245
楚　雄	29 604	12 667	544	12 123	118 744	21 760	96 984	143	615
红　河	64 522	21 084	1 600	19 484	216 342	67 654	148 688	417	1 540
文　山	19 031	1 418	563	855	83 531	23 646	59 885	123	492
思　茅	21 621	9 080	622	8 458	83 391	22 137	61 254	333	1 732
西双版纳	16 749	7 793	536	7 257	76 481	19 024	57 457	162	845
大　理	34 644	12 564	921	11 643	116 943	36 260	80 683	197	351
保　山	20 256	8 957	446	8 511	18 169	1 849	16 320	211	1 075
德　宏	16 858	9 383	296	9 087	69 845	10 789	59 056	289	1 340
丽　江	13 322	5 372	262	5 110	45 267	8 314	36 953	47	180
怒　江	5 140	2 704	100	2 604	35 409	19 036	16 373	95	428
迪　庆	11 665	3 590	156	3 434	25 929	5 325	20 604	83	457
临　沧	15 995	7 027	462	6 565	60 875	18 588	42 287	270	1 325

13－5　续表

（2000 年）

地　区	普通载货汽车						特种汽车
	辆　数			客　位			
	合 计	大 型	小 型	合 计	大 型	小 型	
全省合计	**303 913**	**146 878**	**157 035**	**966 752**	**770 943**	**195 809**	**8 801**
昆　明	59 900	21 878	38 022	176 581	138 323	38 258	1 835
曲　靖	34 012	18 544	15 468	124 419	107 226	17 193	854
玉　溪	33 924	14 092	19 832	94 684	74 179	20 505	606
昭　通	20 870	12 571	8 299	64 167	46 632	17 535	199
楚　雄	16 520	9 838	6 682	70 814	54 109	16 705	274
红　河	41 976	23 893	18 083	138 528	118 813	19 715	1 045
文　山	9 279	4 311	4 968	28 158	20 260	7 898	511
思　茅	12 020	5 724	6 296	35 885	28 519	7 366	188
西双版纳	8 645	3 631	5 014	23 138	17 482	5 656	149
大　理	21 585	9 751	11 834	72 176	55 522	16 654	298
保　山	10 714	5 640	5 074	35 237	28 191	7 046	374
德　宏	7 085	2 157	4 928	14 660	10 919	3 741	101
丽　江	7 830	4 068	3 762	23 949	18 306	5 643	73
怒　江	2 170	948	1 222	6 194	4 366	1 828	171
迪　庆	7 883	5 070	2 813	24 502	22 815	1 687	109
临　沧	8 413	4 509	3 904	30 977	23 438	7 539	285

13－6 各地区民用其它车辆拥有量

（2000 年）

地区	轮胎式拖拉机（辆）	手扶拖拉机	摩托车（辆）	两轮摩托车	载货挂车（辆）	机动车驾驶员（人）	汽车驾驶员
全省合计	**348 425**	**260 591**	**618 409**	**525 960**	**4 496**	**2 168 090**	**1 114 933**
昆明	17 588	6 870	132 269	122 389	312	522 172	386 229
曲靖	42 393	25 093	98 500	73 112	934	263 838	94 168
玉溪	33 107	31 089	74 353	69 506	5	175 420	95 071
昭通	10 974	6 178	28 728	23 938	597	111 431	52 976
楚雄	25 731	13 597	26 930	21 452	409	137 446	55 687
红河	32 157	30 504	47 055	35 256	891	192 400	106 754
文山	13 170	12 683	16 881	13 368	0	70 183	36 032
思茅	18 647	11 972	20 735	17 634	56	92 136	39 504
西双版纳	33 642	21 169	35 185	33 572	121	92 479	35 158
大理	24 751	20 079	27 937	25 802	272	135 452	72 187
保山	33 132	29 938	32 812	29 563	5	106 586	23 512
德宏	29 012	27 451	41 192	39 310	7	103 470	29 149
丽江	8 947	1 739	6 516	5 276	66	47 690	27 623
怒江	1 955	420	2 262	1 489	0	16 691	13 458
迪庆	5 098	4 984	1 822	1 467	124	18 479	13 513
临沧	18 121	16 825	17 315	12 826	697	70 225	22 462

13－7 各地区私人汽车拥有量

（2000 年）

地区	总计（辆）	普通载货汽车		专用载货汽车		载客汽车	
		辆数	吨位	辆数	吨位	辆数	客位（人）
全省合计	**265 293**	**150 498**	**494 574**	**613**	**2 428**	**114 074**	**803 545**
昆明	84 364	27 862	75 286	94	206	56 366	336 173
曲靖	17 767	11 019	29 830	0	0	6 748	60 815
玉溪	33 952	22 133	58 427	46	230	11 738	84 895
昭通	6 032	4 761	17 272	2	6	1 268	24 109
楚雄	8 616	4 957	21 249	0	0	3 659	29 976
红河	25 246	19 553	62 965	7	22	5 673	54 992
文山	9 479	6 018	18 835	0	0	3 461	28 287
思茅	7 324	5 762	5 260	62	323	1 495	11 394
西双版纳	7 404	4 465	10 940	46	266	2 892	32 541
大理	24 118	19 738	62 178	135	249	4 245	40 903
保山	8 634	5 112	15 201	18	113	3 495	5 953
德宏	10 472	3 947	6 089	45	286	6 472	38 599
丽江	6 383	19 094	78 164	0	0	2 149	15 693
怒江	2 395	1 261	3 268	39	176	1 082	6 848
迪庆	8 646	6 624	21 009	76	418	1 946	13 079
临沧	4 461	3 034	8 601	43	133	1 384	9 942

13－8　各地区私人其它车辆拥有量

（2000 年）　　　　单位：辆

地　区	轮式拖拉机	手扶拖拉机	摩托车	两轮摩托车	载货挂车
全省合计	**326 946**	**249 074**	**605 723**	**508 891**	**290**
昆　明	17 308	6 754	128 084	119 105	18
曲　靖	42 393	25 093	96 787	72 736	6
玉　溪	32 983	30 972	73 450	69 128	5
昭　通	10 729	6 172	21 000	18 307	21
楚　雄	22 781	12 916	25 703	20 499	0
红　河	31 138	30 059	44 790	34 103	17
文　山	12 835	12 494	15 142	12 357	0
思　茅	18 647	11 972	20 735	17 634	8
西双版纳	19 840	13 636	33 518	32 294	1
大　理	24 688	20 079	27 129	25 221	28
保　山	31 673	28 946	30 872	28 775	2
德　宏	28 864	27 343	39 654	38 124	0
丽　江	8 807	1 657	5 848	4 912	9
怒　江	1 955	420	1 963	1 352	0
迪　庆	5 001	4 926	1 587	1 336	121
临　沧	17 304	16 108	15 691	11 716	54

13－9　各地区专业汽车年底实有数

（2000 年）　　　　单位：辆

地　区	客货汽车合计			载　货　汽　车			载　客　汽　车		
	合　计	中　央及省属	地　县	合　计	中　央及省属	地　县	合　计	中　央及省属	地　县
全省合计	**9 262**	**6 821**	**2 441**	**2 622**	**2 222**	**400**	**6 640**	**4 599**	**2 041**
昆　明	954	805	149	203	158	45	751	647	104
曲　靖	1 832	1 051	781	548	449	99	1 284	602	682
玉　溪	585	255	330	405	185	220	180	70	110
昭　通	498	229	269	23	0	23	475	229	246
楚　雄	445	185	260	49	49	0	396	136	260
红　河	455	173	282	95	82	13	360	91	269
文　山	551	370	181	45	45	0	506	325	181
思　茅	498	498	0	19	19	0	479	479	0
西双版纳	395	356	39	64	64	0	331	292	39
大　理	55	39	16	22	22	0	33	17	16
保　山	1 791	1 685	106	1 076	1 076	0	715	609	106
德　宏	706	706	0	64	64	0	642	642	0
丽　江	281	281	0	2	2	0	279	279	0
怒　江	39	39	0	0	0	0	39	39	0
迪　庆	61	61	0	0	0	0	61	61	0
临　沧	116	88	28	7	7	0	109	81	28

13－10　民用运输船舶年底实有数

指标		计算单位	1998年		1999年		2000年	
			合计	私人	合计	私人	合计	私人
一、机动船总计	艘数	艘	926	724	753	557	869	641
	净载重量	吨位	15 504	9 863	14 607	7 895	18 968	10 166
	载客量	客位	13 489	2 878	14 696	3 149	18 008	5 093
	功率	千瓦	43 984	12 046	47 896	12 917	62 243	19 001
1.客船	艘数	艘	231	149	252	148	323	208
	载客量	客位	9 175	2 812	10 287	3 008	13 992	5 077
	功率	千瓦	12 783	2 726	15 136	3 942	19 917	7 011
2.客货船	艘数	艘	32	2	34	5	34	1
	净载重量	吨位	1 014	9	1 031	53	1 552	3
	载客量	客位	4 314	66	4 409	141	4 016	16
	功率	千瓦	6 160	130	5 949	188	7 517	12
3.货船	艘数	艘	645	572	452	404	499	432
	净载重量	吨位	14 490	9 854	13 576	7 842	17 416	10 163
	功率	千瓦	20 793	8 969	23 277	8 787	31 621	11 978
4.拖船	艘数	艘	18	1	15		13	
	功率	千瓦	4 248	221	3 534		3 188	
二、货驳	艘数	艘	70	10	62	10	47	
	净载重量	吨位	15 027	1 214	14 302	1 214	10 884	

13－11　内河、湖泊主要港口码头泊位数

(2000年)

名称	港口所在地	旅客吞吐量(万人)	出口量	货物吞吐量(万吨)	出口量	进口量	生产用码头		
							码头长度(米)	泊位数(个)	最大靠泊能力(吨)
昆明港	昆明市新篆塘	42	21	12	2		1 090	24	50
水富港	昭通水富县	16	8	23	7		800	4	500
绥江港	昭通绥江县	24	12	28	18		1 094	14	350
下关港	大理下关	140	70	69	4		2 010	34	60
景洪港	版纳景洪	4	2	13	9		645	7	300
思茅港	思茅市	8	4	8	4		570	5	150
江川港	玉溪江川县	12	8	0	0		233	8	102
澄江港	澄江县	30	16	0	0		1 600	12	100

13－12 主要年份客运量

单位:万人

年　份	客运量总计	铁　　路	公　　路	水　　运	民用航空
1978	3 941.0	1 267.0	2 534.0	31	8.9
1980	5 250.0	1 528.0	3 612.0	93	17.2
1985	9 393.0	1 509.0	7 735.0	126	23.0
1986	10 440.0	1 308.0	8 958.0	143	31.0
1987	10 091.0	1 351.0	8 552.0	149	39.0
1988	10 551.0	1 444.0	8 864.0	211	32.0
1989	10 389.0	1 320.0	8 928.0	110	31.0
1990	10 702.0	1 016.0	9 475.0	177	34.0
1991	11 078.0	1 006.0	9 880.0	142	50.0
1992	10 565.0	1 086.0	9 277.0	119	83.0
1993	11 063.0	1 250.0	9 528.0	158	127.0
1994	25 163.0	1 359.0	23 518.0	141	145.8
1995	21 697.0	1 257.0	20 095.0	134	211.0
1996	23 904.0	1 119.0	22 397.1	135.2	253.0
1997	25 003.7	1 129.5	23 437.9	148	288.3
1998	29 863.0	1 295.0	28 048.0	189	331.1
1999	32 962.2	1 494.8	30 796.0	236	435.4
2000	33 704.0	1 531.6	31 586.0	241	345.0

注:公路客运量1993年前为运输系统统计数,1994年改为全社会统计数。

13－13 主要年份旅客周转量

单位:亿人公里

年　份	旅客周转量总计	铁　　路	公　　路	水　　运	民用航空
1978	24.25	9.92	13.89	0.12	0.32
1980	33.74	12.86	20.30	0.26	0.32
1985	72.84	19.56	52.53	0.32	0.43
1986	81.56	19.84	57.56	0.52	3.64
1987	88.41	23.20	59.92	0.55	4.74
1988	93.46	23.91	64.81	0.57	4.17
1989	94.01	21.92	67.66	0.42	4.01
1990	87.67	17.22	65.77	0.46	4.22
1991	95.86	17.95	71.83	0.37	5.72
1992	99.98	20.29	69.89	0.34	9.46
1993	111.90	22.86	73.38	0.37	15.29
1994	146.87	24.41	101.77	0.33	20.36
1995	137.93	23.03	93.10	0.35	21.45
1996	149.94	20.57	102.40	0.37	26.61
1997	172.37	22.73	119.47	0.38	29.78
1998	189.85	24.76	131.80	0.58	32.71
1999	237.99	32.82	164.20	0.64	40.34
2000	237.94	31.35	171.20	0.78	34.57

13－14 主要年份货运量

单位:万吨

年 份	货运量总计	铁 路	公 路	水 运	民用航空
1978	4 994	1 929	2 972	93	0.16
1980	4 758	2 106	2 587	65	0.22
1985	20 044	2 022	17 970	52	0.40
1986	22 041	2 228	19 754	58	0.50
1987	21 583	2 308	19 184	91	0.50
1988	22 990	2 421	20 477	91	0.60
1989	30 822	2 541	28 189	91	1.00
1990	38 327	2 567	35 656	104	0.43
1991	30 834	2 577	28 165	91	0.63
1992	42 752	2 658	39 988	105	1.00
1993	35 704	2 718	32 869	115	1.84
1994	37 860	2 769	34 921	168	2.00
1995	38 400	2 829	35 446	123	2.40
1996	42 852	2 896	39 728	245	3.50
1997	46 782	2 904	43 716	157	5.60
1998	48 448	3 100	45 199	141	7.27
1999	50 781	3 287	47 368	118	7.75
2000	52 452	3 521	48 789	134	7.82

13－15 主要年份货物周转量

单位:亿吨公里

年 份	货物周转量总计	铁 路	公 路	水 运	民用航空
1978	62.34	43.52	18.57	0.24	0.01
1980	68.76	50.59	17.84	0.32	0.01
1985	154.11	64.83	88.73	0.50	0.05
1986	177.89	69.72	107.63	0.48	0.06
1987	195.89	79.77	115.35	0.69	0.08
1988	208.05	82.78	124.44	0.75	0.08
1989	225.21	88.00	136.10	1.04	0.07
1990	260.67	93.91	166.10	0.59	0.07
1991	233.12	96.07	136.42	0.55	0.08
1992	275.85	100.92	173.92	0.88	0.13
1993	241.61	106.23	134.06	1.08	0.24
1994	295.08	107.86	185.99	0.98	0.26
1995	307.71	114.24	192.10	1.06	0.31
1996	352.44	122.24	228.53	1.23	0.44
1997	384.94	129.00	253.96	1.21	0.76
1998	416.18	141.08	273.12	0.96	1.02
1999	443.09	152.64	288.14	0.92	1.11
2000	479.52	180.76	296.65	0.98	1.13

注:公路从 1984 年起为国家统计局统一口径的全社会运量数。

13－16　主要年份货物运输平均运距

单位:公里

年　份	总　　计	铁　　路	公　　路	水　　运	民用航空
1978	124.8	225.6	62.5	25.8	625.0
1981	142.5	212.1	72.4	50.0	
1982	145.4	234.6	72.3	60.9	
1983	162.4	290.2	74.6	96.7	833.3
1984	134.2	222.7	74.6	58.8	1 333.3
1985	194.0	320.6	88.6	96.2	1 250.0
1986	204.7	312.9	100.7	82.8	1 200.0
1987	237.5	345.6	119.7	75.8	1 600.0
1988	178.2	341.9	71.5	82.4	1 333.3
1989	73.1	346.3	48.3	114.0	1 444.1
1990	68.0	365.8	46.6	57.0	1 595.3
1991	75.6	372.8	48.4	60.4	1 269.8
1992	64.5	379.7	43.5	84.3	1 256.7
1993	67.7	390.0	40.8	93.9	1 304.3
1994	77.9	389.5	53.3	58.3	1 300.0
1995	80.1	403.8	54.2	86.2	1 291.7
1996	82.3	422.1	57.5	54.7	1 257.1
1997	82.3	444.2	58.1	77.2	1 358.2
1998	85.9	455.0	60.4	68.1	1 483.0
1999	87.3	464.4	60.8	78.0	1 793.5
2000	91.4	513.4	60.8	73.1	1 445.0

13－17　主要年份旅客运输平均运距

单位:公里

年　份	货运量总计	铁　　路	公　　路	水　　运	民用航空
1978	61.5	78.3	54.8	38.7	359.6
1981	64.6	85.7	57.1	26.5	550.0
1982	64.5	87.3	57.2	25.8	450.0
1983	66.7	92.8	59.2	25.8	484.4
1984	63.9	77.8	60.7	26.7	466.7
1985	77.5	129.6	67.9	25.4	487.0
1986	78.1	151.7	64.3	36.4	1 174.2
1987	87.6	171.7	70.1	36.9	1 215.4
1988	88.6	165.6	73.1	27.0	1 303.1
1989	86.4	166.1	72.6	31.4	1 292.7
1990	81.9	169.5	69.4	25.9	1 240.4
1991	86.5	178.4	72.7	26.1	1 144.0
1992	88.4	186.9	75.3	28.6	1 139.4
1993	101.1	182.9	77.0	23.4	1 203.9
1994	116.4	179.6	73.6	23.4	1 396.4
1995	63.6	183.2	46.3	26.1	1 016.6
1996	62.7	183.8	45.7	27.4	1 051.8
1997	68.9	201.3	51.0	25.9	1 032.9
1998	63.6	191.3	47.0	30.7	987.9
1999	72.2	219.5	53.3	27.1	926.5
2000	70.6	204.7	54.2	32.4	1 002.0

13－18 铁路货物运输量

（按货类分）

品种	1999年			2000年		
	货运量（万吨）	货物周转量（百万吨公里）	平均运距（公里）	货运量（万吨）	货物周转量（百万吨公里）	平均运距（公里）
合计	**5 329.5**	**15 264.3**	**286**	**5 946.3**	**18 075.9**	**304**
煤	1 174.9	2 089.6	178	1 298.8	2 378.5	183
焦炭	87.8	169.2	193	113.2	225.8	200
石油	276.6	802.0	290	314.2	932.9	297
钢铁	439.1	1 615.5	368	585.3	2 262.3	387
金属矿石	480.1	1 790.7	373	670.3	2 749.3	410
非金属矿石	230.0	469.8	204	182.8	448.7	246
矿建材料	281.7	774.5	275	271.4	851.3	314
水泥	57.3	130.0	227	47.1	102.6	218
木材	68.8	248.9	362	87.1	310.9	357
化肥农药	491.5	1 397.0	284	500.5	1 462.9	292
粮食	115.4	296.8	257	146.1	420.9	288
棉花	1.9	6.2	318	2.5	8.2	332
盐	18.6	60.9	327	25.7	87.9	341
其它	1 202.2	4 102.0	341	1 701.3	5 833.7	343
农副土特产品	69.3	275.0	397	67.8	274.6	405
鲜活易腐货物	85.5	282.7	331	91.5	314.0	343
磷矿石	403.3	1 311.4	325	415.1	1 312.6	316

13－19 公路部门货物运输量

（按货类分）

品种	1999年			2000年		
	货运量（万吨）	货物周转量（百万吨公里）	平均运距（公里）	货运量（万吨）	货物周转量（百万吨公里）	平均运距（公里）
合计	**507**	**95 548**	**188**	**513**	**93 878**	**183**
煤	47	11 146	237	58	7 252	125
石油	8	2 823	352	8	3 508	439
钢铁	14	2 992	213	12	3 653	304
金属矿石	4	1 919	480	5	1 824	365
非金属矿石	13	1 562	120	12	1 452	121
矿建材料	14	2 070	148	12	2 060	172
水泥	29	3 036	105	16	2 234	140
木材	21	8 322	396	20	8 155	408
化肥农药	26	7 521	289	27	7 614	282
粮食	10	1 483	148	9	1 450	161
盐	11	1 837	167	8	1 288	161
其它	265	31 429	119	279	30 150	108
日用工业品	5	232	46	20	6 555	328
磷矿	2	117	59	2	208	104

13－20　铁路运输经济技术主要指标

（准　轨）

指　　标	单　位	1990年	1995年	1998年	1999年	2000年
货运机车日产量	万吨公里	46.40	54.20	59.20	59.50	63.90
#内燃机车	万吨公里	41.70	41.90	48.10	49.10	50.30
货运机车平均牵引总重	吨	1 722	1 907	2 050.00	2 182.00	2 386.00
#内燃机车	吨	1 674	1 709	1 843.00	1 878.00	2 124.00
货运机车日车公里	公里	454.00	444.00	409.00	396.00	408.00
客运机车日车公里	公里	454.00	481.00	454.00	437.00	410.00
内燃机车每万吨公里耗油	公斤	40.10	41.70	39.20	405.00	39.70
货物列车出发正点率	%	93.20	93.20	94.50	94.50	92.40
货物列车运行正点率	%	92.70	91.20	91.80	93.30	91.70
旅客列车出发正点率	%	99.30	99.60	99.70	99.40	99.80
旅客列车技术速度	公里/小时	42.60	45.40	49.40	52.60	54.90
旅客列车旅行速度	公里/小时	36.30	38.50	42.10	44.60	47.20
每一旅客列车编成辆数	辆	14.90	16.00	15.00	14.00	15.70
客运列车密度	列/日	33.80	34.60	56.00	57.00	52.00
客运密度	万人公里/公里	145.20	196.20	83.00	97.00	96.00
每万名旅客拥有座卧车数	辆		0.67	0.49	0.47	0.51
每百万旅客人公里拥有座卧车数	辆		0.26	0.30	0.25	0.29
货物列车技术速度	公里/小时	38.80	39.60	39.00	39.80	41.40
货物列车旅行速度	公里/小时	27.30	25.80	25.90	25.60	26.50
货运列车密度	列/日	121.00	148.60	293.40	154.00	145.60
货运密度	吨公里/公里	846.10	1 081.20	2 450.00	2 640.00	2 950.00
货车周转时间	天	2.06	2.11	2.52	2.66	2.49
货车一次作业停留时间	小时	16.00	18.70	23.20	23.60	21.80
货车周转停留时间	小时	5.90	6.60	8.10	8.00	8.00
货车净载重	吨	56.50	57.30	57.70	57.50	57.60
货车载重力利用率	%	97.60	96.00	95.80	96.00	99.30

13－21　铁路运输主要财务成本指标

单位:万元

指　　标	1990 年	1995 年	1998 年	1999 年	2000 年
运输总收入	**68 895**	**109 453**	**165 622**	**186 583**	**205 542**
客运收入	15 010	26 549	32 196	55 519	58 272
货运收入	48 844	63 906	88 914	104 317	96 771
行李包裹收入	967	2 429	3 877	2 246	8 854
邮运收入	319	603	46	57	966
其它收入	3 755	9 329	40 589	24 444	40 679
运输总成本	**32 184**	**119 768**	**168 833**	**173 360**	**191 356**
工　　资	7 425	28 650	38 166	41 575	46 969
材　　料	6 151	15 237	15 297	14 514	17 591
燃　　料	3 777	12 336	13 763	13 961	18 053
电　　力	779	4 949	7 393	6 759	11 447
折旧提成	9 607	14 113	24 957	22 107	23 214
其　　他	4 445	41 919	53 897	52 635	53 713
营业外支出	5 780	8 878	15 360	21 809	21 809
上缴营业税	2 235	488	5 366	6 045	6 660
实现利润	6 744	043 354	08 534	5 836	13 205
固定资产原值	289 918	886 902	987 430	1 837 581	1 886 797
铁路运输职工平均人数(人)	45 629	43 800	58 000	57 000	57 000
单位成本(元)	432	1 353	1 084	970	1 003

13－22　公路运输经济技术主要指标

指　　标	单位	1990 年	1995 年	1998 年	1999 年	2000 年
载货汽车完好率	%	80.1	86.9	93.3		
载货汽车工作率	%	53.5	47.8	66.1	58.3	55.0
载货汽车实载率	%	87.1	83.5	85.5	72.5	78.0
载货汽车车吨年产量	吨公里	37 604.0	25 884.0	33 628		
载货汽车单车年产量	吨公里	209 953.0	166 432.0	253 848		
载客汽车完好率	%	83.4	85.1	89.3		
载客汽车工作率	%	67.5	66.4	72.8	77.2	77.0
载客汽车实载率	%	80.8	58.7	53.4	55.9	89.0
载客汽车车座年产量	人公里	37 356.0	28 746.0	34 612		
载客汽车单车年产量	人公里	1 582 191.0	1 127 497.0	1 103 269.0		
客车每百车公里耗汽油	升	35.4	26.4	25.0	21.9	23.4
客车每百车公里耗柴油	升	32.7	22.5	29.0	19.1	19.3
客车每百吨公里耗汽油	升	10.1	11.6	10.1	11.7	8.0
客车每百吨公里耗柴油	升	8.7	9.2	9.4	10.9	9.0
货车百车公里耗汽油	升	46.5	35.4	37.4	32.5	31.7
货车百车公里耗柴油	升	38.0	37.0	34.9	28.5	28.6
货车百吨公里耗汽油	升	7.2	6.8	7.7	7.3	7.4
货车百吨公里耗柴油	升	5.0	5.2	5.5	5.0	6.7

13－23 民用航空主要财务成本指标

单位:万元

指　　标	1990 年	1995 年	1998 年	1999 年	2000 年
业务收入	**14 162**	**105 830**	**254 861**	**314 410**	**268 690**
国内航线运输收入	12 167	96 546	227 299	279 572	230 862
国际航线运输收入	152	9 284	11 509	15 018	15 437
航站服务收入	1 801	12 915	12 875	19 146	20 132
其他业务收入	43	801	1 192	675	2 258
业务成本	**6 819**	**93 663**	**166 266**	**211 504**	**203 465**
飞行费用	4 671		145 614	178 124	176 415
税　　金	400	4 047	8 241	26 587	6 258
利润总额	7 013	10 924	15 207	40 155	9 655
营业外收入	2	6 329	116	44	134
营业外支出	65	824	1 854	2 576	2 772
年末固定资产原值	26 491	171 999	556 189	802 767	772 357

13－24 民航运输生产主要指标

指　　标	单　位	1990 年	1995 年	1998 年	1999 年	2000 年
旅客发运量	人	341 036	2 038 423	3 310 893	4 353 777	3 449 570
国际航线	人	4 864	86 191	124 250	152 079	155 321
地区航线	人	13 505		17 795	28 769	21 289
国内航线	人	322 667	1 952 232	3 168 848	4 172 929	3 272 960
货邮发运量	吨	4 248	23 485	72 683	77 489	78 237
国际航线	吨	148	891	2 785	3 555	3 213
地区航线	吨	265		225	328	311
国内航线	吨	3 835	22 594	69 673	73 606	74 662
旅客周转量	万人公里	42 173	214 481	327 065	403 366	345 709
货邮周转量	万吨公里	686	3 042	10 235	10 391	11 273
总周转量	万吨公里	3 723	18 405	34 502	40 922	36 874
飞行班次	班次	2 998	16 728	27 879	35 273	32 563
飞行万公里	万公里	354	1 846	3 131	3 720	32 563
飞行小时	小时	5 962	24 926	47 968	55 924	56 723
飞机生产率	吨公里/小时	6 245	7 384	7 193	7 317	6 501
飞机载运率	%	83	71	59.4	61.8	56.1
客座利用率	%	90	83	61.8	65.6	56.5

13－25 主要年份邮电通信网

年份	邮电局所（处）	设在农村的	邮路总长度（公里）	长话电路（路）	电报电路（路）
1978	1 708	1 520	260 761	891	377
1980	1 700	1 495	255 779	996	376
1985	1 780	1 442	230 505	1 216	450
1986	1 693	1 441	227 388	1 268	457
1987	1 692	1 494	223 987	1 361	454
1988	1 686	1 496	223 240	1 426	524
1989	1 686	1 489	227 643	1 648	568
1990	1 700	1 419	227 720	1 841	596
1991	1 710	1 415	226 378	2 061	613
1992	1 732	1 419	228 263	2 977	618
1993	1 734	1 417	228 384	6 312	1 053
1994	1 771		232 083	16 289	990
1995	1 809	1 549	236 447	13 104	565
1996	1 843	1 568	293 361	16 277	559
1997	1 898	1 623	293 918	21 639	882
1998	2 105	1 685	292 900	32 454	478
1999	1 927	1 614	294 285	50 706	360
2000	1 946	1 604	295 496	95 725	384

注:1.邮路总长度包括农村投递线路。2.从 1993 年起调整了电报电路统计口径。

13－26 主要年份邮电业务量

年份	邮电业务总量（万元）	函件（万份）	报刊期发数（万份）	电报（万份）	长途电话（万张）	市内电话（户）	农村电话（户）
1978	3 017	5 572	255	351	462	21 842	40 299
1980	3 555	7 023	365	392	508	26 190	44 801
1985	6 675	9 497	640	578	731	38 524	52 261
1986	7 055	9 567	590	523	757	42 076	55 170
1987	8 000	10 508	711	601	819	44 992	34 166
1988	9 876	10 915	690	750	942	56 535	34 626
1989	11 012	9 725	466	734	979	64 591	35 684
1990	12 737	8 958	471	713	1 172	73 194	36 830
1991	26 267	9 378	577	729	1 557	92 801	38 389
1992	35 917	10 320	529	773	2 809	129 948	41 453
1993	55 855	12 582	533	754	4 997	206 708	47 335
1994	91 534	15 534	523	638	9 772	286 416	53 758
1995	139 729	16 024	485	510	16 750	640 510	99 029
1996	206 541	14 951	507	402	22 174	713 348	125 943
1997	298 404	14 476	597	335	24 891	1 029 841	202 001
1998	443 831	12 558	457	262	33 604	1 487 371	386 643
1999	612 636	10 475	640	212	37 954	1 741 121	560 798
2000	990 739	11 664	758	201	38 105	2 218 638	670 336

注:1.1987 年、1988 年农村电话户数按邮电部统一口径做了调整。

2.邮电业务总量为各个时期不变价计算。1990 年邮电业务总量按 1990 年不变价计算为 22703 万元。

主要统计指标解释

铁路营业里程 指办理客货运输业务的铁路正线总长度。凡是全线或部分建成双线及以上的线路,以第一线的实际长度计算;复线、站线、段管线、岔线和特别用途线以及不计算运输量的联络线都不计算营业里程。铁路营业里程是反映铁路运输业基础设施发展水平的重要指标,也是计算客货周转量、运输密度和机车车辆运用效率等指标的基础资料。

公路里程 也称“公路通车里程”,是指实际达到交通部制定的公路工程技术标准规定的等级的公路长度。他包括大中城市的郊区公路以及通过小城镇街道的公路里程,也包括桥梁、渡口的长度,但不包括城市的街道以及厂矿、林区和农业生产用道的里程。两条或多条公路共同经由同一路段,只计算一次,不得重复计算里程长度。公路里程是反映公路建设发展规模的重要指标,也是计算运输网密度等指标的基础资料。

内河航道里程 也称“内河通航里程”,是指在枯水季节水深在0.3米及以上,能通航运输船舶及排筏的天然河流、湖泊水库、运河及通航渠道的长度,包括全年季节性通航累计三个月以上的航道,但不包括仅供零散流放竹、木排的航道。内河航道里程的反映内河水运网规模、水平和发展情况的主要指标。

民用航空航线里程 指民航运输定期班机飞行的航线长度的总和。航线长度按机场之间的距离计算,通常有两种计算方法;将每条航线长度相加称为重复计算航线里程;如将两条或两条以上航线经过同一区段里程,只计算一次航线长度称为不重复计算航线里程。一航常用的是后者,它能确切反映民航运输网的规模,表明民航事业为国民经济服务和方便人民程度的主要指标。

货(客)运量 指运输业实际运送的货物(旅客)数量。货运按吨计算,客运按人计算。货物不论运输距离长短,货物类别,均按实际重量统计;旅客不论行程远近或票价多少,均按一人一次作为客运量统计。半价票、小孩票也按一人统计。货(客)运量反映运输业为国民经济和人民生活服务的数量指标,也是制定和检查运输生产计划,研究运输发展规模和速度的重要指标。

货物(旅客)周转量 指运输业运送的货物(旅客)数量与其相应运输距离的乘积之总和,通常以吨公里和人公里为计算单位。计算货物周转量通常按发出站与到达站之间的最短距离,也就是计费距离计算。他是反映运输业生产总成果的重要指标,也是编制和检查运输生产计划、计算运输效率、劳动生产率以及核算运输单位成本的主要基础资料。

铁路货车净载重 指铁路货车在始发站静止状态下平均每车装载的货物重量。静载重的多少取决于运送货物的性质、种类、车辆的类型和装载技术的高低。根据货车的平均载重能力和净载重进行对比,可以反映货车载重能力的利用程度。计算公式为:

$$货车净载重=\frac{货物发送吨数}{装车数}$$

铁路货运机车平均日产量 指平均每台货运机车在一昼夜内所完成的总重吨公里数。他既包括载运货物的重,也包括车辆本身的自重,他从时间和牵引能力两方面反映了机车运用效率的综合性指标。计算公式:

$$\text{货运机车平均日产量}=\frac{\text{货物总重吨公里数}}{\text{货运机车台日数}}$$

邮电业务总量 指以货币表现的邮电部门为用户传递信息和提供其他邮电服务的总量。他用各种邮电分类业务量,如函件件数、电报份数、长话张数、市内电话和农村电话的年均户数、订销报刊份数等,分别乘以相应的平均单价(不变价),加总后再加上出租电路和设备的收入、代用户维护电话交换机和线路等设备的收入、其他业务收入求得。邮电业务总量综合反映了一定时期邮电工作的总成果,是研究邮电业务量构成和发展趋势的重要指标。

十四、建筑业

CONSTRUCTION

14－1　建筑施工企业个数和人数及施工产值

年　份	总　计	国有建筑施工企业	城镇集体建筑施工企业	农村建筑队	其　它
施工企业个数(个)					
1980	1 492	65	106	1 321	
1985	2 522	144	293	2 085	
1990	3 010	123	243	2 644	
1992	3 438	123	230	3 085	
1993	3 369	137	266	2 958	8
1994	2 498	157	324	2 008	9
1995	2 657	140	323	2 194	6
1996	2 618	123	385	2 039	71
1997	1 328	162	395	644	127
1998	1 450	171	489	527	263
1999	1 589	216	486	481	406
2000	1 564	201	432	422	509
施工企业人数(人)					
1980	297 443	166 673	35 192	95 578	
1985	466 428	166 963	55 454	244 011	
1990	476 111	160 500	45 400	270 211	
1992	545 480	182 500	50 700	312 280	
1993	638 820	165 057	55 910	417 382	471
1994	616 178	190 948	57 641	366 480	1 109
1995	646 528	181 237	72 560	391 332	1 399
1996	633 842	158 121	74 213	400 081	1 427
1997	544 281	162 815	93 485	260 311	27 670
1998	547 701	166 136	114 498	191 150	75 917
1999	594 043	180 056	130 474	174 085	109 428
2000	535 519	158 817	108 480	145 326	122 896
建筑业总产值(万元)					
1980	78 235	51 804	11 127	15 304	
1985	212 751	102 616	27 026	83 109	
1990	366 810	185 895	39 598	141 317	
1992	613 521	302 001	73 873	237 647	
1993	1 001 094	510 105	132 480	357 120	1 389
1994	1 499 737	664 075	193 033	638 400	4 229
1995	1 812 155	737 385	212 674	858 693	3 403
1996	2 111 280	884 571	242 762	980 072	3 875
1997	2 210 793	1 080 523	330 002	703 021	97 247
1998	2 541 656	1 111 900	433 717	668 303	327 737
1999	3 135 990	1 350 038	530 692	695 092	560 168
2000	3 113 352	1 305 512	490 985	597 329	719 526

注:1996年起各种经济类型的具有资质等级证书的建筑企业均纳入国家统计;1996年的农村建筑队数据为测算数,以前年度为省乡镇企业局统计数,以后年度为省统计局统计数。

14－2　各种经济类型建筑企业主要指标

（2000 年）

指　　标	企业个数（个）	建筑业总产值（万元）	固定资产净值（万元）	利润总额（万元）	上缴税金（万元）	平均人数（人）
合　　计	**1 564**	**3 113 352**	**926 417**	**59 333**	**123 519**	**535 519**
国　　有	201	1 305 512	403 995	6 521	49 288	158 817
集　　体	897	1 149 792	317 588	35 003	48 638	265 301
其　　他	466	658 047	204 834	17 810	25 593	111 401

14－3　建筑施工企业主要经济指标

（2000 年）

指　　标	合　计	国有经济	集体经济	股份制经　济	港澳台投资经　　济
企业个数(个)	1 564	201	897	149	7
计算建筑业全员劳动生产率职工人数(万人)	53.55	15.88	26.53	5.79	0.08
固定资产原价(万元)	1 308 261	590 861	442 483	144 205	1 277
固定资产净值(万元)	926 417	403 995	317 588	104 053	638
自有机械设备年末总台数(台)	200 174	35 697	121 844	20 349	458
自有机械设备净值(万元)	422 495	139 674	175 329	61 942	136
自有机械设备年末总功率(千瓦)	2 847 459	1 054 601	1 249 494	299 739	5 730
总产值(万元)	3 113 352	1 305 512	1 149 792	377 723	6 465
增加值(万元)	642 132	239 228	266 005	73 769	1 367
固定资产折旧(万元)	381 844	186 865	124 896	40 152	639
应付工资(万元)	377 898	133 380	165 763	42 831	976
应付福利费(万元)	37 736	18 325	13 078	3 155	216
工程结算税金及附加(万元)	93 110	37 597	36 558	11 111	186
管理费用中的税金(万元)	10 133	5 920	3 032	395	2
工程结算利润(万元)	243 923	94 999	91 338	27 095	463
房屋建筑施工面积(万平方米)	3 513.63	1 194.77	1 652.34	323.69	
房屋建筑竣工面积(万平方米)	2 217.50	615.71	1 156.68	202.86	
利润总额(万元)	59 333	6 521	35 003	11 377	－104
利税总额(万元)	162 576	50 038	74 592	22 883	84
按总产值计算的全员劳动生产率(元/人)	58 137	82 202	43 339	65 222	81 014
按增加值计算的全员劳动生产率(元/人)	11 991	15 063	10 027	12 738	17 134
技术装备率(元/人)	7 889	8 795	6 609	10 696	1 707
动力装备率(千瓦/人)	5.32	6.64	4.71	5.18	7.18
房屋建筑面积竣工率(%)	63.11	51.53	70.00	62.67	
工程质量优良品率(%)	34.31	45.77	29.63	34.11	
产值利润率(%)	1.91	0.50	3.04	3.01	－1.61
产值利税率(%)	5.22	3.83	6.49	6.06	1.30

14－4　各地区的建筑业企业单位数及从事建筑业生产的平均人数(按经济类型分)

(2000年)

地　　区	企业单位数(个)	国有经济	集体经济	平均人数(人)	国有经济	集体经济
全省合计	**1 564**	**201**	**897**	**535 519**	**158 817**	**265 301**
昆　　明	491	90	260	241 424	114 863	79 814
曲　　靖	140	13	80	59 022	4 897	43 455
玉　　溪	164	10	84	42 514	2 962	24 521
昭　　通	68	4	27	15 603	1 798	5 557
楚　　雄	102	7	77	27 666	7 660	15 196
红　　河	112	11	68	43 487	14 909	22 037
文　　山	26	5	20	3 476	797	2 669
思　　茅	87	16	48	13 452	4 775	5 821
西双版纳	45	17	19	4 665	1 892	2 067
大　　理	105	7	65	39 689	1 227	29 564
保　　山	66	3	52	25 340	48	23 391
德　　宏	37	4	23	3 447	424	1 970
丽　　江	62	9	27	6 877	1 731	3 073
怒　　江	2	1	1	1 530	640	890
临　　沧	57	4	46	7 327	194	5 276

14－5　各地区建筑业总产值构成

(2000年)

单位:万元

地　　区	建筑业总产值	按构成分				按经济类型分	
		建筑工程	安装工程	房屋、构筑物修理产值	非标准设备制造产值	国有经济	集体经济
全省合计	**3 113 352**	**2 795 938**	**255 725**	**51 153**	**10 537**	**1 305 512**	**1 149 792**
昆　　明	1 853 393	1 649 555	175 479	21 962	6 396	1 028 066	506 717
曲　　靖	213 720	186 301	20 025	6 026	1 368	20 800	150 614
玉　　溪	180 048	163 783	11 042	5 125	98	10 293	90 954
昭　　通	45 958	45 080	763	116		5 882	19 216
楚　　雄	133 787	120 135	10 380	3 012	259	62 038	52 988
红　　河	209 067	193 194	11 825	3 672	377	89 766	82 077
文　　山	17 382	16 669	533	140	40	6 732	10 630
思　　茅	86 204	84 413	1 595	194	2	53 584	18 028
西双版纳	17 946	15 579	1 660	708		7 143	8 078
大　　理	213 500	189 825	15 468	6 520	1 687	10 188	108 056
保　　山	80 388	72 425	4 978	2 771	215	40	71 399
德　　宏	9 954	9 585	249	120		997	5 965
丽　　江	26 401	24 811	1 225	285	80	5 841	8 912
怒　　江	4 619	4 619				3 654	965
临　　沧	20 985	19 965	504	502	15	489	15 194

14－6 各地区建筑业增加值

(2000 年)

单位:万元

地　　区	建筑业增加值合　计	本年提取的固定资产折旧	主营业务应付工资	主营业务应付福利费	管理费用中的劳动、待业保险费	工程结算税金及附加	营业利润	管理费用中的税金
全省合计	**642 132**	**68 678**	**344 277**	**33 317**	**33 425**	**93 110**	**59 193**	**10 133**
昆　　明	371 068	42 146	189 618	22 319	25 264	53 323	31 568	6 832
曲　　靖	55 369	4 300	29 862	1 975	1 295	7 569	9 560	808
玉　　溪	42 131	4 477	26 083	2 175	413	5 588	3 205	192
昭　　通	11 393	613	7 713	323	48	1 281	1 066	350
楚　　雄	28 794	4 068	14 799	1 035	1 480	3 627	3 400	385
红　　河	38 837	6 995	19 357	1 654	2 390	6 176	1 953	313
文　　山	2 932	183	1 463	106	85	711	322	63
思　　茅	16 547	2 161	8 290	998	1 146	2 619	1 108	224
西双版纳	2 648	269	1 862	55	78	631	－283	37
大　　理	42 061	1 704	24 508	733	645	7 085	6 708	678
保　　山	17 103	767	11 657	1 442	96	2 545	504	91
德　　宏	2 308	206	1 712	104	44	341	－152	52
丽　　江	6 534	388	4 886	183	164	879	－22	57
怒　　江	264	2	13	2	136	71	23	17
临　　沧	4 142	399	2 454	213	140	667	235	35

14－7 各地区的建筑业总产值(按行业分)

(2000 年)

单位:万元

地　　区	建筑业总产值	土木工程建筑业产　值			线路管道和设备安装业		装　修装饰业
			房屋建筑业	矿山建筑业	铁路、隧道公路、桥梁建 筑 业		设备安装业	
全省合计	**3 113 352**	**2 883 046**	**2 013 803**	**3 073**	**643 433**	**83 794**	**63 613**	**82 899**
昆　　明	1 853 394	1 663 382	1 080 157	1 115	395 286	68 679	50 774	70 559
曲　　靖	213 720	211 375	202 054		2 343	516		1 829
玉　　溪	180 049	166 027	154 807		1 804		6 792	7 230
昭　　通	45 958	45 929	44 859		1 070			29
楚　　雄	133 787	133 593	71 795		57 020	194		
红　　河	209 068	199 792	134 516	1 958	63 007	6 468	2 522	286
文　　山	17 382	17 318	16 818					64
思　　茅	86 205	82 693	36 817		44 982	1 335	438	1 739
西双版纳	17 947	16 052	13 790		1 035	1 355		540
大　　理	213 501	206 768	125 017		70 365	3 706	2 868	159
保　　山	80 388	78 855	75 310		3 505	1 276	140	117
德　　宏	9 954	9 954	9 121		793			
丽　　江	26 401	25 773	23 738		1 903	267	78	283
怒　　江	4 619	4 619	4 619					
临　　沧	20 986	20 922	20 386		322			64

14－8 各地区房屋建筑面积

（2000年）

单位：万平方米

地区	房屋建筑面积		国有经济		集体经济	
	施工面积	竣工面积	施工面积	竣工面积	施工面积	竣工面积
全省合计	**3 513.63**	**2 217.50**	**1 194.77**	**615.71**	**1 652.34**	**1 156.68**
昆明	1 821.60	1 055.13	1 001.92	507.85	600.61	398.25
曲靖	388.93	296.33	18.59	15.85	261.56	198.75
玉溪	258.49	190.12	13.39	6.72	148.08	115.25
昭通	99.57	66.10	14.22	7.00	40.95	26.00
楚雄	119.45	81.29	7.19	4.15	80.93	57.79
红河	247.42	158.40	60.22	28.79	132.93	96.52
文山	39.73	21.88	17.06	10.24	22.67	11.64
思茅	94.02	46.86	30.32	17.74	38.82	20.06
西双版纳	31.81	18.37	13.01	5.65	15.51	10.74
大理	168.72	111.22			130.46	89.92
保山	122.98	95.58			116.19	92.13
德宏	22.18	14.45	4.47	3.17	9.69	6.33
丽江	35.67	29.79	9.59	7.50	11.35	9.79
怒江	6.14	1.73	4.78	1.04	1.36	0.69
临沧	56.93	30.25			41.22	22.80

14－9 各地区建筑企业劳动生产率

（2000年）

单位：元/人

地区	按建筑业总产值计算的劳动生产率	国有经济	集体经济	按增加值计算的劳动生产率	国有经济	集体经济
全省合计	**58 137**	**82 202**	**43 339**	**11 991**	**15 063**	**10 027**
昆明	76 769	89 504	63 487	15 370	16 979	13 171
曲靖	36 210	42 475	34 660	9 381	10 319	9 361
玉溪	42 350	34 752	37 092	9 910	11 859	8 682
昭通	29 455	32 715	34 581	7 302	6 882	7 571
楚雄	48 358	80 989	34 870	10 408	14 877	8 661
红河	48 076	60 209	37 245	8 931	6 571	10 049
文山	50 005	84 462	39 829	8 436	9 265	8 188
思茅	64 082	112 217	30 970	12 301	15 928	8 641
西双版纳	38 470	37 751	39 079	5 677	5 424	5 782
大理	53 793	83 034	36 550	10 598	13 200	9 338
保山	31 724	8 333	30 524	6 749	7 083	6 857
德宏	28 877	23 502	30 281	6 696	7 125	6 565
丽江	38 391	33 744	29 001	9 502	9 634	8 890
怒江	30 190	57 094	10 843	1 722	436	2 647
临沧	28 641	25 211	28 798	5 653	9 608	5 849

14－10 各地区建筑企业工程质量

（2000 年）

地　　区	单位工程竣工个数（个）	优良单位工程个数	单位工程优良品率（%）	房屋建筑竣工面积（万平方米）	优良竣工面积	房屋建筑竣工面积优良品率（%）
全省合计	**14 850**	**5 095**	**34.3**	**2 217.50**	**1 028.92**	**46.4**
昆　　明	5 993	2 019	33.7	1 055.13	526.22	49.9
曲　　靖	1 437	637	44.3	296.33	130.65	44.1
玉　　溪	984	371	37.7	190.12	83.83	44.1
昭　　通	432	117	27.1	66.10	20.89	31.6
楚　　雄	895	239	26.7	81.29	25.60	31.5
红　　河	1 114	363	32.6	158.40	83.86	52.9
文　　山	161	44	27.3	21.88	8.39	38.3
思　　茅	498	192	38.6	46.86	17.74	37.9
西双版纳	382	37	9.7	18.37	7.19	39.2
大　　理	1 440	614	42.6	111.22	58.30	52.4
保　　山	801	309	38.6	95.58	48.07	50.3
德　　宏	131	47	35.9	14.45	8.03	55.6
丽　　江	265	64	24.2	29.79	5.04	16.9
怒　　江	13	9	69.2	1.73	1.36	78.5
临　　沧	304	33	10.9	30.25	3.74	12.4

14－11 各地区建筑企业技术装备情况

（2000 年）

地　　区	自有机械设备总台数（台）	自有机械设备总功率（千瓦）	施工机械功　　率	自有机械设备净值（万元）	技术装备率（元/人）	动力装备率（千瓦/人）
全省合计	**200 174**	**2 847 459**	**2 107 247**	**422 495**	**7 889**	**5.3**
昆　　明	80 414	1 423 202	1 016 409	239 560	9 923	5.9
曲　　靖	20 835	246 518	164 235	35 237	5 970	4.2
玉　　溪	23 633	240 183	193 648	40 607	9 551	5.6
昭　　通	5 863	50 547	46 172	6 518	4 177	3.2
楚　　雄	10 498	118 659	98 073	13 637	4 929	4.3
红　　河	12 910	180 702	131 825	26 876	6 180	4.2
文　　山	2 207	19 744	17 742	1 485	4 273	5.7
思　　茅	4 751	92 042	73 091	11 116	8 263	6.8
西双版纳	1 819	20 042	17 926	3 415	7 320	4.3
大　　理	15 378	231 487	176 908	24 462	6 163	5.8
保　　山	10 804	87 513	76 169	9 727	3 839	3.5
德　　宏	1 585	16 562	14 717	1 852	5 374	4.8
丽　　江	4 059	72 444	36 808	3 466	5 040	10.5
怒　　江	284	1 530	236	98	641	1.0
临　　沧	5 134	46 284	43 288	4 439	6 058	6.3

14－12　各地区的建筑业企业资本及资产(按经济类型分)

(2000 年)　　单位:万元

地　区	实收资本	国有经济	集体经济	资产合计	国有经济	集体经济
全省合计	**928 892**	**294 309**	**387 282**	**3 375 197**	**1 593 920**	**1 016 880**
昆　明	517 176	223 470	186 264	2 061 693	1 187 053	440 357
曲　靖	86 500	14 511	50 429	230 829	89 121	105 140
玉　溪	78 480	7 639	32 254	188 583	28 633	87 944
昭　通	17 106	1 381	5 648	46 691	2 613	26 042
楚　雄	25 419	5 591	11 506	127 749	61 743	40 947
红　河	64 890	14 603	32 814	229 508	91 151	92 359
文　山	3 841	1 298	2 529	16 483	9 246	7 191
思　茅	25 922	12 296	5 540	83 434	46 530	17 879
西双版纳	7 439	4 022	2 010	35 744	14 610	10 723
大　理	55 623	5 872	26 053	181 735	34 191	75 612
保　山	18 762	363	16 892	84 577	1 038	77 087
德　宏	5 163	1 475	2 309	18 169	7 540	7 622
丽　江	11 360	1 387	5 295	44 833	18 119	14 388
怒　江	57	49	8	337	320	17
临　沧	11 154	354	7 732	24 836	2 013	13 571

14－13　各地区建筑业企业资产

(2000 年)　　单位:万元

地　区	资产合计	流动资产	固定资产	专项工程	无形及递延
全省合计	**3 375 197**	**2 202 038**	**984 430**	**32 115**	**37 822**
昆　明	2 061 693	1 396 901	553 880	16 070	16 655
曲　靖	230 829	101 164	116 157	3 239	6 344
玉　溪	188 583	109 719	68 773	1 335	1 788
昭　通	46 691	30 798	14 173	587	249
楚　雄	127 749	83 344	37 365	670	1 947
红　河	229 508	146 929	67 556	1 285	3 186
文　山	16 483	11 787	4 071	272	41
思　茅	83 434	57 006	18 135	3 368	1 171
西双版纳	35 744	22 565	10 918	526	1 090
大　理	181 735	120 330	49 129	3 280	3 078
保　山	84 577	63 770	17 294	571	1 576
德　宏	18 169	12 712	4 444	603	256
丽　江	44 833	31 888	10 892	299	395
怒　江	337	228	108		
临　沧	24 836	12 897	11 535	11	48

14－14　各地区建筑业企业负债及所有者权益

（2000 年）

单位:万元

地　　区	负债合计	流动负债	长期负债	所有者权益	实收资本
全省合计	**2 256 155**	**2 095 707**	**160 448**	**1 119 042**	**928 892**
昆　　明	1 435 784	1 328 888	106 896	625 909	517 176
曲　　靖	128 874	119 833	9 041	101 954	86 500
玉　　溪	94 171	85 961	8 209	94 412	78 480
昭　　通	25 305	21 685	3 619	21 387	17 106
楚　　雄	93 152	88 355	4 797	34 597	25 419
红　　河	150 797	145 012	5 785	78 711	64 890
文　　山	8 551	8 100	451	7 932	3 841
思　　茅	53 913	50 644	3 269	29 521	25 922
西双版纳	26 712	24 477	2 235	9 032	7 439
大　　理	115 235	107 118	8 117	66 500	55 623
保　　山	64 703	63 042	1 661	19 874	18 762
德　　宏	13 413	12 280	1 133	4 755	5 163
丽　　江	32 789	28 570	4 219	12 044	11 360
怒　　江	199	195	4	138	57
临　　沧	12 558	11 547	1 011	12 278	11 154

14－15　各地区的所有者权益(按经济类型分)

（2000 年）

单位:万元

地　　区	所有者权益总　　计	国有经济	集体经济	负债合计	国有经济	集体经济
全省合计	**1 119 042**	**356 425**	**459 781**	**2 256 155**	**1 237 495**	**557 099**
昆　　明	625 909	262 627	225 087	1 435 784	924 426	215 270
曲　　靖	101 954	16 149	60 197	128 874	72 972	44 943
玉　　溪	94 412	10 839	38 763	94 171	17 794	49 181
昭　　通	21 387	1 637	7 356	25 305	975	18 686
楚　　雄	34 597	9 394	16 600	93 152	52 349	24 347
红　　河	78 711	19 994	37 695	150 797	71 157	54 664
文　　山	7 932	4 852	3 065	8 551	4 394	4 127
思　　茅	29 521	13 403	6 122	53 913	33 126	11 758
西双版纳	9 032	5 083	2 196	26 712	9 528	8 527
大　　理	66 500	8 950	28 872	115 235	25 242	46 739
保　　山	19 874	766	17 589	64 703	272	59 499
德　　宏	4 755	1 256	2 073	13 413	6 284	5 549
丽　　江	12 044	817	5 909	32 789	17 302	8 479
怒　　江	138	125	13	199	195	4
临　　沧	12 278	534	8 243	12 558	1 480	5 328

14－16 各地区建筑企业总收入

(2000 年)　　单位:万元

地区	企业总收入	工程结算收入	工程结算成本	工程结算利润	其它业务收入	其它业务利润
全省合计	**2 992 358**	**2 903 436**	**2 566 403**	**243 923**	**88 922**	**12 910**
昆　明	1 784 451	1 726 256	1 525 874	147 060	58 195	8 556
曲　靖	204 467	196 829	167 633	21 626	7 638	368
玉　溪	172 787	172 247	153 619	13 041	540	126
昭　通	35 973	35 842	31 140	3 421	132	52
楚　雄	127 776	123 200	107 925	11 648	4 576	417
红　河	219 864	206 095	182 244	17 676	13 769	1 985
文　山	13 567	13 371	11 640	1 020	196	19
思　茅	81 467	80 383	72 077	5 687	1 085	660
西双版纳	15 431	15 077	13 872	575	354	226
大　理	212 776	211 246	189 203	14 959	1 530	140
保　山	69 482	69 115	63 161	3 409	366	219
德　宏	8 213	8 145	7 376	427	68	－18
丽　江	25 494	25 137	22 546	1 712	357	110
怒　江	1 021	1 014	546	397	7	6
临　沧	19 589	19 481	17 548	1 266	109	43

14－17 各地区的建筑业企业总收入及利税总额(按经济类型分)

(2000 年)　　单位:万元

地区	企业总收入	国有经济	集体经济	利税总额合计	国有经济	集体经济
全省合计	**2 992 358**	**1 337 371**	**1 066 319**	**162 576**	**50 038**	**74 592**
昆　明	1 784 451	1 048 780	458 973	89 650	38 595	33 017
曲　靖	204 467	24 471	139 302	18 606	930	13 044
玉　溪	172 787	8 740	90 136	9 035	516	4 638
昭　通	35 973	4 427	14 162	2 737	157	955
楚　雄	127 776	64 616	48 208	7 465	3 444	3 296
红　河	219 864	100 771	86 158	9 987	3 519	4 688
文　山	13 567	6 640	6 907	1 113	279	830
思　茅	81 467	51 319	15 810	4 020	1 691	1 361
西双版纳	15 431	6 395	6 910	378	150	249
大　理	212 776	11 468	108 554	14 147	865	8 086
保　山	69 482	40	64 211	3 149	2	2 831
德　宏	8 213	2 316	3 989	185	－119	224
丽　江	25 494	6 881	8 126	1 038	－52	507
怒　江	1 021	56	965	110	19	91
临　沧	19 589	452	13 908	955	39	776

14－18　各地区建筑业企业利税总额

（2000 年）

地　　区	利税总额（万元）	利润总额	工程结算税金及附加	管理费用中的税金	产值利税率（%）	资产利税率（%）
全省合计	**162 576**	**59 333**	**93 110**	**10 133**	**5.2**	**4.8**
昆　　明	89 650	29 495	53 323	6 832	4.8	4.3
曲　　靖	18 606	10 229	7 569	808	8.7	8.1
玉　　溪	9 035	3 256	5 588	192	5.0	4.8
昭　　通	2 737	1 107	1 281	350	6.0	5.9
楚　　雄	7 465	3 454	3 627	385	5.6	5.8
红　　河	9 987	3 498	6 176	313	4.8	4.4
文　　山	1 113	340	711	63	6.4	6.8
思　　茅	4 020	1 177	2 619	224	4.7	4.8
西双版纳	378	－290	631	37	2.1	1.1
大　　理	14 147	6 384	7 085	678	6.6	7.8
保　　山	3 149	513	2 545	91	3.9	3.7
德　　宏	185	－208	341	52	1.9	1.0
丽　　江	1 038	103	879	57	3.9	2.3
怒　　江	110	22	71	17	2.4	32.7
临　　沧	955	253	667	35	4.6	3.8

14－19 各地区的建筑业企业利润总额与工程结算利润(按经济类型分)

（2000 年）

单位:万元

地　　区	利润总额	国有经济	集体经济	工程结算利　　润	国有经济	集体经济
全省合计	**59 333**	**6 521**	**35 003**	**243 923**	**94 999**	**91 338**
昆　　明	29 495	3 227	17 538	147 060	76 421	40 891
曲　　靖	10 229	328	6 731	21 626	2 040	12 996
玉　　溪	3 256	50	1 757	13 041	603	6 756
昭　　通	1 107	67	299	3 421	697	1 059
楚　　雄	3 454	1 584	1 611	11 648	4 919	4 790
红　　河	3 498	1 015	1 746	17 676	4 911	9 167
文　　山	340	39	296	1 020	436	580
思　　茅	1 177	298	577	5 687	3 076	1 499
西双版纳	－290	－91	－82	575	161	230
大　　理	6 384	525	3 731	14 959	1 336	8 276
保　　山	513	1	318	3 409	5	2 955
德　　宏	－208	－225	1	427	－3	318
丽　　江	103	－333	158	1 712	282	587
怒　　江	22	17	5	397	20	377
临　　沧	253	18	317	1 266	98	856

14－20　分行业国有经济建筑业总产值

（2000 年）　　单位:万元

行　　业	企业个数	自行完成施工产值	建筑工程	安装工程	房屋构筑物修理	非标准设备制造
合　　计	**201**	**1 305 512**	**1 182 387**	**113 901**	**4 666**	**4 559**
一、中央所属企业	**33**	**367 856**	**292 876**	**69 051**	**3 068**	**2 863**
1.土木工程建筑业	25	332 969	288 571	38 468	3 068	2 863
房屋建筑业	11	78 939	64 666	11 002	1 023	2 247
矿山建筑业	1	585	584	1		
铁路公路隧道桥梁建筑业	8	89 234	87 080		2 045	110
堤坝电站码头建筑业	3	161 261	134 241	26 514		505
其他土木工程建筑业	2	2 950	2 000	950		
2.线路管道和设备安装业	7	34 816	4 234	30 583		
线路管道安装业	6	34 068	4 234	29 835		
设备安装业	1	748		748		
3.装饰装修业	1	71	71			
二、地方所属企业	**168**	**937 656**	**889 511**	**44 851**	**1 598**	**1 697**
1.土木工程建筑业	146	888 740	879 390	7 921	1 282	147
房屋建筑业	85	482 391	473 549	7 548	1 148	147
铁路公路隧道桥梁建筑业	35	380 871	380 737		134	
堤坝电站码头建筑业	14	10 462	10 269	193		
其他土木工程建筑业	12	15 016	14 836	180		
2.线路管道和设备安装业	14	46 103	8 178	36 376		1 550
线路管道安装业	4	4 854	588	3 292		974
设备安装业	10	41 249	7 590	33 084		575
3.装饰装修业	8	2 813	1 943	554	316	

14－21　各地区国有经济建筑业总产值

（2000 年）　　单位:万元

地　　区	企业个数	自行完成施工产值	建筑工程	安装工程	房屋构筑物修理	非标准设备制造
全省合计	**201**	**1 305 512**	**1 182 387**	**113 901**	**4 666**	**4 559**
昆　明	90	1 028 066	913 913	107 016	3 048	4 088
曲　靖	13	20 800	19 351	1 012	418	20
玉　溪	10	10 293	9 573	445	201	74
昭　通	4	5 882	5 790	92		
楚　雄	7	62 038	61 152	512	375	
红　河	11	89 766	86 109	3 073	208	377
文　山	5	6 732	6 687	45		
思　茅	16	53 584	52 895	624	65	
西双版纳	17	7 143	6 939	123	81	
大　理	7	10 188	9 554	510	124	
保　山	3	40	40			
德　宏	4	997	970	17	10	
丽　江	9	5 841	5 315	389	137	
怒　江	1	3 654	3 654			
临　沧	4	489	446	43		

14－22 分行业国有经济建筑施工企业生产完成情况

（2000 年）

行业	施工单位工程个数(个)	本年新开工	房屋建筑施工面积(万平方米)	本年新开工	房屋竣工面积(万平方米)
合计	**6 339**	**3 466**	**1 194.77**	**372.69**	**615.71**
一、中央所属企业	**1 536**	**970**	**110.36**	**56.98**	**56.34**
1.土木工程建筑业	1 386	888	109.83	56.64	56.15
房屋建筑业	668	473	78.81	37.58	37.24
矿山建筑业	5	1	1.02	0.03	0.99
铁路公路隧道桥梁建筑业	323	191	16.99	13.71	14.98
堤坝电站码头建筑业	265	155	13.01	5.32	2.94
其他土木工程建筑业	125	68			
2.线路管道和设备安装业	150	82	0.53	0.34	0.19
线路管道安装业	122	54	0.53	0.34	0.19
设备安装业	28	28			
二、地方所属企业	**4 803**	**2 496**	**1 084.41**	**315.70**	**559.37**
1.土木工程建筑业	4 267	2 192	1 078.44	313.76	556.02
房屋建筑业	3 066	1 381	1 078.44	313.76	556.02
铁路公路隧道桥梁建筑业	781	495			
堤坝电站码头建筑业	76	39			
其他土木工程建筑业	344	277			
2.线路管道和设备安装业	536	304	5.97	1.94	3.35
线路管道安装业	221	132			
设备安装业	315	172	5.97	1.94	3.35

14－23 各地区国有经济建筑施工企业生产完成情况

（2000 年）

地区	施工单位工程个数(个)	本年新开工	房屋建筑施工面积(万平方米)	本年新开工	房屋竣工面积(万平方米)
全省合计	**6 339**	**3 466**	**1 194.77**	**372.69**	**615.71**
昆明	4 288	2 167	1 001.92	282.51	507.85
曲靖	268	205	18.59	6.10	15.85
玉溪	152	112	13.39	6.09	6.72
昭通	66	37	14.22	7.90	7.00
楚雄	263	222	7.19	3.75	4.15
红河	398	259	60.22	27.76	28.79
文山	122	42	17.06	7.44	10.24
思茅	262	162	30.32	17.29	17.74
西双版纳	144	71	13.01	8.09	5.65
大理	244	110			
保山	2	1			
德宏	21	4	4.47	0.20	3.17
丽江	74	47	9.59	3.14	7.50
怒江	21	16	4.78	2.42	1.04
临沧	14	11			

14－24 分行业国有经济建筑施工企业固定资产和机械设备

（2000 年）

行业	年底自有固定资产(万元)		年底自有机械设备		装备率	
	原值	净值	总台数（台）	总功率（千瓦）	技术装备率（元/人）	动力装备率（千瓦/人）
合计	**590 861**	**403 995**	**35 697**	**1 054 601**	**8 795**	**6.64**
一、中央所属企业	**251 109**	**176 450**	**12 949**	**364 249**	**14 240**	**9.29**
1.土木工程建筑业	241 195	170 832	12 078	348 966	15 246	9.93
房屋建筑业	122 369	99 905	4 109	108 299	5 072	7.10
矿山建筑业	391	147	30	300	925	0.51
铁路公路隧道桥梁建筑业	27 401	19 010	1 385	66 398	11 615	9.58
堤坝电站码头建筑业	89 434	50 928	6 305	166 472	32 251	14.38
其他土木工程建筑业	1 601	841	249	7 497	4 818	9.67
2.线路管道和设备安装业	9 905	5 666	866	15 217	5 605	3.76
线路管道安装业	9 375	5 465	799	13 701	5 365	3.47
设备安装业	530	201	67	1 516	15 306	15.47
3.装饰装修业	9	－48	5	66	1 154	2.54
二、地方所属企业	**339 752**	**227 546**	**22 748**	**690 352**	**7 010**	**5.77**
1.土木工程建筑业	313 725	209 879	19 633	651 598	7 145	5.82
房屋建筑业	155 661	107 274	13 181	215 612	3 857	3.14
铁路公路隧道桥梁建筑业	134 539	86 497	4 216	282 908	11 256	7.27
堤坝电站码头建筑业	10 695	6 140	1 165	58 032	37 621	36.32
其他土木工程建筑业	12 830	9 968	1 071	95 046	13 741	36.33
2.线路管道和设备安装业	25 157	16 951	2 899	38 335	5 107	5.14
线路管道安装业	2 278	1 902	146	765	6 035	1.29
设备安装业	22 879	15 049	2 753	37 570	5 027	5.48
3.装饰装修业	870	716	216	419	3 669	1.51

14－25 各地区国有经济建筑施工企业固定资产和机械设备

（2000 年）

地区	年底自有固定资产(万元)		年底自有机械设备		装备率	
	原值	净值	总台数（台）	总功率（千瓦）	技术装备率（元/人）	动力装备率（千瓦/人）
全省合计	**590 861**	**403 995**	**35 697**	**1 054 601**	**8 795**	**6.64**
昆明	426 046	286 241	25 089	737 576	9 642	6.42
曲靖	50 759	46 545	1 935	35 804	5 718	7.31
玉溪	12 507	8 212	1 027	42 192	19 951	14.24
昭通	1 291	1 035	304	2 301	1 603	1.28
楚雄	20 107	9 954	1 968	66 930	2 080	8.74
红河	38 085	22 944	2 099	74 293	5 066	4.98
文山	2 255	1 384	420	6 772	5 725	8.50
思茅	15 517	8 715	1 250	42 852	12 952	8.97
西双版纳	7 431	6 336	414	8 740	5 288	4.62
大理	9 594	7 404	263	11 899	12 689	9.70
保山	1 026	947	131	943	31 292	19.65
德宏	1 933	1 209	252	7 491	6 814	17.67
丽江	3 370	2 604	443	11 966	4 627	6.91
怒江	124	69	30	120	1 406	0.19
临沧	815	395	72	4 722	12 928	24.34

14－26　分行业国有经济建筑施工企业主要经济指标

（2000 年）　　单位:万元

行　　业	实收资本	企业总收入	利润总额	上缴税金	增加值
合　　计	**294 309**	**1 337 371**	**6 521**	**49 288**	**239 228**
一、中央所属企业	**99 413**	**393 349**	**1 935**	**12 812**	**80 040**
1.土木工程建筑业	91 895	348 901	1 679	11 380	68 897
房屋建筑业	59 812	87 427	－780	2 632	18 667
矿山建筑业	500	423	－222	11	－7
铁路公路隧道桥梁建筑业	12 884	92 029	1 270	3 381	16 667
堤坝电站码头建筑业	17 619	166 373	1 464	5 263	32 786
其他土木工程建筑业	1 080	2 650	－53	93	784
2.线路管道和设备安装业	7 518	44 401	266	1 431	11 126
线路管道安装业	7 218	41 835	221	1 375	10 853
设备安装业	300	2 566	45	56	273
3.装饰装修业	1	47	－11	1	16
二、地方所属企业	**194 896**	**944 022**	**4 586**	**36 476**	**159 188**
1.土木工程建筑业	178 255	899 505	7 549	34 888	150 797
房屋建筑业	99 346	495 821	－1 216	17 150	89 131
铁路公路隧道桥梁建筑业	64 864	376 874	8 873	16 849	57 241
堤坝电站码头建筑业	4 890	10 558	－572	348	1 238
其他土木工程建筑业	9 157	16 251	465	541	3 187
2.线路管道和设备安装业	15 859	42 601	－2 944	1 525	8 012
线路管道安装业	1 915	5 027	63	123	662
设备安装业	13 944	37 574	－3 007	1 401	7 350
3.装饰装修业	781	1 917	－20	64	380

14－26　续表　　（2000 年）

行　　业	平均人数（人）	劳动生产率（元/人）	工程质量优良率(%)		产值利润率（%）	资金利润率（%）
			按单位工程个数	按施工面积		
合　　计	**158 817**	**82 202**	**45.77**	**63.66**	**0.50**	**0.44**
一、中央所属企业	**39 206**	**93 827**	**44.09**	**54.02**	**0.53**	**0.42**
1.土木工程建筑业	35 130	94 782	39.04	53.87	0.50	0.39
房屋建筑业	15 261	51 726	22.88	37.96	－0.99	－0.43
矿山建筑业	584	10 010	75.00	79.20	－38.01	－24.52
铁路公路隧道桥梁建筑业	6 933	128 710	80.10	87.54	1.42	1.51
堤坝电站码头建筑业	11 577	139 294	74.73	75.24	0.91	0.95
其他土木工程建筑业	775	38 070			－1.79	－1.03
2.线路管道和设备安装业	4 050	85 966	77.52	100.00	0.76	0.74
线路管道安装业	3 952	86 204	99.01	100.00	0.65	0.65
设备安装业	98	76 347			6.03	2.39
3.装饰装修业	26	27 423			－14.73	－44.49
二、地方所属企业	**119 611**	**78 392**	**46.33**	**64.63**	**0.49**	**0.44**
1.土木工程建筑业	111 879	79 438	47.01	64.68	0.85	0.79
房屋建筑业	68 737	70 179	48.38	64.68	－0.25	－0.22
铁路公路隧道桥梁建筑业	38 928	97 840	48.66		2.33	2.64
堤坝电站码头建筑业	1 598	65 468	2.27		－5.47	－2.52
其他土木工程建筑业	2 616	57 401	43.28		3.09	1.15
2.线路管道和设备安装业	7 454	61 850	41.69	56.47	－6.38	－3.66
线路管道安装业	592	81 990	50.99		1.30	0.40
设备安装业	6 862	60 112	30.30	56.47	－7.29	－4.66
3.装饰装修业	278	101 198			－0.71	－0.89

14－27　各地区国有经济建筑施工企业主要经济指标

（2000 年）

单位：万元

地　　区	实收资本	企业总收入	利润总额	上缴税金	增加值
全省合计	**294 309**	**1 337 371**	**6 521**	**49 288**	**239 228**
昆　　明	223 470	1 048 780	3 227	40 020	195 024
曲　　靖	14 511	24 471	328	642	5 053
玉　　溪	7 639	8 740	50	501	3 513
昭　　通	1 381	4 427	67	105	1 237
楚　　雄	5 591	64 616	1 584	2 395	11 395
红　　河	14 603	100 771	1 015	2 753	9 797
文　　山	1 298	6 640	39	253	738
思　　茅	12 296	51 319	298	1 526	7 606
西双版纳	4 022	6 395	－91	249	1 026
大　　理	5 872	11 468	525	408	1 620
保　　山	363	40	1	1	34
德　　宏	1 475	2 316	－225	112	302
丽　　江	1 387	6 881	－333	294	1 668
怒　　江	49	56	17	4	28
临　　沧	354	452	18	26	186

14－27　续表

（2000 年）

地　　区	平均人数（人）	劳动生产率（元/人）	工程质量优良率（%）		产值利润率（%）	资金利润率（%）
			按单位工程个数	按施工面积		
全省合计	**158 817**	**82 202**	**45.77**	**63.66**	**0.50**	**0.44**
昆　　明	114 863	89 504	51.60	67.23	0.31	0.29
曲　　靖	4 897	42 475	26.05	45.73	1.58	0.40
玉　　溪	2 962	34 752	25.00	66.46	0.48	0.20
昭　　通	1 798	32 715	57.69	51.32	1.13	2.58
楚　　雄	7 660	80 989	18.09	60.21	2.55	2.71
红　　河	14 909	60 209	19.85	58.27	1.13	1.17
文　　山	797	84 462	17.33	34.73	0.58	0.44
思　　茅	4 775	112 217	60.00	35.15	0.56	0.76
西双版纳	1 892	37 751	20.24	48.47	－1.27	－0.66
大　　理	1 227	83 034	82.16		5.15	1.70
保　　山	48	8 333			2.75	0.11
德　　宏	424	23 502	40.00	65.57	－22.56	－3.03
丽　　江	1 731	33 744	19.67	8.45	－5.70	－1.99
怒　　江	640	57 094	75.00	64.22	0.45	5.73
临　　沧	194	25 211			3.76	0.92

14－28 分行业集体经济建筑业总产值

（2000年）

单位：万元

行业	企业个数	自行完成施工产值	建筑工程	安装工程	房屋构筑物修理	非标准设备制造
合计	**897**	**1 149 792**	**1 016 954**	**92 415**	**36 459**	**3 964**
1.土木工程建筑业	822	1 097 219	996 103	65 219	32 708	3 189
房屋建筑业	787	1 063 612	971 630	56 101	32 692	3 189
矿山建筑业	1	1 958	1 914	44		
铁路公路隧道桥梁建筑业	19	21 296	18 034	3 262		
堤坝电站码头建筑业	2	2 300	2 300			
其他土木工程建筑业	13	8 052	2 225	5 812	16	
2.线路管道和设备安装业	31	33 466	5 704	26 987		775
线路管道安装业	20	21 566	1 765	19 757		45
设备安装业	11	11 899	3 939	7 230		730
3.装饰装修业	44	19 108	15 147	210	3 751	

14－29 各地区集体经济建筑业总产值

（2000年）

单位：万元

地区	企业个数	自行完成施工产值	建筑工程	安装工程	房屋构筑物修理	非标准设备制造
全省合计	**897**	**1 149 792**	**1 016 954**	**92 415**	**36 459**	**3 964**
昆明	260	506 717	444 602	44 796	15 822	1 498
曲靖	80	150 614	131 455	15 762	3 148	248
玉溪	84	90 954	85 859	2 191	2 904	
昭通	27	19 216	18 685	426	106	
楚雄	77	52 988	42 361	8 111	2 257	259
红河	68	82 077	76 334	2 657	3 086	
文山	20	10 630	9 982	468	140	40
思茅	48	18 028	16 925	971	129	2
西双版纳	19	8 078	6 480	971	627	
大理	65	108 056	90 353	10 848	5 168	1 687
保山	52	71 399	63 457	4 978	2 749	215
德宏	23	5 965	5 928	32	5	
丽江	27	8 912	8 865	15	32	
怒江	1	965	965			
临沧	46	15 194	14 703	190	286	15

14－30 分行业集体经济建筑施工企业生产完成情况

（2000 年）

行业	施工单位工程个数（个）	本年新开工	房屋建筑施工面积（万平方米）	本年新开工	房屋竣工面积（万平方米）
合计	**10 650**	**6 373**	**1 652.34**	**909.92**	**1 156.68**
1.土木工程建筑业	9 492	5 998	1 652.34	909.92	1 156.68
房屋建筑业	9 228	5 859	1 647.87	907.82	1 152.27
矿山建筑业	7	4	1.58	1.22	1.50
铁路公路隧道桥梁建筑业	106	56	2.36	0.87	2.36
堤坝电站码头建筑业	14	6			
其他土木工程建筑业	137	73	0.54		0.54
2.线路管道和设备安装业	1 158	375			
线路管道安装业	993	263			
设备安装业	165	112			

14－31 各地区集体经济建筑施工企业生产完成情况

（2000 年）

地区	施工单位工程个数（个）	本年新开工	房屋建筑施工面积（万平方米）	本年新开工	房屋竣工面积（万平方米）
全省合计	**10 650**	**6 373**	**1 652.34**	**909.92**	**1 156.68**
昆明	3 076	1 592	600.61	302.92	398.25
曲靖	1 205	740	261.56	157.65	198.75
玉溪	764	412	148.08	83.75	115.25
昭通	274	165	40.95	23.57	26.00
楚雄	808	536	80.93	56.80	57.79
红河	760	470	132.93	66.22	96.52
文山	143	82	22.67	14.10	11.64
思茅	355	201	38.82	16.74	20.06
西双版纳	316	263	15.51	8.50	10.74
大理	1 338	879	130.46	78.86	89.92
保山	1 024	630	116.19	74.36	92.13
德宏	117	61	9.69	2.98	6.33
丽江	121	91	11.35	7.01	9.79
怒江	30	22	1.36	0.60	0.69
临沧	319	229	41.22	15.86	22.80

14－32 分行业集体经济建筑施工企业固定资产和机械设备

（2000年）

行　业	年底自有固定资产(万元)		年底自有机械设备		装　备　率	
	原　值	净　值	总台数（台）	总功率（千瓦）	技术装备率（元/人）	动力装备率（千瓦/人）
合　　计	**442 483**	**317 588**	**121 844**	**1 249 494**	**6 609**	**4.71**
1.土木工程建筑业	424 681	304 709	120 359	1 233 274	6 657	4.75
房屋建筑业	390 376	282 201	118 365	1 172 014	6 306	4.63
矿山建筑业	768	375	177	3 163	1 240	3.99
铁路公路隧道桥梁建筑业	26 290	17 067	1 218	41 290	27 128	11.66
堤坝电站码头建筑业	2 403	1 839	212	2 755	18 622	3.49
其他土木工程建筑业	4 845	3 227	387	14 052	14 442	10.05
2.线路管道和设备安装业	10 456	7 124	732	9 770	3 672	2.90
线路管道安装业	5 489	4 052	520	5 146	4 205	2.74
设备安装业	4 966	3 073	212	4 624	2 998	3.11
3.装饰装修业	7 347	5 754	753	6 450	5 613	2.55

14－33 各地区集体经济建筑施工企业固定资产和机械设备

（2000年）

地　区	年底自有固定资产(万元)		年底自有机械设备		装　备　率	
	原　值	净　值	总台数（台）	总功率（千瓦）	技术装备率（元/人）	动力装备率（千瓦/人）
全省合计	**442 483**	**317 588**	**121 844**	**1 249 494**	**6 609**	**4.71**
昆　明	215 465	150 665	38 472	474 539	9 744	5.95
曲　靖	50 553	38 003	16 410	174 586	6 072	4.02
玉　溪	41 986	29 276	15 403	130 842	7 100	5.34
昭　通	5 851	4 823	2 190	17 961	4 088	3.23
楚　雄	17 546	13 467	5 853	34 580	4 503	2.28
红　河	40 004	28 801	8 411	78 883	6 014	3.58
文　山	2 941	2 413	1 777	12 954	3 852	4.85
思　茅	5 336	3 831	2 648	24 983	3 820	4.29
西双版纳	3 213	2 486	1 247	6 239	8 883	3.02
大　理	23 241	17 728	10 611	114 517	3 826	3.87
保　山	19 087	13 093	10 353	82 557	3 733	3.53
德　宏	2 958	2 351	922	6 567	4 220	3.33
丽　江	4 659	3 073	3 060	55 988	5 670	18.22
怒　江	10	9	254	1 410	91	1.58
临　沧	9 634	7 569	4 233	32 888	6 983	6.23

14－34 分行业集体经济建筑施工企业主要经济指标

（2000 年）

单位:万元

行　　业	实收资本	企业总收入	利润总额	上缴税金	增加值
合　　计	**387 282**	**1 066 319**	**35 003**	**48 638**	**266 005**
1.土木工程建筑业	369 012	1 018 928	33 496	46 601	256 557
房屋建筑业	351 670	985 544	32 445	45 122	248 613
矿山建筑业	703	2 227	－4	63	418
铁路公路隧道桥梁建筑业	10 430	19 986	540	855	5 222
堤坝电站码头建筑业	2 180	2 070	95	103	582
其他土木工程建筑业	4 030	9 101	420	457	1 722
2.线路管道和设备安装业	10 210	30 061	1 251	1 344	5 947
线路管道安装业	4 492	21 671	909	1 016	3 424
设备安装业	5 717	8 390	342	328	2 523
3.装饰装修业	8 061	17 329	255	694	3501

14－34　续表

（2000 年）

行　　业	平均人数（人）	劳动生产率（元/人）	工程质量优良率(%)		产值利润率（%）	资金利润率（%）
			按单位工程个数	按施工面积		
合　　计	**265 301**	**43 339**	**29.63**	**39.38**	**3.04**	**3.74**
1.土木工程建筑业	259 405	42 298	33.04	39.38	3.05	3.87
房屋建筑业	252 883	42 059	33.00	39.42	3.05	3.99
矿山建筑业	793	24 691	50.00	52.67	－0.20	－0.32
铁路公路隧道桥梁建筑业	3 542	60 124	63.38	18.12	2.54	1.48
堤坝电站码头建筑业	789	29 152	33.33		4.12	2.35
其他土木工程建筑业	1 398	57 599	14.95		5.22	3.37
2.线路管道和设备安装业	3 368	99 364	8.40		3.74	2.87
线路管道安装业	1 880	114 715	5.03		4.21	2.98
设备安装业	1 488	79 968	33.08		2.88	2.62
3.装饰装修业	2 528	75 585			1.33	0.96

14－35　各地区集体经济建筑施工企业主要经济指标

（2000 年）　　单位：万元

地　区	实收资本	企业总收入	利润总额	上缴税金	增加值
全省合计	**387 282**	**1 066 319**	**35 003**	**48 638**	**266 005**
昆　明	186 264	458 973	17 538	20 448	105 124
曲　靖	50 429	139 302	6 731	7 700	40 677
玉　溪	32 254	90 136	1 757	3 392	21 288
昭　通	5 648	14 162	299	753	4 207
楚　雄	11 506	48 208	1 611	2 220	13 161
红　河	32 814	86 158	1 746	3 431	22 144
文　山	2 529	6 907	296	617	2 186
思　茅	5 540	15 810	577	898	5 030
西双版纳	2 010	6 910	－82	340	1 195
大　理	26 053	108 554	3 731	4 847	27 606
保　山	16 892	64 211	318	2 692	16 040
德　宏	2 309	3 989	1	246	1 293
丽　江	5 295	8 126	158	379	2 732
怒　江	8	965	5	86	236
临　沧	7 732	13 908	317	589	3 086

14－35　续表　　（2000 年）

地　区	平均人数（人）	劳动生产率（元/人）	工程质量优良率（%）		产值利润率（%）	资金利润率（%）
			按单位工程个数	按施工面积		
全省合计	**265 301**	**43 339**	**29.63**	**39.38**	**3.04**	**3.74**
昆　明	79 814	63 487	17.00	28.91	3.46	4.30
曲　靖	43 455	34 660	51.09	51.31	4.47	7.50
玉　溪	24 521	37 092	36.08	41.17	1.93	2.10
昭　通	5 557	34 581	23.60	32.06	1.56	1.20
楚　雄	15 196	34 870	28.49	23.58	3.04	4.54
红　河	22 037	37 245	38.13	53.74	2.13	2.04
文　山	2 669	39 829	36.05	41.51	2.79	4.41
思　茅	5 821	30 970	24.89	34.99	3.20	3.34
西双版纳	2 067	39 079	7.04	40.28	－1.02	－0.82
大　理	29 564	36 550	35.88	50.96	3.45	5.35
保　山	23 391	30 524	40.62	50.62	0.45	0.44
德　宏	1 970	30 281	30.34	51.36	0.01	0.01
丽　江	3 073	29 001	31.37	27.06	1.78	1.26
怒　江	890	10 843	66.67	100.00	0.56	34.18
临　沧	5 276	28 798	11.34	8.14	2.09	2.38

主要统计指标解释

建筑施工企业 指从事房屋、构筑物和设备安装生产活动的独立施工单位，分为建筑安装企业和自营施工单位两种组织形式。建筑安装企业是指行政有独立组织，经济上实行独立核算的企业。一般称为建筑公司、安装公司、工程公司、工程局(处)等。自营施工单位是指附属于现有生产企业、事业内部或行政单位的，为建造和修理本单位固定资产而自行组织的，同时具备下述条件：(1)对内独立核算；(2)有固定组织和施工队伍；(3)全年施工期在半年以上。

建筑业总产值(自行完成施工产值) 指建筑施工企业在一定时期内所完成的以货币表现的生产总量。是反映全部生产规模、水平和成果的综合指标。

房屋建筑施工面积 指在报告期内施工的全部房屋建筑面积，包括本期新开工的房屋面积、上期施工跨入本期继续施工的房屋面积、上期停缓建在本期恢复施工的房屋面积、本期竣工的房屋面积及本期施工后又停缓建的房屋面积。

房屋建筑竣工面积 指在报告期内房屋建筑按照设计要求全部完工，达到了住人和使用条件，经验收鉴定合格，正式移交使用单位的房屋建筑面积。

自有机械设备年末总台数 指归本企业所有，属于本企业固定资产的生产性机械设备年末总台数。包括施工机械、生产设备、运输设备以及其他设备。

自有机械设备年末总功率 指本企业自有施工机械、生产设备、运输设备以及其他设备等列为在册固定资产的生产性机械设备年末总功率，按设定能力或查定能力计算。包括机械本身的动力和为该机械服务的单独动力设备，如电动机等。计算单位用千瓦，动力换算可按 1 马力 = 0.735 千瓦折合成瓦数。电焊机、变压器、锅炉不计算动力。

企业总收入 指与企业生产经营直接有关的各项收入，包括工程结算收入与其他业务收入。

利润总额 指建筑施工企业在一定时期内实现的利润。

工程结算收入 指企业承包工程实现的工程价款结算收入，以及向发包单位收取的除工程价款以外的按规定列作营业收入的各种款项，如临时设施费、劳动保险费、施工机械调迁费等以及向发包单位收取的各种索赔款。

工程结算利润 指已结算工程实现的利润，如亏损以“ - ”号表示。计算公式为：

工程结算利润 = 工程结算收入 - 工程结算成本 - 工程结算税金及附加

建筑业增加值 指建筑企业在报告期内以货币表现的建筑生产经营活动的最终成果。

产值利润率 是指报告期内企业实现的利润总额占同期建筑业总产值的百分比。

资金利润率 是指报告期内固定资产净值和流动资产之和除以利润总额而求得的比率。

15

十五、国内贸易

DOMESTIC TRADE

15－1 流通业基本情况

指　　标	单　位	1996年	1997年	1998年	1999年	2000年
全省限额以上法人企业	个	**989**	**1 043**	**959**	**963**	**931**
批发零售贸易业	个	962	1 003	920	926	893
餐饮业	个	27	40	39	37	38
全省限额以上企业从业人员	人	**118 755**	**129 013**	**135 490**	**119 688**	**114 101**
批发零售贸易业	人	112 108	122 407	128 166	114 129	108 310
餐饮业	人	6 647	6 606	7 324	5 559	5 791
全省批发零售贸易业						
商品购进总额	万元	12 899 564	13 521 920	10 216 652	9 103 769	9 878 101
商品销售总额	万元	15 265 166	17 030 330	17 965 728	15 558 483	16 459 397
商品库存总额	万元	2 437 975	2 614 716	1 804 259	1 974 800	2 135 649
全省社会消费品零售总额	万元	**4 141 796**	**4 670 654**	**5 000 868**	**5 389 506**	**5 831 702**
按销售单位所在地分						
市	万元	1 920 664	2 275 987	2 562 627	2 833 712	3 092 810
县	万元	1 169 422	1 256 470	1 262 706	1 296 732	1 390 824
县以下	万元	1 051 710	1 138 197	1 175 535	1 259 062	1 348 068
按行业分						
批发零售贸易业	万元	2 842 735	3 161 121	3 319 674	3 534 699	3 764 867
餐饮业	万元	283 647	350 305	464 528	617 778	748 688
制造业	万元	293 128	278 471	285 660	257 150	270 218
农业生产者	万元	631 988	736 266	782 708	838 806	900 225
其它	万元	90 298	144 491	148 298	141 073	147 704
按经济成份分						
国有及国有控股	万元	1 607 228	1 494 888	1 413 591	1 467 103	1 485 298
集体及股份合作	万元	751 039	846 510	845 299	797 617	808 815
个私经济	万元	1 151 379	1 505 189	1 864 404	2 209 580	2 539 146
# 个体	万元	1 054 379	1 277 170	1 506 140	1 813 359	2 167 521
其它经济	万元	632 150	824 067	877 574	915 206	998 443

注：1998年后批发零售贸易业购进总额和库存总额仅为限额以上批发零售贸易业数。

15－2 主要年份社会消费品零售总额

单位:万元

年份	社会消费品零售总额	市	县	县以下	年份	社会消费品零售总额	市	县	县以下
1978	283 811	69 328	118 118	96 365	1991	1 637 515	598 973	518 323	520 219
1980	379 641	107 937	135 611	136 093	1992	2 045 994	809 999	630 477	605 518
1983	551 868	173 795	181 115	196 958	1993	2 619 032	1 176 212	775 789	667 031
1984	655 829	240 680	185 924	229 225	1994	3 049 700	1 420 495	867 316	761 889
1985	844 463	315 367	228 414	300 682	1995	3 695 537	1 722 962	1 051 772	920 803
1986	919 066	303 496	277 269	338 301	1996	4 141 796	1 920 664	1 169 422	1 051 710
1987	1 025 522	339 423	318 213	367 886	1997	4 670 654	2 275 987	1 256 470	1 138 197
1988	1 355 679	462 446	428 875	464 358	1998	5 000 868	2 562 627	1 262 706	1 175 535
1989	1 421 534	499 802	441 239	480 493	1999	5 389 506	2 833 712	1 296 732	1 259 062
1990	1 455 944	524 397	451 364	480 183	2000	5 831 702	3 092 810	1 390 824	1 348 068

15－3 社会消费品零售总额

(2000年)

项目	绝对数(万元)	比重(%)	项目	绝对数(万元)	比重(%)
社会消费品零售总额	**5 831 702**	**100**	#个体经济	2 167 521	37.2
一、按销售单位所在地分			其它经济	998 443	17.1
(1)市的零售额	3 092 810	53.1	**三、按行业分**		
(2)县的零售额	1 390 824	23.8	批发零售贸易业	3 764 867	64.6
(3)县以下的零售额	1 348 068	23.1	餐饮业	748 688	12.8
二、按经济成份分			制造业	270 218	4.6
国有及国有控股	1 485 298	25.5	农业生产者	900 225	15.5
集体及股份合作	808 815	13.9	其它	147 704	2.5
个私经济	2 539 146	43.5			

15－4 各地区社会消费品零售总额

(2000年) 单位:万元

地区	社会消费品零售总额	按销售单位所在地分		
		市	县	县以下
全省合计	**5 831 702**	**3 092 810**	**1 390 824**	**1 348 068**
昆明	2 395 307	2 082 940	128 353	184 014
曲靖	473 336	145 889	138 638	188 809
玉溪	358 649	113 910	113 710	131 029
昭通	235 995	50 967	86 590	98 438
楚雄	273 945	88 784	82 497	102 664
红河	388 045	126 769	136 859	124 417
文山	270 672		150 178	120 494
思茅	204 305	57 887	93 583	52 835
西双版纳	133 018	55 981	24 230	52 808
大理	370 219	124 088	104 065	142 066
保山	207 056	72 363	49 139	85 554
德宏	166 178	70 302	33 715	62 160
丽江	92 916		62 989	29 927
怒江	44 865		28 426	16 439
迪庆	31 555		24 626	6 929
临沧	151 434		84 540	66 894

注:分地区不等于全省合计数。

15－4 续表1 (2000年) 单位:万元

地区	按行业分				
	批发零售贸易业	餐饮业	制造业	农业生产者	其它
全省合计	**3 764 867**	**748 688**	**270 218**	**900 225**	**147 704**
昆明	1 597 056	381 801	37 705	344 923	33 822
曲靖	342 814	44 863	35 847	29 807	20 005
玉溪	235 434	36 762	29 233	46 947	10 273
昭通	168 330	19 883	11 140	26 172	10 470
楚雄	166 630	35 025	13 347	48 764	10 179
红河	229 090	45 678	20 340	78 900	14 036
文山	141 530	39 535	19 631	56 804	13 172
思茅	117 822	28 609	11 409	41 870	4 595
西双版纳	73 502	18 817	4 270	34 706	1 724
大理	215 713	38 182	36 983	61 608	17 733
保山	120 475	23 884	25 356	31 455	5 886
德宏	93 789	18 330	14 268	34 206	5 585
丽江	56 016	13 566	4 886	15 936	2 512
怒江	28 649	4 955	471	8 745	2 045
迪庆	16 443	2 375	2 773	8 162	1 802
临沧	90 273	12 673	10 499	32 492	5 497

地　区	按经济成份分				
	国有及国有控股	集体及股份合作	个私经济	#个体经济	其它
全省合计	**1 485 298**	**808 815**	**2 539 146**	**2 167 521**	**998 443**
昆　明	698 903	433 282	876 755	733 865	386 367
曲　靖	106 232	69 543	235 556	207 945	62 005
玉　溪	95 432	74 522	140 798	118 641	47 897
昭　通	59 309	18 301	126 251	123 577	32 134
楚　雄	52 683	34 591	137 750	124 228	48 922
红　河	86 434	44 928	172 671	142 780	84 012
文　山	41 974	12 741	158 846	153 108	57 111
思　茅	40 217	24 159	97 148	88 014	42 782
西双版纳	17 226	11 090	69 641	64 381	35 062
大　理	107 385	22 647	175 335	146 909	64 852
保　山	50 283	16 515	102 368	70 979	37 890
德　宏	25 716	12 060	82 156	69 848	46 247
丽　江	22 962	16 764	36 577	32 857	16 614
怒　江	13 315	3 577	17 267	16 552	10 706
迪　庆	8 685	2 876	10 133	8 845	9 861
临　沧	33 116	12 998	72 196	68 180	33 124

15－5 限额以上批发零售贸易业商品购、销、存总额

（2000年按登记注册类型分） 单位：万元

项　目	法人企业（个）	商品购进总额	商品销售总额	批发额	零售额	年末库存总额
总　计	**893**	**9 878 101**	**11 837 427**	**10 740 170**	**1 097 256**	**2 135 649**
#国有及国有控股	601	9 054 052	10 849 599	9 950 621	898 978	1 902 775
内资企业	893	9 878 101	11 837 427	10 740 170	1 097 256	2 135 649
国有企业	522	8 544 755	10 254 479	9 734 711	519 768	1 776 791
集体企业	188	452 765	559 260	502 465	56 795	183 786
股份合作企业	41	60 907	74 658	48 672	25 986	17 839
联营企业	3	5 110	7 609	1 165	6 444	1 676
有限责任公司	82	300 329	350 372	193 301	157 072	74 101
国有独资公司	5	39 773	41 338	41 007	331	1 559
其它有限责任公司	77	260 556	309 034	152 293	156 740	72 542
股份有限公司	38	411 477	484 221	175 998	308 223	72 579
私营企业	19	102 759	106 828	83 860	22 968	8 877
私营独资企业	4	13 851	16 295	16 156	139	1 053
私营合伙企业	1	29 158	28 772	28 281	492	2 002
私营有限责任公司	12	50 135	52 220	32 413	19 806	4 817
私营股份有限公司	2	9 616	9 541	7 010	2 531	1 004
其它企业						
港澳台商投资企业						
外商投资企业						

15－6 限额以上批发零售贸易业商品购进、销售、库存总额

（2000年按国民经济行业分）　　单位：万元

项　　目	法人企业（个）	商品购进总　额	商品销售总　额			年　末库存总额
				批发额	零售额	
总　计	**893**	**9 878 101**	**11 837 427**	**10 740 170**	**1 097 256**	**2 135 649**
#国有及国有控股	601	9 054 052	10 849 599	9 950 621	898 978	1 902 775
食品、饮料、烟草批发业	202	6 819 950	8 275 972	8 186 320	89 652	1 554 264
其中：粮食、食用油批发业	38	70 790	75 405	51 603	23 802	44 767
烟草及其制品批发业	109	6 308 767	7 574 989	7 532 656	42 333	1 338 991
棉、麻、土畜产品批发业	3	33 026	35 444	35 444		4 447
纺织品、服装和鞋帽批发业	9	26 947	30 430	28 208	2 222	6 613
日用百货批发业	26	46 896	67 422	46 373	21 049	16 895
日用杂品批发业	3	2 383	4 586	3 555	1 032	1 185
五金、交电、化工批发业	17	69 489	76 321	69 288	7 032	6 521
药品及医疗器械批发业	27	169 804	199 174	68 973	130 201	44 155
能源批发业	43	844 787	631 484	553 544	77 940	42 844
其中：石油及制品批发业	34	809 697	589 479	517 292	72 186	39 959
煤炭及制品批发业	9	35 090	42 006	36 252	5 754	2 885
化工原料批发业	22	142 309	185 509	184 720	788	13 056
木材批发业	2	25 746	25 048	25 048		3 407
建筑材料批发业	15	19 372	24 470	23 693	777	3 559
矿产品批发业	3	9 202	11 623	11 596	26	509
金属材料批发业	58	338 452	374 885	356 307	18 578	21 570
机械、电子设备批发业	24	145 260	512 917	498 336	14 581	98 551
汽车、摩托车及零配件批发业	22	102 571	107 123	66 007	41 116	20 789
其中：汽车批发业	16	91 669	95 935	61 052	34 883	19 599
再生物资回收批发业	5	23 338	25 124	25 124		1 190
工艺美术品批发业	2	5 663	5 092	4 897	195	2 889
图书报刊批发业	2	46 510	54 617	54 342	274	8 801
农业生产资料批发业	77	256 833	318 755	284 338	34 416	65 820
其它类未包括的批发业	6	14 670	15 379	14 749	631	2 733
食品、饮料和烟草零售业	80	104 063	126 481	34 611	91 870	46 350
其中：粮油食品零售业	39	30 402	36 754	10 018	26 736	27 938
副食品零售业	27	39 802	48 296	6 662	41 635	14 920
日用百货零售业	146	469 992	557 101	114 313	442 789	138 731
其中：百货零售业	99	428 424	508 140	84 723	423 417	132 838
文化体育用品零售业	2	1 152	1 476		1 476	249
纺织品、服装和鞋帽零售业	3	10 192	11 448	3 857	7 591	4 008
日用杂品零售业	3	2 850	3 243	1 609	1 634	992
五金、交电、化工零售业	16	9 402	10 844	3 555	7 290	2 486
药品及医疗器械零售业	22	17 673	24 136	2 791	21 344	5 818
图书报刊零售业	17	24 537	21 959	1 757	20 202	7 900
其它零售业	38	96 186	100 842	36 816	64 026	9 567
其中：家具零售业	2	2 731	2 863	9	2 854	94
汽车摩托车及其零配件零售业	9	21 077	22 226	4 080	18 146	3 218
计算机及软件办公设备零售业	1	19	36		36	20

15－7　限额以上批发零售贸易业商品分类销售额

单位：万元

项　　目	销　　售		#批　　发		#零　　售	
	1999年	2000年	1999年	2000年	1999年	2000年
总　　计	**10 980 412**	**11 833 316**	**9 914 004**	**10 747 441**	**1 066 408**	**1 085 875**
食品、饮料、烟酒类	6 539 111	7 336 278	6 293 228	7 093 586	245 883	242 692
#肉禽蛋类	67 494	73 833	19 920	20 479	47 574	53 354
饮料类	33 063	36 186	24 583	23 342	8 480	12 844
烟酒类	6 169 480	7 003 580	6 077 772	6 924 273	91 708	79 308
服装、鞋帽类	84 881	98 646	13 798	14 413	71 083	84 233
针、纺织品类	40 189	34 288	16 275	16 389	23 914	17 900
化妆品类	41 125	43 915	14 325	18 425	26 800	25 490
金银珠宝类	32 055	30 474	1 608	637	30 446	29 837
日用品类	146 958	125 114	75 300	49 020	71 658	76 094
#洗涤用品类	32 245	35 823	22 932	22 181	9 313	13 642
五金、电料类	22 833	26 699	13 200	18 005	9 633	8 694
体育娱乐用品类	15 248	10 556	2 008	818	13 240	9 738
书报杂志类	88 382	79 230	66 870	56 486	21 512	22 744
电子出版物及音像制品类	2 842	2 885	430	102	2 412	2 783
家用电器和音像器材类	187 977	163 053	56 094	41 487	131 883	121 565
中西药品类	238 689	236 332	75 334	71 780	163 355	164 552
文化办公用品类	27 754	26 687	10 904	9 928	16 850	16 759
家具类	4 762	3 827	164	42	4 598	3 785
通讯器材类	39 525	26 164	36 155	23 239	3 370	2 925
煤炭及制品类	55 262	45 442	51 895	43 193	3 366	2 249
木材及制品类	5 072	6 992	4 884	6 964	188	28
石油及制品类	354 437	641 869	317 470	542 284	36 967	99 585
化工材料类	602 032	332 793	594 208	3 326 669	7 824	6 124
金属材料类	469 846	383 449	454 300	367 922	15 546	15 527
建筑及装潢材料类	20 871	28 161	18 299	26 261	2 572	1 900
机电产品及设备类	402 230	337 352	292 321	257 794	109 909	79 558
种子饲料类	6 611	6 197	5 957	5 921	654	276
棉麻类	4 824	2 904	4 620	2 752	204	152
其它类	1 546 898	1 483 363	1 494 357	1 434 337	52 541	49 026

15－8　限额以上批发零售贸易业商品销售数量

项　目	计量单位	销　售		#批　发		#零　售	
		1999年	2000年	1999年	2000年	1999年	2000年
粮食	吨	548 435	637 341	336 935	316 861	215 732	320 480
食用植物油	吨	36 299	33 575	26 234	22 956	14 219	10 619
食糖	吨	89 476	65 165	87 582	64 173	1 413	992
棉花	吨	869	2 073	859	2 060	14	13
电视机	台	196 958	170 311	60 891	48 378	116 152	121 933
组合音响	台	4 945	7 703	1 617	441	2 417	7 262
摄像机	台	1 863	1 811	186	103	1 036	1 708
录像机	台	899	226	79	21	2 153	205
影碟机	台	39 424	38 797	2 842	2 868	38 935	35 929
家用电冰箱	台	141 972	128 645	55 671	57 289	82 315	71 356
家用洗衣机	台	173 350	152 397	64 545	52 414	108 516	99 983
房间空调器	台	1 566	2 541	591	795	1 220	1 746
微波炉	台	57 884	94 379	16 428	36 553	23 845	57 826
微型计算机	台	23 059	2 893	23 022	332		2 561
普通电话机	部	27 929	29 189	257	1 032	13 730	28 157
移动电话机	部	3 872	1 790	1 477	54	160	1 736
寻呼机	部	1 847	1 113				1 113
煤炭	万吨	432	281	411	266	25	15
木材	立方米	22 114	32 235	22 114	32 178		57
汽油	吨	492 753	554 627	435 505	450 852	53 487	103 775
柴油	吨	736 154	1 120 402	658 819	942 436	65 364	177 966
钢材	吨	1 276 807	986 250	1 214 035	920 665	50 887	65 585
铜	吨	5 533	1 306	5 533	1 306		
铝	吨	16 412	188	16 412	159		29
水泥	吨	362 448	648 324	348 795	629 893	16 172	18 431
汽车	辆	22 478	20 346	14 010	13 413	8 585	6 933
摩托车	辆	15 572	21 933	7 109	14 791	11 296	7 142
拖拉机	台	9 512	14 315	7 834	12 906	1 676	1 409

15－9 社会农业生产资料购、销、存总额和主要商品

(2000 年)

项目	计量单位	商品购进合计	从生产者购进	商品销售合计	售给生产经营用	年末库存
一、农业生产资料总额	万元	**675 984**	**375 997**	**811 355**	**514 539**	**169 435**
二、主要农资商品						
化学肥料	吨	5 010 579	2 975 749	5 662 872	3 284 479	905 615
#尿素	吨	1 610 472	759 208	1 752 751	836 410	263 176
化学农药	吨	29 446	14 482	29 602	18 618	9 252
农用塑料薄膜	吨	17 788	12 855	19 786	15 681	5 817
农用动力机械	台	45 990	36 475	44 111	35 012	24 345

15－10 社会农副产品收购总额和数量

(2000 年)

项目	计量单位	收购合计(万元)	批零贸易业收购	餐饮业收购	制造业收购	农场、基建及其他收购	城镇居民向农民购买
收购总额	万元	**2 636 063**	**1 118 108**	**157 762**	**325 542**	**145 454**	**889 197**
粮食(贸易粮)	吨	362 380	1 483 286	67 924	112 291	16 560	783 200
食用植物油	吨	52 554	31 727	5 917	2 354	1 012	35 996
猪和猪肉	吨	366 823	176 635	40 742	11 765	4 151	177 857
牛和牛肉	吨	72 590	5 425	10 258	2 554	271	42 061
羊和羊肉	吨	23 309	2 673	5 687	462	187	8 227
家禽	吨	89 637	5 874	14 762	2 432	653	44 499
鲜蛋	吨	40 366	12 464	4 055	2 296	1 623	35 603
水产品	吨	78 371	4 790	9 578	4 300	2 207	54 535
茶叶	吨	38 208	12 095	118	23 918	5 235	2 621
甘蔗	吨	210 386	7 828	5	14 236 964	77 477	110 518
烤烟	吨	611 893	645 244		3 481	2 358	1 160
干胶片	吨	130 156	21 060		499	140 954	
干鲜菜	万元	182 939	29 202	17 080	12 983	5 718	117 957
干鲜果	万元	83 111	12 382	2 185	6 158	2 862	59 524
中药材	万元	26 921	18 026	60	3 128	936	4 772

15－11 农业商品率

单位:万元

年份	农业总产值	农产品商品总值(不包括农民之间的交易)	商品率(%)	农产品商品总值(包括农民之间的交易)	商品率(%)
1978	400 225	114 022	28.5	137 459	34.3
1980	482 029	146 596	30.4	186 804	38.8
1985	888 826	390 822	44	497 743	56
1986	960 149	404 062	42.1	506 457	52.8
1987	1 112 497	495 909	44.6	609 291	54.8
1988	1 353 900	669 412	49.4	820 136	60.6
1989	1 526 800	682 828	44.7	843 349	55.2
1990	1 684 800	717 852	42.6	887 038	52.7
1991	2 229 300	798 946	35.8	989 722	44.4
1992	2 503 535	1 022 374	40.8	1 220 901	48.8
1993	2 812 100	1 185 000	42.1	1 438 000	51.1
1994	3 567 800	1 485 000	41.6	1 845 000	51.7
1995	4 744 641	1 984 678	41.8	2 499 941	52.7
1996	5 675 149	2 509 895	44.2	3 052 406	53.8
1997	6 120 100	2 864 761	46.8	3 459 516	56.5
1998	6 200 248	2 383 809	38.5	3 012 774	48.6
1999	6 424 748	2 512 987	39.1	3 321 942	51.7
2000	6 808 567	2 636 063	38.7	3 438 962	50.5

15－12 商品交易市场分类情况

单位:个

项目	城乡合计		城市		农村	
	1999 年	2000 年	1999 年	2000 年	1999 年	2000 年
总计	**3 900**	**3 981**	**489**	**483**	**3 411**	**3 498**
消费品市场	**3 763**	**3 833**	**429**	**418**	**3 334**	**3 415**
一、消费品综合市场	2 994	3 038	255	238	2 739	2 800
二、农副产品市场	582	589	94	95	488	494
1.农副产品综合市场	383	388	59	60	324	328
2.农副产品专业市场	199	201	35	35	164	166
三、工业消费品市场	187	206	80	85	107	121
1.工业消费品综合市场	90	103	38	43	52	60
2.工业消费品专业市场	97	103	42	42	55	61
四、其它						
生产资料市场	**137**	**148**	**60**	**65**	**77**	**83**
一、生产资料综合市场	8	10	4	7	4	3
二、工业生产资料市场	124	132	55	57	69	75
其中:机动车交易市场	25	25	16	16	9	9
钢材交易市场	13	18	3	7	10	1
煤炭交易市场	3	3	1		2	3
木材交易市场	24	25	3	2	21	23
三、农业生产资料市场	5	5	1	1	4	4
1.农业生产资料综合市场	3	3	1	1	2	2
2.农业生产资料专业市场	2	2			2	2
四、其它	1	1				1

15－13 市场成交额情况

单位:万元

项目	城乡合计		城市		农村	
	1999年	2000年	1999年	2000年	1999年	2000年
总计	**3 020 367**	**3 239 518**	**629 528**	**732 706**	**2 390 839**	**2 506 812**
一、消费品市场成交额	**2 550 961**	**2 769 775**	**502 977**	**600 425**	**2 047 984**	**2 169 350**
按市场类型分						
1.消费品综合市场	1 664 994	1 810 764	257 126	297 841	1 407 868	1 512 923
2.农副产品市场	512 904	530 799	102 701	132 781	410 203	398 018
3.工业消费品市场	373 063	428 212	143 150	169 803	229 913	258 409
按商品类别分						
1.粮食类	277 583	249 258	20 216	20 750	257 367	228 508
2.油脂油料类	78 089	87 956	10 479	10 818	67 610	77 138
3.棉烟麻类	19 357	18 962	1 011	1 065	18 346	17 897
4.肉食禽蛋类	777 485	829 134	148 820	173 261	628 665	655 873
5.水产品类	117 543	123 015	30 162	39 394	87 381	83 621
6.蔬菜类	294 460	319 218	70 807	78 326	223 653	240 892
7.干鲜果类	157 194	179 702	44 101	49 401	113 093	130 301
8.大牲畜类	52 596	85 710	958	1 060	51 638	84 650
9.家畜幼禽类	155 709	163 023	5 218	6 007	150 491	157 016
10.工业品类	479 500	531 132	149 403	174 684	330 097	356 448
11.其它	141 445	182 665	21 802	45 659	119 643	137 006
二、生产资料市场成交额	**469 406**	**469 743**	**126 551**	**132 281**	**342 855**	**337 462**
按市场类型分						
1.生产资料综合市场	24 401	47 712		9 600	24 401	38 112
2.工业生产资料市场	438 505	408 941	126 551	122 681	311 954	286 260
3.农业生产资料市场	6 500	12 986			6 500	12 986
按商品类别分						
1.机动车	282 075	235 236	67 599	89 908	214 476	145 328
其中:汽车	250 196	221 390	37 537	79 561	212 659	141 829
2.钢材	42 653	38 295	600	1 330	42 053	36 965
3.煤炭	2 548	192			2 548	192
4.木材	14 759	18 228	566	491	14 193	17 737
5.饲料	980	1 012			980	1 012
6.其它	126 391	167 180	57 786	30 952	68 605	136 228

15－14 限额以上批发企业财务状况

（2000年按登记注册类型分） 单位:万元

项目	企业数(个)	亏损企业	资产合计	流动资产	存货	负债合计	流动负债	长期负债
总计	**568**	**229**	**7 523 493**	**5 671 057**	**2 510 906**	**5 555 571**	**4 995 296**	**537 875**
#国有及国有控股	413	173	6 692 553	5 166 720	2 341 197	5 022 521	4 479 505	524 715
内资企业	568	229	7 523 493	5 671 057	2 510 906	5 555 571	4 995 296	537 875
国有企业	370	154	6 426 443	4 976 208	2 297 039	4 800 409	4 312 401	479 079
集体企业	100	30	379 132	302 235	139 915	322 041	310 971	9 036
股份合作企业	19	10	34 328	23 984	8 308	29 692	21 766	1 647
联营企业								
有限责任公司	45	24	454 872	197 504	35 083	213 861	207 576	6 275
国有独资公司	5	3	282 395	81 408	3 645	86 360	86 167	194
其它有限责任公司	40	21	172 477	116 097	31 439	127 501	121 410	6 081
股份有限公司	22	5	205 993	153 789	24 026	173 265	126 296	41 928
私营企业	12	6	22 726	17 337	6 536	16 302	16 285	－90
私营独资企业	3	2	2 852	2 032	1 050	2 701	2 594	
私营合伙企业	1		7 984	6 782	2 255	6 861	6 861	
私营有限责任公司	6	3	10 028	6 860	2 333	5 168	5 259	－91
私营股份有限公司	2	1	1 861	1 663	899	1 572	1 572	
其它企业								
港澳台商投资企业								
外商投资企业								

15－14 续表 （2000年按登记注册类型分） 单位:万元

项目	商品销售收入	商品销售成本	经营费用	商品销售税金及附加费	商品销售利润	管理费用	财务费用	利润总额
总计	**9 546 286**	**8 108 901**	**420 877**	**93 991**	**730 527**	**305 340**	**135 088**	**317 585**
#国有及国有控股	8 756 174	7 393 132	381 131	92 645	705 609	281 111	118 734	320 742
内资企业	9 546 286	8 108 901	420 877	93 991	730 527	305 340	135 088	317 585
国有企业	8 547 434	7 204 789	371 859	91 885	699 623	272 024	116 507	321 261
集体企业	391 021	365 053	19 344	609	5 696	12 986	12 886	－13 520
股份合作企业	43 599	39 599	2 226	73	1 657	1 442	523	277
联营企业								
有限责任公司	272 688	234 578	18 265	591	14 782	11 296	3 121	7 730
国有独资公司	94 948	87 725	471	141	3 412	3 140	1 418	3 809
其它有限责任公司	177 740	146 854	17 794	450	11 370	8 156	1 703	3 921
股份有限公司	165 878	149 566	7 861	786	7 032	6 563	1 854	1 504
私营企业	125 666	115 315	1 324	48	1 738	1 029	197	333
私营独资企业	14 455	14 191	298	1	－35	69	2	－105
私营合伙企业	28 281	27 798	116	7	359	315	29	73
私营有限责任公司	74 272	65 283	716	35	997	576	80	102
私营股份有限公司	8 658	8 043	194	4	417	70	87	263
其它企业								
港澳台商投资企业								
外商投资企业								

15－15 限额以上批发企业财务状况

（2000年按国民经济行业分） 单位：万元

项目	企业数（个）	亏损企业	资产合计	流动资产	存货	负债合计	流动负债	长期负债
总计	**568**	**229**	**7 523 493**	**5 671 057**	**2 510 906**	**5 555 571**	**4 995 296**	**537 875**
#国有及国有控股	413	173	6 692 553	5 166 720	2 341 197	5 022 521	4 479 505	524 715
食品、饮料、烟草批发业	202	61	5 258 383	4 208 827	2 202 943	3 767 813	3 513 306	249 530
其中：粮食、食用油批发业	38	27	188 823	131 502	93 384	160 734	122 911	37 823
烟草及其制品批发业	109	12	4 493 531	3 623 321	1 947 354	3 122 727	2 966 679	151 478
棉、麻、土畜产品批发业	3	2	36 234	23 741	5 949	36 982	30 564	6 418
纺织品、服装和鞋帽批发业	9	6	44 198	20 844	5 282	33 196	31 237	1 920
日用百货批发业	26	16	139 393	69 007	20 520	119 333	110 799	3 313
日用杂品批发业	3	1	13 089	5 733	1 216	7 296	6 281	1 015
五金、交电、化工批发业	17	12	96 713	57 358	7 130	76 508	59 212	17 295
药品及医疗器械批发业	27	10	155 282	112 432	50 272	119 663	110 086	6 469
能源批发业	43	11	233 081	129 657	44 568	176 502	128 906	47 236
其中：石油及制品批发业	34	6	179 121	104 569	41 589	136 281	96 212	39 709
煤炭及制品批发业	9	5	53 960	25 088	2 979	40 221	32 695	7 527
化工原料批发业	22	9	148 891	103 777	14 863	123 280	115 301	7 945
木材批发业	2		43 275	39 572	3 502	41 295	41 226	70
建筑材料批发业	15	7	40 204	23 060	4 077	28 048	25 393	2 532
矿产品批发业	3	2	7 179	5 259	1 053	5 400	5 136	264
金属材料批发业	58	30	461 303	209 999	29 356	238 820	219 629	12 570
机械、电子设备批发业	24	12	431 265	387 504	27 962	414 158	255 936	158 216
汽车、摩托车及零配件批发业	22	13	109 609	71 386	20 787	120 522	118 209	2 313
其中：汽车批发业	16	11	105 241	68 936	19 536	117 084	115 031	2 054
再生物资回收批发业	5	2	9 319	4 237	716	5 803	5 802	1
工艺美术品批发业	2		20 468	15 991	3 256	30 474	19 021	11 454
图书报刊批发业	2	1	42 424	21 973	8 921	35 019	34 576	443
农业生产资料批发业	77	29	222 687	157 627	56 540	162 400	152 530	7 970
其它类未包括的批发业	6	5	10 500	3 074	1 992	13 059	12 147	902

项　　目	商品销售收入	商品销售成本	经营费用	商品销售税金及附加费	商品销售利润	管理费用	财务费用	利润总额
总　　计	**9 546 286**	**8 108 901**	**420 877**	**93 991**	**730 527**	**305 340**	**135 088**	**317 585**
#国有及国有控股	8 756 174	7 393 132	381 131	92 645	705 609	281 111	118 734	320 742
食品、饮料、烟草批发业	7 369 050	6 140 281	322 504	89 521	657 083	221 790	94 384	333 883
其中:粮食、食用油批发业	83 798	85 659	5 076	12	－6 998	6 705	5 192	－5 750
烟草及其制品批发业	6 742 103	5 599 739	290 146	87 413	611 252	189 278	71 789	337 777
棉、麻、土畜产品批发业	35 717	32 925	1 626	280	887	1 345	1 427	－1 817
纺织品、服装和鞋帽批发业	36 363	32 880	2 383	76	1 022	2 978	1 270	－2 249
日用百货批发业	61 349	56 947	4 914	214	－745	4 935	3 923	－10 216
日用杂品批发业	3 079	2 786	448	59	－217	757	119	－26
五金、交电、化工批发业	66 495	60 872	5 018	128	464	3 821	1 327	－3 435
药品及医疗器械批发业	210 195	173 554	16 796	661	15 839	10 706	3 288	3 693
能源批发业	541 167	497 811	21 152	590	21 550	12 082	2 254	10 356
其中:石油及制品批发业	498 783	461 567	17 090	452	19 611	8 374	1 626	11 206
煤炭及制品批发业	42 383	36 244	4 062	139	1 939	3 708	628	－850
化工原料批发业	158 279	146 970	6 326	687	4 290	5 809	4 724	－4 788
木材批发业	23 973	20 793	1 797	808	575	591	761	153
建筑材料批发业	26 861	21 783	976	96	806	1 324	405	－322
矿产品批发业	4 825	3 704	910	49	163	399	－26	333
金属材料批发业	384 907	363 546	5 741	406	7 954	11 333	4 424	1 507
机械、电子设备批发业	131 941	120 107	4 505	88	7 163	7 138	8 637	－2 123
汽车、摩托车及零配件批发业	94 401	91 153	2 645	61	434	3 864	4 640	－6 803
其中:汽车批发业	84 844	82 062	2 452	54	243	3 667	4 511	－6 770
再生物资回收批发业	17 408	15 999	786	52	571	1 002	165	330
工艺美术品批发业	4 928	4 489	567	1	－129	102	－27	16
图书报刊批发业	54 622	33 231	987	72	2 994	3 035	－24	236
农业生产资料批发业	306 486	275 518	20 195	134	9 747	11 610	2 882	－226
其它类未包括的批发业	14 241	13 553	603	11	75	720	535	－917

15－16 限额以上零售企业财务状况

（2000 年按登记注册类型分） 单位:万元

项 目	企业数（个）	亏损企业	资产合计	流动资产	存货	负债合计	流动负债	长期负债
总 计	**325**	**162**	**751 257**	**401 641**	**146 777**	**585 427**	**503 770**	**68 826**
#国有及国有控股	188	97	587 992	309 756	116 462	460 764	395 301	57 653
内资企业	325	162	751 257	401 641	146 777	585 427	503 770	68 826
国有企业	152	83	284 632	166 758	68 540	219 823	189 082	26 435
集体企业	88	43	75 113	42 057	14 373	51 898	45 863	5 353
股份合作企业	22	11	31 699	13 557	6 289	21 290	17 382	3 787
联营企业	3	3	5 645	3 776	1 518	4 370	3 792	560
有限责任公司	37	14	118 762	65 249	21 476	97 032	85 378	7 313
国有独资公司								
其它有限责任公司	37	14	118 762	65 249	21 476	97 032	85 378	7 313
股份有限公司	16	6	225 398	104 488	32 854	183 130	154 523	25 243
私营企业	7	2	10 009	5 756	1 727	7 885	7 750	135
私营独资企业	1	0	512	275	157	381	296	85
私营合伙企业								
私营有限责任公司	6	2	9 497	5 480	1 569	7 504	7 454	50
私营股份有限公司								
其它企业								
港澳台商投资企业								
外商投资企业								

15－16 续表 （2000 年按登记注册类型分） 单位:万元

项 目	商品销售收入	商品销售成本	经营费用	商品销售税金及附加费	商品销售利润	管理费用	财务费用	利润总额
总 计	**686 793**	**582 007**	**42 687**	**2 668**	**36 939**	**57 898**	**14 250**	**－14 460**
#国有及国有控股	532 171	447 925	31 418	1 997	31 090	46 455	11 815	－11 683
内资企业	686 793	582 007	42 687	2 668	36 939	57 898	14 250	－14 460
国有企业	275 695	231 850	16 793	671	10 862	19 611	5 161	－4 526
集体企业	54 620	49 171	3 390	265	1 120	4 385	1 161	－1 204
股份合作企业	25 273	19 801	2 130	145	1 360	2 122	552	－261
联营企业	6 176	5 613	301	29	232	342	152	－92
有限责任公司	110 564	87 496	10 275	660	8 260	9 669	1 633	－449
国有独资公司								
其它有限责任公司	110 564	87 496	10 275	660	8 260	9 669	1 633	－449
股份有限公司	197 766	172 703	8 833	831	14 807	21 350	5 493	－8 129
私营企业	16 699	15 372	964	66	297	419	98	201
私营独资企业	541	407	12	1	122	30	19	74
私营合伙企业								
私营有限责任公司	16 158	14 966	953	65	175	389	79	127
私营股份有限公司								
其它企业								
港澳台商投资企业								
外商投资企业								

15－17　限额以上零售企业财务状况

（2000 年按国民经济行业分）　　单位:万元

项　　目	企业数(个)	亏损企业	资产合计	流动资产	存货	负债合计	流动负债	长期负债
总　　计	**325**	**162**	**751 257**	**401 641**	**146 777**	**585 427**	**503 770**	**68 826**
＃国有及国有控股	188	97	587 992	309 756	116 462	460 764	395 301	57 653
食品、饮料和烟草零售业	80	39	155 558	92 059	42 147	124 964	100 300	24 616
其中:粮油食品零售业	39	23	94 455	67 104	34 772	78 821	60 729	18 049
副食品零售业	27	11	38 017	9 932	3 296	27 346	21 067	6 274
日用百货零售业	146	83	458 738	228 962	78 218	358 819	317 997	35 654
其中:百货零售业	99	64	425 579	209 309	72 310	338 096	298 630	34 462
文化体育用品零售业	2	1	583	523	252	203	132	71
纺织品、服装和鞋帽零售业	3	2	10 611	6 230	2 185	8 833	6 541	887
日用杂品零售业	3	3	2 795	1 320	859	2 668	1 911	451
五金、交电、化工零售业	16	10	13 018	7 002	3 185	11 490	10 120	1 352
药品及医疗器械零售业	22	4	20 671	14 681	6 295	17 677	16 031	1 646
图书报刊零售业	17	5	14 364	10 174	4 810	11 869	9 977	－ 12
其它零售业	38	16	75 504	41 213	9 078	49 107	40 894	4 231
其中:家具零售业	2		1 672	470	296	928	665	263
汽车摩托车及其零配件零售业	9	3	29 003	18 400	3 287	12 019	12 016	3
计算机及软件办公设备零售业	1	1	49	44	21	38	38	

15－17　续表　　（2000 年按国民经济行业分）　　单位:万元

项　　目	商品销售收入	商品销售成本	经营费用	商品销售税金及附加费	商品销售利润	管理费用	财务费用	利润总额
总　　计	**686 793**	**582 007**	**42 687**	**2 668**	**36 939**	**57 898**	**14 250**	**－ 14 460**
＃国有及国有控股	532 171	447 925	31 418	1 997	31 090	46 455	11 815	－ 11 683
食品、饮料和烟草零售业	111 955	100 766	5 984	90	730	7 842	3 383	－ 3 192
其中:粮油食品零售业	38 609	37 387	2 648	－ 34	－ 1 468	4 040	2 049	－ 2 379
副食品零售业	32 725	30 698	1 740	84	192	1 922	868	－ 1 005
日用百货零售业	405 530	340 601	23 682	1 779	24 636	38 241	9 065	－ 11 177
其中:百货零售业	372 090	310 624	21 708	1 673	23 702	36 503	8 420	－ 10 804
文化体育用品零售业	1 353	1 122	57	1	82	83		－ 11
纺织品、服装和鞋帽零售业	8 246	7 202	501	21	519	718	276	－ 502
日用杂品零售业	2 382	2 310	243	4	－ 174	255	136	－ 485
五金、交电、化工零售业	11 127	9 848	904	109	266	701	219	－ 290
药品及医疗器械零售业	21 601	16 552	2 114	92	2 613	2 048	469	240
图书报刊零售业	21 642	14 483	2 210	59	1 950	2 201	3	－ 128
其它零售业	104 310	90 246	7 050	513	6 399	5 893	699	1 074
其中:家具零售业	2 448	2 245	160	3	40	20	16	31
汽车摩托车及其零配件零售业	25 779	22 595	756	158	2 266	2 112	138	－ 100
计算机及软件办公设备零售业	36	36	1		－1	1		－2

15－18　限额以上餐饮企业财务状况

（2000年）　　单位:万元

项　目	企业数（个）	亏损企业	资产合计	流动资产	存货	负债合计	流动负债	长期负债
总　计	**38**	**19**	**92 964**	**18 191**	**2 634**	**61 206**	**25 742**	**33 730**
#国有及国有控股	14	4	43 394	10 386	1 253	21 978	11 657	8 597
一、按登记注册类型分								
内资企业	32	13	60 403	14 090	1 779	32 883	19 042	12 117
国有企业	12	4	39 377	9 657	1 032	18 411	8 736	7 951
集体企业	9	6	7 234	2 362	231	4 991	4 433	558
股份合作企业	5	1	7 245	748	222	4 983	2 020	2 963
联营企业								
有限责任公司	4		5 195	1 181	246	4 177	3 532	646
国有独资公司								
其它有限责任公司	4		5 195	1 181	246	4 177	3 532	646
股份有限公司								
私营企业	2	2	1 353	143	49	321	321	
私营独资企业	1	1	573	45	21	41	41	
私营合伙企业								
私营有限责任公司	1	1	780	97	29	280	280	
私营股份有限公司								
其它企业								
港澳台商投资企业	4	4	29 414	2 162	383	26 951	5 784	21 157
外商投资企业	2	2	3 146	1 938	472	1 373	917	456
二、按行业分								
正　餐	35	18	89 072	16 658	2 354	59 453	24 482	33 237
快　餐	1	1	2 056	1 139	243	1 040	584	456
其它餐饮	2		1 837	393	37	713	676	37

15－18　续表　　（2000年）　　单位:万元

项　目	营业收入	营业成本	营业费用	营业税金及附加	经营利润	管理费用	财务费用	利润总额
总　计	**46 495**	**26 749**	**15 487**	**1 690**	**2 569**	**7 339**	**509**	**－ 5 000**
#国有及国有控股	15 314	8 243	5 505	641	925	2 362	72	－ 1 332
一、按登记注册类型分								
内资企业	37 406	22 927	11 313	1 214	1 952	3 922	442	－ 2 122
国有企业	13 646	7 064	5 191	608	782	2 210	60	－ 1 338
集体企业	8 081	4 778	2 654	338	312	850	184	－ 753
股份合作企业	11 535	8 697	2 273	88	477	392	156	75
联营企业								
有限责任公司	2 915	1 709	715	117	374	338	39	25
国有独资公司								
其它有限责任公司	2 915	1 709	715	117	374	338	39	25
股份有限公司								
私营企业	1 230	678	481	64	6	132	3	－ 130
私营独资企业	382	261	111	17	－ 8	8		－ 17
私营合伙企业								
私营有限责任公司	848	417	370	47	14	125	3	－ 113
私营股份有限公司								
其它企业								
港澳台商投资企业	4 696	1 784	1 823	263	827	3 101	45	－ 2 330
外商投资企业	4 393	2 038	2 351	213	－ 210	317	22	－ 548
二、按行业分								
正　餐	40 685	23 552	13 225	1 507	2 402	6 902	490	－ 4 673
快　餐	2 592	960	1 646	123	－ 137	228	9	－ 374
其它餐饮	3 217	2 237	616	59	304	209	10	47

15－19　各地区限额以上批发零售贸易企业财务状况

（2000年）　　　　单位：万元

地　　区	资　产总　计	流动资产	负　债总　计	流动负债	商品销售收入	商品销售利润	利　润总　额
全省合计	**8 274 751**	**6 072 698**	**6 140 998**	**5 499 065**	**10 233 079**	**767 466**	**303 125**
昆　　明	3 966 420	2 772 939	3 021 001	2 696 012	4 219 401	300 760	124 296
曲　　靖	840 688	628 531	580 750	576 516	980 790	115 789	33 374
玉　　溪	1 638 724	1 391 251	1 102 441	966 959	2 730 869	161 644	96 345
昭　　通	393 410	309 835	330 713	302 803	431 888	24 319	－7 803
楚　　雄	462 855	392 692	392 585	331 834	532 866	55 153	11 409
红　　河	243 966	137 963	166 023	144 737	327 677	27 407	9 436
文　　山	88 526	45 795	71 780	65 894	89 708	9 198	3 239
思　　茅	69 335	42 396	55 254	49 485	82 172	7 058	1 242
西双版纳	65 769	42 906	46 215	40 152	62 111	3 023	－139
大　　理	177 332	98 580	108 486	94 164	439 196	46 321	33 780
保　　山	139 648	90 367	116 194	103 654	132 677	7 661	－2 285
德　　宏	55 004	39 511	45 809	38 914	40 841	596	－707
丽　　江	65 816	38 818	52 937	44 179	64 866	3 885	375
怒　　江	17 741	10 018	15 270	11 075	21 874	889	41
迪　　庆	9 738	5 425	7 081	5 379	13 943	683	115
临　　沧	39 780	25 673	28 460	27 307	62 204	3 082	406

15－20　各地区限额以上餐饮企业财务状况

（2000年）　　　　单位：万元

地　　区	资　产总　计	流动资产	负　债总　计	流动负债	营　业收　入	经　营利　润	利　润总　额
全省合计	**92 964**	**18 191**	**61 206**	**25 742**	**46 495**	**2 569**	**－5 000**
昆　　明	26 133	11 430	16 239	13 447	32 539	400	－1 949
曲　　靖	15 604	1 245	5 436	804	1 967	－106	－958
玉　　溪	36 666	2 925	28 022	5 022	6 653	1 306	－2 129
昭　　通							
楚　　雄	2 145	206	1 714	655	398	184	12
红　　河	5 372	1 569	4 223	3 742	2 806	283	7
文　　山							
思　　茅	2 279	386	1 444	629	1 288	317	26
西双版纳							
大　　理	973	101	714	264	114	33	2
保　　山							
德　　宏							
丽　　江	3 078	282	2 867	1 127	518	106	1
怒　　江							
迪　　庆							
临　　沧	714	47	548	54	212	47	－14

15－21 各地区限额以上批发零售贸易企业增加值

（2000 年）

单位：万元

地　　区	增加值合　计	本年提取的固定资产折旧	本年应付工　资总　额	本年应付福利费总　额	劳动就业保险费	商品销售税金及附加费	业务利润总　额	管理费中税金额
全省合计	**1 210 217**	**75 072**	**182 451**	**28 452**	**28 079**	**96 659**	**781 103**	**18 401**
昆　明	499 109	25 956	80 890	11 299	15 504	25 363	333 455	6 642
曲　靖	131 118	15 493	16 217	2 732	2 623	4 170	88 615	1 268
玉　溪	282 926	13 176	27 922	5 627	2 124	61 819	168 805	3 453
昭　通	46 083	4 523	10 720	1 621	1 281	773	25 877	1 288
楚　雄	67 381	2 505	12 231	1 974	1 202	1 801	46 891	777
红　河	45 130	3 813	8 514	1 155	1 754	830	28 370	694
文　山	15 892	1 047	2 536	410	414	130	11 217	138
思　茅	12 642	1 255	2 205	306	435	463	7 540	438
西双版纳	7 879	1 008	2 140	266	385	189	3 746	145
大　理	64 835	2 745	8 979	1 650	1 118	477	48 129	1 737
保　山	17 009	1 733	4 937	552	401	295	8 297	794
德　宏	2 671	517	951	117	209	58	747	72
丽　江	8 133	659	2 075	425	287	202	4 366	119
怒　江	2 463	126	785	84	128	36	1 214	90
迪　庆	1 074	101	206	44	12	14	692	5
临　沧	5 872	415	1 142	190	202	40	3 143	740

15－22 各地区限额以上餐饮企业增加值

（2000 年）

单位：万元

地　　区	增加值合　计	本年提取的固定资产折旧	本年应付工　资总　额	本年应付福利费总　额	劳动就业保险费	营业税金及附加	业务利润总　额	管理费中税金额
全省合计	**14 558**	**4 585**	**4 475**	**547**	**349**	**1 690**	**2 569**	**343**
昆　明	5 317	1 145	2 180	245	124	1 087	400	136
曲　靖	1 438	740	481	67	48	118	－106	90
玉　溪	4 592	1 785	923	132	100	296	1 306	50
昭　通								
楚　雄	431	86	78	11	45	15	184	12
红　河	1 513	694	397	44	9	64	283	22
文　山								
思　茅	725	79	216	27	8	66	317	12
西双版纳								
大　理	106	7	45	3	11	5	33	2
保　山								
德　宏								
丽　江	321	48	108	13	3	28	106	15
怒　江								
迪　庆								
临　沧	118		49	7		11	47	4

主要统计指标解释

1.**社会消费品零售总额:**指各种经济类型的批发零售贸易业、餐饮业、制造业和其他行业对城乡居民和社会集团的消费品零售额和农民对城镇居民零售额的总和。它反映通过各种商品流通渠道向居民和社会集团供应的生活消费品,用来满足他们的生活需要,是研究人民生活、社会消费品购买力、货币流通等问题的重要指标。该指标不包括农民之间的商品销售。

2.**批发零售贸易业:**指国内商业、物资供销业、对外贸易业的统称。

3.**批发零售贸易业商品购进总额:**指从本企业单位以外的单位和个人购进(包括从国外直接进口)作为转卖或加工后转卖的商品。本指标由从生产者购进额,从批发零售贸易业购进额、进口额和其他项目组成。它反映批发零售贸易企业从国内、国外市场上购进商品的总量。

4.**从批发零售贸易业购进额:**指从各种经济类型的批发零售贸易企业单位或其他行业办的批发零售贸易业产业活动单位购进的商品。包括国产商品和进口商品。

5.**批发零售贸易业商品销售总额:**指对本企业以外的单位和个人出售(包括对国(境)外直接出口)的商品(包括售给本单位消费用的商品)总额。本指标由对生产经营单位批发额、对批发零售贸易业批发额、出口额和对居民和社会集团商品零售额项目组成。它反映批发零售贸易企业在国内市场上销售商品以及出口商品的总量。

6.**对批发零售贸易业批发:**指售给各种经济类型的批发零售贸易企业(单位)用作转卖或加工后转卖的商品。

7.**批发零售贸易业期末库存:**指批发零售贸易企业(单位)已取得所有权的全部商品。它反映批发零售贸易企业的商品库存情况,对市场商品供应的保证程度。

16

十六、对外经济贸易和旅游

FOREIGN ECONOMY TRADE AND TOURISM

16－1 进出口贸易总额

单位:万美元

年　份	进出口总额	出口总额	进口总额	差　额 (＋出超、－入超)
1980	11 037	9 601	1 436	＋8 165
1981	13 474	10 331	3 143	＋7 188
1982	13 614	10 927	2 687	＋8 240
1983	14 724	11 852	2 872	＋8 980
1984	15 076	11 138	3 938	＋7 200
1985	20 953	12 901	8 052	＋4 849
1986	26 537	16 893	9 644	＋7 249
1987	34 217	26 226	7 991	＋18 235
1988	44 388	34 196	10 192	＋24 004
1989	54 768	37 442	17 326	＋20 116
1990	54 842	43 449	11 393	＋32 056
1991	55 051	40 097	14 954	＋25 143
1992	67 056	46 653	20 403	＋26 250
1993	84 008	52 291	31 717	＋20 574
1994	134 406	91 016	43 390	＋47 626
1995	189 609	121 548	68 061	＋53 487
1996	192 220	109 631	82 589	＋27 042
1997	193 698	117 224	76 474	＋40 750
1998	190 329	117 376	72 953	＋44 423
1999	165 967	103 443	62 524	＋40 919
2000	181 283	117 516	63 767	＋53 749

注:本表数字1998年以前为外贸业务数,且不含边境贸易统计数据。1999年后为海关进出口统计数。

16－2 主要进出口贸易方式总值

单位:万美元

	1999年		2000年			
	出口	进口	出口	出口(±%)	进口	进口(±%)
合　　计	**103 443**	**62 524**	**117 516**	**13.6**	**63 767**	**2.0**
一般贸易	72 314	47 081	78 425	8.5	42 101	－10.6
赠送物资	68	115	8	－88.2	104	－9.6
来料加工装配贸易	1 331	1 561	2 790	109.6	2 395	53.4
进料加工贸易	5 318	4 832	6 592	24.0	5 760	19.2
边境小额贸易	23 183	5 594	27 808	20.0	7 821	39.8
出料加工贸易	73	107	－	－	2	－98.1
易货贸易	11	－	21	90.9	4	－
保税仓库进出口货物	148	114	56	－62.2	55	－51.8
对外承包工程出口货物	529	－	548	3.6	－	－
补偿贸易	466	－	1 258	170.0	－	－
外商投资进口设备物资	－	3 047	－	－	5 443	78.6
其　　他	2	73	9	350.0	68	－4.2

16-3 云南省主要出口商品总值

单位:万美元

商品名称	1999年	2000年	2000年比1999年(±%)
活动物	4	10	150.6
肉及食用杂碎	13	2	-84.6
鱼、甲壳动物、软体动物及其他水生无脊椎动物	99	116	17.2
乳品;蛋品;天然蜂蜜;其他食用动物产品	443	502	13.3
其他动物产品	56	3	-94.6
花卉及其他活植物;插花及装饰用簇叶	132	74	-43.9
食用蔬菜、根及块茎	6 213	6 054	-2.6
食用水果及坚果;甜瓜或柑桔属水果的果皮	941	1 069	12.9
咖啡、茶、马黛茶及调味香料	2 617	1 878	-28.2
谷物	604	667	10.4
制粉工业产品:麦芽;淀粉;菊粉;面筋	84	130	54.8
子仁及果实:工业用或药用植物;稻草、秸杆及饲料	416	394	-5.3
虫胶:树胶、树脂及其他植物液、汁	110	178	61.8
动、植物油脂;精制食用油脂;动、植物蜡	25	69	176.0
肉、鱼、甲壳动物、软体动物及其制品	133	102	-23.3
糖及糖食	53	20	-62.3
谷物、粮食粉、淀粉或乳的制品:糕饼点心	72	192	166.7
蔬菜、水果、坚果或植物其他部分的制品	373	312	-16.4
杂项食品	143	68	-52.4
饮料、酒及醋	155	274	76.8
食品工业的残渣及废料;配制的动物饲料	13	16	23.1
烟草、烟草及烟草代用品的制品	10 877	7 755	-28.7
盐;硫磺;泥土及石料;石膏料、石灰及水泥	2 168	2 382	9.9
矿砂、矿渣及矿灰	154	160	3.9
矿物燃料、矿物油及其蒸馏产品;沥青物质;矿物蜡	1 753	2 323	32.5
无机化学品;贵金属、稀土金属、放射性元素及其同位素	13 278	15 586	17.4
有机化学品	646	1 717	165.8
药品	1 412	1 293	-8.4
肥料	3 789	6 353	67.7
鞣、染料浸膏;染料、颜料、油漆及清漆	351	585	66.7
精油及香膏;芳香料制品及化妆盥洗品	1 295	1 280	-1.2
肥皂、洗涤剂、润滑剂、人造蜡、调制蜡、光洁剂、蜡烛	671	430	-35.9
蛋白类物质;改性淀粉;胶;酶	68	34	-50.0
炸药;烟火制品;火柴;引火合金;易燃材料制品	91	148	62.6
照相及电影用品	15	21	40.0
杂项化学产品	567	618	9.0
塑料及其制品	237	294	24.1
橡胶及其制品	300	359	19.7
生皮(毛皮除外)及皮革	16	29	81.3
皮革制品;鞍具及挽具;旅行用品、手提包及类似容器	271	239	-11.8
毛皮、人造毛皮及其制品	13	-	-
木及木制品;木炭	1 162	1 654	42.3

16－3 续表 单位:万美元

商品名称	1999年	2000年	2000年比1999年(±%)
稻草、秸杆、针茅或其他编织材料;篮筐及柳条编织品	3	4	33.3
纸及纸板;纸浆、纸或纸板制品	330	407	23.3
书籍、报刊及其他印刷品;稿件及设计图纸	246	30	－87.8
蚕丝及其织物	248	387	56.0
棉花及其织物	2 030	2 096	3.3
其他植物纺织纤维;纸纱线及其机织物	91	39	－57.1
化纤长丝及其织物	489	449	－8.2
化学纤维短纤及其织物	3 279	3 411	4.0
絮胎、毡呢;特种纱线;线、绳、索、缆及其制品	297	145	－51.2
地毯及纺织材料的其他铺地制品	42	57	35.7
特种布;蔟绒织物;花边;装饰毯;装饰带;刺绣品	573	521	－9.1
浸渍、涂布、包裹或层压的纺织物;工业用纺织制品	35	95	171.4
针织物及钩编织物	105	117	11.4
针织或钩编的服装及衣着附件	201	352	75.1
非针织或非钩编的服装及衣着附件	1 148	1 557	35.6
其他纺织制成品;成套物品;旧衣着及旧纺织品;碎织物	842	818	－2.9
鞋靴、护腿和类似品及其零件	241	304	26.1
帽类及其零件	10	22	120.0
雨伞、阳伞、手杖、鞭子、马鞭及其零件	121	99	－18.2
已加工羽毛,羽绒及其制品;人造花;人发制品	27	70	159.3
石料、石膏、水泥、石棉、云母及类似材料的制品	103	159	54.4
陶瓷产品	549	422	－23.1
玻璃及其制品	174	155	－10.9
珍珠、宝石、贵金属、贵金属及其制品;仿首饰;硬币	2 564	3 748	46.2
钢铁	1 208	4 185	246.4
钢铁制品	938	1 050	11.9
铜及其制品	246	7	－97.2
铝及其制品	2 829	2 688	－5.0
铅及其制品	5 510	5 985	8.6
锌及其制品	2 428	2 372	－2.3
锡及其制品	10 953	14 090	28.6
其他贱金属,金属陶瓷及其制品	547	226	－58.7
贱金属工具、器具、利口器、餐匙、餐叉及其零件	224	191	－14.7
贱金属杂项制品	267	361	35.2
动力、机器、机械器具及其零件	4 192	4 873	16.2
电机、电气设备;录放机、电视机、广播通讯设备	4 197	4 996	19.0
铁道运输工具及铁道运输设备	102	54	－47.1
车辆运输工具(铁道及电车道车辆除外)	957	1 928	101.5
船舶	46	792	1 621.7
光学、照相、计量、检验、医疗、精密仪器及设备	1 844	1 927	4.5
钟表及其零件	223	50	－77.6
乐器及其零件、附件	2	－	－
家具、寝具、褥垫、未列名灯具及照明装置	158	161	1.9
玩具、游戏品、运动用品及其零件、附件	496	480	－3.2
杂项制品	492	231	－53.0

16－4　云南省主要进口商品总值

单位：万美元

商　品　名　称	1999年	2000年	2000年比1999年(±%)
活动物	234	43	－81.6
鱼、甲壳动物、软体动物及其他水生无脊椎动物	47	149	217.0
花卉及其他活植物；插花及装饰用簇叶	63	74	17.5
食用蔬菜、根及块茎	76	122	60.5
食用水果及坚果；甜瓜或柑桔属水果的果皮	343	1074	213.1
咖啡、茶、马黛茶及调味香料	14	42	200.0
谷物	6	2	－66.7
子仁及果实：工业用或药用植物；稻草、秸杆及饲料	161	137	－14.9
虫胶：树胶、树脂及其他植物液、汁	2	62	3 000.0
编结用植物材料；其他植物产品	185	222	20.0
动、植物油、脂；精制食用油脂；动、植物蜡	340	212	－37.6
肉、鱼、甲壳动物、软体动物及其制品	5	－	－
糖及糖食	2	15	650.0
可可及可可制品	3	－	－
谷物、粮食粉、淀粉或乳的制品：糕饼点心	11	6	45.5
蔬菜、水果、坚果或植物其他部分的制品	17	50	194.1
杂项食品	18	12	－33.3
饮料、酒及醋	16	3	－81.3
食品工业的残渣及废料；配制的动物饲料	62	44	－29.0
烟草、烟草及烟草代用品的制品	7	11	57.1
盐；硫磺；泥土及石料；石膏料、石灰及水泥	1 667	2 278	36.7
矿砂、矿渣及矿灰	8 317	12 626	51.8
矿物燃料、矿物油及其蒸馏产品；沥青物质；矿物蜡	1 094	124	－88.7
无机化学品；贵金属、稀土金属、放射性元素及其同位素	4 418	7 940	79.7
有机化学品	638	587	－8.0
药品	56	54	－3.6
肥料	215	248	15.3
鞣、染料浸膏；染料、颜料、油漆及清漆	224	116	－48.2
精油及香膏；芳香料制品及化妆盥洗品	31	151	387.1
肥皂、洗涤剂、润滑剂、人造蜡、调制蜡、光洁剂、蜡烛	32	23	－28.1
蛋白类物质；改性淀粉；胶；酶	34	46	35.3
照相及电影用品	11	－	－
杂项化学产品	400	562	40.5
塑料及其制品	4 098	1 408	－65.6
橡胶及其制品	338	377	11.5
生皮(毛皮除外)及皮革	4	49	1 125.0
木及木制品；木炭	3 273	4 895	49.6

商　品　名　称	1999 年	2000 年	2000 年比 1999 年(±%)
软木及软木制品	20	26	30.0
木浆及其他纤维状纤维素浆;回收(废碎)纸或纸板	76	505	564.5
纸及纸板;纸浆、纸或纸板制品	1 165	962	－17.4
书籍、报刊及其他印刷品;稿件及设计图纸	203	41	79.8
羊毛、动物细毛或粗毛;马毛纱线及其机织物	28	93	232.1
棉花及其织物	2	－	－
其他植物纺织纤维;纸纱线及其机织物	122	7	－94.3
化纤长丝及其织物	32	58	81.3
化学纤维短纤及其织物	6 690	5 158	－22.9
絮胎、毡呢;特种纱线;线、绳、索、缆及其制品	3	16	433.3
地毯及纺织材料的其他铺地制品	33	－	－
浸渍、涂布、包裹或层压的纺织物;工业用纺织制品	23	55	139.1
鞋靴、护腿和类似品及其零件	18	23	27.8
已加工羽毛、羽绒及其制品;人造花;人发制品	3	8	166.7
石料、石膏、水泥、石棉、云母及类似材料的制品	63	76	20.6
陶瓷产品	8	13	62.5
玻璃及其制品	38	69	81.6
珍珠、宝石、贵金属、贵金属及其制品;仿首饰;硬币	2 324	2 293	－1.3
钢铁	1 267	2 653	109.4
钢铁制品	213	125	－41.3
铜及其制品	122	7	－94.3
铝及其制品	3 835	58	－98.5
锡及其制品	57	94	64.9
其他贱金属、金属陶瓷及其制品	5	－	－
贱金属工具、器具、利口器、餐匙、餐叉及其零件	80	64	－20.0
贱金属杂项制品	68	16	－76.5
动力、机器、机械器具及其零件	13 299	12 556	－5.6
电机、电气设备;录放机、电视机、广播通讯设备	3 464	1 991	－42.5
铁道运输工具及铁道运输设备	652	779	19.5
车辆运输工具(铁道及电车道车辆除外)	259	336	29.7
航空器、航天器及其零件	50	8	－84.0
光学、照相、计量、检验、医疗、精密仪器及设备	1 404	1 805	28.6
乐器及其零件,附件	2	－	－
家具、寝具、褥垫、未列名灯具及照明装置	266	72	－72.9
玩具、游戏品、运动用品及其零件、附件	103	8	－92.2
杂项制品	44	8	－81.8

16－5 云南省对主要国家及地区出口总值

单位：万美元

名　　称	1999年	2000年	2000年比1999年（±%）	名　　称	1999年	2000年	2000年比1999年（±%）
亚洲小计	**82 642**	**94 983**	**14.9**	尼日尔	2	－	－
阿富汗	7	－	－	尼日利亚	31	11	－64.5
孟加拉国	195	775	287.2	南非（阿扎尼亚）	414	492	18.8
文莱	4	5	25.0	多哥	3	－	－
缅甸	24 599	29 301	19.1	津巴布韦	5	4	－20.0
柬埔寨	84	66	－21.4	**欧洲小计**	**12 326**	**12 364**	**0.3**
朝鲜民主主义人民共和国	19	19	0.0	比利时	563	408	－27.5
香港	17 351	21 086	21.5	丹麦	35	59	68.6
印度	1 076	2 539	136.0	英国	1 960	2 434	24.2
印度尼西亚	6 424	4 740	－26.2	德国	2 016	1 902	－5.7
伊朗	192	211	9.9	法国	965	792	－17.9
以色列	222	577	159.9	爱尔兰	6	22	266.7
日本	11 154	11 729	5.2	意大利	2 069	2 461	18.9
约旦	11	3	－72.7	荷兰	2 950	2 594	－12.1
科威特	5	9	80.0	希腊	93	108	16.1
老挝	1 022	1 336	30.7	葡萄牙	52	71	36.5
黎巴嫩	186	132	－29.0	西班牙	451	517	14.6
澳门	177	160	－9.6	奥地利	15	23	53.3
马来西亚	1 634	1 550	－5.1	保加利亚	12	37	208.3
尼泊尔	3	－	－	芬兰	31	41	32.3
阿曼	8	－	－	匈牙利	2	9	350.0
巴基斯坦	175	267	52.6	马耳他	6	－	－
菲律宾	1 931	1 403	－27.3	挪威	30	12	－60.0
沙特阿拉伯	23	40	73.9	波兰	232	226	－2.6
新加坡	2 084	2 277	9.3	罗马利亚	33	38	15.2
韩国	3 173	2 171	－31.6	瑞典	162	91	－43.8
斯里兰卡	166	163	－1.8	瑞士	110	160	45.5
叙利亚	83	107	28.9	拉脱维亚	2	－	－
泰国	1 856	2 356	26.9	立陶宛	11	4	－63.6
土耳其	46	59	28.3	俄罗斯联邦	384	320	－16.7
阿拉伯联合酋长国	52	129	148.1	乌克兰	88	21	－76.1
越南	6 252	9 264	48.2	南斯拉夫联盟共和国	7	－	－
台湾	2 423	2 468	1.9	斯洛文尼亚共和国	3	3	0.0
非洲小计	**1 009**	**852**	**－15.6**	捷克	35	3	－91.4
阿尔及利亚	15	4	－73.3	**拉丁美洲小计**	**1 053**	**1 548**	**47.0**
埃及	499	137	－72.5	阿根廷	73	94	28.8
埃塞俄比亚	9	－	－	巴西	261	635	143.3
肯尼亚	20	130	550.0	智利	111	111	0.0
毛里求斯	2	－	－	哥伦比亚	323	372	15.2
摩洛哥	4	14	250.0	多米尼加	5	－	－

16－5 续表

单位:万美元

名　　称	1999年	2000年	2000年比1999年(±%)	名　　称	1999年	2000年	2000年比1999年(±%)
古巴	4	7	75.0	**北美洲小计**	**5 037**	**6 526**	**29.6**
多米尼加共和国	7	－	－	加拿大	179	354	97.8
海地	2	－	－	美国	4 858	6 172	27.0
墨西哥	44	195	343.2	**大洋洲小计**	**1 377**	**1 238**	**－10.1**
巴拿马	35	66	88.6	澳大利亚	1 248	1 088	－12.8
巴拉圭	2	－	－	斐济	66	－	－
秘鲁	40	23	－42.5	新西兰	60	131	118.3
波多黎各	4	－	－	巴布亚新几内亚	2	15	650.0
圣卢西亚	4	－	－	**合计中:东南亚国家联盟**	**45 807**	**52 231**	**14.0**
萨尔瓦多	52	－	－	**合计中:欧洲联盟**	**11 370**	**11 521**	**1.3**
乌拉圭	25	3	－88.0	**合计中:亚太经合组织**	**61 213**	**67 458**	**10.2**
委内瑞拉	59	11	－81.4				

16－6　云南省对主要国家及地区进口总值

单位:万美元

名　　称	1999年	2000年	2000年比1999年(±%)	名　　称	1999年	2000年	2000年比1999年(±%)
亚洲小计	**27 975**	**29 983**	**7.2**	法国	789	2 631	233.5
缅甸	5 353	6 993	30.6	爱尔兰	17	459	2600.0
香港	11 895	13 094	10.1	意大利	3 114	1 037	－66.7
印度	1 685	1 970	16.9	荷兰	295	376	27.5
印度尼西亚	92	76	－17.4	西班牙	7	100	1 328.6
伊朗	433	643	48.5	奥地利	40	188	370.0
以色列	422	514	21.8	芬兰	178	127	－28.7
日本	2 313	1 114	－51.8	罗马利亚	4	2	－50.0
科威特	28	76	171.4	瑞典	38	201	428.9
老挝	539	590	9.5	瑞士	702	968	37.9
澳门	474	2	－99.6	哈萨克	69	－	－
马来西亚	11	201	1 727.3	俄罗斯联邦	3 138	311	－90.1
菲律宾	119	205	72.3	乌克兰	493	557	13.0
卡塔尔	63	86	36.5	**拉丁美洲小计**	**2 856**	**3 339**	**16.9**
沙特阿拉伯	21	21	0.0	阿根廷	58	40	－31.0
新加坡	1 425	847	40.6	巴西	135	59	－56.3
韩国	1 017	1 386	36.3	智利	2 069	2 764	33.6
泰国	593	802	35.2	圭亚那	35	－	－
阿拉伯联合酋长国	68	－	－	墨西哥	73	412	464.4
越南	969	766	－20.9	秘鲁	486	53	－89.1
台湾	454	380	－16.3	**北美洲小计**	**10 980**	**7 435**	**－32.3**
非洲小计	**870**	**885**	**1.7**	加拿大	3 002	4 292	43.0
南非(阿扎尼亚)	443	310	－30.0	美国	7 978	3 142	－60.6
坦桑尼亚	425	－	－	**大洋洲小计**	**5 375**	**10 881**	**102.4**
欧洲小计	**14 468**	**11 244**	**－22.3**	澳大利亚	5 365	10 868	102.6
比利时	628	152	－75.8	新西兰	11	13	18.2
丹麦	44	69	56.8	**合计中:东南亚国家联盟**	**9 101**	**10 480**	**15.2**
英国	815	260	－68.1	**合计中:欧洲联盟**	**10 062**	**9 271**	**－7.9**
德国	4 097	3 668	－10.5	**合计中:亚太经合组织**	**41 008**	**40 725**	**－0.7**

16－7　出口额500万美元以上的商品量值

（2000年）　　金额单位：万美元

商品名称	单位	数量	金额	比上年(±%)
鲜或冷藏的其他蔬菜	吨	2 689	3 003	－12.2
干蔬菜	吨	3051	938	11.8
脱荚的干豆，不论是否去皮或分瓣	吨	19 960	962	2.2
鲜的苹果、梨	吨	28 790	697	17.1
茶，不论是否加香料	吨	5 741	1 064	－41.2
稻谷、大米	吨	11 098	652	9.0
烟草；烟草废料	吨	50 673	5 819	－34.7
烟草或烟草代用品制成的雪茄烟及卷烟	千只	1 001 200	1 777	0.2
天然磷酸钙，天然磷酸铝钙及磷酸盐白垩	吨	592 756	1 829	14.6
凡士林；石蜡及用合成等方法制得的类似产品	吨	53 045	1 988	48.8
硼、碲、硅、磷、砷、硒等其他非金属	吨	91 118	8 959	15.0
五氧化二磷；磷酸及多磷酸	吨	70 320	2 155	31.0
次磷酸盐、亚磷酸盐、磷酸盐及多磷酸盐	吨	79 528	2 939	31.2
由混合或非混合产品构成的药品，已配定剂量	吨	3 717	1 184	－11.7
矿物磷肥及化学磷肥	吨	178 590	2 125	－5.3
含氮、磷、钾中二种或三种的矿物肥或化肥等	吨	226 061	3 480	155.5
精油；香膏；提取油树脂；上述产品相关制品	吨	1 937	999	－9.4
仅含有氧杂原子的杂环化合物等	吨	3	819	342.7
棉纱线，含棉量＞＝85%，非供零售用	吨	6 177	1 531	6.5
合成短纤＜85%与棉纺混纺布，平米重＝＜170g	米	64 678 512	2 170	4.2
生铁及镜铁、锭、块或其他初级形状	吨	91 076	1 067	21 240.0
起绒布及绳绒织物	米	6 634 649	516	－9.3
电动机及发电机(不包括发电机组)	台	72 835	537	22.3
铂，未锻造，半制成或粉末状	克	746 000	1 567	116.7
用天然或养殖珍珠、宝石或半宝石制成的物品	克	10 950 215	1 509	132.5
未锻轧铝	吨	15 440	2 506	－7.2
未锻轧铅	吨	110 726	5 981	8.6
未锻轧锌	吨	20 191	2 202	－3.8
未锻轧锡	吨	29 969	14 002	28.3
压燃式活塞内燃发动机(柴油发动机)	台	35 330	612	－24.0
切削金属的车床	台	1 730	798	39.8
原电池及原电池组	个	265 897 604	1 148	－8.8
光学望远镜及其座架；其它天文仪器及其座架	个	1 702 069	1 582	4.2

16－8 进口额500万美元以上的商品量值

（2000年）　　金额单位：万美元

商品名称	单位	数量	金额	比上年(±%)
合计		－	63 767	2.0
0801至0806以外的干果；本章的什锦坚、干果	吨	17 336	1 049	229.9
各种硫磺，但升华、沉淀及胶态硫磺除外	吨	282 797	1 545	56.1
其他编号未列名的矿产品	吨	2 029	730	8.8
铁矿砂及其精矿，包括焙烧黄铁矿	吨	1 046 186	2 292	－0.7
铜矿砂及其精矿	吨	172 284	8 669	86.6
铅矿砂及其精矿	吨	55 697	917	238.4
人造刚玉；氧化铝；氢氧化铝	吨	250 259	7 868	80.1
初级形状的乙烯聚合物	吨	14 441	1 018	56.6
原木，不论是否去皮、去边材或粗锯成方	立方米	537 122	3 768	46.8
经纵锯、纵切、刨切或旋切的木材，厚〉6mm	立方米	120 227	1 118	61.8
烧碱木浆或硫酸盐木浆，但溶解级的除外	吨	6 873	504	0.0
人造纤维长丝丝束	吨	14 656	4 807	－27.1
钻石，不论是否加工，但未镶嵌	克	21 718	1 522	102.9
贵金属或包贵金属制的首饰及其零件	克	774 581	582	105.7
仅冷轧，宽≥600mm普通钢铁板材	吨	29 446	976	63.5
宽≥600mm经包、镀或涂层的普通钢铁板材	吨	13 359	719	155.0
纤维素纸浆、纸及纸板的制造或整理机器	台	12	1 354	424.8
印刷机（包括喷墨印刷机）；印刷用辅助机器	台	28	1 801	146.4
专门或主要用于8469至8472机器的零件、附件	吨	275	2 391	－22.0
本章未列名的具有独立功能的机器及机械器具	台	329	2 103	199.6
有线电话、电报设备，包括有线载波通信设备	台	1 822	921	－43.3
铁道及电车道机车等车辆的零件	吨	472	775	19.8

16－9 进口额500万美元以上的主要经营单位

单位：万美元

单位名称	1999年	2000年	2000年比1999年(±%)
云南省进出口公司	2 916	1 229	－57.9
云南省机械进出口公司	1 853	1 514	－18.3
云南省化工进出口公司	1 124	709	－36.9
云南省五金矿产化工进出口（集团）公司	1 963	764	－61.1
中国土产畜产云南茶叶进出口公司	2 717	939	－65.4
云南冶金进出口公司	4 883	8 375	71.5
中国有色金属进出口公司云南省分公司	1 327	836	－37.0
中国烟草云南进出口公司	8 880	4 005	－54.9
云南省医药保健品进出口公司	625	790	26.4
云南红塔蓝鹰纸业有限公司	1 242	2 581	656.9
南天电子信息产业集团公司	3 213	2 437	－24.2
昆明钢铁总公司	2 367	2 279	－3.7
中国铁道建筑总公司昆明机械厂	635	615	－3.1
云南铜业（集团）有限公司	1 648	5 062	207.2
云南省邮电器材公司	505	800	58.4
昆明皮勒米德钻石加工有限公司	3 032	652	96.4
昆明力信黄金珠宝饰品有限公司	671	1 404	109.2
玉溪环球彩印纸盒有限公司	668	679	559.2
云南红磷化工有限责任公司	704	634	384.0
云南红塔进出口公司	3 210	4 057	26.4
云南茶苑集团股份有限公司	2 108	997	12 362.5
云南省德宏州进出口公司	1 191	772	－35.2

16－10　出口额500万美元以上的主要经营单位

单位:万美元

单　位　名　称	1999年	2000年	2000年比1999年(±%)
云南锡业股份有限公司	954	6 182	548.0
云南五矿新化股份有限公司	602	2 586	8 241.9
云南省机械进出口公司	1 894	2 323	22.7
云南省机械设备进出口公司	1 004	850	－15.3
云南省化工进出口公司	3 795	3 722	－1.9
云南省五金矿产化工进出口(集团)公司	3 262	855	－73.8
云南省纺织品进出口公司	2 232	2 292	2.7
云南省工艺品进出口公司	726	687	－5.4
云南省粮油食品进出口公司	1 670	942	－43.6
中国土产畜产云南茶叶进出口公司	4 108	1 391	－66.1
云南冶金进出口公司	6 882	6 426	－6.6
中国有色金属进出口公司云南省分公司	2 851	1 953	－31.5
中国烟草云南进出口公司	7 362	4 381	－40.5
云南省云岭工业进出口公司	1 507	1 253	－16.9
云南省土产进出口公司	3 001	3 454	15.1
昆明市进出口公司	4 331	3 010	－30.5
云南茶苑集团股份有限公司		1 741	0.0
云南有色金属进出口有限公司	978	593	－39.4
昆明贵金属研究所	730	1 570	115.1
昆明钢铁总公司	520	3 159	507.5
中轻依兰集团进出口公司	997	847	－15.0
云南磷化学工业(集团)公司	1 086	1 339	23.3
中国冶金进出口公司云南公司	593	635	7.1
昆明力信黄金珠宝饰品有限公司	649	1 487	129.1
云南省轻工业品进出口公司	471	1 329	182.2
云南南磷集团股份有限公司	－	1 350	0.0
云南省玉溪地区进出口公司	832	1 122	34.9
云南红塔进出口公司	3 155	2 756	－12.6
西双版纳金水有限公司	381	1 222	220.7
云南磷肥厂	4	716	17 800.0
云南省红河州进出口公司	561	569	1.4
文山州国际经济技术合作有限责任(集团)公司	96	919	857.3
个旧市自立矿冶厂	727	708	－2.6
文山州进出口公司	385	569	47.8
西双版纳任达有限公司	1 117	1 959	75.4
陇川县对外经济贸易公司	1 092	1 175	7.6
个旧市鸡街冶炼厂	382	543	42.1
云南汉德生物技术有限公司	185	837	352.4
云南德宏国际经济技术合作有限责任公司	902	2 042	126.4
云南省潞西市进出口公司	1 434	575	－59.9
云南云机集团进出口有限公司	471	683	45.0
瑞丽市进出口公司	1 193	1 475	23.6
昆明芬美意香料有限公司	282	679	140.8
开远铁路分局河口边贸公司	695	1 769	154.5
云南爱法焊料化工有限公司	99	541	446.5

16－11 边境贸易进出口总额

单位:万元

年份	总额	出口额	进口额
1989	101 182	67 612	33 570
1990	107 874	72 148	35 726
1991	127 848	84 375	43 473
1992	189 072	127 404	61 668
1993	234 471	171 322	63 149
1994	211 793	120 238	91 555
1995	190 036	96 882	93 153
1996	113 920	37 838	76 082
1997	61 540	34 875	26 665
1998	108 520	73 795	34 725
1999	238 220	191 912	46 308
2000	294 918	230 180	64 738

注:本表根据昆明海关数折算。

16－12 全省各地州市进出口总值

(2000年)

单位:万美元

地区	进出口总额	比上年增减%	出口额	比上年增减%	进口额	比上年增减%
全省合计	**181 283**	**9.2**	**117 516**	**13.6**	**63 767**	**2.0**
昆明	115 068	5.6	71 298	15.3	43 770	－7.0
曲靖	1 712	19.6	1 632	16.2	80	185.7
玉溪	11 593	31.8	5 253	19.1	6 340	44.7
昭通	422	－44.0	2	－94.7	420	－41.3
楚雄	644	－12.7	538	－25.3	106	488.9
红河	14 110	5.9	9 787	－15.7	4 323	151.6
文山	2 059	132.4	2 039	132.0	20	185.7
思茅	1 299	－0.5	737	－31.3	562	142.2
西双版纳	6 405	30.6	4 863	24.9	1 542	52.1
大理	1 307	331.4	780	650.0	527	164.8
保山	3 990	－9.9	2 503	99.3	1 487	－53.1
德宏	20 804	10.9	16 832	11.0	3 972	10.5
丽江	152	23.5	107	－46.5	45	－
怒江	168	211.1	31	－16.2	137	705.9
迪庆	208	16.9	208	17.5	－	－
临沧	1 337	35.5	902	39.0	435	29.1

16－13　利用外资概况

年份	总计		对外借款		外商直接投资		外商其它投资	
	项目（个）	金额（万美元）	项目（个）	金额（万美元）	项目（个）	金额（万美元）	项目（个）	金额（万美元）
签订利用外资协议(合同)额								
1985	15	1 751	–	–	12	1 478	3	273
1990	16	4 073	–	3 351	11	245	–	477
1993	509	56 399	–	–	509	50 062	–	6 337
1994	262	28 482	–	–	262	28 482	–	–
1995	277	70 206	8	32 807	269	37 399	–	–
1996	159	42 615	6	22 444	153	20 171	–	–
1997	135	32 466	8	5 730	127	26 736	–	–
1998	122	34 949	3	1 910	119	33 039	–	–
1999	140	57 874	2	25 280	138	32 594	–	–
2000	110	73 149	4	43 400	106	29 749	–	–
实际利用外资金额								
1985	–	163	–	–	–	156	–	7
1990	–	1 096	–	359	–	260	–	477
1993	–	18 795	–	9 093		9 702	–	–
1994	–	31 414	–	11 114	–	20 300	–	–
1995	–	34 479	27	11 979	–	22 500	–	–
1996	–	33 800	–	15 800	–	18 000	–	–
1997	–	31 334	–	14 834	–	16 500	–	–
1998	–	29 786	–	15 218	–	14 568	–	–
1999	–	23 765	–	8 380	–	15 385	–	–
2000	–	22 062	–	9 250	–	12 812	–	–

注：从 1991 年起实际利用外资额中对外借款从国家外汇管理局云南分局取得数字，1990 年以前是从中国银行昆明分行取得数字。1994 年后对外借款从省计委外经处取得数字。

16－14　对外签订利用外资协议(合同)额

项目	1990年		1999年		2000年	
	项目（个）	金额（万美元）	项目（个）	金额（万美元）	项目（个）	金额（万美元）
总计	**16**	**4 073**	**140**	**57 874**	**110**	**73 149**
一、对外借款	5	3 351	2	25 280	4	43 400
二、外商直接投资	11	245	138	32 594	106	29 749
合资经营企业	7	159	67	17 493	38	7 381
合作经营企业	–	–	16	9 548	20	10 115
外资企业	4	86	55	5 553	48	12 253

16－15　分行业利用外商直接投资情况

行　　业	协议投资				实际投资金额（万美元）	
	项　目(个)		金额(万美元)			
	1999 年	2000 年	1999 年	2000 年	1999 年	2000 年
总计	**138**	**106**	**32 594**	**29 749**	**15 385**	**12 812**
农林牧渔业	13	18	526	2 203	643	477
采掘业	2	6	277	623	84	206
制造业	68	42	11 324	4 700	4 769	2 840
电力,煤气及水的生产和供应业	2	3	1 258	2 943	958	1 269
建筑业	3	1	2 001	3 000	88	–
地质勘查,水利管理业	1	–	335	–	88	2
交通运输,仓储及邮电通信业	–	–	–	–	34	–
批发和零售贸易餐饮业	9	6	111	721	59	139
房地产业	6	3	842	2 937	2 571	743
社会服务业	25	22	13 394	13 113	4 149	5 213
卫生体育和社会福利业	–	2	–	46	–	–
教育,文化艺术和广播电影电视业	–	–	–	–	–	–
科学研究和综合技术服务业	3	2	2 040	–	1 593	527
其他行业	6	1	486	–	437	1 396

16－16　实际利用外商直接投资额

（按国别,地区分）　　　　单位:万美元

名　　称	1999 年	2000 年	名　　称	1999 年	2000 年
总计	**15 385**	**12 812**	丹麦		–
亚洲	11 358	11 102	爱尔兰		–
其中:香港	6 115	7 531	希腊		–
澳门	379	–	葡萄牙		–
台湾	983	194	西班牙		–
菲律宾	130	400	芬兰		–
泰国	109	1 362	瑞士	594	–
新加坡	1 539	1 359	俄罗斯联邦	–	–
马来西亚	579	–	拉丁美洲	968	275
日本	1 076	148	其中:巴西	–	–
韩国	–	25	维尔京群岛	950	275
缅甸	448	73	凯曼群岛	18	–
非洲	–	–	北美洲	1 405	844
欧洲	2 266	459	其中:加拿大	83	54
其中:德国	460	253	美国	1 322	790
法国	16	–	大洋洲	35	132
意大利	–	–	其中:澳大利亚	35	132
荷兰	180	180	新西兰	–	–
英国	1 503	26	其他	13	–
比利时	–	–			

16－17 实际利用外资额

单位:万美元

项　　目	1990 年	1995 年	1998 年	1999 年	2000 年
总　　计	**1 096**	**34 479**	**29 786**	**23 765**	**22 062**
一、对外借款	359	11 979	15 218	8 380	9 250
双边政府混合贷款	228	8 044	1 045	1 007	1 271
国际金融组织贷款	–	3 025	13 972	7 273	7 979
商业性货款	–	910	200	–	–
出口信贷	76	–	–	–	–
外国银行现汇贷款	55	–	–	–	–
二、外商直接投资	260	22 500	14 568	15 385	12 812
合资经营企业	234	15 599	9 677	11 813	7 204
合作经营企业	26	1 012	21	2 061	2 371
独资企业	–	5 889	4 870	1 511	3 237

16－18 各地区利用外商直接投资情况

地　　区	协议投资				实际投资金额（万美元）	
	项　目(个)		金额(万美元)			
	1999 年	2000 年	1999 年	2000 年	1999 年	2000 年
全省合计	**138**	**106**	**32 594**	**29 749**	**15 385**	**12 812**
昆　明	49	37	7 181	9 727	1 089	3 766
曲　靖	6	7	3 109	1 003	–	1 631
玉　溪	11	4	1 267	1 059	1 649	–
昭　通	2	2	153	58	–	–
楚　雄	6	4	240	1303	31	21
红　河	–	5	–	2 480	76	–
文　山	1	2	1	292	–	54
思　茅	4	1	957	101	100	132
西双版纳	2	5	184	2 105	109	54
大　理	3	1	211	220	867	–
保　山	2	2	25	135	–	–
德　宏	2	1	198	40	777	–
丽　江	–	1	–	284	–	–
怒　江	1	–	108	3	84	–
迪　庆	1	–	33	–	–	–
临　沧	2	2	1 405	55	250	48
省　直	46	32	17 522	10 884	10 353	7 106

16－19　对外承包工程和劳务合作

单位:万美元

年　　份	签订合同的国家和地区(个)	合同份数	合同金额	完成营业额
一、承包工程				
1985	3	3	67	684
1990	6	19	681	448.14
1992	5	6	1 481.76	1 471.14
1993	4	3	3 953	2 561.60
1994	–	15	10 193	2 086
1995	–	46	21 971	10 126
1996	–	25	7 842	12 246
1997	–	47	7 739	9 054
1998	–	56	29 624	9 769
1999	–	120	24 995	12 489
2000	–	154	27 822	14 951
二、劳务合作				
1990	2	3	5	3.47
1992	5	3	63	14.95
1993	7	9	148	13.15
1994	–	7	271	66.48
1995	–	7	220	63.14
1996	–	9	195	92
1997	–	13	1 047	258
1998	–	11	377	123
1999	–	14	197	267
2000	–	8	405	215

16－20　旅 游 事 业 发 展 情 况

单位:人次、万美元

项　　目	1980 年	1985 年	1990 年	1995 年	1998 年	1999 年	2000 年
一、旅游人次总计	**20 500**	**72 193**	**148 166**	**596 942**	**760 909**	**1 040 000**	**1 001 141**
外国人	7 900	46 556	49 787	473 769	549 914	724 964	665 919
华侨	12 600	6 940	921	775	2 896	4 639	–
港澳和台湾同胞	–	18 697	97 458	122 398	208 099	310 397	335 222
# 台湾同胞		–	50 076	61 650	130 100	174 681	221 070
二、旅游外汇收入总额	**116**	**971**	**1 640**	**16 503**	**26 103**	**35 033**	**33 902**

注:1992、1994 年及以后为旅游局数。

16－21 全省分国别接待旅游人次

单位：人次

国家和地区	1990 年	1995 年	1997 年	1998 年	1999 年	2000 年
总　　计	**148 166**	**596 942**	**814 063**	**760 909**	**1 040 000**	**1 001 141**
一、外国人	49 787	473 769	575 598	549 914	724 964	665 919
日　本	12 629	35 691	57 305	57 996	137 338	126 104
菲律宾	296	1 941	3 536	5 302	7 692	4 704
新加坡	1 711	57 453	67 301	58 353	82 485	75 541
泰　国	2 705	109 636	71 683	30 931	65 758	77 375
印度尼西亚	136	2 997	7 449	3 197	11 644	8 017
美　国	5 591	22 920	37 820	42 024	41 350	38 312
加拿大	958	5 194	5 674	9 501	7 439	6 965
英　国	3 392	12 019	20 139	20 708	17 080	9 676
法　国	2 411	8 905	10 901	15 755	16 002	15 461
德　国	2 863	15 676	17 320	20 758	13 559	14 299
意大利	1 542	5 876	6 177	8 270	7 266	4 323
俄罗斯	87	388	429	436	639	443
澳大利亚	1 321	4 804	8 898	7 935	9 125	8 286
新西兰	323	1 020	1 731	2 072	2 016	1 685
其　它	13 822	189 249	259 235	266 659	305 571	274 728
二、华　侨	921	775	7 268	2 896	4 639	-
三、港澳和台湾同胞	97 458	122 398	231 197	208 099	310 397	335 222
台湾同胞	50 076	61 650	152 555	130 100	174 681	221 070

注：俄罗斯 1994 年前为原苏联。

16－22 各地区接待旅游人次

（2000 年）

单位：人次

地　　区	总　计	外国人	香港同胞	澳门同胞	台湾同胞
全省合计	**1 001 141**	**665 919**	**105 704**	**8 448**	**221 070**
昆　　明	520 247	32 0054	54 378	1 588	144 227
曲　　靖	3 857	2 878	88	-	891
玉　　溪	1 482	1 249	111	39	83
昭　　通	133	89	29	-	15
楚　　雄	594	478	60	-	56
红　　河	29 431	27 070	1 285	666	410
文　　山	1 771	1 752	4	-	15
思　　茅	28 448	28 348	33	12	55
西双版纳	45 237	35 743	1 131	925	7 438
大　　理	96 906	59 140	12 238	4 362	21 166
保　　山	47 724	45 337	1 758	47	582
德　　宏	39 833	39 176	215	165	277
丽　　江	92 218	57 618	5 636	631	28 333
怒　　江	3 156	2 986	55	3	112
迪　　庆	67 558	21 616	28 646	-	17 296
临　　沧	22 546	22 385	37	10	114

17

十七、城市概况

GENERAL SURVEY OF CLTES

17－1 城市基本情况

（2000年）

指　　标	单　位	地级市合计（不含市辖县）	昆明市	曲靖市	玉溪市	保山市
一、人口、劳动力及土地面积						
年末总人口	万人	392.15	210.81	60.65	37.73	82.96
其中：非农业人口	万人	194.94	150.26	21.85	11.91	10.92
年末总户数	万户	112.02	63.5	16.64	10.46	21.42
年末单位从业人员数	万人	84.44	67.4	7.34	5.37	4.33
城镇个体从业人员	人	95 714	60 348	14 803	14 673	5 890
行政区域土地面积	平方公里	11 601	4 033	1 553	1 004	5 011
其中：建成区面积	平方公里	199	148	24	17	10
二、综合经济						
国内生产总值（当年价格）	万元	4 526 907	1 387 761	751 299	2 104 776	283 071
第一产业增加值	万元	335 235	141 839	55 798	28 914	108 684
第二产业增加值	万元	2 600 629	448 096	408 375	1 678 463	65 695
其中：工业增加值	万元	2 417 889	372 585	368 272	1 637 842	39 190
第三产业增加值	万元	1 591 043	797 826	287 126	397 399	108 692
国有及销售收入500万元以上的非国有工业总产值（当年价格）	万元	5 414 987	2 767 277	560 391	2 026 336	60 983
年销售收入500万元以下的非国有工业总产值（当年价格）	万元	2 128 682	1 873 429	77 629	126 636	50 988
年末邮电局（所）数	处	338	280	19	16	23
邮电业务总量（1990年不变价）	万元	442 740	375 700	25 986	30 063	10 991
本地电话用户数	万户	96.6	78.51	7.4	6.52	4.17
年末移动电话用户数	户	967 816	820 000	48 602	71 469	27 745
国际互联网用户数	户	117 207	112 600		3 844	763
能源消费量	万吨	774	700		54	20
全年用电量	万千瓦小时	829 484	752 950		57 547	18 987
其中：工业用电	万千瓦小时	527 249	466 956		45 941	14 352
城乡居民生活用电	万千瓦小时	132 780	124 115		4 030	4 635
批发零售贸易业商品销售总额	万元	7 604 060	4 294 472		3 203 355	106 233
固定资产投资完成额	万元	1 383 116	989 563	141 265	192 104	60 184
其中：住宅	万元	354 103	251 487	25 420	60 083	17 113
房地产开发投资完成额	万元	680 864	635 167	12 924	24 818	7 955
本年施工住宅建筑面积	万平方米	1 029.40	824.50		144.94	59.96
本年竣工住宅建筑面积	万平方米	608.13	453.23		120.92	33.98
商品房屋销售建筑面积	万平方米	229.00	217.54		11.08	0.38
三、教育、科技、文化、卫生						
高等学校数	所	18	14	1	1	2
高等学校学生数	人	78 577	69 163	2 635	4 876	1 903

注：表中保山市已按国务院新批准的地级市进行统计。

指　　　标	单　位	地级市合计（不含市辖县）	昆明市	曲靖市	玉溪市	保山市
各类专业技术人员数	万人	14.06	9.13	2.3	1.7	0.93
剧场、影剧院数	个	26	14	5	5	2
公共图书馆总藏量	千册、件	5 177	3 684	863	554	76
医院、卫生院数	个	257	148	40	13	56
医院、卫生院床位数	张	22 190	15 965	2 820	1 496	1 909
医生数	人	14 756	11 227	1 275	1 256	998
四、市政公用事业						
年末实有铺装道路面积	万平方米	1 583	1 015	141	346	81
城市下水道总长度	公里	1 083	690	274	117	2
水厂综合生产能力	万吨/日	145	128	9	5	3
全年供水总量	万吨	35 111	30 289	2 075	1 725	1 022
生活用水量	万吨	20 345	17 487	1 234	1 101	523
生活用水人口	万人	240.53	181.13	29	13.4	17
其中：非农业用水人口	万人	186.78	143.48	20.49	11.91	10.9
煤气（人工、天然气）供气总量	万立方米	14 015	13 795			220
其中：家庭用量	万立方米	10 635	10 591			44
家庭用煤气人口	人	892 788	876 800			15 988
液化石油气供气总量	吨	45 931	40 100	5 200		631
其中：家庭用量	吨	39 452	33 654	5 200		598
家庭用液化气人口	人	703 715	548 000	143 715		12 000
年末实有公共汽（电）车营运车辆数	辆	3 174	2 931	120	47	76
全年公共汽（电）车客运总量	万人次	36 455.38	31 317	3 685	1 395.38	58
年末实有出租汽车数	辆	9 700	7 485	1 529	314	372
园林绿地面积	公顷	5 611	4 625	517	301	168
其中：公共绿地面积	公顷	1 284	1 036	60	73	115
建成区绿化覆盖面积	公顷	5 043	4 343	263	265	172
工业废水排放总量	万吨	2 616	1 550		450	616
工业废水处理排放达标量	万吨	883	677		157	49
工业废水处理量	万吨	2 816	1 870		910	36
工业废水处理回用量	万吨	1 819	1 156		528	135
工业二氧化硫去除量	吨	173 565	169 936		3 592	37
工业二氧化硫排放量	吨	28 858	25 807		2 000	1 051
环境噪声达标面积	平方公里	86	86			
生活垃圾粪便清运量	万吨	135	110	10	5	10

（2000年）

指　　标	单　位	地级市合计（不含市辖县）	昆明市	曲靖市	玉溪市	保山市
生活垃圾粪便无害化处理量	万吨	115	92	9	5	9
五、财政、金融、保险						
中央财政预算内收入	万元	582 764	558 705		15 128	8 931
地方财政预算内收入	万元	525 049	469 815	16 166	22 311	16 757
地方财政预算内支出	万元	637 708	526 676	25 392	43 591	42 049
其中：科学事业费支出	万元	2 821	2 146	119	325	231
教育事业费支出	万元	63 217	39 924	7 307	7 060	8 926
年末金融机构存款余额	万元	11 571 172	9 106 240	785 038	1 417 567	262 327
其中：城乡居民储蓄年末余额	万元	4 353 280	3 373 108	343 088	439 816	197 268
年末金融机构各项贷款余额	万元	8 674 861	6 974 573	580 723	832 757	286 808
承保额	万元	5 760 478		681 824	4 325 252	753 402
保　费	万元	35 996		13 684	18 687	3 625
已决赔款	万元	11 402		4 081	5 967	1 354
六、人民生活						
住宅建筑面积	万平方米	3 649.26	3 397		13.26	239
住宅使用面积	万平方米	2 074.02	1 897.60		9.42	167
居住人口（与使用面积口径一致）	万人	159.35	150.28		0.37	8.7
在岗职工平均人数	万人	82.53	65.78	7.51	4.77	4.47
在岗职工工资总额	万元	896 497	707 997	81 471	73 043	33 986
居民人均可支配收入	元	27 245	7 563	6 234	7 652	5 796
居民人均消费支出	元	23 700	6 845	4 864	7 459	4 532
居民消费价格指数（以上年为100）		390.6	97.5	98.1	99.5	95.5
商品零售价格指数（以上年为100）		389.1	97	98.1	98.4	95.6
年末离休、退休、退职人员数	万人	1.67			1.09	0.58
社会福利院数	个	96	61	10	13	12
社会福利院床位数	张	4 799	3 826	398	331	244
居民最低生活保障人数	人	16 223	12 350		2 372	1 501
七、社会治安						
交通事故件数	件	3 415	1 923	440	656	396
刑事案件发案数	件	20 323	14 722	2 944	1 339	1 318
犯罪人数	人	9 645	7 674	747	705	519

十八、教育、科技、文化 体育、卫生和其他

EDUCATION, SCIENCE AND TECHNOLOGY,
CULTUER, SPORTS, PUBLIC HEALTH AND OTHERS

18－1 主要年份各级各类学校数

单位：所

年份	高等学校	中等学校					小学	幼儿园
		中等专业学校	普通中学			职业中学		
			合计	高中	初中			
1978	15	70	1 476	841	635	－	66 672	371
1980	18	100	1 435	610	825	59	59 499	591
1985	26	111	1 765	528	1 237	179	58 484	1 981
1988	26	130	1 946	515	1 431	208	55 154	1 760
1989	26	138	1 994	506	1 488	215	54 145	1 522
1990	26	138	2 030	503	1 527	228	53 556	1 434
1992	26	142	2 120	496	1 624	228	28 124	1 054
1993	26	142	2 178	479	1 699	234	26 376	1 093
1994	26	142	2 182	469	1 723	231	25 007	1 323
1995	26	143	2 225	455	1 770	233	24 612	1 340
1996	26	144	2 242	442	1 800	217	24 078	1 501
1997	26	146	2 240	431	1 809	217	23 724	1 412
1998	26	142	2 245	419	1 826	211	23 249	1 500
1999	24	136	2 225	407	1 818	209	22 705	1 568
2000	24	127	2 236	418	1 818	199	22 151	1 770

18－2 主要年份各级各类学校专任教师数

单位：人

年份	高等学校	中等学校					小学	幼儿园
		中等专业学校	普通中学			职业中学		
			合计	高中	初中			
1978	3 743	2 221	59 003	11 561	47 442	222	164 100	2 474
1980	4 354	3 321	52 665	8 877	43 728	274	175 353	3 493
1985	6 383	4 631	52 140	10 722	41 418	1 947	171 574	8 064
1988	7 991	6 544	62 342	11 940	50 706	2 924	172 608	10 103
1989	7 990	6 917	65 802	12 096	53 706	3 371	173 953	10 901
1990	7 754	7 093	69 238	12 331	56 907	3 712	174 159	11 966
1992	7 538	7 377	75 239	12 831	62 408	4 573	175 321	13 980
1993	7 215	7 473	76 616	12 716	63 900	4 981	175 881	15 179
1994	7 296	7 628	78 488	12 674	65 814	5 100	178 376	16 324
1995	7 415	7 886	80 139	12 668	67 471	5 474	181 384	16 330
1996	7 518	8 150	83 840	12 967	70 873	5 661	184 303	17 254
1997	7 690	8 432	88 120	13 057	75 063	5 983	189 129	18 937
1998	8 143	8 400	92 736	13 003	79 733	6 319	193 900	18 272
1999	8 296	8 304	98 927	13 511	85 416	6 900	201 125	18 618
2000	9 237	7 750	105 620	14 631	90 989	7 091	210 507	19 164

18－3 主要年份各级各类学校在校学生数

单位:万人

年份	高等学校	中等学校					小学	幼儿园
		中等专业学校	普通中学			职业中学		
			合计	高中	初中			
1978	1.59	2.66	183.76	23.78	104.76	0.39	436.03	4.08
1980	1.81	4.02	96.86	14.67	82.20	0.54	424.39	10.32
1985	3.23	5.01	101.99	17.49	84.50	4.07	514.66	19.68
1988	4.50	6.79	119.38	18.13	101.25	6.04	480.40	23.32
1989	4.51	7.18	119.53	17.69	101.83	6.48	457.42	25.86
1990	4.35	7.38	123.95	18.06	105.89	6.82	446.86	30.06
1992	4.54	7.75	131.66	18.66	113.01	10.26	445.43	40.26
1993	4.96	8.47	126.79	17.85	108.94	10.73	443.88	43.64
1994	5.13	9.43	124.27	17.52	106.75	10.80	450.61	48.71
1995	5.14	10.26	127.25	17.78	109.47	12.54	462.41	51.74
1996	5.40	10.97	133.43	17.61	115.82	9.78	473.12	53.35
1997	5.74	11.68	142.31	17.76	124.55	11.38	483.71	53.72
1998	6.24	12.24	152.15	17.84	134.31	12.51	485.45	54.37
1999	7.39	11.95	167.44	19.42	148.02	15.78	480.80	57.75
2000	9.04	11.92	185.97	22.21	163.76	15.85	472.06	60.35

18－4 主要年份各级各类学校招生数

单位:万人

年份	高等学校	中等学校					小学
		中等专业学校	普通中学			职业中学	
			合计	高中	初中		
1978	0.71	1.28	51.55	10.42	41.13	－	109.34
1980	0.50	1.48	34.97	6.27	28.70	0.35	111.97
1985	1.26	1.97	36.58	6.32	30.26	1.95	103.58
1988	1.45	2.51	41.02	6.27	33.75	3.04	78.84
1989	1.27	2.29	41.49	6.05	35.44	2.98	78.47
1990	1.30	2.29	44.40	6.51	37.89	3.28	79.99
1992	1.56	2.67	45.65	6.40	39.25	6.61	85.43
1993	1.64	3.04	44.50	6.00	38.50	6.84	84.33
1994	1.58	3.30	45.20	6.25	38.95	6.51	86.78
1995	1.65	3.51	47.66	6.54	41.12	6.56	87.93
1996	1.72	3.70	48.77	5.84	42.93	6.13	87.52
1997	1.83	3.96	52.52	6.25	46.27	6.31	85.27
1998	2.04	3.94	56.30	6.56	49.74	7.31	75.80
1999	2.75	3.65	62.94	7.43	55.51	7.77	70.99
2000	3.20	3.76	69.84	8.82	61.02	6.42	70.20

18－5 主要年份各级各类学校毕业生数

单位:万人

年 份	高等学校	中等学校					小 学
		中等专业学校	普通中学			职业中学	
			合计	高中	初中		
1978	0.33	0.99	44.60	9.19	35.41	0.11	56.76
1980	0.53	1.59	27.90	8.12	19.78	0.09	48.27
1985	0.54	1.23	24.32	4.63	19.69	0.58	51.90
1988	1.05	1.87	32.72	5.92	26.80	1.67	61.22
1989	1.27	1.88	33.95	5.81	28.14	2.12	62.58
1990	1.45	2.07	33.99	5.57	28.42	2.63	64.59
1992	1.33	2.27	34.76	5.47	29.29	2.07	59.60
1993	1.21	2.31	36.18	5.80	30.38	2.24	57.34
1994	1.43	2.21	36.09	5.23	30.36	2.43	55.17
1995	1.63	2.63	35.71	5.55	30.16	2.83	56.03
1996	1.45	2.96	34.03	5.25	28.78	2.90	57.98
1997	1.49	3.20	37.03	5.48	31.55	2.97	61.25
1998	1.53	3.30	40.17	5.82	34.35	3.17	61.80
1999	1.58	3.50	42.80	5.15	37.65	3.50	65.61
2000	1.62	3.77	47.54	5.65	41.89	4.61	72.15

18－6 全省研究生数

单位:人

年 份	招生数	在学人数		毕业生数	
		攻读硕士学位	攻读博士学位	攻读硕士学位	攻读博士学位
1984	190	376	1	－	－
1985	448	724	5	98	1
1988	236	927	25	455	6
1989	179	696	32	420	2
1990	151	467	24	248	11
1991	140	481	26	221	8
1992	198	533	40	148	11
1993	275	612	42	187	8
1994	323	792	56	141	11
1995	343	948	77	183	14
1996	414	1 030	156	266	18
1997	592	1 351	202	326	24
1998	643	1 483	175	373	50
1999	822	1 830	247	538	74
2000	1 231	2 376	332	535	46

18－7 各级各类成人学校基本情况

（2000年）

单位：人

项　　目	学校数(所)	毕业生数	招生数	在校学生数	教职工合计	
						专任教师
成人高等学校	**10**	**4 533**	**5 521**	**13 878**	**1 764**	**917**
分办学形式:广播电视大学	1	4 060	4 424	11 161	800	370
职工高等学校	6	450	839	2 125	675	392
教育学院	3	23	258	592	289	155
成人中等专业学校	**141**	**20 645**	**15 531**	**48 044**	**4 256**	**2 197**
广播电视中专学校	4	14 228	11 301	34 217	780	306
职工中等专业学校	10	2 193	1 792	7 081	531	268
干部中等专业学校	-	1 182	471	1 968	104	56
函授中等专业学校	2	1 827	1 764	3 782	728	378
教师进修学校	125	1 215	203	996	2 113	1 189
成人中学	18	508	1 638	2 122	224	188
成人初等学校	**-**	**415 233**	**37 222**	**326 862**	**795**	**367**

18－8 各级各类学校每一教职工、专任教师负担的学生和每万人口中的在校学生数

单位：人

项　　目	每一教职工负担的学生数		每一教师负担的学生数		每万人口中的在校学生数	
	1999年	2000年	1999年	2000年	1999年	2000年
普通高等学校	4.0	4.6	8.9	9.8	17.8	21.6
普通中等专业学校	7.8	8.5	14.4	15.4	28.8	28.4
中等师范学校	8.2	11.9	13.8	19.7	7.2	6.7
普通中学	13.6	14.4	16.9	17.6	404.1	443.6
高中			14.4	15.2	46.9	53.0
初中			17.3	18.0	357.2	390.6
职业中学	16.0	15.9	22.9	22.4	38.1	37.8
小　　学	22.2	21.0	23.9	22.4	1 160.3	1 126.1
幼 儿 园	22.9	23.3	31.0	31.5	139.4	144.0
成人高等学校	6.6	7.9	12.7	15.1	10.6	13.7
成人中等专业学校	13.0	11.3	25.2	21.9	13.1	11.5

18－9 小学学龄儿童入学率

年　份	全省学龄儿童数（万人）	已入学学龄儿童数（万人）	入学率(%)	年　份	全省学龄儿童数（万人）	已入学学龄儿童数（万人）	入学率(%)
1980	400.79	349.54	87.20	1993	405.77	443.88	96.30
1985	421.61	384.14	93.10	1994	420.10	407.39	96.90
1986	398.85	373.42	93.60	1995	427.81	416.79	97.40
1987	378.51	357.06	93.60	1996	439.81	430.32	97.80
1988	361.50	342.10	94.30	1997	452.05	446.64	98.40
1989	346.98	328.00	94.50	1998	454.13	448.37	98.73
1990	342.40	324.06	94.60	1999	449.02	444.52	99.00
1992	398.37	380.96	95.60	2000	438.41	434.10	99.02

18－10 全省自然科学研究成果获奖统计

单位:项

年　份	云南省科技进步奖					云南省星火奖					备　注
	申报数	获奖数	奖励等级			申报数	获奖数	奖励等级			
			一等	二等	三等			一等	二等	三等	
1985	455	－	3	22	124	－	－	－	－	－	特等1项
1988	197	65	－	7	58	101	18	1	4	13	
1989	190	92	－	8	84	24	12	2	1	9	
1990	179	90	－	11	79	23	9	1	3	5	
1991	225	124	3	18	103	25	17	－	6	11	
1992	287	204	1	22	181	36	22	1	6	15	
1993	325	194	2	18	174	52	32	1	6	25	
1994	306	180	3	12	165	47	34	2	3	29	
1995	293	182	1	19	162	46	35	1	7	27	
1996	289	178	1	19	158	75	60	1	13	46	
1997	322	182	1	13	168	62	32	1	27	27	
1998	321	197	6	24	167	125	103	3	22	78	
1999	377	208	2	24	182	117	82	3	14	65	

注:1.1985年一等奖中含特等奖一项。2.云南省星火奖从1988年开始实行。

18－11 全省自然科学研究机构数

（独立科研机构）

单位:个

年　份	中国科学院	国务院各部委直属	省业务局直属	地州(市)直属	年　份	中国科学院	国务院各部委直属	省业务局直属	地州(市)直属
1980	5	12	54	83	1993	4	12	54	80
1985	4	15	57	72	1994	4	12	54	80
1986	4	15	57	73	1995	4	12	54	79
1987	4	15	55		1996	4	12	54	79
1988	4	14	55	79	1997	4	12	54	78
1989	4	14	55	80	1998	4	12	53	77
1990	4	14	55	80	1999	4	12	51	73
1992	4	12	54	80	2000	4	9	55	67

注:从1991年开始不再包括国防科工委系统的研究机构数。

18－12 全省分行业自然科学独立研究机构数

单位:个

年 份	合 计	农林牧渔	工 业	地质普查及勘探业	建筑业	交通运输邮电通讯业	社 会服务业	卫生、体育和社会福利业	科学研究与综合技术服务业
1985	149	59	44	1	2	3	–	16	24
1989	153	80	35	2	2	3	3	11	21
1990	153	79	35	2	2	3	3	12	17
1991	150	77	33	2	2	3	3	12	17
1992	150	77	33	2	2	3	3	12	18
1993	150	77	33	2	2	3	3	12	18
1994	150	77	32	2	2	3	3	12	19
1995	149	76	32	2	2	3	3	12	19
1996	149	61	36	3	2	3	5	11	28
1997	148	57	48	3	2	3	7	12	16
1998	146	57	46	3	2	3	7	12	16
1999	140	56	44	1	2	3	7	11	14
2000	135	67	25	1	1	3	4	5	29

注:从 1991 年起不包括国防科工委系统。

18－13 全省分行业自然科学独立研究机构科技人员数

单位:人

年 份	合 计	农林牧渔水利业	工 业	地质普查及勘探业	建筑业	交通运输邮电通讯业	社 会服务业	卫生、体育和社会福利业	科学研究与综合技术服务业
1985	8 012	1 956	3 522	96	60	193	–	845	1 340
1988	10 385	2 899	4 458	119	89	173	94	697	1 856
1989	10 969	2 877	5 053	124	89	185	95	710	1 836
1990	11 008	2 801	5 006	120	89	190	98	814	1 890
1991	9 085	2 841	2 926	138	81	184	99	853	1 963
1992	9 102	2 928	2 879	124	85	196	103	849	1 938
1993	9 004	2 907	2 767	125	84	189	108	877	1 947
1994	8 875	2 818	2 746	123	72	187	105	876	1 948
1995	8 722	2 821	2 606	120	67	175	115	875	1 943
1996	8 260	2 572	2 523	143	64	170	331	562	1 895
1997	8 135	2 524	2 724	127	53	172	411	592	1 532
1998	7 863	2 305	2 619	128	62	154	400	623	1 482
1999	7 606	2 528	2 306	58	98	160	409	522	1 443

注:从 1991 年起不包括国防科工委系统(下同)。

18－14 各地区自然科学机构中从事科技人员数

（2000 年）

单位：人

地 区	科技人员数	高级技术人员	中级技术人员	初级技术人员
全省合计	**6 393**	**1 301**	**2 667**	**2 151**
昆 明	4 583	1 112	1 930	1 390
曲 靖	66	12	37	11
玉 溪	46	7	22	14
昭 通	61	9	29	19
楚 雄	239	21	104	108
红 河	218	23	101	75
文 山	81	5	41	29
思 茅	94	7	40	38
西双版纳	500	62	147	249
大 理	172	21	91	54
保 山	83	6	37	28
德 宏	99	7	34	55
丽 江	43	5	17	20
怒 江	27	1	5	16
迪 庆	23	1	7	15
临 沧	58	2	25	30

18－15 主要年份全省专利申请和批准数

年 份	申请数(件)				批准数(件)			
	合 计	发 明	实用新型	外观设计	合 计	发 明	实用新型	外观设计
1985	135	66	65	4	－	－	－	－
1988	488	93	355	40	182	8	168	6
1989	435	65	336	34	268	14	232	22
1990	461	77	326	58	362	24	312	26
1991	576	112	379	85	310	20	246	44
1992	695	138	499	58	341	32	268	41
1993	729	164	485	80	686	35	568	83
1994	883	171	499	213	439	25	367	47
1995	959	195	476	288	569	35	346	188
1996	1 290	266	665	359	602	33	336	233
1997	1 108	163	612	333	692	20	362	310
1998	1 136	163	579	394	832	45	477	310
1999	1 246	198	609	438	1 185	73	695	417
2000	1 710	341	737	632	1 216	139	606	471

18－16　全省县级以上政府部门属独立研究与开发机构及情报文献机构数、人员数

指　　标	1990年	1995年	1997年	1998年	1999年	2000年
机构合计(个)	168	163	148	160	159	156
人员合计(人)	17 611	13 327	12 787	12 878	12 355	11 645
1.自然科学技术领域						
机构数(个)	148	144	143	141	140	135
人员数(人)	16 893	12 697	12 603	12 251	11 724	10 972
#科学家、工程师(人)	6 875	5 550	4 896	4 818	4 822	4 555
2.社会、人文科学技术领域						
机构数(个)	15	14	14	14	14	14
人员数(人)	527	448	470	451	459	470
#科学家、工程师(人)	356	327	331	328	345	357
3.科技情报和文献机构						
机构数(个)	5	5	5	5	5	7
人员数(人)	191	182	184	176	172	203
#科学家、工程师(人)	112	119	123	108	106	139

18－17　各地区独立研究与开发机构情况

单位:个、人

地　区	1999年				2000年			
	合　计		自然科学		合　计		自然科学	
	机　构	人　员	机　构	人　员	机　构	人　员	机　构	人　员
全省合计	**159**	**12 355**	**140**	**11 724**	**156**	**11 645**	**135**	**10 972**
昆　明	93	7 964	77	7 378	91	7 717	73	7 077
曲　靖	3	101	3	101	3	99	3	99
玉　溪	3	90	2	78	3	73	2	62
昭　通	2	78	2	78	2	80	2	80
楚　雄	6	380	5	358	6	370	5	360
红　河	9	874	8	863	9	835	8	823
文　山	5	174	5	174	5	171	5	171
思　茅	5	152	5	152	5	151	5	151
西双版纳	7	1 586	7	1 586	7	1 233	7	1 233
大　理	6	272	6	272	6	263	6	263
保　山	4	108	4	108	4	110	4	110
德　宏	6	338	6	338	5	304	5	304
丽　江	3	78	3	78	3	78	3	78
怒　江	2	48	2	48	2	50	2	50
迪　庆	1	26	1	26	1	23	1	23
临　沧	4	86	4	86	4	88	4	88

18－18　全省科技成果情况

（1999年）

项　　目	发表科技论文（篇）	出版科技著作（种）	专利申请数（个）	专利授权数（件）	获奖成果合计（项）	国家级奖（项）	省、部级奖（项）	地、市级奖（项）
总　　计	**10 512**	**441**	**103**	**82**	**604**	**12**	**289**	**303**
一、按单位类型分								
1.科学研究与技术开发机构	2 196	93	33	30	197	8	104	85
2.科技情报与文献机构	93				7		1	6
3.全日制普通高等学校	6 980	348	21	14	182		111	71
4.大中型工业企业			49	38	141	4	41	96
5.医疗卫生机构	1 243				77		32	45
二、按学科领域分								
1.自然科学	1 901	81	13	5	42	2	27	13
2.农业科学	746	23	3	2	88	1	42	45
3.医药科学	3771	25			176		107	69
4.工程与技术科学	1 231	37	66	61	245	5	101	139
5.人文与社会科学	2 863	275			53	4	12	37

18－19　科技活动经费筹集与使用情况

（1999年）　　单位：万元

项　　目	活动经费筹集总额	政府拨款	自筹资金	银行贷款	其它收入	活动经费内部支出	活动经费外部支出
总　　计	**157 032**	**71 218**	**73 158**	**7 859**	**4 797**	**121 990**	**6 306**
按单位类型分							
科学研究与技术开发机构	78 173	50 345	20 771	3 572	3 485	76 025	2 003
科技情报与文献机构	1 087	767	305		15	1 034	21
全日制普通高等学校	13 546	13 075	332	10	129	6 465	93
大中型工业企业	63 011	6 783	50 805	4 277	1 146	35 372	4 179
医疗卫生机构	1 215	248	945		22	3 094	10

18－20 主要年份全省文化事业机构数

单位:个

年份	电影事业			艺术事业		图书出版社	博物馆
	电影制片厂	电影放映单位	#电影院和影剧院礼堂	表演团体	剧场音乐厅		
1978	1	2 864	165	149	3	2	4
1980	1	3 166	248	154	26	2	4
1985	1	6 888	600	149	15	4	16
1988	1	7 667	774	141	45	4	17
1989	1	7 553	889	137	45	7	20
1990	1	7 560	889	137	46	7	20
1992	1	6 708	906	136	46	7	22
1993	1	7 669	906	136	47	8	22
1994	1	3 443	906	135	44	8	22
1995	1	4 020	722	134	44	8	22
1996	1	3 069	592	133	42	8	23
1997	1	3 263	549	132	40	8	26
1998	1	3 262	592	131	40	8	27
1999	1	3 263	549	130	39	8	27
2000	1	3 260	－	129	40	8	30

18－20 续表

单位:个

年份	公共图书馆	群众文化事业			广播电视事业	
		群众艺术馆	文化馆	文化站	电视发射台及转播台	县级以上广播电台
1978	16	1	144	2	5	3
1980	80	18	130	388	5	4
1985	149	18	130	1 456	12	5
1987	148	19	128	1 469	22	7
1988	148	19	128	1 469	24	9
1989	148	19	128	1 477	24	12
1990	148	19	128	1 477	24	12
1992	148	19	128	1 532	27	13
1993	148	19	128	1 472	27	13
1994	148	19	128	1 591	15	13
1995	148	19	128	1 567	30	14
1996	148	19	128	1 582	30	14
1997	148	20	127	1 577	44	13
1998	148	20	127	1 593	44	13
1999	147	20	127	1 580	44	13
2000	148	20	127	1 551	44	14

18－21 主要年份艺术、群众文化活动情况

年份	艺术活动		群众文化活动	
	演出场次（场）	国内观众人次（千人次）	办展览（个）	训练班结业（人次）
1978	6 802	9 756	612	－
1980	16 102	15 288	968	11 610
1985	9 105	8 864	754	20 229
1990	9 092	10 645	2 504	24 000
1995	14 500	12 954	2 138	70 300
1996	13 492	12 449	2 692	13 500
1997	357 000	11 137	2 839	142 000
1998	10 000	10 392	2 854	147 000
1999	10 240	12 066	3 085	192 000
2000	10 080	13 292	3 427	178 000

18－22 主要年份图书馆、博物馆活动情况

年份	图书馆活动		博物馆活动情况	
	借阅册次（千册次）	借阅人次（千人次）	陈列、展览（个）	参观人数（千人次）
1978	552	358	－	－
1980	3 384	2 889	19	40
1985	5 399	4 630	99	473
1990	7 100	5 170	85	506
1995	5 285	5 586	112	887
1996	6 302	3 661	127	471
1997	8 300	3 722	120	858
1998	8 022	4 103	123	533
1999	7 426	4 030	146	1 437
2000	6 803	3 834	145	1 066

18－23 主要年份图书、杂志、报纸出版情况

年 份	出版总数（种）			出版印数（万册、万份）		
	图 书	杂 志	报 纸	图 书	杂 志	报 纸
1978	333	1		4 543.00	16.90	－
1980	336	87	11	8 106.20	738.60	17 570
1985	568	65	43	11 410.50	1 160.70	32 138
1990	804	68	41	12 329.60	954.30	22 280
1995	1 452	99	44	11 889.00	1 604.00	25 936
1996	1 322	101	48	13 489.30	1 495.10	27 430
1997	2 048	100	48	15 412.70	1 566.10	34 350
1998	1 717	100	48	14 280.74	1 598.79	28 714
1999	2 286	100	41	17 150.85	1 811.19	29 608
2000	1 644	125	70	13 414.00	2 877.00	36 029

18－24 少数民族文字图书、杂志、报纸出版情况

年 份	图 书		杂 志		报纸印数（万份）
	种数（种）	印数（万册）	种数（种）	印数（万册）	
1985	98	74.10	3	1.8	57.00
1990	56	23.30	2	1.3	49.00
1995	53	11.40	3	1.1	30.00
1996	23	3.67	3	1.6	66.00
1997	34	7.22	3	1.1	60.00
1998	43	6.41	3	1.9	62.00
1999	23	6.30	3	1.6	47.00
2000	12	8.86	2	1.5	59.71

18－25 主要年份图书杂志分类构成情况（按印数分）

单位：万册、万张

类 别	1985年	1990年	1995年	1996年	1997年	1999年
图书出版	11 410.5	12 329.56	13 489	15 412.73	14 280.74	17 150.85
书 籍	3 758.5	4 895.90	13 245	7 667.58	14 177.75	17 066.04
课 本	6 765.1	7 658.05		7 583.70	8 165.94	10 015.10
图 片	887.2	797.50	244	161.45	102.98	84.81
杂志出版	1 160.7	954.26	1 495.1	1 566.10	1 598.79	1 811.19
综 合	227.2	69.83	121	137.89	176.95	220.05
哲学社会科学	47.4	323.44	724	757.72	737.83	837.26
自然社会科学	71.4	450.18	467	462.47	475.67	476.16
文化教育	78.2	75.48		120.07	140.48	202.40
文学艺术	39.1	30.11	46	48.57	40.85	40.39
画 刊	345.2	5.22	23	39.39	2.50	34.93

18－26　主要年份图书杂志分类构成情况(按种数分)

单位:种

类　　别	1978 年	1980 年	1985 年	1990 年	1995 年	1997 年	1998 年	1999 年
图书 出版	333	336	568	804	1 452	2 048	1 717	2 286
书　　籍	99	232	399	596	1 344	1 772	1 615	2 206
图　　片	84	74	126	120	108	115	102	80
杂志 出版	1	87	65	68	99	100	100	100
综　　合	0	0	3	3	4	4	4	4
哲学社会科学	1	11	11	16	21	21	21	21
自然科学技术	0	52	23	33	53	54	55	55
文化 教育	0	3	2	2	4	4	4	4
文学 艺术	0	19	23	13	15	15	14	14
画　　刊	0	2	3	1	2	2	2	2

18－27　广播电视普及情况

年　份	广播人口覆盖率(广播覆盖人数/总人口)	电视人口覆盖率(电视覆盖人数/总人口)	农村有线广播入户率(广播喇叭入户数/农村居民总户数)
1980	30	17	43
1984	67	46	10
1985	59	53	7.5
1986	59	56	6
1987	59	58	5.4
1988	63	60	5.4
1989	66	64	4.9
1990	68	65	3.5
1991	70	68	3.1
1992	70	72	2.8
1993	72	77	1.58
1994	72	78.20	2.4
1995	74	79	1.49
1996	77	81	2.48
1997	79.54	83.68	2.28
1998	81.66	84.84	2.68
1999	84.68	86.83	－
2000	87.45	89.00	－

注:1999 年农村有线广播入户率指标已取消。

18－28　广播电视节目构成情况

单位:时、分

项　　目	1985 年	1990 年	1995 年	1998 年	1999 年	2000 年
广播电台	5	12	14	9	9	9
日均播音时间	79:47	113:23	155:41	202:26	258:53	309:27
自办节目时间合计	70:27	93:38	124:50	173:45	222:53	226:42
(1)新　闻	10:48	16:40	21:35	23:10	24:37	24.32
(2)文　艺	37:15	42:00	49:17	69:27	94:22	85.02
(3)专　题	10:16	20:26	29:29	43:19	63:18	65.08
(4)教　育	6:22	7:40	7:40	15:55	13:35	13:00
(5)服务性	5:46	7:43	16:49	21:54	27:01	21:03
电　视　台	1	11	15	14	14	14
周播放时间	61:15	473:45	1 663:23	1 923:24	1 918:41	2 333:39
自办节目时间合计	20:30	225:45	663:21	1 267:48	1 242:06	1 391:18
(1)新　闻	1:45	15:47	41:34	115:51	130:35	152:26
(2)文　艺	12:21	157:56	417:35	627:15	638:43	713:31
(3)专　题	4:46	28:03	66:35	167:41	172:32	156:49
(4)教　育		13:56	22:01	22:05	33:23	69:40
(5)服务性	1:38	10:03	115:36	334:56	266:53	153:56

注:1998 年广播电视产业政策调整,广播、电视只反映地市级台(县级台未包括)。

18－29　主要年份等级裁判员、运动员每年发展数

单位:人

项　　目	1978 年	1980 年	1985 年	1990 年	1995 年	1998 年	1999 年	2000 年
等级裁判员合计	**92**	**1 085**	**1 316**	**1 920**	**1 675**	**2 625**	**2 262**	**2 229**
国 际 级 裁 判	–	–	–	1	–	–	–	–
国 家 级 裁 判	6	–	–	–	12	6	7	7
一级裁判	86	27	135	145	57	112	40	40
二级裁判	–	402	280	455	316	618	518	519
三级裁判	–	656	901	1 320	134	1 889	1 697	1 663
等级运动员合计	**25**	**713**	**1 843**	**1 379**	**1 474**	**1 331**	**1 207**	**1 187**
国际级健将	–	–	–	4	3	–	4	–
运动健将	3	–	–	36	27	24	3	–
一级运动员	11	19	63	38	52	148	22	12
二级运动员	11	14	83	352	328	340	355	353
三级运动员	–	364	861	583	703	417	437	479
少年级运动员	–	316	836	433	361	402	386	343

18－30 主要年份县和县以上体委举办运动会情况及达标人数

年 份	举办运动会		各类体育训练班人数（人）	国家体育锻炼标准达标人数（人）
	次数（次）	参加人数（人）		
1978	363	－	3 754	92 858
1980	572	144 685	6 782	154 347
1985	2 065	433 003	8 534	713 972
1990	3 005	1 010 131	27 843	1 610 529
1992	2 810	1 198 353	17 221	4 188 270
1993	4 487	1 725 614	15 929	2 677 469
1994	4 591	1 601 527	21 570	4 215 583
1995	4 368	1 299 533	23 680	3 156 178
1996	4 026	1 884 577	25 400	3 031 835
1997	5 127	2 076 966	19 198	2 935 897
1998	5 061	2 379 327	18 106	3 063 797
1999	3 826	2 791 750	16 027	3 114 942
2000	3 810	2 801 556	15 778	3 116 337

18－31 全省运动员比赛获奖情况

单位：枚

年 份	金牌		银牌		铜牌	
	国际	全国	国际	全国	国际	全国
1978	1	4	1	9	14	8
1980	4	13	2	13	－	21
1985	11	24	13	13	9	18
1986	18	31	18	18	5	20
1987	2	27	1	26	－	21
1988	3	45	3	33	2	40
1989	7	31	4	31	－	37
1990	4	22	－	27	6	19
1991	3	18	－	13	－	18
1992	－	31	－	29	1	22
1993	5	20	1	19	－	24
1994	3	16	－	8	1	16
1995	9	27	3	29	4	31
1996	1	63	2	70	－	65
1997	－	21	2	24	－	46
1998	－	23	－	27	－	30
1999	8	35	3	29	1	38
2000	1	44	－	38	5	36

18－32 卫生机构数

单位:个

年份	总计	医院	县及县以上医院	门诊部所	卫生防疫站	妇幼保健站	药品检验所
1980	5 836	1 864	376	3 376	149	143	73
1985	6 305	1 813	419	3 846	159	145	101
1987	6 492	1 802	442	4 018	158	144	125
1988	6 600	1 868	467	4 068	150	144	130
1989	6 600	1 884	480	4 041	150	143	132
1990	6 671	1 908	492	4 085	150	144	132
1991	6 708	1 928	502	4 091	150	144	133
1992	6 765	1 950	510	4 107	149	144	134
1993	6 469	1 969	535	3 772	157	143	135
1994	6 474	2 115	537	3 618	157	143	135
1995	6 400	2 108	536	3 522	158	145	137
1996	11 122	548	531	53	148	140	135
1997	11 454	589	546	46	149	140	136
1998	11 867	594	550	53	72	143	137
1999	11 875	603	556	51	151	140	137
2000	13 356	602	544	51	160	142	136

注:1.从1996年开始卫生机构数包括主要卫生机构、诊所、卫生保健所、医务室等。

2.从1996年开始医院、县及县以上医院只包括正规医院。

18－33 卫生机构床位数

单位:张

年份	总计	医院	农村	医院中:县及县以上医院	平均每千人口有医院床位数
1980	66 049	60 249	38 831	38 425	1.90
1985	74 477	68 012	47 709	45 378	1.99
1987	78 331	70 599	47 640	48 805	2.01
1988	82 719	74 915	48 755	51 795	2.08
1989	82 738	75 009	48 448	52 595	2.06
1990	84 530	76 145	48 286	53 519	2.04
1991	87 351	78 382	49 865	55 688	2.07
1992	90 981	80 863	50 455	57 382	2.11
1993	92 684	82 529	51 904	59 284	2.14
1994	93 654	83 351	49 812	59 841	2.12
1995	95 552	83 959	50 942	60 218	2.10
1996	90 818	60 848	30 719	60 281	1.51
1997	93 993	63 418	30 170	62 453	1.55
1998	95 965	64 041	29 687	63 082	1.55
1999	97 197	64 575	30 551	63 680	1.53
2000	97 530	66 106	31 232	64 925	1.56

18－34 卫生机构人员数

单位:人

年份	总计	卫生技术人员	农村	医生	平均每千人有卫生技术人员	平均每千人有医生
1978	79 520	65 486	36 209	31 145	2.12	1.01
1980	89 086	71 375	40 468	33 421	2.25	1.28
1985	107 905	87 337	53 081	42 660	2.56	1.25
1987	116 565	94 426	56 235	45 715	2.69	1.30
1988	119 941	97 496	58 511	51 226	2.71	1.43
1989	121 936	99 082	60 058	51 918	2.72	1.42
1990	125 503	101 649	61 501	53 879	2.72	1.44
1991	129 027	104 173	62 656	53 210	2.76	1.42
1992	131 775	105 622	63 610	53 471	2.76	1.40
1993	133 873	107 660	64 542	55 452	2.77	1.43
1994	137 167	110 900	64 403	57 675	2.82	1.46
1995	139 529	112 530	66 200	59 456	2.86	1.49
1996	138 748	111 591	75 793	56 392	2.76	1.40
1997	145 863	118 227	64 610	59 090	2.89	1.44
1998	147 159	119 200	55 021	59 138	2.88	1.43
1999	148 429	121 040	67 555	60 680	2.88	1.44
2000	151 588	124 055	70 019	62 572	2.93	1.48

18－35 卫生机构国家集体和私人开业人员数及构成

(2000年)

项目	总计	按市、县分		按部门分				
		市	县	卫生部门	工业及其它部门	集体所有制	私人开业	其他
总计(人)	**129 597**	**60 602**	**68 995**	**105 564**	**22 751**	**671**	**171**	**440**
国家人员	127 940	60 081	67 859	104 374	22 665	536		365
集体人员	1 486	452	1 034	1 190	86	135		75
私人开业人员	171	69	102				171	
总计中:乡村卫生院、所	26 628	4 777	21 851	26 251		377		
国家人员	26 091	4 715	21 376	25 787		304		
集体人员	537	62	475	464		73		

18－36　民族自治地方卫生机构、床位数

(2000 年)

指　　　标	总　　　计		其中:卫生部门	
	机构数(个)	床位数(张)	机构数(个)	床位数(张)
总　　　计	**1 612**	**47 281**	**1 394**	**37 310**
医　院	303	30 039	165	21 587
#市	78	10 302	26	6 075
县	225	19 737	139	15 512
卫生院合计	902	13 804	894	13 617
#乡卫生院	716	8 696	709	8 537
门诊部	10	117	4	12
疗养院、所	1	200		
专科防治所、站	48	448	48	448
卫生防疫站	89	154	87	154
妇幼保健所、站	84	1 358	84	1 358
其它卫生机构	175	1 161	112	134

18－37　按床位分组的县及县以上医院数

(2000 年)

单位:个

指　　　标	总　计	100 张以下	100－199张	200－299张	300－399张	400 张以上
县及县以上医院	544	291	163	40	22	28
#综合医院	398	192	135	32	17	22
#县医院	117	14	76	20	7	0
其它综合医院	281	178	59	12	10	22
中医医院	105	82	18	3	0	2
医学院校附属医院	5		1		1	3
其它专科医院	2	2				

18－38 主要年份卫生防疫站、妇幼保健站、药品检验站情况

单位：个、人

年 份	卫生防疫站		妇幼保健站			药品检验所	
	机构数	人员数	机构数	床位数	人员数	机构数	人员数
1978	149	3 604	142	82	1 194	55	331
1980	149	3 862	143	287	1 382	73	456
1985	159	4 931	145	524	2 108	101	565
1989	150	5 737	143	872	2 808	132	812
1990	150	5 930	144	928	3 001	132	855
1991	150	6 146	144	1 021	3 252	133	891
1992	149	6 388	144	1 073	3 467	134	915
1993	157	6 606	143	1 244	3 669	135	945
1994	157	6 810	143	1 350	3 869	135	982
1995	158	6 962	145	1 510	4 197	137	1 017
1996	158	7 136	142	1 657	4 270	95	1 043
1997	159	7 344	142	1 836	4 559	136	1 079
1998	150	7 390	141	2 024	4 692	137	1 086
1999	151	7 493	140	2 252	4 822	137	1 135
2000	160	7 574	142	2 356	5 017	136	1 121

18－39 自然灾害救济情况

年 份	遭受自然灾害人次（万人）	每万农业人口中遭受自然灾害人次（人）	享受自然灾害国家救济人次（万人次）	享受国家救济人数占遭受自然灾害人数比重（%）
1985	856.70	2 845	404.8	47.3
1989	991.00	3 114	401.4	40.5
1990	832.00	2 569	749.9	90.1
1991	729.04	2 215	464.7	63.7
1992	1 011.37	3 038	545.7	54.0
1993	1 133.88	3 371	623.2	54.9
1994	1 136.00	3 435	562.0	49.5
1995	1 004.36	3 972	532.3	52.9
1996	1 124.00	4 010	547.5	48.7
1997	2 913.00	8 308	936.4	32.1
1998	2 651.00	7 493	527.3	19.9
1999	3 165.21	8 904	600.0	19.0
2000	3 466.10	9 670	432.3	12.5

18－40　优抚事业基本情况

年　份	优抚事业单　位（个）	优抚事业单位经费（万元）	年末在院人　数（人）	优抚对象人　数（万人）	每万人口中优抚对象人数（人）	优　抚事业费（万元）
1985	1	59.9	83	96.90	283	1 265.5
1988	1	74.3	74	88.10	245	2 460.7
1989	1	77.9	73	88.80	243	2 846.1
1990	1	112.3	98	88.80	238	3 539.7
1991	1	109.9	90	90.30	238	3 906.8
1992	1	172.3	84	92.04	240	4 192.6
1993	1	211.5	80	88.80	229	4 615.0
1994	1	210.5	79	89.90	228	5 122.7
1995	1	184.3	66	91.60	231	6 293.8
1996	1	200.0	70	90.90	232	6 566.2
1997	2	273.2	93	92.40	226	7 601.5
1998	2	350.9	93	92.82	224	8 125.4
1999	2	424.0	84	93.62	223	10 199.8
2000	3	700.5	85	93.67	221	13 664.3

18－41　社会福利事业基本情况

年　份	民政事业费总额（万元）	城市社会福利事业		
		单位数（个）	单位经费（万元）	年末在院人数（人）
1985	10 136.5	34	243.3	1 405
1988	14 934.0	44	246.3	1 569
1989	31 640.5	44	288.2	1 497
1990	40 948.0	45	334.4	1 536
1991	38 724.9	49	302.8	1 620
1992	41 025.6	47	366.5	1 585
1993	30 502.3	49	457.0	1 590
1994	31 529.4	49	991.5	1 702
1995	36 916.0	50	1 083.0	1 801
1996	43 966.0	50	1 120.0	1 847
1997	55 903.3	50	1 308.9	2 176
1998	58 810.0	50	1 618.7	2 179
1999	63 169.3	50	1 853.2	1 172
2000	78 944.4	75	2 143.3	2 507

18－42　各地区工业废水排放及处理情况

（2000 年）

地　　区	工业废水排放总量（万吨）	工业废水排放达标量（万吨）	其中：处理排放达标量（万吨）	工业废水处理量（万吨）	工业废水处理回用量（万吨）
全省合计	**35 117.15**	**16 244.85**	**9 421.58**	**86 986.51**	**75 078.58**
昆　明	7 763.38	5 796.03	4 789.97	24 905.50	21 099.81
曲　靖	2 051.01	1 426.85	716.10	14 547.17	13 498.62
玉　溪	2 406.54	603.73	415.36	13 499.60	12 764.57
昭　通	974.35	803.25	292.03	440.15	130.83
楚　雄	478.66	198.17	47.87	1 642.46	1 547.01
红　河	3 751.91	1 480.65	346.64	20 562.13	19 715.20
文　山	426.31	33.00	31.02	295.19	167.71
思　茅	2 962.05	2 339.19	1 640.51	2 509.34	607.53
西双版纳	1 917.25	111.55	58.43	222.75	8.26
大　理	1 356.82	246.40	135.02	972.96	651.23
保　山	2 695.47	271.10	79.33	343.89	112.99
德　宏	4 328.62	2 323.94	751.73	3 008.92	2 257.20
丽　江	283.24	39.39	34.82	415.78	284.33
怒　江	111.71	24.06		4.82	
迪　庆	59.71			40.18	20.40
丽　江	3 550.12	547.54	82.76	3 575.67	2 212.92

补充资料：1.废水排放总量 76409 万吨；2.工业用新鲜水量 97730 万吨；3.工业重复用水量 197101 万吨；4.汇总工业企业 1221 个。

注：1.补充资料为全社会数 2.工业废水处理率＝工业废水处理量/需处理的工业废水量。

18－43　各地区工业废气排放及处理情况

（2000 年）

地　　区	工业废气排放总量（万标立方米）	其中：燃料燃烧中排放的		其中：生产工艺中排放的	
		合　计（万标立方米）	其中：经过消烟除尘的（万标立方米）	合　计（万标立方米）	其中：经过净化处理的（万标立方米）
全省合计	**27 488 210**	**14 019 879**	**11 044 068**	**13 468 331**	**11 758 510**
昆　明	8 155 416	3 302 254	2 941 833	4 853 162	4 631 037
曲　靖	4 207 527	2 431 635	2 269 055	1 775 892	1 361 990
玉　溪	1 836 716	772 742	726 512	1 063 974	995 390
昭　通	1 940 742	1 139 630	422 201	801 112	783 342
楚　雄	532 979	181 638	152 748	351 341	321 427
红　河	6 208 466	3 892 052	2 401 706	2 316 414	2 062 177
文　山	355 171	58 040	38 609	297 131	194 973
思　茅	745 333	463 742	449 925	281 591	256 703
西双版纳	199 485	171 629	166 719	27 856	24 466
大　理	1 272 737	629 955	591 855	642 782	520 361
保　山	804 172	258 271	218 461	545 901	184 772
德　宏	647 756	376 660	376 660	271 096	188 044
丽　江	192 399	48 335	21 954	144 064	138 264
怒　江	5 984	5 984	5 984		
迪　庆	6 462	6 462	2 000		
临　沧	376 865	280 850	257 846	96 015	95 564

18－44　各地区工业固体废物排放及处理利用情况

（2000 年）

地　区	工业固体废物产生量（万吨）	工业固体废物综合利用量（万吨）	工业固体废物贮存量（万吨）	工业固体废物处置量（万吨）
全省合计	**3 187.34**	**1 151.65**	**1 144.21**	**157.38**
昆　明	772.32	274.87	118.03	109.33
曲　靖	818.62	485.52	168.07	14.29
玉　溪	268.60	54.48	127.38	20.93
昭　通	24.03	7.43	13.35	
楚　雄	176.97	84.08	77.79	3.42
红　河	669.53	110.75	484.09	7.50
文　山	82.12	10.00	20.29	0.09
思　茅	62.42	7.42	49.80	
西双版纳	2.95	2.73	0.00	
大　理	54.43	14.16	18.53	0.63
保　山	86.17	53.21	12.65	
德　宏	34.41	11.92	15.22	
丽　江	76.37	3.90	26.79	0.13
怒　江	11.21	0.73	1.19	
迪　庆	14.21	2.04	10.09	
临　沧	32.98	28.41	0.94	1.06

注:工业固体废物产生量＝(工业固体废物综合利用量－综合利用往年堆存量)＋工业固体废物贮存量＋(工业固体废物处置量－处置往年堆存量)＋工业固体废物排放量。

18－44　续表　（2000 年）

地　区	工业固体废物排放量(万吨)	历年累计贮存量（万吨）	三废综合利用产品产值(万元)	三废综合利用产品利润(万元)
全省合计	**530.40**	**22 349.94**	**70 088.1**	**11 767.8**
昆　明	237.09	2 394.79	23 640.7	3 407.6
曲　靖	29.28	125.12	4 218.2	1 339.6
玉　溪	19.58	2 345.39	9 097.9	2 405.2
昭　通	2.32	2 351.51	1 448.7	41.0
楚　雄	69.88	1 375.87	8 053.0	1 079.0
红　河	81.01	12 435.72	14 337.0	1 057.8
文　山	48.46	136.19	225.8	132.1
思　茅	4.31	521.59	298.9	123.8
西双版纳	0.22	－	－	－
大　理	16.11	283.19	2 214.1	910.4
保　山	5.39	63.53	2 403.7	506.6
德　宏	0.88	45.02	2 065.0	－100.4
丽　江	4.14	231.96	355.2	50.3
怒　江	9.29	－	－	－
迪　庆	2.08	40.00	－	－
临　沧	0.36	0.06	1 729.9	814.8

18－45　全省“三废”治理项目完成情况

指　　标	单　位	1995 年	1998 年	1999 年	2000 年
一、汇总工业企业数	个	483	244	273	569
二、污染治理项目本年投资来源合计	万元	21 442.3	20 245.3	26 613.8	68 593.2
按来源分：					
1.基本国家预算内建设资金	万元	1 530.7	2 596.6	5 101.7	79.0
2.更新改造国家预算内资金	万元	4 939.4	1 050.6	805.3	2 592.2
3.综合利用利润留成资金	万元	1 932.7	573.0	1 490.5	3 186.9
4.环境保护补助资金	万元	2 609.2	325.8	374.5	1 712.9
5.环保贷款	万元	1 800.9	3 273.3	2 776.3	9 394.1
6.其它资金	万元	10 430.3	114.0	16 065.4	51 628.1
按使用分：					
1.治理废水	万元	7 289.7	10 891.0	11 926.2	24 638.8
2.治理废气	万元	10 232.6	7 844.3	11 608.5	38 827.5
3.治理固体废物	万元	2 986.6	1 089.0	2 743.7	4 028.2
4.治理噪声	万元	222.7	55.3	254.5	416.7
5.治理其它	万元	710.7	365.7	80.9	682.0
三、本年施工项目总数	个	666	331	409	826
1.治理废水	个	216	116	170	319
2.治理废气	个	258	160	186	443
3.治理固体废物	个	104	26	28	37
4.治理噪声	个	48	18	15	7
5.治理其它	个	40	11	10	19
四、当年竣工项目数	个	555	210	349	650
1.治理废水	个	172	70	142	240
2.治理废气	个	219	103	160	361
3.治理固体废物	个	82	18	24	26
4.治理噪声	个	48	11	14	6
5.治理其它	个	34	8	9	17
五、当年竣工项目新增设计处理能力					
1.治理废水	吨/日	234 126	207 320	773 599	1430 775
2.治理废气	万标立米/时	202	3 353 107	6 439 404	10526 573
3.治理固体废物	吨/年	73 737	32 507	330 433	351 382

注：1.治理类型中的“治理废气”包括燃料燃烧废气和生产工艺废气的治理。

2.治理类型中的“治理其它”包括：(1)电磁辐射治理；(2)放射性治理；(3)其它治理(包括搬迁)。

3.污染治理一年完成投资及投资来源均为当年投入的资金，不包括以往历年的投资。

主要统计指标解释

普通高等学校 指按照国家的审批程序批准举办，通过全国统一招生考试，招收高级中等学校毕业和具有同等学历者，实施高等教育，培养高等专门人才的学校。包括大学、专门学院、专科学校和短期职业大学。

成人高等学校 指按国家规定的审批程序批准举办，招收职业高中毕业或同等学历者，利用多种形式对成人实施高等教育，培养相当普通高等专科或本科毕业水平的专门人才的学校。包括广播电视大学、职工高等学校、农民高等学校、干部管理学院、教育学院、独立函授学院以及普通高等学校举办的函授、夜大学等。

小学学龄儿童入学率 指调查范围内已入小学学习的学龄儿童占该地区校内外学龄儿童总数(包括弱智儿童在内，但不包括盲聋哑儿童)的比重。计算公式是：

$$\text{小学学龄儿童入学率}=\frac{\text{已入学的小学学龄儿童数}}{\text{校内外小学学龄儿童总数}}\times 100\%$$

综合性研究机构 指主要从事揭示客观事物本质、运动规律，提出新发现、新学说和对有重大应用前景的新的产品、工艺、材料、方法等提出新的理论、构想、原理等工作的机构。

技术开发机构 指主要从事提供国际、国内第一次出现的新产品、工艺、材料、方法等和为新的技术成果应用提供完整的技术规模设计图纸、样品和操作规程的机构。

推广服务机构 指主要从事技术成果推广、服务工作，向用户提供新技术成果的可行性实验或示范，提供咨询和指导的机构。

文化事业机构 指从事专业文化工作和为专业文化工作服务的单独核算、独立建制的单位。不包括半工半艺、半农半艺的业余剧团。

电影放映单位 指具有放映机器设备、固定或不固定的放映场所与专职或兼职的放映技术人员，经文化行政部门登记批准，经常为一定的观众对象映出电影的机构。包括经批准对外开放进行营业，并与电影发行放映管理机构分账的专用放映单位或军委系统租片单位在内。

电影观众人数 指各类型放映单位及军委系统租片单位映出的观众人数。一个观众连续看了一部长片和短片专场规定的短片，为二人次。

艺术表演观众人数 指售票、包场演出或民族地区免费演出的艺术表演观众人数。不包括彩排审查和内部观摩演出的观看人次数。

等级运动员人数 指经考核正式批准授予等级运动员称号的人数。运动员等级分为国际级运动健将、运动健将、一级运动员、二级运动员、三级运动员、少年运动员。

等级裁判员人数 指经考核正式批准授予等级裁判员称号的人数。裁判员等级分为国际裁判、国家级裁判、一级裁判、二级裁判。

体育场 指有400米跑道(中心含足球场)，有固定道牙，跑道6条以上，并有固定看台的田径场。以看台容纳观众人数为：甲级25000人以上，乙级15000－25000人，丙级5000－15000人，丁级5000人以下。

体育馆 指有固定看台可供篮球、排球、乒乓球、体操等项目训练比赛活动用的室内场地。经以看台容纳观众人数分：甲级6000人以上，乙级4000－6000人，丙级2000－4000人，丁级2000人以下。

医院 指名称为医院，设有固定床位能收容病人住院并能为病人提供医疗、护理服务的医疗机构。包括县及县以上医院、农村乡卫生院、其他医院三部分。按所属性质分为卫生部门、工业及其他部门、集体所有制三类。其中县及县以上医院按业务性质分为综合医院和专科医院。

卫生技术人员 指卫生事业机构支付工资的全部固定职工和合同制职工中现任职务为卫生技术工作的人员。包括中医师、西医师、中西医结合高级医师、护师、中药师、西药师、检验师、其他技师、中医师、西医士、护士、助产士、中药剂士、检验士、其他技士、其他中医、护理员、中药剂员、西药剂员、检验员、其他初级卫生技术人员。

医生　指经卫生部门审查合格,从事医疗工作的专业人员。分为中医医生和西医医生。包括卫生技术人员中的中医师、西医师、中西结合和其他中医师、西医师、中西结合高级医师、中医士、西医士和其他中医。

城市社会福利事业单位　包括社会福利院、儿童福利和民政部门所属的精神病院等。

城乡社会救济费　社会救济是指国家或集体用于生活困难人员的财物支出。本指标包括城镇社会救济费、乡村社会救济费、精减退职的老职工救济费。

(1)**城镇社会救济费**　包括民政部门支出的城镇困难户救济费和机关企事业单位支付的职工生活困难补助费。

(2)**乡村社会救济费**　包括民政部门支出的农村五保户、困难户及麻风病人救济费。本指标包括农村集体支付的散居五保户、贫困户救济折款(包括实物)。

(3)**精减退职的老职工救济费**　指民政部门支出的精减退职的老职工救济费(包括按原工资40%发给的救济费和其他困难救济费)。

自然灾害受灾人数　指遭受自然灾害人数中的成灾人数。所谓成灾是指遭受自然灾害,作物收成减产三成以上的单位,这种单位的全部农业人口即为成灾人口。

优抚事业单位　指革命残废军人休养院、荣复军人疗养院和复退军人精神病院、光荣院。

优抚对象　优抚是指我国人民群众对革命烈士家属、病故革命军人家属、革命残废军人、革命残废工作人员以及参战负伤致残的民兵、民工的优待和对这些人的抚恤。“优抚对象”包括烈军属、复退军人、革命残废人员。

优抚事业费　指民政部门开支的抚恤事业费。包括牺牲费、烈军属及复员退伍军人补助费、退伍军人安置费、优抚事业单位经费和其他抚恤事业费。

十九、基本单位和企业监测、企业集团情况

BASIC UNITS, MONITORING OF ENTERPRISES AND ENTERPRISE GROUPS

19－1 各地区法人单位数

单位：个

地区	1996年	1997年	1998年	1999年	2000年
全省合计	**80 488**	**80 269**	**81 013**	**81 093**	**80 243**
昆明	21 317	20 793	21 601	22 406	22 281
曲靖	6 878	6 911	6 898	6 421	6 431
玉溪	6 310	6 399	6 504	6 493	6 554
昭通	4 690	4 699	4 703	4 631	4 547
楚雄	4 752	4 812	4 783	4 756	4 673
红河	6 968	7 076	7 107	7 060	6 983
文山	3 794	3 739	3 781	3 744	3 710
思茅	4 077	4 117	4 113	4 184	4 140
西双版纳	2 130	2 185	2 250	2 215	2 141
大理	5 939	5 964	5 884	5 959	5 562
保山	3 102	3 108	3 065	3 069	3 062
德宏	2 959	2 925	2 811	2 742	2 734
丽江	2 164	2 149	2 173	2 084	2 080
怒江	1 116	1 115	1 097	1 110	1 110
迪庆	936	938	940	942	944
临沧	3 361	3 339	3 303	3 277	3 291

19－2 各地区产业活动单位数

单位：个

地区	1996年	1997年	1998年	1999年	2000年
全省合计	**135 161**	**134 936**	**132 368**	**131 637**	**128 946**
昆明	31 962	31 382	31 072	31 769	30 607
曲靖	13 761	13 810	13 533	12 193	12 185
玉溪	8 741	8 815	8 837	8 984	8 809
昭通	8 623	8 637	8 616	8 529	8 322
楚雄	8 423	8 481	8 140	8 032	7 911
红河	12 444	12 605	12 488	12 332	12 092
文山	6 993	6 903	6 740	6 734	6 678
思茅	6 821	6 859	6 728	6 801	6 720
西双版纳	3 374	3 427	3 602	3 545	3 437
大理	10 322	10 397	10 146	10 206	9 724
保山	5 651	5 657	5 526	5 546	5 538
德宏	4 766	4 743	4 469	4 377	4 342
丽江	3 702	3 689	3 209	3 442	3 433
怒江	1 823	1 820	1 755	1 774	1 742
迪庆	1 343	1 345	1 337	1 325	1 334
临沧	6 412	6 366	6 170	6 048	6 072

19－3 各地区基本单位数

（2000年）　　单位：个

地　　区	法人单位数			产业活动单位数	
	合 计	单产业法人	多产业法人	合 计	多产业法人单位所属产业活动
全省合计	**80 243**	**70 560**	**9 683**	**128 946**	**58 386**
昆　　明	22 281	20 155	2 126	30 607	10 452
曲　　靖	6 431	5 600	831	12 185	6 585
玉　　溪	6 554	5 920	634	8 809	2 889
昭　　通	4 547	4 191	356	8 322	4 131
楚　　雄	4 673	4 111	562	7 911	3 800
红　　河	6 983	5 969	1 014	12 092	6 123
文　　山	3 710	3 269	441	6 678	3 409
思　　茅	4 140	3 676	464	6 720	3 044
西双版纳	2 141	1 768	373	3 437	1 669
大　　理	5 562	4 517	1 045	9 724	5 207
保　　山	3 062	2 708	354	5 538	2 830
德　　宏	2 734	2 301	433	4 342	2 041
丽　　江	2 080	1 838	242	3 433	1 595
怒　　江	1 110	972	138	1 742	770
迪　　庆	944	876	68	1 334	458
临　　沧	3 291	2 689	602	6072	3 383

19－4 各地区基本单位按产业划分

（2000年）　　单位：个

地　　区	法人单位数				产业活动单位数			
	合 计	第一产业	第二产业	第三产业	合 计	第一产业	第二产业	第三产业
全省合计	**80 243**	**840**	**17 537**	**61 866**	**128 946**	**1 771**	**21 087**	**106 088**
昆　　明	22 281	139	7 043	15099	30 607	174	7820	22 613
曲　　靖	6 431	81	1 625	4 725	12 185	111	1 935	10 139
玉　　溪	6 554	66	1 897	4 591	8 809	138	2 238	6 433
昭　　通	4 547	8	508	4 031	8 322	11	595	7 716
楚　　雄	4 673	20	984	3 669	7 911	55	1 244	6 612
红　　河	6 983	120	1 462	5401	12 092	196	1 871	10 025
文　　山	3 710	45	475	3 190	6 678	105	553	6 020
思　　茅	4 140	89	554	3 497	6 720	177	691	5 852
西双版纳	2 141	108	183	1 850	3 437	287	318	2 832
大　　理	5 562	42	831	4 689	9 724	54	1 073	8 597
保　　山	3 062	15	467	2 580	5 538	25	573	4 940
德　　宏	2 734	47	472	2 215	4 342	103	587	3 652
丽　　江	2 080	11	355	1 714	3 433	45	418	2 970
怒　　江	1 110	1	156	953	1 742	1	189	1 552
迪　　庆	944	1	119	824	1 334	3	134	1 197
临　　沧	3291	47	406	2 838	6 072	286	848	4 938

19－5 各地区法人单位按行业门类分组单位数

（2000 年）

单位：个

地区	合计	农林牧渔业	采掘业	制造业	电力煤气水的生产和供应业	建筑业	地质勘察业水利管理业	交通运输仓储及邮电通信业	批发零售贸易餐饮业
全省合计	**802 43**	**3 889**	**1 799**	**12 135**	**810**	**2 793**	**622**	**1 252**	**13 567**
昆明	22 281	433	343	5 531	82	1 087	87	325	6 700
曲靖	6 431	287	426	863	81	255	37	95	734
玉溪	6 554	534	120	1 400	69	308	112	108	1 046
昭通	4 547	246	47	246	82	133	34	82	470
楚雄	4 673	212	140	634	50	160	39	81	524
红河	6 983	335	288	878	84	212	56	121	979
文山	3 710	167	66	319	37	53	23	65	396
思茅	4 140	264	58	324	56	116	52	56	381
西双版纳	2 141	354	17	101	19	46	39	35	241
大理	5 562	485	57	565	68	141	82	78	551
保山	3 062	118	35	336	31	65	25	48	381
德宏	2 734	128	31	363	32	46	7	44	579
丽江	2 080	139	67	193	31	64	13	19	154
怒江	1 110	23	41	81	12	22	2	21	70
迪庆	944	55	24	60	30	5	3	23	78
临沧	3 291	109	39	241	46	80	11	51	283

19－5 续表

（2000 年）

单位：个

地区	金融保险业	房地产业	社会服务业	卫生体育社会福利业	教育文化艺术及广播电影电视业	科学研究和综合技术服务业	国家机关政党机关社会团体	其他行业
全省合计	**2 354**	**541**	**3 382**	**3 075**	**6 405**	**1 129**	**26 051**	**439**
昆明	396	309	1 505	488	1 123	485	3 188	199
曲靖	212	19	170	232	513	78	2 412	17
玉溪	159	20	301	213	508	77	1 533	46
昭通	128	8	63	262	479	52	2 208	7
楚雄	196	19	86	201	461	38	1 809	23
红河	257	60	256	299	583	90	2 434	51
文山	179	17	101	192	374	46	1 661	14
思茅	148	10	71	205	398	52	1931	18
西双版纳	43	15	197	100	236	30	654	14
大理	194	26	243	263	436	52	2 296	25
保山	81	12	53	105	274	21	1 427	9
德宏	70	17	181	146	228	31	867	5
丽江	61	2	47	118	224	26	921	1
怒江	47	—	22	51	91	12	615	—
迪庆	34	—	23	46	96	9	458	—
临沧	149	7	63	154	381	30	1 637	10

19－6　全省法人单位按行业分组

（2000年）　　单位：个

行　　业	1996年	1997年	1998年	1999年	2000年
全省合计	**80 488**	**80 269**	**81 013**	**81 093**	**80 243**
一、农、林、牧、渔业	4 126	4 137	4 155	4 153	3 889
农业	487	491	493	487	483
林业	166	170	167	168	179
畜牧业	135	137	125	131	130
渔业	47	48	46	47	48
农、林、牧、渔服务业	3 291	3 291	3 324	3 320	3 049
二、采掘业	1 892	1 848	1 858	1 837	1 799
煤炭采选业	700	698	699	676	672
石油和天然气开采业	2	2	2	2	2
黑色金属矿采选业	136	131	129	126	123
有色金属矿采选业	487	487	472	474	447
非金属矿采选业	448	413	444	452	451
其他矿采选业	4	4	4	4	4
木材及竹材采运业	115	113	108	103	100
三、制造业	12 535	12 146	12 534	12 266	12 135
食品加工业	684	640	693	680	690
食品制造业	579	565	564	536	524
饮料制造业	766	756	752	748	741
烟草加工业	39	37	42	46	47
纺织业	178	168	180	180	177
服装及其他纤维制品制造业	352	345	337	318	309
皮革、毛皮、羽绒及其制品业	192	180	189	175	164
木材加工及竹、藤、棕、草制品业	653	620	640	584	563
家具制造业	361	354	350	338	331
造纸及纸制品业	365	360	365	362	353
印刷业，记录媒介的复制	441	438	458	463	463
文教体育用品制造业	67	68	73	74	68
石油加工及炼焦业	55	54	54	59	60
化学原料及化学制品制造业	891	866	901	880	880
医药制造业	144	142	153	161	165
化学纤维制造业	11	11	12	13	11
橡胶制品业	130	123	125	121	116
塑料制品业	458	444	460	460	453
非金属矿物制品业	2 098	2 030	2 111	2071	2 087
黑色金属冶炼及压延加工业	318	303	324	310	301

行　　业	1996 年	1997 年	1998 年	1999 年	2000 年
有色金属冶炼及压延加工业	394	371	405	394	360
金属制品业	1 088	1 060	1 065	1 045	1 039
普通机械制造业	563	512	552	545	535
专用设备制造业	335	331	341	336	330
交通运输设备制造业	695	692	705	698	693
武器弹药制造业	4	7	6	5	5
电气机械及器材制造业	240	236	246	249	252
电子及通信设备制造业	55	56	55	53	51
仪器仪表及文化、办公用机械制造业	74	72	74	77	81
其他制造业	305	305	302	285	286
四、电力、煤气及水的生产和供应业	836	840	838	815	810
电力、蒸汽、热水的生产和供应业	669	674	668	647	634
煤气生产和供应业	6	5	6	7	9
自来水的生产和供应业	161	161	164	161	167
五、建筑业	2 433	2 477	2 599	2 816	2 793
土木工程建筑业	1 779	1 806	1 902	2 058	2 058
线路、管道和设备安装业	221	227	229	234	237
装修装饰业	433	444	468	524	498
六、地质勘查业、水利管理业	621	625	633	625	622
地质勘查业	107	108	106	99	95
水利管理业	514	517	527	526	527
七、交通运输、仓储及邮电通信业	1 100	1 100	1 155	1 243	1 252
铁路运输业	8	7	8	6	6
公路运输业	402	406	406	410	393
水上运输业	16	18	17	16	15
航空运输业	3	6	4	4	3
交通运输辅助业	403	399	413	419	426
其他交通运输业	6	6	6	6	6
仓储业	81	79	76	82	83
邮电通信业	181	179	225	300	320
八、批发和零售贸易、餐饮业	14 428	14 369	14 239	13 880	13 567
食品、饮料、烟草和家庭用品批发业	3 337	3 324	3 173	3 069	2 950
能源、材料和机械电子设备批发业	3 713	3 705	3 623	3 496	3 463
其他批发业	660	659	755	747	739
零售业	6 209	6 158	6 133	6 020	5 847
商业经纪与代理业	9	12	10	11	10

行　业	1996 年	1997 年	1998 年	1999 年	2000 年
餐饮业	500	511	545	537	558
九、金融、保险业	2 348	2 358	2 361	2 374	2 354
金融业	2 119	2 120	2 114	2 127	2 107
保险业	229	238	247	247	247
十、房地产业	423	418	511	541	541
房地产开发与经营业	293	297	371	378	391
房地产管理业	84	75	92	114	97
房地产代理与经纪业	46	46	48	49	53
十一、社会服务业	3 225	3 245	3 276	3 348	3 382
公共服务业	492	507	517	537	546
居民服务业	415	416	418	417	417
旅馆业	868	864	869	901	900
租赁服务业	54	53	57	61	65
旅游业	265	263	272	275	272
娱乐服务业	224	226	225	222	227
信息、咨询服务业	669	678	680	689	680
计算机应用服务业	60	60	59	61	69
其他社会服务业	178	178	179	185	206
十二、卫生、体育和社会福利业	2 963	2 966	3 006	3 152	3 075
卫生	2 575	2 574	2 598	2 734	2 650
体育	45	44	47	47	48
社会福利保障业	343	348	361	371	377
十三、教育、文化艺术及广播电影电视业	6 330	6 362	6 364	6 386	6 405
教育	4 868	4 904	4 897	4 916	4 926
文化艺术业	923	925	932	933	941
广播电影电视业	539	533	535	537	538
十四、科学研究和综合技术服务业	1 077	1 064	1 105	1 122	1 129
科学研究业	197	199	198	198	198
综合技术服务业	880	865	907	924	931
十五、国家机关、政党机关和社会团体	25 760	25 902	25 982	26 115	26 051
国家机关	9 268	9 498	9 785	9 973	9 866
政党机关	1 428	1 407	1 439	1 449	1 453
社会团体	1 058	1 075	1 080	1 095	1 077
基层群众自治组织	14 006	13 922	13 678	13 598	13 655
十六、其他行业	391	412	397	420	439
企业管理机构	391	412	397	420	439

19－7　全省产业活动单位按行业分组

（2000 年）　　　　单位：个

行　　业	1996 年	1997 年	1998 年	1999 年	2000 年
全省合计	**135 161**	**134 936**	**132 368**	**131 637**	**128 946**
一、农、林、牧、渔业	10 492	10 410	10 366	10 375	10 026
农业	1 046	1 054	1 022	1 025	1 006
林业	508	514	506	510	511
畜牧业	182	184	168	180	176
渔业	80	81	77	79	78
农、林、牧、渔服务业	8 676	8 577	8 593	8 581	8 255
二、采掘业	2 322	2 274	2 224	2 198	2 114
煤炭采选业	760	759	749	729	719
石油和天然气开采业	4	5	3	3	2
黑色金属矿采选业	166	160	151	155	147
有色金属矿采选业	566	561	536	536	506
非金属矿采选业	623	589	590	596	590
其他矿采选业	4	4	5	5	5
木材及竹材采运业	199	196	190	174	145
三、制造业	15 203	14 819	14 965	14 492	14 157
食品加工业	882	836	875	855	842
食品制造业	742	728	702	660	630
饮料制造业	1 227	1 212	1 169	1 158	1 143
烟草加工业	62	62	64	63	61
纺织业	200	190	199	201	196
服装及其他纤维制品制造业	401	394	390	364	348
皮革、毛皮、羽绒及其制品业	212	200	207	191	180
木材加工及竹、藤、棕、草制品业	823	799	788	722	674
家具制造业	421	415	408	387	380
造纸及纸制品业	408	402	403	397	385
印刷业，记录媒介的复制	525	524	546	539	522
文教体育用品制造业	71	72	80	79	73
石油加工及炼焦业	64	63	62	66	66
化学原料及化学制品制造业	1 042	1 016	1 062	1 026	1 026
医药制造业	158	156	168	171	173
化学纤维制造业	11	11	13	13	11
橡胶制品业	158	147	158	155	150
塑料制品业	503	491	504	499	490
非金属矿物制品业	2 414	2 350	2 379	2 321	2 310
黑色金属冶炼及压延加工业	375	360	359	358	340

行　　业	1996 年	1997 年	1998 年	1999 年	2000 年
有色金属冶炼及压延加工业	429	404	422	409	378
金属制品业	1 254	1 225	1 197	1 166	1 152
普通机械制造业	629	575	614	589	579
专用设备制造业	390	387	391	380	371
交通运输设备制造业	1 019	1 022	1 021	971	930
武器弹药制造业	4	7	7	6	4
电气机械及器材制造业	268	262	278	272	270
电子及通信设备制造业	60	61	56	56	54
仪器仪表及文化、办公用机械制造业	76	74	76	80	82
其他制造业	375	374	363	338	337
四、电力、煤气及水的生产和供应业	1 151	1 155	1 127	1 087	1 090
电力、蒸汽、热水的生产和供应业	963	979	937	898	894
煤气生产和供应业	7	6	7	8	9
自来水的生产和供应业	181	180	183	181	187
五、建筑业	3 626	3 667	3 634	3 806	3 727
土木工程建筑业	2 797	2 822	2 816	2 945	2 897
线路、管道和设备安装业	302	307	284	278	271
装修装饰业	527	538	534	583	559
六、地质勘查业、水利管理业	1 837	1 841	1 817	1 795	1 774
地质勘查业	216	217	205	194	180
水利管理业	1 621	1 624	1 612	1 601	1 594
七、交通运输、仓储及邮电通信业	3 347	3 334	3 350	3 299	3 241
铁路运输业	111	110	27	10	9
公路运输业	672	676	647	630	602
水上运输业	16	18	17	16	15
航空运输业	10	13	18	7	5
交通运输辅助业	815	797	773	761	737
其他交通运输业	6	6	6	6	6
仓储业	138	136	158	136	125
邮电通信业	1 579	1 578	1 704	1 733	1 742
八、批发和零售贸易、餐饮业	22 548	22 437	20 183	19 158	18 510
食品、饮料、烟草和家庭用品批发业	5 010	4 998	4 353	4 110	3 921
能源、材料和机械电子设备批发业	4 640	4 636	4 199	4 051	3 989
其他批发业	883	871	883	862	856
零售业	10 471	10 387	9 340	8 870	8 497
商业经纪与代理业	16	20	18	17	15

行　　业	1996 年	1997 年	1998 年	1999 年	2000 年
餐饮业	1 528	1 525	1 390	1 248	1 232
九、金融、保险业	6 186	6 191	6 203	6 080	5 937
金融业	5 957	5 939	5 956	5 825	5 690
保险业	229	252	247	255	247
十、房地产业	595	591	674	695	687
房地产开发与经营业	340	344	420	427	435
房地产管理业	202	194	200	212	193
房地产代理与经纪业	53	53	54	56	59
十一、社会服务业	5 852	5 858	5 802	5 806	5 615
公共服务业	715	732	730	747	731
居民服务业	983	982	968	951	976
旅馆业	1 659	1 646	1 611	1 612	1 528
租赁服务业	120	119	127	121	117
旅游业	366	364	383	378	365
娱乐服务业	691	697	668	672	576
信息、咨询服务业	965	970	975	979	951
计算机应用服务业	74	74	73	73	80
其他社会服务业	279	274	267	273	291
十二、卫生、体育和社会福利业	5 946	5 968	5 958	6 713	6 206
卫生	5 360	5 379	5 355	6 095	5 596
体育	57	56	58	58	59
社会福利保障业	529	533	545	560	551
十三、教育、文化艺术及广播电影电视业	20 453	20 469	20 320	20 346	20 181
教育	17 576	17 596	17 459	17 505	17 347
文化艺术业	1 788	1 787	1 788	1 765	1 761
广播电影电视业	1 089	1 086	1 073	1 076	1 073
十四、科学研究和综合技术服务业	1 272	1 265	1 315	1 314	1 300
科学研究业	220	222	225	221	216
综合技术服务业	1 052	1 043	1 090	1 093	1 084
十五、国家机关、政党机关和社会团体	33 890	34 184	33 988	34 009	33 908
国家机关	17 305	17 681	17 637	17 723	17 581
政党机关	1 432	1 425	1 451	1 461	1 464
社会团体	1 147	1 160	1 167	1 178	1 156
基层群众自治组织	14 006	13 918	13 733	13 647	13 707
十六、其他行业	441	473	442	464	473
企业管理机构	441	473	442	464	473

19－8　各地区限额以上法人企业(一)

(2000年)

地　　区	工　　业				
	企业单位数(个)	从业人员(人)	男	女	营业收入(千元)
全省合计	**2 127**	**783 391**	**502 265**	**281 126**	**106 629 416**
昆　　明	702	282 473	175 606	106 867	37 495 461
曲　　靖	203	129 023	88 357	40 666	13 174 770
玉　　溪	217	69 326	46 047	23 279	23 986 551
昭　　通	80	24 444	16 387	8 057	3 868 759
楚　　雄	117	34 287	22 474	11 813	3 713 137
红　　河	156	101 754	62 870	38 884	11 125 397
文　　山	69	14 588	9 325	5 263	1 530 085
思　　茅	108	30 151	19 423	10 728	1 773 674
西双版纳	48	6 885	4 208	2 677	580 101
大　　理	82	25 043	15 908	9 135	3 743 992
保　　山	57	14 873	8 998	5 875	1 240 189
德　　宏	107	15 447	9 387	6 060	1 341 880
丽　　江	51	13 833	9 089	4 744	530 783
怒　　江	37	5 187	4 072	1 115	443 027
迪　　庆	16	1 068	660	408	74 673
临　　沧	77	15 009	9 454	5 555	2 006 937

19－8 续表1

(2000年)

地　　区	建　筑　业				
	企业单位数(个)	从业人员(人)	男	女	营业收入(千元)
全省合计	**1 417**	**587 132**	**500 353**	**86 779**	**712 331 361**
昆　　明	480	260 634	220 450	40 184	699 591 272
曲　　靖	127	64 591	54 516	10 075	1 386 731
玉　　溪	160	53 737	44 404	9 333	2 533 554
昭　　通	56	15 307	12 859	2 448	326 947
楚　　雄	73	23 592	20 328	3 264	1 218 122
红　　河	103	42 469	35 476	6 993	1 789 916
文　　山	25	3 047	2 558	489	154 325
思　　茅	68	13 667	11 002	2 665	832 208
西双版纳	38	4 650	3 767	883	126 986
大　　理	105	52 108	46 174	5 934	2 280 612
保　　山	57	33 511	30 986	2 525	1 579 327
德　　宏	34	3 454	3 089	365	68 660
丽　　江	46	7 663	6 793	870	247 792
怒　　江	2	1 042	1 000	42	11 140
迪　　庆	—	—	—	—	—
临　　沧	43	7 660	6 951	709	183 769

19－8 续表2　　(2000年)

地　区	批发零售贸易及餐饮业				
	企业单位数(个)	从业人员(人)	男	女	营业收入(千元)
全省合计	**936**	**132 497**	**68 835**	**63 662**	**83 135 021**
昆　明	339	58 661	28 881	29 780	45 378 435
曲　靖	43	10 914	6 998	3 916	9 076 506
玉　溪	131	16 214	8 703	7 511	5 393 430
昭　通	30	4 327	1 956	2 371	4 200 092
楚　雄	38	5 932	3 332	2 600	4 575 918
红　河	100	10 633	5 422	5 211	2 920 623
文　山	22	2 504	1 429	1 075	1 060 821
思　茅	40	3 370	1 516	1 854	846 025
西双版纳	32	3640	1 693	1 947	681 947
大　理	57	6 720	3 688	3 032	5 616 475
保　山	38	3 793	2 188	1 605	1 369 318
德　宏	20	1 212	618	594	388 423
丽　江	20	1 844	979	865	575 995
怒　江	8	1 005	561	444	240 975
迪　庆	3	327	149	178	91 739
临　沧	15	1 401	722	679	718 299

注:此表数据既包括限额以上法人企业,也包括限额以上产业活动单位情况。

19－9　各地区限额以上企业按登记注册类型分组

(2000年)　　单位:个

地　区	总 计	内 资 企 业									港澳台商投资企业	外商投资企业
		内资企业合计	国有企业	集体企业	股份合作企业	联营企业	有限责任公司	股份有限公司	私营企业	其他企业		
全省合计	**4 464**	**4 337**	**1 849**	**1 380**	**153**	**75**	**382**	**179**	**317**	**2**	**70**	**57**
昆　明	1 514	1 439	608	488	27	10	135	62	109	—	43	32
曲　靖	372	365	164	146	10	1	13	7	23	1	4	3
玉　溪	505	485	151	192	10	52	25	21	34	—	11	9
昭　通	166	165	88	42	1	—	5	8	21	—	1	—
楚　雄	227	220	106	67	11	1	19	7	9	—	4	3
红　河	359	353	146	93	15	—	55	16	27	1	2	4
文　山	116	116	64	25	2	1	7	7	10	—	—	—
思　茅	215	214	115	40	15	1	22	6	15	—	1	—
西双版纳	118	117	67	22	7	—	16	1	4	—	1	—
大　理	244	243	54	87	15	3	42	9	33	—	1	—
保　山	151	146	39	57	24	—	11	10	5	—	2	3
德　宏	161	160	100	31	1	5	4	8	11	—	—	1
丽　江	115	115	41	46	5	1	8	7	7	—	—	—
怒　江	47	46	31	6	—	—	3	2	4	—	—	1
迪　庆	19	19	17	—	—	—	1	1	—	—	—	—
临　沧	135	134	58	38	10	—	16	7	5	—	—	1

注:此表数据既包括限额以上法人企业数,也包括限额以上产业活动单位数。

19－10 云南省现代企业制度监测企业主要监测指标(一)

单位:万元

指标	企业数(个)	合计	2000年资本金				
			国家	集体	法人	个人	外商
合计	**81**	**2 217 225**	**1 721 958**	**25 499**	**332 068**	**131 200**	**6 500**
按改制主管部门分							
国家经贸委	2	9 670	6 846	2 000	824		
省经贸委	28	643 933	477 778	4 536	131 959	29 660	
省体改委	21	370 501	157 001	7 960	151 225	47 815	6 500
企业主管部门	20	893 580	823 726	3 720	33 560	32 574	
其他	10	299 541	256 607	7 283	14 500	21 151	
按控股情况分							
国有绝对控股	60	2 007 530	1 683 590	9 708	241 458	72 774	
国有相对控股	11	124 616	27 473	2 000	55 265	33 378	6 500
集体绝对控股	4	20 954	979	12 740	237	6 998	
集体相对控股	1	10 000	8 416	1 051	533		
其他	5	54 125	1 500		34 575	18 050	
按企业规模分							
特大型	3	768 542	768 542				
大型	53	1 289 504	864 821	8 020	307 354	102 809	6 500
中型	17	77 201	30 702	5 265	22 990	18 244	
小型	4	21 763	747	9 344	1 724	9 948	
其他	4	60 215	57 146	2 870		199	
按主营行业分							
采掘业	2	26 297	25 053		810	434	
制造业	54	1 288 910	890 620	11 760	275 555	104 475	6 500
电气水业	3	539 223	536 540	360	2 241	82	
建筑业	6	113 604	88 438	2 700	19 276	3 190	
运输邮电业	4	73 284	65 572		7 562	150	
批零业	8	110 152	67 131	526	26 624	15 871	
房地产业	1	14 281		7 283		6 998	
其他	3	51 474	48 604	2 870			
按登记注册类型分							
国有企业	15	401 902	382 416		18 924	562	
国有独资企业	12	1 157 422	1 045 265		104 157	8 000	
其他有限责任公司	20	159 421	100 971	5 354	41 481	11 615	
股份有限公司	33	484 199	193 306	12 862	167 506	104 025	6 500
其他	1	14 281		7 283		6 998	

19－11 云南省现代企业制度监测企业主要监测指标(二)

单位:万元

指标	年末资产		年末负债		年末股东权益		股本(实收资本)	
	2000年	比上年±%	2000年	比上年±%	2000年	比上年±%	2000年	比上年±%
合　计	**13 809 129**	**3.43**	**6 140 616**	**2.06**	**7 668 513**	**4.56**	**2 182 435**	**2.58**
按改制主管部门分								
国家经贸委	108 226	－27.18	114 971	2.27	－ 6 745	－118.63	9 509	－74.74
省经贸委	3 284 559	5.38	1 915 440	8.34	1 369 119	1.51	642 058	0.23
省体改委	1 461 358	4.85	892 312	3.05	569 046	7.81	275 710	8.09
企业主管部门	6 573 159	6.72	2 020 238	4.20	4 552 921	7.88	906 739	2.14
其他	2 381 827	－5.96	1 197 655	－10.06	1 184 172	－1.41	348 419	13.71
按控股情况分								
国有绝对控股	12 949 347	2.79	5 748 801	1.75	7 200 546	3.63	1 973 720	2.28
国有相对控股	474 127	3.24	244 091	5.68	230 036	0.77	124 258	0.23
集体绝对控股	36 178	5.42	20 794	7.03	15 384	3.32	20 332	0.23
集体相对控股	85 501	0.31	48 732	0.10	36 769	0.59	10 000	
其他	263 976	51.54	78 198	15.15	185 778	74.79	54 125	24.66
按企业规模分								
特大型	3 153 928	6.50	1 756 638	6.76	1 397 290	6.18	817 071	4.94
大型	9 426 894	2.68	3 660 735	0.57	5 766 159	4.07	1 190 984	1.02
中型	404 241	30.40	222 771	33.74	181 470	26.52	77 451	3.78
小型	32 807	9.27	12 710	9.34	20 097	9.23	22 007	0.38
其他	791 259	－8.97	487 762	－11.86	303 497	－3.91	74 922	2.21
按主营行业分								
采掘业	153 650	2.12	102 475	5.18	51 175	－3.49	26 297	6.69
制造业	9 562 665	4.77	3 574 749	4.28	5 987 916	5.07	1 256 109	1.93
电气水业	1 915 492	5.39	988 872	5.90	926 620	4.86	539 223	－0.92
建筑业	629 140	6.03	492 098	7.96	137 042	－0.35	113 604	8.76
运输邮电业	814 889	－7.45	493 843	－11.88	321 046	0.32	89 030	18.04
批零业	521 919	－4.84	380 207	－0.13	141 712	－15.54	113 417	－1.87
房地产业	15 715	－6.61	6 430	－15.26	9 285	0.50	14 281	
其他	195 659	－9.86	101 942	－33.34	93 717	46.13	30 474	84.98
按登记注册类型分								
国有企业	3 355 648	－3.86	1 647 741	－10.31	1 707 907	3.30	454 440	9.53
国有独资企业	7 595 149	5.14	2 883 202	6.17	4 711 947	4.51	1 092 385	－0.24
其他有限责任公司	705 866	1.87	501 241	－0.92	204 625	9.41	136 219	12.78
股份有限公司	2 136 751	10.89	1 102 002	15.92	1 034 749	6.00	485 110	0.56
其他	15 715	－6.61	6 430	－15.26	9 285	0.50	14 281	

19－12　云南省现代企业制度监测企业主要监测指标(三)

单位:万元

指标	营业收入		投资收益		利润总额		研究开发费	
	2000年	比上年±%	2000年	比上年±%	2000年	比上年±%	2000年	比上年±%
合　计	**7 247 268**	**3.52**	**111 118**	**12.00**	**612 346**	**－14.55**	**28 778**	**34.70**
按改制主管部门分								
国家经贸委	22 488	－38.82	－ 353	－	－ 8 528	－	553	－9.93
省经贸委	1 641 090	1.18	22 210	－35.07	92 941	－24.27	5 012	1.81
省体改委	706 598	5.33	13 828	27.38	21 653	22.40	3 975	－22.92
企业主管部门	3 462 309	7.69	71 017	34.88	462 062	－7.73	17 707	118.82
其他	1 414 783	－2.85	4 416	88.40	44 218	－51.86	1 531	－40.64
按控股情况分								
国有绝对控股	6 913 172	3.59	95 327	8.41	583 744	－15.78	21 830	25.91
国有相对控股	190 431	－4.17	12 965	36.24	9 346	35.06	4 118	75.91
集体绝对控股	9 184	－12.18			21	－		
集体相对控股	41 566	4.24	1 143	－32.69	3 402	1.34	1 831	52.58
其他	92 915	18.29	1 683	2614.52	15 833	17.99	999	105.56
按企业规模分								
特大型	1 165 018	11.95	16 897	172.14	55 397	36.62	6 086	7.17
大型	5 568 708	2.40	91 431	－0.96	526 909	－15.36	21 446	67.57
中型	229 064	31.19	2 031	1931.00	18 580	76.95	1 193	－57.47
小型	12 999	－5.30			1 008	－7.69	53	－36.14
其他	271 479	－18.68	759	29.97	10 452	－75.08		
按主营行业分								
采掘业	35 747	－11.54	1	－83.33	1 360	－		
制造业	5 502 233	7.78	90 293	5.80	578 047	－5.55	23 260	40.71
电气水业	581 151	7.16	14 955	140.63	34 045	1.30	4 815	11.18
建筑业	533 582	－9.33	686	1.18	3 526	－19.33	515	123.91
运输邮电业	303 385	－15.52	724	41.68	11 733	－71.43	188	－31.39
批零业	278 438	－13.69	4 760	19.30	－ 17 107	－		
房地产业	226	－47.81			－ 186	48.80		
其他	12 506	－70.55	－ 301	－	928	－97.10		
按登记注册类型分								
国有企业	2 264 398	0.20	6 276	65.09	133 785	－19.01	2 181	－55.53
国有独资企业	3 557 032	2.52	80 552	6.96	382 016	－10.71	14 860	158.57
其他有限责任公司	388 701	18.34	1 945	－58.41	3 337	－90.23	1 437	－66.90
股份有限公司	1 036 911	9.99	22 345	44.88	93 394	4.28	10 300	61.62
其他	226	－47.81			－ 186	48.80		

19－13　云南省主要企业集团财务指标(一)

单位:万元

指标	集团数	年末资产		年末负债		年末股东权益	
		2000年	比上年±%	2000年	比上年±%	2000年	比上年±%
总　计	**30**	**13 285 794**	**5.53**	**6 879 130**	**6.71**	**6 406 664**	**4.29**
按集团审批部门分							
国务院主管部门	3	6 299 688	3.93	2 119 695	－0.85	4 179 993	6.54
省级人民政府	20	5 530 051	5.19	3 781 534	8.12	1 748 517	－0.62
省级政府主管部门	2	105 705	9.69	50 098	33.53	55 607	－5.51
其他	5	1 350 350	14.93	927 803	19.95	422 547	5.27
按主营行业分							
农、林、牧、渔业	1	445 206	1.85	370 431	7.50	74 775	－19.18
制造业	17	9 124 217	7.49	4 219 230	9.95	4 904 987	5.47
电气水的生产和供应业	1	1 863 074	5.13	952 799	5.06	910 275	5.20
建筑业	1	440 689	－0.01	352 192	2.56	88 497	－9.08
批发零售贸易餐饮业	8	833 522	－5.27	555 442	－1.62	278 080	－11.80
房地产业	1	397 563	7.18	333 811	9.19	63 752	－2.22
其他	1	181 523	－9.44	95 225	－33.75	86 298	52.19
按母公司控股情况分							
国有绝对控股	26	13 050 080	5.80	6 750 275	7.14	6 299 805	4.41
国有相对控股	3	193 246	－9.56	109 853	－13.63	83 393	－3.59
集体绝对控股	1	42 468	2.25	19 002	1.89	23 466	2.54
按母公司登记注册类型分							
国有企业	7	1 115 448	9.26	694 042	－3.75	421 406	40.54
国有独资企业	14	7 098 415	6.52	4 668 285	12.82	2 430 130	－3.80
其他有限责任公司	3	4 590 078	4.32	1 203 972	－5.08	3 386 106	8.13
股份有限公司	6	481 853	－4.55	312 831	－1.97	169 022	－8.97

19－14 云南省主要企业集团财务指标(二)

单位:万元

指标	股本		营业收入		投资收益		利润总额	
	2000 年	比上年 ±%	2000 年	比上年 ±%	2000 年	比上年 ±%	2000 年	比上年 ±%
总 计	**1 910 430**	**5.24**	**6 258 665**	**5.64**	**57 656**	**13.78**	**455 083**	**－22.17**
按集团审批部门分								
国务院主管部门	640 353	－3.41	3 044 018	9.79	72 112	25.08	432 299	－17.09
省级人民政府	998 157	7.19	2 657 644	－0.13	－ 22 287	－	6 744	－88.43
省级政府主管部门	38 069		17 440	－9.27	1 738	194.58	－ 3 612	－
其他	233 851	27.73	539 563	14.47	6 093	－	19 652	270.30
按主营行业分								
农、林、牧、渔业	105 000		193 686	－8.93	525	－30.74	－ 7 758	－
制造业	912 256	5.73	4 473 294	12.23	32 345	－16.04	445 941	－16.26
电气水的生产和供应业	530 000		566 673	6.82	14 898	141.89	31 503	－0.55
建筑业	74 884	2.29	353 851	－22.80	606	5.21	967	－53.26
批发零售贸易餐饮业	209 981	2.66	513 663	－5.90	7 691	66.44	－ 19 357	－
房地产业	33 309	11.84	139 892	10.48	1 445	4 716.67	3 327	－22.36
其他	45 000	350.00	17 606	－72.78	146	2 820.00	460	－98.54
按母公司控股情况分								
国有绝对控股	1 845 526	5.41	6 124 083	6.43	54 684	10.82	446 846	－22.35
国有相对控股	45 357	0.67	113 361	－24.60	2 972	124.30	6 971	－15.06
集体绝对控股	19 547	0.10	21 221	6.92			1 266	15.51
按母公司登记注册类型分								
国有企业	150 476	36.81	474 483	－0.29	7 527	543.88	19 560	－61.81
国有独资企业	1 477 760	3.28	2 892 266	3.39	－ 12 575	－	26 057	－2.99
其他有限责任公司	167 834	3.55	2 542 873	10.79	57 423	10.60	411 985	－17.95
股份有限公司	114 360	1.64	349 043	－1.92	5 281	163.39	－ 2 519	－

19－15 云南省主要企业集团财务指标(三)

单位:万元

指标	研究开发费		从业人员年末人数		从业人员劳动报酬		劳动待业保险费	
	2000年	比上年±%	2000年	比上年±%	2000年	比上年±%	2000年	比上年±%
总计	**26 747**	**115.95**	**365 741**	**－10.10**	**378 973**	**2.20**	**133 673**	**19.29**
按集团审批部门分								
国务院主管部门	11 907	81.43	33 508	－13.57	79 226	17.20	18 462	－1.30
省级人民政府	13 375	211.19	284 738	－10.41	258 116	－1.20	99 435	30.50
省级政府主管部门	87	－27.50	1 228	－2.38	917	－3.58	150	－15.73
其他	1 378	－1.92	46 267	－5.54	40 714	－0.69	15 626	－7.97
按主营行业分								
农、林、牧、渔业			110 158	－12.54	52 303	－0.85	25 690	－2.13
制造业	21 378	174.39	152 502	－2.87	203 726	9.09	74 024	47.30
电气水的生产和供应业	4 815	11.18	23 176	－18.04	48 114	7.91	12 620	－14.90
建筑业	515	123.91	43 194	－18.69	40 747	－17.70	14 147	－1.70
批发零售贸易餐饮业			19 374	－13.97	19 161	－7.63	7 180	13.32
房地产业	39	14.71	16 067	－11.18	13 447	－9.56		
其他			1 270	－31.65	1 475	－6.76	12	
按母公司控股情况分								
国有绝对控股	22 547	97.92	361 088	－10.06	3 74607	2.47	132 422	19.20
国有相对控股	4 200	322.54	3 857	－14.37	3 828	－17.61	1 170	30.14
集体绝对控股			796	－4.78	538	－4.27	81	22.73
按母公司登记注册类型分								
国有企业	1 640	－9.39	27 259	－9.59	32 168	2.82	5 475	－0.54
国有独资企业	13 791	83.03	310 818	－10.22	296 255	0.14	114 843	20.42
其他有限责任公司	7 089	246.31	13 947	－6.32	38 264	25.24	8 963	29.92
股份有限公司	4 227	325.25	13 717	－12.03	12 286	－6.44	4 392	2.50

19－16　云南省建立现代企业制度监测企业运行情况

（2000年）

指　　标	单位	全省81户监测企业	指　　标	单位	全省81户监测企业
一、企业改制情况			内部消化	个	57
已改制	个	66	待业	个	9
尚未改制	个	14	下岗	个	17
不宜改制	个	1	提前退休	个	35
二、改制企业法人治理结构情况			七、企业办社会性服务机构分离情况		
已成立股东会	个	55	已全部分离	个	39
已成立董事会	个	67	部分分离	个	19
已成立监事会	个	34	没有分离	个	20
已建立出资人制度	个	66	八、企业改革的主要障碍		
三、企业总经理（厂长）产生方式			社会保障制度不完善	个	64
董事会聘任	个	36	政府职能转变滞后	个	44
企业主管部门任命	个	22	产权不明晰	个	21
职代会选举上级部门任命	个	1	市场体系不健全	个	46
其他	个	22	对经营者缺乏激励机制	个	34
四、企业、集团奖惩制度			社会包袱沉重	个	33
# 能严格执行	个	64	九、企业对改制效果的总体评估		
很难严格执行	个	16	很好	个	8
五、企业实行的分配方法			较好	个	36
企业经营者年薪制	个	11	一般	个	21
岗位工资为主的工资制	个	70	未见效	个	7
科技人员激励机制	个	33	十、企业对现代企业制度前景预测		
职工持股分配制	个	31	很好	个	23
工资集体协商制	个	15	较好	个	46
六、企业分离富余职工的主要去向			一般	个	12

19－17 云南省重点培育40户大企业大集团财务指标(一)

单位:万元

指　　标	1999年	2000年	指　　标	1999年	2000年
企业户数(个)	18	18	其中:主营业务成本	4 027 586	4 366 191
集团户数(个)	22	22	其中:税金及附加	1 436 522	1 409 863
年末资产总计	13 535 479	14 015 115	其他业务收入	148 105	145 124
固定资产原价	6 824 705	7 202 597	存货跌价损失和期间费用	761 568	848 060
累计折旧	2 023 769	2 337 508	其中:税金	23 990	25 255
累计对外投资	1 605 056	1 885 503	其中:劳动待业保险	82 501	103 834
存货	1 513 869	1 615 060	其中:利息支出	156 500	162 017
流动资产年平均余额	5 396 172	5 671 469	投资收益	72 052	96 699
年末负债合计	6 513 116	6 736 564	利润总额	668 121	547 609
流动负债	4 431 586	4 618 588	固定资产投资完成额	853 885	951 411
年末股东权益合计	7 022 363	7 278 551	研究开发费用	19 560	30 961
股本	1 892 075	1 983 726	从业人员(万人)	285 245	259 755
主营业务收入	6 910 786	7 266 379	在岗职工(万人)	283 274	258 182
其中:出口	216 554	230 130	从业人员劳动报酬	349 782	430 957

19－18　云南省重点培育40户大企业大集团财务指标(二)

（2000年）　　单位:万元,人

企 业 名 称	年末资产总计	年末负债合计	主营业务收入	利润总额	年末从业人员
云南冶金集团	533 858	359 297	302 848	13 750	19 438
云天化集团	495 604	260 620	94 614	8 485	6 002
昆明钢铁集团	982 142	612 678	380 829	20 165	30 736
玉溪红塔烟草集团	4 370 272	1 097 382	2 462 091	409 725	8 109
昆明云内动力集团	101 120	27 145	41 000	7 423	1 613
云南华一投资集团	67 920	18 894	11 597	821	421
中轻依兰集团	66 342	69 514	14 774	－8 929	2 223
昆明重工集团	42 123	45 669	9 044	－1 276	1 874
昆明百货大楼企业集团	132 176	110 248	81 883	－6 196	3 095
昆明百货集团	182 845	154 357	197 718	－11 786	5 045
云南 CY 车床集团	45 525	31 615	19 344	－1 494	2 513
云南南天电子信息产业集团	82 232	32 276	67 242	6 094	1 052
昆明船舶设备集团	158 405	98 236	56 048	1 889	5 366
云南建工集团	440 689	352 192	317 223	967	43 194
云南建材集团	177 338	87 588	59 267	994	5 042
云南铜业集团	742 659	502 685	324 502	6 295	23 890
云南宏华集团	37 842	29 727	18 222	1 475	4 394
五华区企业开发总公司	71 166	34 435	7 995	1 132	303
云南英茂集团	68 891	31 908	36 449	2 153	931
云南磷化学工业集团	99 713	94 845	16 029	－4 486	5 659
云南白药集团	79 285	36 526	79 530	6 040	1 991
昆明天和实业集团	29 452	8 138	13 357	127	502
昆明卷烟厂	634 997	79 364	608 900	14 936	2 827
云南电力集团有限公司	1 863 075	952 799	549 934	31 503	23 176
云南锡业公司	308 711	191 161	165 649	3 729	24 492
云南红塔集团楚雄卷烟厂	218 786	163 602	133 709	1 254	1 760
云南省五矿集团有限公司	48 408	50 645	40 382	－3 585	413
云南航空公司	760 037	464 966	268 690	9 655	4 829
云南云维股份有限公司	38 047	3 449	15 402	2 304	1 765
云南省小龙潭矿务局	148 713	97 411	30 028	1 678	3 471
大理造纸股份有限公司	40 802	21 768	6 079	2 067	1 045
耿马糖厂	38 760	36 968	13 741	265	650
昆明电缆股份有限公司	31 381	20 664	40 247	1 675	1 974
昆明制药股份有限公司	79 879	24 115	51 204	5 701	1 579
云南变压器电气股份有限公司	26 881	18 082	13 142	1 600	820
云南通印集团股份有限公司	85 501	48 732	41 373	3 402	1 341
昭通卷烟厂	217 600	67 127	139 464	1 369	2 341
驻昆解放军化肥厂	133 390	105 738	45 248	－1 658	4 796
云南沾益化肥厂	110 069	82 073	38 227	－1 897	3 069
中石化股份有限公司云南石油分公司	222 479	211 925	453 354	20 243	6 014

主要统计指标解释

企业　是指从事生产和经营活动，实行自主经营、独立核算和自负盈亏并具有法人资格的经济组织。

企业集团　是指以母子公司为主体，以产权联结为主要纽带，以集团章程为共同行为规范，通过投资和生产经营协作等多种方式，由众多的企事业单位共同组成的具有多层次结构和一定规模的经济联合体。企业集团本身不具有法人资格，它是由母公司、子公司、参股公司以及其他成员单位组建而成的多法人联合体。事业单位法人、社会团体法人也可成为企业集团成员。

控股情况　指按所有制性质和控股状况划分的企业情况，包括：

1. 国有绝对控股：指在企业的全部资本中，国家资本（股本）所占比例大于50%的企业；

2. 国有相对控股：指在企业的全部资本中，国家资本（股本）所占的比例虽未大于50%，但相对大于企业中的其他经济成分所占比例的企业；或者虽不大于其他经济成分，但根据协议规定，由国家拥有实际控制权的企业（协议控制）；

3. 集体绝对控股：指在企业的全部资本中，集体资本（股本）所占比例大于50%的企业；

4. 集体相对控股：指在企业的全部资本中，集体资本（股本）所占的比例虽未大于50%，但相对大于企业中的其他经济成分所占比例的企业；或者虽不大于其他经济成分，但根据协议规定，由集体拥有实际控制权的企业（协议控制）；

5. 其他：指国有绝对控股、国有相对控股、集体绝对控股和集体相对控股以外的控股情况。

登记注册类型　是指在工商行政管理机关登记注册的具有法人资格的各类企业。其中：

1. 国有企业：是指企业全部资产归国家所有，并按《中华人民共和国企业法人登记管理条例》规定登记注册的非公司制的经济组织。不包括有限责任公司中的国有独资公司。

2. 国有独资公司：是指国家授权的投资机构或者国家授权的部门单独投资设立的有限责任公司。

3. 其他有限责任公司：是指根据《中华人民共和国公司登记管理条例》规定登记注册，由两个以上，五十个以下的股东共同出资，每个股东以其所认缴的出资额对公司承担有限责任，公司以其全部资产对其债务承担责任的经济组织。其他有限责任公司不包括国有独资公司。

4. 股份有限公司：是指根据《中华人民共和国公司登记管理条例》规定登记注册，其全部注册资本由等额股份构成并通过发行股票筹集资本，股东以其认购的股份对公司承担有限责任，公司以其全部资产对其债务承担责任的经济组织。

5. 其它：指上述登记注册类型以外的其它登记注册类型。

集团成员企业　指企业集团的母公司、全资子公司、绝对控股子公司、相对控股子公司，不包括参股企业、协作企业和子公司的二级公司。但如果企业集团的子公司是一个纯粹管理型的公司，那么该子公司的二级控股子公司也应作为企业集团所属公司、企业进行统计。上述企业集团的各类子公司中应包括在中国境内和境外的子公司。

企业集团主营行业　指本企业集团生产经营活动的主要行业性质。企业集团往往从事多种生产经营活动，一般根据集团内获得营业收入份额最大的三项产品或活动确定其主要行业性质。

注册资本合计　指企业或企业集团各成员企业在工商行政管理部门登记注册资金的合计。包括国家资本、集体资本、法人资本、个人资本以及外商资本等。

资产总计　指企业或企业集团拥有或控制的全部资产，包括流动资产、长期投资、固定资产、无形资产、递延资产和其他资产等。

固定资产原价　指企业集团在建造、购置、安装、改建、扩建、技术改造某项固定资产时所支出的全部货币总额。

累计折旧指企业集团截止报告期期末提取的各年固定资产折旧累计数。

累计对外投资 指截止报告期期末企业对本企业以外的投资之和,以及企业集团母公司和子公司对本集团以外的投资之和。

存货 指企业或企业集团在生产经营过程中为销售或者耗用而储存的各种资产。

流动资产平均余额 指企业或企业集团在报告期内全部流动资产的平均余额。计算公式为:流动资产年平均余额 = ∑(月初、月末流动资产余额)/24;

负债合计 指企业所承担的能以货币计量,将以资产或劳务偿付的债务。负债一般按偿还期的长短分为流动负债和长期负债。

流动负债 指企业或企业集团在一年内或超过一年的一个营业周期内需要偿还的债务,其中包括短期借款、应付票据、应付帐款、预收货款、应付工资、应付利润、其他应付款、预提费用等。

股东(所有者)权益合计 指企业投资人对企业净资产的所有权,企业净资产等于企业全部资产减去负债合计后的余额,其中包括企业投资人对企业的最初投入以及资本公积金、盈余公积金和未分配利润。同时包括企业集团合并资产负债表中单独列示的少数股东权益。

股本(实收资本) 指公司制企业以发行股票的方式筹集的资本。非公司制企业指实际收到的投资人投入的资本。

营业收入 指企业或企业集团主营业务收入与其他业务收入之和。

主营业务收入 指企业或企业集团从事某种主要生产、经营活动所取得的营业收入。本项指标在各行业会计制度中的名称叫法不同,但一律按各行业会计制度或报表定义的口径进行填报。农业企业是指“主营业务收入”;工业企业是指“产品销售收入”;交通运输企业指“主营业务收入”;建筑企业指“工程结算收入”;批发零售贸易企业指“商品销售收入”;房地产企业指“房地产经营收入”;其他企业指“经营(营业)收入”。

出口额 指企业或企业集团直接向国外、境外出口的商品总额。

主营业务成本 指企业或企业集团从事某种主要生产、经营活动而发生的成本支出。

主营业务税金及附加 指企业因从事主要生产经营活动按税法规定缴纳的应从主营业务收入中抵扣的税金和附加,包括营业税、消费税、城市建设税、资源税、土地增值税和教育费附加等。

其他业务收入 指企业或企业集团除主营业务收入以外的其他销售或其他业务的收入。

存货跌价损失和营业、管理、财务等费用 存货跌价损失是指公司提取或转销的存货跌价损失;营业费用是指公司有销售商品和商业性公司在购入商品等过程中发生的费用;管理费用是指公司为组织和管理公司生产经营所发生的管理费用;财务费用是指公司为筹集生产经营所需资金等而发生的财务费用。

税金 指企业集团按规定从管理费用中支取的各种税金,包括房产税、土地使用税、车船使用税、印花税等。

劳动、待业保险费 指企业集团支付的劳动保险和待业保险的费用之和。

利息支出 指企业集团生产经营期间发生的利息净支出(减利息收入)。

投资收益 指企业或企业集团以各种方式对外投资所取得的收益。

利润总额 指企业或企业集团实现的盈亏总额,反映企业或企业集团最终的财务成果。计算公式为:利润总额 = 营业利润 + 补贴收入 + 投资收益 + 营业外收入 − 营业外支出。

固定资产投资完成额 指企业或企业集团在年度内建造和购置固定资产及有关费用的支出合计。包括:1.建筑工程投资,2.安装工程投资,3.设备工器具购置,4.应分摊计入固定资产的费用等。

研究开发费用 指企业或企业集团用于研究与发展活动(基础研究、应用研究、实验发展)的全部实际支出。包括用于研究与发展课题活动的直接支出,还包括间接用于研究与发展活动的一切支出(院、所管理费,维持院、所正常运转的必需费用和研究发展有关的基础建设支出。

从业人员 指在企业或企业集团(包括母公司和子公司,下同)工作并领取工资或其他形式的和港澳台方人员、兼职人员、借用的外单位人员和第二职业者。不包括离开本企业仍保留劳动关系的职工。

在岗职工　指在本企业或企业集团工作并由企业或企业集团支付工资的人员,以及有工作岗位,但由于学习、病伤、产假等原因暂未工作,仍由企业或企业集团支付工资的人员。

从业人员劳动报酬　指企业或企业集团直接支付给本企业或企业集团全部从业人员的劳动报酬总额。包括本企业或企业集团在岗职工工资总额和其他从业人员劳动报酬两部分。

20

二十、各县市主要指标

MAJOR SOCIAL ECONOMIC INDICATORS OF COUNTY

20－1 各县市国内生产总值和指数

（2000年）

地　区	绝对数(万元)				指数(以上年为100)			
	国内生产总值	第一产业	第二产业	第三产业	国内生产总值	第一产业	第二产业	第三产业
全省合计	**19 550 900**	**4 362 600**	**8 432 400**	**6 755 900**	**107.1**	**105.7**	**105.7**	**109.7**
昆 明 市	**6 262 853**	**511 345**	**2 951 033**	**2 800 475**	**108.4**	**103.5**	**107.6**	**110.3**
五华区	96 929		13 355	83 574	109.5		94.8	114.2
盘龙区	115 080		14 166	100 914	108.5		103.2	109.5
官渡区	784 136	100 982	266 349	416 805	109.2	104.6	109.8	109.5
西山区	327 733	27 348	125 330	175 055	108.7	106.5	108.1	109.5
东川区	63 883	13 509	28 896	21 478	106.2	101.5	107.5	106.7
呈贡县	138 304	29 644	71 760	36 900	107.0	106.1	107.6	106.0
晋宁县	184 042	42 849	99 229	41 964	108.2	101.0	109.9	108.5
富民县	52 998	17 522	15 449	20 027	105.6	102.0	108.3	106.6
宜良县	285 406	90 994	74 401	120 011	107.9	105.7	106.2	110.8
石林县	100 067	34 323	31 539	34 205	108.9	107.5	113.5	106.2
嵩明县	113 158	38 094	39 780	35 284	107.7	105.7	110.7	105.0
禄劝县	99 908	53 211	16 963	29 734	108.2	104.2	114.0	110.3
寻甸县	95 007	42 361	13 961	38 685	107.2	102.9	110.3	112.9
安宁市	360 831	30 251	224 218	106 362	105.7	104.6	107.2	102.4
曲 靖 市	**2 131 170**	**525 469**	**907 498**	**698 203**	**108.2**	**103.8**	**109.7**	**108.8**
麒麟区	751 299	55 798	408 375	287 126	108.5	103.2	109.6	107.6
马龙县	44 434	20 617	9 735	14 082	105.6	103.4	104.8	108.2
陆良县	204 209	89 206	56 804	58 199	107.1	106.4	107.4	107.4
师宗县	101 878	45 000	22 167	34 711	107.1	103.9	108.4	109.8
罗平县	191 797	41 585	77 089	73 123	108.8	101.6	112.3	109.8
富源县	202 300	80 025	61 675	60 600	108.0	102.9	111.1	110.2
会泽县	194 517	42 558	110 435	41 524	107.8	105.0	108.3	110.2
沾益县	165 806	57 009	72 207	36 590	107.8	107.6	106.9	110.6
宣威市	294 930	103 671	99 011	92 248	107.0	105.8	106.1	109.0
玉 溪 市	**2 945 531**	**273 368**	**2 010 060**	**662 103**	**103.2**	**107.0**	**102.9**	**102.2**
红塔区	2 104 776	28 914	1 678 463	397 399	97.6	109.1	98.1	95.7
江川县	122 392	47 170	34 137	41 085	108.7	106.2	98.3	130.1
澄江县	72 801	18 079	29 111	25 611	104.3	109.5	96.1	117.3
通海县	158 395	42 445	79 624	36 326	106.0	108.1	105.8	104.4
华宁县	85 043	31 059	19 750	34 234	108.7	103.7	103.4	119.2
易门县	94 196	24 066	30 845	39 285	108.7	105.1	116.3	102.8
峨山县	75 086	20 688	23 923	30 475	105.2	108.1	94.3	115.5
新平县	69 567	30 680	19 610	19 277	110.5	107.7	118.2	105.1
元江县	76 900	30 266	21 093	25 541	110.9	108.1	117.3	107.9

（2000年）

地区	绝对数(万元)				指数(以上年为100)			
	国内生产总值	第一产业	第二产业	第三产业	国内生产总值	第一产业	第二产业	第三产业
昭通地区	**1 065 372**	**319 286**	**373 859**	**372 227**	**107.3**	**103.6**	**106.9**	**110.4**
昭通市	403 564	55 241	192 274	156 049	108.2	102.2	108.7	109.1
鲁甸县	44 102	26 526	6 549	11 027	107.2	104.7	114.8	108.9
巧家县	66 253	36 071	11 266	18 916	111.9	106.6	118.4	116.5
盐津县	56 037	22 263	20 682	13 092	96.7	103.8	82.6	113.0
大关县	47 300	18 984	18 141	10 175	100.0	101.7	93.4	109.9
永善县	57 046	28 852	7 887	20 307	108.0	105.3	93.4	118.8
绥江县	17 801	7 410	4 971	5 420	101.3	107.3	79.7	129.7
镇雄县	118 871	65 386	16 891	36 594	106.5	104.0	108.8	109.2
彝良县	59 454	31 805	12 487	15 162	104.1	103.7	96.9	111.4
威信县	43 510	19 140	8 508	15 862	108.1	103.0	112.3	110.1
水富县	62 125	7 113	44 542	10 470	108.3	104.9	108.0	111.8
楚雄州	**1 055 423**	**327 457**	**410 158**	**317 808**	**107.7**	**105.3**	**107.8**	**109.5**
楚雄市	401 074	63 264	220 806	117 004	106.3	104.0	104.2	111.6
双柏县	34 414	16 453	7 020	10 941	103.0	103.9	91.4	109.1
牟定县	54 688	24 952	13 922	15 814	108.5	105.2	111.1	111.0
南华县	57 436	28 342	12 142	16 952	108.7	105.8	107.5	114.8
姚安县	63 024	28 708	13 915	20 401	108.6	103.1	117.4	113.3
大姚县	84 200	30 356	28 601	25 243	108.6	106.3	110.4	109.0
永仁县	32 017	14 473	7 764	9 780	108.0	104.8	107.3	111.8
元谋县	61 443	28 335	9 610	23 498	107.8	101.7	110.6	112.1
武定县	64 470	29 224	11 828	23 418	108.1	103.8	104.9	114.6
禄丰县	226 597	63 350	71 762	91 485	107.8	109.3	105.6	109.1
红河州	**1 437 578**	**368 648**	**627 905**	**441 025**	**108.0**	**103.2**	**110.0**	**108.8**
个旧市	256 113	23 880	142 117	90 116	109.1	106.4	109.4	109.0
开远市	204 319	36 683	83 768	83 868	106.5	103.5	103.1	111.0
蒙自县	105 081	37 587	28 255	39 239	107.5	104.1	107.2	111.3
屏边县	29 519	14 408	5 943	9 168	106.8	104.3	103.6	112.5
建水县	151 981	52 296	54 533	45 152	108.0	101.8	111.4	110.8
石屏县	88 789	45 640	17 745	25 404	108.3	105.6	109.5	112.0
弥勒县	319 072	39 664	239 825	39 583	106.3	96.4	106.7	115.0
泸西县	90 128	27 907	32 190	30 031	107.6	104.0	112.1	105.4
元阳县	53 089	26 929	7 265	18 895	107.3	103.8	113.6	110.3
红河县	42 008	24 241	6 002	11 765	109.7	102.3	130.9	116.2
金平县	38 255	21 124	7 135	9 996	109.3	110.1	107.0	108.6
绿春县	19 562	9 027	1 747	8 788	109.0	112.7	110.1	105.5
河口县	38 829	9 274	5 301	24 254	108.2	101.8	119.3	109.7

（2000年）

地　区	绝对数(万元)				指数(以上年为100)			
	国内生产总值	第一产业	第二产业	第三产业	国内生产总值	第一产业	第二产业	第三产业
文 山 州	**707 582**	**269 000**	**176 082**	**262 500**	**108.3**	**103.2**	**110.0**	**113.8**
文山县	152 523	38 546	60 107	53 870	109.4	102.9	111.7	113.0
砚山县	80 099	30 791	26 401	22 907	111.3	106.5	117.6	110.7
西畴县	40 619	19 686	8 694	12 239	106.0	105.7	114.4	102.2
麻栗坡县	59 981	25 785	12 459	21 737	104.8	101.2	107.9	106.6
马关县	66 624	26 620	17 746	22 258	110.4	103.5	122.8	110.5
丘北县	58 512	30 499	7 732	20 281	108.4	104.5	110.1	115.4
广南县	101 827	66 067	15 946	19 814	108.3	105.6	111.9	113.2
富宁县	74 887	36 524	17 118	21 245	109.4	104.2	111.1	116.3
思茅地区	**536 686**	**195 790**	**145 197**	**195 699**	**107.2**	**102.2**	**111.0**	**111.4**
思茅市	80 337	17 746	24 740	37 851	106.1	100.7	93.5	120.6
普洱县	62 411	18 381	22 452	21 578	108.5	103.6	105.6	119.9
墨江县	71 110	20 972	30 901	19 237	143.2	107.0	263.7	118.8
景东县	83 007	43 923	15 674	23 410	105.3	100.1	123.7	109.5
景谷县	85 100	24 674	32 957	27 469	105.2	103.3	102.4	113.2
镇沅县	35 678	16 508	5 742	13 428	99.2	101.9	83.0	108.3
江城县	24 960	12 674	4 053	8 233	110.1	103.2	140.7	107.7
孟连县	22 171	9 213	5 586	7 372	106.1	104.0	105.9	111.5
澜沧县	56 660	28 657	6 857	21 146	104.8	100.3	105.6	119.3
西盟县	9 606	3 039	1 915	4 652	106.6	100.2	106.8	114.5
西双版纳州	**462 563**	**173 553**	**75 451**	**213 559**	**106.6**	**103.5**	**104.3**	**111.5**
景洪市	247 988	78 107	39 488	130 393	105.6	105.2	104.6	106.3
勐海县	88 154	45 193	12 412	30 549	106.9	104.0	105.5	110.9
勐腊县	111 280	55 973	16 651	38 656	107.1	102.4	102.7	116.1
大 理 州	**1 346 657**	**458 481**	**387 053**	**501 123**	**107.4**	**103.1**	**108.2**	**110.4**
大理市	569 688	69 600	301 873	198 215	108.2	113.5	103.0	116.7
漾濞县	22 700	11 189	5 463	6 048	114.7	126.6	115.2	100.3
祥云县	138 296	67 992	30 923	39 381	110.6	109.1	113.4	110.9
宾川县	147 421	90 881	22 486	34 054	108.0	105.9	104.9	113.2
弥渡县	67 228	29 119	13 808	24 301	108.1	105.1	112.3	111.8
南涧县	52 827	29 815	4 767	18 245	107.1	105.0	110.2	109.9
巍山县	79 148	39 631	11 706	27 811	108.7	107.1	112.6	109.7
永平县	65 046	34 390	9 926	20 730	108.1	105.0	106.1	115.3
云龙县	46 434	24 070	8 734	13 630	108.6	104.7	106.7	117.3
洱源县	108 203	51 486	13 371	43 346	108.1	112.0	88.3	110.2
剑川县	37 797	15 630	10 817	11 350	109.5	105.0	119.7	106.8
鹤庆县	60 692	18 669	19 950	22 073	108.1	105.8	108.7	109.6

地　区	绝对数(万元)				指数(以上年为100)			
	国内生产总值	第一产业	第二产业	第三产业	国内生产总值	第一产业	第二产业	第三产业
保山地区	**704 255**	**298 590**	**130 780**	**274 885**	**107.7**	**105.0**	**109.0**	**109.1**
保山市	283 071	108 684	65 695	108 692	108.8	107.0	108.0	110.7
施甸县	77 676	39 239	7 659	30 778	107.0	105.3	98.8	111.1
腾冲县	171 793	66 103	32 838	72 852	108.6	102.5	108.7	112.1
龙陵县	71 620	34 210	13 780	23 630	107.7	105.6	109.8	109.6
昌宁县	91 300	48 377	17 548	25 375	107.3	101.0	113.8	112.0
德宏州	**367 967**	**122 939**	**93 563**	**151 465**	**107.1**	**101.5**	**112.6**	**108.0**
瑞丽市	80 136	18 992	17 560	43 584	111.7	105.4	125.5	106.8
潞西市	127 247	35 436	32 646	59 165	103.9	98.6	100.4	111.0
梁河县	28 475	10 714	7 834	9 927	123.6	104.0	181.5	106.8
盈江县	79 797	34 227	18 933	26 637	104.3	99.6	106.6	110.2
陇川县	51 286	23 570	15 725	11 991	114.2	103.6	136.5	110.4
丽江地区	**308 135**	**93 476**	**81 055**	**133 604**	**106.9**	**102.2**	**108.4**	**110.6**
丽江县	138 771	32 925	36 197	69 649	107.6	102.9	111.4	108.2
永胜县	80 908	30 403	16 284	34 221	106.2	101.1	106.3	114.0
华坪县	54 026	13 826	20 448	19 752	106.0	105.0	103.5	110.7
宁蒗县	34 430	16 322	8 126	9 982	107.4	100.8	115.5	116.6
怒江州	**111 041**	**32 343**	**42 114**	**36 584**	**107.5**	**103.1**	**105.9**	**113.4**
泸水县	38 685	10 049	9 982	18 654	111.7	102.2	102.7	122.9
福贡县	14 041	7 198	2 911	3 932	104.6	100.1	123.4	103.1
贡山县	9 523	4 123	2 129	3 271	92.8	115.4	54.3	108.2
兰坪县	46 667	11 222	23 913	11 532	110.4	104.2	113.9	109.2
迪庆州	**92 305**	**32 315**	**19 403**	**40 587**	**108.3**	**102.3**	**116.6**	**110.2**
中甸县	40 342	13 529	8 078	18 735	109.4	100.0	113.6	115.0
德钦县	10 867	5 036	600	5 231	111.3	107.7	109.7	116.3
维西县	29 197	13 750	4 289	11 158	109.5	110.2	104.1	110.8
临沧地区	**550 038**	**252 492**	**141 688**	**155 858**	**108.2**	**103.0**	**120.3**	**107.5**
临沧县	70 022	31 342	19 579	19 101	115.1	105.3	136.4	113.7
凤庆县	74 714	41 566	10 020	23 128	108.3	100.4	135.7	114.4
云　县	142 086	52 469	66 357	23 260	106.7	102.5	106.0	120.2
永德县	51 576	29 249	8 664	13 663	107.9	101.2	118.2	119.0
镇康县	34 730	18 351	6 471	9 908	104.6	102.7	94.8	122.6
双江县	30 468	18 753	3 434	8 281	114.4	102.1	166.9	121.7
耿马县	85 937	42 423	22 698	20 816	108.1	103.4	107.7	120.0
沧源县	37 818	18 442	7 826	11 550	109.3	102.5	142.8	102.1

20－2　各县市人均国内生产总值

单位：元/人

地　区	1995年	1999年	2000年	地　区	1995年	1999年	2000年
全省合计	**3 044**	**4 452**	**4 637**	**昭通地区**	**1 420**	**2 080**	**2 193**
昆 明 市	**9 186**	**12 588**	**13 125**	昭通市	3 585	5 340	5 584
五华区	5 431	21 070	22 489	鲁甸县	720	1 168	1 232
盘龙区	14 106	23 568	27 400	巧家县	745	1 261	1 342
官渡区	12 096	23 085	21 017	盐津县	796	1 716	1 605
西山区	5 558	18 427	20 703	大关县	836	1 938	1 957
东川区	1 972	2 039	2 157	永善县	804	1 374	1 465
呈贡县	5 406	8 351	9 129	绥江县	1 256	1 144	1 171
晋宁县	4 495	6 631	6 971	镇雄县	665	957	983
富民县	3 118	4 483	3 920	彝良县	702	1 172	1 198
宜良县	3 914	6 789	7 271	威信县	919	1 177	1 233
石林县	2 700	4 171	4 520	水富县	5 045	6 826	6 941
嵩明县	2 478	3 581	3 414	**楚 雄 州**	**2 630**	**4 002**	**4 223**
禄劝县	1 295	2 044	2 215	楚雄市	5 772	8 341	8 510
寻甸县	1 346	1 744	1 940	双柏县	1 471	2 195	2 236
安宁市	10 791	14 086	14 474	牟定县	1 714	2 750	2 765
曲 靖 市	**2 395**	**3 761**	**3 946**	南华县	1 205	2 338	2 519
麒麟区	5 802	11 679	12 476	姚安县	1 901	2 939	3 157
马龙县	2 074	2 305	2 388	大姚县	1 786	2 773	3 008
陆良县	2 563	3 482	3 521	永仁县	1 556	2 897	3 120
师宗县	1 853	2 863	3 005	元谋县	2 122	2 995	3 063
罗平县	2 094	3 445	3 725	武定县	1 468	2 314	2 487
富源县	1 751	2 997	3 141	禄丰县	2 918	5 244	5 551
会泽县	1 419	2 012	2 203	**红 河 州**	**2 239**	**3 422**	**3 663**
沾益县		4 153	4 373	个旧市	5 185	6 288	6 654
宣威市	1 494	2 172	2 276	开远市	5 438	7 503	7 896
				蒙自县	2 343	3 183	3 375
玉 溪 市	**12 641**	**14 846**	**14 698**	屏边县	1 225	1 888	2 051
红塔区	56 027	59 461	56 308	建水县	1 992	3 021	3 121
江川县	3 250	4 670	4 811	石屏县	1 869	2 913	3 131
澄江县	3 638	4 845	4 952	弥勒县	2 749	6 153	6 657
通海县	3 852	5 824	6 046	泸西县	1 542	2 321	2 467
华宁县	2 871	4 251	4 330	元阳县	807	1 394	1 487
易门县	3 185	5 145	5 496	红河县	821	1 456	1 577
峨山县	3 560	4 838	5 136	金平县	732	1 059	1 231
新平县	1 672	2 516	2 659	绿春县	644	905	979
元江县	2 973	3 744	4 026	河口县	3 146	4 605	4 972

单位:元/人

地　区	1995 年	1999 年	2000 年	地　区	1995 年	1999 年	2000 年
文 山 州	**1 025**	**1 964**	**2 199**	**保山地区**	**1 857**	**2 909**	**3 019**
文山县	1 329	3 340	3 713	保山市	2 133	3 283	3 431
砚山县	920	1 669	1 888	施甸县	1 622	2 365	2 411
西畴县	1 032	1 618	1 678	腾冲县	1 904	2 758	2 917
麻栗坡县	1 387	2 153	2 254	龙陵县	1 491	2 551	2 712
马关县	1 024	1 760	1 926	昌宁县	1 629	2 621	2 749
丘北县	863	1 276	1 360				
广南县	879	1 338	1 412	**德 宏 州**	**2 917**	**3 459**	**3 631**
富宁县	1 016	1 844	1 974	瑞丽市	6 337	6 876	7 352
思茅地区	**1 344**	**1 967**	**2 161**	潞西市	3 010	3 883	3 883
思茅市	2 680	4 386	4 468	梁河县	1 419	1 555	1 826
普洱县	2 181	3 121	3 386	盈江县	2 636	3 022	3 120
墨江县	803	1 270	2 028	陇川县	2 418	2 744	3 125
景东县	1 501	2 231	2 379	**丽江地区**	**1 698**	**2 634**	**2 811**
景谷县	1 720	2 796	2 972	丽江县	2 174	3 756	4 019
镇沅县	1 472	1 749	1 769	永胜县	1 442	2 037	2 152
江城县	1 456	2 307	2 573	华坪县	2 334	3 418	3 650
孟连县	1 311	1 885	2 042	宁蒗县	958	1 410	1 519
澜沧县	930	1 154	1 224	**怒 江 州**	**1 306**	**2 240**	**2 402**
西盟县	802	1 111	1 144	泸水县	1 464	2 256	2 537
西双版纳州	**3 582**	**5 192**	**5 422**	福贡县	1 070	1 501	1 576
景洪市	4 443	6 422	6 765	贡山县	1 688	3 130	2 817
勐海县	2 006	2 832	3 010	兰坪县	1 645	2 270	2 500
勐腊县	4 491	5 375	5 713	**迪 庆 州**	**1 647**	**2 455**	**2 774**
大 理 州	**2 266**	**3 840**	**4 114**	中甸县	1 426	2 792	2 906
大理市	5 814	10 704	11 371	德钦县	1 322	1 560	1 861
漾濞县	1 312	2 002	2 316	维西县	1 548	1 896	2 039
祥云县	1 996	2 931	3 192				
宾川县	2 307	4 252	4 578	**临沧地区**	**1 534**	**2 409**	**2 471**
弥渡县	1 439	2 048	2 206	临沧县	1 256	2 281	2 571
南涧县	1 197	2 379	2 500	凤庆县	1 345	1 641	1 775
巍山县	1 673	2 501	2 683	云　县	2 306	3 356	3 552
永平县	1 923	3 560	3 831	永德县	1 161	1 505	1 611
云龙县	1 099	2 157	2 353	镇康县	1 237	2 095	2 161
洱源县	1 769	3 134	3 383	双江县	1 295	1 706	1 884
剑川县	1 200	2 089	2 281	耿马县	2 436	3 255	3 479
鹤庆县	1 352	2 189	2 362	沧源县	1 398	2 166	2 401

20－3　各县市工农业总产值

（按当年价格计算）　　单位:万元

地　区	1999年	2000年	地　区	1999年	2000年
全省合计	**22 035 572**	**22 702 182**	**昭通地区**	**874 445**	**904 417**
昆 明 市	**6 777 858**	**7 469 972**	昭通市	289 034	300 359
五华区	213 703	242 844	鲁甸县	47 124	49 592
盘龙区	435 334	398 478	巧家县	58 721	64 231
官渡区	2 654 777	2 929 352	盐津县	45 315	46 588
西山区	1 067 404	1 149 237	大关县	30 728	33 767
东川区	112 996	124 600	永善县	50 025	52 438
呈贡县	319 219	409 335	绥江县	24 361	21 789
晋宁县	298 782	300 697	镇雄县	125 760	130 883
富民县	98 042	112 624	彝良县	54 714	58 060
宜良县	331 814	393 971	威信县	48 513	51 144
石林县	147 035	188 814	水富县	100 151	177 489
嵩明县	212 238	217 110	**楚 雄 州**	**1 269 844**	**1 236 863**
禄劝县	132 822	150 554	楚雄市	458 454	438 115
寻甸县	100 251	108 407	双柏县	41 299	39 782
安宁市	653 441	743 952	牟定县	97 772	83 214
曲 靖 市	**2 649 397**	**2 574 894**	南华县	69 113	70 163
麒麟区	699 031	737 200	姚安县	72 064	74 126
马龙县	65 796	63 663	大姚县	104 542	106 373
陆良县	288 761	264 344	永仁县	36 426	36 530
师宗县	145 751	132 869	元谋县	78 600	71 229
罗平县	215 767	205 316	武定县	76 797	78 031
富源县	260 048	238 175	禄丰县	234 776	239 300
会泽县	241 924	239 783	**红 河 州**	**1 968 923**	**1 989 195**
沾益县	230 438	255 754	个旧市	472 261	488 614
宣威市	501 880	437 789	开远市	301 784	280 312
			蒙自县	126 063	127 700
玉 溪 市	**3 264 723**	**3 395 636**	屏边县	30 218	34 436
红塔区	2 152 473	2 209 591	建水县	197 114	203 825
江川县	149 136	155 071	石屏县	120 818	123 960
澄江县	108 763	114 158	弥勒县	455 624	454 426
通海县	373 804	393 745	泸西县	99 245	99 765
华宁县	101 802	104 720	元阳县	44 363	43 832
易门县	107 303	123 137	红河县	36 735	38 961
峨山县	96 997	89 646	金平县	45 002	51 982
新平县	90 852	104 414	绿春县	19 567	20 214
元江县	83 594	101 154	河口县	20 129	21 170

地　区	1999年	2000年	地　区	1999年	2000年
文 山 州	**703 943**	**782 941**	**保山地区**	**712 424**	**688 463**
文山县	157 914	180 631	保山市	294 512	278 915
砚山县	95 082	117 371	施甸县	79 445	75 101
西畴县	47 154	52 495	腾冲县	151 796	153 017
麻栗坡县	62 728	64 427	龙陵县	78 759	83 832
马关县	78 595	91 786	昌宁县	107 913	97 599
丘北县	60 691	61 783			
广南县	113 630	120 844	**德 宏 州**	**381 666**	**391 793**
富宁县	88 152	93 604	瑞丽市	52 586	54 940
思茅地区	**530 951**	**545 039**	潞西市	114 678	113 683
思茅市	70 635	74 365	梁河县	39 438	42 924
普洱县	56 324	55 098	盈江县	107 413	108 613
墨江县	44 052	48 472	陇川县	67 551	71 632
景东县	82 061	82 425	**丽江地区**	**258 930**	**258 133**
景谷县	86 655	94 185	丽江县	87 036	88 348
镇沅县	40 566	38 286	永胜县	79 921	76 249
江城县	28 970	27 969	华坪县	67 913	68 423
孟连县	26 407	27 894	宁蒗县	24 060	25 113
澜沧县	85 063	86 024	**怒 江 州**	**110 817**	**121 421**
西盟县	10 219	10 321	泸水县	29 760	32 105
西双版纳州	**341 349**	**328 104**	福贡县	12 452	12 004
景洪市	148 873	137 865	贡山县	9 861	10 799
勐海县	95 440	94 288	兰坪县	58 745	66 513
勐腊县	97 036	95 951	**迪 庆 州**	**62 698**	**74 403**
大 理 州	**1 550 270**	**1 481 557**	中甸县	34 122	43 272
大理市	577 920	521 910	德钦县	7 692	8 151
漾濞县	27 554	29 991	维西县	20 884	22 981
祥云县	216 054	204 136			
宾川县	159 401	174 588	**临沧地区**	**601 923**	**628 708**
弥渡县	87 028	80 979	临沧县	66 212	73 670
南涧县	67 594	61 073	凤庆县	81 820	83 791
巍山县	88 475	88 109	云　县	165 336	173 940
永平县	58 938	56 536	永德县	58 918	58 616
云龙县	56 018	59 766	镇康县	46 717	44 356
洱源县	98 938	99 944	双江县	38 071	38 328
剑川县	42 062	43 914	耿马县	103 571	107 949
鹤庆县	70 291	60 611	沧源县	41 277	48 058

20－4 主要年份各县市年末总人口

单位:万人

地 区	1978 年	1980 年	1985 年	1990 年	1995 年	1999 年	2000 年
全省合计	**3 091.5**	**3 173.4**	**3 418.1**	**3 730.6**	**3 989.6**	**4 192.4**	**4240.8**
昆 明 市	**303.8**	**311.1**	**331.8**	**354.9**	**374.9**	**473.3**	**480.9**
五华区	23.4	25.6	31.3	36.6	39.8	43.7	45.5
盘龙区	26.8	28.9	34.5	38.2	41	43.5	44.4
官渡区	42.8	43.5	44.4	47.8	52.3	56.6	58
西山区	28	28.3	29	29.9	31.5	32.9	33.3
东川区	23.2	23	27.5	28.5	28.7	29.5	29.7
呈贡县	12.3	12.6	13.1	13.8	14.4	15	15.3
晋宁县	22.5	22.4	23	24	25.1	26.2	26.6
富民县	12	11.9	12.3	12.7	13.1	13.5	13.6
宜良县	33.4	33.9	35	36.3	37.6	39	39.5
石林县	17.4	17.9	18.9	20.2	21.1	22	22.3
嵩明县	26.3	26.8	28.3	30.4	31.6	33	33.3
禄劝县	36.8	37.6	39.7	42.2	43.9	45	45.2
寻甸县	40.2	40.7	40	43.3	46.3	48.6	49.3
安宁市	22.1	21.7	22.3	22.9	23.5	24.8	25
曲 靖 市	**437.9**	**450.5**	**482**	**525.4**	**557.8**	**535.2**	**547.1**
麒麟区	68.3	70.2	75.8	83.2	91.8	59.8	60.6
马龙县	16	16.5	17	17.7	17.5	18.1	18.6
陆良县	42.6	43.9	46.6	50.4	53.8	56.7	58.4
师宗县	24.4	25.1	26.9	30.1	32	33.4	34.7
罗平县	37.2	38.6	41.9	45.9	48.3	50.8	52.3
富源县	44.8	46.6	50.4	55.8	60	63.7	65.4
会泽县	67.8	69.3	74.1	80.8	83.9	87.2	88.7
沾益县						37.5	38.4
宣威市	96.6	99.6	109.3	118.3	124.2	128	130
玉 溪 市	**156.6**	**159.6**	**168.9**	**181.9**	**190.6**	**199.2**	**201.7**
红塔区	26.4	27.1	29.1	32.3	34.6	37	37.7
江川县	19.4	19.7	20.7	22.5	23.9	25.3	25.6
澄江县	11.7	11.9	12.5	13.3	13.9	14.6	14.8
通海县	19.5	19.9	21.4	23.4	25	26.1	26.3
华宁县	15.7	16.1	17	18.1	18.8	19.5	19.8
易门县	15.2	15.3	15.7	16.2	16.6	17.1	17.2
峨山县	11.9	12	12.7	13.5	14.1	14.6	14.7
新平县	21.3	21.8	23.2	24.9	25.3	26	26.3
元江县	15.5	15.8	16.6	17.7	18.3	19	19.3

地　区	1978年	1980年	1985年	1990年	1995年	1999年	2000年
昭通地区	**339.4**	**352.3**	**381.4**	**429**	**457.1**	**477.9**	**491.9**
昭通市	48.8	50.7	54.7	62.3	67.3	70.9	73.6
鲁甸县	22.3	23.3	25.8	30.4	33.5	35.4	36.2
巧家县	38.7	40.3	43.1	46.8	48	48.9	50.4
盐津县	25.3	26.1	28.1	31.8	33.1	34.3	35.5
大关县	17.9	18.5	20.1	22.7	23.8	24.1	24.4
永善县	31.2	32	33.7	36.6	37.7	38.7	39.3
绥江县	11.5	11.7	12.3	13.5	14.4	15	15.3
镇雄县	78.1	82.1	90.7	102.7	111.5	118.5	121.6
彝良县	34.4	35.6	38.8	43.8	46.4	48.7	50.6
威信县	24.5	25.2	26.6	30.3	32.8	34.5	35.7
水富县	6.7	6.8	7.5	8.2	8.6	8.9	9.1
楚雄州	**208.6**	**211.9**	**211.1**	**233.2**	**242**	**248.8**	**250.8**
楚雄市	34.9	35.7	37.9	40.5	44	46.8	47.4
双柏县	13.4	13.6	14.2	14.9	15.1	15.2	15.4
牟定县	18.1	18	18.6	19.4	19.5	19.8	19.8
南华县	18.8	19.3	20.2	21.5	22.1	22.6	22.8
姚安县	17.3	17.4	17.9	18.8	19.5	19.9	20
大姚县	25.7	25	26.3	27.3	27.8	27.9	28
永仁县	8.8	9	9.4	9.8	10.1	10.2	10.3
元谋县	16.1	16.4	17.4	18.5	19.3	19.9	20.2
武定县	20.8	21.3	22.5	24.2	25.1	25.8	26
禄丰县	34.7	35.6	36.7	38.4	39.5	40.7	40.9
红河州	**304.3**	**314.7**	**335.5**	**364**	**379.6**	**390.9**	**394.2**
个旧市	30.7	32.2	34.2	37.1	38	38.5	38.5
开远市	19.4	19.9	21.7	24	25.3	25.8	26
蒙自县	23.6	24.1	25.6	28	29.6	30.8	31.5
屏边县	11.5	12.2	12.8	13.8	14.1	14.3	14.4
建水县	38.9	39.8	42.2	45.2	47.2	48.5	48.9
石屏县	23.6	24.1	25.5	26.9	27.6	28.3	28.5
弥勒县	37.7	38.6	40.8	44.2	46.3	47.8	48.1
泸西县	26.4	27	29.4	32.7	34.8	36.2	36.8
元阳县	28.2	29.3	31.3	33.5	34.5	35.5	35.9
红河县	19.6	20.2	22	24	25.4	26.5	26.8
金平县	23.2	24.2	26.9	29.5	30.4	31	31.1
绿春县	14.5	15.7	16.3	18	19.2	19.9	20
河口县	7	7.4	6.8	7	7.6	7.8	7.7

单位:万人

地 区	1978年	1980年	1985年	1990年	1995年	1999年	2000年
文山州	**243.7**	**252.8**	**273**	**296.8**	**308.2**	**318.6**	**324.7**
文山县	29.1	30	32.7	36.8	38.8	40.4	41.4
砚山县	30.4	31.7	34.2	38.1	40.2	41.8	43
西畴县	19.7	20.3	21.7	22.9	23.5	24.1	24.4
麻栗坡县	21.7	22.4	24.2	25.3	25.9	26.5	26.7
马关县	27.5	28.8	31.1	33.7	33.9	34.5	34.7
丘北县	30.6	31.7	34.7	38.4	40.5	42.2	43.5
广南县	54.2	56.1	60.2	65.9	68.9	71.6	73
富宁县	30.5	31.8	34.2	35.7	36.6	37.5	38
思茅地区	**188.7**	**193.6**	**209.3**	**220.9**	**225.9**	**228.8**	**231.8**
思茅市	10.9	11.2	12.6	13.7	15.7	17.6	18.5
普洱县	16.9	17.2	17.9	18.4	18.5	18.4	18.6
墨江县	31.2	32.1	34.2	35.2	35.6	35.1	35.2
景东县	29.9	30.5	32.7	34.1	34.4	34.8	35.1
景谷县	24.5	24.8	26.7	28	28.5	28.6	28.9
镇沅县	18.1	18.3	19.5	20.3	20.2	20.2	20.4
江城县	7.1	7.6	8.1	8.9	9.1	9	9.1
孟连县	7.2	7.7	8.8	9.7	10.4	10.8	11
澜沧县	37.1	38.1	41.8	44.8	45.5	46.1	46.8
西盟县	5.8	6.1	7	7.8	8	8.2	8.2
西双版纳州	**63.8**	**62.2**	**69.1**	**78.2**	**81.8**	**85.3**	**85.4**
景洪市	27.4	26.5	29.2	33.6	34.8	36.6	36.7
勐海县	22.1	22.8	25	27.3	28.5	29.2	29.3
勐腊县	14.3	12.9	14.9	17.3	18.5	19.5	19.3
大理州	**260.3**	**266**	**281.3**	**303**	**315.7**	**326.3**	**328.6**
大理市	35.9	37	39.6	43.6	46.9	49.6	50.1
漾濞县	8	7.9	8.5	9.3	9.7	9.8	9.8
祥云县	35.9	36.3	37.6	39.8	41.3	43.1	43.5
宾川县	25.8	26.4	27.8	29.9	31.1	32.1	32.3
弥渡县	25.4	25.8	26.6	28	29.2	30.4	30.6
南涧县	17.4	17.9	19.1	20.2	20.6	21.1	21.2
巍山县	23.4	24.1	25.6	27.6	28.5	29.4	29.6
永平县	13.5	13.9	14.8	15.8	16.5	16.9	17
云龙县	15.7	16.1	17.4	18.8	19.4	19.8	19.7
洱源县	25.1	25.7	27.3	29.9	31.1	32	32.3
剑川县	13	13.3	14	15.4	16.1	16.5	16.6
鹤庆县	21.2	21.6	23	24.6	25.3	25.6	25.8

20－4　续表 3

单位:万人

地　区	1978 年	1980 年	1985 年	1990 年	1995 年	1999 年	2000 年
保山地区	**182.9**	**185.7**	**197.8**	**212.2**	**223.7**	**232.1**	**234.5**
保山市	64.4	64.9	68.8	73.9	78.3	82.1	83
施甸县	25.4	25.7	27.4	29.5	31.1	32.1	32.3
腾冲县	45.1	46.1	49.5	53.4	56.4	58.4	59.4
龙陵县	21.1	21.5	23	24.8	25.8	26.4	26.5
昌宁县	26.9	27.5	29.1	30.6	32	33.1	33.3
德宏州	**69.4**	**71.9**	**80.6**	**90.6**	**96.6**	**100.8**	**101.8**
瑞丽市	6.2	6.3	7.1	8.2	8.9	10.8	11
潞西市	22.4	23.4	26.1	29.2	31.2	32.6	32.9
梁河县	11.3	11.6	12.9	14.3	15.1	15.5	15.6
盈江县	17.5	18.1	20.5	23.4	24.7	25.6	25.8
陇川县	11.3	11.8	13.2	14.6	15.5	16.3	16.5
丽江地区	**87.4**	**89.3**	**94.5**	**101.5**	**105.9**	**109.3**	**109.9**
丽江县	28.4	28.9	30.1	31.9	33.2	34.4	34.7
永胜县	30.9	31.6	33.1	35.4	36.8	37.5	37.7
华坪县	12.3	12.6	13.3	14	14.5	14.8	14.8
宁蒗县	15.8	16.8	18	20.1	21.4	22.6	22.7
怒江州	**29.2**	**30.4**	**34.1**	**43.5**	**45.4**	**46.1**	**46.3**
泸水县	8.8	9.2	10.5	14.4	15	15.2	15.3
福贡县	4.2	4.4	5	8.5	8.8	8.9	8.9
贡山县	2.6	2.8	3	3.3	3.3	3.4	3.4
兰坪县	13.6	14	15.6	17.3	18.3	18.6	18.7
迪庆州	**26**	**26.9**	**29**	**31.5**	**32.5**	**33**	**33.1**
中甸县	9.9	10.3	11.2	12.2	12.6	12.9	13
德钦县	5.1	5.2	5.4	5.7	5.8	5.8	5.8
维西县	11	11.4	12.4	13.6	14.1	14.3	14.3
临沧地区	**161.7**	**166.7**	**183.8**	**199.4**	**207.1**	**212.7**	**213.8**
临沧县	21.3	21.8	23.8	25.7	26.4	27.2	27.3
凤庆县	33.3	34.1	37.1	39.9	41.3	42.1	42.1
云　县	30.7	32	35.2	37.7	38.8	39.8	39.9
永德县	24.8	25.6	28.2	30.2	31.1	31.9	32.1
镇康县	11.1	11.6	12.9	14.2	14.9	15.4	15.5
双江县	11.7	12.2	13.6	15	15.7	16.1	16.2
耿马县	17.1	17.5	19.7	22	23.4	24.5	24.9
沧源县	11.7	11.9	13.3	14.7	15.4	15.7	15.8

注:全省总计系人口抽样调查推断数,分县数系公安人口年报数。

20－5 各县市人口和构成

（2000年）

单位：万人

地　区	总户数	总人口	按性别分		按农业、非农业分	
			男	女	农业人口	非农业人口
全省合计	**1 030.6**	**4 240.8**	**2 192.0**	**2 048.8**	**3 584.3**	**656.5**
昆明市	**138.4**	**481**	**248.5**	**232.5**	**291.9**	**189.1**
五华区	14.3	45.5	23.4	22.1	0	45.5
盘龙区	13	44.4	22.7	21.7	0	44.4
官渡区	17.5	58	31	27	24.9	33.1
西山区	10.5	33.3	17.7	15.6	12.8	20.5
东川区	8.1	29.7	15.5	14.2	22.9	6.8
呈贡县	4.8	15.3	7.7	7.6	12.2	3.1
晋宁县	8.4	26.6	13.3	13.3	21.5	5.1
富民县	4.1	13.6	6.9	6.7	11.9	1.7
宜良县	11.2	39.5	19.7	19.8	35.4	4.1
石林县	6.4	22.3	11.3	11	20.2	2.1
嵩明县	8.4	33.3	16.9	16.4	29.6	3.7
禄劝县	11.2	45.2	23.5	21.7	43	2.2
寻甸县	12.4	49.3	25.6	23.7	46.4	2.9
安宁市	8.1	25	13.3	11.7	11.1	13.9
曲靖市	**140.3**	**547.2**	**287.7**	**259.5**	**482.6**	**64.6**
麒麟区	16.6	60.6	31.3	29.3	38.8	21.8
马龙县	4.7	18.7	9.7	9	16.7	2
陆良县	15.3	58.4	30.2	28.2	52.3	6.1
师宗县	8.7	34.7	18.2	16.5	31.7	3
罗平县	12.8	52.3	27.2	25.1	48.6	3.7
富源县	15	65.4	34.5	30.9	60.8	4.6
会泽县	23.2	88.7	47.7	41	82.2	6.5
沾益县	9.8	38.4	20.1	18.3	34	4.4
宣威市	34.2	130	68.8	61.2	117.5	12.5
玉溪市	**55.2**	**201.7**	**102**	**99.7**	**167.7**	**34**
红塔区	10.5	37.7	18.7	19	25.8	11.9
江川县	7.2	25.6	12.8	12.8	22.9	2.7
澄江县	4.2	14.8	7.5	7.3	13	1.8
通海县	7.4	26.3	13	13.3	23	3.3
华宁县	5.3	19.8	10.1	9.7	17.9	1.9
易门县	4.5	17.2	8.9	8.3	13.4	3.8
峨山县	4.1	14.7	7.5	7.2	11.8	2.9
新平县	6.9	26.3	13.6	12.7	23	3.3
元江县	5.1	19.3	9.9	9.4	16.9	2.4

地　区	总户数	总人口	按性别分		按农业、非农业分	
			男	女	农业人口	非农业人口
昭通地区	**120**	**491.7**	**256**	**235.7**	**456.6**	**35.1**
昭通市	19.2	73.6	38.3	35.3	62.5	11.1
鲁甸县	8.7	36.2	18.7	17.5	34.7	1.5
巧家县	12.1	50.4	26.8	23.6	48.2	2.2
盐津县	8.2	35.5	18.6	16.9	33.1	2.4
大关县	5.9	24.4	12.9	11.5	23	1.4
永善县	10.1	39.3	20.6	18.7	37.1	2.2
绥江县	3.9	15.3	8	7.3	13.4	1.9
镇雄县	28.7	121.6	62.6	59	115.8	5.8
彝良县	12	50.6	26.4	24.2	48	2.6
威信县	8.5	35.7	18.4	17.3	33.6	2.1
水富县	2.7	9.1	4.7	4.4	7.2	1.9
楚雄州	**63.2**	**250.8**	**129.5**	**121.3**	**217.1**	**33.7**
楚雄市	12.1	47.4	24.5	22.9	34.6	12.8
双柏县	3.9	15.4	8.1	7.3	13.9	1.5
牟定县	4.7	19.8	10.2	9.6	18.2	1.6
南华县	5.7	22.8	11.8	11	21	1.8
姚安县	5.1	20	10.2	9.8	18.5	1.5
大姚县	7	28	14.5	13.5	25.6	2.4
永仁县	2.7	10.3	5.4	4.9	9.1	1.2
元谋县	5.1	20.2	10.4	9.8	18.3	1.9
武定县	6.3	26	13.3	12.7	24.2	1.8
禄丰县	10.6	40.9	21.1	19.8	33.7	7.2
红河州	**101**	**394.2**	**202.7**	**191.5**	**324.5**	**69.7**
个旧市	11.9	38.5	19.5	19	16.6	21.9
开远市	7.5	26	13.4	12.6	15.3	10.7
蒙自县	8.2	31.5	15.8	15.7	25.5	6
屏边县	3.4	14.4	7.5	6.9	12.8	1.6
建水县	13.3	48.9	24.8	24.1	42.2	6.7
石屏县	7.6	28.5	14.3	14.2	25.2	3.3
弥勒县	12.7	48.1	24.6	23.5	42.5	5.6
泸西县	9.4	36.8	19.6	17.2	33.4	3.4
元阳县	7.9	35.9	19.1	16.8	34.1	1.8
红河县	5.8	26.8	13.9	12.9	25.3	1.5
金平县	6.9	31.1	16	15.1	28.9	2.2
绿春县	4.1	20	10.3	9.7	18.5	1.5
河口县	2.3	7.7	3.9	3.8	4.2	3.5

地　区	总户数	总人口	按性别分		按农业、非农业分	
			男	女	农业人口	非农业人口
文山州	**72.1**	**324.7**	**168.5**	**156.2**	**298.3**	**26.4**
文山县	9.9	41.4	21.2	20.2	33.1	8.3
砚山县	9.4	43	22.3	20.7	39.9	3.1
西畴县	5.9	24.4	12.7	11.7	22.4	2
麻栗坡县	6.2	26.7	14.1	12.6	24.7	2
马关县	8.1	34.7	18.1	16.6	31.8	2.9
丘北县	9.5	43.5	22.6	20.9	40.6	2.9
广南县	15.2	73	37.9	35.1	70.1	2.9
富宁县	7.9	38	19.6	18.4	35.7	2.3
思茅地区	**55.3**	**231.8**	**122.1**	**109.7**	**203.4**	**28.4**
思茅县	5.4	18.5	9.5	9	10.8	7.7
普洱县	4.7	18.6	9.7	8.9	15.2	3.4
墨江县	7.5	35.2	18.9	16.3	32.8	2.4
景东县	8.6	35.1	18.4	16.7	32.6	2.5
景谷县	7	28.9	15.2	13.7	26	2.9
镇沅县	5	20.4	10.9	9.5	18.5	1.9
江城县	2.2	9.1	4.7	4.4	7.3	1.8
孟连县	2.8	11	5.7	5.3	9.6	1.4
澜沧县	10	46.8	24.7	22.1	43.3	3.5
西盟县	2.1	8.2	4.3	3.9	7.3	0.9
西双版纳州	**22.9**	**85.3**	**43.3**	**42**	**59.1**	**26.2**
景洪市	10.8	36.7	18.6	18.1	22.1	14.6
勐海县	6.8	29.3	14.9	14.4	24.8	4.5
勐腊县	5.3	19.3	9.8	9.5	12.2	7.1
大理州	**84.6**	**328.4**	**167**	**161.4**	**290.4**	**38**
大理市	13.8	50	25.2	24.8	31.5	18.5
漾濞县	2.4	9.8	5	4.8	8.8	1
祥云县	11.7	43.5	22.2	21.3	41	2.5
宾川县	8.4	32.3	16.6	15.7	30.3	2
弥渡县	8	30.6	15.7	14.9	28.5	2.1
南涧县	5.5	21.2	10.8	10.4	19.9	1.3
巍山县	7.3	29.6	15	14.6	27.6	2
永平县	4.2	17	8.7	8.3	15.6	1.4
云龙县	5	19.7	10.1	9.6	18.1	1.6
洱源县	7.9	32.3	16.3	16	30.3	2
剑川县	3.9	16.6	8.4	8.2	15	1.6
鹤庆县	6.5	25.8	13	12.8	23.8	2

地　区	总户数	总人口	按性别分		按农业、非农业分	
			男	女	农业人口	非农业人口
保山地区	**57.1**	**234.5**	**120**	**114.5**	**211.4**	**23.1**
保山市	21.4	83	41.9	41.1	72.1	10.9
施甸县	7.6	32.3	16.4	15.9	29.9	2.4
腾冲县	13.7	59.4	30.6	28.8	54.5	4.9
龙陵县	6.3	26.5	13.9	12.6	24.3	2.2
昌宁县	8.1	33.3	17.2	16.1	30.6	2.7
德宏州	**23.4**	**101.8**	**51.4**	**50.4**	**82.9**	**18.9**
瑞丽市	3.1	11	5.4	5.6	7	4
潞西市	7.2	32.9	16.7	16.2	25.9	7
梁河县	3.6	15.6	8	7.6	14	1.6
盈江县	5.6	25.8	13	12.8	22.6	3.2
陇川县	3.9	16.5	8.3	8.2	13.4	3.1
丽江地区	**27.6**	**109.9**	**56.5**	**53.4**	**96.6**	**13.3**
丽江县	8.7	34.7	18.1	16.6	27.9	6.8
永胜县	9.4	37.7	19.1	18.6	35.2	2.5
华坪县	4	14.8	7.7	7.1	12.8	2
宁蒗县	5.5	22.7	11.6	11.1	20.7	2
怒江州	**11.1**	**46.3**	**23.9**	**22.4**	**39.5**	**6.8**
泸水县	3.7	15.3	8	7.3	12.2	3.1
福贡县	2.1	8.9	4.5	4.4	8	0.9
贡山县	0.8	3.4	1.7	1.7	2.9	0.5
兰坪县	4.5	18.7	9.7	9	16.4	2.3
迪庆州	**7.8**	**33.1**	**17**	**16.1**	**29**	**4.1**
中甸县	3.2	13	6.6	6.4	10.6	2.4
德钦县	1.2	5.8	2.9	2.9	5.2	0.6
维西县	3.4	14.3	7.5	6.8	13.2	1.1
临沧地区	**50**	**213.8**	**111**	**102.8**	**194.4**	**19.4**
临沧县	7	27.3	14.1	13.2	22.4	4.9
凤庆县	9.9	42.1	21.5	20.6	39.4	2.7
云　县	9.5	39.9	21.1	18.8	37.3	2.6
永德县	7.2	32.1	16.9	15.2	29.8	2.3
镇康县	3.3	15.5	7.9	7.6	14.4	1.1
双江县	3.6	16.2	8.3	7.9	14.8	1.4
耿马县	5.9	24.9	13	11.9	22.5	2.4
沧源县	3.6	15.8	8.2	7.6	13.8	2

注:全省总计系人口抽样调查推断数,分县数系公安人口年报数。

20－6　各县市职工人数和工资

（2000 年）

地　区	职工人数 合　计（人）	国　有	工资总额 合　计（千元）	国　有	平均工资（元/人） 合　计	国　有
全省合计	**2 733 824**	**2 206 064**	**25 445 798**	**20 950 290**	**9 231**	**9 422**
昆 明 市	**822 923**	**611 833**	**8 829 310**	**6 571 651**	**10 487**	**10 543**
五华区	18 729	7 641	166 758	81 378	9 119	10 766
盘龙区	18 389	8 909	168 465	85 287	8 840	9 649
官渡区	28 811	13 533	320 005	158 497	9 521	11 708
西山区	8 997	7 641	85 949	75 995	9 401	10 014
东川区	22 387	20 143	161 317	146 300	7 208	7 277
呈贡县	11 417	7 227	138 939	71 768	12 172	9 964
晋宁县	26 514	24 590	224 923	209 462	8 327	8 417
富民县	7 677	6 679	65 578	58 196	8 572	8 776
宜良县	18 543	16 384	168 374	155 696	8 956	9 371
石林县	12 983	10 971	109 406	95 987	8 414	8 635
嵩明县	12 712	11 410	112 203	102 719	8 645	8 807
禄劝县	13 356	12 316	109 591	102 961	8 178	8 341
寻甸县	14 241	13 482	126 357	120 882	8 356	8 415
安宁市	61 500	54 738	754 616	690 361	11 663	12 000
曲 靖 市	**268 885**	**241 079**	**2 562 474**	**2 356 464**	**9 445**	**9 663**
麒麟区	73 412	65 140	814 700	749 417	11 296	11 650
马龙县	8 927	7 179	73 419	65 859	8 033	8 932
陆良县	27 305	24 300	213 677	189 355	7 898	7 907
师宗县	13 172	12 348	109 610	103 646	8 176	8 226
罗平县	17 002	15 042	172 329	158 496	9 996	10 321
富源县	22 728	19 693	188 572	166 723	8 198	8 399
会泽县	31 139	28 287	354 761	330 783	10 839	11 080
沾益县	22 217	20 091	207 117	186 983	9 102	9 060
宣威市	52 983	48 999	428 289	405 200	7 953	8 119
玉 溪 市	**157 118**	**122 727**	**1 749 638**	**1 464 250**	**11 286**	**12 030**
红塔区	50 709	38 871	730 428	638 335	15 301	17 097
江川县	10 004	8 222	101 411	86 564	9 835	10 295
澄江县	9 172	6 617	95 331	71 335	10 326	10 734
通海县	14 787	8 922	150 070	94 576	9 849	10 358
华宁县	9 161	7 756	95 413	81 993	9 947	10 408
易门县	17 525	15 476	171 162	158 033	9 606	9 988
峨山县	13 473	12 224	120 639	114 185	8 930	9 324
新平县	16 257	10 958	146 758	104 083	9 433	9 766
元江县	16 030	13 681	138 426	115 146	8 631	8 471

地 区	职工人数合计（人）	国 有	工资总额合计（千元）	国 有	平均工资（元/人）合计	国 有
昭通地区	**158 254**	**138 007**	**1 256 401**	**1 140 924**	**8 049**	**8 394**
昭通市	22 833	17 997	161 550	134 811	7 200	7 656
鲁甸线	10 360	9 587	70 823	67 167	7 236	7 347
巧家线	12 759	10 455	90 893	78 922	7 345	7 692
盐津线	9 634	8 658	75 026	69 704	8 022	8 831
大关县	7 055	6 045	54 715	51 040	8 087	8 570
永善县	10 674	9 086	81 415	71 906	7 861	8 205
绥江县	7 102	5 244	56 349	43 294	7 641	8 529
镇雄县	22 790	21 168	184 504	177 026	8 073	8 334
彝良县	11 761	11 198	87 453	85 328	7 291	7 465
威信县	11 514	10 349	84 425	79 540	7 341	7 692
水富县	7 855	6 079	77 474	66 029	10 348	11 420
地 直	23 917	22 141	231 774	216 157	9 733	9 846
楚雄州	**138 652**	**112 628**	**1 275 022**	**1 096 563**	**8 971**	**9 438**
楚雄市	48 508	39 580	512 070	447 085	10 377	11 052
双柏县	6 746	5 174	52 709	44 618	7 616	8 327
牟定县	7 951	6 959	66 593	59 606	8 289	8 479
南华县	8 946	7 672	74 871	67 166	8 139	8 470
姚安县	7 463	5 907	63 116	53 623	8 090	8 719
大姚县	13 353	11 129	110 978	98 464	8 085	8 552
永仁县	5 141	4 199	44 897	39 063	8 570	9 084
元谋县	7 606	6 521	64 654	56 391	8 184	8 287
武定县	8 445	7 126	77 214	66 292	8 726	8 827
禄丰县	24 493	18 361	207 920	164 255	8 280	8 583
红河州	**264 499**	**208 908**	**2 178 507**	**1 795 049**	**8 224**	**8 591**
个旧市	79 425	60 165	614 172	489 005	7 624	8 039
开远市	40 361	29 802	397 624	314 904	9 936	10 607
蒙自县	20 152	13 534	152 049	113 928	7 456	8 232
屏边县	5 305	4 323	44 548	38 670	8 181	8 904
建水县	24 140	17 935	208 637	163 047	8 674	9 123
石屏县	12 210	9 828	97 898	84 185	8 010	8 603
弥勒县	23 761	21 331	200 023	177 586	8 613	8 588
泸西县	14 367	11 966	127 268	111 320	8 890	9 364
元阳县	9 020	7 804	70 696	64 096	7 818	8 167
红河县	7 301	6 214	62 034	54 322	8 800	8 951
金平县	9 030	7 559	77 681	63 882	8 418	8 248
绿春县	5 918	5 561	45 997	44 571	7 801	8 047
河口县	13 509	12 886	79 880	75 533	5 938	5 886

地 区	职工人数合 计（人）	国 有	工资总额合 计（千元）	国 有	平均工资(元/人)合 计	国 有
文山州	**112 175**	**96 812**	**920 381**	**809 483**	**8 175**	**8 333**
文山县	30 663	24 953	269 395	222 077	8 986	9 130
砚山县	14 538	13 210	108 310	101 099	7 557	7 801
西畴县	8 362	7 154	66 994	56 663	8 084	8 017
麻栗坡县	10 599	8 769	85 993	73 999	8 257	8 605
马关县	11 420	10 236	100 302	92 824	8 608	8 891
丘北县	11 462	10 771	91 848	87 904	7 844	8 035
广南县	15 374	13 081	110 042	95 899	6 827	6 937
富宁县	9 757	8 638	87 497	79 018	8 670	8 795
思茅地区	**140 376**	**105 621**	**1 052 581**	**868 406**	**7 523**	**8 259**
思茅市	42 256	23 962	281 528	205 192	6 957	9 157
普洱县	13 743	10 556	110 116	86 684	7 738	7 895
墨江县	11 792	10 548	94 463	87 556	7 729	7 979
景东县	13 338	11 821	108 263	98 563	7 695	7 879
景谷县	15 475	11 659	122 468	92 566	7 963	8 044
镇沅县	9 244	8 211	68 141	63 448	7 614	7 971
江城县	7 364	5 777	53 752	46 774	7 253	8 004
孟连县	6 137	5 150	51 783	42 226	8 127	8 065
澜沧县	15 390	14 096	122 527	113 937	8 064	8 215
西盟县	5 637	3 841	39 540	31 460	7 041	8 136
西双版纳州	**110 490**	**94 276**	**817 722**	**702 528**	**7 297**	**7 326**
景洪市	64 418	54 138	483 332	412 879	7 424	7 535
勐海县	17 029	13 841	130 803	104 103	7 509	7 316
勐腊县	29 043	26 297	203 587	185 546	6 892	6 905
大理州	**164 769**	**139 260**	**1 521 074**	**1 323 178**	**9 385**	**9 642**
大理市	73 233	62 298	729 433	640 676	10 303	10 678
漾濞县	4 848	4 597	40 226	38 732	8 490	8 590
祥云县	12 088	9 853	121 743	97 185	10 077	9 997
宾川县	11 666	10 134	100 826	86 690	8 337	8 201
弥渡县	8 399	7 223	72 212	62 762	8 340	8 340
南涧县	6 961	6 266	58 406	54 089	8 426	8 671
巍山县	8 666	6 838	74 990	64 689	8 748	9 586
永平县	7 823	5 542	56 949	45 052	7 963	8 181
云龙县	6 380	5 297	53 599	47 298	8 426	8 999
洱源县	8 630	7 924	74 885	68 613	8 725	8 719
剑川县	6 983	5 085	59 219	45 023	8 524	8 889
鹤庆县	9 092	8 203	78 586	72 369	8 583	8 804

地 区	职工人数 合计（人）	国有	工资总额 合计（千元）	国有	平均工资（元/人） 合计	国有
保山地区	**99 908**	**76 216**	**819 830**	**649 460**	**7 962**	**8 263**
保山市	41 836	30 754	337 210	252 940	7 996	8 158
施甸县	10 155	8 523	85 700	74 230	7 746	8 042
腾冲县	24 188	17 566	190 400	148 860	7 627	8 181
龙陵县	10 813	9 756	98 790	89 690	8 764	8 794
昌宁县	12 916	9 617	107 730	83 750	7 983	8 397
德宏州	**83 909**	**73 373**	**652 641**	**580 378**	**7 743**	**7 778**
瑞丽市	17 026	14 796	120 010	103 071	6 925	6 827
潞西市	17 937	16 623	124 880	115 523	6 971	6 955
梁河县	7 828	7 490	72 740	71 125	8 888	9 072
盈江县	15 489	13 008	121 197	102 015	7 844	7 817
陇川县	13 341	11 783	96 599	87 304	7 041	7 160
州 直	12 288	9 673	117 215	101 340	10 030	10 316
丽江地区	**58 727**	**49 207**	**504 613**	**422 075**	**8 588**	**8 586**
丽江县	16 797	14 268	145 154	128 763	8 631	9 106
永胜县	12 376	10 372	104 730	89 231	8 345	8 505
华坪县	9 086	7 049	78 926	61 209	8 793	8 816
宁蒗县	10 638	10 148	76 835	74 028	7 296	7 332
地 直	9 830	7 370	98 968	68 844	10 010	9 194
怒江州	**27 062**	**23 676**	**257 149**	**217 017**	**9 631**	**9 279**
泸水县	6 127	5 806	53 471	51 061	8 840	8 893
福贡县	3 702	3 484	31 224	30 012	8 517	8 692
贡山县	2 292	2 179	19 893	19 240	8 744	8 899
兰坪县	9 419	7 433	99 215	69 998	10 641	9 573
州 直	5 522	4 774	53 346	46 706	9 906	9 897
迪庆州	**20 710**	**19 455**	**253 200**	**243 580**	**12 559**	**12 556**
中甸县	7 923	7 524	98 110	94 340	12 421	12 578
德钦县	3 257	3 124	42 290	41 200	12 984	13 189
维西县	5 942	5 445	66 560	63 290	11 181	11 600
州 直	3 588	3 362	46 240	44 750	13 041	13 483
临沧地区	**98 780**	**86 399**	**748 272**	**662 392**	**7 560**	**7 640**
临沧县	116 023	7 961	87 855	65 594	7 739	8 457
凤庆县	13 155	12 438	100 786	97 064	7 645	7 747
云 县	13 327	12 363	105 538	99 317	7 943	8 073
永德县	10 802	9 730	78 825	71 582	7 070	7 159
镇康县	6 024	4 919	52 380	40 848	8 775	8 384
双江县	8 224	7 791	55 800	53 491	6 738	6 825
耿马县	16 820	15 147	116 071	104 126	6 835	6 747
沧源县	8 768	6 844	65 462	52 379	7 430	7 651
地 直	10 037	9 206	85 555	77 991	8 592	8 592

20－7 主要年份各县市国有经济固定资产投资

单位：万元

地　区	1978 年	1980 年	1985 年	1990 年	1995 年	1999 年	2000 年
全省合计	**135 001**	**161 030**	**337 201**	**512 178**	**2 628 381**	**4 983 534**	**4 661 973**
昆 明 市	**23 156**	**44 331**	**111 522**	**170 165**	**927 048**	**1 677 388**	**1 209 628**
五华区	2 604	7 262	17 584	24 321	172 540	251 092	196 321
盘龙区	4 566	8 305	21 988	23 886	159 643	444 087	319 361
官渡区	5 895	10 325	26 495	43 872	272 011	610 979	333 342
西山区	4 269	6 622	20 077	16 130	72 536	136 246	140 147
东川区	570	1 819	2 905	4 083	10 435	6 376	7 506
呈贡县	408	631	1 702	1 987	18 975	37 416	41 705
晋宁县	1 983	2 033	5 130	13 230	26 664	28 564	19 284
富民县	107	223	491	455	1 469	7 798	7 001
宜良县	576	789	2 306	4 104	14 160	19 261	43 171
石林县	245	726	783	866	3 399	3 745	7 230
嵩明县	386	541	1 139	1 145	4 080	11 805	9 201
禄劝县	246	265	320	1 463	3 513	18 487	10 294
寻甸县	836	613	563	419	4 291	16 432	12 231
安宁市	1 871	6 609	4 526	25 954	17 805	85 100	62 834
不分县			8 981	13 330			
曲 靖 市	**20 808**	**17 299**	**44 712**	**70 297**	**271 057**	**322 691**	**395 602**
麒麟区	9 400	8 572	14 771	19 873	150 569	128 690	177 415
马龙县	2 038	626	786	453	4 741	5 970	5 052
陆良县	1 004	799	1 235	1 595	16 111	9 699	9 656
师宗县	275	333	746	876	8 829	19 323	4 380
罗平县	1 495	2 376	15 813	29 423	2 299	14 068	13 620
富源县	1 441	1 269	2 481	2 829	11 016	20 197	15 585
会泽县	556	1 145	3 857	2 548	25 550	22 040	22 149
沾益县						39 557	28 098
宣威市	2 763	1 566	4 356	11 226	47 651	63 147	119 647
不分县			104	1 055			
玉 溪 市	**3 062**	**10 381**	**19 347**	**21 682**	**241 628**	**264 482**	**288 466**
红塔区	1 057	4 619	9 943	10 030	145 681	89 458	169 291
江川县	127	397	603	781	8 629	38 383	12 075
澄江县	239	147	1 390	1 656	17 715	21 774	14 895
通海县	174	561	714	1 223	5 408	23 297	25 932
华宁县	399	810	297	1 010	7 076	25 587	9 985
易门县	357	1 415	1 469	2 952	13 435	17 956	12 990
峨山县	89	294	1 626	1 114	10 935	10 114	10 154
新平县	306	608	1 558	744	22 701	21 585	18 077
元江县	314	1 530	1 691	1 547	10 048	16 328	15 067
不分县			56	625			

地　区	1978年	1980年	1985年	1990年	1995年	1999年	2000年
昭通地区	**4 546**	**5 383**	**9 893**	**12 146**	**77 413**	**82 448**	**158 124**
昭通市	1 091	1 327	3 682	4 720	43 835	27 132	84 668
鲁甸县	188	120	176	673	4 090	3 647	6 576
巧家县	108	150	1 320	710	3 170	5 769	9 881
盐津县	664	228	306	199	1 129	3 487	5 670
大关县	92	135	139	283	2 511	992	410
永善县	182	335	271	772	2 323	5 414	6 208
绥江县	52	34	333	421	2 360	1 052	2 737
镇雄县	254	376	1 252	770	2 648	4 937	6 088
彝良县	317	335	923	1 195	2 187	4 790	4 138
威信县	274	125	225	467	2 602	3 049	4 973
水富县	1 324	2 218	1 216	1 340	10 558	22 179	26 775
不分县			50	596			
楚 雄 州	**4 332**	**8 695**	**13 671**	**16 863**	**77 171**	**106 894**	**101 146**
楚雄市	862	3 481	5 069	6 617	31 045	53 219	49 513
双柏县	33	121	650	344	3 730	6 882	4 146
牟定县	264	634	489	851	5 129	8 376	4 296
南华县	301	565	2 146	1 088	1 493	2 043	6 470
姚安县	279	459	269	221	1 873	4 214	6 911
大姚县	690	1 111	1 245	1 843	4 973	7 449	8 127
永仁县	80	145	298	160	1 999	2 598	2 719
元谋县	216	550	1 110	445	1 603	4 884	5 412
武定县	149	178	302	285	1 599	6 523	3 889
禄丰县	1 458	1 451	2 063	4 773	14 218	10 706	9 663
不分县			30	236			
红 河 州	**12 826**	**15 241**	**43 599**	**48 916**	**223 040**	**277 088**	**280 010**
个旧市	2 197	4 865	11 771	8 913	30 673	54 184	85 338
开远市	2 312	3 799	22 948	22 971	42 616	60 719	45 211
蒙自县	459	778	1 727	1 071	12 293	27 130	28 172
屏边县	104	199	205	192	2 427	5 073	1 746
建水县	633	984	1 616	7 378	11 577	16 044	16 273
石屏县	395	161	201	326	8 137	14 864	11 582
弥勒县	3 733	944	1 703	3 081	65 996	59 654	48 997
泸西县	328	356	550	960	12 578	14 399	15 290
元阳县	308	216	390	724	13 062	5 852	4 267
红河县	228	227	225	171	3 957	4 626	4 894
金平县	411	890	1 265	424	6 429	4 909	4 112
绿春县	469	1 690	232	194	934	4 300	4 908
河口县	1 249	132	740	1 023	12 361	5 334	9 220
不分县			28	1 488			

单位:万元

地　区	1978 年	1980 年	1985 年	1990 年	1995 年	1999 年	2000 年
文 山 州	**2 557**	**6 309**	**7 954**	**6 435**	**53 517**	**84 294**	**85 666**
文山县	432	1 526	1 443	2 092	19 507	36 656	36 836
砚山县	175	481	897	688	4 799	12 982	13 306
西畴县	156	410	659	160	5 406	2 913	2 300
麻栗坡县	355	766	1 882	730	6 181	4 051	3 875
马关县	351	2 047	890	272	6 705	5 356	8 971
丘北县	487	294	577	565	5 894	10 748	5 421
广南县	344	286	845	1 357	2 476	5 951	6 350
富宁县	257	499	736	350	2 549	5 637	8 607
不分县			25	221			
思茅地区	**3 121**	**4 325**	**10 607**	**17 302**	**42 200**	**119 015**	**74 872**
思茅市	824	1 223	2 725	2 839	11 130	49 066	29 599
普洱县	467	508	1 627	2 077	4 838	4 434	8 460
墨江县	239	278	773	1 226	4 504	3 934	2 753
景东县	250	394	689	512	4 435	6 103	8 699
景谷县	225	398	1 102	1 649	8 142	21 992	8 405
镇沅县	88	259	418	902	2 268	6 985	3 050
江城县	134	132	336	595	1 909	3 366	898
孟连县	391	266	486	709	996	5 016	5 000
澜沧县	437	713	1 010	5 935	3 569	8 020	3 970
西盟县	66	154	138	628	409	10 099	4 038
不分县			1 303	230			
西双版纳州	**4 215**	**7 338**	**6 041**	**14 176**	**61 863**	**80 037**	**85 279**
景洪市	2 421	5 669	3 232	7 299	34 521	51 525	63 520
勐海县	594	1 220	930	2 892	7 549	9 254	5 710
勐腊县	1 200	449	1 854	3 862	19 793	19 258	16 049
不分县			25	123			
大 理 州	**11 078**	**8 541**	**15 610**	**12 589**	**108 802**	**153 735**	**143 127**
大理市	7 867	5 100	8 195	6 140	68 901	87 838	77 776
漾濞县	917	206	3 203	201	2 778	5 083	4 228
祥云县	579	399	286	333	5 771	4 674	4 448
宾川县	464	731	922	1 514	8 303	9 657	8 448
弥渡县	237	347	591	289	2 679	7 193	5 839
南涧县	139	155	261	100	1 391	7 969	6 383
巍山县	156	216	383	794	1 221	5 042	4 161
永平县	140	226	288	179	1 226	5 815	3 910
云龙县	176	233	270	266	3 447	4 314	4 172
洱源县	193	261	325	1 019	3 358	5 552	7 833
剑川县	68	393	227	194	2 405	3 977	5 185
鹤庆县	142	274	548	660	7 322	6 621	10 744
不分县			111	900			

单位:万元

地　区	1978年	1980年	1985年	1990年	1995年	1999年	2000年
保山地区	**2 335**	**3 929**	**5 777**	**12 092**	**42 769**	**76 518**	**82 225**
保山市	1 495	2 007	2 850	5 047	20 634	30 022	24 433
施甸县	334	284	218	665	1 279	7 608	4 356
腾冲县	130	766	695	692	9 776	21 903	31 190
龙陵县	229	299	435	2 811	2 819	7 539	7 307
昌宁县	147	573	1 571	2 054	8 261	9 446	14 939
不分县			8	823			
德 宏 州	**3 428**	**3 429**	**7 962**	**10 962**	**66 391**	**57 585**	**73 669**
瑞丽市	1 186	490	1 519	2 426	30 710	8 063	36 712
潞西市	1 031	1 557	4 109	4 203	9 987	25 834	14 186
梁河县	192	226	309	632	1 382	3 830	3 900
盈江县	413	427	883	1 862	7 985	8 225	10 658
陇川县	606	729	1 123	1 255	2 854	11 633	8 213
不分县			19	584			
丽江地区	**2 540**	**2 219**	**3 344**	**6 504**	**33 897**	**61 178**	**62 508**
丽江县	1 908	1 089	1 838	2 162	24 121	37 831	36 726
永胜县	228	394	321	597	1 644	10 239	9 127
华坪县	135	380	610	451	4 400	7 736	8 616
宁蒗县	269	356	541	372	3 732	5 372	8 039
不分县			34	171			
怒 江 州	**1 174**	**968**	**1 926**	**7 156**	**9 058**	**35 856**	**27 153**
泸水县	840	300	501	5 151	4 339	15 079	14 028
福贡县	57	83	134	295	806	2 731	4 367
贡山县	39	73	213	342	2 260	7 588	2 382
兰坪县	211	470	595	1 293	1 653	10 458	6 376
不分县			299	75			
迪 庆 州	**627**	**1 544**	**1 850**	**3 682**	**13 576**	**45 241**	**50 849**
中甸县	372	888	1 176	2 514	8 901	36 448	36 101
德钦县	81	312	330	263	689	4 306	6 412
维西县	174	344	191	724	3 986	4 487	8 336
不分县			153	181			
临沧地区	**2 790**	**2 902**	**6 360**	**28 640**	**100 588**	**166 181**	**201 231**
临沧县	414	975	1 111	2 233	16 768	31 969	43 796
凤庆县	176	316	156	419	6 095	7 066	7 594
云　县	206	215	2 060	15 495	56 812	95 866	119 651
永德县	160	379	403	762	6 541	8 103	13 763
镇康县	135	164	377	303	3 012	3 315	1 672
双江县	143	288	484	1 480	3 587	4 142	3 379
耿马县	620	316	933	5 426	8 122	9 083	6 802
沧源县	936	249	438	2 429	2 663	6 637	4 574
不分县			398	93			
不分地区	**14 573**	**14 877**	**24 121**	**51 239**	**271 373**	**1 311 305**	**1 342 418**

20－8　各县市基本建设和更新改造投资主要指标

（2000 年）

地　区	基本建设竣工项目（个）	投　资完成额（万元）	新增固定资　产（万元）	更新改造竣工项目（个）	投　资完成额（万元）	新增固定资　产（万元）
全省合计	**2 488**	**3 618 373**	**2 234 981**	**649**	**811 207**	**663 734**
昆 明 市	**250**	**694 689**	**558 413**	**348**	**344 971**	**268 731**
五华区	29	81 168	62 321	94	77 712	79 076
盘龙区	20	229 542	231 317	125	83 014	78 466
官渡区	36	188 259	153 485	51	84 872	52 318
西山区	14	46 760	18 317	27	19 660	16 535
东川区	26	5 716	6 868	4	1 537	759
呈贡县	7	12 185	8 570		38 080	250
晋宁县	12	13 996	9 384	13	6 000	11 723
富民县	9	2 764	1 987	6	4 237	2 369
宜良县	20	42 523	13 546	5	648	5 271
石林县	2	3 301	2 903	6	1 340	1 340
嵩明县	15	7 627	6 203	6	4 495	6 022
禄劝县	27	9 560	7 997	3	312	252
寻甸县	17	9 047	9 047	3	2 950	2 950
安宁市	16	42 241	26 468	5	20 114	11 400
曲 靖 市	**192**	**322 547**	**107 908**	**70**	**69 710**	**43 015**
麒麟区	42	127 687	40 768	11	37 793	8 949
马龙县	15	4 352	3 572	7	700	700
陆良县	10	14 798	10 217	1	4 036	601
师宗县	14	3 750	2 580	1	630	630
罗平县	36	12 637	11 732	1	270	270
富源县	16	16 731	8 495	3	1 868	719
会泽县	19	12 071	8 865	40	10 078	28 880
沾益县	13	17 690	7 272	1	7 519	511
宣威市	27	112 831	14 407	5	6 816	1 755
玉 溪 市	**160**	**208 795**	**89 951**	**39**	**31 096**	**36 424**
红塔区	20	129 158	26 167	21	25 262	32 399
江川县	14	9 504	2 073	7	771	771
澄江县	16	14 796	27 515			
通海县	17	6 067	5 152			
华宁县	14	8 221	5 133	5	2 461	1 927
易门县	10	5 384	6 191	5	891	1 007
峨山县	20	5 532	5 269		480	110
新平县	11	17 656	3 107	1	1 231	210
元江县	38	12 477	9 344			

20－8　续表1　（2000年）

地　区	基本建设竣工项目（个）	投　资完成额（万元）	新增固定资　产（万元）	更新改造竣工项目（个）	投　资完成额（万元）	新增固定资　产（万元）
昭通地区	**209**	**122 727**	**98 875**	**13**	**45 584**	**34 285**
昭通市	58	72 904	60 667	5	19 087	23 028
鲁甸县	31	6 496	6 241	1	80	80
巧家县	32	9 591	9 644	1	290	290
盐津县		5 330	68	1	340	232
大关县	1	410	250			
永善县	19	7 258	3 695			
绥江县	1	2 737	161			
镇雄县	11	5 388	1 816	1	700	700
彝良县	19	3 747	7 991	1	305	150
威信县	28	4 973	4 449			
水富县	9	3 893	3 893	3	24 782	9 805
楚 雄 州	**186**	**83 012**	**55 240**	**25**	**13 182**	**10 288**
楚雄市	52	42 344	18 900	6	5 750	3 840
双柏县	10	3 709	1 836			
牟定县	7	1 273	687	3	574	574
南华县	19	5 231	4 260	5	1 239	1 419
姚安县	19	5 321	4 916	2	1 314	1 314
大姚县	10	4 497	2 785	4	1 954	1 954
永仁县	8	2 492	2 378		35	
元谋县	11	5 088	6 004			
武定县	11	4 386	4 394	1	250	195
禄丰县	39	8 671	9 080	4	2 066	992
红 河 州	**239**	**193 739**	**137 013**	**39**	**86 619**	**61 235**
个旧市	26	49 165	12 745	14	11 675	5 173
开远市	28	20 732	18 742	1	25 846	9 575
蒙自县	31	28 830	19 288	4	1 825	4 540
屏边县	12	1 746	3 957			
建水县	37	19 664	17 670	1	13 360	223
石屏县	21	9 620	10 462		218	218
弥勒县	4	22 609	18 186	14	32 391	41 062
泸西县	9	15 019	6 088		331	
元阳县	9	4 024	2 955		80	
红河县	15	4 495	10 768	2	508	232
金平县	12	5 215	3 410			
绿春县	18	5 090	5 924			
河口县	17	7 530	6 818	3	385	212

（2000年）

地　区	基本建设竣工项目（个）	投　资完成额（万元）	新增固定资　产（万元）	更新改造竣工项目（个）	投　资完成额（万元）	新增固定资　产（万元）
文 山 州	**184**	**78 911**	**58 216**	**10**	**7 436**	**4 084**
文山县	32	31 136	20 549	2	6 037	1 757
砚山县	33	15 498	12 217	1	56	56
西畴县	3	1 591	407	4	745	1 163
麻栗坡县	15	3 672	3 240	1	203	413
马关县	18	6 586	3 953			
丘北县	25	5 421	6 117			
广南县	28	6 400	3 789	2	395	695
富宁县	30	8 607	7 944			
思茅地区	**163**	**77 132**	**173 886**	**12**	**2 717**	**5 844**
思茅市	42	28 126	18 301	4	1 021	1 559
普洱县	9	9 080	1 602	1	259	259
墨江县	14	2 633	2 746			
景东县	20	8 954	4 608		90	
景谷县	24	8 328	135 222	4	947	2 042
镇沅县	2	3 350	967			
江城县	7	898	1 489			
孟连县	12	8 405	3 046			
澜沧县	22	3 320	3 497	3	400	1 984
西盟县	11	4 038	2 408			
西双版纳州	**155**	**97 129**	**100 850**	**8**	**4 119**	**2 619**
景洪市	93	76 489	82 858	6	2 788	1 288
勐海县	16	5 277	5 002		311	311
勐腊县	46	15 363	12 990	2	1 020	1 020
大 理 州	**199**	**139 112**	**95 438**	**36**	**27 946**	**26 033**
大理市	50	73 879	48 396	21	16 587	19 860
漾濞县	12	3 606	1 288	2	180	150
祥云县	12	4 218	3 751		3 742	75
宾川县	14	9 414	5 017			
弥渡县	17	6 677	5 038	3	420	420
南涧县	3	5 153	5 151			
巍山县	15	3 375	3 548	4	786	537
永平县	7	3 857	1 073	1	53	53
云龙县	18	5 712	7 074			
洱源县	24	7 833	8 818			
剑川县	16	6 286	2 625		3 966	1 900
鹤庆县	11	9 102	3 659	5	2 212	3 038

地　区	基本建设竣工项目（个）	投　资完成额（万元）	新增固定资产（万元）	更新改造竣工项目（个）	投　资完成额（万元）	新增固定资产（万元）
保山地区	**126**	**69 427**	**44 936**	**25**	**16 595**	**17 880**
保山市	38	23 719	14 515	9	2 749	1 919
施甸县	5	1 593	1 115	2	2 763	7 630
腾冲县	34	21 687	9 544	8	8 073	6 971
龙陵县	15	7 581	4 126	4	2 518	868
昌宁县	34	14 847	15 636	2	492	492
德宏州	**110**	**70 694**	**87 840**	**8**	**3 316**	**2 956**
瑞丽市	20	35 336	43 542	2	1 329	943
潞西市	38	14 446	17 851	2	517	571
梁河县	14	3 196	2 802	2	704	704
盈江县	24	9 941	21 556	1	318	370
陇川县	14	7 775	2 089	1	448	368
丽江地区	**87**	**56 683**	**51 309**	**3**	**2 729**	**1 086**
丽江县	37	35 941	33 001	3	1 086	1 086
永胜县	18	8 869	9 585		22	
华坪县	19	7 015	5 415		1 621	
宁蒗县	13	4 858	3 308			
怒江州	**59**	**19 659**	**14 639**	**2**	**2 384**	**2 384**
泸水县	24	9 235	6 789			
福贡县	12	1 987	2 117	1	70	70
贡山县	12	1 884	1 906			
兰坪县	11	6 553	3 827	1	2 314	2 314
迪庆州	**54**	**56 434**	**25 385**			
中甸县	43	41 686	17 452			
德钦县	1	6 412	6 562			
维西县	10	8 336	1 371			
临沧地区	**111**	**183 993**	**29 805**	**5**	**3 895**	**2 846**
临沧县	21	28 358	7 424		1 610	
凤庆县	5	7 214	471	1	380	380
云　县	11	119 551	2 302			
永德县	31	13 034	9 971	1	729	1 050
镇康县	9	2 558	2 426	2	516	516
双江县	9	3 379	1 044			
耿马县	16	5 325	3 771	1	660	900
沧源县	9	4 574	2 396			
不分地区	**4**	**1 143 690**	**505 277**	**6**	**148 908**	**144 024**

20－9　主要年份各县市财政收入

单位:万元

地　区	1978 年	1985 年	1990 年	1995 年	1999 年	2000 年
全省合计	**117 606**	**274 321**	**774 246**	**983 491**	**1 726 690**	**1 807 450**
昆 明 市	**39 523**	**93 134**	**211 214**	**255 821**	**518 544**	**545 299**
五华区	1 249	3 724	27 211	25 601	50 178	53 678
盘龙区	1 810	4 175	12 241	26 015	49 694	53 253
官渡区	654	2 925	10 571	27 160	65 429	72 157
西山区	327	2 433	6 812	11 342	23 725	27 373
东川区	240	913	1 667	2 747	3 018	3 298
呈贡县	240	750	2 464	4 998	6 885	7 505
晋宁县	1 060	2 193	5 646	6 647	9 298	9 199
富民县	152	410	568	2 915	5 534	5 619
宜良县	766	1 832	3 328	7 334	11 692	12 117
石林县	326	1 233	3 187	7 466	7 641	8 510
嵩明县	735	1 302	2 687	6 847	7 844	8 385
禄劝县	381	832	1 096	3 568	4 860	5 046
寻甸县	462	1 126	2 231	6 417	6 228	6 984
安宁市	1 798	6 463	14 705	19 284	28 559	27 555
市　级	30 025	64 862	120 798	106 644	237 968	244 620
曲 靖 市	**10 463**	**33 069**	**82 531**	**112 482**	**139 347**	**140 795**
麒麟区	2 210	5 591	10 419	29 279	16 954	16 166
马龙县	398	791	2 431	4 319	3 685	3 826
陆良县	958	1 630	3 150	12 511	11 084	11 952
师宗县	399	897	1 929	6 890	6 279	6 234
罗平县	555	1 884	3 463	8 311	9 186	8 910
富源县	866	1 384	3 540	7 703	10 350	10 681
会泽县	1 260	2 434	5 428	10 349	11 600	12 071
沾益县					10 933	10 717
宣威市	2 020	4 147	8 087	14 610	17 469	18 268
市　级	1 335	13 185	41 853	12 093	41 807	41 970
玉 溪 市	**14 991**	**52 468**	**126 588**	**184 196**	**259 565**	**262 099**
红塔区	856	3 403	7 623	12 484	20 683	22 099
江川县	470	1 638	2 147	7 142	7 322	7 406
澄江县	284	842	1 469	5 041	5 076	5 281
通海县	652	2 019	3 178	7 780	7 823	8 667
华宁县	840	943	1 616	5 769	5 476	5 527
易门县	218	992	1 518	5 056	4 931	5 110
峨山县	497	1 114	1 556	3 714	5 280	5 599
新平县	616	1 146	1 784	3 885	6 582	6 611
元江县	745	947	1 550	2 737	5 398	5 849
市　级	10 313	39 424	104 148	130 588	190 994	189 950

注:红塔区财政收入不包括地区财政代市级财政征收的部分。

地　区	1978年	1985年	1990年	1995年	1999年	2000年
昭通地区	**4 817**	**22 198**	**65 360**	**40 717**	**54 021**	**52 837**
昭通市	1 239	2 348	4 818	6 882	11 885	10 765
鲁甸县	242	650	897	2 435	1 740	1 630
巧家县	403	718	1 195	1 419	2 183	2 384
盐津县	267	608	945	1 187	1 456	1 642
大关县	221	704	865	1 168	1 125	1 179
永善县	296	390	798	829	1 527	1 541
绥江县	180	477	2 790	1 534	1 040	1 094
镇雄县	900	2 214	5 229	6 585	6 100	5 680
彝良县	288	948	1 323	1 694	2 263	2 885
威信县	435	1 337	1 928	2 148	1 918	1 986
水富县		4 636	5 252	1 813	4 269	3 983
地区级	346	7 168	39 318	13 023	18 515	18 068
楚 雄 州	**4 668**	**18 974**	**56 660**	**56 015**	**70 887**	**72 299**
楚雄市	798	1 813	5 674	16 008	22 880	23 503
双柏县	186	522	939	2 416	2 241	2 463
牟定县	283	781	1 322	3 064	2 801	2 828
南华县	692	1 038	1 817	4 340	4 204	4 067
姚安县	293	641	913	1 781	2 596	3 008
大姚县	337	1 051	1 470	3 394	3 919	3 824
永仁县	196	431	560	1 246	1 971	1 765
元谋县	338	592	834	1 856	3 178	3 309
武定县	334	643	1 121	2 624	3 047	3 191
禄丰县	1 445	3 008	4 108	8 018	9 259	9 277
州　级	－234	8 455	37 902	11 268	14 791	15 064
红 河 州	**8 982**	**16 943**	**32 652**	**59 148**	**99 070**	**104 071**
个旧市	2 015	5 436	8 679	9 215	16 874	18 431
开远市	2 287	3 329	5 067	7 533	12 704	12 785
蒙自县	733	1 365	2 602	4 235	7 128	6 743
屏边县	100	103	310	882	1 068	1 152
建水县	1 032	1 477	3 529	6 219	8 716	8 757
石屏县	306	464	1 490	4 013	4 221	4 556
弥勒县	1 028	2 506	4 503	9 720	11 480	12 583
泸西县	430	1 196	2 012	6 142	6 935	7 224
元阳县	203	230	507	833	1 663	1 843
红河县	123	108	264	554	1 239	1 277
金平县	155	139	601	1 242	2 145	2 258
绿春县	93	117	279	494	625	654
河口县	80	42	417	1 690	2 759	2 962
州　级	361	431	2 389	6 376	21 513	22 846

地　区	1978 年	1985 年	1990 年	1995 年	1999 年	2000 年
文 山 州	**2 313**	**3 581**	**8 269**	**14 432**	**34 939**	**36 666**
文山县	600	900	2 181	3 121	10 009	10 688
砚山县	240	316	858	1 724	4 108	4 300
西畴县	148	185	589	1 305	2 318	2 610
麻栗坡县	175	322	764	1 013	2 652	2 706
马关县	283	279	761	1 237	3 418	3 699
丘北县	270	441	775	1 614	3 506	3 233
广南县	392	578	1 354	2 021	4 151	4 242
富宁县	236	272	796	1 531	3 188	3 288
州　级	－31	288	191	866	1 589	1 900
思茅地区	**3 156**	**6 759**	**14 081**	**16 759**	**39 348**	**43 902**
思茅市	1 090	1 366	2 966	3 127	7 102	7 957
普洱县	1 090	916	2 161	2 189	5 034	4 178
墨江县	291	1 283	995	1 279	3 258	4 369
景东县	478	825	1 468	2 606	5 059	5 681
景谷县	408	1 144	2 041	3 405	7 871	8 575
镇沅县	205	439	1 403	1 481	3 433	3 034
江城县	49	114	281	306	957	1 075
孟连县	31	102	409	675	1 916	2 157
澜沧县	314	452	1 492	1 397	2 919	3 267
西盟县	24	87	480	157	568	623
地区级	266	61	386	137	1 231	2 986
西双版纳州		**1 102**	**2 520**	**6 478**	**29 968**	**30 852**
景洪市	599	1 219	3 351	8 217	15 376	15 547
勐海县	481	735	1 779	4 163	6 083	6 237
勐腊县	153	415	1 271	4 913	6 160	6 397
州　级	24	151	76	1 442	2 349	2 671
大 理 州	**4 566**	**17 096**	**43 865**	**55 204**	**89 448**	**91 294**
大理市	1 521	7 883	9 886	17 425	28 407	11 664
漾濞县	146	325	601	1 268	2 236	2 305
祥云县	442	2 399	3 658	7 491	8 889	8 509
宾川县	211	1 524	1 856	5 018	7 319	6 717
弥渡县	207	1 189	1 426	3 713	4 531	4 251
南涧县	154	294	715	3 304	4 226	4 316
巍山县	245	475	1 196	3 102	3 505	3 716
永平县	173	290	636	2 703	4 079	3 018
云龙县	175	492	1 260	1 154	2 279	2 459
洱源县	510	719	1 357	3 521	4 399	4 148
剑川县	157	237	445	1 083	2 516	2 626
鹤庆县	340	571	1 031	2 787	3 660	3 265
州　级	285	698	19 799	2 635	13 402	11 664

地　区	1978 年	1985 年	1990 年	1995 年	1999 年	2000 年
保山地区	**3 898**	**6 046**	**13 667**	**25 514**	**38 848**	**39 430**
保山市	1 327	2 477	5 724	8 531	14 592	14 367
施甸县	353	433	1 073	4 293	4 487	4 328
腾冲县	1 008	981	3 028	5 271	8 702	9 453
龙陵县	201	297	1 256	2 631	4 246	3 830
昌宁县	668	1 378	2 242	3 743	4 898	5 062
地区级	341	480	346	1 045	1 923	2 390
德 宏 州	**1 464**	**3 124**	**12 815**	**14 333**	**20 550**	**22 086**
瑞丽市	125	830	4 083	3 838	5 750	6 093
潞西市	495	708	2 914	3 600	5 079	5 447
梁河县	189	274	909	1 150	1 698	1 804
盈江县	288	442	1 931	3 206	4 590	4 855
陇川县	273	392	1 612	1 485	2 679	3 006
州　级	48	103	－148	450	835	881
丽江地区	**1 303**	**2 966**	**5 971**	**10 634**	**20 404**	**21 069**
丽江县	642	1 386	2 670	4 422	9 201	8 872
永胜县	391	660	1 289	2 909	3 941	3 336
华坪县	99	389	1 069	1 828	3 465	3 659
宁蒗县	93	315	557	1 306	1 338	1 236
地区级	78	216	386	169	2 459	3 966
怒 江 州	**316**	**580**	**3 479**	**4 985**	**8 389**	**9 669**
泸水县	53	143	741	1 190	2 418	2 968
福贡县	10	31	70	181	432	516
贡山县	2	21	20	117	540	778
兰坪县	188	312	2 340	3 053	4 744	5 079
州　级	51	55	308	444	255	328
迪 庆 州	**367**	**1 092**	**3 787**	**5 469**	**4959**	**5 855**
中甸县	166	680	1 535	2 053	3 393	2 902
德钦县	79	79	1 126	838	466	486
维西县	100	225	525	1 651	637	840
州　级	22	108	601	927	463	1 627
临沧地区	**2 507**	**4 044**	**7 631**	**17 489**	**35 197**	**36 141**
临沧县	478	727	1 404	1 884	5 124	4 712
凤庆县	908	994	1 801	2 708	4 518	4 544
云　县	468	610	1 219	3 871	7 430	7 987
永德县	219	395	633	1 356	2 804	2 977
镇康县	79	238	278	761	2 172	2 269
双江县	170	205	519	979	1 963	2 000
耿马县	205	471	1 147	4 432	5 876	5 650
沧源县	107	266	476	1 073	2 042	2 047
地区级	－127	138	154	425	3 268	3 955
省　级	12 775	－11 186	77 633	88 811	263 206	293 086

20－10　各县市人均财政收入

单位:元/人

地　区	1995 年	1999 年	2000 年	地　区	1995 年	1999 年	2000 年
全省合计	**248**	**414**	**426**	**昭通地区**	**90**	**114**	**107**
昆 明 市	**686**	**1 202**	**1 134**	昭通市	103	169	146
五华区	647	1 167	1 180	鲁甸县	73	50	45
盘龙区	640	1 161	1 200	巧家县	30	45	47
官渡区	523	1 162	1 245	盐津县	36	43	46
西山区	362	723	822	大关县	49	47	48
东川区	96	103	111	永善县	22	39	39
呈贡县	348	459	492	绥江县	107	70	71
晋宁县	266	356	346	镇雄县	60	52	47
富民县	223	410	414	彝良县	37	46	57
宜良县	196	301	307	威信县	66	56	56
石林县	355	347	382	水富县	211	480	436
嵩明县	218	239	252	**楚 雄 州**	**232**	**286**	**288**
禄劝县	82	108	112	楚雄市	366	493	495
寻甸县	140	129	142	双柏县	161	146	160
安宁市	830	1 156	1 100	牟定县	158	141	143
曲 靖 市	**203**	**251**	**257**	南华县	197	186	178
麒麟区	322	285	267	姚安县	92	130	150
马龙县	247	204	206	大姚县	122	140	136
陆良县	235	197	205	永仁县	124	193	172
师宗县	217	189	180	元谋县	97	160	164
罗平县	173	182	170	武定县	105	118	123
富源县	129	165	163	禄丰县	204	228	226
会泽县	124	133	136	**红 河 州**	**212**	**254**	**264**
沾益县		293	279	个旧市	243	438	479
宣威市	118	137	141	开远市	300	494	492
				蒙自县	144	232	214
玉 溪 市	**972**	**1 310**	**1 300**	屏边县	63	82	80
红塔区	363	562	586	建水县	132	180	179
江川县	301	292	289	石屏县	146	150	160
澄江县	364	348	358	弥勒县	211	241	262
通海县	313	301	330	泸西县	177	192	196
华宁县	308	282	279	元阳县	24	47	51
易门县	305	288	297	红河县	22	47	48
峨山县	265	362	382	金平县	41	69	73
新平县	154	254	251	绿春县	26	31	33
元江县	150	284	303	河口县	225	354	386

地　区	1995 年	1999 年	2000 年	地　区	1995 年	1999 年	2000 年
文 山 州	**47**	**110**	**113**	**保山地区**	**115**	**168**	**168**
文山县	86	249	258	保山市	110	179	173
砚山县	43	99	100	施甸县	139	140	134
西畴县	56	96	107	腾冲县	94	150	159
麻栗坡县	39	100	101	龙陵县	102	161	145
马关县	37	99	107	昌宁县	117	148	152
丘北县	40	83	74				
广南县	30	58	58	**德 宏 州**	**149**	**205**	**217**
富宁县	42	85	87	瑞丽市	433	569	555
思茅地区	**74**	**173**	**189**	潞西市	116	156	166
思茅市	201	411	429	梁河县	77	110	115
普洱县	118	272	224	盈江县	131	180	189
墨江县	36	93	124	陇川县	96	165	182
景东县	76	145	162	**丽江地区**	**101**	**187**	**192**
景谷县	120	275	297	丽江县	134	268	256
镇沅县	73	170	149	永胜县	79	105	88
江城县	34	106	118	华坪县	126	234	247
孟连县	65	177	195	宁蒗县	61	59	54
澜沧县	31	63	70	**怒 江 州**	**110**	**182**	**209**
西盟县	20	69	76	泸水县	80	159	194
西双版纳州	**231**	**352**	**362**	福贡县	21	49	58
景洪市	238	421	423	贡山县	35	159	230
勐海县	147	208	213	兰坪县	168	255	271
勐腊县	269	318	332	**迪 庆 州**	**169**	**150**	**177**
大 理 州	**176**	**275**	**278**	中甸县	163	263	223
大理市	374	577	233	德钦县	145	80	83
漾濞县	131	228	235	维西县	118	45	59
祥云县	182	207	195				
宾川县	162	229	208	**临沧地区**	**85**	**166**	**169**
弥渡县	128	150	139	临沧县	72	189	173
南涧县	161	201	203	风庆县	66	108	108
巍山县	109	119	125	云　县	100	187	200
永平县	164	241	178	永德县	44	88	93
云龙县	60	116	125	镇康县	51	141	147
洱源县	113	138	129	双江县	63	122	123
剑川县	67	152	158	耿马县	190	241	227
鹤庆县	110	142	127	沧源县	70	130	130

20－11 主要年份各县市财政支出

单位:万元

地 区	1978 年	1985 年	1990 年	1995 年	1999 年	2000 年
全省合计	**182 840**	**366 986**	**907 586**	**2 350 993**	**3 780 468**	**4 141 074**
昆明市	**15 810**	**36 894**	**146 397**	**339 844**	**627 971**	**688 003**
五华区	335	2 580	18 238	38 732	64 441	63 344
盘龙区	303	2 637	7 654	23 015	42 521	47 416
官渡区	698	2 217	9 658	31 608	56 695	64 973
西山区	339	1 520	5 173	14 891	25 868	32 147
东川区	1 269	2 445	4 399	10 008	16 124	21 085
呈贡县	422	882	2 821	8 699	11 670	12 644
晋宁县	462	1 568	4 193	9 656	15 837	17 055
富民县	334	1 109	2 047	6 926	11 306	11 868
宜良县	968	1 574	3 270	10 464	15 637	16 184
石林县	530	1 335	2 796	8 986	12 854	15 244
嵩明县	639	1 279	3 068	9 430	13 803	14 560
禄劝县	484	3 010	3 051	12 029	18 742	19 335
寻甸县	562	2 081	4 701	11 595	16 741	21 254
安宁市	493	1 387	7 753	34 103	47 338	49 654
市 级	9 803	15 846	76 677	131 305	258 394	281 240
曲靖市	**10 452**	**21 348**	**71 235**	**157 459**	**244 776**	**256 022**
麒麟区	1 532	3 722	12 445	30 876	24 726	25 482
马龙县	508	868	3 321	6 040	9 958	11 294
陆良县	1 333	1 690	5 377	12 929	17 401	18 940
师宗县	500	1 189	3 271	7 353	12 297	13 533
罗平县	571	1 376	5 059	9 903	17 516	19 145
富源县	761	1 399	5 108	9 646	18 228	20 234
会泽县	1 003	2 149	8 019	23 273	30 979	29 934
沾益县					19 792	21 327
宣威市	1 045	2 441	9 696	19 573	34 000	39 176
市 级	2 637	4 433	14 239	26 271	59 879	56 957
玉溪市	**6 480**	**20 540**	**75 495**	**205 135**	**270 877**	**278 101**
红塔区	523	3 732	9 823	28 438	43 564	43 429
江川县	326	1 391	4 387	11 946	16 986	14 823
澄江县	310	1 056	3 982	9 968	13 832	12 756
通海县	396	1 639	4 695	11 818	14 718	14 655
华宁县	348	1 345	4 195	9 969	14 590	13 355
易门县	315	1 290	4 023	9 982	13 825	13 105
峨山县	488	1 722	4 320	9 974	16 318	16 098
新平县	450	1 841	5 685	14 388	21 526	19 944
元江县	430	1 466	4 933	11 551	17 955	17 651
市 级	2 894	5 058	29 451	87 101	97 563	112 285

单位:万元

地　区	1978年	1985年	1990年	1995年	1999年	2000年
昭通地区	**7 734**	**19 052**	**62 028**	**111 373**	**171 840**	**177 962**
昭通市	760	2 234	8 444	12 690	24 945	22 788
鲁甸县	362	916	2 986	6 377	9 708	10 238
巧家县	463	1 421	3 488	6 958	12 583	13 698
盐津县	378	978	2 521	4 925	9 458	10 425
大关县	283	959	2 232	4 114	7 697	8 677
永善县	461	1 117	3 262	6 191	12 035	13 175
绥江县	240	716	2 968	6 677	7 627	8 743
镇雄县	785	2 885	8 346	12 740	22 388	22 628
彝良县	502	1 249	3 082	6 063	12 139	13 699
威信县	497	1 054	3 346	6 695	10 350	10 680
水富县		1 283	2 043	4 811	7 485	7 431
地区级	3 003	4 240	19 310	33 132	35 425	35 780
楚 雄 州	**6 579**	**19 650**	**58 509**	**133 228**	**167 184**	**189 202**
楚雄市	488	2 630	9 326	22 473	28 813	30 494
双柏县	301	921	2 510	6 836	9 455	9 714
牟定县	272	1 148	3 758	8 142	9 344	11 162
南华县	472	1 142	4 316	9 179	11 349	12 524
姚安县	308	1 014	3 418	7 430	10 037	13 339
大姚县	373	1 624	4 315	9 916	12 035	14 667
永仁县	288	751	2 107	6 130	7 628	9 057
元谋县	319	1 107	2 764	6 705	10 222	11 476
武定县	351	1 258	3 545	10 089	11 662	15 175
禄丰县	488	2 045	7 250	14 185	16 675	18 558
州　级	2 919	6 010	15 199	32 143	39 964	43 036
红 河 州	**10 351**	**21 167**	**52 278**	**130 239**	**216 059**	**236 622**
个旧市	1 155	3 137	7 964	14 623	25 042	25 872
开远市	496	1 994	4 780	10 364	16 816	18 368
蒙自县	607	1 296	3 596	8 165	13 661	14 089
屏边县	342	939	1 973	4 308	6 696	7 902
建水县	572	1 632	4 875	10 442	16 398	17 402
石屏县	400	1 159	3 088	7 442	12 685	13 685
弥勒县	529	1 677	4 892	12 212	16 462	19 301
泸西县	411	1 224	3 429	8 904	13 215	14 509
元阳县	516	1 306	2 936	7 437	10 178	12 773
红河县	377	1 069	2 315	5 434	9 045	10 701
金平县	467	1 172	2 586	6 883	10 672	12 536
绿春县	381	901	2 023	4 548	8 288	9 715
河口县	305	599	1 690	4 124	6 414	9 116
州　级	3 793	3 062	6 132	25 353	50 487	50 653

地　区	1978年	1985年	1990年	1995年	1999年	2000年
文山州	**6 564**	**14 392**	**26 818**	**63 131**	**129 522**	**142 601**
文山县	457	1 460	3 492	7 732	18 652	20 526
砚山县	417	1 402	2 659	6 574	13 353	14 742
西畴县	379	1 166	2 279	5 163	9 929	11 629
麻栗坡县	602	1 748	2 709	5 235	11 199	12 403
马关县	601	1 558	2 914	5 896	13 469	14 764
丘北县	438	1 344	2 668	5 812	12 844	15 273
广南县	694	1 737	3 535	7 263	16 297	18 446
富宁县	589	1 469	2 877	6 110	13 130	13 930
州　级	2 387	2 508	3 687	13 346	20 649	20 888
思茅地区	**5 682**	**14 572**	**35 391**	**65 588**	**125 526**	**153 907**
思茅市	581	1 397	3 752	5 652	11 255	13 494
普洱县	581	1 450	3 266	5 647	10 106	11 266
墨江县	509	1 752	2 595	5 945	13 068	14 468
景东县	469	1 166	3 107	6 606	13 451	15 668
景谷县	464	1 353	3 445	6 579	12 415	14 121
镇沅县	378	1 003	2 693	5 434	9 378	10 811
江城县	277	709	1 633	3 504	6 529	7 832
孟连县	263	702	1 782	4 487	6 282	7 440
澜沧县	695	1 852	7 074	7 718	15 136	18 807
西盟县	250	712	2 006	3 131	5 268	6 670
地区级	1 796	2 476	4 040	10 885	22 638	33 330
西双版纳州	**2 644**	**6 961**	**15 981**	**36 457**	**55 650**	**63 148**
景洪市	511	1 710	4 913	10 453	17 561	19 415
勐海县	538	1 545	3 997	8 107	12 153	13 038
勐腊县	418	1 402	3 221	7 928	10 160	11 699
州　级	1 177	2 304	3 850	9 969	15 776	18 996
大理州	**7 515**	**19 620**	**53 428**	**114 829**	**191 332**	**207 071**
大理市	774	3 993	8 654	18 961	32 650	35 167
漾濞县	205	793	1 551	3 602	8 013	8 761
祥云县	437	1 657	4 236	10 463	15 121	16 552
宾川县	433	1 281	3 550	8 104	14 394	15 264
弥渡县	362	1 160	2 847	6 010	11 076	11 717
南涧县	290	913	2 271	5 688	9 935	11 624
巍山县	407	1 053	3 025	6 374	11 066	13 542
永平县	293	896	2 160	5 317	9 379	10 614
云龙县	352	915	2 777	5 402	9 900	11 144
洱源县	360	999	3 012	6 712	12 078	13 014
剑川县	294	890	2 102	4 676	7 940	11 290
鹤庆县	357	1 045	2 433	6 687	11 451	11 067
州　级	2 951	4 025	14 809	26 833	36 529	35 167

单位:万元

地 区	1978年	1985年	1990年	1995年	1999年	2000年
保山地区	**5 613**	**11 379**	**26 847**	**61 208**	**99 233**	**105 448**
保山市	1 514	2 710	6 818	15 525	24 254	26 246
施甸县	1 017	1 186	3 083	7 472	12 745	12 962
腾冲县	887	2 251	6 076	12 176	22 839	24 950
龙陵县	694	1 330	3 278	7 042	12 015	12 465
昌宁县	559	1 823	3 882	8 312	12 780	13 036
地区级	942	2 079	3 711	10 681	14 600	15 789
德 宏 州	**4 551**	**9 735**	**24 760**	**43 640**	**64 017**	**71 826**
瑞丽市	367	1 000	4 128	7 210	10 559	11 780
潞西市	761	1 621	4 009	8 287	10 709	12 048
梁河县	450	1 147	2 082	4 359	6 598	7 644
盈江县	592	1 565	3 632	7 484	10 870	11 594
陇川县	469	1 167	2 550	5 168	7 100	9 306
州 级	1 793	2 830	6 845	9 335	18 181	19 454
丽江地区	**3 955**	**7 315**	**15 456**	**31 752**	**76 475**	**79 256**
丽江县	615	1 898	4 415	8 542	20 885	21 587
永胜县	565	1 589	3 512	7 122	14 828	16 159
华坪县	340	971	2 256	4 522	11 014	11 110
宁蒗县	426	1 407	2 916	5 559	16 379	14 872
地区级	2 009	1 450	2 357	6 007	13 369	15 528
怒 江 州	**2 060**	**5 437**	**11 496**	**22 933**	**44 723**	**49 498**
泸水县	369	973	2 676	4 799	9 645	11 283
福贡县	291	699	1 671	3 178	6 549	7 871
贡山县	214	762	1 112	1 911	5 248	5 856
兰坪县	439	1 013	3 354	7 803	12 003	13 577
州 级	488	1 205	2 683	5 242	11 278	10 911
迪 庆 州	**1 714**	**5 554**	**9 917**	**20 713**	**43 870**	**50 252**
中甸县	463	1 555	3 129	6 563	12 272	16 310
德钦县	399	851	2 720	3 364	7 260	9 804
维西县	382	1 147	1 873	5 223	10 956	12 409
州 级	470	2 001	2 195	5 563	13 382	11 729
临沧地区	**5 130**	**10 867**	**29 589**	**54 019**	**103 003**	**110 441**
临沧县	432	1 265	2 998	6 163	13 859	13 977
凤庆县	558	1 373	3 304	7 217	12 952	14 096
云 县	466	1 108	2 893	8 095	14 604	15 605
永德县	406	1 064	2 595	4 881	9 431	10 872
镇康县	374	948	1 998	4 064	8 036	8 952
双江县	335	921	3 083	3 993	7 435	8 340
耿马县	459	1 227	5 808	7 947	11 178	11 544
沧源县	430	1 180	4 041	4 592	8 944	9 159
地区级	1 670	1 781	2 871	7 067	16 294	17 896
省 级	78 737	120 058	187 562	749 437	1 148 410	1 281 714

注:1994年以后全省分县财政支出数按新财政体制口径统计。

20－12　各县市人均财政支出

单位:元/人

地　区	1995 年	1999 年	2000 年	地　区	1995 年	1999 年	2000 年
全省合计	**593**	**907**	**982**	**昭通地区**	**245**	**362**	**367**
昆 明 市	**912**	**1 455**	**1 442**	昭通市	189	355	316
五华区	979	1 499	1 420	鲁甸县	192	278	286
盘龙区	566	993	1 079	巧家县	145	258	276
官渡区	609	1 007	1 134	盐津县	149	277	299
西山区	476	789	971	大关县	174	319	358
东川区	349	548	713	永善县	165	311	338
呈贡县	606	778	836	绥江县	466	512	576
晋宁县	386	607	646	镇雄县	115	191	189
富民县	529	837	876	彝良县	131	249	276
宜良县	279	402	412	威信县	206	301	304
石林县	427	584	689	水富县	561	841	824
嵩明县	300	421	439	**楚 雄 州**	**553**	**674**	**757**
禄劝县	275	417	429	楚雄市	514	621	647
寻甸县	252	346	434	双柏县	454	618	635
安宁市	1 486	1 917	1 992	牟定县	419	472	564
曲 靖 市	**284**	**440**	**473**	南华县	417	502	552
麒麟区	339	416	423	姚安县	382	504	668
马龙县	346	550	615	大姚县	358	431	524
陆良县	243	309	329	永仁县	611	748	886
师宗县	231	370	398	元谋县	349	514	573
罗平县	206	347	371	武定县	403	452	586
富源县	162	290	313	禄丰县	360	411	455
会泽县	279	356	340	**红 河 州**	**344**	**554**	**603**
沾益县		531	562	个旧市	386	650	672
宣威市	158	266	304	开远市	413	654	710
				蒙自县	277	445	453
玉 溪 市	**1 082**	**1 367**	**1 388**	屏边县	305	468	550
红塔区	827	1 184	1 162	建水县	222	339	357
江川县	503	677	582	石屏县	271	450	482
澄江县	721	947	869	弥勒县	265	345	403
通海县	475	566	559	泸西县	257	366	397
华宁县	531	752	680	元阳县	216	288	358
易门县	603	808	764	红河县	215	343	401
峨山县	712	1 118	1 119	金平县	227	344	404
新平县	571	831	763	绿春县	238	416	487
元江县	634	945	922	河口县	548	822	1 178

地　区	1995 年	1999 年	2000 年	地　区	1995 年	1999 年	2000 年
文 山 州	**207**	**408**	**443**	**保山地区**	**275**	**429**	**452**
文山县	214	464	502	保山市	199	297	318
砚山县	164	321	348	施甸县	241	398	402
西畴县	221	412	473	腾冲县	217	392	424
麻栗坡县	203	423	466	龙陵县	274	455	471
马关县	175	390	427	昌宁县	261	387	393
丘北县	144	305	357				
广南县	106	229	255	**德 宏 州**	**455**	**638**	**709**
富宁县	168	351	369	瑞丽市	813	1045	1 082
思茅地区	**291**	**550**	**668**	潞西市	268	330	368
思茅市	364	651	747	梁河县	290	426	491
普洱县	304	546	609	盈江县	305	426	452
墨江县	167	371	412	陇川县	336	438	567
景东县	193	387	450	**丽江地区**	**301**	**702**	**723**
景谷县	231	434	491	丽江县	258	609	625
镇沅县	269	464	533	永胜县	194	395	430
江城县	392	725	864	华坪县	312	744	750
孟连县	433	582	681	宁蒗县	262	728	656
澜沧县	170	329	405	**怒 江 州**	**507**	**972**	**1 071**
西盟县	390	642	814	泸水县	321	635	739
西双版纳州	**449**	**654**	**740**	福贡县	363	736	883
景洪市	302	481	530	贡山县	575	1544	1 725
勐海县	286	416	446	兰坪县	429	645	727
勐腊县	434	524	603	**迪 庆 州**	**639**	**1 325**	**1 519**
大 理 州	**365**	**589**	**632**	中甸县	522	951	1 259
大理市	407	664	705	德钦县	583	1 252	1 684
漾濞县	373	818	894	维西县	372	766	868
祥云县	255	352	382				
宾川县	261	450	474	**临沧地区**	**262**	**485**	**518**
弥渡县	207	366	384	临沧县	234	511	513
南涧县	277	473	550	风庆县	175	308	335
巍山县	224	376	459	云　县	209	368	391
永平县	323	555	626	永德县	157	297	340
云龙县	279	503	565	镇康县	273	522	580
洱源县	216	379	405	双江县	255	462	516
剑川县	291	481	681	耿马县	341	458	468
鹤庆县	265	446	431	沧源县	298	570	582

20－13 主要年份各县市城乡居民储蓄存款年末余额

单位：万元

地　区	1978 年	1985 年	1990 年	1995 年	1999 年	2000 年
全省合计	**42 010**	**298 259**	**1 178 897**	**5 001 334**	**10 289 259**	**10 590 077**
昆 明 市	**17 425**	**88 898**	**317 701**	**1 690 241**	**4 127 884**	**4 438 340**
五华区 盘龙区 官渡区 西山区	9 391	69 941	2 646 490	643 779	1 641 632	2 646 490
东川区	443	3 129	8 103	33 509	50 893	62 756
呈贡县	608	2 499	10 127	37 091	85 604	100 761
晋宁县	700	2 927	11 760	38 448	75 908	93 964
富民县	185	1 241	4 751	18 784	29 130	43 252
宜良县	581	4 780	19 689	70 139	145 457	177 236
石林县	185	1 968	7 434	30 173	56 211	66 022
嵩明县	257	2 291	10 023	37 883	84 623	93 839
禄劝县	181	994	3 190	15 560	41 578	40 181
寻甸县	430	945	3 674	18 063	35 767	45 053
安宁市	1 190	2 257	9 561	39 228	68 862	122 119
曲 靖 市	**9 152**	**26 300**	**89 460**	**409 561**	**811 742**	**907 860**
麒麟区	2 233	8 811	31 122	105 180	197 270	295 890
马龙县	282	1 054	3 717	13 526	12 006	22 987
陆良县	952	3 262	11 106	36 855	58 659	89 412
师宗县	464	973	3 570	12 322	26 964	32 188
罗平县	285	1 793	5 777	18 150	30 761	47 170
富源县	947	1 811	6 389	20 361	41 125	56 856
会泽县	837	2 480	7 150	29 924	66 405	85 014
沾益县					43 594	60 725
宣威市	2 722	5 171	16 955	47 311	93 904	142 161
玉 溪 市	**2 729**	**25 476**	**95 220**	**398 720**	**813 803**	**1 004 913**
红塔区	1 076	9 035	34 596	114 516	262 488	407 108
江川县	139	2 355	9 110	34 982	57 080	89 495
澄江县	159	1 936	6 884	23 411	32 968	61 165
通海县	280	3 677	14 082	42 886	85 855	103 604
华宁县	141	1 636	6 990	6 872	39 883	61 886
易门县	289	2 098	7 053	22 757	38 459	56 277
峨山县	165	1 505	5 129	15 125	31 548	41 262
新平县	238	1 422	5 291	14 522	33 745	42 687
元江县	242	1 812	6 085	16 501	29 540	41 385

地　区	1978年	1985年	1990年	1995年	1999年	2000年
昭通地区	**3 543**	**10 539**	**34 797**	**199 804**	**298 722**	**339 809**
昭通市	705	3 150	11 988	42 119	81 7	119 787
鲁甸县	151	343	1 214	3 832	9 491	11 690
巧家县	342	818	2 629	7 831	17 419	20 593
盐津县	275	796	1 791	5 269	13 180	15 862
大关县	274	578	1 477	4 438	9 651	13 415
永善县	190	785	2 300	7 795	15 882	19 930
绥江县	262	769	2 193	7 397	14 092	17 993
镇雄县	735	1 149	3 872	11 563	24 683	33 148
彝良县	258	805	2 426	7 103	14 443	19 519
威信县	212	760	2 422	6 868	12 791	14 669
水富县	139	586	2 485	10 351	20 582	23 942
楚 雄 州	**1 591**	**14 309**	**51 492**	**237 398**	**486 741**	**526 264**
楚雄市	483	3 743	15 069	47 250	107 982	152 886
双柏县	54	834	2 321	7 285	14 981	17 651
牟定县	85	943	3 120	10 454	20 779	26 447
南华县	65	842	3 009	10 856	25 511	28 520
姚安县	85	735	2 840	9 794	21 077	26 488
大姚县	129	1 265	3 945	13 277	28 151	37 551
永仁县	41	484	1 380	5 092	13 130	14 808
元谋县	94	966	3 721	14 119	24 472	28 880
武定县	71	888	3 049	12 311	25 578	31 572
禄丰县	484	3 609	13 038	44 713	91 211	106 901
红 河 州	**5 151**	**41 701**	**129 729**	**475 935**	**894 110**	**1 034 042**
个旧市	1 373	11 888	37 089	99 121	197 095	274 512
开远市	696	5 596	19 398	56 146	100 939	140 898
蒙自县	527	3 707	10 610	26 935	53 848	66 220
屏边县	90	608	1 920	6 018	12 079	13 859
建水县	752	5 504	18 360	51 887	96 776	138 973
石屏县	587	4 437	12 235	36 362	63 457	81 584
弥勒县	336	3 422	10 786	31 217	58 043	86 913
泸西县	146	1 712	5 577	19 206	34 311	37 009
元阳县	102	849	2 757	10 252	18 109	24 709
红河县	95	688	2 224	6 090	11 352	14 511
金平县	149	1 102	3 042	8 149	13 518	17 321
绿春县	101	493	1 528	4 379	8 129	8 317
河口县	197	1 695	4 203	10 416	16 384	26 734

单位:万元

地　区	1978年	1985年	1990年	1995年	1999年	2000年
文山州	**2 865**	**12 688**	**43 207**	**161 846**	**316 778**	**347 726**
文山县	831	3 829	15 901	34 987	68 302	107 806
砚山县	300	1 307	4 755	13 307	28 769	36 988
西畴县	118	798	2 790	7 489	15 591	16 944
麻栗坡县	308	1 539	3 741	11 232	19 071	23 534
马关县	385	1 835	5 265	14 115	29 256	37 289
丘北县	259	1 121	3 601	9 737	18 958	24 412
广南县	425	1 365	4 364	12 253	22 771	27 503
富宁县	239	894	2 790	7 509	16 260	18 950
思茅地区	**2 233**	**11 488**	**38 683**	**153 412**	**324 847**	**363 170**
思茅市	463	3 078	9 989	25 721	57 623	102 746
普洱县	440	1 742	5 823	15 284	25 859	37 876
墨江县	241	1 372	4 300	13 108	21 758	32 375
景东县	240	1 070	3 683	11 922	23 131	32 076
景谷县	207	1 095	3 485	11 658	21 753	32 032
镇沅县	155	624	2 515	7 915	14 369	20 282
江城县	114	597	1 680	4 505	7 683	10 710
孟连县	64	419	1 757	5 755	13 108	28 280
澜沧县	245	1 215	4 600	13 184	19 532	27 665
西盟县	56	276	850	1 963	4 793	6 502
西双版纳州	**2 469**	**10 633**	**34 843**	**148 108**	**271 451**	**294 415**
景洪市	834	6 202	20 991	27 150	124 298	165 222
勐海县	710	1 647	6 065	7 023	38 295	45 002
勐腊县	925	2 784	9 013	7 792	45 296	51 910
大理州	**2 202**	**18 055**	**61 110**	**295 092**	**594 689**	**695 967**
大理市	1 172	8 818	29 878	99 301	214 796	322 109
漾濞县	58	626	1 959	5 601	12 467	17 199
祥云县	143	1 406	5 174	19 531	38 572	57 474
宾川县	132	915	3 545	10 944	18 745	35 654
弥渡县	102	983	3 695	7 848	22 387	35 074
南涧县	56	494	1 735	5 594	14 358	18 563
巍山县	86	760	2 889	18 334	45 068	43 498
永平县	81	582	1 711	5 264	13 728	20 978
云龙县	75	775	2 200	7 037	16 423	18 588
洱源县	116	946	2 775	11 804	29 452	36 294
剑川县	74	676	2 094	7 356	18 348	21 437
鹤庆县	109	1 074	3 455	13 164	30 144	37 174

地　区	1978 年	1985 年	1990 年	1995 年	1999 年	2000 年
保山地区	**1 506**	**11 373**	**44 546**	**212 918**	**393 712**	**447 668**
保山市	573	5 037	20 114	67 786	120 133	185 739
施甸县	89	895	3 762	16 418	26 028	33 038
腾冲县	463	3 345	12 436	50 015	94 343	132 312
龙陵县	169	1 039	4 266	15 294	30 900	39 729
昌宁县	213	1 057	3 968	15 377	31 037	37 426
德 宏 州	**1 052**	**6 511**	**27 883**	**155 400**	**313 028**	**366 642**
潞西市	373	2 546	9 750	32 889	64 807	116 101
梁河县	77	664	3 061	10 218	17 930	24 002
盈江县	172	1 152	5 480	18 711	31 939	48 440
陇川县	159	997	3 782	11 196	21 389	31 566
瑞丽市	201	936	4 830	24 655	69 037	129 062
丽江地区	**1 951**	**6 621**	**21 960**	**101 134**	**219 079**	**245 253**
丽江县	929	3 242	9 605	31 015	89 095	118 868
永胜县	385	1 300	4 975	23 165	45 762	53 531
华坪县	356	1 267	4 361	16 302	27 062	37 822
宁蒗县	282	812	3 019	8 965	18 474	18 263
怒 江 州	**161**	**1 477**	**5 868**	**40 344**	**55 933**	**67 270**
泸水县	68	586	2 478	6 771	18 064	27 701
福贡县	15	121	542	1 142	3 595	3 954
贡山县	22	157	450	1 198	2 843	3 437
兰坪县	30	458	2 398	9 002	19 188	28 263
迪 庆 州	**1 102**	**2 102**	**6 376**	**26 632**	**54 145**	**60 961**
中甸县	603	1 252	3 667	12 656	24 089	36 609
德钦县	254	326	1 099	3 055	7 304	8 176
维西县	245	524	1 610	5 426	12 456	13 380
临沧地区	**1 045**	**7 120**	**25 890**	**102 931**	**222 135**	**243 038**
临沧县	347	1 820	6 731	16 559	39 290	67 310
凤庆县	129	1 258	4 051	12 408	22 195	28 331
云　县	82	843	3 343	11 600	25 806	40 146
永德县	100	656	2 527	8 958	17 625	18 672
镇康县	52	316	1 065	4 506	12 378	14 285
双江县	64	535	1 983	4 971	10 704	11 137
耿马县	167	1 140	4 254	12 609	25 148	35 833
沧源县	99	552	1 936	4 580	12 262	12 807

20－14　各县市城乡居民人均储蓄存款

单位:元/人

地　区	1995年	1999年	2000年	地　区	1995年	1999年	2000年
全省合计	**1 254**	**2 454**	**2 497**	**昭通地区**	**437**	**625**	**691**
昆 明 市	**4 509**	**8 720**	**9 228**	昭通市	626	1 150	1 628
五华区	3 913	9 291	14 977	鲁甸县	114	215	323
盘龙区				巧家县	163	313	408
官渡区				盐津县	159	288	447
西山区				大关县	186	317	549
东川区	1 167	1 725	2 114	永善县	207	409	507
呈贡县	2 569	5 707	6 601	绥江县	513	939	1 173
晋宁县	1 532	2 897	3 535	镇雄县	104	208	273
富民县	2 823	2 158	3 184	彝良县	153	297	386
宜良县	500	3 730	4 483	威信县	209	371	411
石林县	1 429	2 555	2 963	水富县	1 203	2 313	2 618
嵩明县	1 199	2 564	2 818	**楚 雄 州**	**981**	**1 954**	**2 098**
禄劝县	355	922	888	楚雄市	1 074	2 307	3 222
寻甸县	390	736	914	双柏县	483	979	1 147
安宁市	1 667	2 777	4 876	牟定县	536	1 049	1 336
曲 靖 市	**734**	**1 517**	**1 659**	南华县	491	1 129	1 251
麒麟区	1 145	3 299	4 879	姚安县	478	1 059	1 322
马龙县	774	663	1 235	大姚县	478	1 009	1 339
陆良县	685	1 035	1 532	永仁县	507	1 287	1 444
师宗县	385	807	928	元谋县	732	1 230	1 432
罗平县	376	606	902	武定县	490	991	1 213
富源县	339	646	869	禄丰县	1 131	2 241	2 612
会泽县	357	762	959	**红 河 州**	**1 253**	**2 288**	**2 623**
沾益县		1 163	1 583	个旧市	2 610	5 119	7 134
宣威市	381	733	1 094	开远市	2 223	3 912	5 424
				蒙自县	909	1 748	2 104
玉 溪 市	**2 092**	**4 087**	**4 983**	屏边县	426	845	961
红塔区	3 307	7 094	10 790	建水县	1 100	1 995	2 843
江川县	1 463	2 256	3 493	石屏县	1 320	2 242	2 867
澄江县	1 682	2 258	4 141	弥勒县	675	1 214	1 807
通海县	1 714	3 289	3 939	泸西县	552	948	1 005
华宁县	365	2 045	3 126	元阳县	297	512	688
易门县	1 370	2 249	3 273	红河县	240	428	541
峨山县	1 074	2 161	2 811	金平县	268	436	556
新平县	574	1 298	1 623	绿春县	228	408	417
元江县	901	1 547	2 146	河口县	1 375	2 101	3 479

单位:元/人

地　区	1995 年	1999 年	2000 年	地　区	1995 年	1999 年	2000 年
文山州	**525**	**994**	**1 071**	**保山地区**	**952**	**1 697**	**1 909**
文山县	1 035	1 691	2 607	保山市	865	1 463	2 239
砚山县	331	688	860	施甸县	528	811	1 021
西畴县	319	647	695	腾冲县	886	1 615	2 228
麻栗坡县	434	720	882	龙陵县	593	1 170	1 501
马关县	417	848	1 075	昌宁县	480	938	1 123
丘北县	240	449	562				
广南县	178	318	377	**德宏州**	**1 609**	**3 105**	**3 600**
富宁县	205	434	499	瑞丽市	1 053	6 392	11 765
思茅地区	**679**	**1420**	**1 566**	潞西市	677	1 808	3 527
思茅市	1 641	3 274	5 543	梁河县	757	1 157	1 534
普洱县	824	1 405	2 034	盈江县	723	1 248	1 881
墨江县	368	620	921	陇川县	722	1 312	1 909
景东县	347	665	914	**丽江地区**	**955**	**2 004**	**2 230**
景谷县	409	761	1 109	丽江县	934	2 590	3 426
镇沅县	392	711	997	永胜县	630	1 220	1 418
江城县	496	854	1 172	华坪县	630	1 829	2 553
孟连县	553	1 214	2 562	宁蒗县	418	817	803
澜沧县	290	424	591	**怒江州**	**562**	**1 213**	**1 450**
西盟县	244	585	794	泸水县	452	1 188	1 807
西双版纳州	**1 811**	**3 182**	**3 449**	福贡县	161	404	443
景洪市	780	3 396	4 498	贡山县	360	836	1 014
勐海县	247	1 311	1 534	兰坪县	492	1 032	1 509
勐腊县	421	2 323	2 691	**迪庆州**	**819**	**1 636**	**1 839**
大理州	**935**	**1 823**	**2 118**	中甸县	1 001	1 867	2 813
大理市	2 119	4 331	6 423	德钦县	529	1 259	1 399
漾濞县	579	1 272	1 754	维西县	385	871	936
祥云县	473	895	1 320				
宾川县	352	584	1 104	**临沧地区**	**497**	**1 044**	**1 604**
弥渡县	269	736	1 147	临沧县	497	1 444	2 464
南涧县	272	680	876	凤庆县	301	527	672
巍山县	643	1 533	1 468	云　县	299	648	1 005
永平县	318	812	1 234	永德县	288	553	582
云龙县	362	829	945	镇康县	302	804	924
洱源县	379	920	1 124	双江县	317	665	687
剑川县	456	1 112	1 288	耿马县	538	1 026	1 440
鹤庆县	521	1 051	1 442	沧源县	297	781	812

20－15　各县市农民人均纯收入

单位:元/人

地　区	1995 年	1999 年	2000 年	地　区	1995 年	1999 年	2000 年
全省合计	**1 011**	**1 438**	**1 479**	**昭通地区**	**612**	**872**	**922**
昆 明 市	**1 631**	**2 115**	**2 220**	昭通市	933	1 108	1 023
五华区				鲁甸县	538	818	888
盘龙区				巧家县	542	816	852
官渡区	2 515	4 218	4 425	盐津县	597	812	907
西山区	1 806	3 440	3 708	大关县	576	731	774
东川市	791	1 022	1 084	永善县	474	773	822
呈贡县	1 823	3 032	3 241	绥江县	675	857	888
晋宁县	1 577	2 453	2 554	镇雄县	525	725	690
富民县	1 679	2 222	2 316	彝良县	534	879	930
宜良县	1 707	2 679	2 764	威信县	697	906	1 133
石林县	1 479	1 686	1 857	水富县	939	1 260	1 371
嵩明县	1 450	2 102	2 162	**楚 雄 州**	**947**	**1 521**	**1 575**
禄劝县	832	1 205	1 215	楚雄市	1 019	1 771	1 837
寻甸县	788	1 102	1 160	双柏县	855	1 380	1 411
安宁市		2 616	2 716	牟定县	814	1 459	1 510
曲 靖 市	**1 004**	**1 418**	**1 463**	南华县	953	1 458	1 514
麒麟区	1 629	2 327	2 410	姚安县	896	1 442	1 509
马龙县	880	1 110	1 168	大姚县	915	1 484	1 540
陆良县	1 536	1 983	2 022	永仁县	854	1 328	1 366
师宗县	811	1 297	1 336	元谋县	1 081	1 679	1 775
罗平县	865	1 395	1 425	武定县	880	1 348	1 385
富源县	886	1 485	1 538	禄丰县	1 128	1 833	1 890
会泽县	639	1 000	1 050	**红 河 州**	**890**	**1 306**	**1 373**
沾益县		1 940	2 013	个旧市	1 257	2 185	2 319
宣威市	1 003	1 369	1 415	开远市	1 207	1 995	2 047
				蒙自县	846	1 356	1 758
玉 溪 市	**1 609**	**2 253**	**2 337**	屏边县	407	688	799
红塔区	2 504	3 349	3 400	建水县	975	1 503	1 570
江川县	1 600	2 129	2 219	石屏县	1 141	1 532	1 671
澄江县	1 699	2 395	2 482	弥勒县	1 118	1 433	1 664
通海县	1 832	2 815	2 912	泸西县	1 001	1 322	1 434
华宁县	1 255	1 934	2 027	元阳县	662	949	991
易门县	1 421	1 805	1 895	红河县	622	1 052	1 117
峨山县	1 251	1 882	1 970	金平县	452	704	716
新平县	1 227	1 768	1 849	绿春县	319	807	835
元江县	1 204	1 585	1 668	河口县	450	1 143	1 180

地　区	1995年	1999年	2000年	地　区	1995年	1999年	2000年
文山州	**660**	**899**	**957**	**保山地区**	**808**	**1 352**	**1 409**
文山县	644	917	1 004	保山市	906	1 499	1 552
砚山县	687	918	990	施甸县	801	1 291	1 334
西畴县	612	725	865	腾冲县	782	1 336	1 435
麻栗坡县	721	876	927	龙陵县	729	1 326	1 396
马关县	675	863	920	昌宁县	768	1 325	1 383
丘北县	781	1 097	1 132				
广南县	503	761	804	**德宏州**		**1 106**	**1 142**
富宁县	689	979	1 082	瑞丽市		1 845	1 858
思茅地区	**728**	**1 069**	**1 117**	潞西市	818	1 681	1 443
思茅市	928	1 386	1 422	梁河县	513	1 426	1 874
普洱县	817	1 196	1 280	盈江县	983	1 231	1 262
墨江县	597	809	813	陇川县	886	881	998
景东县	759	1 122	1 181	**丽江地区**	**602**	**1 237**	**1 284**
景谷县	779	1 253	1 409	丽江县	721	1 778	1 954
镇沅县	631	1 048	1 119	永胜县	588	1 745	1 539
江城县	616	692	754	华坪县	789	1 256	1 517
孟连县	513	760	797	宁蒗县	344	657	806
澜沧县	524	615	729	**怒江州**	**629**	**836**	**922**
西盟县	390	474	498	泸水县	638	1 039	1 144
西双版纳州	**1 166**	**1 721**	**1 742**	福贡县	560	694	697
景洪市	1 212	1 802	1 872	贡山县	604	745	747
勐海县	953	1 400	1 456	兰坪县	672	981	1 030
勐腊县	1 110	1 770	1 860	**迪庆州**	**511**	**1 070**	**1 068**
大理州	**1 079**	**1 751**	**1 789**	中甸县	692	1 133	921
大理市	1 597	2 754	2 905	德钦县	530	1 182	1 224
漾濞县		1 534	1 555	维西县	356	892	1 060
祥云县	1 042	1 670	1 676				
宾川县	1 192	1 651	1 675	**临沧地区**	**719**	**924**	**956**
弥渡县	1 078	1 612	1 558	临沧县	706	1 023	1 111
南涧县	773	1 252	1 266	凤庆县	735	906	940
巍山县		1 209	1 263	云　县	735	1 089	1 118
永平县		1 424	1 394	永德县	684	863	893
云龙县	888	1 086	1 156	镇康县	658	884	910
洱源县	1 042	1 522	1 374	双江县	687	756	753
剑川县	955	1 444	1 389	耿马县	867	1 102	1 110
鹤庆县		1 545	1 197	沧源县	685	921	930

注:除德宏州、瑞丽市、盈江县、陇川县外,都是抽样调查数。迪庆州1999年开始进行农村住户抽样调查。

20－16 各县市乡村从业人员

（2000 年）

单位：人

地　区	总　计	农林牧渔　业	工　业	建筑业	交通运输仓储及邮电通讯	批发零售贸易餐饮业	其　它
全省合计	**19 489 077**	**16 742 468**	**521 135**	**532 060**	**358 327**	**368 607**	**966 480**
昆 明 市	**1 797 823**	**1 414 029**	**76 387**	**72 786**	**62 225**	**60 294**	**112 102**
官渡区	165 416	94 505	17 282	5 537	12 926	12 136	23 030
西山区	81 835	52 279	7 173	5 382	6 601	4 339	6 061
东川区	139 727	114 682	3 958	4 013	1 801	2 255	13 018
呈贡县	79 049	65 153	4 568	1 242	2 846	2 307	2 933
晋宁县	141 083	108 991	8 018	6 127	5 803	5 825	6 319
富民县	76 364	56 079	3 548	7 146	2 536	2 599	4 456
宜良县	222 282	169 863	8 489	15 318	7 643	9 532	11 437
石林县	117 159	101 927	2 570	2 364	3 315	2 778	4 205
嵩明县	176 610	130 338	10 088	12 149	7 068	7 370	9 597
禄劝县	247 950	227 011	1 347	4 097	2 390	2 626	10 479
寻甸县	271 130	237 274	4 345	6 020	5 326	4 562	13 603
安宁市	79 218	55 927	5 001	3 391	3 970	3 965	6 964
曲 靖 市	**2 735 807**	**2 280 489**	**119 802**	**94 127**	**46 439**	**47 318**	**147 632**
麒麟区	234 501	170 701	17 604	15 409	8 582	6 694	15 511
马龙县	99 837	90 212	1 122	1 302	1 188	1 571	4 442
陆良县	287 863	227 808	10 226	21 149	8 173	6 137	14 370
师宗县	175 481	149 929	11 457	3 512	3 440	3 229	3 914
罗平县	270 960	249 633	6 822	1 100	3 659	3 077	6 669
富源县	315 827	257 002	24 688	7 638	5 594	5 481	15 424
会泽县	479 074	416 426	7 764	8 877	4 376	6 521	35 110
沾益县	198 775	167 636	5 216	6 505	3 799	3 268	12 351
宣威市	673 489	551 142	34 903	28 635	7 628	11 340	39 841
玉 溪 市	**1 028 031**	**806 414**	**44 106**	**60 136**	**35 578**	**34 195**	**47 602**
红塔区	174 788	91 675	14 771	30 976	9 102	11 395	16 869
江川县	143 990	117 153	5 045	8 775	4 926	4 355	3 736
澄江县	83 448	71 942	2 127	2 038	2 292	2 201	2 848
通海县	140 337	103 042	13 704	6 993	6 442	5 242	4 914
华宁县	105 790	92 759	2 130	3 054	2 991	2 118	2 738
易门县	84 042	71 259	2 068	2 328	2 634	1 433	4 320
峨山县	71 598	61 612	1 512	1 741	2 355	2 042	2 336
新平县	135 474	116 303	2 261	3 549	3 075	3 610	6 676
元江县	88 564	80 669	488	682	1 761	1 799	3 165

地 区	总 计	农林牧渔 业	工 业	建筑业	交通运输仓储及邮电通讯	批发零售贸易餐饮业	其 它
昭通地区	**2 277 518**	**1 953 757**	**35 429**	**56 622**	**20 138**	**32 974**	**178 598**
昭通市	332 883	272 821	6 715	16 173	6 255	7 074	23 845
鲁甸县	172 764	160 660	1 303	2 198	1 316	2 051	5 236
巧家县	243 308	226 068	1 572	1 447	994	1 553	11 674
盐津县	160 123	126 335	4 091	4 845	1 044	3 120	20 688
大关县	108 067	94 127	761	2 000	945	2 887	7 347
永善县	193 493	173 438	2 117	1 797	932	2 434	12 775
绥江县	69 060	58 235	1 851	799	844	844	6 487
镇雄县	552 460	455 053	9 670	17 323	4 474	7 048	58 892
彝良县	248 595	222 893	2 045	4 351	1 333	2 263	15 710
威信县	164 910	141 201	3 338	3 950	1 178	2 262	12 981
水富县	31 855	22 926	1 966	1 739	823	1 438	2 963
楚雄州	**1 333 846**	**1 164 100**	**28 573**	**26 997**	**24 648**	**30 061**	**59 467**
楚雄市	224 738	195 981	4 170	2 748	4 637	5 728	11 474
双柏县	83 863	77 374	619	1 140	1 429	1 126	2 175
牟定县	112 273	93 265	4 408	5 008	1 819	2 674	5 099
南华县	123 922	112 917	2 090	1 456	2 438	2 019	3 002
姚安县	112 340	94 411	2 820	3 382	1 954	2 679	7 094
大姚县	155 676	135 933	2 549	3 757	1 852	2 606	8 979
永仁县	56 922	51 895	604	725	761	1 172	1 765
元谋县	112 217	101 447	1 458	618	2 764	2 919	3 011
武定县	147 830	132 909	2 424	2 687	1 771	2 639	5 400
禄丰县	204 065	167 968	7 431	5 476	5 223	6 499	11 468
红河州	**1 935 530**	**1 723 164**	**50 196**	**32 962**	**28 081**	**30 827**	**70 300**
个旧市	100 511	77 600	8 896	1 107	3 200	3 834	5 874
开远市	94 857	79 112	3 942	1 365	4 243	2 512	3 683
蒙自县	164 868	153 431	1 401	855	1 998	2 550	4 633
屏边县	69 541	65 258	537	444	369	438	2 495
建水县	262 832	226 292	9 423	6 540	4 723	5 418	10 436
石屏县	157 721	135 247	4 878	5 811	2 857	2 048	6 880
弥勒县	261 186	229 004	7 188	5 780	5 151	4 309	9 754
泸西县	205 198	181 330	3 912	7 185	2 668	2 899	7 204
元阳县	194 934	181 757	4 222	710	714	1 924	5 607
红河县	137 054	124 223	2 115	1 348	589	1 250	7 529
金平县	162 538	153 564	2 193	1 033	868	2 275	2 605
绿春县	101 777	95 292	1 319	434	578	1 030	3 124
河口县	22 513	21 054	170	350	123	340	476

地　区	总　计	农林牧渔业	工　业	建筑业	交通运输仓储及邮电通讯	批发零售贸易餐饮业	其　它
文山州	**1 700 151**	**1 566 930**	**21 510**	**5 756**	**12 309**	**17 576**	**76 070**
文山县	191 884	176 905	1 779	257	2 070	3 960	6 913
砚山县	222 836	208 757	2 653	436	2 869	2 841	5 280
西畴县	131 444	119 728	2 104	784	890	1 427	6 511
麻栗坡县	144 764	133 705	2 137	718	573	1 019	6 612
马关县	186 162	171 031	2 872	299	1 425	1 919	8 616
丘北县	213 698	197 448	2 820	430	1 500	2 038	9 462
广南县	397 094	370 660	3 958	1 859	1 856	2 570	16 191
富宁县	212 269	188 696	3 187	973	1 126	1 802	16 485
思茅地区	**1 102 213**	**999 190**	**8 565**	**9 548**	**10 912**	**10 892**	**63 106**
思茅市	64 303	56 703	235	249	810	698	5 608
普洱县	84 629	72 137	1 722	2 716	1 207	1 427	5 420
墨江县	171 268	156 315	991	1 146	1 298	1 812	9 706
景东县	182 984	162 247	1 707	2 245	2 160	2 594	12 031
景谷县	160 219	138 332	916	1 328	1 946	1 395	16 302
镇沅县	97 587	87 111	649	1 104	1 154	1 064	6 505
江城县	40 663	37 157	524	139	560	473	1 810
孟连县	51 900	50 022	283	155	557	358	525
澜沧县	213 213	204 327	1 523	466	1 125	965	4 807
西盟县	35 447	34 839	15		95	106	392
西双版纳州	**311 527**	**294 176**	**1 379**	**694**	**3 948**	**3 434**	**7 896**
景洪市	117 069	110 523	473	41	1 458	1 447	3 127
勐海县	136 466	126 467	804	639	2 397	1 798	4 361
勐腊县	57 992	57 186	102	14	93	189	408
大理州	**1 651 862**	**1 337 985**	**69 835**	**79 384**	**43 031**	**44 901**	**76 726**
大理市	183 081	104 337	16 724	27 926	9 967	12 599	11 528
漾濞县	47 691	42 571	577	1 273	790	1 384	1 096
祥云县	248 186	201 617	15 660	5 914	5 959	5 956	13 080
宾川县	175 698	152 757	4 530	2 468	4 012	3 141	8 790
弥渡县	169 212	138 956	5 332	7 406	3 741	4 270	9 507
南涧县	118 815	105 030	1 954	2 262	1 172	1 693	6 704
巍山县	159 368	139 468	3 576	5 814	2 733	2 968	4 809
永平县	80 683	68 531	1 739	2 779	1 626	2 111	3 897
云龙县	91 905	82 218	1 890	2 331	1 046	1 648	2 772
洱源县	167 027	137 272	4 887	8 618	5 869	4 015	6 366
剑川县	78 932	60 595	5 077	5 553	2 445	1 907	3 355
鹤庆县	131 264	104 633	7 889	7 040	3 671	3 209	4 822

地　区	总　计	农林牧渔业	工　业	建筑业	交通运输仓储及邮电通讯	批发零售贸易餐饮业	其　它
保山地区	**1 219 499**	**1 045 618**	**27 543**	**53 880**	**25 261**	**21 455**	**45 742**
保山市	416 570	344 841	12 509	27 006	7 512	6 425	18 277
施甸县	179 242	156 991	2 043	9 757	3 511	2 934	4 006
滕冲县	301 385	255 341	6 983	11 545	7 701	7 130	12 685
龙陵县	144 822	133 135	1 586	1 928	2 674	1 850	3 649
昌宁县	177 480	155 310	4 422	3 644	3 863	3 116	7 125
德宏州	**457 700**	**407 301**	**7 581**	**5 041**	**12 043**	**8 184**	**17 550**
瑞丽市	43 119	34 202	698	263	3 587	1 610	2 759
潞西市	147 598	129 835	2 922	2 220	4 038	2 476	6 107
梁河县	77 595	67 453	2 256	1 293	1 764	1 862	2 967
盈江县	116 514	106 277	1 197	1 137	1 974	1 683	4 246
陇川县	72 874	69 534	508	128	680	553	1 471
丽江地区	**552 229**	**473 802**	**15 330**	**18 890**	**13 101**	**11 306**	**19 800**
丽江县	160 168	131 941	4 027	7 441	6 448	3 625	6 686
永胜县	214 756	184 238	6 258	9 235	3 499	4 226	7 300
华坪县	69 199	57 385	4 197	1 147	1 966	1 799	2 705
宁蒗县	108 106	100 238	848	1 067	1 188	1 656	3 109
怒江州	**223 492**	**208 184**	**2 144**	**1 281**	**3 023**	**2 347**	**6 513**
泸水县	68 652	63 558	350	336	788	569	3 051
福贡县	44 998	43 009	50	512	269	291	867
贡山县	14 251	13 270	315	67	107	191	301
兰坪县	95 591	88 347	1 429	366	1 859	1 296	2 294
迪庆州	**160 706**	**149 484**	**1 045**	**812**	**3 120**	**1 766**	**4 479**
中甸县	59 156	54 178	551	432	1 357	787	1 851
德钦县	28 748	26 855	25	34	418	233	1 183
维西县	72 802	68 451	469	346	1 345	746	1 445
临沧地区	**1 001 143**	**917 845**	**11 710**	**13 144**	**14 470**	**11 077**	**32 897**
临沧县	125 022	105 867	2 860	4 182	3 148	2 007	6 958
凤庆县	195 803	174 736	2 381	3 866	1 377	2 225	11 218
云　县	204 366	189 027	1 824	2 940	1 910	2 103	6 562
永德县	163 670	153 508	1 906	860	2 655	1 437	3 304
镇康县	74 282	71 116	629	174	961	600	802
双江县	63 066	57 870	1 257	808	1 049	669	1 413
耿马县	113 528	106 477	584	240	2 419	1 663	2 145
沧源县	61 406	59 244	269	74	951	373	495

20－17　各县市农业总产值

（按1990年不变价格计算）　　单位：万元

地　区	1999年	2000年	地　区	1999年	2000年
全省合计	**3 554 117**	**3 785 094**	**昭通地区**	**265 167**	**275 105**
昆 明 市	**373 371**	**403 965**	昭通市	46 755	47 670
五华区			鲁甸县	18 255	19 077
盘龙区			巧家县	27 648	29 405
官渡区	46 695	48 854	盐津县	19 175	19 394
西山区	15 014	15 812	大关县	17 835	18 173
东川区	11 541	11 860	永善县	22 314	23 808
呈贡县	26 147	36 001	绥江县	8 002	8 445
晋宁县	33 023	34 896	镇雄县	56 579	59 286
富民县	18 698	19 152	彝良县	22 493	23 112
宜良县	61 850	67 620	威信县	19 458	20 028
石林县	25 847	27 497	水富县	6 653	6 707
嵩明县	32 667	34 477	**楚 雄 州**	**241 658**	**252 939**
禄劝县	44 608	48 527	楚雄市	42 568	44 551
寻甸县	36 765	37 801	双柏县	16 593	16 217
安宁市	20 516	21 468	牟定县	19 383	20 244
曲 靖 市	**426 709**	**456 755**	南华县	19 668	20 358
麒麟区	43 173	43 601	姚安县	20 248	21 178
马龙县	16 846	18 371	大姚县	27 569	29 068
陆良县	64 018	68 035	永仁县	10 726	11 221
师宗县	28 085	29 599	元谋县	21 684	21 561
罗平县	34 628	40 925	武定县	22 076	23 225
富源县	53 828	56 032	禄丰县	41 143	45 316
会泽县	50 863	54 361	**红 河 州**	**323 640**	**334 507**
沾益县	37 035	40 423	个旧市	20 169	21 402
宣威市	98 233	105 408	开远市	19 368	20 172
			蒙自县	27 654	28 823
玉 溪 市	**203 401**	**217 871**	屏边县	13 140	13 723
红塔区	27 028	28 824	建水县	42 556	42 940
江川县	22 877	24 075	石屏县	40 193	43 932
澄江县	14 198	15 334	弥勒县	45 327	43 672
通海县	26 280	28 810	泸西县	23 656	23 766
华宁县	20 115	20 713	元阳县	23 888	24 836
易门县	20 054	21 093	红河县	18 908	19 539
峨山县	16 307	17 086	金平县	24 586	26 082
新平县	30 279	33 418	绿春县	10 892	11 419
元江县	26 263	28 518	河口县	13 303	14 201

地　区	1999年	2000年	地　区	1999年	2000年
文 山 州	**234 498**	**248 089**	**保山地区**	**227 787**	**244 439**
文山县	36 061	37 139	保山市	75 938	81 262
砚山县	24 736	28 319	施甸县	30 167	32 128
西畴县	19 003	20 069	滕冲县	53 275	57 389
麻栗坡县	22 298	22 630	龙陵县	26 988	31 027
马关县	25 159	27 908	昌宁县	41 419	42 633
丘北县	32 621	34 109			
广南县	48 151	50 482	**德 宏 州**	**124 057**	**126 136**
富宁县	26 469	27 433	瑞丽市	17 292	17 893
思茅地区	**211 577**	**214 516**	潞西市	34 802	35 487
思茅市	15 422	15 101	梁河县	14 004	14 464
普洱县	18 453	18 824	盈江县	31 846	31 757
墨江县	20 684	22 054	陇川县	26 113	26 535
景东县	36 933	36 496	**丽江地区**	**95 471**	**98 871**
景谷县	33 699	34 750	丽江县	30 050	32 164
镇沅县	18 109	18 462	永胜县	34 564	35 108
江城县	12 031	11 531	华坪县	14 556	15 275
孟连县	15 839	16 510	宁蒗县	16 301	16 324
澜沧县	35 081	35 636	**怒 江 州**	**36 093**	**37 257**
西盟县	5 326	5 152	泸水县	13 171	13 367
西双版纳州	**194 808**	**198 985**	福贡县	6 261	6 415
景洪市	92 099	92 142	贡山县	4 259	4 433
勐海县	39 701	41 310	兰坪县	12 402	13 042
勐腊县	63 008	65 533	**迪 庆 州**	**31 501**	**32 932**
大 理 州	**349 717**	**383 294**	中甸县	14 179	14 097
大理市	40 522	49 807	德钦县	5 216	5 367
漾濞县	9 256	10 025	维西县	12 106	13 468
祥云县	47 100	51 770			
宾川县	47 209	50 566	**临沧地区**	**224 522**	**229 433**
弥渡县	27 401	31 169	临沧县	18 425	18 849
南涧县	29 290	29 473	凤庆县	35 210	35 181
巍山县	30 602	32 020	云　县	42 682	42 583
永平县	20 173	21 432	永德县	29 751	30 324
云龙县	22 750	23 895	镇康县	18 986	19 824
洱源县	39 057	43 741	双江县	16 493	17 160
剑川县	15 758	16 969	耿马县	46 780	48 938
鹤庆县	20 599	22 427	沧源县	16 195	16 574

20－18 各县市主要农作物产量(一)

(2000年)　　单位:吨

地　区	粮　食	稻　谷	小　麦	包　谷	豆　类	蚕　豆	薯　类
全省合计	**14 678 000**	**5 362 945**	**1 511 892**	**4 460 276**	**727 686**	**335 222**	**1 037 419**
昆 明 市	**1 232 357**	**454 760**	**167 476**	**350 568**	**79 023**	**54 245**	**103 491**
官渡区	83 695	37 320	15 127	21 613	5 668	4 021	2 196
西山区	47 621	17 638	6 707	15 573	4 470	3 870	642
东川区	69 667	15 543	3 420	23 484	2 203	156	22 732
呈贡县	17 884	2 950	2 534	9 578	1 881	1 085	708
晋宁县	97 989	55 694	18 299	14 347	7 188	6 808	1 556
富民县	62 205	24 717	14 336	15 345	5 371	2 166	1 421
宜良县	180 465	85 381	27 547	48 626	11 126	8 638	6 216
石林县	113 303	35 431	17 442	39 397	8 182	6 656	6 651
嵩明县	146 505	63 663	13 505	36 619	8 949	6 778	6 080
禄劝县	170 198	39 253	18 037	67 412	10 297	4 869	19 252
寻甸县	175 081	47 071	20 065	39 639	9 759	6 217	34 613
安宁市	67 744	30 099	10 457	18 935	3 929	2 981	1 424
曲 靖 市	**1 927 137**	**403 965**	**153 122**	**777 599**	**113 853**	**56 358**	**323 302**
麒麟区	187 827	88 418	16 107	30 074	24 915	20 055	14 905
马龙县	67 229	25 213	7 644	18 520	1 800	730	5 580
陆良县	217 180	102 209	14 551	38 298	12 611	11 748	30 116
师宗县	129 650	27 550	28 431	48 825	5 042	1 570	14 956
罗平县	172 647	33 281	19 694	98 145	5 800	1 095	10 245
富源县	231 897	20 225	18 974	123 172	18 903	5 620	38 363
会泽县	256 264	32 991	11 893	115 951	12 215	5 056	72 363
沾益县	191 644	49 396	12 729	65 366	13 189	8 022	27 148
宣威市	472 799	24 682	23 099	239 248	19 378	2 462	109 626
玉 溪 市	**612 329**	**268 238**	**132 598**	**160 445**	**16 296**	**8 394**	**26 052**
红塔区	108 313	53 742	26 716	22 276	1 798	1 006	1 502
江川县	69 879	28 967	22 301	8 923	2 503	1 908	6 746
澄江县	43 729	17 149	13 552	8 374	1 188	236	2 597
通海县	60 242	21 315	16 888	16 911	1 618	1 063	2 212
华宁县	70 703	26 730	14 419	22 989	2 830	1 192	2 755
易门县	64 948	17 462	19 476	21 162	1 932	1 178	3 774
峨山县	50 987	28 706	4 594	15 173	1 100	721	1 133
新平县	86 541	45 736	7 772	27 005	1 845	678	3 571
元江县	56 987	28 431	6 880	17 632	1 482	412	1 762

地区	粮食	稻谷	小麦	包谷	豆类	蚕豆	薯类
昭通地区	**1 302 458**	**161 870**	**99 046**	**672 493**	**45 473**	**6 145**	**294 642**
昭通市	214 696	35 031	6 438	99 139	10 171	1 012	59 475
鲁甸县	103 552	11 695	5 992	49 899	4 200	250	27 760
巧家县	125 246	16 915	6 363	54 077	4 686	1 359	38 930
盐津县	97 045	20 991	4 138	54 385	2 720	354	14 327
大关县	66 389	6 984	3 054	37 664	1 728	460	16 085
永善县	114 020	21 532	7 570	42 003	4 470	927	32 899
绥江县	43 434	13 465	6 863	19 853	983	166	1 972
镇雄县	281 622	3 883	33 480	166 076	9 544	647	63 103
彝良县	115 288	9 246	7 339	72 328	4 137	633	20 956
威信县	119 056	12 008	15 117	69 414	2 433	262	18 140
水富县	22 110	10 120	2 692	7 655	401	75	995
楚雄州	**1 030 267**	**508 416**	**142 708**	**216 887**	**105 013**	**65 174**	**25 465**
楚雄市	194 116	91 137	24 281	49 577	25 666	14 017	2 625
双柏县	61 946	30 185	5 785	19 068	5 574	2 946	754
牟定县	84 217	50 391	6 578	9 325	12 868	9 792	1 333
南华县	95 784	33 768	13 986	31 058	5 804	4 373	3 832
姚安县	87 583	49 627	19 664	6 110	5 965	5 141	666
大姚县	107 409	48 179	18 576	20 362	14 103	10 935	3 893
永仁县	45 388	25 671	3 702	10 931	3 421	1 939	1 178
元谋县	74 149	46 026	3 547	17 991	2 282	1 077	2 979
武定县	95 591	37 886	13 534	25 909	13 368	4 030	3 755
禄丰县	184 084	95 546	33 055	26 556	15 962	10 924	4 450
红河州	**1 260 402**	**653 422**	**141 611**	**342 030**	**47 074**	**14 180**	**47 692**
个旧市	64 666	29 075	5 133	25 759	1 612	301	2 456
开远市	81 004	39 175	8 946	23 998	3 119	1 469	3 485
蒙自县	115 435	58 287	7 132	38 187	3 572	1 624	4 386
屏边县	55 776	26 197	2 964	20 228	2 344	323	1 214
建水县	173 703	101 424	28 128	23 843	5 694	2 078	14 206
石屏县	90 421	50 472	16 210	14 500	3 194	621	4 863
弥勒县	175 369	65 742	33 185	65 462	5 504	3 136	2 633
泸西县	129 369	46 555	33 860	36 744	5 152	3 540	5 238
元阳县	111 846	71 987	716	24 288	7 204	591	4 172
红河县	77 037	50 054	4 219	16 150	3 105	411	1 051
金平县	103 502	66 840	148	29 176	4 300	71	1 905
绿春县	65 693	38 041	970	17 431	1 747	15	1 971
河口县	16 581	9 573		6 264	527		112

地 区	粮 食	稻 谷	小 麦	包 谷	豆 类	蚕 豆	薯 类
文 山 州	**1 030 937**	**394 936**	**76 421**	**449 524**	**51 080**	**6 814**	**41 344**
文山县	124 936	49 415	14 726	50 449	4 377	599	2 960
砚山县	145 688	63 570	12 412	61 108	4 814	582	3 189
西畴县	78 813	24 829	6 702	34 999	3 500	295	6 114
麻栗坡县	78 779	28 646	2 404	39 009	3 786	355	3 259
马关县	115 389	39 352	7 406	53 222	7 205	572	5 246
丘北县	156 628	37 881	21 308	85 808	7 477	950	3 472
广南县	220 861	92 638	11 262	84 964	14 171	2 964	13 129
富宁县	109 843	58 605	201	39 965	5 750	497	3 975
思茅地区	**820 973**	**470 363**	**54 203**	**235 321**	**30 324**	**6 798**	**15 199**
思茅市	51 032	25 798	4 313	17 908	1 171	192	959
普洱县	71 902	38 497	6 816	17 384	2 445	502	5 347
墨江县	110 771	45 645	5 296	48 564	5 909	953	1 481
景东县	137 228	53 986	21 474	50 385	8 902	2 457	1 737
景谷县	113 120	72 957	4 435	27 748	3 245	510	3 357
镇沅县	73 686	38 819	7 549	21 327	4 580	1 739	608
江城县	33 030	23 995	655	7 600	430	4	350
孟连县	46 736	38 198	197	7 342	411	41	135
澜沧县	152 441	108 227	2 922	32 768	2 918	370	1 103
西盟县	31 027	24 241	546	4 295	313	30	122
西双版纳州	**347 375**	**291 039**	**638**	**48 275**	**2 762**	**289**	**4 024**
景洪市	132 143	114 405		16 284	671	5	545
勐海县	136 037	117 139	638	13 524	1 542	270	2 993
勐腊县	79 195	59 495		18 467	549	14	486
大 理 州	**1 318 974**	**517 204**	**181 806**	**380 852**	**106 461**	**70 324**	**31 556**
大理市	151 831	77 835	25 753	22 927	16 236	16 138	4 875
漾濞县	43 564	12 124	5 878	19 319	3 930	1 480	978
祥云县	161 050	54 238	30 948	50 064	6 510	4 685	3 007
宾川县	152 413	74 452	16 076	45 565	12 363	2 717	3 922
弥渡县	126 385	44 516	28 797	33 334	1 686	1 006	2 269
南涧县	81 637	11 264	18 971	42 334	1 640	1 401	1 866
巍山县	116 854	50 035	13 374	33 519	8 560	4 740	3 444
永平县	76 146	25 966	9 403	27 601	4 507	2 450	2 527
云龙县	93 460	23 700	8 878	48 584	5 012	2 205	1 841
洱源县	143 425	67 032	7 972	24 694	27 247	22 279	3 652
剑川县	69 287	27 151	7 418	14 987	10 299	3 630	1 566
鹤庆县	102 922	48 891	8 338	17 924	8 471	7 593	1 609

地 区	粮 食	稻 谷	小 麦	包 谷	豆 类	蚕 豆	薯 类
保山地区	**916 511**	**411 111**	**137 166**	**260 497**	**31 086**	**9 191**	**39 429**
保山市	317 311	143 327	72 689	78 040	11 677	3 512	8 710
施甸县	137 866	46 330	21 132	53 966	6 122	1 962	6 535
腾冲县	219 687	124 864	15 618	39 695	4 290	787	11 883
龙陵县	101 929	42 091	9 960	33 814	3 245	1 104	6 849
昌宁县	139 718	54 499	17 767	54 982	5 752	1 826	5 452
德 宏 州	**396 798**	**303 849**	**23 975**	**46 081**	**9 493**	**1 735**	**12 853**
瑞丽市	50 338	38 737	1 308	7 067	1 690	134	1 536
潞西市	128 444	94 272	14 811	13 362	3 210	690	2 645
梁河县	44 719	34 103	2 119	5 245	661	190	2 574
盈江县	106 271	82 828	3 182	12 622	3 014	382	4 239
陇川县	67 026	53 909	2 555	7 785	918	339	1 859
丽江地区	**404 810**	**134 807**	**69 488**	**111 218**	**40 921**	**21 249**	**29 542**
丽江县	138 838	16 955	42 492	51 855	14 509	5 272	7 363
永胜县	142 529	78 565	11 740	27 819	16 736	13 279	5 027
华坪县	64 158	29 501	11 693	16 629	2 677	697	3 402
宁蒗县	59 285	9 786	3 563	14 915	6 999	2 001	13 750
怒 江 州	**163 588**	**40 084**	**17 447**	**74 146**	**13 090**	**1 389**	**9 126**
泸水县	53 649	19 415	1 749	25 445	3 932	896	1 205
福贡县	29 250	7 272	73	16 168	2 213	203	2 514
贡山县	11 220	1 302	580	7 013	722	55	779
兰坪县	69 469	12 095	15 045	25 520	6 223	235	4 628
迪 庆 州	**136 453**	**14 380**	**31 333**	**54 431**	**6 625**	**951**	**9 742**
中甸县	60 465	5 090	14 851	19 295	2 002	716	6 811
德钦县	21 461	572	6 233	9 179	637		483
维西县	54 527	8 718	10 249	25 957	3 986	235	2 448
临沧地区	**762 987**	**334 501**	**82 854**	**279 909**	**29 112**	**11 986**	**23 960**
临沧县	92 660	43 123	14 946	25 462	2 604	1 109	4 473
凤庆县	147 806	44 927	28 603	64 267	5 712	3 386	3 118
云 县	138 626	51 582	13 784	59 344	5 675	3 203	5 470
永德县	125 385	48 180	7 696	57 101	6 188	1 931	5 000
镇康县	55 729	24 605	2 000	25 075	2 401	762	1 400
双江县	60 450	37 454	5 804	12 023	1 351	513	1 789
耿马县	85 167	47 763	8 578	22 056	3 744	836	1 891
沧源县	57 164	36 867	1 443	14 581	1 437	246	819

20－19　各县市主要农作物产量(二)

(2000 年)　　单位:百公斤

地　区	油　料	花　生	油菜籽	甘　蔗	烤　烟	茶　叶	水　果
全省合计	**2 698 305**	**535 393**	**1 910 811**	**142 029 438**	**6 460 725**	**793 960**	**7 695 367**
昆 明 市	**103 090**	**10 850**	**78 560**	**60 710**	**813 960**	**610**	**716 940**
官渡区	2 930		2 680		18 480		60 690
西山区	1 750		1 160		11 980		60 920
东川区	9 540	6 660	2 880	24 780			21 440
呈贡县	710		520		320		112 610
晋宁县	14 630	20	14 380	350	66 630		53 740
富民县	2 400	10	1 590	130	28 890		122 470
宜良县	9 020	1 190	5 510	1 030	118 640	340	44 590
石林县	12 590	20	8 170		154 460	40	39 980
嵩明县	3 090		3 030		99 520		67 520
禄劝县	7 330	2 900	2 940	34 400	126 370	10	45 760
寻甸县	26 120		23 400	20	148 590		35 690
安宁市	12 980	50	12 300		40 080	220	51 530
曲 靖 市	**574 330**	**8 310**	**453 130**	**37 098**	**1 755 697**	**199**	**540 971**
麒麟区	15 910		11 970		156 477		46 911
马龙县	24 200		8 050		98 735	9	36 264
陆良县	58 420		55 990		226 593		77 349
师宗县	41 780	1 480	19 920	20 758	192 860		41 693
罗平县	311 120	660	310 460	3 190	222 461	8	30 048
富源县	40 300	670	22 680	6 150	178 171	60	44 604
会泽县	24 000	5 390	8 000	7 000	94 222		80 333
沾益县	19 100		13 030		179 717	3	41 266
宣威市	39 500	110	3 030		406 461	119	142 503
玉 溪 市	**187 808**	**12 119**	**169 772**	**14 521 700**	**1 056 809**	**7 664**	**532 440**
红塔区	62 460	76	62 314		67 731	101	22 160
江川县	22 103		21 743		177 044	76	18 082
澄江县	1 769	105	1 063		121 841	2	10 871
通海县	13 265	106	13 067	34 970	146 975		86 651
华宁县	6 436	1 866	1 963	240 750	155 184	105	129 563
易门县	9 424	350	8 730	47 630	138 663	331	26 634
峨山县	60 611	1 277	58 203	335 640	100 946	2 590	15 203
新平县	4 952	4 031	506	6 989 470	105 360	2 219	77 877
元江县	6 788	4 308	2 183	6 873 240	43 065	2 240	145 399

地区	油料	花生	油菜籽	甘蔗	烤烟	茶叶	水果
昭通地区	**134 466**	**49 042**	**81 463**	**1 676 683**	**566 908**	**23 396**	**552 123**
昭通市	5 092	29	4 690	35 575	135 280	37	362 554
鲁甸县	5 846	1 060	3 980	1 946	80 608		47 239
巧家县	14 041	4 158	9 732	1 099 189	20 546	21	38 881
盐津县	22 584	9 976	12 490	2 813	12 593	18 676	11 922
大关县	4 999	4 188	213	5 114	15 725	574	6 027
永善县	8 331	3 594	4 230	486 183	7 555	338	30 639
绥江县	8 316	350	7 956	24 294	4 502	1 995	9 899
镇雄县	21 810	6 352	14 980	115	194 625	496	16 302
彝良县	7 655	6 015	742	4 839	64 690	473	17 696
威信县	33 130	11 961	21 150	10 270	30 784	555	5 586
水富县	2 662	1 359	1 300	6 345		231	5 378
楚雄州	**230 219**	**41 984**	**167 765**	**151 709**	**619 364**	**7 939**	**567 322**
楚雄市	56 757	1 534	48 158	5 122	122 229	2 212	111 440
双柏县	7 211	3 537	2 173	94 558	49 094	2 364	23 034
牟定县	26 555	304	25 386		63 253	1 475	27 351
南华县	17 848	177	16 888	605	70 058	1 531	23 371
姚安县	32 421		30 160	200	63 017	18	38 613
大姚县	11 242	85	8 926	2 660	61 462	30	55 704
永仁县	3 618	1 564	738	3 611	27 255	21	24 716
元谋县	33 003	32 161	416	20 708	10 523		48 137
武定县	8 726	2 032	4 140	8 626	49 046	46	93 707
禄丰县	32 838	590	30 780	15 619	103 427	242	121 249
红河州	**176 938**	**108 948**	**53 275**	**12 825 930**	**594 647**	**36 974**	**1 611 475**
个旧市	8 879	7 610	276	865 744	10 497	117	152 790
开远市	15 945	10 424		1 172 380	26 124	95	51 558
蒙自县	17 004	13 896	1 561	1 207 780	56 004	981	149 758
屏边县	4 465	3 724	697	352 930		7 873	77 108
建水县	26 415	19 149	6 086	1 776 970	94 435	2 285	124 043
石屏县	9 469	4 099	2 998	713 701	87 500	46	111 889
弥勒县	38 175	14 799	22 092	4 334 000	161 563	19	98 083
泸西县	21 560	755	19 532	2 195	158 524	2	14 514
元阳县	11 673	11 245		885 888		8 131	103 659
红河县	5 383	5 366		1 435 555		2 519	161 715
金平县	11 399	11 360		41 705		4 090	221 534
绿春县	5 555	5 538		5 909		10 750	9 390
河口县	1 016	983	33	31 173		66	335 434

地区	油料	花生	油菜籽	甘蔗	烤烟	茶叶	水果
文山州	**230 884**	**139 253**	**60 221**	**1 925 712**	**123 969**	**23 193**	**428 778**
文山县	48 442	26 929	9 692	706 924	24 374		30 847
砚山县	42 551	36 898	243	26 445	20 600	8	41 647
西畴县	6 848	4 409	927	35 346	20 289	2 828	42 228
麻栗坡县	5 269	3 626	1 396	71 168	9 636	3 160	38 022
马关县	23 884	9 266	12 250	431 954	10 500	1 294	59 061
丘北县	26 265	17 976	4 541	90 382	19 374	160	37 631
广南县	57 628	32 889	18 636	307 789	19 196	13 285	130 277
富宁县	19 997	7 260	12 536	255 704		2 458	49 065
思茅地区	**108 550**	**83 089**	**24 989**	**17 299 704**	**55 897**	**167 189**	**293 526**
思茅市	11 941	8 336	3 585	34 368	3 149	30 212	58 276
普洱县	13 574	7 804	5 769	4 008	718	8 894	14 904
墨江县	25 252	24 536	707	735 199	13 345	6 556	51 823
景东县	5 654	3 460	2 144	2 869 671	15 438	19 575	35 964
景谷县	16 926	16 540	218	3 668 830	1 156	13 423	39 319
镇沅县	12 307	5 407	6 900	430 689	21 725	4 818	39 429
江城县	2 795	2 795		1 199 640		31 052	17 742
孟连县	7 262	5 440	1 711	3 123 700	366	4 490	14 169
澜沧县	11 269	8 345	2 823	4 881 730		46 137	19 793
西盟县	1 570	426	1 132	351 869		2 032	2 107
西双版纳州	**15 073**	**14 376**	**108**	**12 200 490**		**136 736**	**378 045**
景洪市	6 684	6 531	3	481 340		51 364	258 194
勐海县	5 945	5 435	105	9 737 830		70 293	49 561
勐腊县	2 444	2 410		1 981 320		15 079	70 290
大理州	**281 226**	**19 118**	**239 694**	**1 997 138**	**437 485**	**27 165**	**912 377**
大理市	10 595		10 340	48 020	6 593	2 100	146 060
漾濞县	15 425		4 106		9 880	210	34 600
祥云县	30 645		28 927		98 985	204	52 238
宾川县	69 734	16 408	49 304	444 790	70 292		261 574
弥渡县	12 602	1 507	9 759		50 567	1 740	35 988
南涧县	1 751	353	1 340	5 600	49 995	18 338	35 331
巍山县	70 218	248	69 645	100	53 799	2 567	29 082
永平县	15 027	6	14 324		35 536	1 049	28 467
云龙县	8 753		7 894		6 025	706	45 843
洱源县	30 139		28 477		33 924	251	152 357
剑川县	13 793		13 630		7 149		34 037
鹤庆县	2 544	596	1 948	1 498 628	14 740		56 800

地区	油料	花生	油菜籽	甘蔗	烤烟	茶叶	水果
保山地区	**261 785**	**12 064**	**246 190**	**18 071 224**	**293 250**	**105 958**	**306 259**
保山市	14 400	7 748	5 095	4 830 250	81 949	8 565	111 039
施甸县	21 248	1 279	19 909	2 998 474	73 676	4 256	57 107
滕冲县	185 120	30	184 960	1 272 110	68 150	28 327	36 413
龙陵县	14 422	1 883	12 506	3 707 160	7 296	23 313	16 358
昌宁县	26 595	1 124	23 720	5 263 230	62 179	41 497	85 342
德宏州	**171 168**	**6 421**	**163 491**	**29 109 310**		**47 342**	**113 991**
瑞丽市	10 010	83	9 927	2 778 220		2 166	42 543
潞西市	11 458	4 165	7 153	5 991 270		21 623	20 952
梁河县	35 667	1 403	34 264	3 992 230		5 453	9 408
盈江县	45 654	161	45 364	8 031 990		9 859	31 584
陇川县	68 379	609	66 783	8 315 600		8 241	9 504
丽江地区	**73 495**	**10 282**	**53 435**	**1 028 442**	**114 604**	**368**	**356 876**
丽江县	45 208	27	39 933	58	59 737		107 614
永胜县	15 566	7 919	4 611	1 003 609	34 559	28	65 520
华坪县	7 091	2 336	4 592	24 775	6 987	340	117 329
宁蒗县	5 630		4 299		13 321		66 413
怒江州	**8 466**	**897**	**3 670**	**221 740**	**167**	**915**	**57 908**
泸水县	1 885	162	1 104	220 978	167	238	17 723
福贡县	3 914	563	2 245	117		562	4 997
贡山县	508	172	214			115	2 193
兰坪县	2 159		107	645			32 995
迪庆州	**11 634**	**2**	**9 784**		**336**	**1**	**38 410**
中甸县	11 297	2	9 618		267		15 068
德钦县	76						6 775
维西县	261		166		69	1	16 567
临沧地区	**129 173**	**18 638**	**105 264**	**30 901 848**	**27 632**	**208 311**	**287 926**
临沧县	76 228	1 487	74 741	810 989	1 005	22 447	26 739
凤庆县	14 579	298	14 185	2 582 627	24 273	62 100	34 865
云县	11 003	3 350	6 923	3 121 700	1 020	31 449	49 418
永德县	5 019	4 144	27	4 170 076	1 184	27 677	103 682
镇康县	420	370	40	2 602 660		9 028	17 361
双江县	7 500	1 110	6 390	2 646 600		23 012	16 470
耿马县	8 272	7 339	32	11 694 313	61	18 837	30 399
沧源县	6 152	540	2 926	3 272 883	89	13 761	8 992

20－20 各县市耕地情况

（2000年）

单位：公顷

地　区	年初实有耕地面积	年内增加耕地面积	当年减少耕地面积	年末实有耕地面积		
					水　田	旱　地
全省合计	**4 218 590**	**36 760**	**56 590**	**4 198 760**	**1 325 660**	**2 873 000**
昆 明 市	**193 242**	**1 494**	**2 684**	**192 052**	**76 303**	**115 749**
官渡区	12 453	97	310	12 240	4 802	7 438
西山区	7 272	45	149	7 168	3 480	3 688
东川区	13 805	1 069	1 076	13 798	2 395	11 403
呈贡县	6 805	8	115	6 698	3 319	3 379
晋宁县	14 534	1	37	14 498	10 356	4 142
富民县	7 649	6	16	7 639	3 514	4 125
宜良县	19 145	4	42	19 107	11 047	8 060
石林县	17 816	59	160	17 715	4 694	13 021
嵩明县	21 899	9	223	21 685	11 299	10 386
禄劝县	26 497	167	152	26 512	6 056	20 456
寻甸县	36 221		348	35 873	10 186	25 687
安宁市	9 146	29	56	9 119	5 155	3 964
曲 靖 市	**293 813**	**711**	**1 688**	**292 836**	**65 727**	**227 109**
麒麟区	20 107		61	20 046	10 772	9 274
马龙县	14 863	2	13	14 852	6 941	7 911
陆良县	28 034	16	17	28 033	13 632	14 401
师宗县	23 453	308	227	23 534	4 507	19 027
罗平县	30 830	4	351	30 483	5 911	24 572
富源县	32 769	12	151	32 630	4 749	27 881
会泽县	46 409	166	618	45 957	5 681	40 276
沾益县	27 282	90	183	27 189	8 262	18 927
宣威市	70 066	113	67	70 112	5 272	64 840
玉 溪 市	**115 339**	**1 446**	**1 263**	**115 522**	**52 952**	**62 570**
红塔区	11 532	17	105	11 444	7 352	4 092
江川县	9 238	9	20	9 227	5 739	3 488
澄江县	7 566	49	81	7 534	3 882	3 652
通海县	12 135	18	29	12 124	7 906	4 218
华宁县	11 849	4	23	11 830	4 486	7 344
易门县	12 023	2	284	11 741	4 820	6 921
峨山县	11 449	34	177	11 306	5 797	5 509
新平县	22 872	390	248	23 014	7 591	15 423
元江县	16 675	923	296	17 302	5 379	11 923

地 区	年初实有耕地面积	年内增加耕地面积	当年减少耕地面积	年末实有耕地面积		
					水 田	旱 地
昭通地区	**407 216**	**88**	**1 609**	**405 695**	**41 312**	**364 383**
昭通市	61 353	1	86	61 268	8 577	52 691
鲁甸县	36 899	7	313	36 593	4 073	32 520
巧家县	46 935	4	73	46 866	3 239	43 627
盐津县	27 547	16	12	27 551	4 969	22 582
大关县	21 630		39	21 591	2 277	19 314
永善县	35 473	22	49	35 446	4 269	31 177
绥江县	13 916		35	13 881	3 920	9 961
镇雄县	84 246	27	69	84 204	1 507	82 697
彝良县	44 713		810	43 903	2 189	41 714
威信县	26 782	11	52	26 741	3 514	23 227
水富县	7 722		71	7 651	2 778	4 873
楚 雄 州	**160 711**	**687**	**1 009**	**160 389**	**83 148**	**77 241**
楚雄市	25 271	93	205	25 159	13 245	11 914
双柏县	12 804	68	74	12 798	5 392	7 406
牟定县	13 415	1	16	13 400	8 874	4 526
南华县	14 295	105	48	14 352	5 848	8 504
姚安县	12 486	83	188	12 381	8 718	3 663
大姚县	16 990	133	83	17 040	8 439	8 601
永仁县	8 989		18	8 971	4 443	4 528
元谋县	14 396	143	288	14 251	6 670	7 581
武定县	18 162	45	28	18 179	7 083	11 096
禄丰县	23 903	16	61	23 858	14 436	9 422
红 河 州	**259 937**	**1 229**	**1 548**	**259 618**	**99 005**	**160 613**
个旧市	12 836	155	64	12 927	3 567	9 360
开远市	15 034	92	28	15 098	4 069	11 029
蒙自县	27 780	118	95	27 803	7 697	20 106
屏边县	13 800	34	23	13 811	4 584	9 227
建水县	30 252	69	410	29 911	13 619	16 292
石屏县	18 342	136	286	18 192	8 973	9 219
弥勒县	37 535	28	202	37 361	12 064	25 297
泸西县	22 020	19	58	21 981	7 301	14 680
元阳县	20 929	95	64	20 960	11 137	9 823
红河县	15 937	245	66	16 116	6 941	9 175
金平县	27 038	109	77	27 070	10 892	16 178
绿春县	13 936	32	31	13 937	6 614	7 323
河口县	4 498	97	144	4 451	1 547	2 904

地　区	年初实有耕地面积	年内增加耕地面积	当年减少耕地面积	年末实有耕地面积		
					水　田	旱　地
文 山 州	**232 104**	**1 079**	**1 924**	**231 259**	**64 911**	**166 348**
文山县	28 164	35	170	28 029	7 559	20 470
砚山县	32 592	71	79	32 584	10 756	21 828
西畴县	13 463	2	22	13 443	3 464	9 979
麻栗坡县	19 583	45	63	19 565	4 546	15 019
马关县	30 176	160	210	30 126	6 873	23 253
丘北县	39 453	221	457	39 217	7 032	32 185
广南县	42 389	260	528	42 121	15 698	26 423
富宁县	26 284	285	395	26 174	8 983	17 191
思茅地区	**326 379**	**5 590**	**8 462**	**323 507**	**86 325**	**237 182**
思茅市	14 232	502	369	14 365	4 536	9 829
普洱县	21 389	85	200	21 274	7 001	14 273
墨江县	49 140	188	645	48 683	9 564	39 119
景东县	33 531	154	320	33 365	9 516	23 849
景谷县	33 652	254	278	33 628	13 173	20 455
镇沅县	25 670	32	248	25 454	8 729	16 725
江城县	17 318	2 234	2 364	17 188	4 508	12 680
孟连县	25 033	665	815	24 883	4 359	20 524
澜沧县	90 421	1 034	1 618	89 837	21 091	68 746
西盟县	15 993	442	1 605	14 830	3 848	10 982
西双版纳州	**111 957**	**5 903**	**7 887**	**109 973**	**43 380**	**66 593**
景洪市	35 028	2 473	3 211	34 290	14 109	20 181
勐海县	47 934	1 448	1 988	47 394	19 909	27 485
勐腊县	28 995	1 982	2 688	28 289	9 362	18 927
大 理 州	**197 342**	**699**	**1 124**	**196 917**	**96 501**	**100 416**
大理市	12 690	248	89	12 849	10 449	2 400
漾濞县	7 860	154	97	7 917	2 050	5 867
祥云县	21 835	1	23	21 813	13 503	8 310
宾川县	24 480	167	231	24 416	13 263	11 153
弥渡县	13 965	8	21	13 952	8 854	5 098
南涧县	13 507	8	191	13 324	1 907	11 417
巍山县	19 637	75	119	19 593	8 676	10 917
永平县	14 733	14	163	14 584	3 872	10 712
云龙县	16 059		12	16 047	4 230	11 817
洱源县	21 808	15	68	21 755	11 967	9 788
剑川县	13 476	5	71	13 410	7 332	6 078
鹤庆县	17 292	4	39	17 257	10 398	6 859

地 区	年初实有耕地面积	年内增加耕地面积	当年减少耕地面积	年末实有耕地面积		
					水 田	旱 地
保山地区	**166 590**	**1 007**	**1 693**	**165 904**	**72 323**	**93 581**
保山市	46 670	700	829	46 541	20 785	25 756
施甸县	21 958	77	39	21 996	7 450	14 546
腾冲县	41 332	20	398	40 954	25 546	15 408
龙陵县	27 515	146	310	27 351	9 421	17 930
昌宁县	29 115	64	117	29 062	9 121	19 941
德 宏 州	**121 808**	**2 443**	**2 594**	**121 657**	**60 893**	**60 764**
瑞丽市	12 463	241	166	12 538	7 223	5 315
潞西市	37 046	668	1 197	36 517	16 517	20 000
梁河县	14 897	183	185	14 895	7 107	7 788
盈江县	32 756	684	787	32 653	18 119	14 534
陇川县	24 646	667	259	25 054	11 927	13 127
丽江地区	**101 224**	**303**	**745**	**100 782**	**29 795**	**70 987**
丽江县	36 341	90	421	36 010	9 834	26 176
永胜县	27 338	101	176	27 263	12 975	14 288
华坪县	11 133	5	9	11 129	4 122	7 007
宁蒗县	26 412	107	139	26 380	2 864	23 516
怒 江 州	**53 402**	**263**	**1 866**	**51 799**	**7 410**	**44 389**
泸水县	14 112	7	26	14 093	3 145	10 948
福贡县	6 967	10	12	6 965	1 296	5 669
贡山县	4 601	232	410	4 423	280	4 143
兰坪县	27 722	14	1 418	26 318	2 689	23 629
迪 庆 州	**37 090**	**104**	**625**	**36 569**	**4 345**	**32 224**
中甸县	14 593	69	318	14 344	2 076	12 268
德钦县	4 813	7	27	4 793	120	4 673
维西县	17 684	28	280	17 432	2 149	15 283
临沧地区	**248 044**	**3 327**	**3 858**	**247 513**	**66 709**	**180 804**
临沧县	21 906	86	223	21 769	10 166	11 603
凤庆县	32 997	77	332	32 742	9 717	23 025
云 县	36 311	230	550	35 991	10 178	25 813
永德县	35 413	733	282	35 864	8 726	27 138
镇康县	25 722	643	248	26 117	5 578	20 539
双江县	18 015	133	180	17 968	6 185	11 783
耿马县	45 098	379	935	44 542	9 328	35 214
沧源县	32 582	1 046	1 108	32 520	6 831	25 689

注:全省耕地面积系根据省政府认定的4324千公顷(1997年数)调整计算的,与各地州汇总数不一致。

20－21 各县市全部工业企业单位数和总产值

（2000 年）

地　区	企　业 单位数 （个）	国有及 500 万元以上非国有	工　业 总产值 （万元）	国有及 500 万元以上非国有	工业总产值 2000 年比上年增减（%）
全省合计	**179 966**	**2 124**	**15 893 615**	**10 633 561**	**8.1**
昆 明 市	**31 846**	**698**	**6 617 731**	**3 834 468**	**14.9**
五华区	245	80	242 844	216 228	32.7
盘龙区	503	74	398 478	350 500	－2
官渡区	7 354	222	2 801 527	1 371 928	16.1
西山区	3 237	118	1 100 760	751 881	10.1
东川区	557	33	99 819	79 461	10.9
呈贡县	643	17	353 955	181 612	21.9
晋宁县	3 008	30	236 230	95 354	7.1
富民县	1 717	9	77 484	11 647	55.3
宜良县	3 087	23	259 181	83 090	37.8
石林县	1 527	15	124 504	55 871	－61.9
嵩明县	2 385	18	149 117	30 967	6.3
禄劝县	3 290	4	36 067	5 403	8.3
寻甸县	2 805	14	39 790	18 796	22.8
安宁市	1 488	41	697 978	581 731	18
曲 靖 市	**10 757**	**204**	**1 671 816**	**1 230 733**	**－2.7**
麒麟区	1 034	50	638 021	560 391	9.1
马龙县	450	9	30 401	19 644	－23.1
陆良县	1 872	32	121 481	70 142	－12.7
师宗县	1 272	16	64 605	18 323	－16.8
罗平县	402	12	119 893	95 764	5.5
富源县	1 177	21	120 867	49 103	－14.6
会泽县	1 375	17	167 417	143 123	－0.5
沾益县	632	22	166 700	144 948	9.5
宣威市	2 543	25	242 430	129 294	－15.8
玉 溪 市	**9 085**	**215**	**2 954 416**	**2 421 870**	**9.8**
红塔区	2 081	84	2 151 960	2 026 336	7.5
江川县	1 075	16	84 389	33 706	30.8
澄江县	670	25	83 567	71 682	3.6
通海县	2 190	27	329 026	91 292	16.8
华宁县	923	11	56 836	30 966	17.7
易门县	459	15	84 056	62 114	11
峨山县	659	14	58 764	24 357	－14.3
新平县	610	10	52 245	37 493	23.7
元江县	418	13	53 573	43 925	25.2

地　区	企　业 单位数 （个）	国有及500万元以上非国有	工　业 总产值 （万元）	国有及500万元以上非国有	工业总产值 2000年比上 年增减（%）
昭通地区	**18 783**	**80**	**454 268**	**318 601**	**7.2**
昭通市	2 046	21	223 281	193 445	6
鲁甸县	1 154	6	12 537	5 618	16.5
巧家县	2 325	8	16 721	10 138	16
盐津县	2 411	5	14 096	2 110	-1
大关县	942	4	8 902	2 010	35
永善县	2 275	7	14 371	1 131	-20
绥江县	327	5	9 393	6 411	-26.1
镇雄县	3 529	7	34 510	8 351	11.2
彝良县	531	8	13 590	6 791	4.7
威信县	2 154	5	20 880	4 294	25.3
水富县	1 089	4	85 986	78 301	9.7
楚 雄 州	**14 287**	**116**	**726 891**	**360 467**	**0.6**
楚雄市	2 114	41	336 348	263 457	4.1
双柏县	537	14	14 334	4 402	-25.9
牟定县	1 949	8	42 307	6 279	-21.7
南华县	1 437	6	26 347	7 835	-15.2
姚安县	1 371	6	29 163	2 200	9
大姚县	1 385	5	60 818	22 532	-13.3
永仁县	510	6	15 243	1 374	0.3
元谋县	683	8	26 993	6 497	-18.8
武定县	1 172	9	35 274	9 120	19
禄丰县	3 129	13	140 064	36 773	0.2
红 河 州	**10 927**	**156**	**1 401 258**	**1 057 376**	**3.4**
个旧市	726	42	449 587	344 017	3.6
开远市	983	21	231 029	194 026	5.1
蒙自县	1 029	17	69 479	42 730	-0.9
屏边县	154	5	14 372	8 065	17.1
建水县	1 281	17	117 786	83 143	8.8
石屏县	3 977	6	44 214	9 124	8.3
弥勒县	1 270	16	373 383	318 546	-1.8
泸西县	328	10	55 644	26 628	-4.9
元阳县	475	5	10 667	8 612	27
红河县	17	4	8 158	5 250	3.7
金平县	382	5	17 198	10 973	15.9
绿春县	164	2	2 469	971	-11.6
河口县	141	6	7 274	5 294	18.7

（2000年）

地 区	企业单位数（个）	国有及500万元以上非国有	工业总产值（万元）	国有及500万元以上非国有	工业总产值2000年比上年增减（%）
文山州	**24 000**	**69**	**382 527**	**144 554**	**22.4**
文山县	2 558	23	125 373	78 629	17
砚山县	3 306	13	73 448	15 831	101.2
西畴县	3 008	4	21 744	4 240	20.5
麻栗坡县	2 102	5	26 228	5 173	2.2
马关县	928	8	49 429	17 228	10.6
邱北县	2 360	4	16 945	4 321	－5.4
广南县	4 384	6	27 150	8 692	7.7
富宁县	5 354	6	42 210	10 440	9.6
思茅地区	**8 567**	**110**	**247 961**	**187 298**	**2.2**
思茅市	444	24	47 156	36 197	11.6
普洱县	395	14	28 521	18 839	－2.1
墨江县	394	11	17 171	14 497	15.4
景东县	1 878	10	23 947	16 784	5.9
景谷县	709	9	55 910	42 505	21.9
镇源县	182	14	13 888	11 028	－16.7
江城县	519	6	9 126	6 467	－23.7
孟连县	596	5	12 337	10 339	－2.2
澜沧县	3 068	13	36 043	28 066	－7.4
西盟县	382	4	3 862	2 575	8.5
西双版纳州	**1 141**	**48**	**69 949**	**56 955**	**－15.6**
景洪市	419	20	25 213	17 417	－14.6
勐海县	378	16	32 379	29 317	－17.2
勐腊县	344	12	12 357	10 221	－16
大理州	**19 548**	**82**	**708 564**	**416 974**	**－15.8**
大理市	3 841	37	425 349	308 153	－15
漾濞县	269	3	13 839	6 239	26.3
祥云县	2 576	8	98 595	50 049	－13.1
宾川县	3 522	3	32 585	4 878	－8.6
弥渡县	1 531	5	21 077	6 751	－0.6
南涧县	1 393	1	6 735	614	－37.5
巍山县	1 142	4	21 644	4 348	－4.9
永平县	1 253	5	13 333	2 644	－58.2
云龙县	486	5	16 263	9 412	4.7
洱源县	766	5	21 720	10 651	－21.2
剑川县	780	2	12 497	3 609	9.7
鹤庆县	1 989	4	24 927	9 626	－38.9

地 区	企 业 单位数 （个）	国有及500万元以上非国有	工 业 总产值 （万元）	国有及500万元以上非国有	工业总产值2000年比上年增减（%）
保山地区	**5 315**	**57**	**238 297**	**134 347**	**－16.8**
保山市	1 854	21	111 971	60 983	－18.7
施甸县	436	6	12 924	10 224	－39
腾冲县	1 250	16	54 802	19 070	－8.7
龙陵县	733	7	32 146	26 791	－3.9
昌宁县	1 042	7	26 455	17 280	－26.8
德 宏 州	**6 538**	**107**	**204 456**	**154 448**	**－1**
瑞丽县	609	23	26 608	17 105	3.9
潞西市	3 150	35	60 591	41 354	－6.9
梁河县	297	14	22 165	17 866	1.3
盈江县	1 145	20	58 840	47 950	4.9
陇川县	1 337	15	36 251	30 173	－3.7
丽江地区	**8 513**	**51**	**104 625**	**52 890**	**－1.8**
丽江县	3 433	18	31 079	16 233	2.9
永胜县	3 469	10	26 980	12 294	－6.1
华平县	924	18	41 397	21 905	－5.3
宁蒗县	687	5	5 169	2 457	24.9
怒 江 州	**1 739**	**37**	**71 600**	**45 624**	**12.7**
泸水县	344	10	14 729	5 083	－7.8
福贡县	181	4	2 892	482	－59.1
贡山县	229	8	3 849	636	2.4
兰坪县	985	15	50 130	39 423	17.4
迪 庆 州	**563**	**16**	**28 002**	**12 651**	**0.7**
中甸县	360	8	24 345	11 795	4.5
德钦县	79	4	1 311	249	8.8
维西县	124	4	2 347	607	－22.2
临沧地区	**8 356**	**77**	**270 611**	**204 246**	**6.2**
临沧县	1 768	17	31 121	15 525	27.2
凤庆县	3 317	9	27 754	19 382	2.8
云 县	1 185	9	107 250	90 096	16.9
永德县	383	10	16 244	12 204	－15.8
镇康县	549	6	14 338	12 607	－21.8
双江县	373	5	12 511	8 503	－15.6
耿马县	457	13	43 153	31 455	－0.9
沧源县	324	8	18 240	14 473	27.2

注：本表工业总产值为全部工业企业，绝对数按当年价新规定计算，增减幅度按可比口径计算。

20－22 各县市全部国有及年产品销售收入500万元以上非国有工业企业单位数和总产值

（2000年按当年价新规定计算）

地　区	工　业 总产值 （万元）	国有企业		集体及股份合作制企业		其它企业	
		单位数 （个）	总产值 （万元）	单位数 （个）	总产值 （万元）	单位数 （个）	总产值 （万元）
全省合计	**10 633 561**	**1 144**	**6 793 820**	**431**	**1 050 345**	**549**	**2 789 396**
昆 明 市	**3 834 468**	**343**	**2 121 617**	**156**	**367 997**	**199**	**1 344 854**
五华区	216 228	45	66 013	20	66 388	15	83 827
盘龙区	350 500	47	227 864	14	22 121	13	100 515
官渡区	1 371 928	85	864 535	58	137 722	79	369 671
西山区	751 881	42	158 201	27	51 136	49	542 544
东川区	79 461	28	39 056	2	1 164	3	39 241
呈贡县	181 612	9	158 215	3	3 339	5	20 058
晋宁县	95 354	13	49 606	11	17 634	6	28 114
富民县	11 647	4	1 679	2	4 256	3	5 713
宜良县	83 090	17	74 372	4	5 568	2	3 150
石林县	55 871	12	2 137			3	53 735
嵩明县	30 967	13	13 564	1	1 683	4	15 720
禄劝县	5 403	4	5 403				
寻甸县	18 796	10	13 756	3	2 886	1	2 154
安宁市	581 731	14	447 218	11	54 101	16	80 413
曲 靖 市	**1 230 733**	**119**	**894 142**	**53**	**107 053**	**32**	**229 537**
麒麟区	560 391	34	444 049	10	19 479	6	96 864
马龙县	19 644	5	888	2	2 088	2	16 669
陆良县	70 142	13	22 708	7	21 923	12	25 512
师宗县	18 323	10	12 642	6	5 681		
罗平县	95 764	10	85 181	1	1 131	1	9 453
富源县	49 103	9	20 887	7	14 135	5	14 081
会泽县	143 123	12	133 422	5	9 701		
沾益县	144 948	12	73 080	4	4 909	6	66 960
宣威市	129 294	14	101 287	11	28 007		
玉 溪 市	**2 421 870**	**56**	**1 844 148**	**81**	**236 323**	**78**	**341 399**
红塔区	2 026 336	11	1 754 401	42	134 030	31	137 905
江川县	33 706	6	7 951	4	5 075	6	20 679
澄江县	71 682	4	5 526	10	33 919	11	32 237
通海县	91 292	6	13 822	12	39 002	9	38 468
华宁县	30 966	4	7 944	4	12 709	3	10 313
易门县	62 114	8	30 366	4	3 882	3	27 866
峨山县	24 357	6	6 799	4	6 746	4	10 813
新平县	37 493	4	1 303			6	36 190
元江县	43 925	7	16 038	1	960	5	26 928

地 区	工 业 总产值 （万元）	国有企业		集体及股份合作制企业		其它企业	
		单位数 （个）	总产值 （万元）	单位数 （个）	总产值 （万元）	单位数 （个）	总产值 （万元）
昭通地区	**318 601**	**60**	**193 171**	**12**	**15 845**	**8**	**109 585**
昭通市	193 445	17	157 363	2	1 293	2	34 790
鲁甸县	5 618	3	2 418	1	1 007	2	2 193
巧家县	10 138	6	5 344	2	4 794		
盐津县	2 110	4	1 372	1	738		
大关县	2 010	2	171	2	1 839		
永善县	1 131	6	456			1	675
绥江县	6 411	4	5 545	1	867		
镇雄县	8 351	5	5 575	1	1 113	1	1 664
彝良县	6 791	8	6 791				
威信县	4 294	3	1 987	1	903	1	1 404
水富县	78 301	2	6 149	1	3 293	1	68 859
楚 雄 州	**360 467**	**77**	**237 867**	**16**	**23 723**	**23**	**98 878**
楚雄市	263 457	24	178 563	1	1 904	16	82 989
双柏县	4 402	13	3 990	1	411		
牟定县	6 279	7	4 057	1	2 221		
南华县	7 835	4	1 561	1	1 208	1	5 066
姚安县	2 200	4	480	2	1 719		
大姚县	22 532	2	17 584	1	2 600	2	2 348
永仁县	1 374	5	692	1	682		
元谋县	6 497	7	3 537	1	2 960		
武定县	9 120	5	2 897	4	6 224		
禄丰县	36 773	6	24 505	3	3 794	4	8 474
红 河 州	**1 057 376**	**82**	**764 915**	**20**	**100 098**	**54**	**192 363**
个旧市	344 017	25	239 140	6	58 592	11	46 285
开远市	194 026	12	160 486	3	8 529	6	25 010
蒙自县	42 730	8	13 363	3	3 447	6	25 920
屏边县	8 065	3	876	2	7 189		
建水县	83 143	5	19 526	3	18 667	9	44 950
石屏县	9 124	3	1 755	1	2 282	2	5 087
弥勒县	318 546	7	299 174	1	819	8	18 553
泸西县	26 628	5	19 015	1	573	4	7 040
元阳县	8 612	3	4 502			2	4 110
红河县	5 250	3	1 088			1	4 162
金平县	10 973	2	1 946			3	9 027
绿春县	971	2	971				
河口县	5 294	4	3 074			2	2 220

地　区	工　业 总产值 （万元）	国有企业		集体及股份合作制企业		其它企业	
		单位数 （个）	总产值 （万元）	单位数 （个）	总产值 （万元）	单位数 （个）	总产值 （万元）
文 山 州	**144 554**	**41**	**83 864**	**6**	**12 516**	**22**	**48 175**
文山县	78 629	15	53 344	2	1 284	6	24 001
砚山县	15 831	9	10 933	1	586	3	4 312
西畴县	4 240	1	76			3	4 163
麻栗坡县	5 173					5	5 173
马关县	17 228	7	13 578			1	3 650
邱北县	4 321	3	3 352			1	968
广南县	8 692	2	2 239	2	2 035	2	4 419
富宁县	10 440	4	342	1	8 611	1	1 488
思茅地区	**187 298**	**87**	**105 292**	**11**	**36 775**	**12**	**45 230**
思茅市	36 197	17	19 099	2	2 790	5	14 307
普洱县	18 839	10	6 162	1	4 796	3	7 882
墨江县	14 497	9	10 051	2	4 446		
景东县	16 784	9	15 263	1	1 521		
景谷县	42 505	6	20 372			3	22 133
镇源县	11 028	11	6 959	2	3 161	1	908
江城县	6 467	5	1 687	1	4 780		
孟连县	10 339	4	929	1	9 410		
澜沧县	28 066	12	22 195	1	5 871		
西盟县	2 575	4	2 575				
西双版纳州	**56 955**	**39**	**23 372**	**5**	**25 890**	**4**	**7 693**
景洪市	17 417	17	12 359	1	658	2	4 401
勐海县	29 317	13	8 239	2	20 467	1	611
勐腊县	10 221	9	2 774	2	4 765	1	2 682
大 理 州	**416 974**	**22**	**242 102**	**16**	**27 059**	**44**	**147 813**
大理市	308 153	9	198 371	7	8 821	21	100 961
漾濞县	6 239					3	6 239
祥云县	50 049	3	36 441	5	13 608		
宾川县	4 878			1	1 870	2	3 008
弥渡县	6 751	1	20	1	637	3	6 095
南涧县	614					1	614
巍山县	4 348	1	1 304	2	2 123	1	920
永平县	2 644	4	2 129			1	515
云龙县	9 412	1	855			4	8 558
洱源县	10 651	2	1 680			3	8 971
剑川县	3 609					2	3 609
鹤庆县	9 626	1	1 302			3	8 323

（2000年按当年价新规定计算）

地区	工业总产值（万元）	国有企业		集体及股份合作制企业		其它企业	
		单位数（个）	总产值（万元）	单位数（个）	总产值（万元）	单位数（个）	总产值（万元）
保山地区	**134 347**	**17**	**23 912**	**20**	**32 213**	**20**	**78 222**
保山市	60 983	8	12 763	7	9 490	6	38 730
施甸县	10 224	2	3 084	3	3 617	1	3 522
腾冲县	19 070	2	519	8	10 080	6	8 472
龙陵县	26 791	2	4 923	2	9 026	3	12 842
昌宁县	17 280	3	2 624			4	14 656
德宏州	**154 448**	**89**	**116 540**	**8**	**8 821**	**10**	**29 088**
瑞丽县	17 105	20	14 045	2	2 029	1	1 031
潞西市	41 354	28	28 087	4	3 330	3	9 937
梁河县	17 866	14	17 866				
盈江县	47 950	14	31 826	2	3 462	4	12 662
陇川县	30 173	13	24 716			2	5 457
丽江地区	**52 890**	**26**	**14 100**	**10**	**11 582**	**15**	**27 208**
丽江县	16 233	12	7 960	2	1 380	4	6 894
永胜县	12 294	3	1 147	2	1 268	5	9 879
华平县	21 905	8	4 556	6	8 935	4	8 414
宁蒗县	2 457	3	436			2	2 022
怒江州	**45 624**	**25**	**11 809**	**5**	**8 656**	**7**	**25 159**
泸水县	5 083	8	2 595			2	2 488
福贡县	482	4	482				
贡山县	636	8	636				
兰坪县	39 423	5	8 097	5	8 656	5	22 670
迪庆州	**12 651**	**14**	**4 629**			**2**	**8 022**
中甸县	11 795	6	3 774			2	8 022
德钦县	249	4	249				
维西县	607	4	607				
临沧地区	**204 246**	**46**	**112 280**	**12**	**35 796**	**19**	**56 169**
临沧县	15 525	13	5 904	3	5 706	1	3 915
凤庆县	19 382	4	4 055			5	15 326
云县	90 096	6	78 971	1	4 140	2	6 986
永德县	12 204	6	947	2	5 325	2	5 933
镇康县	12 607	3	6 965	1	3 977	2	1 666
双江县	8 503	4	968			1	7 535
耿马县	31 455	7	14 362	4	12 284	2	4 810
沧源县	14 473	3	109	1	4 365	4	10 000

注：国有企业含国有联营和国有独资公司。

20－23　各县市主要工业产品产量

（2000 年）

地　区	原　煤（万吨）	发电量（万千瓦小时）	工业木材（万立方米）	白　酒（吨）	啤　酒（吨）	糖（吨）	水　泥（万吨）
全省合计	**2 215.61**	**3 174 567**	**89.15**	**216 821**	**158 675**	**1 522 548**	**1 642.80**
昆 明 市	**154.48**	**289 469**		**52 516**	**16 084**	**1 123**	**347.58**
五华区				2			
盘龙区		27 431		1 272			31.92
官渡区				1 408			11.51
西山区		92 146		435			91.91
东川区		4 420				1 123	12.19
呈贡县							4.91
晋宁县				23 366			21.43
富民县	1.40	12 280		3 002			8.74
宜良县	73.09	139 233		9 836			45.96
石林县	9.92	1 755		4 321			5.19
嵩明县	5.30			928	16 084		28.25
禄劝县		8 484		3 785			13.50
寻甸县	64.77	2 377		2 305			22.79
安宁市		1 343		1 856			49.28
曲 靖 市	**953.03**	**891 247**	**0.15**	**14 179**	**1 916**		**234.40**
麒麟区	139.67	33 530		16			18.69
沾益县	20.11	224 284			1 916		30.18
马龙县		566		1 277			13.71
陆良县		29 325		1 121			84.40
师宗县	89.59	11 272	0.15	2 557			27.90
罗平县	20.00	291 670		2 402			4.80
富源县	414.12	23 453		900			11.48
会泽县	2.00	173 234		1 865			7.70
宣威市	267.54	103 913		4 041			35.54
玉 溪 市	**56.91**	**113 043**	**0.44**	**8 443**		**192 939**	**336.14**
红塔区		319	0.36	894			122.00
江川县	5.07			640			20.11
澄江县		39 980		112			28.29
通海县		1 979		2 937			47.86
华宁县	14.90	14 972	0.08	252		5 012	22.39
易门县		3 327		1 642			26.80
峨山县	36.05	1 193		1 107		6 953	29.35
新平县	0.45	15 845		374		87 137	11.12
元江县	0.44	35 428		485		93 837	28.22

地区	原煤（万吨）	发电量（万千瓦小时）	工业木材（万立方米）	白酒（吨）	啤酒（吨）	糖（吨）	水泥（万吨）
昭通地区	**121.84**	**82 277**	**2.72**	**15 740**		**14 485**	**73.68**
昭通市	17.00	904	0.01	1 534		500	16.15
鲁甸县		3 843		123			11.35
巧家县	1.72	4 733	0.14	494		9 979	5.10
盐津县	14.46	3 027		1 721			3.46
大关县	1.21	9 225	0.99	1 110			4.06
永善县	1.00	2 626		257		3 843	1.83
绥江县	9.44	1 947		76			6.14
镇雄县	45.00	18 998		4 801			15.70
彝良县	12.00	24 532	0.67	1 702			1.80
威信县	18.39	11 097	0.59	3 278			8.09
水富县	1.62	1 345	0.32	644		163	
楚雄州	**95.45**	**42 691**	**2.46**	**19 232**	**12 254**	**11 975**	**43.52**
楚雄市	6.10	4 523		1 565			3.67
双柏县	0.60	15 286	0.97	1 383		735	2.20
牟定县				883			
南华县	19.13	795		391	12 254		
姚安县		411		3 406			0.10
大姚县	0.60	3 539	0.04	2 656			
永仁县		2 903		2 471			0.93
元谋县		3 472		1 126		11 240	11.54
武定县		6 390		1 831			3.23
禄丰县	69.03	5 372	1.45	3 520			21.85
红河州	**544.13**	**466 995**	**6.87**	**30 207**	**25 889**	**96 875**	**135.46**
个旧市		33 807	0.94	2 231			28.74
开远市	436.28	330 343		6 575	23 000	8 408	44.40
蒙自县	1.00	1 322	1.93	3 935	2 889	10 915	5.40
屏边县		19 690	1.19	1 322		1 800	
建水县	12.03	937	0.25	735		10 779	18.50
石屏县	3.81	6 413	1.48	1 450		6 639	10.63
弥勒县	35.29	18 125	0.06	10 873		33 808	11.23
泸西县	55.72	21 337	0.05	568			13.76
元阳县		4 475	0.19	679		8 970	
红河县		4 523	0.10	1 067		15 556	
金平县		8 893	0.27	772			2.80
绿春县		4 065	0.10				
河口县		8 065	0.31				

(2000年)

地区	原煤（万吨）	发电量（万千瓦小时）	工业木材（万立方米）	白酒（吨）	啤酒（吨）	糖（吨）	水泥（万吨）
文山州	**38.35**	**127 141**	**1.68**	**39 931**		**11 485**	**55.54**
文山县	7.98	47 376	0.36	3 746		6 811	13.60
砚山县	12.87	1 247	0.14	7 281			16.26
西畴县		5 973	0.42	6 296			14.23
麻栗坡县		12 807	0.72	2 035			
马关县	5.07	14 370		2 313		2 046	1.85
丘北县	0.25	29 893		7 909			3.91
广南县	0.95	12 783		3 396		2 628	3.28
富宁县	11.23	2 692	0.04	6 955			2.41
思茅地区	**47.75**	**48 925**	**52.11**	**3 839**	**4 300**	**189 198**	**59.65**
思茅市		5 533	17.42	120	4 300		9.27
普洱县	8.30	4 086	5.12	693			25.56
墨江县		4 706	1.40	717		11 003	4.31
景东县	2.92	1 850	4.64	1 263		30 045	5.07
景谷县	3.42	19 491	15.57	70		39 830	6.56
镇沅县	5.49	827	6.15	154		5 304	3.34
江城县	0.15	1 567	0.39	552		15 927	
孟连县	1.25	6 327	0.20			30 901	0.04
澜沧县	26.22	3 442	1.15	200		51 463	5.50
西盟县		1 096	0.07	70		4 725	
西双版纳州	**2.71**	**35 872**		**61**		**140 469**	**17.41**
景洪市	0.77	24 352		61		6 334	12.73
勐海县	1.40	8 034				104 692	
勐腊县	0.54	3 486				29 443	4.68
大理州	**77.58**	**204 242**	**2.51**	**13 154**	**54 525**	**16 229**	**186.65**
大理市		125 266		88	54 525		119.80
漾濞县		44 441		722			
祥云县	39.06			2 396			23.24
宾川县	10.85	5 901		2 078		3 154	7.00
弥渡县	12.41	455		1 499			11.00
南涧县		1 272		385			
巍山县				2 976			8.20
永平县	2.95	3 829	0.25	500			1.03
云龙县		4 801	2.26	483			1.20
洱源县	0.18	5 419		965			5.70
剑川县	7.43	6 982		245			7.60
鹤庆县	4.70	5 876		817		13 075	1.88

地　区	原　煤（万吨）	发电量（万千瓦小时）	工业木材（万立方米）	白　酒（吨）	啤　酒（吨）	糖（吨）	水　泥（万吨）
保山地区	**21.69**	**74 751**	**10.86**	**4 726**	**25 326**	**199 139**	**39.78**
保山市	7.81	67 359		485	25 326	53 944	21.66
施甸县		754	0.91	660		30 832	1.73
腾冲县		2 376	8.11	1 750		12 144	6.36
龙陵县	0.92	1 653	0.34	643		44 206	1.87
昌宁县	12.96	2 609	1.50	1 188		58 013	8.16
德 宏 州	**10.16**	**63 595**	**2.44**	**4 008**		**331 895**	**42.59**
瑞丽市	2.46	1 984	0.12	3 275		33 161	9.25
潞西市	3.68	31 381		440		74 983	20.72
梁河县	2.72	2 395	0.45	163		50 671	
盈江县		23 990	1.24	68		88 350	12.62
陇川县	1.30	3 845	0.63	62		84 730	
丽江地区	**71.68**	**51 511**		**3 296**	**408**	**7 823**	**27.53**
丽江县	5.18	24 650		1 021	408		11.35
永胜县	2.30	5 213		1 668		7 823	9.30
华坪县	60.50	13 639		141			5.38
宁蒗县	3.70	8 009		466			1.50
怒 江 州	**0.50**	**13 775**	**3.20**	**335**		**1.55**	
泸水县	0.50	4 241	1.89	77		1.55	
福贡县		1 286	0.66	41			
贡山县		845	0.53	32			
兰坪县		7 403	0.12	185			
迪 庆 州		**54 485**	**2.80**	**2 077**			**1.67**
中甸县		50 453	2.80	1 157			1.07
德钦县		1 421					
维西县		2 611		920			0.60
临沧地区	**19.36**	**614 548**	**1.12**	**5 078**	**17 973**	**308 913**	**39.65**
临沧县	7.91	11 650	0.43	711		13 602	1.23
凤庆县	1.61	6 529		1 700		26 635	13.52
云　县		576 720		727	17 973	38 578	2.37
永德县	0.88	3 689	0.08	776		35 800	3.98
镇康县		3 822		161		36 617	2.36
双江县	1.39	3 311	0.31	855		25 718	
耿马县	4.20	5 127	0.30	39		91 716	8.15
沧源县	3.37	3 700		109		40 247	8.04

20－24 各县市全部国有及年产品销售收入500万元以上非国有独立核算工业企业主要财务指标

（2000年）

单位:万元

地 区	资 产 总 计	负 债 合 计	所 有 者权益 合 计	产 品 销 售 收 入	利 润 总 额	利 税 总 额
全省合计	**23 102 178**	**12 806 247**	**10 295 931**	**10 589 075**	**697 503**	**3 331 326**
昆 明 市	**8 431 353**	**4 872 107**	**3 559 246**	**3 766 918**	**114 540**	**716 978**
五华区	432 927	262 956	169 971	199 146	6 924	38 446
盘龙区	1 492 338	791 289	701 049	342 372	24 124	67 693
官渡区	2 037 931	825 939	1 211 992	1 264 615	27 473	431 846
西山区	1 681 889	1 019 067	662 822	811 668	30 877	68 253
东川区	102 407	94 223	8 184	73 838	－ 7 929	－ 3 963
呈贡县	263 127	177 006	86 121	177 759	12 132	17 697
晋宁县	338 565	283 737	54 828	97 764	－ 8 624	－ 1 895
富民县	26 116	16 334	9 782	14 382	－ 342	500
宜良县	272 757	195 556	77 201	89 702	9 253	17 352
石林县	65 275	32 644	32 632	50 161	3 067	5 927
嵩明县	48 020	32 895	15 125	30 999	1 126	3 621
禄劝县	21 651	17 455	4 195	5 289	－ 6	446
寻甸县	45 528	35 689	9 839	20 131	－ 941	634
安宁市	1 602 824	1 087 318	515 506	589 093	17 406	70 422
曲 靖 市	**2 840 762**	**1 799 599**	**1 041 163**	**1 241 635**	**72 276**	**368 882**
麒麟区	963 122	497 082	466 040	584 666	78 347	314 459
马龙县	28 395	14 778	13 617	19 218	－ 780	1 248
陆良县	170 604	107 674	62 930	71 715	－ 1 385	4 174
师宗县	50 880	41 591	9 289	19 480	－ 1 071	372
罗平县	158 135	86 596	71 539	102 541	3 450	8 624
富源县	175 389	117 222	58 167	51 808	690	3 681
会泽县	240 995	130 921	110 074	134 602	9 263	31 781
沾益县	559 175	434 625	124 550	140 255	－ 1 254	10 890
宣威市	494 068	369 109	124 959	117 350	－ 14 985	－ 6 346
玉 溪 市	**4 616 083**	**1 265 209**	**3 350 873**	**2 417 881**	**350 832**	**1 495 463**
红塔区	3 673 914	561 140	3 112 774	2 016 599	358 345	1 477 495
江川县	74 560	54 132	20 428	32 680	－ 2 191	－ 388
澄江县	217 448	170 392	47 056	69 642	－ 1 758	1 419
通海县	152 454	92 592	59 862	89 086	3 707	8 390
华宁县	71 471	61 260	10 211	29 901	－ 862	1 293
易门县	184 806	123 488	61 318	73 620	－ 961	1 938
峨山县	78 114	73 712	4 401	25 206	－ 3 866	－ 1 648
新平县	94 774	71 983	22 791	42 627	－ 1 896	2 563
元江县	68 544	56 511	12 033	38 521	312	4 402

地 区	资产总计	负债合计	所有者权益合计	产品销售收入	利润总额	利税总额
昭通地区	**734 665**	**343 700**	**390 965**	**307 299**	**25 925**	**115 681**
昭通市	325 709	131 086	194 623	190 525	9 053	91 542
鲁甸县	23 334	14 726	8 608	5 685	－528	－175
巧家县	20 510	19 088	1 421	9 551	10	647
盐津县	7 830	5 932	1 898	1 940	51	188
大关县	11 183	10 675	508	2 099	56	251
永善县	4 114	3 156	958	1 150	－31	45
绥江县	9 844	8 726	1 117	2 153	43	193
镇雄县	23 029	17 744	5 285	7 666	－221	172
彝良县	20 857	14 471	6 386	8 060	708	1 399
威信县	12 408	13 004	－595	4 822	－261	63
水富县	275 848	105 091	170 757	73 649	17 044	21 356
楚雄州	**782 105**	**537 745**	**244 360**	**356 143**	**6 302**	**97 147**
楚雄市	496 562	339 481	157 081	262 211	6 822	90 066
双柏县	27 613	24 825	2 788	4 398	－629	－220
牟定县	25 374	28 145	－2 771	6 955	－1 958	－1 531
南华县	22 606	15 878	6 729	7 735	－422	574
姚安县	6 467	4 335	2 132	2 785	91	372
大姚县	44 440	30 789	13 651	19 839	1 823	2 814
永仁县	5 575	3 285	2 290	1 909	44	199
元谋县	18 770	18 377	393	7 337	－477	393
武定县	18 665	14 306	4 359	7 804	357	877
禄丰县	116 033	58 326	57 708	35 171	651	3 605
红河州	**1 918 386**	**1 218 754**	**699 632**	**1 099 167**	**59 680**	**260 645**
个旧市	662 631	398 766	263 865	390 365	9 664	33 753
开远市	515 201	344 005	171 197	180 476	2 221	13 199
蒙自县	68 717	53 895	14 822	35 194	－385	2 194
屏边县	8 772	6 107	2 665	5 877	－179	492
建水县	158 012	103 148	54 864	89 616	10 002	15 690
石屏县	20 983	15 424	5 559	9 304	－232	276
弥勒县	305 812	156 608	149 204	319 217	36 517	188 982
泸西县	95 393	80 000	15 393	38 433	1 705	3 237
元阳县	26 208	19 559	6 649	7 363	－184	328
红河县	19 698	15 212	4 485	4 991	246	591
金平县	18 334	12 213	6 121	11 671	912	2 101
绿春县	4 981	3 223	1 759	1 256	－66	56
河口县	13 644	10 595	3 049	5 403	－542	－253

地区	资产总计	负债合计	所有者权益合计	产品销售收入	利润总额	利税总额
文山州	**311 820**	**244 467**	**67 353**	**154 505**	**11 626**	**28 395**
文山县	167 062	131 130	35 932	91 995	9 904	21 036
砚山县	32 902	26 280	6 623	14 871	－551	680
西畴县	12 304	7 097	5 207	4 613	260	849
麻栗坡县	10 879	6 944	3 935	4 994	－42	264
马关县	37 047	32 256	4 792	16 935	987	2 178
邱北县	3 710	2 447	1 263	4 172	169	316
广南县	32 537	29 105	3 432	7 428	－425	273
富宁县	15 379	9 209	6 170	9 498	1 323	2 798
思茅地区	**633 522**	**486 927**	**146 595**	**180 377**	**3 213**	**22 725**
思茅市	141 744	101 119	40 625	34 456	1 258	5 605
普洱县	46 831	32 908	13 923	17 652	513	2 583
墨江县	31 936	25 248	6 688	13 889	1 373	2 280
景东县	31 154	30 082	1 072	17 449	370	2 669
景谷县	240 555	152 861	87 694	40 919	2 211	6 315
镇源县	28 963	32 764	－3 800	10 041	－2 119	－1 122
江城县	14 617	15 582	－965	6 309	127	634
孟连县	13 877	10 849	3 028	9 551	1 070	2 104
澜沧县	67 994	70 616	－2 622	27 804	－994	1 793
西盟县	15 852	14 899	952	2 307	－595	－134
西双版纳州	**182 450**	**128 599**	**53 851**	**59 785**	**369**	**7 084**
景洪市	89 413	61 929	27 485	18 969	－45	2 879
勐海县	61 091	32 079	29 012	30 134	2 726	5 582
勐腊县	31 946	34 592	－2 646	10 682	－2 312	－1 377
大理州	**864 233**	**535 307**	**328 926**	**409 220**	**20 197**	**118 952**
大理市	579 002	353 194	225 808	281 518	11 981	100 099
漾濞县	68 391	50 510	17 881	5 560	－202	469
祥云县	62 865	47 739	15 126	70 919	4 805	10 210
宾川县	12 262	8 698	3 564	4 589	595	1 015
弥渡县	9 970	8 587	1 383	7 082	209	689
南涧县	1 458	972	486	583	65	99
巍山县	5 489	3 533	1 956	3 686	143	425
永平县	59 838	23 578	36 261	2 321	383	713
云龙县	13 476	8 896	4 580	9 646	20	736
洱源县	17 177	7 366	9 810	10 721	1 094	2 218
剑川县	12 552	6 704	5 848	3 554	573	931
鹤庆县	21 753	15 529	6 223	9 042	533	1 349

地区	资产总计	负债合计	所有者权益合计	产品销售收入	利润总额	利税总额
保山地区	**306 508**	**236 191**	**70 318**	**137 074**	**3 763**	**17 379**
保山市	156 235	106 818	49 417	63 996	5 931	12 616
施甸县	20 157	28 140	－ 7 983	10 074	－ 1 657	－ 712
腾冲县	41 053	39 621	1 432	18 771	－ 1 711	－ 197
龙陵县	58 177	36 440	21 737	27 007	283	3 003
昌宁县	30 887	25 172	5 715	17 228	918	2 669
德宏州	**403 458**	**332 943**	**70 515**	**153 619**	**－ 1 344**	**12 718**
瑞丽县	35 360	26 948	8 412	18 304	－ 3	1 710
潞西市	155 808	103 836	51 972	41 284	－ 1 481	2 008
梁河县	39 629	43 119	－ 3 490	18 393	－ 554	1 480
盈江县	128 004	112 731	15 273	46 276	－ 1 066	2 973
陇川县	44 657	46 310	－ 1 653	29 362	1 760	4 547
丽江地区	**205 494**	**149 807**	**55 687**	**53 583**	**19**	**5 748**
丽江县	99 641	72 067	27 574	17 560	1 352	3 458
永胜县	47 928	36 510	11 418	10 986	－ 902	98
华平县	45 145	35 273	9 871	23 316	－ 318	2 171
宁蒗县	12 780	5 957	6 824	1 721	－ 113	21
怒江州	**107 810**	**64 807**	**43 003**	**44 139**	**4 424**	**9 164**
泸水县	20 721	10 603	10 119	4 925	9	535
福贡县	3 738	1 975	1 763	355	－ 58	－ 21
贡山县	3 926	2 697	1 229	840	127	230
兰坪县	79 426	49 533	29 893	38 019	4 346	8 420
迪庆州	**60 060**	**40 552**	**19 507**	**8 896**	**－ 1 037**	**242**
中甸县	49 619	33 970	15 649	8 190	－ 622	538
德钦县	936	266	669	167	－ 3	9
维西县	9 505	6 316	3 189	539	－ 411	－ 305
临沧地区	**692 328**	**541 077**	**151 251**	**197 926**	**27 018**	**54 394**
临沧县	101 890	62 712	39 178	15 674	2 266	5 126
凤庆县	53 278	37 528	15 750	18 271	403	2 200
云县	341 015	246 219	94 796	89 529	23 518	38 424
永德县	45 503	49 011	－ 3 509	9 996	－ 152	990
镇康县	29 836	36 194	－ 6 358	10 695	－ 1 062	－ 54
双江县	17 106	14 003	3 103	8 656	512	1 475
耿马县	78 188	69 941	8 247	31 944	1 216	4 768
沧源县	25 514	25 469	45	13 162	318	1 465

20－25 各县市全部国有及年产品销售收入500万元以上非国有独立核算工业企业主要经济效益指标

（2000年）

单位：%

地　区	资　产 负债率	每百元固定资产原价实现利税	总资产 贡献率	资　本 保　值 增值率	成本费用 利润率	每百元 销售收入 实现利润
全省合计	**55.43**	**23.63**	**16.35**	**106.40**	**8.39**	**6.59**
昆明市	**57.79**	**14.98**	**10.18**	**102.45**	**3.42**	**3.04**
五华区	60.74	15.02	10.69	99.13	3.66	3.48
盘龙区	53.02	10.12	5.61	90.80	8.23	7.05
官渡区	40.53	37.70	22.19	107.30	2.89	2.17
西山区	60.59	9.02	5.78	109.31	3.89	3.80
东川区	92.01	－6.28	－1.41	40.68	－9.86	－10.74
呈贡县	67.27	9.17	8.98	101.07	7.28	6.82
晋宁县	83.81	－1.16	0.28	81.52	－8.09	－8.82
富民县	62.55	2.51	2.94	88.18	－2.32	－2.38
宜良县	71.70	6.55	9.54	111.34	10.94	10.32
石林县	50.01	14.74	10.60	104.60	6.42	6.11
嵩明县	68.50	11.35	8.95	94.68	3.65	3.63
禄劝县	80.62	3.10	3.21	78.46	－0.14	－0.10
寻甸县	78.39	2.14	3.17	152.68	－4.28	－4.68
安宁市	67.84	6.18	6.89	106.82	3.08	2.95
曲靖市	**63.35**	**16.55**	**15.51**	**107.66**	**7.41**	**5.82**
麒麟区	51.61	54.82	35.10	122.91	22.61	13.40
马龙县	52.04	8.76	5.64	110.97	－3.65	－4.06
陆良县	63.11	3.70	3.88	98.40	－1.88	－1.93
师宗县	81.74	0.80	3.49	97.28	－5.16	－5.50
罗平县	54.76	3.12	8.22	57.85	4.31	3.36
富源县	66.84	3.37	3.24	172.21	1.29	1.33
会泽县	54.33	12.20	14.74	92.10	9.51	6.88
沾益县	77.73	2.42	5.60	95.61	－0.88	－0.89
宣威市	74.71	－1.65	0.11	131.71	－10.74	－12.77
玉溪市	**27.41**	**91.82**	**33.48**	**109.59**	**28.06**	**14.51**
红塔区	15.27	146.95	41.37	109.60	42.77	17.77
江川县	72.60	－0.76	0.99	88.32	－6.18	－6.70
澄江县	78.36	1.12	2.01	85.52	－2.37	－2.52
通海县	60.73	9.49	7.12	102.03	4.35	4.16
华宁县	85.71	2.73	3.03	95.03	－2.83	－2.88
易门县	66.82	1.49	2.56	217.38	－1.24	－1.30
峨山县	94.37	－2.76	0.24	37.56	－13.27	－15.34
新平县	75.95	3.78	5.37	97.09	－4.34	－4.45
元江县	82.44	8.37	9.10	187.55	0.85	0.81

地　区	资产负债率	每百元固定资产原价实现利税	总资产贡献率	资本保值增值率	成本费用利润率	每百元销售收入实现利润
昭通地区	**46.78**	**21.08**	**16.52**	**82.53**	**11.46**	**8.44**
昭通市	40.25	31.46	30.14	101.63	7.23	4.75
鲁甸县	63.11	－1.44	2.55	202.34	－8.55	－9.29
巧家县	93.07	3.52	7.40	109.94	0.10	0.10
盐津县	75.76	2.81	5.63	102.60	2.76	2.63
大关县	95.46	2.64	4.30	72.28	2.85	2.68
永善县	76.71	1.60	2.31	75.36	－2.51	－2.69
绥江县	88.65	2.11	1.77	91.75	2.06	2.01
镇雄县	77.05	0.74	4.07	110.94	－2.78	－2.88
彝良县	69.38	8.30	9.72	102.85	9.60	8.79
威信县	104.80	0.62	3.51		－5.10	－5.41
水富县	38.10	14.35	7.12	65.34	29.52	23.14
楚雄州	**68.76**	**16.98**	**14.80**	**119.64**	**2.13**	**1.77**
楚雄市	68.37	24.73	20.19	113.20	3.43	2.60
双柏县	89.90	－0.89	－0.99	181.17	－12.67	－14.31
牟定县	110.92	－8.24	－1.32	－64.72	－22.23	－28.15
南华县	70.24	3.48	4.26	88.75	－4.89	－5.46
姚安县	67.03	7.93	7.68	98.72	3.21	3.28
大姚县	69.28	10.98	7.10	95.25	9.48	9.19
永仁县	58.92	4.94	5.45	88.63	2.50	2.29
元谋县	97.91	2.35	6.38	38.90	－5.82	－6.50
武定县	76.65	6.34	6.13	173.10	5.02	4.57
禄丰县	50.27	4.33	4.93	195.75	1.82	1.85
红河州	**63.53**	**17.58**	**15.81**	**110.53**	**6.37**	**5.43**
个旧市	60.18	7.35	7.02	131.35	2.59	2.48
开远市	66.77	2.81	3.91	87.56	1.16	1.23
蒙自县	78.43	4.61	5.22	101.19	－1.04	－1.09
屏边县	69.62	11.23	8.63	105.86	－2.90	－3.04
建水县	65.28	17.00	12.50	103.69	12.42	11.16
石屏县	73.51	1.48	4.29	123.09	－2.37	－2.50
弥勒县	51.21	71.06	65.72	115.08	21.44	11.44
泸西县	83.86	4.66	5.23	100.76	4.33	4.44
元阳县	74.63	1.57	3.38	209.03	－2.30	－2.50
红河县	77.23	4.59	8.79		5.27	4.92
金平县	66.61	23.69	18.07	82.13	9.63	7.81
绿春县	64.69	2.23	1.06	78.19	－4.78	－5.28
河口县	77.65	－2.45	2.50	73.40	－9.11	－10.02

地 区	资产负债率	每百元固定资产原价实现利税	总资产贡献率	资本保值增值率	成本费用利润率	每百元销售收入实现利润
文山州	**78.40**	**14.83**	**12.26**	**89.87**	**8.30**	**7.52**
文山县	78.49	23.74	15.75	100.89	12.16	10.77
砚山县	79.87	3.29	5.73	97.28	－3.57	－3.70
西畴县	57.68	8.02	11.44	102.90	6.00	5.64
麻栗坡县	63.83	4.74	2.58	105.27	－0.83	－0.83
马关县	87.07	8.07	9.66	40.26	6.19	5.83
邱北县	65.96	4.85	7.05	103.09	9.00	4.06
广南县	89.45	1.12	3.43	99.11	－5.35	－5.73
富宁县	59.88	34.15	21.21	86.50	16.32	13.93
思茅地区	**76.86**	**4.83**	**6.20**	**191.64**	**1.77**	**1.78**
思茅市	71.34	5.15	4.89	115.49	3.24	3.65
普洱县	70.27	7.22	7.59	101.92	2.86	2.91
墨江县	79.06	10.07	10.10	97.98	11.12	9.88
景东县	96.56	15.38	11.82	107.77	2.21	2.12
景谷县	63.55	3.52	4.92	464.20	5.90	5.40
镇源县	113.12	－5.03	0.92		－17.83	－21.10
江城县	106.60	5.45	9.47		2.09	2.01
孟连县	78.18	17.27	18.00	114.77	12.71	11.21
澜沧县	103.86	3.64	6.78		－3.49	－3.57
西盟县	93.99	－1.14	1.99	67.41	－20.45	－25.81
西双版纳州	**70.48**	**4.80**	**5.22**	**98.77**	**0.58**	**0.62**
景洪市	69.26	3.95	3.89	109.91	－0.20	－0.24
勐海县	52.51	11.67	10.40	97.64	9.53	9.05
勐腊县	108.28	－5.15	－0.34		－18.07	－21.64
大理州	**61.94**	**20.34**	**15.94**	**104.26**	**6.24**	**4.94**
大理市	61.00	21.94	18.82	97.85	5.86	4.26
漾濞县	73.85	5.22	6.66	548.63	－3.56	－3.63
祥云县	75.94	45.59	18.02	96.94	7.20	6.77
宾川县	70.94	8.82	10.02	115.93	14.92	12.97
弥渡县	86.13	8.20	10.14	120.70	3.04	2.95
南涧县	66.70	7.26	14.09		11.30	11.07
巍山县	64.37	12.87	9.51	99.51	4.01	3.87
永平县	39.40	5.49	1.42	98.30	21.70	16.51
云龙县	66.01	7.12	7.18	95.74	0.22	0.21
洱源县	42.89	12.39	15.52	155.00	11.32	10.20
剑川县	53.41	8.10	9.78	122.47	19.26	16.12
鹤庆县	71.39	6.77	6.83	90.33	6.24	5.89

地 区	资产负债率	每百元固定资产原价实现利税	总资产贡献率	资本保值增值率	成本费用利润率	每百元销售收入实现利润
保山地区	**77.06**	**7.69**	**8.76**	**108.19**	**2.86**	**2.75**
保山市	68.37	10.88	9.92	100.00	10.54	9.27
施甸县	139.61	－4.11	4.04		－14.20	－16.45
腾冲县	96.51	－0.68	2.98	26.06	－8.37	－9.11
龙陵县	62.64	7.46	8.02	166.02	1.06	1.05
昌宁县	81.50	11.37	15.60	177.38	5.54	5.33
德宏州	**82.52**	**4.18**	**7.31**	**219.17**	**－0.87**	**－0.88**
瑞丽县	76.21	5.94	6.36	112.57	－0.02	－0.02
潞西市	66.64	1.74	5.25	279.45	－3.36	－3.59
梁河县	108.81	4.26	8.04		－2.94	－3.01
盈江县	88.07	3.43	6.99	138.10	－2.27	－2.30
陇川县	103.70	11.76	14.01		6.44	6.00
丽江地区	**72.90**	**3.84**	**5.11**	**113.46**	**0.03**	**0.03**
丽江县	72.33	5.46	5.40	115.69	7.93	7.70
永胜县	76.18	0.26	2.67	88.01	－7.31	－8.21
华平县	78.13	5.95	8.20	109.83	－1.40	－1.37
宁蒗县	46.61	0.17	0.85	207.68	－6.40	－6.56
怒江州	**60.11**	**15.74**	**10.80**	**121.81**	**11.22**	**10.02**
泸水县	51.17	3.43	4.53	217.16	0.19	0.18
福贡县	52.84	－0.95	1.46	96.42	－13.55	－16.42
贡山县	68.70	6.46	9.86	142.52	13.40	15.16
兰坪县	62.36	22.86	12.81	106.93	13.08	11.43
迪庆州	**67.52**	**0.46**	**3.66**	**113.08**	**－10.53**	**－11.65**
中甸县	68.46	1.26	4.91	113.54	－7.13	－7.60
德钦县	28.47	0.97	1.02	71.82	－1.93	－2.03
维西县	66.45	－3.59	－3.72	125.70	－44.05	－76.25
临沧地区	**78.15**	**8.27**	**11.11**	**105.14**	**15.42**	**13.65**
临沧县	61.55	6.40	6.11	126.07	12.52	14.46
凤庆县	70.44	6.32	6.71	107.80	2.28	2.20
云 县	72.20	9.94	14.90	92.08	35.87	26.27
永德县	107.71	2.87	4.84		－1.50	－1.52
镇康县	121.31	－0.24	4.36		－9.21	－9.93
双江县	81.86	9.93	11.09	105.21	6.35	5.91
耿马县	89.45	7.29	10.26	2370.48	3.89	3.81
沧源县	99.82	7.78	9.31	13.23	2.46	2.41

20－26 各县市社会消费品零售总额

单位:万元

地区	1999 年	2000 年	地区	1999 年	2000 年
全省合计	**5 389 506**	**5 831 702**	**昭通地区**	**219 717**	**235 995**
昆明市	**2 174 606**	**2 395 307**	昭通市	59370	63 841
五华区	374 000	392 498	鲁甸县	9 024	9 647
盘龙区	678 105	839 318	巧家县	14 752	15 853
官渡区	591 406	592 430	盐津县	12 164	12 840
西山区	180 161	213 001	大关县	8 893	9 482
东川区	22 101	23 764	永善县	13 519	14 279
呈贡县	33 750	35 774	绥江县	5 063	5 476
晋宁县	32 636	33 013	镇雄县	32 589	35 587
富民县	24 409	23 063	彝良县	15 677	18 185
宜良县	40 530	42 403	威信县	16 190	17 354
石林县	30 958	34 178	水富县	32 476	33 451
嵩明县	38 855	35 751	**楚雄州**	**252 319**	**273 946**
禄劝县	14 053	16 102	楚雄市	106 332	118 731
寻甸县	25 601	29 365	双柏县	8 133	7 899
安宁市	88 042	84 647	牟定县	10 706	11 644
曲靖市	**441 892**	**473 336**	南华县	14 352	15 648
麒麟区	117 172	127 603	姚安县	12 573	13 345
马龙县	11 509	11 958	大姚县	17 024	18 419
陆良县	42 385	43 681	永仁县	6 803	7 616
师宗县	26 928	27 983	元谋县	12 211	12 946
罗平县	32 021	36 378	武定县	13 384	14 678
富源县	41 986	43 359	禄丰县	50 800	53 020
会泽县	37 866	40 944	**红河州**	**360 175**	**388 045**
沾益县	31 796	33 663	个旧市	80 535	85 099
宣威市	100 229	107 767	开远市	47 870	51 152
			蒙自县	37 198	41 838
玉溪市	**350 479**	**358 649**	屏边县	9 687	11 218
红塔区	132 460	138 459	建水县	40 685	43 574
江川县	29 890	30 284	石屏县	28 093	29 657
澄江县	23 706	23 417	弥勒县	37 527	40 365
通海县	34 648	35 452	泸西县	23 997	26 085
华宁县	17 952	19 091	元阳县	14 201	15 450
易门县	27 163	26 080	红河县	8 787	10 002
峨山县	22 085	21 523	金平县	13 188	13 980
新平县	28 632	27 684	绿春县	12 270	13 021
元江县	29 543	28 659	河口县	6 137	6 604

地 区	1999 年	2000 年	地 区	1999 年	2000 年
文 山 州	**247 555**	**270 672**	**保山地区**	**189149**	**207 056**
文山县	73 082	79 011	保山市	94 174	103 872
砚山县	31 993	36 404	施甸县	21 368	22 780
西畴县	14 506	15 662	腾冲县	36 021	40 739
麻栗坡县	18 976	20 405	龙陵县	17 508	18 602
马关县	27 746	30 600	昌宁县	20 078	21 063
丘北县	21 028	22 543			
广南县	23 099	25 950	**德 宏 州**	**162 271**	**166 178**
富宁县	37 126	40 098	瑞丽市	38 858	38 892
思茅地区	**190 447**	**204 305**	潞西市	60471	61 263
思茅市	59 714	62 997	梁河县	12 757	13 407
普洱县	18 824	21 273	盈江县	37 823	39 623
墨江县	17 303	20 336	陇川县	12 362	12 993
景东县	23 071	24 343	**丽江地区**	**87 641**	**92 916**
景谷县	21 571	23 347	丽江县	46 792	50 651
镇沅县	10 761	12 364	永胜县	17 139	17 317
江城县	8 983	9 193	华坪县	15 307	16 077
孟连县	7 539	7 832	宁蒗县	8 403	8 871
澜沧县	17 426	18 124	**怒 江 州**	**41 507**	**44 865**
西盟县	5 255	4 496	泸水县	15 067	18 436
西双版纳州	**127 072**	**133 018**	福贡县	6743	7 113
景洪市	78 023	80 733	贡山县	5 532	4 669
勐海县	22 505	23 985	兰坪县	13 756	14 647
勐腊县	26 544	28 301	**迪 庆 州**	**27 867**	**31 555**
大 理 州	**355 025**	**370 219**	中甸县	18 497	21 504
大理市	151 600	155 692	德钦县	3 594	3 635
漾濞县	7 309	7 936	维西县	5 776	6 416
祥云县	34 424	37 206			
宾川县	25 342	27 200	**临沧地区**	**139 428**	**151 434**
弥渡县	32 671	33 346	临沧县	34 791	41 409
南涧县	14 254	14 969	凤庆县	30 403	18 863
巍山县	22 923	23 197	云 县	20 729	22 641
永平县	13 294	14 436	永德县	13 680	16 384
云龙县	10 398	10 615	镇康县	10 571	10 574
洱源县	16 780	18 126	双江县	9 748	9 794
剑川县	10 568	10 680	耿马县	17 125	19 259
鹤庆县	16 042	16 816	沧源县	12 381	12 510

20－27 各县市限额以上批发零售贸易业商品购、销、存总额

（2000 年）　　　　单位：万元

地　区	商品购进总　额	商品销售总　额	商品库存总　额	地　区	商品购进总　额	商品销售总　额	商品库存总　额
全省合计	**9 878 101**	**11 837 427**	**2 135 649**	**昭通地区**	**334 130**	**435 850**	**136 481**
昆 明 市	**4 306 079**	**4 714 304**	**636 600**	昭通市	242 476	309 403	101 921
五华区	1 358 461	1 465 038	183 251	鲁甸县	10 299	18 950	3 295
盘龙区	1 021 220	1 205 201	222 527	巧家县	9 224	11 100	1 838
官渡区	1 269 344	1 312 411	126 005	盐津县	5 387	7 100	4 523
西山区	116 709	134 365	48 154	大关县	7 104	10 151	1 279
东川区	23 119	15 486	4 674	永善县	4 995	5 582	2 306
呈贡县	4 286	5 479	895	绥江县	5 771	6 975	803
晋宁县	23 297	26 143	3 894	镇雄县	29 368	41 218	19 031
富民县	29 966	32 324	678	彝良县	12 255	18 348	1 177
宜良县	34 977	44 273	3 719	威信县	6 436	6 161	275
石林县	58 833	67 209	4 683	水富县	815	862	33
嵩明县	20 505	29 755	4 105	**楚 雄 州**	**437 213**	**582 580**	**154 567**
禄劝县	25 072	30 172	3 027	楚雄市	270 167	413 325	139 575
寻甸县	28 342	37 642	7 100	双柏县	4 850	6 002	281
安宁市	291 949	308 808	23 889	牟定县	7 602	10 090	338
曲 靖 市	**838 357**	**1 180 165**	**299 024**	南华县	7 741	9 493	270
麒麟区	573 883	756 728	223 470	姚安县	7 307	9 569	273
马龙县	15 532	25 613	6 686	大姚县	9 996	13 655	2 131
陆良县	36 354	65 365	5 234	永仁县	3 241	4 368	159
师宗县	19 319	36 209	5 793	元谋县	21 500	23 516	2 062
罗平县	29 566	44 821	13 751	武定县	8 490	7 767	289
富源县	36 621	47 348	8 171	禄丰县	96 320	84 796	9 188
会泽县	20 845	28 502	4 499	**红 河 州**	**280 189**	**349 488**	**36 385**
沾益县	20 554	46 293	9 270	个旧市	29 587	34 398	6 548
宣威市	85 682	129 287	22 149	开远市	103 109	115 969	13 456
				蒙自县	12 590	18 427	1 009
玉 溪 市	**2 756 984**	**3 460 404**	**729 504**	屏边县	2 916	3 593	30
红塔区	2 583 804	3 203 380	712 359	建水县	33 897	44 940	3 939
江川县	25 787	40 912	2 432	石屏县	21 802	29 456	3 412
澄江县	22 646	33 467	1 903	弥勒县	31 901	43 695	1 304
通海县	27 265	39 742	3 363	泸西县	31 177	43 313	5 567
华宁县	25 177	36 083	521	元阳县	2 322	2 876	308
易门县	27 003	40 439	2 310	红河县	2 512	2 793	113
峨山县	16 427	25 295	1 810	金平县	3 718	4 556	316
新平县	19 516	28 357	3 213	绿春县	1 708	2 281	250
元江县	9 360	12 729	1 593	河口县	2 951	3 191	134

地 区	商品购进总额	商品销售总额	商品库存总额	地 区	商品购进总额	商品销售总额	商品库存总额
文山州	**92 920**	**107 870**	**7 683**	**保山地区**	**121 077**	**141 377**	**24 545**
文山县	58 275	62 810	2 941	保山市	78 023	91 273	15 797
砚山县	6 111	6 965	1 362	施甸县	13 747	12 681	2 003
西畴县	2 920	3 749	279	腾冲县	13 582	16 933	4 490
麻栗坡县	4 945	6 726	731	龙陵县	3 540	4 716	278
马关县	5 593	6 910	930	昌宁县	12 186	15 774	1 977
丘北县	6 795	10 678	819				
广南县	5 722	7 170	305	**德宏州**	**34 138**	**40 680**	**18 380**
富宁县	2 560	2 862	318	瑞丽市	2 419	2 340	3 222
思茅地区	**75 448**	**91 924**	**17 710**	潞西市	24 838	30 595	7 808
思茅市	41 441	52 863	9 873	梁河县	804	671	2 632
普洱县	9 809	11 887	1 120	盈江县	6 077	7 075	4 718
墨江县	4 808	5 521	734	陇川县			
景东县	4 880	6 543	870	**丽江地区**	**52 663**	**71 585**	**8 644**
景谷县	3 138	4 021	621	丽江县	28 338	42 690	5 086
镇沅县	2 639	2 157	1 017	永胜县	9 928	11 801	2 594
江城县	1 751	1 887	391	华坪县	11 551	13 528	724
孟连县				宁蒗县	2 846	3 567	240
澜沧县	6 981	7 047	3 085	**怒江州**	**21 776**	**24 451**	**3 304**
西盟县				泸水县	18 977	19 693	2 364
西双版纳州	**56 003**	**67 076**	**22 048**	福贡县	346	565	176
景洪市	40 025	47 308	12 099	贡山县			
勐海县	8 491	9 856	1 301	兰坪县	2 453	4 193	764
勐腊县	7 487	9 913	8 648	**迪庆州**	**12 824**	**14 866**	**1 578**
大理州	**398 967**	**481 812**	**33 051**	中甸县	12 824	14 866	1 578
大理市	294 523	355 591	17 039	德钦县			
漾濞县				维西县			
祥云县	22 892	30 877	6 483				
宾川县	18 114	25 192	1 426	**临沧地区**	**59 334**	**72 995**	**6 148**
弥渡县	5 821	6 407	835	临沧县	37 168	46 077	4 204
南涧县	8 605	13 132	190	凤庆县	4 196	6 471	347
巍山县	12 108	12 494	76	云 县	4 887	5 177	218
永平县	7 151	7 739	590	永德县	3 082	3 450	246
云龙县				镇康县	1 938	2 193	152
洱源县	20 656	20 353	5 272	双江县	1 754	2 484	163
剑川县	3 226	3 716	485	耿马县	4 945	5 868	681
鹤庆县	5 871	6 310	655	沧源县	1 364	1 275	137

20－28 各县市社会农副产品收购总额和农业生产资料销售额

（2000年）

单位：万元

地 区	社会农副产品收购总额	农业生产资料销售总额	农业商品率	地 区	社会农副产品收购总额	农业生产资料销售总额	农业商品率
全省合计	**2 636 063**	**811 355**	**38.7**	**昭通地区**	**96 371**	**31 750**	**21.4**
昆 明 市	**545 532**	**248 909**	**64**	昭通市	18 156	8 631	23.6
五华区	44 162	132 118		鲁甸县	7 677	3 831	20.7
盘龙区	49 606	51 077		巧家县	9 420	1 962	19.8
官渡区	168 243	6 523		盐津县	3 844	2 367	11.8
西山区	42 360	806	87.4	大关县	2 930	491	11.8
东川区	6 620	4 710	26.7	永善县	3 286	2 625	8.6
呈贡县	6 035	2 425	10.9	绥江县	1 851	517	14.9
晋宁县	20 468	3 399	31.7	镇雄县	25 245	6 171	26.2
富民县	17 606	3 309	50.1	彝良县	5 362	198	12.1
宜良县	61 545	13 314	45.7	威信县	5 330	2 745	17.6
石林县	27 542	8 162	42.8	水富县	13 270	2 212	
嵩明县	26 087	6 580	38.4	**楚 雄 州**	**161 683**	**60 303**	**31.7**
禄劝县	15 032	6 080	13.1	楚雄市	43 130	13 697	42.4
寻甸县	22 120	8 300	32.2	双柏县	6 479	5 846	25.5
安宁市	38 105	2 107	82.9	牟定县	8 341	3 752	20.4
曲 靖 市	**391 199**	**102 307**	**43.3**	南华县	12 998	3 776	29.7
麒麟区	132 296	12 861		姚安县	10 393	3 515	23.1
马龙县	11 155	6 623	33.5	大姚县	17 176	5 449	37.7
陆良县	37 281	17 248	26.1	永仁县	4 700	1 582	22.1
师宗县	28 457	7 640	41.7	元谋县	15 659	5 931	35.4
罗平县	27 877	12 702	32.6	武定县	6 414	4 973	15
富源县	28 034	13 643	23.9	禄丰县	36 393	11 782	36.7
会泽县	17 372	10 150	24	**红 河 州**	**209 580**	**72 921**	**35.6**
沾益县	27 277	7 945	30.6	个旧市	24 590	2 354	63
宣威市	81 450	13 495	41.7	开远市	17 938	23 512	36.4
				蒙自县	21 006	5 143	36.1
玉 溪 市	**211 470**	**48 929**	**47.9**	屏边县	4 520	1 612	22.5
红塔区	43 267	17 454	75.1	建水县	26 436	9 957	30.7
江川县	19 035	4 246	26.9	石屏县	19 982	5 035	25.1
澄江县	20 866	3 245	68.2	弥勒县	38 910	9 372	48
通海县	20 193	3 377	31.2	泸西县	24 067	7 110	54.5
华宁县	19 099	3 350	39.9	元阳县	5 953	1 378	17.9
易门县	18 235	2 828	46.7	红河县	7 896	1 947	25.6
峨山县	18 433	4 502	59.7	金平县	4 850	2 091	13.9
新平县	28 221	6 082	54.1	绿春县	4 939	1 204	27.8
元江县	24 121	3 845	50.7	河口县	8 493	2 206	61.1

地 区	社会农副产品收购总额	农业生产资料销售总额	农业商品率	地 区	社会农副产品收购总额	农业生产资料销售总额	农业商品率
文 山 州	**128 706**	**28 218**	**32.1**	**保山地区**	**124 644**	**47 226**	**27.7**
文山县	32 764	5 950	59.3	保山市	45 142	26 336	27
砚山县	34 152	1 258	77.8	施甸县	19 012	4 514	30.6
西畴县	7 579	3 292	24.6	腾冲县	25 992	6 458	26.5
麻栗坡县	8 310	5 121	21.8	龙陵县	11 910	4 359	23
马关县	12 043	4 286	28.4	昌宁县	22 588	5 559	31.7
丘北县	14 429	2 523	32.2				
广南县	10 827	2 545	11.6	**德 宏 州**	**101 992**	**22 884**	**54.4**
富宁县	8 602	3 243	16.7	瑞丽市	21 057	3 056	74.3
思茅地区	**132 355**	**32 494**	**44.6**	潞西市	22 892	11 213	43.1
思茅市	19 770	5 794	72.7	梁河县	12 817	1 246	61.7
普洱县	14 099	6 390	53	盈江县	23 181	3 812	46.6
墨江县	10 323	5 725	33	陇川县	22 045	3 557	62.3
景东县	17 513	2 266	29.9	**丽江地区**	**38 024**	**11 391**	**24.8**
景谷县	19 614	2 302	51.2	丽江县	18 487	3 724	32.3
镇沅县	7 935	3 136	32.5	永胜县	8 949	3 149	18.2
江城县	12 484	1 341	66.3	华坪县	5 555	3 366	20.6
孟连县	11 572	1 396	74.4	宁蒗县	5 034	1 152	25.2
澜沧县	15 801	3 476	31.6	**怒 江 州**	**9 762**	**2 600**	**19.6**
西盟县	3 245	667	50.2	泸水县	4 701	1 270	27.1
西双版纳州	**178 557**	**11 301**	**69.2**	福贡县	1 218	274	13.4
景洪市	98 677	4 149	87.6	贡山县	617	186	8.9
勐海县	28 428	5 010	45.9	兰坪县	3 226	870	19.7
勐腊县	51 452	2 142	61.5	**迪 庆 州**	**9 811**	**1 449**	**21.1**
大 理 州	**189 736**	**61 730**	**24.5**	中甸县	6 872	521	36.3
大理市	34 408	20 465	35.6	德钦县	691	114	10.1
漾濞县	3 388	1 977	21	维西县	2 248	814	10.9
祥云县	32 744	3 915	31				
宾川县	18 978	6 484	13.4	**临沧地区**	**106 641**	**25 295**	**29.8**
弥渡县	26 204	2 387	43.7	临沧县	14 739	2 458	34.6
南涧县	20 580	3 149	37.9	凤庆县	17 966	3 675	32.1
巍山县	14 178	3 325	21.3	云 县	13 787	3 711	20.7
永平县	9 727	1 576	22.5	永德县	9 459	4 063	22.3
云龙县	5 575	1 937	12.8	镇康县	6 442	1 943	21.5
洱源县	10 907	12 588	13.9	双江县	6 329	2 192	24.5
剑川县	4 998	1 017	15.9	耿马县	27 059	5 250	41.8
鹤庆县	8 048	2 910	22.6	沧源县	10 860	2 003	36.4

附录一、香港特别行政区主要社会经济指标

MAIN SOCIAL AND ECONOMIC INDICATORS OF HONG KONG SPECIAL ADMINISTRATIVE REGION

附录 1－1　主要统计指标概览

项　　目		1990 年	1996 年	1997 年	1998 年	1999 年
人口及生命统计						
年中人口@	(人)	570.5	648.4	656.4	664.6	672.1
粗出生率@	(‰)	12.0	9.8	9.0	8.0	7.6
粗死亡率@	(‰)	5.2	5.0	4.8	4.9	5.0
劳工						
劳动人口@	(万人)	274.8	318.2	326.4	330.6	334.2
劳动人口参与率	(%)	63.2	61.6	61.2	61.1	60.9
失业率@	(%)	1.3	2.8	2.2	4.7	6.3
就业不足率@	(%)	0.9	1.7	1.2	2.5	3.0
选定行业的就业人数@	(人)					
(i) 制造业		751 000	495 600	450 700	385 600	359 400
(ii) 建筑业		22 600	277 900	308 400	309 500	289 200
(iii) 批发、零售、进出口贸易、饮食及酒店业		703 200	912 700	968 000	961 600	941 300
(iv) 运输、仓库及通讯业		268 400	341 400	349 700	353 000	342 700
(v) 金融、保险、地产及商用服务业		208 600	363 400	405 000	411 600	437 600
(vi) 社区、社会及个人服务业		511 800	667 100	679 500	701 300	736 300
实际工资指数	(1992 年 9 月＝100)	100.1	102.8	104.5	104.4	108.9
对外贸易						
进口	(百万港元)	642 530	1 535 582	1 615 090	1 429 092	1 392 718
港产品出口	(百万港元)	225 875	212 160	211 410	188 454	170 600
转口	(百万港元)	413 999	1 185 758	1 244 539	1 159 195	1 178 400
贸易价格比率指数	(1990 年＝100)	100	99.7	100.4	101.6	100.8
工业生产						
工业生产指数	(1986 年＝100)	122.8	121.5	120.6	100.1	103.1
工业电力耗用	(万亿焦耳)	24 934	19 934	18 965	18 489	17 547
工业煤气耗用	(万亿焦耳)	583	918	911	888	914
经销贸易业、运输业、服务业						
增加价值	(百万港元)					
批发业		9 484	16 100	15 760	13 076	N.A.
零售业		20 484	38 491	38 409	26 368	N.A.
进出口贸易业		87 979	222 922	232 828	206 548	N.A.
运输及有关服务		37 004	70 444	71 596	73 816	N.A.
仓库、通讯、财务(银行除外)及商用服务业		32 017	81 476	100 836	84 565	N.A.
土地、楼宇、建筑						
建筑工程完成名义总值	(百万港元)	61 308	116 290	131 500	133 316	126 437
获批准可动工兴建						
私人居住单位	(个)	27 365	22 113	40 962	33 843	44 323
送达土地注册处登记的						
文件涉及的价值	(百万港元)					
楼宇及地段买卖合约		108 370	517 767	937 806	364 612	287 010
楼宇转让契约		108 527	412 420	790 408	348 352	300 059
地段转让契约		21 420	38 098	93 750	24 311	35 670

项目	1990 年	1996 年	1997 年	1998 年	1999 年
房屋					
新落成房屋委员会租住单位①（个）	32 619	14 946	17 917	9 759	31 806
新落成居者有其屋计划的居住单位①②（个）	9 802	13 188	12 040	3 320	13 778
运输、通讯、旅游					
进出香港货运车辆（辆）	4 733 529	8 191 994	8 543 130	8 543 123	8 874 750
进出香港货物					
总卸下（千吨）	60 757	119 689	127 223	126 414	128 186
总装上（千吨）	29 968	75 272	80 913	78 999	81 645
货柜吞吐量③(千标准货柜单位)			(14 386)		
领牌车辆（辆）	370 160	475 115	500 228	500 673	503 974
电话线（千条）	2 447	3 402	3 624	3 708	3 809
访港旅客（万人次）	658.1	1 170.3	1 040.6	957.5	1 067.8
酒店入住率（%）	79	88	76	76	79
政府收支、货币、金融 （百万港元）					
政府收入总额①	89 524	208 358	218 226	216 115	232 995
政府开支及证券投资总额①	85 557	182 680	194 360	239 356	223 043
货币供应(定义三)#					
港币④	571 215	1 520 461	1 670 379	1 826 233	1 922 962
外币⑤	716 813	1 091 176	1 155 230	1 296 112	1 438 843
总计	1 288 028	2 611 636	2 825 609	3 122 345	3 361 805
在港使用的贷款及垫款#	689 368	1 637 191	2 037 278	1 960 371	1 819 792
港币汇率指数⑥（贸易总值加权）（1983 年 11 月=100）	107.9	125.0	130.3	137.5	134.2
消费物价指数 (1994 年 10 月至 1995 年 9 月=100)					
综合消费物价指数	64.8	108.3	114.7	117.9	113.2
甲类消费物价指数	65.4	107.9	114.1	117.0	113.2
乙类消费物价指数	64.9	108.4	114.7	117.9	112.4
丙类消费物价指数⑦	63.6	108.7	115.3	118.9	114.5
教育					
日校小学学生人数（人）	524 919	466 507	461 911	476 802	491 851
日校中学学生人数（人）	431 381	465 658	458 118	455 872	453 465
教资会资助院校学生人数（人）	57 824	85 550	86 202	84 538	83 754
医疗卫生					
死亡登记人数（人）	29 201	32 049	32 079	32 680	33 387 *
死于心脏病人数（人）	4 976	4 844	4 806	5 060	5 169 *
死于癌症人数（人）	8 669	10 134	10 373	10 691	10 922 *
婴儿死亡率(按每千名登记活产婴儿计算)	5.9	4.0	4.0	3.2	3.2 *
社会福利					
综合社会保障援助①					
个案数目⑧（个）	66 675	166 720	195 645	232 819	228 015
发放款项（百万港元）	960.1	7 127.8	9 441.3	13 028.7	13 623.4
公共福利金①					
个案数目⑧（个）	444 517	510 091	517 865	526 742	535 452
发放款项（百万港元）	2 159.8	4 041.6	4 420.2	4 737.3	4 883.3
交通意外伤亡援助①					
获批个案数目（个）	5 310	5 558	5 655	5 809	5 797

附录 1－1　续表 2

项　　目		1990 年	1996 年	1997 年	1998 年	1999 年
发放款项	（百万港元）	49.9	122.8	137.4	164.8	133.6
治安						
举报罪案合计	（件）	88 300	79 050	67 367	71 962	76 771
暴力罪案总计	（件）	18 820	15 191	13 749	14 682	15 705
被捕人数总计	（人）	44 013	47 157	41 714	40 422	40 745
国内生产总值⑨						
以固定(1990 年)价格计算						
支出法国内生产总值						
年增长率	（%）	3.4	4.5	5.0	－5.1 #	3.0 #
国内生产总值	（百万港元）	582 549	789 753	829 017	786 426 #	810 225 #
按人口平均计算的						
国内生产总值@	（港元）	102 121	121 795	126 294	118 338 #	120 557 #
以现价计算						
支出法国内生产总值						
年增长率	（%）	11.2	10.7	11.1	－4.3 #	－2.7 #
国内生产总值	（百万港元）	582 549	1 191 890	1 323 862	1 266 840 #	1 232 239 #
按人口平均计算的						
国内生产总值@	（港元）	102 121	183 812	201 679	190 628 #	183 350 #
生产法国内生产总值						
	（百万港元）	589 060	1 192 656	1 318 035	1 244 965 #	N.A
国民生产总值⑩						
以现价计算的国民生产总值	（百万港元）	－	1 192 078	1 334 337	1 295 602 #	1 259 515 #
按人口平均计算的						
国民生产总值@	（港元）	－	183 841	203 275	194 956 #	187 408 #
对外要素收益流动净值总计	（百万港元）	－	188	10 475	28 762	27 276 #
国际收支平衡表						
经常帐⑾	（百万港元）	－	－	－	22 474	72 026
资本及金融帐⑾	（百万港元）	－	－	－	－30 347	－76 215
净误差及遗漏	（百万港元）	－	－	－	7 873	4 189
整体的国际收支	（百万港元）				－53 754 （赤字）	74 140 （盈余）

注：①数字是以相应的财政年度为根据。例如 1996 年的数字代表 1996 至 1997 财政年度数字。

②不包括私人机构参建居屋计划。

③1998 年开始，一系列新的货柜吞吐量数字已经开始编制。为方便比较，按新系列编制的 1997 年数字于括号内展示。

④所列数字已包括外币掉期存款。

⑤所列数字已扣除外币掉期存款。《中华人民共和国香港特别行政区基本法》说明，港币是香港特别行政区的法定货币。外币指港币以外的其他货币，因而人民币亦视作外币。

⑥数字是电汇或现钞收市中间兑换价年内平均数。

⑦至 1996 年 6 月，此数列称“恒生消费物价指数”。

⑧于财政年度终结时的数字。

⑨香港特别行政区出版物中称为“本地生产总值”。

⑩香港特别行政区出版物中称为“本地居民生产总值”。 ⑾经常帐差额的正数显示盈余而负数显示赤字。在资本和金融帐方面，正数显示正资金流入而负数显示流出。由于对外资产的增加是属于借方帐目而减少则属于贷方帐目，因此负数的储备资产变动净值显示储备资产的增加，而正数则显示减少。

－　不适用。

*　临时数字。

#　日后会作出修订。

N.A 没有数字。

@自 2000 年 8 月，“居住人口”方法已取代“广义时点”方法以编制人口估计。追溯至 1996 年的修订人口数字已编制。载于本表内的人口及与人口有关由 1996 年起的数字，已作出相应修订。

附录 1－2　按区议会分区划分的香港地区面积

单位：平方公里

区议会分区	1990 年	1997 年	1998 年	1999 年	2000@年
总计	**1 075**	**1 096**	**1 097**	**1 098**	**1 098**
香港岛					
中西区	12	13	13	13	12
湾仔	10	10	10	10	10
东区	19	19	19	19	19
南区	39	39	39	39	39
小计	80	80	80	80	80
九龙及新九龙					
九龙城	10	10	10	10	10
观塘	11	11	11	11	11
旺角	1	–	–	–	–
深水土步	8	9	9	9	9
黄大仙	9	9	9	9	9
油尖	3	–	–	–	–
油尖旺①	–	7	7	7	7
小计	43	47	47	47	47
新界					
离岛	163	175	175	175	175
北区	137	137	137	137	137
西贡	134	135	136	136	136
沙田	69	69	69	69	69
大埔	147	147	147	147	147
荃湾	60	61	61	61	61
葵青	21	22	22	22	22
屯门	83	84	84	84	84
元朗	138	138	138	138	138
小计	952	969	970	971	971

注：1993 年以前的数字是当年 12 月的数据，而 1993 年至 1996 年的数字是当年 3 月底的数据。1997 年的数字则是 6 月份的数据。1998 年、1999 年和 2000 年的数字则是 5 月份的数据。

①旺角区与油尖区于 1994 年 10 月 1 日合并成油尖旺区。

@根据 1999 年区议会选举界线计算。

附录1－3　土地用途分布情况

单位:平方公里

类　　别	1990年	1996年	1997年	1998年	1999年
已发展土地①					
商业	1	2	2	2	2
住宅②	39	43	43	44	45
租住公共屋村③	9	14	14	14	14
工业④	9	11	11	11	11
游憩用地	14	16	16	17	17
政府、团体和社区设施	16	18	18	20	21
空置发展区⑤	34	43	41	39	27
道路/铁路⑥	22	27	29	31	33
临时房屋区	2	1	1	1	1
其他用途⑦	2	2	2	2	13
未建设土地①⑧					
林地⑨	220	220	220	220	220
草地和灌木地⑩	519	519	519	519	519
荒地、沼泽和红树林⑾	44	44	44	44	44
耕地⑿	69	62	62	61	59
鱼塘⒀	17	15	15	14	14
临时搭建物/牧场	13	12	12	11	11
水塘	26	26	26	26	26
其它用途⒁	19	20	20	21	21
总计	**1 075**	**1 095**	**1 096**	**1 097**	**1 098**

注:①指大约面积。

②包括所有住宅区(租住公共屋村和临时房屋区除外)。由1992年起,数字并不包括居屋计划/私人参建居屋计划屋苑。

③由1992年起,数字包括居屋计划/私人参建居屋计划屋苑。

④包括仓库和储存库。

⑤包括正在进行建筑工程的土地。

⑥包括行车天桥和铁路用地。

⑦包括机场。

⑧包括根据郊野公园条例划定为郊野公园及特别用途的土地,面积达415平方公里,作为保护野生动植物及康乐用地。

⑨天然和人工植林地

⑩天然草地和灌木地。

⑾全无草木的土地或花岗岩地,包括沿岸咸水沼泽和红树地。

⑿可耕地,包括耕作中和休耕的果园和农园。

⒀饲养淡水鱼和半咸淡水鱼,不包括沿岸海鱼养殖场。

⒁包括坟场、火葬场、铁场和石矿场等。

附录1－4　人口主要指标

项　　目	1990年	1996年	1997年	1998年	1999年
年中人口①　　（万人）	570.5	648.4	656.4	664.6	672.1
粗出生率①　　（‰）	12.0	9.8	9.0	8.0	7.6
粗死亡率①　　（‰）	5.2	5.0	4.8	4.9	5.0
婴儿死亡率　　（‰）	6.2	4.1	3.9	3.2	3.1
自然增长率①　　（‰）	6.8	4.8	4.2	3.0	2.7
总和生育率①②③	1 272	1 161	1 087	985	974
登记结婚数　　（对）	47 168	37 045	37 593	31 673	31 287
获颁发离婚令数　　（对）	5 551	9 473	10 492	13 129	13 408
出生时平均预期寿命①(岁)					
男	74.6	76.2	76.4	76.9	77.2
女	80.3	81.8	82.0	82.2	82.4

注:①自2000年8月,“居住人口”方法已取代“广义时点”方法以编制人口估计。追溯至1996年的修订人口数字已编制。1996年起的统计数字为根据新方法编制的数据,因此不能与之前的数字作严格比较。

②按每千名15岁至49岁女性人口计算。

③此数字是以没有包括女性外籍家庭佣工的人口作分母编制。

附录1－5　劳动人口及失业状况

项　　目	1990年	1996年	1997年	1998年	1999年
劳动人口数目　　（万人）	274.8	318.2	326.4	330.6	334.2
男	174.8	194.3	197.4	197.1	196.4
女	100.0	123.8	129.0	133.4	137.9
就业人数　　（万人）	271.2	309.3	319.2	315.0	313.3
失业人数　　（万人）	3.7	8.9	7.3	15.5	20.9
失业率　　（%）	1.3	2.8	2.2	4.7	6.3

注:自2000年8月,“居住人口”方法已取代“广义时点”方法以编制人口估计。追溯至1996年的修订人口数字已编制。载于本表内与人口有关由1996年起的统计数字,已作出相应修订,但修订的幅度则有限。

附录 1－6　按行业划分的就业人数

单位:人

行　　业	1990 年	1996 年	1997 年	1998 年	1999 年
制造业	751 000	495 600	450 700	385 600	359 400
建筑业	226 000	277 900	308 400	309 500	289 200
批发、零售、进出口贸易、 饮食及酒店业	703 200	912 700	968 000	961 600	941 300
运输、仓库及通讯业	268 400	341 400	349 700	353 000	342 700
金融、保险、地产及商用服务业	208 600	363 400	405 000	411 600	437 600
社区、社会及个人服务业	511 800	667 100	679 500	701 300	736 300
其他	42 700	34 800	30 300	27 500	26 700
总计	**2 711 500**	**3 093 000**	**3 191 500**	**3 150 100**	**3 133 000**

注:有关就业统计数字,可分别按“综合住户统计调查”及“就业及空缺按季统计调查”的结果编制。此两套数字用于反映有关就业情况时,各有优点和局限。上表载列了“综合住户统计调查”的估计数字,是由于其包括的就业人口范围较全面。再者,个别人士,包括有多过一份工作的职位持有者,都只计算一次。但“综合住户统计调查”的就业估计数字有一个主要局限,就是被访者有困难准确地提供其本身所属行业的资料,尤以制造业员工为甚。随着香港制造业机构将部分工序移往中国内地,这些机构在香港的传统运作模式已有改变。就一些已将大部分工序移往中国内地的机构而言,他们应归类为进出口贸易业。不过,由于有关机构的员工,尤其是技师及技工级等员工,未必全部都能清楚理解这个统计分类上的改变,有些被访者仍认为他们是属于制造业而非进出口贸易业,因而使“综合住户统计调查”的有关制造业估计就业人数有高估的现象。

自 2000 年 8 月,“居住人口”方法已取代“广义时点”方法以编制人口估计。追溯至 1996 年的修订人口数字已编制。载于本表内与人口有关由 1996 年起的统计数字,已作出相应修订,但修订的幅度则有限。

附录 1－7　国 内 生 产 总 值

年 份	国内生产总值①(按现价计算)		国内生产总值与上年比较的实际增长%②	人均国内生产总值(按现价计算)③	
	(亿港元)	(亿美元)		(港元)	(美元)
1988	4 550	583	8	80 855	10 358
1989	5 239	672	2.6	92 128	11 811
1990	5 825	748	3.4	102 121	13 111
1991	6 685	860	5.1	116 223	14 956
1992	7 793	1 007	6.3	134 357	17 357
1993	8 975	1 160	6.1	152 087	19 660
1994	10 109	1 308	5.4	167 493	21 674
1995	10 771	1 392	3.9	174 972	22 618
1996	11 919	1 541	4.5	183 812	23 767
1997	13 239	1 710	5.0	201 679	26 050
1998④	12 668	1 636	－5.1	190 628	24 613
1999④	12 322	1 588	3.0	183 350	23 634

注:①香港特别行政区出版物中称为“本地生产总值”。②增长率是按固定(1990 年)价格计算的国内生产总值计算而得。

③自 2000 年 8 月,“居住人口”方法已取代“广义时点”方法以编制人口估计。追溯至 1996 年的修订人口数字已编制。与人口有关由 1996 年起的统计数字,已作出相应修订。

④估计数字在日后得到更多资料时会作出修订。

附录 1－8　生产法国内生产总值①

单位:百万港元

经　济　活　动	1990 年	1996 年	1997 年	1998＊年
农业及渔业	**1 432**	**1 444**	**1 464**	**1 530**
工业	**141 394**	**175 127**	**181 184**	**179 390**
采矿及采石业	210	311	272	303
制造业	98 352	82 769	80 049	73 080
电力、燃气及水务业	12 612	26 989	29 212	33 548
建筑业	30 220	65 058	71 650	72 459
服务业	**416 620**	**953 642**	**1 050 386**	**1 001 507**
批发、零售、进出口贸易、饮食及酒店业	140 722	301 277	313 270	283 919
运输、仓库及通讯业	52 927	111 087	112 829	109 452
金融、保险、地产及商用服务业	113 127	284 119	322 618	302 491
社区、社会及个人服务业	81 328	198 967	220 451	234 990
楼宇业权	59 257	147 547	171 383	170 974
非直接计算的金融中介服务调整	－30 741	－89 356	－90 164	－100 319
以生产面编制的本地生产总值（以要素成本计算）	**559 446**	**1 130 212**	**1 233 034**	**1 182 427**
生产及入口税	**29 614**	**62 443**	**85 001**	**62 538**
以生产面编制的本地生产总值（以市价计算的）	**589 060**	**1 192 656**	**1 318 035**	**1 244 965**
以开支面编制的本地生产总值（以市价计算）	**582 549**	**1 191 890**	**1 323 862**	**1 266 840**
统计差额	**1.1%**	**0.1%**	**－0.4%**	**－1.7%**

注:①香港特别行政区出版物中称为“以生产面编制的本地生产总值”。

＊数字在日后得到更多资料时会作出修订。

附录 1－9　支出法国内生产总值①

单位:百万港元

国内生产总值组成部份	1990 年	1996 年	1997 年	1998＊年	1999＊年
以现价计算					
私人消费开支②	330 459	722 098	798 450	766 887	742 214
政府消费开支②	43 283	104 385	113 749	117 863	121 297
国内固定资本形成总额	153 776	372 327	444 963	387 241	316 123
存货增减	5 728	9 762	12 313	－11 271	－3 574
货物出口(离岸价)	639 874	1 397 917	1 455 949	1 347 649	1 349 000
减:货物进口(到岸价)	645 200	1 539 851	1 619 468	1 432 423	1 395 521
服务输出	142 321	296 188	298 176	267 393	277 056
减:服务输入	87 692	170 936	180 270	176 499	174 356
支出法国内生产总值	**582 549**	**1 191 890**	**1 323 862**	**1 266 840**	**1 232 239**
按人口平均计算的国内生产总值③(港元)	**102 121**	**183 812**	**201 679**	**190 628**	**183 350**
以固定(1990 年)价格计算					
私人消费开支②	330 459	471 766	501 015	467 632	472 625
政府消费开支②	43 283	60 162	61 629	62 021	64 151
本地固定资本形成总额	153 776	270 146	304 569	285 210	234 785
存货增减	5 728	9 608	10 927	－14 899	－8 713
货物出口(离岸价)	639 874	1 322 954	1 404 124	1 343 716	1 392 823
减:货物进口(到岸价)	645 200	1 430 864	1 533 705	1 424 031	1 425 939
服务输出	142 321	218 000	217 818	203 365	216 222
减:服务输入	87 692	132 019	137 360	136 588	135 729
支出法国内生产总值	**582 549**	**789 753**	**829 017**	**786 426**	**8 100 225**
按人口平均计算的国内生产总值③(港元)	**102 121**	**121 795**	**126 294**	**118 338**	**120 557**

注:①香港特别行政区出版物中称为“以开支面编制的本地生产总值”。

②由于医院管理局的成立,前补助医院所属统计分类有所改变。由 1992 年开始,前补助医院的消费开支由私人消费开支转归政府消费开支。

③自 2000 年 8 月,“居住人口”方法已取代“广义时点”方法以编制人口估计。追溯至 1996 年的修订人口数字已编制。与人口有关由 1996 年起的统计数字,已作出相应修订。

＊数字在日后得到更多资料时会作出修订。

附录 1－10　香港国际收支平衡表

单位：百万港元

标准组成部分①	1998 年 #	1999 年 #
经常帐②	**22 474**	**72 026**
货物	－60 667	－24 501
服务	66 743	80 660
收益	28 762	27 276
经常转移	－12 364	－11 409
资本及金融帐②	**－30 347**	**－76 215**
资本转移	－18 452	－13 765
直接投资	－17 016	24 615
有价证券投资	171 052	250 472
金融衍生工具	25 374	95 475
其他投资	－245 059	－358 872
储备资产（变动净值）③	53 754	－74 140
净误差及遗漏	**7 873**	**4 189**
整体的国际收支	**－53 754** （赤字）	**74 140** （盈余）

注：①根据国际收支平衡表的核算常规，某标准组成部分的净贷方数字以正数显示，而净借方则以负数显示。

②经常帐差额的正数显示盈余而负数则显示赤字。在资本及金融帐方面，正数显示净资金流入而负数则显示净资金流出。　由于对外资产的增加是属于借方帐目而减少则属贷方帐目，因此负数的储备资产变动净值显示储备资产的增加，而正　数则显示减少。

③在国际收支平衡架构下储备资产变动净值的估计是指交易数字。因计价方式改变（包括价格变动及汇率变动）及分类重组所导致的影响并不包括在内。

#日后会作出修订。

附录 1－11　电力、煤气、水消费量

用　　途	1990 年	1996 年	1997 年	1998 年	1999 年
电力　（万亿焦耳）					
住宅	19 037	29 194	28 937	32 793	31 400
商业	41 582	64 465	67 849	73 857	76 028
工业	24 934	19 934	18 965	18 489	17 547
街灯	248	287	311＋	307	312
出口往中国内地	6 470	1 910	2 014	2 197	2 279
总计	92 271	115 790	118 077＋	127 643	127 566
煤气　（万亿焦耳）					
住宅	7 596	11 986	12 465	12 519	13 064
商业	6 877	10 085	10 529	10 536	10 709
工业	583	918	911	888	914
总计	15 056	22 989	23 906	23 943	24 687
水　（百万立方米）	**873**	**928**	**913**	**916**	**911**

注："＋"修订数字。

附录 1－12 工业生产指数

（1986年＝100）

工业组别/组别内选定工业	1990年	1996年	1997年	1998年	1999年
所有制造业	**122.8**	**121.5**	**120.6**	**110.1**	**103.1**
食品、饮品及烟草制品业	142.0	159.0	158.3	143.9	141.6
服装制品业(鞋类除外)	113.0	109.7	105.6	99.2	99.2
纺织制品业(包括针织)	114.5	103.8	106.4	95.1	89.9
纸品及印刷业①	181.5	264.2	269.7	248.8	224.9
化学产品、橡胶制品、塑胶制品及非金属矿产制品业	89.8	63.1	63.9	55.5	47.2
塑胶制品业	76.3	36.2	34.1	27.4	22.3
基本金属及金属制品业	113.0	85.2	80.4	72.3	58.1
金属制品业(机械及设备除外)	110.5	81.1	76.8	63.1	49.7
电器及电子制品、机械、专业设备及光学用品制造业	148.8	170.3	166.0	154.7	151.7
电器及电子制品制造业	132.5	103.4	93.4	81.0	78.8
机械、设备、仪器及零件制造业	164.0	274.6	294.2	298.7	301.5
其他产品制造业	104.3	82.6	84.3	74.4	65.7

注：由1992年第一季开始，工业生产指数的工业组别及组别内选定工业，是根据香港标准行业分类(HSIC)组成。较早时期的工业生产指数亦经过重新编制，方便与1992年及以后的统计数字作比较。

①由1996年开始，纸品及印刷业的数字亦包括了从事出版而不负责自行印刷的机构。

*临时数字。

附录 1－13 按楼宇种类划分的新落成私人楼宇

年份	住宅楼宇		商住两用楼宇			商业楼宇	
	楼宇数目(栋)	实用楼面面积(千平方米)	楼宇数目(栋)	实用楼面面积(千平方米)		楼宇数目(栋)	实用楼面面积(千平方米)
				住宅	非住宅		
1990	457	761	130	606	94	50	284
1996	608	429	97	302	67	65	353
1997	328	416	81	180	90	57	451
1998	453	536	59	294	80	61	792
1999	303	524	115	672	235	50	371

附录 1－13　续表

年份	工业楼宇		其他用途楼宇			总　　计		
	楼宇数目（栋）	实用楼面面积（千平方米）	楼宇数目（栋）	实用楼面面积(千平方米)		楼宇数目（栋）	实用楼面面积(千平方米)	
				住宅	非住宅		住宅	非住宅
1990	60	660	148	0	388	845	1 367	1 426
1996	51	426	165	38	218	986	769	1 065
1997	43	392	295	116	204	804	712	1 137
1998	45	399	189	45	380	807	875	1 652
1999	26	195	146	99	482	640	1 295	1 283

附录 1－14　按楼宇种类划分的获批准可动工兴建私人楼宇

年份	住宅楼宇		商住两用楼宇			商业楼宇	
	楼宇数目（栋）	实用楼面面积（千平方米）	楼宇数目（栋）	可用楼面面积(千平方米)		楼宇数目（栋）	可用楼面面积（千平方米）
				住宅	非住宅		
1990	412	704	128	391	72	106	1 000
1996	778	532	174	419	94	84	912
1997	712	1 107	148	502	99	72	500
1998	869	937	107	471	70	37	326
1999	244	777	98	881	91	16	196

附录 1－14　续表

年份	工业楼宇		其他用途楼宇			总　　计		
	楼宇数目（栋）	实用楼面面积（千平方米）	楼宇数目（栋）	实用楼面面积(千平方米)		楼宇数目（栋）	实用楼面面积(千平方米)	
				住宅	非住宅		住宅	非住宅
1990	85	1 049	212	0	610	943	1 095	2 731
1996	45	530	166	107	376	1 247	1 058	1 912
1997	41	462	189	23	259	1 162	1 631	1 320
1998	35	69	180	64	201	1 228	1 472	667
1999	18	85	113	34	126	489	1 693	498

附录 1－15 按类型划分的永久性屋宇单位数量(3 月底的数字)

年 份	总 计	公营租住单位①	补助出售单位①	私人住宅单位②
1990	1 681 100	648 800	115 400	916 900
1996	2 004 900	708 200	211 300	1 085 400
1997	2 021 800	703 400	224 000	1 094 400
1998	2 060 100	708 000	239 300	1 112 800
1999	2 104 500	705 800	270 300	1 128 400

注:①香港特别行政区政府以优惠条件提供土地及拨款,以便兴建单元住宅,并以低于市场价格的定价,出租或出售给有需要的家庭。家庭入息低于指定入息限额的家庭,即有资格申请这些单位。公营租住单位所采用的入息限额,是较各类补助出售单位所用的为低。

②由私人发展商建造的单元住宅。

附录 1－16 按居处租住权划分的家庭住户数目

单位:户

项 目	1981 年	1986 年	1991 年	1996 年
总计①	**1 237 643**	**1 445 689**	**1 580 072**	**1 853 248**
自置	345 026	506 926	673 067	824 184
全租	545 158	657 818	719 954	842 236
合租	68 910	85 274	63 683	62 733
二房东	48 634	24 353	12 209	9 205
三房客	145 382	73 570	41 505	28 424
免租	30 534	31 486	16 969	22 631
由雇主提供	53 999	66 262	52 685	63 835

注:①数字不包括住在船上的家庭住户。

附录 1－17 进出香港货物

单位:千吨

项　　目	1990 年	1996 年	1997 年	1998 年	1999 年
卸下					
空运	353	734	840	775	841
水运①	52 268	100 928	107 513	106 851	106 305
海运①	46 242	86 694	91 950	90 104	88 621
河运①	6 026	14 235	15 563	16 747	17 684
道路运输	6 287	17 343	18 333	18 465	20 747
铁路运输②	1 850	684	537	324	293
总计	60 757	119 689	127 223	126 414	128 186
装上					
空运	449	830	947	854	1 133
水运①	23 028	56 371	61 716	60 319	62 533
海运①	19 766	39 145	41 351	37 378	39 601
河运①	3 262	17 226	20 365	22 941	22 932
道路运输	6 125	17 817	18 075	17 688	17 806
铁路运输②	367	255	175	138	173
总计	29 968	75 272	80 913	78 999	81 645

注:①水运包括海运及河运。自 1993 年开始,海运的定义已修订为于内河航限以外操作的船只运输,而河运的定义则已修订为仅于内河航限以内操作的船只运输。因此,1993 年以后的数字不能与之前的数字作严格比较。

②数字不包括家畜。

附录 1－18 按主要货物装卸地点划分的货柜吞吐量

单位:千标准货柜单位

项　　目	1990 年	1996 年	1997 年		1998 年	1999 年
货柜吞吐量	5 101	13 460	14 567	(14 386)	14 582	16 211
货柜码头						
由船卸下						
载货货柜	1 290	3 328	3 708	(3 698)	3 432	3 584
空货柜	540	819	856	(856)	1 214	1 251
装上船						
载货货柜	1 859	4 148	4 474	(4 558)	4 470	5 072
空货柜	142	391	451	(451)	439	389
货柜码头以外						
经远洋轮船						
由船卸下						
载货货柜	544	1 401	1 374	(1 326)	1 258	1 360
空货柜	120	224	258	(258)	200	182
装上船						
载货货柜	464	1 220	1 270	(1 063)	874	1 037
空货柜	72	201	253	(253)	309	259
经内河船只						
由船卸下						
载货货柜	26	406	439	(439)	599	765
空货柜	11	475	545	(545)	582	885
装上船						
载货货柜	21	601	666	(666)	856	983
空货柜	12	248	272	(272)	349	444

注:1998 年开始,一系列新的货柜吞吐量数字已经开始编制。为方便比较,按新系列编制的 1997 年数字于括号内展示。标准货柜单位是 20 英尺 X 8 英尺 X 8 英尺的标准货柜为根据。

附录 1－19 通 讯 服 务

项 目	1990 年	1996 年	1997 年	1998 年	1999 年
邮递服务					
信件邮件(百万件物品)	868	1 175	1 273	1 257	1 269
包裹 (千件)	1 996	1 678	1 425	1 125	1 027
电话服务①(千条操作线路)					
住宅	1 626	2 028	2 098	2 159	2 190
商用	821	1 374	1 526	1 549	1 649
总计	2 447	3 402	3 624	3 708	3 839
图文传真①(千条操作线路)	**107**	**308**	**343**	**360**	**384**
对外电话通讯量(千分钟)					
拨出②③	694 504	1 737 513	1 738 236	1 718 519	2 550 112
拨入④	612 863	1 844 556	2 120 480	1 957 619	1 679 222
对外专用电报通讯量(千分钟)					
发出	26 682	15 637	8 652	6 119	4 073
收到	31 300	11 652	8 724	5 758	4 129
转接	25 765	9 697	10 976	7 713	5 348
本港电报机电讯(千分钟)	**27 196**	**18 641**	**17 148**	**13 131**	**9 832**
电报 (千件)					
发出	393	72	52	37	27
收到	407	49	34	20	12
本港电报 (千件)	**8**	**14**	**11**	**9**	**15**
公共无线电传呼接收器①(户)	**711 420**	**1 089 904**	**932 854**	**571 800**	**342 058**
公共流动无线电话用户系统①(户)	**133 912**	**1 210 680**	**2 085 600**	**2 858 100**	**3 779 501**

注:①数字为该年年底数字。
②包括图文传真及数据。
③1999 年以前的数字只计话音通讯。
④估计数字。

附录 1－20 主要商品进出口贸易总额

单位:百万港元

贸易种类	1990 年	1996 年	1997 年	1998 年	1999 年
进口	642 530	1 535 582	1 615 090	1 429 092	1 392 718
港产品出口	225 875	212 160	211 410	188 454	170 600
转口	413 999	1 185 758	1 244 539	1 159 195	1 178 400
贸易总额	1 282 405	2 933 499	3 071 040	2 776 741	2 741 717
商品贸易差额	－2 656	－137 664	－159 141	－81 443	－43 718

附录 1－21　主要商品进口供应地和出口去向

单位:百万港元

贸易种类/ 主要国家/地区	1990 年	1996 年	1997 年	1998 年	1999 年
进口(供应地)	**642 530**	**1 535 582**	**1 615 090**	**1 429 092**	**1 392 718**
中国内地	236 134	570 442	608 372	580 614	607 546
日本	103 362	208 239	221 646	179 947	162 652
中国台湾	58 084	123 202	124 547	104 075	100 426
美国	51 788	121 058	125 381	106 537	98 572
韩国	28 155	73 302	73 226	68 836	65 432
港产品出口(目的地)	**225 875**	**212 160**	**211 410**	**188 454**	**170 600**
美国	66 370	53 860	55 073	54 842	51 358
中国内地	47 470	61 620	63 867	56 066	50 414
英国	13 496	10 597	10 723	10 058	10 392
德国①	17 991	11 388	10 321	9 805	8 543
日本	12 079	11 335	10 641	6 435	5 459

注:①因西德及东德于 1990 年 10 月统一,1990 年及以前的西德贸易数字已作出修订,加入了前东德的贸易货值,以确保统一前后的德国贸易数字可作比较。

附录 1－22　商品转口的主要来源和去向

单位:百万港元

贸易种类/ 主要国家/地区	1990 年	1996 年	1997 年	1998 年	1999 年
转口(目的地)	**413 999**	**1 185 758**	**1 244 539**	**1 159 195**	**1 178 400**
中国内地	110 908	417 752	443 878	407 366	399 188
美国	87 752	242 342	261 372	259 856	269 444
日本	24 376	80 154	77 724	64 194	67 506
英国	12 107	35 991	39 066	42 259	45 541
德国①	23 406	47 216	46 336	42 161	44 122
转口(来源地)	**413 999**	**1 185 758**	**1 244 539**	**1 159 195**	**1 178 400**
中国内地	240 410	683 514	723 416	691 219	720 126
日本	42 280	129 292	133 825	123 879	121 265
中国台湾	30 283	82 177	83 341	71 782	71 957
美国	24 490	62 192	62 633	54 530	56 737
大韩民国	11 610	38 049	39 672	39 637	38 822

注:①因西德及东德于 1990 年 10 月统一,1990 年及以前的西德贸易数字已作出修订,加入了前东德的贸易货值,以确保统一前后的德国贸易数字可作比较。

附录 1－23 发往中国内地加工的贸易额

项　　目	1990 年	1996 年	1997 年	1998 年	1999 年
涉及外发加工贸易的估计货值（百万港元）					
输往中国内地的港产出口货品	36 418	43 089	47 078	42 184	37 696
输往中国内地的转口货品	55 496	179 235	197 809	179 089	197 890
由中国内地进口的货品	145 103	452 890	491 142	477 743	487 507
原产地为中国内地经香港输往其他地方的转口货品	－	552 822	595 511	559 726	570 126
涉及外发加工贸易的估计比率（%）					
输往中国内地的港产出口货品	79.0	72.8	76.1	77.4	75.9
输往中国内地的转口货品	50.3	43.2	44.7	44.1	49.7
由中国内地进口的货品	61.8	79.9	81.2	82.7	80.5
原产地为中国内地经香港输往其他地方的转口货品	－	86.0	88.4	87.6	86.6

附录 1－24 按主要投资者国家/地区划分的外来直接投资头寸及流动

单位：十亿港元

主要投资者国家/地区①	以市值计算的外来直接投资		
	年初头寸	年底头寸	流入
英属维尔京群岛	625.9	542.6	30.3
中国内地	206.7	213.7	20.2
百慕大	231.5	202	20.7
英国	175.3	153.4	8.3
荷兰	148.4	124.5	13.2
美国	107.7	115.5	6.6
日本	116.3	108.8	0.6
开曼群岛	105.6	86.2	5.3
新加坡	44.8	43.3	0.5
巴拿马	30.9	16.2	0.8
其他	138.7	137.8	7.9
总计	**1 931.8**	**1 744**	**114.4**

注：①国家/地区是指直接来源经济体系。此分类未必反映最初资金流出的国家/地区。

附录 1－25　按主要投资者国家/地区划分的向外直接投资头寸及流动

单位:十亿港元

主要投资者国家/地区①	以市值计算的外来直接投资		
	年初头寸	年底头寸	流出②
英属维尔京群岛	771.6	720.2	57.4
中国内地	542.8	547.7	54.1
开曼群岛	89.0	97.9	8.4
百慕大	134.1	92.1	2.3
英国	51.0	56.6	3.8
新西兰	32.4	36.8	4.6
巴拿马	36.6	22.8	－4.0
美国	14.8	20.4	1.3
新加坡	29.0	15.6	－8.4
菲律宾	12.8	11.0	－1.1
其他	112.5	113.3	13.1
总计	**1 826.5**	**1 734.4**	**131.5**

注:①国家/地区是指首个目的地经济体系。此分类未必反映资金最终被使用所在的国家/地区。

②负流出不一定指撤走资金。负流出可指境外联营公司归还货款。

附录 1－26　政府储备结余(一般收入帐目及基金)

单位:百万港元

项　　目	1990/91 年	1996/97 年	1997/98 年	1998/99 年	1999/2000 年
期初储备结余	72 578	147 927	370 677 #	457 543	434 302
收入①	89 524	208 358	281 226	216 115	232 995
开支①	85 557	182 680	194 360	239 356	223 043
盈余/(赤字)	3 967	25 678	86 866	－23 241	9 952
期末储备结余	76 545	173 605	457 543	434 302	444 254

注:①数额不包括“政府一般收入帐目与各基金之间的转拨”。

包括于 1997 年 7 月 1 日,从先前的香港特别行政区政府土地基金受托人接收的资产净值共 1970.72 亿元。

附录 1－27　政府收入(一般收入帐目及各基金)

单位:百万港元

项　　目	1990/91 年	1996/97 年	1997/98 年	1998/99 年	1999/2000 年
经营收入					
直接税					
入息税及利得税	36 340	83 966	91 524	75 746	66 914
间接税					
博彩及彩票税	5 884	12 191	13 453	12 228	11 938
娱乐税	136	–	–	–	–
酒店房租税	269	580	511	219	182
印花税	5 939	20 461	29 097	10 189	12 116
飞机乘客离境税	718	1 121	1 002	573	499
海底隧道使用税	197	199	200	195	97
应课税品税项	5 729	8 450	8 465	7 698	7 377
一般差饷	3 039	6 285	6 258	3 614	7 132
车辆税	2 054	3 249	4 246	2 237	2 613
专利税及特权税	816	1 755	1 889	1 286	1 577
其他收入					
罚款、没收及罚金	652	1 592	1 566	1 333	1 093
物业及投资	1 341	2 926	7 159	8 335	6 986
贷款、偿款、供款及其他收入	2 173	5 044	6 042	6 517	5 672
公用事业	5 617	6 608	6 735	4 400	3 326
各项收费	5 992	10 766	11 279	10 565	10 896
投资收入					
政府一般收入帐目	4 505	5 616	8 976	21 568	15 390
土地基金①	–	–	6 006	10 080	21 388
经营收入总额	81 401	170 809	204 408	176 783	175 196
非经常收入					
直接税					
遗产税	656	1 510	1 588	1 237	1 272
间接税					
出租车专营权税	136	–	23	–	–
其他收入					
土地交易②	242	451	17 864	–	–
其他	240	282	1 076	982	1 384
从房屋委员会收回的款项	–	805	1 188	1 471	640
基金					
基本工程储备基金③(不包括债券收入)	4 003	29 057	48 067	25 686	39 111
资本投资基金	2 340	3 023	3 888	6 329	2 665
赈灾基金	–	1	2	3	4
贷款基金	506	1 919	2 475	2 533	11 515
公务员退休金储备基金	–	501	647	1 091	1 016
创新及科技基金	–	–	–	–	192
非经常收入总额	8 123	37 549	76 818	39 332	57 799
政府收入总额	**89 524**	**20 858**	**281 226**	**216 115**	**232 995**

注:①括截至 1988 年 10 月 31 日为止的投资净值的变动。

②在 1985 年 5 月 27 日至 1997 年 6 月 30 日期间,这个总目只包括其所带来利益于 1997 年 6 月 30 日或之前届满的土地交易。至于 1997 年 7 月 1 日至 1997 年 12 月 31 日期间,即基本工程储备基金决议修订前,所有土地收入均记入这个总目。

③由 1985 年 5 月 27 日至 1997 年 6 月 30 日,这个总目包括香港政府根据中英《联合声明》附件三的规定所摊分得的土地收入。由 1998 年 1 月 1 日起,所有土地交易的收入,均记入这个总目。

附录 1－28　政府开支(一般收入帐目及各基金)

单位:百万港元

项　　目	1990/91 年	1996/97 年	1997/98 年	1998/99 年	1999/2000 年
经营开支					
经常开支					
个人薪酬	23 443	37 404	40 114	44 092	46 488
与员工有关连的开支	2 396	4 129	4 345	4 708	5 035
退休金	2 541	8 724	9 272	7 395	8 254
部门开支	4 552	7 062	8 067	8 935	10 184
其他费用	9 712	21 147	24 139	28 568	29 590
资助金					
教育	8 737	17 179	18 877	21 082	22 282
卫生	2 274	20 930	24 040	26 562	27 609
社会福利	1 254	3 207	4 598	5 419	6 065
大学及理工学院	3 400	10 723	11 792	13 189	13 711
职业训练局	706	1 668	1 806	1 968	2 116
杂项	1 351	2 564	2 336	2 359	2 579
其他非经常开支	1 103	1 116	11 180	13 129	2 008
经营开支总额	**61 469**	**135 853**	**160 566**	**177 406**	**175 921**
非经常开支					
机器、设备及工程	776	616	852	790	1 372
资助金					
教育	157	416	409	332	385
卫生	23	339	17	380	411
职业训练局	13	14	21	46	19
杂项	190	1 274	618	706	139
偿债	－	－	－	－	－
基金					
基本工程储备基金①	15 641	29 168	28 772	31 267	29 490
资本投资基金(证券投资)②	6 214	9 036	119	20 545	8 510
贷款基金②	1 074	5 944	2 948	7 856	6 580
赈灾基金③	－	20	38	38	32
创新及科技基金④	－	－	－	－	184
非经常开支及证券投资总额	**24 088**	**46 827**	**33 794**	**61 950**	**47 122**
政府开支及证券投资总额	**85 557**	**182 680**	**194 360**	**239 356**	**223 043**

注:①基本工程储备基金于 1982 年 1 月 20 日经立法局决议成立,目的是为工务计划、征用土地及债券支付利息提供资金。

②资本投资基金及贷款基金于 1990 年 4 月 1 日经前立法局决议成立,以承担前发展贷款基金、地下铁路基金及学生贷款基金原有的功能。

③赈灾基金在 1993 年 12 月 1 日经前立法局决议成立,目的是对香港以外发生的灾难给予人道援助。

④创新及科技基金是由立法会于 1999 年 6 月 30 日决议通过成立,以资助那些有助促进制造业和服务业创新及提升科技水平的项目。

附录 1－29 外币兑换率及港币汇率指数

（一单位外币兑换的港元）

项　　目	1990 年	1996 年	1997 年	1998 年	1999 年
年内平均数字①					
澳元	6.09	6.06	5.76	4.88	5.01
比利时法郎	0.238	0.252	0.218	0.215	0.205
加拿大元	6.68	5.67	5.59	5.23	5.22
人民币	1.6309	0.9303	0.934	0.9357	0.9375
德国马克	4.84	5.14	4.47	4.41	4.23
荷兰盾	4.30	4.59	3.97	3.91	3.75
法国法郎	1.44	1.51	1.33	1.32	1.26
印尼卢比	0.0043	0.0034	0.0029	0.0008	0.0010
意大利里拉	0.0066	0.005	0.0046	0.0045	0.0043
日圆	0.0541	0.0712	0.0641	0.0595	0.0685
马来西亚林吉特	2.89	3.08	2.81	1.99	2.04
新台币	0.274	0.274	0.263	0.230	0.240
菲律宾比索	0.315	0.295	0.270	0.194	0.201
英镑	13.92	12.08	12.69	12.83	12.55
韩圆	0.0110	0.0096	0.0083	0.0056	0.0065
新加坡元	4.31	5.49	5.23	4.64	4.58
瑞士法郎	5.64	6.26	5.34	5.35	5.17
泰铢	0.309	0.307	0.262	0.190	0.205
美元	7.789	7.734	7.742	7.745	7.758
特别提款权	10.61534	11.22536	10.65346	10.50555	10.60666
港币汇率指数②（1983 年 11 月＝100）					
贸易总值加权	107.9	125.0	130.3	137.5	134.2
进口货值加权	103.3	115.7	121.7	131.2	126.1
整体出口货值加权④	113.1	135.6	139.9	144.5	143.2
年底数字③					
澳元	6.00	6.17	5.06	4.76	5.06
比利时法郎	0.257	0.243	0.211	0.227	0.194
加拿大元	6.72	5.65	5.41	5.00	5.35
人民币	1.4927	0.9329	0.9359	0.9358	0.9380

附录 1－29　续表　　（一单位外币兑换的港元）

项　　目	1990 年	1996 年	1997 年	1998 年	1999 年
德国马克	5.20	4.97	4.33	4.62	4.00
荷兰盾	4.61	4.43	3.84	4.10	3.55
法国法郎	1.53	1.48	1.29	1.38	1.19
印尼卢比	0.0042	0.0034	0.0015	0.0010	0.0011
意大利里拉	0.0070	0.0051	0.0044	0.0047	0.0040
日圆	0.0576	0.0666	0.0597	0.0682	0.0761
马来西亚林吉特	2.89	3.07	2.01	2.04	2.04
新台币	0.271	0.274	0.231	0.244	0.245
菲律宾比索	0.260	0.298	0.201	0.202	0.194
英镑	14.95	13.07	12.85	12.86	12.59
韩圆	0.0109	0.0092	0.0045	0.0064	0.0069
新加坡元	4.50	5.54	4.62	4.69	4.66
瑞士法郎	6.08	5.73	5.33	5.62	4.88
泰铢	0.313	0.303	0.170	0.211	0.207
美元	7.801	7.736	7.746	7.746	7.771
特别提款权	11.09817	11.12406	10.45129	10.90660	10.65370
港币汇率指数②（1983 年 11 月＝100）					
贸易总值加权	108.3	125.3	137.9	131.8	131.5
进口货值加权	103.2	116.5	132.0	124.0	122.4
整体出口货值加权④	113.9	135.3	144.4	140.6	141.8

注:《中华人民共和国香港特别行政区基本法》说明,港币是香港特别行政区的法定货币。外币指港币以外的其他货币,因而人民币亦视作外币。

①所列数字是电汇或现钞收市中间兑换价的年内平均数。

②由 1995 年 4 月 1 日起公布的新港币汇率指数系列。

③所列数字是该年最后一个交易日的电汇或现钞收市中间兑换价。

④包括转口和港产品出口。

附录1－30 货 币 供 应

（年底数字） 单位:百万港元

项 目	1990年	1996年	1997年	1998年	1999年
法定纸币及硬币的流通量					
由商业银行发行	40 886	82 575	87 015	86 465	118 195
由政府发行	2 375	4 538	5 651	6 030	6 029
总计	43 261	87 113	92 666	92 495	124 224
认可机构持有的法定纸币及硬币	5 568	10 597	12 077	11 321	24 705
由公众持有的法定纸币及硬币	37 693	76 516	80 589	81 174	99 519
货币供应:就外币掉期存款作出调整					
货币供应(定义一)					
港币	91 826	198 311	188 135	178 260	205 339
外币	15 683	19 149	19 958	19 406	19 818
总计	107 509	217 460	208 093	197 666	225 156
货币供应(定义二)					
港币①	539 667	1 503 603	1 652 473	184 100	1 910 972
外币②	670 383	1 028 633	1 090 520	1 251 989	1 402 562
总计	1 210 050	2 532 236	2 742 993	3 066 089	3 313 534
货币供应(定义三)					
港币①	571 215	1 520 461	1 670 379	1 826 233	1 922 962
外币②	716 813	1 091 176	1 155 230	1 296 112	1 438 843
总计	1 288 028	2 611 636	2 825 609	3 122 345	3 361 805
货币供应:未就外币掉期 存款作出调整					
货币供应(定义二)					
港币	471 934	1 465 100	1 610 141	1 784 812	1 882 630
外币	738 116	1 067 135	1 132 852	1 281 277	1 430 904
总计	1 210 050	2 532 236	2 742 993	3 066 089	3 313 534
货币供应(定义三)					
港币	503 482	1 481 959	1 628 047	1 796 944	1 894 620
外币	784 546	1 129 678	1 197 562	1 325 401	1 467 185
总计	1 288 028	2 611 636	2 825 609	3 122 345	3 361 805

注:《中华人民共和国香港特别行政区基本法》说明,港币是香港特别行政区的法定货币。外币指港币以外的其他货币,因而人民币亦视作外币。

①所列数字已包括外币掉期存款。

②所列数字已扣除外币掉期存款。

附录 1－31　证券交易成交额、市场总值及股票价格指数

项　　目	1990 年	1996 年	1997 年	1998 年	1999 年
主板					
股票价格指数					
恒生指数（1964.7.31＝100）	3 027.5	11 646.6	13 294.7	9 484.5	12 859.9
分类指数					
金融	1 906.9	11 411.8	16 039.2	13 383.2	18 736.1
公用	3 840.6	10 243.4	11 722.6	11 868.8	14 877.8
地产	4 874.5	21 926.0	22 495.3	11 713.4	15 677.0
工商	2 797.0	8 647.5	8 857.6	5 421.5	7 589.1
恒生 100 指数①				79.7@	11.2
（1998.1.2＝100）					
恒生中国企业指数②		838.2	1 043.4	475.6	466.1
（1994.7.8＝1000）					
恒生香港中资企业指数③			2 872.63＃	1 071.82	1 019.20
（1993.1.4＝1000）					
新恒生 50 中型股指数①				745.5	881.4
（1998.1.2＝100）					
所有普通股指数	1 987.9	5 586.3	6 702.4	4 264.7	5 385.0
（1986.4.2＝1000）					
成交金额　（百万港元）	288 715	1 412 242	3 788 960	1 701 112	1 915 941
市场总值④　（百万港元）	650 410	3 475 965	3 202 630	2 661 713	4 727 527
创业板⑤					
成交金额　（百万港元）					3 604.7
市场总值④　（百万港元）					7 236.8

注：按年指数是该年内 12 个月，每月最后一日的收市指数的平均数字。

①在 1998 年 4 月 20 日首次公布，取代恒生 50 中型股指数。

②1994 年 8 月 8 日推出。

③于 1997 年 6 月 16 日推出。

④年末数字。⑤于 1999 年 11 月 25 日推出。创业板指数于 2000 年 3 月 20 日起开始编制。

@该年数字由 1998 年 4 月至 12 月的平均指数编制而成。

＃该年数字由 1997 年 6 月至 12 月的平均指数编制而成。

附录 1－32　消费物价指数(1994 年 10 月至 1995 年 9 月＝100)

项　　目	权数	1990 年	1996 年	1997 年	1998 年	1999 年
综合消费物价指数						
总指数	**100.00**	**64.8**	**108.3**	**114.7**	**117.9**	**113.2**
食品	29.50	67.9	105.5	109.3	111.4	109.4
外出用餐	－18.16	64.7	105.6	109.8	112.2	110.8
食品(不包括外出用餐)	－11.34	72.6	105.4	108.6	110.2	107.1
住房	28.83	55.9	113.3	123.7	129.4	122.9
燃料及电力	2.36	79.2	106.8	112.8	114.6	114.1
烟酒	1.35	55.0	107.3	113.3	120.8	122.3
服装、鞋	6.66	66.8	110.2	119.4	118.5	94.1
耐用物品	5.49	86.2	102.8	105.1	105.3	98.7
杂项物品	6.14	74.3	103.5	109.2	112.0	111.2
交通	7.77	66.9	108.0	112.3	116.6	117.2
杂项服务	11.90	62.7	107.9	112.7	115.7	114.2
甲类消费物价指数						
总指数	**100.00**	**65.4**	**107.9**	**114.1**	**117.0**	**113.2**
食品	37.30	68.6	105.6	109.5	111.6	109.2
外出用餐	－20.43	64.9	106.0	110.5	113.3	111.7
食品(不包括外出用餐)	－16.87	72.8	105.2	108.3	109.5	106.1
住房	25.34	57.0	112.2	122.2	125.9	120.4
燃料及电力	3.37	79.2	106.8	112.7	114.2	113.3
烟酒	2.06	53.3	107.3	113.4	120.8	122.2
服装、鞋	5.12	69.4	111.5	121.6	121.7	97.6
耐用物品	4.34	87.1	102.7	105.1	105.4	100.0
杂项物品	6.03	72.5	103.4	110.8	114.8	114.7
交通	7.17	66.4	108.2	112.4	117.3	117.8
杂项服务	9.27	59.9	109.0	114.4	119.1	118.4
乙类消费物价指数						
总指数	**100.00**	**64.9**	**108.4**	**114.7**	**117.9**	**112.4**
食品	29.37	67.9	105.6	109.5	111.8	109.5
外出用餐	－18.99	65.0	105.6	110.0	112.4	110.4
食品(不包括外出用餐)	－10.38	72.6	105.5	108.8	110.6	107.7
住房	28.18	55.6	113.0	122.6	127.9	119.2
燃料及电力	2.16	79.2	106.6	112.7	114.4	114.1
烟酒	1.18	56.4	107.5	113.6	121.4	123.0
服装、鞋	6.95	68.3	112.4	123.1	123.2	97.2
耐用物品	5.85	87.3	102.7	105.1	105.3	98.6
杂项物品	6.44	74.9	103.7	109.1	111.6	111.0
交通	7.57	66.9	108.1	112.5	116.5	116.9
杂项服务	12.30	62.1	108.3	113.5	117.2	115.5
丙类消费物价指数 *						
总指数	**100.00**	**63.6**	**108.7**	**115.3**	**118.9**	**114.5**
食品	20.38	66.6	104.8	108.3	110.3	109.5
外出用餐	－14.15	63.9	104.4	107.9	110.0	110.0
食品(不包括外出用餐)	－6.23	71.9	105.7	109.1	111.1	108.2
住房	34.00	54.8	114.8	126.4	134.5	129.7
燃料及电力	1.50	79.5	107.2	113.3	116.1	116.1
烟酒	0.77	57.9	106.8	112.3	119.4	121.1
服装、鞋	8.04	63.2	106.3	112.8	109.8	87.0
耐用物品	6.31	83.8	103.1	105.1	105.2	97.7
杂项物品	5.79	75.9	103.4	107.3	109.2	107.2
交通	8.79	67.5	107.6	111.8	116.1	117.1
杂项服务	14.42	66.8	106.4	110.4	111.2	109.3

注:以上的权数是根据 1994 至 1995 年间进行的住户开支统计调查结果计算出来。

* 至 1996 年 6 月,此数列称“恒生消费物价指数”。

附录 1－33 按四分位开支组别及商品或服务类别划分的住户两星期平均开支

商品或服务类别	四分位开支组别									
	总数		最低四分位 25%		第二四分位 25%		第三四分位 25%		最高四分位 25%	
	绝对值	百分比（%）	绝对值	百分比（%）	绝对值	百分比（%）	绝对值	百分比（%）	绝对值	百分比（%）
食品	2 555	29.4	1 251	43.9	2 137	38.2	2 761	32.7	4 073	22.7
住房	2 696	31.0	676	23.7	1 500	26.8	2 515	29.8	6 095	34.0
燃料及电力	205	2.4	128	4.5	186	3.3	215	2.5	290	1.6
烟酒	94	1.1	69	2.4	91	1.6	94	1.1	120	0.7
服装、鞋	642	7.4	122	4.3	303	5.4	586	6.9	1 558	8.7
耐用物品	327	3.8	52	1.8	161	2.9	296	3.5	800	4.5
杂项物品	402	4.6	119	4.2	255	4.6	397	4.7	837	4.7
交通	691	7.9	201	7.0	378	6.8	598	7.1	1 589	8.9
杂项服务	1 088	12.5	231	8.1	582	10.4	988	11.7	2 550	14.2
总数（港元）	**8 701**	**100.0**	**2 850**	**100.0**	**5 595**	**100.0**	**8 450**	**100.0**	**17 912**	**100.0**
住户总数（户）	**1 516 000**	**100.0**	**379 000**	**25.0**	**379 000**	**25.0**	**379 000**	**25.0**	**379 000**	**25.0**

注：从 1994 年 10 月至 1995 年 9 月进行的住户开支统计调查获取的结果。

附录 1－34　15 岁及 15 岁以上人口教育程度

项　目	1981 年		1986 年		1991 年		1996 年	
	人数（人）	百分比（%）	人数（人）	百分比（%）	人数（人）	百分比（%）	人数（人）	百分比（%）
总计								
男	**1 961 803**	**52.3**	**2 122 826**	**51.2**	**2 212 947**	**50.6**	**2 511 854**	**49.6**
女	**1 787 250**	**47.7**	**2 026 224**	**48.8**	**2 157 418**	**49.4**	**2 554 664**	**50.4**
未受教育/幼稚园								
男	148 670	4.0	148 943	3.6	157 473	3.6	128 395	2.5
女	455 953	12.2	436 948	10.5	399 824	9.1	352 457	7.0
小学								
男	721 146	19.1	653 927	15.9	576 381	13.1	569 431	11.2
女	562 247	15.0	558 987	13.4	524 218	12.0	577 451	11.4
初中								
男	418 758	11.2	464 708	11.2	506 431	11.6	569 097	11.2
女	260 773	7.0	290 585	7.0	331 299	7.6	389 148	7.7
高中								
男	434 905	11.6	524 736	12.6	576 058	13.2	667 664	13.2
女	361 498	9.6	499 149	12.0	593 213	13.6	735 547	14.5
预科								
男	79 161	2.1	105 147	2.5	109 345	2.5	148 683	2.9
女	56 395	1.5	89 383	2.2	105 232	2.4	160 125	3.2
专上教育								
非学位课程								
男	69 998	1.9	105 784	2.5	126 489	2.9	128 246	2.5
女	53 755	1.4	90 608	2.2	108 423	2.5	114 758	2.3
学位课程								
男	89 165	2.4	119 581	2.9	160 770	3.7	300 338	5.9
女	36 629	1.0	60 564	1.5	95 209	2.2	225 178	4.4

附录 1－35　按院校类别划分的学生人数

单位：人

类　　别	1990 年	1996 年	1997 年	1998 年	1999 年
幼稚园	196 466	180 771	177 462	175 073	171 138
小学					
日校	524 919	466 507	461 911	476 802	491 851
日校	1 801	–	98	342	–
中学					
日校					
初中	253 774	260 574	246 713	238 877	235 874
高中	146 368	151 979	157 068	160 430	159 343
中六及中七	31 239	53 105	54 337	56 565	58 248
夜校	18 451	11 950	10 871	12 095	11 785
特殊教育学校					
日校	7 823	8 542	8 825	9 513	9 499
特殊学校					
普通学校内的特殊班	176	155	131	154	188
香港专业教育学院①					
全日制					
技工级课程②	–	–	–	–	1 640
技术员级课程③	–	–	–	–	8 019
高级技术员/技术员级课程④	–	–	–	–	6 298
高级技术员级课程③	–	–	–	–	3 803
兼读制					
技工级课程②	–	–	–	–	10 941
技术员级课程③	–	–	–	–	14 286
高级技术员级课程③	–	–	–	–	9 794
工业学院④					
全日制					
技工级课程②	4 835	5 616	5 206	5 043	–
技术员级课程③	7 484	8 531	8 595	10 161	–
兼读制					
技工级课程②	23 634	16 192	16 033	14 850	–
技术员级课程③	20 958	18 493	19 073	17 693	–
科技学院①⑤					
全日制					
高级技术员级课程③	–	5 141	5 265	5 520	–
兼读制					
高级技术员级课程③	–	8 731	9 179	9 454	–

类　　别	1990 年	1996 年	1997 年	1998 年	1999 年
认可专上学院					
全日制	4 730	2 434	2 383	2 346	2 361
其他专上学院					
日间课程	1 804	2 213	2 281	3 084	3 632
夜间课程	1 307	848	969	1 219	991
教资会资助院校⑥	57 824	85 550	86 202	84 538	83 754
全日制					
副学位程度	9 588	10 701	11 220	11 081	10 887
学士学位程度	23 824	44 302	44 225	43 885	44 031
研究院修课课程	641	1 069	1 229	1 374	1 480
研究院研究课程	663	2 952	3 113	3 188	3 363
兼读制					
副学位程度	15 868	12 165	11 758	10 835	10 029
学士学位程度	3 199	4 223	4 120	3 759	3 436
研究院修课课程	3 844	9 470	9 827	9 729	9 870
研究院研究课程	197	668	710	687	658
香港演艺学院					
全日制					
非学位程度⑦	421	430	448	485	433
学位程度	–	208	249	263	271
香港公开大学⑧					
兼读制	13 009	20 451	22 904	24 318	25 654
成人教育⑨					
日间课程	21 189	33 359	36 588	48 905	64 281
夜间课程	79 805	59 211	62 948	76 724	77 871

注:表内列载有关幼稚园、小学、中学及特殊教育学校的数字是截至该年 9 月为止。认可专上学院、成人教育、其他专上学院课程、香港演艺学院及香港公开大学的数字,则是截至该年 10 月为止。香港专业教育学院的数字是截至该年 11 月为止。教资会资助院校的数字则是截至该年 12 月止。

①香港专业教育学院于 1999 年成立,属下有九间分校,包括两间前科技学院和七间前工业学院。九间分校包括柴湾分校、黄克竞分校、葵涌分校、观塘分校、李惠利分校、摩理臣山分校、沙田分校、青衣分校及屯门分校。柴湾分校及青衣分校前身为两间科技学院,其余七间分校前身为七间工业学院。

②技工级课程为中三以上程度课程。

③高级技术员及技术员级课程为中五以上程度课程,而高级技术员级课程则为较高程度课程。

④高级技术员/技术员级课程为中五以上程度课程,首年须修读共同科目。

⑤香港科技学院(柴湾)及香港科技学院(青衣)于 1993 年成立。

⑥数字只包括教资会资助课程的学生人数。1996 年及以后的数字包括香港教育学院。该学院自 1996 年 7 月 1 日起成为大学教育资助委员会资助院校。岭南学院于 1999 年 7 月 30 日起改称为岭南大学。

⑦数字包括证书、深造证书、专业证书、文凭、深造文凭及专业文凭课程的学生。

⑧香港公开进修学院于 1998 年成立。并于 1997 年 5 月 30 日正名为香港公开大学。

⑨“成人教育”是指由官立夜校,官立中文夜学院及各间提供各类科目(包括商科班)的私立学校所开办的课程。

附录1－36 教育方面的开支

单位:千港元

项　　目	1990/91年	1996/97年	1997/98年	1998/99年
经常开支				
教育署①				
小学学前服务	81 492	427 342	487 289	590 393
小学	3 971 619	6 880 003	7 493 274	8 357 530
中学	5 090 579	10 654 336	11 725 568	13 104 435
特殊教育	471 592	1 024 683	1 165 292	1 331 533
师资训练②	176 543	–	–	–
专上程度③	50 681	13 244	20 842	23 327
其他教育服务	112 175	190 732	207 818	241 599
行政费用(非拨款金额)	299 494	842 081	946 898	1 065 629
职业训练局				
工业教育及训练	781 329	2 047 602	2 237 087	2 437 368
大学教育资助委员会④				
给予教资会资助院校的补助费	3 400 304	10 722 820	11 791 777	13 188 520
教资会及秘书处开支	7 763	29 523	33 080	39 926
学生资助办事处				
学生经济补助一助学金⑤	–	968 373	1 034 111	886 973
学生车船津贴计划⑤⑥	45 477	244 207	244 185	272 263
香港公开大学⑦	113 394	321 931	369 304	399 487
非经常开支				
教育署	684 042	1 940 774	2 681 594	4 179 296
职业训练局				
工业教育及训练	104 569	56 341	67 015	131 353
大学教育资助委员会④	458 520	390 510	1 135 687	929 843
香港公开大学⑦	23 959	9 796	19 325	50 831

注:①开支已包括教育补助额。

②由于教育学院及语文教育学院由1994年9月1日起转为香港教育学院,因此自1995至1996年度起未有这方面的开支。

③由1992至1993年起,这项开支不再包括拨予学生贷款/津贴的款项,计有本地专上学生资助计划、英国及香港政府联合拨款资助计划(3.3247亿元)、英联邦奖学金(85万元)。

④包括给予教资会资助院校的资助。香港教育学院自1997年4月1日起取得工程及设备资助,而经常性资助则由1996年12月1日起提供资助。

⑤自1990至1991年开始,此计划正式由学生资助办事处管理。

⑥自1991/1992年起,学生车船津贴计划,采用入息审查制度来评估个别学校学生的申请。

⑦香港公开进修学院于1993年4月1日开始以自负盈亏方式运作,并于1997年5月30日正名为香港公开大学。

附录 1－37 医 疗 卫 生 条 件

项　　目	1990 年	1996 年	1997 年	1998 年	1999 年
注册医护人员①　　（人）					
医生	6 260	8 976	9 289	9 527	9 818
牙医	1 532	1 654	1 684	1 724	1 779
药剂师	694	1 067	1 143	1 212	1 273
护士	27 679	36 395	37 880	39 250	38 960
按每千名人口计算的医生数②	1.1	1.4	1.4	1.4	1.5
医疗机构和病床					
医疗机构　　（个）	88	92	96	102	105
病床　　（张）	25 282	29 955	30 800	32 836	34 286
按每千名人口计算的病床数②	4.4	4.6	4.7	4.9	5.1

注:年底的数字。

①注册医护人员的统计资料取自不同的资料来源。医务管理委员会提供医生的资料,牙医管理委员会提供牙医的资料,护士管理局提供护士的资料,及药剂及毒药管理局提供药剂师的资料。医生、牙医及药剂师需要每年重新申请执业证书。医生/牙医的数字包括本地及海外名册的正式注册医生/牙医。

②自 2000 年 8 月,“居住人口”方法已取代“广义时点”方法以编制人口估计。追溯至 1996 年的修订人口数字已编制。与人口有关由 1996 年起的统计数字,已作出相应修订。但修订的幅度则有限。

附录 1－38 社 会 保 障

社会保障计划	1990/91 年	1996/97 年	1997/98 年	1998/99 年	1999/2000 年
综合社会保障援助①					
处理中的个案数目②　（个）					
年老	44 806	98 765	112 067	124 304	133 070
失明	764	495	522	550	283
听觉受损	216	195	218	210	215
肢体伤残	1 422	3 209	3 680	4 313	2 836
精神病患	3 628	7 913	8 735	9 668	8 380
健康欠佳	7 294	17 948	21 364	25 041	19 979
单亲家庭	3 899	13 303	17 161	25 613	25 146
低收入	918	3 102	4 714	7 562	8 002
失业	1 754	14 964	19 108	31 942	26 185
其他	1 974	6 826	8 076	3 616	3 919
总计	66 675	166 720	195 645	232 819	228 015
发放款项　（百万港元）	960.1	7 127.8	9 441.3	13 028.7	13 623.4
公共福利金③					
处理中的个案数目②　（个）					
伤残津贴	65 387	72 264	77 051	81 741	89 617
高龄津贴	379 130	437 827	440 814	445 001	445 835
总计	444 517	510 091	517 865	526 742	535 452
发放款项　（百万港元）	2 159.8	4 041.6	4 420.2	4 737.3	4 883.3
暴力及执法伤亡赔偿					
获批个案数目　（个）	801	568	604	557	447
交通意外伤亡援助					
获批个案数目　（个）	5 310	5 558	5 655	5 809	5 797
紧急救济					
受助灾民人数　（人）	2 182	807	1 082	1 097	2643

注:①由 1993 年 7 月 1 日起,综合社会保障援助计划已取代公共援助计划。此计划包括发放给受助人士的伤残津贴和高龄津贴款项。因此,1993/94 年度及以后的数字,不能与以前的数字作严格比较。

②于财政年度终结时的数字。财政年度是由 4 月 1 日至 3 月 31 日。处理中的个案包括新申请个案,正在复查中的个案, 正领取援助款项的个案和已停止领取援助款项等待覆查的个案。

③由 1993 年 7 月 1 日起,特别需要津贴计划改称为公共福利金计划,过往同时领取公共援助金及特别需要津贴的受助人士不再包括在公共福利金计划内。因此,1993/94 年度及以后的数字,不能与以前的数字作严格比较。

国内统计年鉴与香港特别行政区统计刊物中使用的指标对照表

对应表号	中国内地统计名词	香港特别行政区统计名词
1	实际工资指数	实质工资指数
1	国民生产总值	本地居民生产总值
1,7,8,9	国内生产总值	本地生产总值
1,7,8,9	以现价计算（按现行价格计算）	以当时市价计算
1,7,8,9	以固定价格计算（按不变价格计算）	以固定市价计算
1,8	支出法国内生产总值	以开支面编制的本地生产总值
1	增加值	增加价值
1	批发贸易业	批发业
1	零售贸易业	零售业
6,11	建筑业	建造业
8	居民消费	私人消费支出
8	政府消费	政府消费开支
8	国内固定资本形成总额	本地固定资本形成总额
8	存货变动（存货增加）	存货增减
9	生产法国内生产总值	本地生产总值生产估计
9	生产及进口税	生产及入口税
9	电力、煤气及水的生产和供应业	电力、燃气及水务业
12	水	食水
24,25	百慕大	百慕达
29	澳元	澳洲元
29	马来西亚林吉特	马来西亚元
29	韩圆	南韩圆
29	泰铢	泰国铢
29	菲律宾比索	菲律宾披索
31	居民消费价格指数	消费物价指数
31	外出用餐	外出用膳
31	服装、鞋	衣履
31	住房	住屋

主要统计指标解释

粗出生率　是指某一年内的活产婴儿数目与年中人口的比率,一般按每千人口表示。

粗死亡率　是指某一年内的死亡人数与年中人口的比率,一般按每千人口表示。

出生时平均预期寿命　是指某年出生的男、女性,若其一生经历的死亡情况,正如该年的年龄性别死亡率所反映,他/她预期能活的年数。

年中人口　在1996年前是以"广义时点"方法编制,数字包括在统计时点身在香港的永久性居民、非永久性居民和旅客,亦包括暂时离港前往中国内地及澳门的香港永久性居民。自2000年8月开始,"居住人口"方法已取代"广义时点"方法以编制香港的人口估计。追溯至1996年的修订人口数字已编制。利用"居住人口"方法所编制的人口估计,称"居港人口"。"居港人口"包括"常住居民"和"流动居民"。"常住居民"指两类人士:(一)在统计时点之前的六个月内,在港逗留最少三个月,又或在统计时点之后的六个月内,在港逗留最少三个月的香港永久性居民,不论在统计时点他们是否身在香港;及在统计时点身在香港的香港非永久性居民。(二)至于"流动居民",是指在统计时点之前的六个月内,在港逗留最少一个月但少于三个月,又或在统计时点之后的六个月内,在港逗留最少一个月但少于三个月的香港永久性居民,不论在统计时点他们是否身在香港。根据新的编制方法,旅客并不包括在香港人口内。

总和生育率　是指某年的每一千名妇女,若她们在生育龄期(即15至49岁)的生育率依循该年的年龄别生育率,一生中活产子女的平均数目。

婴儿死亡率　是以一年内,年龄一岁以下死亡人数与同年出生的每千名活产婴儿的比率。

劳动人口　是指十五岁及以上陆上非住院人口,并符合就业人口或失业人口定义的人士。

劳动人口参与率　是指劳动人口占所有十五岁及以上陆上非住院人口的比例。

就业人口　包括在统计前七天内有做工赚取薪酬或利润或有一份正式工作的十五岁及以上人士。无酬家庭从业员及在统计前七天内正休假的就业人士亦包括在内。

失业人口　包括所有在统计前三十天内有找寻工作,而在统计前七天内并无职位,且并无为赚取薪酬或利润而工作,并随时可工作的十五岁及以上人士。失业人口亦包括那些并无职位,有找寻工作,但由于暂时生病而不能工作的人士;及并无职位,可随时工作,但由于下列理由而没有找寻工作的人士:(i)已为于稍后时间担当的新工作或开展的业务作出安排;或(ii)正期待返回原来的工作岗位;或(iii)相信没有工作可做(第iii类为"因灰心而不求职的人士")。

失业率　是指失业人士在劳动人口中所占的比例。

就业不足人口　包括在统计前七天内在非自愿情况下工作少于三十五小时,而在统计前三十天内有找寻更多工作,或即使没有找寻更多工作,但在统计前七天内可担任更多工作的人士。

就业不足率　是指就业不足人士在劳动人口中所占的比例。

实质工资指数　是从名义工资指数中,按甲类消费物价指数的变幅,扣除通胀的影响而得出,显示督导级及以下雇员所赚取工资金额购买力的转变。

国内生产总值　香港特别行政区刊物中称为"本地生产总值"。是指一国家或地区的所有常住生产单位,在一个指定的期间内,未扣除固定资本消耗的生产总值。

一个国家或地区的人均国内生产总值是指该国家或地区在某统计年度的国内生产总值除以该年度的人口总数而得的数字。

国民生产总值　香港特别行政区刊物中称为"本地居民生产总值"。是指一个国家或地区的居民从事各项经济活动而赚取的收益,不论该经济活动是否在该国家或地区的经济领域内进行。换言之,编制国民生产总值应包括本地居民在经济领域内或领域以外从事各类经济活动的收益,而扣除非本地居民在经济领域内从事经济活动的收益。

计算国民生产总值,可用以下方程式:

国民生产总值=国内生产总值+本地居民从经济领域外所赚取的要素收益-非本地居民从经济领域内所赚取的要素收益

一个国家或地区的人均国民生产总值是指该国家或地区在某统计年度的国民生产总值除以该年度的

人口总数而得的数字。

要素收益组成部分主要分为投资收益及雇员报酬，而投资收益包括了直接投资收益、有价证券投资收益及其他投资收益。

以下指标（“国际收支平衡表”至“储备资产”）适用于国际收支平衡表（表22－10）：

国际收支平衡表　是有系统地载录，在指定期间内，某经济体系与世界各地的各类经济交易的统计表。完整的国际收支平衡表包括以下两个主要核算帐：（甲）经常帐；（乙）资本及金融帐。

经常帐　主要记录实质资源的对外交易，包括进出口的货物、输入及输出有服务、从外地应收的收益及应付予外地的收益、以及从外地来的及往外地的经常转移。

服务输出和输入　是指提供世界各地或从世界各地购入的非生产元素服务。

经常帐内的收益流动　包含投资收益及雇员报酬。

经常转移　是指一个经济体系，在无同等经济价值作报偿的情况下，对其他经济体系所提供的实质或金融资源，兼且该等资源在转移后会被立刻或于短时间内消耗。

资本帐　是用来量度资本转移及非生产/非金融资产的对外交易。

资本转移　是指在无报偿下，固定资产的转移或债务的减免。

金融帐　记录居民与非居民之间的金融资产及负债交易。它显示某经济体系如何融资以进行其对外交易。金融帐内的交易可归类为直接投资、有价证券投资、金融衍生工具、其他投资及储备资产。

直接投资　是指一个经济体系内的某投资者购买设立在另一经济体系内的企业，兼且对该企业有持久利益和在管理方面具有效的控制权。

有价证券投资　是指对非居民的股本证券及债务证券（例如中长期债券、货币市场工具）所作的投资，而投资者对投资于该等企业并无持久的利益或在管理方面具影响力。

金融衍生工具　是一种与种特定的金融工具、指标或商品有联系的金融工具，使特定的金融风险本身能透过这种工具而进行交易（包括在交易所内及场外）。

其他投资　是指不属于直接投资、有价证券投资、金融衍生工具或储备资产，而对非居民的其他金融申索及负债。

储备资产　是指一个经济体系的金融当局可直接用来支付对外收支赤字，及用于干预外汇市以影响汇率从而间接调节该等赤字的对外资产。就香港而言，由香港金融管理局管理的外汇基金所持有并用于以上用途的外币资产，均视为储备资产。

工业生产指数　量度本地制造业的实质变动，即撇除价格调整因素后的本地生产量变动。

楼宇转让契约　是指订明不可分割业权（即楼宇单位）转让的文件。

获批准可动工兴建楼宇　是指获屋宇署签发《同意书》动工兴建的楼宇。这种《同意书》是发给私人发展计划（包括香港房屋协会的计划）及香港房屋委员会的私人机构参建居屋计划，但建于新界区小型屋宇则毋需获取这种《同意书》。

实用楼面面积　指各层楼面面积总和，但不包括楼梯、公共通道空间、升降机（指电梯，下同）等候处、盥洗室、厕所、厨房、及为该楼宇提供升降机、空调系统、或类似服务而安装的机器所占用的空间。

居处租住权　是指居所是由住户自置或租用，或是由雇主提供等。所包括的各项定义如下：

自置　是指住户拥有其居住的屋宇单位。

全租　是指住户向不在该屋宇单位居住的人士租住整个屋宇单位，但不与其他住户同住或分租。

合租　是指两个或以上的住户，每户分别向不在该屋宇单位居住的人士租住屋宇单位的部分地方。

二房东　是指住户向不在该屋宇单位居住的人士租住整个屋宇单位，及再将屋宇单位的部分地方分租予其他住户。

三房客　是指住户向居住在同一屋宇单位内的人士租住该屋宇单位的部分地方。

免租　是指住户在已获得或未获得业主同意情况下免费居住在一屋宇单位，但不包括由雇主提供屋宇单位的住户。

由雇主提供　是指住户居住在由其成员之一的雇主提供的屋宇单位，包括以象征式租金向雇主租住屋宇单位的住户。假如住户使用由雇主提供的房屋津贴租住屋宇单位，则租住权不属于“由雇主提供”类。

进出香港的客运火车　是指由九广铁路公司经营来往香港与中国内地的直通火车服务。

进出香港的车辆　是指经落马洲、文锦渡及沙头角出入境管制站往返中国内地的陆路交通。

车辆牌照　给予车辆在道路上行驶的权利,有效期分为四个月及一年两种。领牌车辆总数指年底的数字。

酒店入住率　数字的编制是根据每日可供出租房间数目计算,正在维修或翻新之房间并不包括在内。

港产品出口货物　是指香港的天然产品或在本港经过制造工序以致其基本原料的形状、性质、式样或用途受到永久改变的产品。其货值是以离岸价计算。

转口货品　是指输出曾经自外地输入本港的货品,而这些货品并没有在本港经过任何制造工序,以致永久改变其形状、性质、样式或用途。其货值是以离岸价计算。

进口货品　是指在香港以外出产或制成的货品,输入香港供本地使用或转口,以及再进口的香港产品。其货值是以到岸价计算。

输往中国内地作外发加工用途的出口货品　是指那些由香港或经香港出口往中国内地加工的原料或半制成品,经加工后成为制成品,并以合约安排再进口香港。

由中国内地进口与外发中国内地加工有关的货品　是指那些加工后进口香港的货品,其中全部或部分原料或半制成品是以合约安排由香港或经香港出口往中国内地加工。

原产地为中国内地而涉及外发中国内地加工、并经香港输往其他地方的转口货品　是指那些经香港转口的制成品,其中全部或部分原料或半制成品是以合约安排由香港或经香港出口往中国内地加工,而加工后的货品再进口香港。

以下项目("直接投资"至"直接投资流动")适用于直接投资(表 22－24,22－25):

直接投资　是指一个经济体系的投资者在别一经济体系的企业所作的投资,而此等投资令该投资者能长期有效地影响有关企业的管理经营决定。在统计上,若投资者持有某一企业 10%或以上的股权,便被视为能长期有效地影响有关企业的管理经营决定。直接投资包括股权资本、再投资收益及其他资本股权资本包括所持有分行的股本,附属及联营公司的股票。再投资收益是指未分发的分行利润及投资者从其附属或联营公司应得但未以股息形式分发的利润。其他资本涉及公司之间长期或短期的债务交易,包括母公司与其附属公司、联营公司及分行之间的借贷。

外来直接投资　是指境外居民在香港的企业所作的直接投资。跨国企业在香港经营的分行或附属公司,是外来直接投资的典型例子。

向外直接投资　是指香港居民投资者在境外的企业所作的直接投资。

直接投资头寸　是指某一特定日子香港居民在境外投资的价值及接受外来投资的价值。

直接投资流动　是指某一时段内香港居民于境外的投资或接受境外的投资的投入或撤走。

贷款基金　为香港特别行政区政府贷款计划,例如房屋贷款和学生贷款,提供资金。基金收入主要来自政府一般收入帐目转拨的款项、偿还的贷款及贷款利息。

港币汇率指数(EERI)　量度港元与香港主要贸易伙伴的货币的平均加权汇率变动情况。

外币兑换率　指外币电汇或现钞平均收市中间兑换价。

认可机构　包括持牌银行、有限制牌照银行及接受存款公司。

持牌银行　可以接受任何数额和期限的存款。在一九九四年十月一日之前,期限少于十五个月的港币五十万元以下存款利率,是受香港银行公会的《利率规则》管制。但这种管制已自该日起分期放宽。自一九九五年十一月二日起,此规则只适用于来往帐户、储蓄帐户与及七日以下的定期存款。

有限制牌照银行　可接受金额不少于港币五十万元的任何期限的定期存款,而存款利率并无任何限制。

接受存款公司　可接受金额不少于港币十万元而期限不少于三个月的定期存款,而存款利率并无任何限制。

外币掉期存款　是指顾客在现货市场购买外币,然后存入认可机构,但同时订下远期合约,将该笔外币(本金加利息)在存款到期时售予认可机构。从分析角度来看,这类掉期存款应当作港元定期存款。

货币供应定义一　是指市民持有的法定纸币和硬币加上持牌银行的活期存款。

货币供应定义二　是指货币供应定义一所包括的项目,加上持牌银行客户的储蓄及定期存款,再加上持牌银行发行而由非认可机构持有的可转让存款证。

货币供应定义三 是指货币供应定义二所包括的各项，再加上有限制牌照银行及接受存款公司客户的存款，再加上以上两类认可机构发行而由非认可机构持有的可转让存款证。

恒生指数 于一九六九年十一月二十四日推出，是香港股票市场的主要指标，用以反映股价的一般变动，以及股市的整体表现。

消费物价指数 是一个反映住户一般所购买的消费商品和服务价格水平变动情况的指标。指数的变动反映购买一个固定篮子的消费品和服务的总值的变动。消费物价指数的按年变动率是一个重要指标，用以量度通胀对消费者的影响。按年变动率是指当期指数比较早一年同期指数的上升或下降的百分率。

香港特别行政区政府统计处编制不同的消费物价指数数列，以反映消费物价通胀对不同开支组别的住户的影响。甲类、乙类及丙类消费物价指数(1999 年 6 月及以前的统计月份，丙类消费物价指数称为“恒生消费物价指数”。)分别根据较低、中等及较高开支组别的住户消费模式编制而成。而综合消费物价指数是根据整体住户开支模式而编制，反映消费物价转变对全体住户的影响。

消费物价指数的开支权数每五年更新一次，现时采用的权数是根据一九九四至九五年间进行的住户开支统计调查的结果计算出来的。

教育程度 是指某人在学校或其他教育机构修读达到的最高教育水平，无论他是否已完成该项课程。计算教育程度时，只包括正式课程。正式课程最少为期一学年，入学有特定的学历资格规定（香港公开进修学院即现时的香港公开大学主办的学位课程除外)，课程必须包括考试或指定评核成绩的程序。

幼稚园 包括所有幼稚园班级。

非学位课程 包括工业学院/科技学院（工业学院及科技学院于一九九九年已合并为香港专业教育学院）/理工学院（现已改制为大学）的所有高级文凭/增修证书院士课程、理工学院（现已改制为大学）及其他专上学院的院士衔和其他非学位课程。教育学院及工商师范学院的证书/文凭课程及护士训练课程亦包括在内。

学位课程 包括所有在香港及海外专上学院的学士学位课程及研究院课程。

社会保障计划 指在帮助社会上需要经济或物质援助的人士。应付基本及特别需要。这个毋须供款的社会保障制度包括综合社会保障援助计划、公共福利金计划、暴力及执法伤亡赔偿计划、交通意外伤亡援助计划和紧急救济。

综合社会保障援助计划 （一九九三年七月一日前为公共援助计划）是向有需要的个人或家庭提供经济援助，使他们的入息达到一定的水平，以应付生活上的基本需要。申请人须接受经济状况调查。

公共福利金计划 （一九九三年七月一日前为特别需要津贴计划）包括高龄津贴及伤残津贴。本计划为六十五岁或以上人士及严重伤残人士发放每月津贴，以应付因年老或残疾而引致的特别需要。

暴力及执法伤亡赔偿计划 提供现金援助给暴力罪行或执法行动中受害的人士或其遗属（如受害人不幸死亡）。申请人毋需接受经济状况调查。

交通意外伤亡援助计划 为交通意外受害人或其遗属(如受害人死亡)迅速提供经济援助。申请人毋需接受经济状况调查，亦不论交通意外是因何人的过失而引起。援助金只按当事人伤亡情况支付，但不包括补偿财物损失。

紧急救济 是为天灾或其他灾祸的受害人提供物资援助，包括供应热饭或干粮及其他必需物品。

罪犯 指在罪案中被拘捕的人士，不论有否遭起诉。其中年龄介乎七至十五岁因犯罪而被捕的人士称为少年罪犯；而十六至二十岁的则称为青年罪犯。

附录二、澳门主要社会经济指标

MAIN SOCIAL AND ECONOMIC INDICATORS OF MACAO

附录2－1　主要统计指标概况

项　　目		1990年	1996年	1997年	1998年	1999年
人口及生命事件						
年中人口估计	（千人）	335	415	419	426	434
出生率	（‰）	20.5	13.2	12.0	10.4	9.6
死亡率	（‰）	4.4	3.4	3.1	3.2	3.2
劳工						
经济活动人口	（千人）	168.6	206.2	207.1	210.7	216.2
劳动人口参与率	（%）	66.6	66.7	65.8	65.3	64.7
失业率	（%）	3.2	4.3	3.2	4.6	6.4
就业不足率	（%）	2.3	1.2	0.8	1.5	1.3
就业人口	（千人）①	163.3	197.5	200.6	201.0	202.5
制造业		53.2	40.6	41.4	41.5	44.5
零售及批发业		35.2	31.7	31.3	33.5	31.3
餐厅及酒店业			22.7	21.9	23.2	21.7
团体、社会及个人服务业		45.0	60.3	62.5	52.3	56.6
对外贸易						
出口	（百万澳门元）	13 638	15 899	17 129	17 084	17 580
本地产品出口	（百万澳门元）		13 376	15 048	14 904	15 044
再出口	（百万澳门元）		2 523	2 081	2 180	2 536
进口	（百万澳门元）	12 343	15 931	16 603	15 596	16 300
贸易条件指数（1996＝100）		100.7	100.0	98.9	102.2	103.1
工业生产						
工业电力消耗量	（百万千瓦小时）		143.1	150.6	176.7	168.3
建筑(私人部门)						
新建及扩建私人房屋单位数目	（个）	11 574	16 866	9 096	8 321	5 389
新建及扩建私人房屋总面积	（平方米）	1 056 671	1 908 260	1 149 961	969 192	668 778
新动工的私人房屋单位数目	（个）		8 253	7 684	3 825	3 605
新动工的私人房屋总面积	（平方米）		758 604	853 251	569 987	406 925
房屋单位买卖数目	（个）	8 463	11 455	14 304	12 776	11 039
不动产买卖契约数目	（宗）	8 559	13 216	12 255	13 361	12 230
不动产按揭贷款数目	（宗）	6 610	8 074	8 511	8 696	7 363
运输、通讯、旅游						
进出澳门货运车辆数目	（千辆）	264.3	334.3	291.0	243.1	241.9
登记车辆	（千辆）	51.2	82.8	96.3	107.3	114.2
电话线	（千条）	96.4	206.2	222.5	251.1	300.1
访澳旅客	（千人次）	5 942.2	8 151.1	7 000.4	6 948.5	7 443.9
酒店入住率	（%）	69	61	50	51	53
财政收支、货币、金融	**（百万澳门元）**					
财政总收入②		5 998	14 711	15 001	15 548	16 943
财政总支出②		5 490	14 681	14 241	15 506	16 636
货币供应(广义货币供应量 M2)						
澳门元③		6 947	22 834	24 180	25 796	28 169
港元		14 990	41 046	41 599	45 530	46 702
其他货币		8 652	10 864	12 579	14 891	15 268
总计		30 589	74 744	78 358	86 217	90 140
本地机构及私人贷款及垫款		15 743	43 505	47 804	47 271	46 005

项目		1990 年	1996 年	1997 年	1998 年	1999 年
居民消费物价指数(屋租除外)						
(1995 年 7 月至 1996 年 6 月＝100)						
综合消费物价指数		65.25	99.35	102.82	103.00	99.71
甲类消费物价指数			100.14	104.25	105.40	102.37
乙类消费物价指数			99.63	103.28	103.84	100.76
房屋(期末值)						
社会房屋	(个)	4 871	6 613	7 420	7 824	9 084
教育④						
学前教育学生	(人)	20 814	18 964	18 291	17 354	
小学生	(人)	34 972	47 300	47 235	48 269	
中学生	(人)	17 601	25 458	28 280	31 782	
高等教育学生	(人)	7 425	6 625	8 381	10 014	
医疗卫生						
死亡登记人数	(人)	1 482	1 413	1 293	1 356	1 374
死于心脏病人数	(人)		326	304	292	274
死于癌症人数	(人)	283	323	325	335	366
婴儿死亡率		8.4	4.8	5.4	6.1	4.1
(按每千名出生登记活产婴儿计算)						
社会保障						
供款人数目	(人)		6 817	7 066	7 360	7 609
总发放援助次数			100 068	107 779	129 742	157 889
总发放金额	(千澳门元)		69 507	89 981	111 461	147 164
治安						
罪案数目	(宗)	5 514	8 576	8 162	8 487	9 262
囚犯数目	(期末值,人)	719	625	657	711	788
国内生产总值②⑤						
以固定(1996 年)价格计算						
支出法国内生产总值实际增长率	(%)	8.0	－0.4	－0.3	－4.6	－2.9
国内生产总值	(百万澳门元)	41 738	55 294	55 139	52 580	51 074
人均国内生产总值	(澳门元)	124 606	133 096	131 613	123 341	117 327
以现价计算						
支出法国内生产总值名义增长率	(%)	18.6	－0.1	1.1	－7.1	－5.2
国内生产总值	(百万澳门元)	26 175	55 294	55 894	51 902	49 210
人均国内生产总值	(澳门元)	78 144	133 096	133 416	121 750	113 044

注:①1990 年的资料,参考期为 5 月。“零售及批发业”和“餐厅及酒店业”共同组成一项分类,故未能分列。有关就业人数行业分类方面,1997 年及以前是根据“澳门行业分类第一版”分类。自 1998 年起,采用“澳门行业分类第一修订版”。其中较显著的差异在于,室内装修工程在前分类中被归入“团体、社会及个人服务”;而此后分类则被归入“建筑”一项。

②1999 年数字在日后得到更多资料时会作出修订。

③“中华人民共和国澳门特别行政区基本法”说明,澳门元是澳门特别行政区的法定货币。

④不包括特殊教育沉重第 n 年的学生人数是 n/n＋1 学年年终学生人数。

⑤澳门特别行政区出版刊物中称为“本地生产总值”。

附录 2－2　按堂区划分的澳门面积

单位:平方公里

分　　区	1990 年	1996 年	1997 年	1998 年	1999 年
总面积	**17.4**	**21.4**	**21.4**	**23.6**	**23.8**
澳门	**6.5**	**7.8**	**7.8**	**7.8**	**7.8**
圣安多尼堂区		1.1	1.1	1.1	1.1
望德堂区		0.6	0.6	0.6	0.6
风顺堂区		0.9	0.9	0.9	0.9
大堂区		2.1	2.1	2.2	2.2
花地玛堂区		3.1	3.1	3.0	3.0
氹仔	**3.8**	**5.8**	**5.8**	**6.2**	**6.2**
路环	**7.1**	**7.8**	**7.8**	**7.6**	**7.6**
路氹填海区				2.0	2.2

附录 2－3　人　口　主　要　指　标

项　　目	1990 年	1996 年	1997 年	1998 年	1999 年
年中人口估计　（千人）	335.0	415.4	418.9	426.3	434.0
出生率　（‰）	20.5	13.2	12.0	10.4	9.6
死亡率　（‰）	4.4	3.4	3.1	3.2	3.2
婴儿死亡率　（‰）	8.4	4.8	5.4	6.1	4.1
自然增长率　（‰）	16.1	9.8	8.9	7.2	6.4
总和生育率	1.8	1.3	1.2	1.0	1.0
登记结婚数　（宗）	1 794	2 106	1 678	1 451	1 367
离婚数目　（宗）	95	320	304	260	283
出生时平均预期寿命(1994－1997)（岁）					
男			75.32		
女			79.89		

附录 2－4　经济活动人口及失业状况

项　　目	1996 年	1997 年	1998 年	1999 年
经济活动人口　（千人）	206.2	207.1	210.7	216.2
男	115.1	115.1	116.4	115.7
女	91.1	92	94.3	100.5
就业人口　（千人）	197.5	200.6	201.0	202.5
失业人口　（千人）	8.7	6.5	9.6	13.8
失业率　（%）	4.3	3.2	4.6	6.4

附录2－5　按行业划分的就业人口

单位:千人

行　　业	1998年	1999年
总数	**201.0**	**202.5**
农业、畜牧业、狩猎及林业	0.2	0.1
捕渔业	0.1	0.1
采矿业	0.1	
制造业	41.5	44.5
电力、煤气及水的生产与供应业	1.4	1.2
建筑	21.0	16.3
批发及零售业	33.5	31.3
住宿、餐厅、酒楼及同类场所	23.2	21.7
运输、仓储及邮电通信业	13.7	15.0
金融、保险业	5.7	6.0
房地产业务、租赁及向企业提供的服务	8.3	9.7
公共行政、防卫及强制性社会保障	16.4	16.7
教育	6.7	9.2
医疗卫生及社会福利	4.1	5.2
团体、社会及个人的其他服务	20.0	19.8
雇用佣人的家庭	5.0	5.6
国际组织及其他领土以外的机构	0.1	0.1
不详	0.1	0.1

附录2－6　按行业划分的每月工资中位数

单位:澳门元

行　　业	1998年	1999年
总数	**5 063**	**4 889**
农业、畜牧业、狩猎及林业		
捕渔业		
采矿业		
制造业	3 138	2 911
电力、煤气及水的生产与供应业	10 294	11 674
建筑	4 997	4 656
批发及零售业	4 981	4 699
住宿、餐厅、酒楼及同类场所	4 338	4 401
运输、仓储及邮电通信业	5 766	5 651
金融、保险业	7 828	7 442
房地产业务、租赁及向企业提供的服务	4 221	4 367
公共行政、防卫及强制性社会保障	12 747	13 711
教育	9 200	9 444
医疗卫生及社会福利	8 031	7 796
团体、社会及个人的其他服务	6 447	6 415
雇用佣人的家庭	3 019	2 966
国际组织及其他领土以外的机构		

附录2-7　国内生产总值(以现价计算)

年份	国内生产总值①		国内生产总值与上年比较的实际增长%②	人均国内生产总值	
	(百万澳门元)	(百万美元)		(澳门元)	(美元)
1988	18 718	2 331	7.8	59 233	7 376
1989	22 061	2 746	5.0	67 861	8 446
1990	26 175	3 263	8.0	78 144	9 740
1991	30 327	3 789	3.7	86 242	10 775
1992	39 519	4 957	13.3	106 555	13 365
1993	45 193	5 672	5.2	117 695	14 772
1994	50 114	6 296	4.3	126 303	15 867
1995	55 333	6 946	3.3	135 190	16 970
1996	55 294	6 940	-0.4	133 096	16 705
1997	55 894	7 009	-0.3	133 416	16 729
1998	51 902	6 505	-4.6	121 750	15 259
1999③	49 210	6 158	-2.9	113 044	14 145

注:①澳门特别行政区出版刊物中称为“本地生产总值”。

②实际增长率是按不变(1996年)价格估算的国内生产总值计算而得。

③估算数字在日后得到更多资料时会作出修订。

附录2-8　支出法国内生产总值①

单位:百万澳门元

国内生产总值组成部份	1996年	1997年	1998年	1999②年
以现行价格计算				
居民消费支出	20 202	20 997	20 685	20 539
政府最终消费支出	5 204	5 732	6 029	6 445
固定资本形成总额	11 791	11 837	9 667	8 487
存货增加	541	113	-72	82
货物出口	15 898	17 129	17 084	17 580
减:货物进口	20 031	20 126	19 132	19 976
服务出口	25 908	25 226	22 696	21 478
减:服务进口	4 221	5 013	5 056	5 424
支出法国内生产总值	**55 294**	**55 894**	**51 902**	**49 210**
人均国内生产总值(澳门元)	**133 096**	**133 416**	**121 750**	**113 044**
以固定(1996年)价格计算				
居民消费支出	20 202	20 490	20 299	20 643
政府最终消费支出	5 204	5 416	5 547	6 073
固定资本形成总额	11 791	12 018	10 497	9 529
存货增加	541	107	-70	81
货物出口	15 898	16 503	17 084	17 831
减:货物进口	20 031	19 167	18 966	20 447
服务出口	25 908	24 580	22 963	22 585
减:服务进口	4 221	4 808	4 774	5 220
支出法国内生产总值	**55 294**	**55 139**	**52 580**	**51 074**
人均国内生产总值(澳门元)	**133 096**	**131 613**	**123 341**	**117 327**

注:①澳门特别行政区出版刊物中称为“以支出法估算的本地生产总值”。

②估算数字在日后得到更多资料时会作出修订。

附录2-9 生产法国内生产总值①

单位:百万澳门元

经济活动	1995年	1996年	1997年	1998②年
第二产业	**7 676**	**7 073**	**7 248**	**6 999**
采矿业	15	10	12	12
制造业	3 768	3 781	3 928	4 028
电力、燃气及水的生产和供应	1 041	1 180	1 229	1 363
建筑业	2 852	2 101	2 079	1 596
第三产业	**41 634**	**41 853**	**42 315**	**39 289**
批发零售、维修、酒店、餐厅及酒楼业	4 922	5 822	4 832	4 303
交通运输、仓储及邮电通信业	1 663	2 147	3 092	2 963
金融保险、房地产、租赁及商业服务	12 897	11 787	12 255	11 676
公共行政、社会服务及个人服务（包括博彩业）	22 152	22 096	22 135	20 346
减调整项:间接计算的金融中介服务	**-1 910**	**-2 211**	**-2 563**	**-2 788**
以基本价格按生产法估算的国内生产总值	**47 400**	**46 714**	**47 000**	**43 500**
加产品税	6 287	6 310	6 743	6 603
以现行价格按生产法估算的国内生产总值	**53 687**	**53 025**	**53 742**	**50 103**
以现行价格按支出法估算的国内生产总值	**55 333**	**55 294**	**55 894**	**51 902**
统计差额(%)	-3.0	-4.1	-3.8	-3.5

注:①澳门特别行政区出版刊物中称为“以生产法估算的本地生产总值”。

②估算数字在日后得到更多资料时会作出修订。

附录2-10 生产法国内生产总值结构①

单位:%

经济活动	1995年	1996年	1997年	1998②年
第二产业	**16.2**	**15.1**	**15.4**	**16.1**
采矿业				
制造业	7.9	8.1	8.4	9.3
电力、燃气及水的生产和供应业	2.2	2.5	2.6	3.1
建筑业	6.0	4.5	4.4	3.7
第三产业	**87.8**	**89.6**	**90.0**	**90.3**
批发零售、维修、酒店、餐厅及酒楼业	10.4	12.5	10.3	9.9
运输、仓库及通讯业	3.5	4.6	6.6	6.8
金融、保险、房地产、租赁及商业服务	27.2	25.2	26.1	26.8
公共行政、社会服务及个人服务（包括博彩业）	46.7	47.3	47.1	46.8
减调整项:间接计算的金融中介服务	**-4.0**	**-4.7**	**-5.5**	**-6.4**
以基本价格按生产法估算的国内生产总值	**100.0**	**100.0**	**100.0**	**100.0**

注:①澳门特别行政区出版刊物中称为“以生产法估算的本地生产总值”。

②估算数字在日后得到更多资料时会作出修订。

附录 2－11　电力、燃料及水消耗量

项　　目	1990 年	1996 年	1997 年	1998 年	1999 年
电力　（百万千瓦小时）					
住户		444.2	461.2	520.8	512.9
工业		143.1	150.6	176.7	168.3
商业		754.3	792.6	815.4	836.8
公共照明		6.7	8.1	10.0	10.8
燃料					
重油　（千公升）	203 914	274 957	281 189	313 195	304 241
轻柴油　（千公升）	101 769	94 616	94 731	90 241	81 102
汽油　（千公升）	22 639	38 816	41 168	42 785	42 868
液化石油气　（吨）	11 929	20 892	21 384	22 644	24 902
水　（百万立方米）	**34.6**	**46.4**	**46.7**	**48.1**	**48.0**

附录 2－12　按用途划分的建成私人房屋单位及建筑面积

年份	住宅		商业及写字楼		工业		其他用途		总计	
	单位数目（个）	建筑面积（千平方米）	单位数目（个）	建筑面积（千平方米）	单位数目（个）	建筑面积（千平方米）	单位数目（个）	建筑面积（千平方米）	单位数目（个）	建筑面积（千平方米）
1990	9 488	686.1	1 748	122.9	281	102.8	57	144.8	11 574	1 056.7
1995	6 030	563.4	3 330	398.1	21	37.2	51	222.4	9 432	1 221.1
1996	14 693	1 247.7	2 055	265.4			118	395.2	16 866	1 908.3
1997	6 191	576.9	2 540	363.4			365	209.6	9 096	1 150.0
1998	6 695	559.5	1 562	174.6	4	39.6	60	195.5	8 321	969.2
1999	4 252	307.7	1 085	128.6	2	33.9	50	199.0	5 389	668.8

附录 2－13　按用途划分的获批准新动工私人房屋单位及建筑面积

年份	住宅		商业及写字楼		工业		其他用途		总计	
	单位数目（个）	建筑面积（千平方米）	单位数目（个）	建筑面积（千平方米）	单位数目（个）	建筑面积（千平方米）	单位数目（个）	建筑面积（千平方米）	单位数目（个）	建筑面积（千平方米）
1995	7 016	582.5	5 508	686.3	0	0	60	313.2	12 584	1 582.0
1996	6 702	506.5	1 517	115.9	1	0.5	33	135.7	8 253	758.6
1997	6 299	508.5	1 347	124.6	4	40.9	34	179.3	7 684	853.2
1998	3 308	382.6	482	40.3	2	26.2	33	120.9	3 825	570.0
1999	3 147	249.5	441	97.0	1	3.5	16	57.0	3 605	406.9

附录 2－14　外地进出澳门货物

单位:吨

项　　目	1990 年	1996 年	1997 年	1998 年	1999 年
卸下①					
海路	4 894 881	2 115 156	2 036 203	2 635 363	1 567 602
空路	53	6 833	11 371	17 393	11 467
陆路	475 786	279 288	290 656	219 526	237 703
其他②	41 314 964	54 383 001	53 048 010	54 220 836	57 171 497
总数	**46 685 684**	**56 784 279**	**55 386 241**	**57 093 118**	**58 988 269**
装上①					
海路	547 948	886 100	695 322	560 175	479 472
空路	7 891	21 279	31 808	31 332	32 794
陆路	48 822	107 418	124 554	187 328	171 893
其他②	22	28 514	36 307	38 645	36 450
总数	**604 683**	**1 043 311**	**887 992**	**817 481**	**720 609**

注:①包括直接转运货物。

②包括邮递及以管道运输方式进出澳门的货物。

附录 2－15　货　柜　流　量

单位:次数

项　　目	1990 年	1996 年	1997 年	1998 年	1999 年
入　　境	21 737	47 897	44 823	44 357	33 983
出　　境	24 371	44 331	49 720	51 701	36 106
转　　口			11 299	12 369	13 218

附录 2－16　通　讯　服　务

项　　目	1990 年	1996 年	1997 年	1998 年	1999 年
邮递服务					
信件邮件　（百万件）	6.7	10.8	11.5	13.0	14.3
包裹　（千件）	8.3	9.9	9.3	9.1	9.7
电话服务　（千条操作线路）					
固定电话线	96.4	161.5	169.6	173.9	178.4
移动电话		44.7	50.7	67.0	92.1
数码式储值卡			2.2	10.2	29.5
对外电话通讯量　（百万分钟）					
拨出	52.0	111.8	119.0	125.2	132.8
拨入		93.6	93.6	96.8	92.0
电报　（件）					
发出	21 108	2 439	1 905	1 145	1 449
收到		4 740	3 162	2 304	1 256
无线寻呼用户　（户）					**19 312**
国际互联网					
登记用户			5 846	9 516	17 034
总使用时数　（千小时）			1 105.6	2 360	3 377.9

附录 2－17　主要商品进出口总额

单位：百万澳门元

贸易种类	1990 年	1996 年	1997 年	1998 年	1999 年
出口	13 638	15 899	17 129	17 084	17 580
本地产品出口		13 376	15 048	14 904	15 044
再出口		2 523	2 081	2 180	2 536
进口	12 343	15 931	16 603	15 596	16 300
进出口总额	25 981	31 829	33 733	32 680	33 880
进出口差额	1 295	－32	526	1 487	1 280
出口/进口比率(%)	110.5	99.8	103.2	109.5	107.9

附录 2－18　主要商品进口原产地和出口目的地

单位：百万澳门元

贸易种类 主要国家/地区	1990 年	1996 年	1997 年	1998 年	1999 年
进口（原产地）					
中国内地	2 194	3 818	4 741	5 092	5 809
香港	5 210	4 627	4 176	3 697	2 945
欧洲联盟	1 036	2 182	2 052	1 641	2 103
日本	1 423	1 431	1 417	1 208	1 084
中国台湾	878	1 403	1 537	1 537	1 550
美国	634	939	1 042	733	831
出口（目的地）					
美国	4 931	6 411	7 747	8 141	8 249
欧洲联盟	4 679	5 356	5 632	5 210	5 304
中国内地	616	1 267	1 111	1 157	1 617
香港	1 770	1 684	1 315	1 301	1 195

附录 2－19　财　政　收　入

单位：百万澳门元

项　　目	1990 年	1996 年	1997 年	1998 年	1999 年
经常收入					
直接税	2 587	6 426	7 591	6 355	5 987
间接税	454	609	553	489	496
费用、罚款及其他金钱制裁	118	329	301	293	255
财产收益	776	851	674	992	2 059
转移	111	130	829	358	165
耐用品的出售		3	1		1
劳务及非耐用品的出售	56	46	39	40	46
其他经常收入	12	54	48	131	65
资本收入					
投资资产的出售	16	62	17	14	68
转移	40	42		193	279
财务资产	537			4	9
财务负债	260				
其他资本收入			400	1 570	400
非从支付中扣减的退回	5	19	21	18	29
指定帐目	**1 027**	**6 142**	**4 528**	**5 091**	**7 084**
总数	**5 998**	**14 711**	**15 001**	**15 548**	**16 943**

附录2－20 财 政 支 出

单位：百万澳门元

项 目	1990年	1996年	1997年	1998年	1999年
经常支出					
人员	1 453	2 579	2 815	2 979	2 927
物品及劳务	486	526	591	574	686
利息	6	96	74	51	5
经常转移	1 121	3 238	4 113	4 520	4 232
其他经常支出	27	79	122	209	302
资本支出					
投资	990	1 343	1 474	1 598	1 128
资本转移	321	172	113	38	47
财务活动	60	507	411	447	225
其他资本支出					
指定帐目	**1 027**	**6 142**	**4 528**	**5 091**	**7 084**
总数	**5 490**	**14 681**	**14 241**	**15 506**	**16 636**

附录2－21 货 币 供 应

（年底数字）

单位：百万澳门元

项 目	1990年	1996年	1997年	1998年	1999年
狭义货币供应量M1	**8 979**	**20 438**	**18 953**	**20 171**	**21 045**
分类一：澳门元	3 213	8 691	8 279	8 477	9 223
港元	4 243	9 719	8 577	9 693	9 600
其他货币	1 523	2 028	2 098	2 001	2 222
分类二：流通货币（澳门元）	699	1 427	1 518	1 555	1 820
活期存款	1 879	4 701	3 965	4 106	3 334
储蓄存款	6 401	14 311	13 469	14 510	15 892
广义货币供应量M2	**30 589**	**74 744**	**78 358**	**86 217**	**90 140**
分类一：澳门元	6 947	22 834	24 180	25 796	28 169
港元	14 990	41 046	41 599	45 530	46 702
其他货币	8 652	10 864	12 579	14 891	15 268
分类二：狭义货币供应量M1	8 979	20 438	18 953	20 171	21 045
通知存款	492	554	670	881	888
定期存款	21 104	53 752	58 734	65 165	68 206
存款证明书	13				

注：《中华人民共和国澳门特别行政区基本法》说明，澳门元是澳门特别行政区的法定货币。

附录2－22 外 币 兑 换 率

（一单位外币兑换的澳门元）

项　　目	1990年	1996年	1997年	1998年	1999年
年内平均数字					
澳元	6.27	6.24	5.93	5.02	5.16
欧元②	10.23	9.98	9.02	8.95	8.53
韩圆①	0.01	0.01	0.01	0.01	0.01
西班牙比塞塔	0.08	0.06	0.05	0.05	0.05
美元	8.02	7.97	7.98	7.98	7.99
新台币①	0.30	0.29	0.28	0.24	0.25
法国法郎	1.48	1.56	1.37	1.35	1.30
英镑	14.32	12.44	13.07	13.22	12.93
港元	1.03	1.03	1.03	1.03	1.03
日圆	0.06	0.07	0.07	0.06	0.07
马来西亚林吉特①	2.97	3.17	2.90	2.04	2.10
新西兰元	4.79	5.48	5.28	4.28	4.23
葡萄牙埃斯库多	0.06	0.05	0.05	0.04	0.04
德国马克	4.98	5.30	4.60	4.54	4.36
人民币①	1.69	0.96	0.96	0.96	0.97
新加坡元	4.43	5.65	5.39	4.77	4.72
瑞士法郎	5.80	6.46	5.50	5.51	5.33
年底数字					
澳元	6.20	6.35	5.21	4.90	5.21
欧元②	10.91	9.90	8.82	9.31	8.05
韩圆①	0.01	0.01	0.00	0.01	0.01
西班牙比塞塔	0.08	0.06	0.05	0.06	0.05
美元	8.03	7.97	7.98	7.98	8.01
新台币①	0.30	0.29	0.25	0.25	0.26
法国法郎	1.58	1.52	1.33	1.42	1.23
英镑	15.47	13.48	13.23	13.26	12.96
港元	1.03	1.03	1.03	1.03	1.03
日圆	0.06	0.07	0.06	0.07	0.08
马来西亚林吉特①	2.98	3.15	2.05	2.10	2.11
新西兰元	4.72	5.64	4.64	4.22	4.17
葡萄牙埃斯库多	0.06	0.05	0.04	0.05	0.04
德国马克	5.38	5.13	4.46	4.75	4.12
人民币①	1.54	0.96	0.96	0.96	0.97
新加坡元	4.62	5.82	5.57	5.15	4.81
瑞士法郎	6.30	5.91	5.49	5.77	5.02

注:《中华人民共和国澳门特别行政区基本法》说明，澳门元是澳门特别行政区的法定货币。外币指澳门元以外的其他货币，因而人民币亦视作外币。

①非官方兑换价。

②1999年1月1日之前汇率为欧洲货币单位的兑换率。

附录 2－23 居民消费物价指数(房租除外)

(1995 年 7 月至 1996 年 6 月＝100)

项目	权数	1990 年	1996 年	1997 年	1998 年	1999 年
综合消费物价指数						
总指数	**75.52**	**65.25**	**99.35**	**102.82**	**103.00**	**99.71**
	(100.00)				(101.83)	(98.56)
粮食及不含酒精饮品	31.31	*	100.10	103.69	104.32	99.73
衣服	5.74	*	98.82	100.42	101.43	99.22
(租金) 维修及住屋开支	5.78	*	100.83	107.80	109.21	107.04
	(30.26)	*			(100.31)	(97.33)
烟酒	1.42	*	101.55	101.96	105.49	105.28
家居用品	4.09	*	99.01	99.87	98.95	96.28
药物及医疗	1.84	*	104.88	107.49	109.24	106.47
交通及通讯	10.12	*	101.53	103.05	99.96	97.91
教育、文化及消闲	9.22	*	96.10	102.35	104.66	101.92
其他物品及服务	6.01	*	95.93	97.64	94.49	91.59
甲类消费物价指数						
总指数	**67.74**		**100.14**	**104.25**	**105.40**	**102.37**
	(100.00)				(103.08)	(100.00)
粮食及不含酒精饮品	35.60		100.07	103.87	104.31	99.59
衣服	3.40		98.55	100.05	101.27	99.29
(租金) 维修及住屋开支	7.51		101.20	108.51	109.82	107.60
	(39.76)				(100.40)	(97.41)
烟酒	1.96		100.96	101.30	105.49	105.59
家居用品	1.59		98.45	99.60	99.78	97.11
药物及医疗	1.52		103.75	106.20	107.18	104.88
交通及通讯	5.39		100.67	105.08	106.48	106.53
教育、文化及消闲	7.81		99.11	106.61	110.20	109.22
其他物品及服务	2.98		96.33	98.38	99.43	99.74
乙类消费物价指数						
总指数	**75.15**		**99.63**	**103.28**	**103.84**	**100.76**
	(100.00)				(102.44)	(99.34)
粮食及不含酒精饮品	32.47		100.01	103.68	104.41	99.86
衣服	5.94		99.51	100.94	102.14	100.06
(租金) 维修及住屋开支	6.02		100.19	107.12	108.55	106.44
	(30.87)				(100.23)	(97.26)
烟酒	1.33		101.62	101.95	105.71	105.45
家居用品	3.69		98.72	99.59	98.53	95.58
药物及医疗	2.16		105.31	107.64	109.60	107.43
交通及通讯	8.98		100.28	103.37	101.21	99.45
教育、文化及消闲	9.79		98.10	104.27	106.90	105.23
其他物品及服务	4.77		95.80	97.81	95.69	93.62

注:括号内为包括租金权数及指数,由 1998 年 1 月开始公布。

* 当时分类与现在分类不同。

附录 2-24　14 岁及 14 岁以上人口教育程度

项　　目	1996 年		1997 年		1998 年		1999 年	
	人数(千)	百分比(%)	人数(千)	百分比(%)	人数(千)	百分比(%)	人数(千)	百分比(%)
总计	**309.3**	**100.0**	**314.7**	**100.0**	**322.8**	**100.0**	**334.0**	**100.0**
男	**144.9**	**46.8**	**147.0**	**46.8**	**150.2**	**46.5**	**153.2**	**45.9**
女	**164.4**	**53.2**	**167.7**	**53.3**	**172.6**	**53.5**	**180.8**	**54.1**
从未入学/学前教育	63.9	20.7	59.7	19.0	58.8	18.2	59.4	17.8
男	24.2	7.8	21.8	6.9	21.3	6.6	21.3	6.4
女	39.8	12.9	37.9	12.0	37.5	11.6	38.0	11.4
小学	93.2	30.1	96.5	30.7	97.1	30.1	98.3	29.4
男	45.0	14.5	46.8	14.9	46.3	14.3	47.1	14.1
女	48.2	15.6	49.7	15.8	50.8	15.7	51.2	15.3
初中	93.0	30.1	93.8	29.8	99.4	30.8	105.2	31.5
男	45.5	14.7	45.4	14.4	48.8	15.1	49.3	14.8
女	47.5	15.4	48.4	15.4	50.7	15.7	55.9	16.8
高中	39.2	12.7	43.9	13.9	44.3	13.7	44.3	13.3
男	19.6	6.3	21.8	6.9	21.9	6.8	22.2	6.6
女	19.6	6.3	22.1	7.0	22.5	7.0	22.1	6.6
高等教育								
高等专科	5.7	1.8	5.8	1.8	5.9	1.8	6.4	1.9
男	2.4	0.8	2.4	0.8	2.6	0.8	2.4	0.7
女	3.3	1.1	3.4	1.1	3.2	1.0	4.0	1.2
大学	14.1	4.6	15.0	4.8	17.1	5.3	20.1	6.0
男	8.1	2.6	8.8	2.8	9.2	2.9	10.7	3.2
女	6.0	1.9	6.2	2.0	7.9	2.4	9.4	2.8
不详	0.2				0.1		0.2	0.1
男	0.1				0.1		0.2	0.1
女	0.1						0.1	

附录 2-25　按各类型教育机构学生人数①

单位:人

类　　别	1990/1991 年	1996/1997 年	1997/1998 年	1998/1999 年
正规教育	**80 812**	**98 347**	**102 187**	**107 419**
学前教育	20 814	18 764	18 291	17 354
小学	34 972	47 300	47 235	48 269
中学	16 911	24 145	26 406	28 543
职业技术中学	690	1 313	1 874	3 239
高等教育②	7 425	6 625	8381	10 014
特殊教育	**182**	**408**	**442**	**494**
学前	61	21	22	19
小学	117	50	46	49
中学	4	13	13	18
特殊班		324	361	408
成人教育	**38 399**	**46 879**	**46 571**	**47 504**

注:①学生人数为学年终人数。

②包括师范及护理训练的学生。

附录 2 – 26 医疗卫生条件

项　　目	1990 年	1996 年	1997 年	1998 年	1999 年
医护人员　　(人)					
医生	537	804	859	869	896
牙科技术员			2	2	2
护士	864	912	905	895	897
诊断及治疗助理员		178	175	181	212
卫生服务助理员		364	355	356	360
按每千名人口计算的医生数	1.58	1.93	2.04	2.02	2.05
医疗机构和病床					
医院　　(所)	2	2	2	2	2
病床　　(张)①	974	925	864	858	855
按每千名人口计算的病床数	3.49	2.22	2.05	1.99	1.95

注:①包括普通住院及深切治疗部的病床。

附录 2 – 27 按住所租住权划分的家庭住户数目

单位:户

项　　目	1993/1994 年	1998/1999 年
自置	68 599	87 887
租客	20 335	21 248
二房东	348	233
三房客	440	269
合租者	4 528	6 355
由雇主提供	4 051	2 721
免租	8 745	9 140

附录 2 – 28 社会保障基金发放次数及金额

形　　式	1996 年		1997 年		1998 年		1999 年	
	次数	金额 千澳门元	次数	金额 千澳门元	次数	金额 千澳门元	次数	金额 千澳门元
总计	**100 068**	**69 507**	**107 779**	**89 981**	**129 742**	**111 461**	**157 889**	**147 164**
养老金	26 437	26 405	34 974	34 922	45 668	45 580	60 775	58 890
伤残津贴	3 559	3 516	5 551	5 516	7 281	7 234	8 213	7 963
救济金	60 186	28 480	56 330	33 553	59 159	35 206	64 772	38 642
特别给付	6 760	4 073	7 630	5 712	8 821	6 833	9 926	7 855
失业津贴	2 470	3 560	1 664	3 198	4 870	9 594	8 581	17 059
疾病津贴	339	445	613	818	579	900	616	875
出生津贴	0	0	501	506	2 118	2 125	2 201	2 227
结婚津贴	0	0	126	126	789	789	926	926
丧葬津贴	176	176	182	199	244	315	264	343
因肺尘埃沉看病的给付	**1**	**200**	**8**	**1 927**	**2**	**316**	**3**	**698**
因劳动关系产生的债权的担保	**140**	**2 642**	**200**	**3 504**	**185**	**2 477**	**123**	**5 789**
根据 23/07/97 博彩合同修订版第三条款规定给予援助失业人士的款项					26	92	1 489	5 897

国内统计年鉴与澳门特别行政区统计刊物中使用的指标对照表

对应表号	中国内地统计名词	澳门特别行政区统计名词
1,3	出生率	粗出生率
1,3	死亡率	粗死亡率
4	经济活动人口	劳动人口
5,6,9,10	电力、煤气及水的生产和供应	电力、气体及水的生产及分配
5,6,9,10	交通运输、仓储和邮电通信业	运输、贮藏及通讯
5,6,9,10	金融、保险业	金融业务
5,6,9	房地产业	不动产业务
6	工资	工作收入
7,8	国内生产总值	本地生产总值
7,8,9	以现价计算(按现行价格计算)	以当年价格计算
8,9	以固定价格计算(按不变价格计算)	以不变价格计算
8	居民消费	私人消费支出
8	政府消费	政府最终消费支出
8,9	存货变动(存货增加)	库存变化
8,9	支出法国内生产总值	以支出法估算的本地生产总值
9,10	生产法国内生产总值	以生产法估算的本地生产总值
11	液化石油气	石油气
12,13	房屋建筑面积	楼宇建筑面积
16	移动电话用户	流动电话线
16	无线寻呼电话用户	公共无线传呼接收机
17	进出口总额	贸易总额
17	进出口差额	贸易差额
19	财政收入	公共收入
20	财政支出	公共支出
21	澳元	澳洲元
21	韩圆	南韩圆
21	马来西亚林吉特	马来西亚元
21	葡萄牙埃斯库多	葡萄牙士姑度
23	居民消费物价指数	消费物价指数
27	自置	业主
28	伤残津贴	残疾恤金

主要统计指标解释

国内生产总值 澳门称作“本地生产总值”,反映每年在澳门地区生产的货物和提供各种服务的总量。本年鉴中的国内生产总值用支出法及生产法估算,支出法等于私人消费支出、政府最终消费支出、固定资本形成总额、库存变化和货物及服务出口净值(出口减进口)的总和。而生产法等于各经济行业的增加值的总和,这种方法可以评估澳门的产业结构。

婴儿死亡率 参考期内年龄在1岁或以下的死亡人数与出生活婴数目的千分比。

自然增长率 参考期内出生人数和死亡人数差额与平均人口的千分比。

出生率 澳门称粗出生率,为参考期内出生活婴数目与平均人口的千分比。

死亡率 澳门称粗死亡率,为参考期内死亡人数与平均人口的千分比。

正规教育 指有系统地专为儿童及青少年开办的,由学前教育至高等教育的课程。

学前教育 由两阶段组成相当于学前教育第一年及第二年的幼儿教育及相当于学前教育第三年的小学教育预备班。

(1)幼儿教育:对象是年龄3-4岁的儿童。在报名当年的12月31日年满3岁的幼儿皆可就读,升级时不需考试。

(2)小学教育预备班:在报名当年的12月31日年满5岁的儿童可就读预备班。升级时只设进度测验。在某些教育机构,小学教育预备班仍被称为学前教育第三年。

小学教育 为期6年,完成小学教育预备班或在报名当年的12月31日年满6岁的儿童可就读小学教育第一年。就读小学的最高年龄为15岁。在葡式学制,程度分成两阶段,“小学教育”由4年组成,“预备中学”由2年组成。

中学教育 由两个阶段组成,初中教育及高中教育。大学预科也被视为中学教育。

(1)初中教育:为期3年,合格完成小学教育者可以入读。就读初中最大年龄为18岁,但在特别情况下,经教育机构决定,可以逾越此年限。

(2)高中教育:为期最少2年,最多3年,合格完成初中教育者可以入读。就读高中最大年龄为21岁,但在特别情况下,经教育机构决定,可以逾越此年限。

职业技术中学 由有职业进修中学开办的五年制课程。

高等教育 由大学、理工学院及相当的学院开办的学位或非学位课程。

特殊教育 指专为有精神缺陷,失聪及肢体残疾的人士开办的课。

成人教育 指正规教育系统以外,为一般人士开办的应用课程,学生年龄一般为15岁或以上。

经济活动人口 澳门称劳动人口,指在参考期间,可参与生产商品或提供服务的14岁或以上人口。包括就业人口和失业人口。

就业人口 在参考期间(一周),为了金钱或物质报酬、利润或家庭收入而工作至少1小时的14岁或以上人口。包括被雇用而没有上班,但与雇主保持正式联系和拥有1家公司但因特别原因暂时没有上班的人口。

失业人口 在参考期间(一周),年龄在14岁或以上,没有工作或与雇主没有联系,可接受有酬工作或自己做生意,并在过去30日内寻找过工作的人口。

就业不足人口 在参考期间(一周),不论其职业身份,非自原地工作少于35小时,但随时可接受更多工作或寻找更多工作的就业人口。

劳动力参与率 劳动人口占14岁或以上的澳门居住人口的比例。

失业率 指失业人口在劳动人口中所占的比例。

就业不足率 指就业不足人口在劳动人口中所占的比例。

访澳旅客 指任何非以澳门为常居地,其连续逗留时间少于三个月的人士,旅客的旅游目的不是在澳门参与任何有偿活动。

酒店入住率 入住客房数量与可供应客房数量的百分比。

进口 指将产自外地的货物输入澳门,但再进口和直接转运制度下输入者除外。

出口 指将货物输出澳门,但暂时出口和直接转运制度下输出者除外。

本地产品出口 指将产地为澳门的货物输出澳门。

再出口 指原进口的货物未经加工输出澳门,或虽加工,但不能取得澳门产地资格的。

直接转运 指仅为运输的目的,货物在澳门经过或转船,且其下个目的地应在所附文件中列明。

原产地 指农产品种植的国家或地区,矿业开采的国家或地区以及工业产品全部或部份生产国或地区。若生产产品的部份,负责产品变成确定形式进入本地区前的最后一个生产工序的国家或地区,都可被视为原产地。再包装、再分类和混合不被视为生产工序。

目的地 目的地是指货物实际最后到达的国家或地区(不论在运输途中有没有中断)。如有中间国家,只要不在中间国家内进行商业交易,都可被视为目的地国家或地区。

贸易条件指数 即出口单位价格指数与进口价格指数的比率。

单位 指永久性楼宇的一个或多个间格及其附属建筑物。每一个单位具有独立入口与楼宇内公用地方相通,具有合法条件进行分层物业登记和作独立转让。

房屋建筑面积 澳门称为"楼宇建筑面积",为所有层数面积的总和。楼面面积的计算方法是从外墙起测量,同时也包括大堂面积、电梯所占面积以及所有公用地方面积(两个或以上单位合用)。

居民消费物价指数 澳门称为"消费物价指数",反映澳门家庭于购买一篮子指定商品或服务时,在不同时间该等商品或服务之价格变动,但不包括房租。

狭义货币供应量 M1 为流通货币、活期存款及储蓄存款之和。

广义货币供应量 M2 指狭义货币供应量 M1 加上准货币。准货币指定期存款、通知存款和存款证明书。

财务活动 由财务资产及财务负债组成。

附录三、我国经济、社会统计指标同世界主要国家比较

A COMPARISON OF INDICATORS OF ECONOMY AND SOCIETY AMONG PEOPLE'S REPUBLIC OF CHINA AND OTHER COUNTRIES

附录3-1 国土面积和人口

国外资料来源:联合国《统计月报》2000年3月;联合国粮农组织数据库;世界银行《世界发展指标》2000年。

国家和地区	国土面积（万平方公里）	1998年中人口数（万人）	1991-1998年人口年均增长率(%)	1998年人口密度（人/平方公里）
世界总计	**13 381.6①**	**584 900**	**1.6**	**44**
亚　洲	**3 174.8**	**353 837**	**1.8**	**113**
#中　国②	960.0	124 810	1.1	130
日　本	37.8	12 641	0.4	334
印　度③	297.4	96 200	2.0	323
印度尼西亚	190.5	20 442	1.8	107
菲律宾	30.0	7 515	2.5	251
泰　国	51.3	6 120	1.5	119
马来西亚	33.0	2 218	2.7	67
新加坡	0.06	387	1.8	6 450
巴基斯坦	79.6	13 058	2.6	164
缅　甸	67.7	4 450	1.5	66
孟加拉国	14.4	12 477	2.1	866
土耳其	78.0	6 345	2.0	81
蒙　古	156.7	240	2.4	2
朝　鲜	12.3	2 355	1.5	191
韩　国	9.9	4 643	1.1	469
越　南	33.0	7 756	2.0	235
非　洲	**3 031.2**	**75 839**	**2.5**	**25**
#埃　及	100.2	6 598	2.3	66
尼日利亚	92.4	10 641	2.9	115
欧　洲	**2 298.8**	**72 887**	**0.2**	**32**
#德　国	35.7	8 202	0.3	230
英　国	24.2	5 865	0.3	242
法　国	55.2	5 885	0.5	107
意大利	30.1	5 759	0.1	191
捷　克	7.9	1 029		130
波　兰	31.3	3 867	0.5	124
匈牙利	9.3	1 011	-0.3	109
罗马尼亚	23.8	2 250	0.1	95
保加利亚	11.1	825	-0.4	74
南斯拉夫	10.2	1 062	0.5	104
俄罗斯	1 707.5	14 645	0.3	9
北美洲	**2 239.1**	**47 253**	**1.3**	**21**
#美　国	937.3	27 056	1.0	29
加拿大	997.1	3 030	1.2	3
墨西哥	196.7	9 583	1.9	49
南美洲	**1 783.2**	**33 572**	**1.6**	**19**
#巴　西	854.7	16 129	1.7	19
阿根廷	277.7	3 612	1.4	13
大洋洲	**853.6**	**2 964**	**1.5**	**3**
#澳大利亚	768.2	1 875	1.4	2
新西兰	27.1	379	1.1	14

注:①是指有定居人口的各大洲面积,未包括尚无定居人口的南极洲。如包括南极洲,全世界陆地面积为14950万平方公里。原资料各大洲面积以百万平方公里为单位,其和与世界总计略有出入。②中国为年末人口数。③不包括查谟、克什米尔和锡金等地区。

附录3－2 生 命 统 计 (1998年)

国外资料来源:世界银行《世界发展指标》2000年。 单位:‰

国家和地区	人口自然增长率	人口出生率	人口死亡率	婴儿死亡率	平均预期寿命(岁)
世界总计	**13**	**22**	**9**	**54**	**67**
中 国	10	16	7	30①	71①
美 国	5	14	9	7	77
日 本	3	10	7	4	81
德 国		10	10	6	77
英 国	1	12	11	6	77
法 国	4	13	9	5	78
意大利	－1	9	10	5	78
加拿大	5	12	7	5	79
澳大利亚	6	13	7	5	79
俄罗斯	－5	9	14	17	67
捷 克	－2	9	11	5	75
波 兰		10	10	10	73
匈牙利	－4	10	14	10	71
罗马尼亚	－1	11	12	21	69
南斯拉夫	1	11	10	13	72
印 度	18	27	9	70	63
印度尼西亚	15	23	8	43	65
菲律宾	22	28	6	32	69
泰 国	10	17	7	29	72
马来西亚	20	25	5	8	72
新加坡	8	13	5	4	77
巴基斯坦	27	35	8	91	62
缅 甸	16	26	10	78	60
孟加拉国	18	28	10	73	59
土耳其	15	21	6	38	69
韩 国	8	14	6	9	73
埃 及	17	24	7	49	67
尼日利亚	28	40	12	76	53
墨西哥	23	28	5	30	72
巴 西	13	20	7	33	67
阿根廷	11	19	8	19	73

注:①1996年数。

附录3－3 就 业 状 况

国外资料来源：国际劳工组织《劳工统计年鉴》1999年。

国家和地区	年 份	就业人数（万 人）					
			农林牧渔业	矿业、采掘业	制造业	水、电、煤气业	建筑业
中 国	1998	69 957.0	33 232.0	721.0	8 319.0	283.0	3 327.0
美 国	1998	13 146.3	350.9	62.0	2 073.3	149.6	851.8
日 本	1998	6 514.0	343.0	6.0	1 382.0	37.0	662.0
德 国	1998	3 586.0	102.4	18.2	846.1	30.5	318.3
英 国	1998	2 694.7	46.5	10.0	498.7	17.9	186.6
法 国	1994	2 211.0	104.8	6.6	416.2	20.4	144.3
意大利	1995	1 994.2	148.9	8.8	453.4	204.1	160.7
加拿大	1998	1 432.6	53.4	18.2	214.7	11.7	75.7
澳大利亚	1998	855.3	42.1	7.8	109.8	6.5	62.2
俄罗斯	1997	6 463.9		115.0	1 207.5	138.0	534.2
捷 克	1997	494.2	28.5	8.9	137.3	9.2	48.0
波 兰	1998	1 535.4	294.6	38.1	320.5	26.5	107.1
匈牙利	1998	369.8	27.9	2.6	91.2	9.7	23.0
罗马尼亚	1998	1 084.5	434.2	20.2	231.4	23.5	43.4
印 度①	1989	2 596.2	142.8	106.4	625.7	90.9	122.0
印度尼西亚	1997	8 767.2	3 941.5	67.5	993.4	14.8	352.2
菲律宾	1998	2 826.2	1 127.2	10.4	268.7	14.0	151.1
泰 国	1998	3 213.8	1 647.2	4.1	418.9	17.7	406.4
新加坡	1998	187.0	0.4	0.2	40.4	0.8	13.1
马来西亚	1998	860.0	161.7	2.8	190.8	5.0	74.6
巴基斯坦	1997	3 418.0	1 509.1	3.5	379.3	33.4	230.7
缅 甸	1997	1 796.4	1 138.1	13.2	157.3	2.1	37.8
韩 国	1998	1 992.6	242.4	2.0	388.4	6.1	157.7
巴 西	1997	6 933.2	1 677.1	77.4	850.7②		458.3

附录 3－3　续表 1

国家和地区	年份	就业人数(万人)					失业率(%)
		商业、饭店业、旅店业	运输、仓储及通信业	金融、保险不动产及产业服务	社会服务及个人服务	其他	
中国	1998	4 645.0③	2 000.0	408.0	4 194.0④	1 272.8	3.1⑤
美国	1998	2 720.3	781.1	1 545.2	4 612.1		4.5
日本	1998	1 483.0	405.0	593.0	1 566.0	36.0	4.1
德国	1998	628.4	182.0	385.4	1 064.7	7.3	9.7
英国	1998	535.6	175.6	395.2	818.5	7.3	6.1
法国	1994	371.6	139.7	234.0	773.4		11.8⑥
意大利	1995	422.0	105.9	159.8	512.8	1.4	12.3⑨
加拿大	1998	336.9	91.6	222.9	391.1		8.3
澳大利亚	1998	218.3	54.5	127.5	226.8		8.0
俄罗斯	1997	906.5	512.0	503.4	1 615.2		13.3⑩
捷克	1997	82.5	38.3	35.0	106.1	0.4	6.5⑩
波兰	1998	233.6	95.8	81.4	337.4		10.5
匈牙利	1998	59.3	30.2	24.5	101.4		7.8
罗马尼亚	1998	106.8	52.9	23.6	148.6		6.3
印度①	1989	44.1	303.8	135.0	1 030.7		
印度尼西亚	1997	1 681.4	415.4	61.8	1 239.4		5.5⑩
菲律宾	1998	423.8⑧	188.5	69.5	563.1	0.8	9.6
泰国	1998	446.4⑦	92.3		458.4	0.8	3.4
新加坡	1998	40.0	20.6	29.3	41.8	0.3	3.2
马来西亚	1998	161.6	42.2	42.6	178.8		2.5⑨
巴基斯坦	1997	499.6	195.0	33.6	532.4	1.4	6.1
缅甸	1997	174.6	47.0	57.7	168.6		
韩国	1998	556.5	116.8	186.8	335.9		6.8
巴西	1997	922.3	275.9	127.8	2 543.6		7.8

注:①只包括国营部门和 10 人及 10 人以上的非农业私人机构。②包括水、电、煤气业。③商业和餐饮业。④包括卫生、体育和社会福利事业、教育、文化艺术和广播电视事业以及科学研究和综合技术服务事业、国家机关、政党机关和社会团体。⑤指城镇登记失业率。⑥1997 年数。⑦包括金融、保险、不动产及产业服务。⑧饭店、旅馆业包含在社会服务及个人服务业中。⑨1996 年数。⑩1998 年数字。

附录 3－4 国内生产总值及其增长率

国外资料来源:国际货币基金组织《国际金融统计月报》2000 年 4 月,《IMF 经济展望》2000 年 5 月。

国家和地区	货币名称	1998 年国内生产总值(亿本币)	国内生产总值增长率(比上年增长%)			
			1996 年	1997 年	1998 年	1999 年③
中国	(人民币元)	78 345	9.6	8.8	7.8	7.1
美国	(美元)	87 599	3.6	4.2	4.3	4.2
日本	(日元)	4 952 110	5.0	1.6	－2.5	0.3
德国	(德国马克)	37 844	0.8	1.5	2.2	1.5
英国	(英镑)	8 474	2.6	3.5	2.2	2.0
法国	(法郎)	85 647	1.1	2.0	3.4	2.7
意大利	(里拉)	20 577 000	1.1	1.8	1.5	1.4
加拿大	(加元)	8 957	1.7	4.0	3.1	4.2
澳大利亚	(澳元)	5 791	4.0	3.9	5.1	4.4
俄罗斯	(卢布)	26 964	－3.4	0.9	－4.5	3.2
捷克	(克朗)	18 207	3.8	0.3	－2.3	－0.5
波兰	(兹罗提)	4 694①	6.0	6.8	4.8	4.1
匈牙利	(福林)	101 626	1.3	4.6	4.9	4.1
罗马尼亚	(列伊)	3 682 610	3.9	－6.1	－5.4	－3.9
印度	(卢比)	176 261	7.1	5.8	4.7	6.8
印度尼西亚	(卢比)	12 537 900	8.0	4.5	－13.2	0.2
菲律宾	(比索)	26 671	5.8	5.2	－0.5	3.2
泰国	(铢)	46 044	5.9	－1.8	－10.4	4.2
马来西亚	(林吉特)	2 845	10.0	7.5	－7.5	5.4
新加坡	(新加坡元)	1 413	7.5	8.4	0.4	5.4
巴基斯坦	(卢比)	27 595	5.0	1.2	3.3	3.1
缅甸	(缅元)	15 600	7.0	7.0	7.0	7.0
孟加拉国	(塔卡)	15 483	5.1	5.3	4.7	4.3
土耳其	(里拉)	516 250 000	6.9	7.6	3.1	－4.3
韩国	(韩圆)	4 495 090	6.8	5.0	－6.7	10.7
埃及	(埃镑)	2 802	4.3	5.0	5.3	6.0
尼日利亚	(奈拉)	12 371②	6.4	3.1	1.9	1.1
墨西哥	(新比索)	37 912	5.1	6.8	4.8	3.7
巴西	(雷亚尔)	8 998	2.7	3.6	－0.1	0.5
阿根廷	(比索)	2 981	5.5	8.1	3.9	－3.1

注:①1997 年数。②1994 年数。③估计数。

附录3－5 主要农产品产量

国外资料来源：联合国组织数据库。 单位：万吨

国家和地区	1999年	国家和地区	1999年
谷　　物		**棉　　花**	
世界总计	**206 418**	**世界总计**	**1 824**
中　　国	45 304	中　　国	383
美　　国	33 603	美　　国	369
印　　度	23 004	印　　度	207
法　　国	6 476	巴基斯坦	150
印度尼西亚	5 867	乌兹别克斯坦	110
俄 罗 斯	5 378	土 耳 其	80
加 拿 大	5 378	澳大利亚	72
巴　　西	4 763	巴　　西	50
德　　国	4 433	土库曼斯坦	39
阿 根 廷	3 343	希　　腊	38
大　　豆		**花　　生**	
世界总计	**15 432**	**世界总计**	**3 307**
美　　国	7 193	中　　国	1 264
巴　　西	3 090	印　　度	730
阿 根 廷	1 800	尼日利亚	278
中　　国	1 425	美　　国	176
印　　度	650	印度尼西亚	99
巴 拉 圭	330	苏　　丹	98
加 拿 大	277	塞内加尔	83
印度尼西亚	128	阿 根 廷	61
意 大 利	90	缅　　甸	56
玻利维亚	76	刚　　果(金)	40
油 菜 籽		**黄　　麻**	
世界总计	**4 253**	**世界总计**	**333**
中　　国	1 013	印　　度	209
加 拿 大	880	孟加拉国	81
印　　度	577	中　　国①	16
法　　国	447	泰　　国	6
德　　国	421	印度尼西亚	5
澳大利亚	210	缅　　甸	3
英　　国	167	乌兹别克斯坦	2
波　　兰	113	尼 泊 尔	2
捷　　克	110	古　　巴	1
美　　国	62	智　　利	1

国家和地区	1999年	国家和地区	1999年
甘　蔗		**甜　菜**	
世界总计	**127 470**	**世界总计**	**30 919**
巴　西	33 331	法　国	3 175
印　度	28 225	德　国	3 037
中　国	7 470	美　国	2 496
法　国	5 310	波　兰	1 672
泰　国	5 284	土耳其	1 399
墨西哥	4 600	乌克兰	1 389
澳大利亚	3 692	意大利	1 177
哥伦比亚	3 690	中　国	864
古　巴	3 500	荷　兰	862
美　国	3 241	英　国	790
茶　叶		**烟　叶**	
世界总计	**287**	**世界总计**	**708**
印　度	75	中　国	247
中　国	68	印　度	70
斯里兰卡	28	巴　西	63
肯尼亚	22	美　国	58
印度尼西亚	15	土耳其	26
土耳其	12	津巴布韦	19
日　本	9	印度尼西亚	14
越　南	6	意大利	13
缅　甸	6	希　腊	13
伊　朗	6	马拉维	11
肉　类②		**牛　奶⑤**	
世界总计	**22 594**	**世界总计**	**48 066**
中　国	5 949	印　度	3 600
美　国	3 718	德　国	2 830
印　度	1 312	法　国	2 461
法　国	646	巴　西	2 250
印度尼西亚	634	意大利	1 124
西班牙	488	澳大利亚	982
印　度	468	阿根廷	975
俄罗斯	434	墨西哥	889
墨西哥	429	日　本	848
意大利	404	加拿大	834
水　果		**羊　毛④**	
世界总计	**44 465**	**世界总计**	**236**
中　国	6 238	澳大利亚	71
印　度	3 856	中　国	32
巴　西	3 757	新西兰	22
美　国	2 840	伊　朗	7
意大利	1 913	英　国	7
西班牙	1 477	阿根廷	7
法　国	1 206	乌拉圭	6
墨西哥	1 150	巴基斯坦	6
伊　朗	1 117	南　非	6
土耳其	1 039	俄罗斯	5

附录 3－5　续表 2　　单位:万吨

国家和地区	1999 年	国家和地区	1999 年
水产品③		**天然橡胶**	
世界总计	**12 214**	**世界总计**	**653**
中　　国	3 602	泰　　国	220
日　　本	669	印度尼西亚	156
智　　利	608	马来西亚	89
印　　度	538	印　　度	55
印度尼西亚	440	中　　国	49
挪　　威	322	越　　南	21
韩　　国	260	科特迪瓦	12
冰　　岛	221	斯里兰卡	10
丹　　麦	187	尼日利亚	9
墨 西 哥	153	菲 律 宾	6

注:①包括红麻。②包括牛肉、羊肉、猪肉、马肉、家禽肉以及其他家养和野生动物肉。③1997 年数字。④未洗羊毛。⑤包括水牛奶。

附录 3－6　我国农业主要产品产量居世界位次

国外资料来源:联合国粮农组织数据库。

项　目	1949 年	1978 年	1980 年	1985 年	1990 年	1995 年	1998 年	1999 年
谷　物		2	1	2	1	1	1	1
肉　类①	3	3	3	2	1	1	1	1
棉　花	4	3	2	1	1	1	1	1
大　豆	2	3	3	3	3	3	4	4
花　生	2	2	2	2	2	1	1	1
油菜籽	2	2	2	1	1	1	1	1
甘　蔗		9	9	4	4	3	3	3
茶　叶	3	2	2	2	2	2	2	2
水　果			10	8	4	1	1	1

注:①1993 年以前为猪、牛、羊、肉产量的位次。

附录 3－7　主要工业产品产量(1998 年)

国外资料来源：联合国《统计月报》2000 年 3 月、《工业产品统计年鉴》1996 年；联合国粮农组织数据库；英国汽车生产商和贸易商协会《世界汽车统计》1999 年。

国家和地区	1999 年	国家和地区	1999 年
钢　(万吨)		**煤　炭④(万吨)**	
世界总计②	**72 755**	**世界总计②**	**476 355**
中　国	11 559	中　国	125 000
美　国	10 764	美　国	100 676
日　本	8 652	印　度	32 134
俄罗斯①	5 078	俄罗斯②	25 670
韩　国	4 351	澳大利亚⑾	24 812
德　国①	4 081	德　国	21 131
加拿大②	2 903	南　非②	20 659
意大利①	2 587	波　兰①	20 112
巴　西	2 576	乌克兰	7 858
乌克兰	2 016	哈萨克斯坦⑾	6 806
原油(万吨)		**电(亿千瓦小时)**	
世界总计②	**311 333**	**世界总计②**	**137 457**
美　国	42 324	美　国	32 122
沙特阿拉伯②	40 385	中　国	11 670
俄罗斯①	30 320	日　本②	10 121
伊　朗②	18 038	俄罗斯	8 272
中　国	16 100	德　国	5 503
墨西哥	15 964	加拿大	5 431
挪　威②	15 275	法　国②	4 889
委内瑞拉②	13 853	印　度	4 479
英　国	12 410	英　国	3 231
阿联酋②	10 385	巴　西②	2 898
水泥　(万吨)		**化　肥①(万吨)**	
世界总计②	**150 760**	**世界总计**	**14 996**
中　国	53 600	中　国	2 821
美　国①	9 481	美　国	2 702
印　度	8 552	加拿大	1 351
日　本	8 132	印　度	1 317
韩　国	4 679	俄罗斯	947
巴　西	3 995	德　国	474
泰　国②	3 874	白俄罗斯	375
德　国	3 656	印度尼西亚	334
土耳其②	3 509	法　国	280
意大利①	3 372	巴　西	244

附录 3－7 续表 1

国家和地区	1999 年	国家和地区	1999 年
合成橡胶（万吨）		**汽　　车⑥（万辆）**	
世界总计②	**933**	**世界总计①**	**5 518**
美　　国	261	美　　国	1 200
日　　本	152	日　　本	1 005
俄 罗 斯①	73	德　　国	573
法　　国	61	法　　国	292
中　　国	59	西 班 牙	283
德　　国①	58	加 拿 大	257
韩　　国	55	英　　国	198
巴　　西	34	韩　　国	195
意 大 利	29	意 大 利	169
英　　国	25	中　　国	163
天然气（千万亿焦耳）		**轮胎⑩（万条）**	
世界总计②	**90 603**	**世界总计②**	**90 704**
俄 罗 斯	19 989	美　　国②	25 531
美　　国	20 519	日　　本	15 676
加 拿 大	6 459	泰　　国②	13 008
英　　国①	3 242	中　　国	9 513
印度尼西亚②	2 983	法　　国②	6 047
荷　　兰	2 383	韩　　国	6 019
乌兹别克斯坦①	1 742	德　　国①	5 276
挪　　威②	1 710	巴　　西②	3 323
阿 根 廷	1 614	意 大 利①	3 276
沙特阿拉伯	1 613	英　　国②	3 096
新 闻 纸（万吨）		**原 木⑦（万立方米）**	
世界总计②	**3 630**	**世界总计**	**336 875**
加 拿 大	862	美　　国	49 062
美　　国①	654	印　　度	29 949
日　　本	326	巴　　西	19 782
瑞　　典①	241	印度尼西亚	19 322
韩　　国	170	加 拿 大	19 118
德　　国①	162	俄 罗 斯	11 560
芬　　兰	148	尼日利亚	9 851
俄 罗 斯①	120	中　　国	5 966
英　　国①	103	瑞　　典	5 810
中　　国	96	芬　　兰	5 367

附录 3－7 续表 2

国家和地区	1999 年	国家和地区	1999 年
糖（万吨）		**电视机②⑤（万台）**	
世界总计	**13 308**	**世界总计**	**13 714**
巴西	2 100	中国	3 637
印度	1 683	韩国③	1 872
中国	826	美国	1 144
美国	756	马来西亚	890
澳大利亚	578	巴西	864
泰国	539	日本	757
法国	489	西班牙③	539
墨西哥	476	新加坡⑧	304
德国	430	英国⑨	302
巴基斯坦	383	土耳其	251

注:①1997 年数字。②1996 年数字。③1995 年数字。④中国为原煤,国外为商品煤。⑤包括彩色电视机和黑白电视机。美国为交货量。⑥包括商用车和乘用车。⑦指采伐所得的全部木材量,其中包括工业用圆木、薪炭材、从采伐中回收的木材。中国为木材产量,包括原木和薪材,同其他国家的原木产量不完全可比。⑧1989 年数。⑨1988 年数。⑩国外为汽车轮胎。⑪仅指硬煤。

附录 3－8 我国工业主要产品产量居世界位次

国外资料来源:联合国《统计月报》2000 年 3 月、《工业产品统计年鉴》1996 年;联合国粮农组织数据库。

产品名称	1949 年	1957 年	1965 年	1978 年	1980 年	1985 年	1990 年	1995 年	1997 年	1998 年③
钢	26	9	8	5	5	4	4	2	1	1
煤	9	5	5	3	3	2	1	1	1	1
原油	27①	23	12	8	6	6	5	5	5	5
发电量	25	13	9	7	6	5	4	2	2	2
水泥		8	8	4	4	1	1	1	1	1
化肥		33	8	3	3	3	3	2	1	1
化学纤维		26②		7	5	4	2	2	2	2
棉布			3	1	1	1	1	1	2	2
糖			8	8	10	6	6	4	4	3
电视机				8	5	3	1	1	1	1

注:①1950 年数字。②1960 年数字。③估计数。

附录3－9 消费物价指数

国外资料来源:联合国《统计月报》2000年3月。 1990年＝100

国家和地区	总指数			其中:食品		
	1997年	1998年	1999年	1997年	1998年	1999年
中国	204.1	202.4	199.6	221.8	214.7	205.7
美国	122.8	124.8	122.5①	119.4	122.0	124.6
日本	109.0	109.7	109.3	107.9	109.4	108.9
德国⑥	118.6	119.7	120.4	102.0	103.0	101.7
英国	124.9	129.2	131.2	118.5		
法国	115.2	116.0	116.9①	109.0	110.7	111.5①
意大利	135.5	138.0	139.4⑪	130.9	132.4	132.6⑪
加拿大	115.3	116.4	118.5	112.3	114.1	115.6
澳大利亚	116.4	117.3	120.3③	119.0	122.3	127.1③
俄罗斯⑥	326 484.0	416 814.0	803 351.0⑫	323 749.0	412 044.0	840 517.0⑫
捷克	297.9	329.7	338.9①	261.5	273.3	254.5①
波兰	767.0	857.5	967.7①	620.1	677.0	710.9①
匈牙利	452.9	517.7	581.6②	419.4	479.8	494.9②
印度⑦	192.5	217.7	234.9②	199.0	228.8	241.9②
印度尼西亚	176.2	323.6①		186.2	437.5①	
菲利宾	186.7	203.4	221.6	173.7	187.1	202.6
泰国(曼谷)	141.2	152.7	152.4	153.6	168.4	163.7
马来西亚	129.0	135.8	139.5	139.0	151.4	158.3
新加坡	117.3	117.1	117.5	114.5	114.7	115.8
巴基斯坦	208.9	221.9	232.7④	216.5	229.0	239.6④
缅甸(仰光)	498.1	703.5	913.6②	548.2	834.6	1 020.3②
孟加拉国(达卡)⑧	118.5	128.7	136.2⑤	117.8	130.1	140.1⑤
土耳其⑧	629.8	1 163.0	2 318.7①	637.2	1 162.0	1 997.2①
韩国	148.1	159.2	161.9①	151.1	164.3	169.6①
埃及	200.4	207.5		183.8	190.9	
尼日利亚	975.4	1 075.5		923.5	984.6	
墨西哥	364.0	422.0	501.1④	351.7	408.9	476.4④
巴西⑨	90 638.6	93 533.3	99 015.8②	82 469.2	84 787.4	87 034.6②
阿根廷(布宜诺斯艾利斯)⑩	323 667.6	325 816.5①	320 073.5①	274 621.4	278 368.2①	264 075.2①

注:①11月份数字。②10月份数字。③四季度数字。④9月份数字。⑤6月份数字。⑥1991年为100,其中德国食品以1995年为100。⑦产业工人。⑧1994年＝100。⑨1992年＝100。⑩1998年＝100。⑪3月份数字。⑫8月份数字。

附录 3－10　中央政府财政收入构成

国外资料来源：国际货币基金组织《政府财政统计年鉴》1999 年。　　单位：%

国家和地区	年 份	公司利润和资本所得税	社会保险缴款	工资税	财产税	货物和服务税	国际贸易税	其他税	非税收收入
美　国	1998	56.35	31.44		1.33	3.13	1.09		6.21
日　本	1993	36.16	26.48		4.05	14.43	1.24	1.60	15.45
德　国	1998								15.94
英　国	1998	38.87	17.54		6.89	31.30			5.26
法　国	1997	19.34	41.16	1.41	1.97	28.23		0.63	6.07
加拿大	1995	50.98	18.13			17.76	1.85		11.28
澳大利亚	1998	67.14		2.26		20.24	2.56		6.33
捷　克	1998	14.73	45.17		1.05	33.35	2.29	0.02	3.35
罗马尼亚	1997	29.15	25.84			25.99	5.57	2.40	7.71
印　度	1998	22.39			0.08	27.25	22.27	0.14	25.15
印度尼西亚	1998	61.30	1.77		0.75	24.86	4.34	0.04	6.92
泰　国	1998	28.52	1.57		0.68	48.56	8.99	0.42	11.18
马来西亚	1997	36.32	1.23		0.65	26.39	12.63	4.68	17.92
新加坡	1997	17.63			4.34	12.44	0.83	7.04	21.94
缅　甸	1997	17.83				29.30	9.89		42.06
韩　国	1997	26.41	9.25		1.73	32.32	6.30	8.26	13.38
埃　及	1997	20.14			0.74	15.89	11.62	10.03	34.19
墨西哥	1997	30.88	12.34			59.54	3.87	1.97	11.49
巴　西	1994	11.76	26.52	3.72	0.01	21.18	1.69		22.08
阿根廷	1997	13.62	27.36		1.81	40.73	7.57	0.15	8.68

附录 3－11　中央政府财政支出构成

国外资料来源：国际货币基金组织《政府财政统计年鉴》1999 年。　　单位：%

国家和地区	年 份	一般公务支出	国　防	教　育	卫　生	社会保障及福利	住房和公共环境
美　国	1998	10.77	15.36	1.80	20.52	28.71	2.88
日　本	1993	3.63	4.11	6.03	1.60	36.80	13.76
英　国	1998	7.56	7.14	4.05	14.95	36.38	2.21
加拿大	1995	8.10	6.15	3.27	4.65	42.92	1.52
澳大利亚	1998	7.93	7.00	7.64	14.81	35.46	1.22
捷　克	1998	7.17	4.78	9.65	17.86	36.36	1.99
罗马尼亚	1997	6.09	7.25	9.42	6.83	31.00	0.79
印　度	1998	7.20	15.76	2.97	1.68		6.40
印度尼西亚	1998	12.47	5.28	6.88	2.29	5.01	13.87
泰　国	1998	10.80	10.34	23.13	9.17	4.12	4.75
马来西亚	1997	16.30	11.14	22.80	6.26	7.20	7.31
新加坡	1997	13.32	28.90	18.82	6.72	1.79	9.04
缅　甸	1997	8.89	30.62	9.35	3.51	2.29	0.37
韩　国	1997	11.12	16.66	20.51	0.78	10.79	2.26
埃　及	1997	7.87	9.43	14.76	3.29	0.47	5.30
墨西哥	1997	7.92	3.55	22.12	3.44	18.06	3.40
巴　西	1994	10.06	3.13	3.64	6.27	30.42	0.18
阿根廷	1997	12.99	4.53	5.73	2.35	52.34	2.37

单位:%

国家和地区	年 份	文化、娱乐和宗教	燃料和能源	农林牧渔	矿产、制造和建筑	交通通讯	其 他
美 国	1998	0.53	0.14	1.11	0.06	2.32	1.46
日 本	1993	0.14		1.09	1.64	0.30	0.32
英 国	1998	0.41	0.09	0.44	0.18	0.81	3.00
加拿大	1995	1.41	0.91	1.62	0.04	2.97	2.92
澳大利亚	1998	0.97	0.71	1.39	0.28	1.43	2.27
捷 克	1998	0.91	0.49	2.22	0.36	4.20	5.79
罗马尼亚	1997	1.12	1.21	4.59	2.13	4.53	1.86
印 度	1998			5.66	1.91	1.62	6.76
印度尼西亚	1998	2.02	0.62	6.56	0.37	3.65	1.45
泰 国	1998	1.58	0.66	7.46	0.50	15.90	3.83
马来西亚	1997			4.56		9.89	7.07
新加坡	1997	0.07		0.25	0.03	6.90	9.99
缅 甸	1997	2.29	0.01	13.38	1.01	20.01	0.52
韩 国	1997	0.85	0.71	7.97	2.57	10.41	2.02
埃 及	1997	8.07	0.36	5.27	0.14	4.55	0.48
墨西哥	1997	0.61	1.32	4.68	0.77	7.17	3.63
巴 西	1994	0.08	1.23	2.86	0.05	0.96	0.41
阿根廷	1997	0.38	1.15	0.90	0.30	3.61	0.69

附录3-12 进 出 口 贸 易 额

国外资料来源:国际货币基金组织《国际金融统计月报》2000 年 4 月。 单位:亿美元

国家和地区	1990 年		1999 年	
	进 口	出 口	进 口	出 口
世界总计	**35 171.1**	**34 228.8**	**55 799.9**	**55 874.9**
中 国	533.5	620.9	1 657.0	1 949.3
美 国	5 169.9	3 935.9	10 588.6	6 950.1
日 本	2 353.7	2 875.8	3 112.6	4 193.7
德 国③	3 461.5	4 101.0	4 721.6	5 400.6
英 国	2 244.1	1 852.7	3 179.6	2 682.0
法 国	2 344.5	2 165.9	2 874.1	2 988.6
意 大 利	1 819.7	1 703.0	2 423.4①	2 423.4①
加 拿 大	1 232.4	1 276.3	2 060.7①	2 384.5
澳大利亚	419.8	397.5	691.2	560.8
俄 罗 斯	1 206.5	1 042.0	409.0	741.4
捷 克			302.6①	264.2①
波 兰	84.1	136.3	464.9①	271.9①
匈 牙 利	86.7	95.5	256.0①	229.5①
罗马尼亚	98.4	57.8	103.8	84.8
保加利亚	47.1	48.2	49.8①	43.0①
印 度	235.8	179.7	445.8	365.4
印度尼西亚	218.4	256.8	273.4①	488.5①
菲 律 宾	130.4	81.2	317.7	357.6
泰 国	330.5	230.7	415.3	583.9
马来西亚	292.6	294.5	649.7	844.6
新 加 坡	607.7	527.3	1 110.8	1 146.9
巴基斯坦	74.2	56.2	93.3①	85.2①
缅 甸	2.7	3.2	26.7①	10.7①
孟加拉国	36.2	16.7	69.7①	38.3①
土 耳 其	223.0	129.6	453.7①	259.4①
韩 国	698.4	650.2	1 197.5	1 447.5
埃 及	167.8	49.6	161.7①	31.3①
尼日利亚	56.3	136.0	100.0①	97.3①
墨 西 哥	435.5	407.1	1 487.4	1 367.0
巴 西	225.2	314.1	575.5②	480.1
阿 根 廷	40.8	123.5	314.0①	264.4①

注:①1998 年数字。②按离岸价计算。③1991 年以前数字仅指原联邦德国。

附录3-13 国 际 收 支（1998年）

国外资料来源：国际货币基金组织《国际金融统计月报》2000年4月。　　单位：亿美元

国家和地区	经常帐户								资本帐户收支盈余	金融帐户收支盈余	国际收支总盈余
	商品贸易			服务贸易		要素收入		经常帐户收支盈余			
	出口	进口	差额	收入	支出	收入	支出				
美　　国	6 722.1	-9 171.8	-2 449.7	2 617.0	-1 810.0	2 583.2	-2 705.3	-2 205.6	6.0	2 166.0	67.3
日　　本	3 740.4	-2 516.6	1 223.9	624.1	-1 118.3	2 095.8	-1 530.1	1 207.0	-144.5	-1 167.6	-61.6
德　　国	5 399.9	-4 609.5	790.4	834.2	-1 264.0	791.9	-883.9	-34.4	7.2	119.1	40.2
英　　国	2 717.8	-3 058.0	-340.1	1 009.0	-807.2	1 807.8	-1 569.6	-8.1	7.9	-50.1	-2.6
法　　国	3 017.0	-2 755.3	261.7	854.2	-667.2	623.9	-580.1	401.6	14.7	-306.3	198.2
意大利	2 425.7	-2 069.4	356.3	675.5	-633.8	513.2	-636.4	200.0	23.6	-180.7	-214.7
加拿大	2 172.4	-2 046.1	126.3	309.2	-356.8	206.0	-402.2	-112.1	33.6	115.4	50.0
澳大利亚	558.5	-612.2	-53.7	161.8	-172.7	64.5	-179.2	-180.4	6.7	156.6	-18.8
捷　　克	264.0	-289.9	-25.9	75.1	-57.2	14.3	-24.2	-13.9		29.1	18.9
波　　兰	324.7	-453.0	-128.4	109.2	-67.0	22.3	-34.0	-69.0	0.6	130.5	57.0
匈牙利	207.5	-231.0	-23.5	49.1	-40.0	11.1	-29.9	-23.0	1.9	28.1	9.5
罗马尼亚	83.0	-109.3	-26.3	12.2	-18.7	3.1	-7.1	-29.2	0.4	20.4	-6.4
印　　度	340.8	-448.3	-107.5	116.9	-145.4	18.1	-54.4	-69.0		85.8	30.7
印度尼西亚	503.7	-319.4	184.3	44.8	-119.6	19.1	-101.0	41.0		-96.4	-36.9
菲律宾	295.0	-295.3	-0.3	74.8	-101.1	64.4	-29.3	12.9		9.6	12.8
泰　　国	527.5	-367.1	160.4	131.6	-120.0	33.2	-68.9	140.5		-144.5	-32.2
新加坡	1 103.8	-957.0	146.8	183.3	-180.0	137.2	-99.3	176.1	-2.3	-176.4	29.7
巴基斯坦①	83.6	-107.6	-24.0	16.3	-26.6	1.5	-23.7	-17.1		23.2	5.4
韩　　国	1 321.2	-905.0	416.3	245.8	-239.5	32.7	-83.2	405.6	1.7	-84.4	259.3
埃　　及	44.0	-146.2	-102.1	81.4	-64.9	20.3	-10.8	-25.7		19.0	-13.9
尼日利亚	89.7	-92.1	-2.4	8.8	-41.7	3.3	-26.2	-42.4	-0.5	15.0	-28.7
墨西哥	1 174.6	-1 253.7	-79.2	120.6	-130.7	49.6	-180.2	-159.6		173.1	31.9
巴　　西	511.4	-577.4	-66.0	76.3	-166.8	49.1	-245.3	-338.3	3.8	200.6	-163.0
阿根廷	264.4	-295.6	-31.2	46.5	-89.3	59.5	-134.6	-145.3		192.2	41.2

注：①1997年数字。

附录 3－14 国际储备和黄金储备 （年底数）

国外资料来源:国际货币基金组织《国际金融统计月报》2000 年 4 月。

国家和地区	国际储备(不包括黄金,亿美元)			黄金储备(万盎司)		
	1990 年	1998 年	1999 年	1990 年	1998 年	1999 年
中国	110.9	1 450.0	1 546.8	1 267	1 267	1 267
美国	722.6	707.1	605.0	26 191	26 161	26 167
日本	785.0	2 154.7	2 869.2	2 423	2 423	2 433
德国①	679.0	740.2	510.4	9 518	11 898	11 152
英国	358.5	322.1		1 894	2 300	
法国	367.8	443.1	397.0	8 185	10 237	9 724
意大利	629.3	298.9	224.3	6 667	8 336	7 883
加拿大	178.5	233.1	281.3	1476	249	181
澳大利亚	162.6	154.1	221.6	793	256	256
波兰	44.9	264.3	245.3	47	331	331
匈牙利	10.7	93.2	109.5	30	10	10
罗马尼亚	5.2	28.7	26.9	221	322	322
印度	15.2	273.4	326.7	1 069	1 149	1 150
印度尼西亚	74.6	227.1	264.4	311	310	310
菲律宾	9.2	92.3	132.3	289	543	620
泰国	133.1	288.2	340.6	248	247	247
马来西亚	97.5	255.6	305.9	235	235	118
新加坡	277.5	749.3	768.4			
巴基斯坦	3.0	10.3	15.1	195	208	209
缅甸	3.1	3.1	4.0	25	23	23
孟加拉国	19.1	16.0	8.0	8	11	11
土耳其	60.5	194.9	233.4	409	375	374
韩国	147.9	519.7	739.9	32	43	44
埃及	26.8	181.2	144.8	243	243	243
尼日利亚	38.6			69		
墨西哥	98.6	318.0	317.8	92	22	16
巴西	74.4	425.8	348.0	457	460	317
阿根廷	45.9	247.5	262.5	423	36	34

注:①1990 年为原联邦德国。

附录3-15 货币汇率（年末中间价）

国外资料来源:国际货币基金组织《国际金融统计月报》2000年4月。（一美元合该国货币数）

国家和地区	货币名称	1985年	1990年	1995年	1998年	1999年
中国	(人民币元)	3.20	5.22	8.32	8.28	8.28
美国	(美元)	1.00	1.00	1.00	1.00	1.00
日本	(日元)	200.21	134.65	102.59	115.44	102.39
德国①	(德国马克)	2.46	1.50	1.43	1.67	1.00
英国	(英镑)	0.69	0.52	0.64	0.60	0.62
法国①	(法郎)	7.55	5.14	4.89	5.61	1.00
意大利①	(里拉)	1 676.09	1 132.27	1 580.99	1 650.79	1.00
加拿大	(加元)	1.40	1.16	1.36	1.53	1.45
澳大利亚	(澳元)	1.47	1.30	1.34	1.63	1.53
俄罗斯	(卢布)			4.63	20.62	27.05
捷克	(克朗)			26.54	29.81	36.04
波兰	(兹罗提)	0.01	0.95	2.46	3.50	4.16
匈牙利	(福林)	47.28	61.56	139.14	218.72	252.98
罗马尼亚	(列伊)	15.71	34.78	2 571.93	10 935.67	18 288.47
保加利亚	(列弗)			0.07	1.67	1.95
南斯拉夫	(新第纳尔)		10.66	5.32	6.25	
印度	(卢比)	12.15	18.11	35.10	42.42	43.57
印度尼西亚	(卢比)	1 123.38	1 904.56	2 302.56	8 013.76	7 097.98
菲律宾	(比索)	19.00	28.05	26.15	39.00	40.39
泰国	(铢)	26.61	25.34	25.13	36.64	37.59
马来西亚	(林吉特)	2.42	2.71	2.54	3.79	3.81
新加坡	(新加坡元)	2.10	1.75	1.41	1.66	1.67
巴基斯坦	(卢比)	15.92	21.89	34.08	45.82	51.88
缅甸	(缅元)	7.73	5.99	5.71	6.03	6.21
孟加拉国	(塔卡)	30.96	35.86	40.65	48.43	51.09
土耳其	(里拉)	576.03	2 935.56	59 509.46	314 024.82	542 391.97
蒙古	(图格里克)		14.00	473.62	902.00	1 072.37
韩国	(韩圆)	888.92	717.74	772.87	1 202.32	1 140.49
埃及	(埃镑)	0.70	2.00	3.38	3.38	3.41
尼日利亚	(奈拉)	1.00	9.02	21.84	21.86	
墨西哥	(新比索)	0.37	2.95	7.62	9.85	9.53
巴西	(雷亚尔)			0.97	1.21	1.79
阿根廷	(比索)		0.56	1.00	1.00	1.00

注:①1999年为欧元兑美元汇率。1999年1月1日欧元启动,各成员国货币与欧元汇率锁定,其中1欧元分别可兑换1.95583德国马克、6.55957法国法郎和1936.27意大利里拉。

附录3-16 居民文化程度构成

国外资料来源:联合国教科文组织《统计年鉴》1999年。　　单位:%

国家和地区	年份	25岁和25岁以上人口总计(万人)	大学	中学		小学		文盲及文化程度不明确者
				初中	高中	肄业	毕业	
美国	1994	16 451	46.5	44.6	⑤	8.2	⑥	0.6
日本	1990	8 199	20.7	43.7	⑤	33.6	⑥	0.3
德国								
前联邦德国	1970	3 886	4.3	④	18.0	④	④	77.7
前民主德国	1981	1 072	17.3	52.6	⑤	30.1	⑥	
英国①	1976		11.0	④	④	④	④	89.0
意大利⑦	1991		3.8	30.7	18.6	12.2	32.5	2.1
加拿大	1991	1 747	21.4	34.3	27.7	4.0	11.7	1.0
澳大利亚	1971	688	21.5	48.3	⑤	29.3	⑥	0.9
俄罗斯	1989	8 602	14.1	49.0	⑤	36.9	⑥	…
捷克共和国	1991	658	8.5	58.6	⑤	31.4	⑥	0.3
波兰	1988	2 299	7.9	47.8	⑤	5.6	37.2	1.5
匈牙利	1990	680	10.1	②	30.7	24.3	33.6	1.3
罗马尼亚⑧	1996	1 907	5.6	69.4	⑤	20.7	⑥	4.3
原南斯拉夫	1981	1 308	6.8	23.4	⑤	53.9	⑥	15.8
印度	1991	36 800	7.3	7.2	⑤	28.0	⑥	57.5
印度尼西亚	1990	7 850	2.3	16.8	⑤	26.4	⑥	54.5
菲律宾⑨	1995	4 270	21.9	17.2	21.2	20.7	15.1	3.7
泰国	1990	4 908	5.1	13.7	⑤	69.6	⑥	10.7
马来西亚	1996	965	6.8	19.3	23.5	13.0	20.6	16.7
新加坡	1995	186	7.6	36.8	13.7	11.2	16.5	14.3
巴基斯坦	1990		2.5	5.8	8.2	9.7	⑥	73.8
缅甸	1983	1 395	2.0	14.5	⑤	27.7	⑥	55.8
孟加拉国	1981	3 159	1.3	7.4	4.2	16.7	⑥	70.4
土耳其	1993		⑤	21.9	⑤	6.6	40.6	30.6
韩国	1995	2 622	21.1	15.7	36.2	0.9	17.3	8.7
埃及	1986	1 944	4.6	14.8	⑤	16.5	⑥	64.1
墨西哥	1990	3 119	9.2	12.7	10.7	28.6	19.9	18.8
巴西⑩	1989	11 016	③	11.9	5.5	57.0	6.9	18.7
阿根廷	1991	1 734	12.0	25.3	⑤	22.3	34.6	5.7

注:①25-69岁人口的文化构成。②包括在"小学毕业"栏内。③包括在"高中"栏内。④包括在"文盲及文化程度不明确者"栏内。⑤包括在"初中"栏内。⑥包括在小学"肄业"栏中。⑦6岁以上人口的文化构成。⑧12岁以上人口的文化构成。⑨15岁以上人口的文化构成。⑩10岁以上人口的文化构成。

附录 3－17　公共教育经费占国民生产总值比重

国外资料来源:联合国教科文组织《统计年鉴》1999 年。　　单位:%

国家和地区	1980 年	1985 年	1990 年	1995 年	1996 年
世界总计	**4.8**	**4.8**	**4.8**	**5.2**	
中　　国②	2.5	2.5	2.5	2.5	2.5
美　　国③		4.9	5.2	5.4⑧	
日　　本③	5.8	5.0	4.7	3.6⑧	
德　　国①	4.7	4.5		4.8	4.8
英　　国③	5.6	4.9	4.9	5.3	
法　　国③	5.0	5.8	5.4	6.1	6.0
意 大 利③	4.4⑥	5.0		4.7	4.9
加 拿 大③	6.9	6.5	6.8	6.9⑧	
澳大利亚③	5.5	5.6	5.3	5.5	
俄 罗 斯③	3.5	3.2	3.5	3.5	
捷　　克③	4.0	4.2	4.6	5.4	5.1
波　　兰③		4.9		5.2	7.5
匈 牙 利③	4.7	5.5	6.1	5.3	4.6
罗马尼亚	3.3	2.2	2.8		3.6
保加利亚	4.5	5.5	5.6	3.9	3.2
原南斯拉夫	4.7	3.4	6.1		
印　　度	3.0	3.5	3.9	3.3	3.2
印度尼西亚	1.7	1.4	1.0⑤	1.4⑨	1.4⑨
菲 律 宾	1.7	1.4	2.9	3.0	3.2
泰　　国	3.4	3.8	3.6	4.1	4.8
马来西亚	6.0	6.6	5.5	4.7	5.2
新 加 坡	2.8	4.4	3.0	3.0	
巴基斯坦	2.1	2.9	2.7	2.8	3.0
孟加拉国⑨	1.1	1.4	1.5		2.2
土 耳 其	2.2	1.8	2.1⑩	2.2	
韩　　国③	3.7	4.5	3.5	3.7	
埃　　及	5.7④	6.3	3.8	4.8	
尼日利亚⑨		1.2	1.0	0.7	
墨 西 哥③	4.7	3.9	3.7	4.9	
巴　　西	3.6	3.8	4.5⑦	5.1	
阿 根 廷	2.7	2.7⑾	3.4⑿	3.8⑧	3.5

注:①1991 年以前为原联邦德国。②国家财政性教育经费占 GNP 比重。③1990 年起,统计口径有所调整。④1981 年数字。⑤仅指教育部支出。⑥1979 年数字。⑦1989 年数字。⑧1994 年数字。⑨仅指中央政府支出。⑩不包括大学经费支出。⑾1984 年数字。⑿1991 年数字。

附录3－18　研究与开发经费

国外资料来源:联合国教科文组织《统计年鉴》1999年。　　单位:各国本币

国家和地区	货币名称	年份	研究与开发经费占国民生产总值的比重(%)	按人口平均的研究与开发费用	每一研究人员年平均费用
美国	(美元)	1996	2.64	720	177 625①
日本	(日元)	1996	2.80	112 549	22 928 184
德国	(马克)	1997	2.41	1 061	344 051①
英国	(英镑)	1996	1.95	246	100 278
法国	(法郎)	1997	2.25	3 140	1 184 090①
意大利	(里拉)	1997	2.21	358 271	236 495 195①
加拿大	(加元)	1997	1.66	446	154 838①
澳大利亚	(澳元)	1996	1.80	480	142 768
俄罗斯	(卢布)	1996	0.88	131 150	34 504 406
捷克	(克朗)	1997	1.20	1 891	1 548 283
波兰	(兹罗提)	1996	0.77	72	52 625
匈牙利	(福林)	1996	0.68	4 404	4 312 971
罗马尼亚	(列伊)	1995	0.72	22 442	10 652 279③
保加利亚	(列弗)	1996	0.57	1 083	620 162
南斯拉夫	(第纳尔)	1995			43 912
印度	(卢比)	1994	0.73	75	499 698
印度尼西亚	(卢比)	1995	0.10	2 156	8 092 983⑤
菲律宾	(比索)	1992	0.22①	47	295 236
泰国	(铢)	1996	0.13	94	915 558
马来西亚	(林吉特)	1996	0.24	27	290 069
新加坡	(新加坡元)	1995	1.13	412	177 592
巴基斯坦	(卢比)	1987	0.92	51	840 050④
土耳其	(里拉)	1996	0.45	1 070 526	3 688 259 065
韩国	(韩圆)	1996	2.82	239 896	109 400 803
埃及	(埃镑)	1996	0.22	8	36 164②
尼日利亚	(奈拉)	1987	0.09	2	75 809
墨西哥	(比索)	1995	0.33	63	292 645
巴西	(雷亚尔)	1995	0.84	33	194 140
阿根廷	(比索)	1995	0.38	30	44 914

注:①1995年。②1991年。③1994年数。④估计数。⑤1988年。

云南省2000年
国民经济和社会发展统计公报

云南省统计局

2001年3月6日

2000年，在党中央、国务院和省委、省政府的领导下，全省各族人民高举邓小平理论伟大旗帜，认真贯彻党的十五大、中央经济工作会议、十五届五中全会的精神，认真落实省第六次党代会、省人大九届三次会议确定的各项任务。从云南实际出发，抓住国家扩大内需，启动和实施西部大开发战略的难得机遇，积极采取有力措施，着力调整结构，稳定推进各项改革，努力克服经济运行中出现的各种困难。全省经济建设与社会发展取得显著成绩，人民生活水平继续得到改善，综合经济实力明显增强，如期实现了年初预定的主要指标和现代化建设的第二步战略目标，“九五”计划确定的主要目标基本完成。

一、综 合

国民经济持续稳定增长。初步测算，全省国内生产总值(GDP)1955.28亿元，比上年增长7.1%。其中，第一产业增加值436.2亿元，增长5.7%，对GDP增长的贡献率为1.3个百分点；第二产业增加值840.21亿元，增长5.4%，对GDP增长的贡献率为2.3个百分点；第三产业增加值678.87亿元，增长9.9%，对GDP增长的贡献率为3.5个百分点。结构调整取得新进展，一、二、三产业增加值占国内生产总值的比例，由上年的22.2∶44.5∶33.3调整为22.3∶43.0∶34.7。人均国内生产总值4637元，比上年增长5.8%。非公有制经济在国民经济中的地位逐步提高，股份制经济及个体、私营经济等发展迅速。2000年非公有制经济创造的增加值占国内生产总值的比重达21%。

全年全社会劳动生产率8645元，按可比价格计算，比上年增长5.4%。

市场价格总水平持续下降。全省居民消费价格总水平比上年下 降2.1%，商品零售价格总水平比上年下降2.4%。从价格下降情况看，食品类价格持续下降是价格总水平下降的主要原因(见下表)。

云南省市场价格变动情况

类别	单位	1999年比上年增长%	2000年比上年增长%
居民消费价格总指数	%	-0.3	-2.1
城市	%	-1.2	-2.4
农村	%	0.7	-1.6
食品	%	-1.7	-5.4
粮食	%	-2.6	-9.4
蛋类	%	-4.8	-14.1
鲜菜	%	5.4	-1.3
商品零售价格总指数	%	-1.7	-2.4
农业生产资料价格指数	%	-1.3	-1.1
工业品出厂价格指数	%	-1.8	1.2
主要原材料、燃料、动力购进价格指数	%	-1.2	1.5

劳动就业工作有所加强。年末全省从业人员2279.3万人，比上年增长1.6%。2000年，全省国有企业下岗职工5.59万人，比上年下降5%；再就业率28.4%。参加失业保险职工人数191万人，月平均领取失业保险金

人数2.4万人；参加养老保险职工人数196万人；参加基本医疗保险的职工人数125万人。年末全省城镇登记失业率为2.6%，比上年末上升0.1个百分点。

经济社会发展中还存在一些突出的矛盾和问题，主要是：经济结构不合理，农业基础仍较薄弱，企业整体素质和竞争力不强，投资需求不足，部分企业生产经营困难等。

二、农林牧渔业

全省认真贯彻落实中央和全省农村工作会议精神，坚持把农业增产、农民增收放在经济工作的首位，采取各种有效措施，进一步改善农业生产条件，加大科技投入力度，农业生产再获丰收，农村经济保持较快发展。农业增加值达436.2亿元，比上年增长5.7%。主要农作物产量全面增产，对稳定经济、保障市场供应起到了积极作用(见下表)。

云南省2000年主要农产品产量

产品名称	单位	绝对数	比上年增长%
粮食	万吨	1467.80	4.9
油料	万吨	26.98	30.8
甘蔗	万吨	1420.29	-7.0
烤烟	万吨	64.61	6.0
茶叶	万吨	7.94	5.7
橡胶	万吨	17.17	2.4
水果	万吨	76.95	4.2
肉类总产量	万吨	205.17	6.8
牛奶	万吨	12.97	5.6
水产品产量	万吨	16.62	7.0

造林绿化与林业生产取得较好成绩。全省造林面积430.56千公顷，森林覆盖率(含灌木林)达44.29%；主要林产品产量增加，其中橡胶产量17.17万吨，比上年增长2.4%。护林防火取得好成绩。

畜牧、水产业生产全面发展。全省肉类总产量达205.17万吨，比上年增长6.8%；水产品产量16.62万吨，比上年增长7%。

农业生产条件进一步改善。全省拥有农业机械总动力1301.34万千瓦，比上年增长3.7%。农田水利建设也得到继续加强，农田有效灌溉面积1403.4千公顷。

乡镇企业继续快速发展。全年营业总收入1675亿元，比上年增长20.9%。

农村产业、产品结构得到进一步调整，整个农业和农村经济形势呈现良好的发展势头。

三、工业和建筑业

工业生产平稳增长。全部工业增加值完成697.06亿元，比上年增长6.6%，其中全部独立核算国有及年产品销售收入500万元以上非国有工业增加值完成516.79亿元，增长6.3%(国有及国有控股企业增加值459.74亿元，增长5.4%)。从规模以上轻重工业看，轻工业增加值346.95亿元，比上年增长3.6%；重工业增加值169.84亿元，增长9.6%。在规模以上企业中，集体企业增加值27.52亿元，增长6.7%；股份制企业增加值43.58亿元，下降2.4%；外商及港澳台投资企业增加值19.31亿元，增长17.9%。主要能源、原材料、化工、建材及支农产品生产保持较快的增长，但部分日用轻纺产品生产受竞争能力弱及市场需求制约等因素影响，产量有不同程度的下降（见下表）。

云南省2000年主要工业产品产量

产品名称	单位	绝对数	比上年增长%
纱	万吨	2.27	6.9
布	亿米	0.59	- 4.7
化学纤维	万吨	1.39	-19.5
糖	万吨	152.25	-6.3
卷烟	万箱	612.77	1.5
原煤	万吨	2215.61	-16.8
发电量	亿千瓦小时	317.46	6.5
钢	万吨	183.71	6.0
钢材	万吨	189.41	0.9
平板玻璃	万重量箱	289.84	-4.2
十种有色金属	万吨	74.85	16.0
水泥	万吨	1642.80	1.2
工业木材	万立方米	89.15	-33.2
硫酸	万吨	205.52	13.5
纯碱	万吨	7.73	2倍
化肥（折纯量）	万吨	197.22	10.9
化学农药	万吨	0.25	62.5
发电设备	万千瓦	15.42	-20.9
金属切削机床	万台	0.73	37.7
汽车	万辆	2.21	1.02 倍

工业企业经济效益明显改善。全部独立核算国有及年产品销售收入500万元以上非国有工业经济效益指数达143.59，比上年提高7.04个百分点。全年实现利润67.13亿元。比上年增长23.6%，其中国有及国有控股企业实现利润62.39亿元，增长16.2%；亏损企业亏损额22.15亿元，比上年下降35.6%，其中国有及国有控股企业下降37.1%，大中型企业下降46.6%。亏损面46.6%，比上年下降2.88个百分点。

国有企业建立现代企业制度步伐加快。到2000年底，全省236户地方国有大中型工业企业有145户完成改制任务；首批培育的40户大企业、大集团已改制31户；85户脱困企业也有38户进行了不同形式的改制。全省有18户企业实现股票上市，融资规模50多亿元。通过股份制、股份合作制、兼并、出售、拍卖、破产等多种形式，国有中小企业的放开面达70%以上。国有企业三年改革和脱困目标基本实现。列入国家重点脱困企业名单的105户大中型亏损企业脱困率达到73.3%；省确定的64户重点脱困企业脱困率达70%以上。

建筑业发展有所减缓。建筑业增加值完成143.15亿元，比上年下降2.3%。施工房屋面积3324.34万平方米，比上年下降0.5%；竣工面积1894.49万平方米，比上年增长5.3%。全省施工单位工程个数1.85万个，比上年增长2.3%。四级及四级以上资质的建筑企业实现利润总额5亿元，比上年增长25%；实现税金10亿元，增长3.1%。

四、第三产业

第三产业快速增长。运输邮电仓储业增加值120.12亿元，比上年增长9.1%；批发零售餐饮业增加值190.57亿元，比上年增长8.3%；金融保险业增加值77亿元，比上年增长13.9%；房地产业增加值59.81亿元，比上年增长8.6%；其他服务业增加值231.37亿元，比上年增长10.4%。接待海外游客100.11万人次，旅游外汇收入3.39亿美元；接待国内游客3841.04万人次，国内旅游收入183.2亿元。全省旅游业总收入211.4亿元，比上年增长3.5%。第三产业对经济增长的贡献再次超过第二产业。

五、固定资产投资

为进一步加快全省经济发展的步伐，加大了对全省基础设施、市政建设、小城镇建设等的投人。全社会固定资产投资完成700亿元，比上年下降2.4%，其中基本建设投资376亿元，比上年增长0.6%；更新改造投资75亿元，下降16.5%；房地产开发投资79亿元，下降14.2%；其他投资170亿元(含集体、私营、个人等投资)，增长5.1%。

全省31个重点建设投资项目完成131.57亿元。共有8个项目建成或单项建成投产。建成投产项目的新增能力为:水库库容4.37亿立方米,输水干渠102公里，可浇灌农田19.2万亩，高速公路114公里，民航二级机场1座，电气化铁路347公里，220千伏输电线路115公里，110千伏输电线路294公里，电力装机30万千瓦，磷铵12万吨。

六、交通邮电

交通运输和邮电通信业继续较快发展。通信能力增强，基础设施建设成绩显著，运输紧张状况有较大改善(见下表)。

云南省2000年各种运输工具运输量

产品名称	单位	绝对数	比上年增长%
货物周转量	亿吨公里	483.80	9.3
铁路	亿吨公里	181.74	19.1
公路	亿吨公里	300.00	4.1
水运	亿吨公里	0.93	1.1
航空	亿吨公里	1.13	1.8
旅客周转量	亿人公里	246.53	3.6
铁路	亿人公里	31.20	-4.9
公路	亿人公里	180.00	9.6
水运	亿人公里	0.76	18.8
航空	亿人公里	34.57	-14.3

邮电通信业快速发展。全省邮电业务总量90.82亿元(90年不变价)，比上年增长48.2%。固定电话普及率达7.2%，年末移动电话用户达到160万户。

七、国内贸易

国内消费品市场需求增加，各种大型商场、超市、连锁店、仓储式商场发展较快。批发零售餐饮业增加值190.57亿元，比上年增长8.3%。社会消费品零售总额583.17亿元，比上年增长8.2%(扣除物价因素，实际增长10.9%)。按销售地区分，城市消费品零售额309.28亿元，增长9.1%；县消费品零售额139.08亿元，增长7.3%；县以下消费品零售额134.81亿元，增长7.1%。按经济类型分，国有及国有控股经济148.53亿元,比上年增长1.2%;集体及股份合作经济80.88亿元，增长1.4%；个体私营经济253.92亿元，增长14.9%；其他经济类型99.84亿元，增长9.1%。按行业分，批发零售贸易业376.49亿元，增长6.5%；餐饮业74.87亿元，增长21.2%；制造业27.02亿元，增长5.1%；农业生产者90.02亿元，增长7.3%；其他行业14.77亿元，增长4.7%。

全省限额以上批发零售贸易业生产资料销售额完成358.55亿元，比上年增长8.2%。农业生产资料销售额

86.15 亿元，比上年增长 13%。

八、对外经济

对外开放继续扩大，外经贸工作取得好成绩。海关进出口总额 18.13 亿美元，比上年增长 9.2%。其中出口 11.75 亿美元，增长 13.6%；进口 6.38 亿美元，增长 2%。边境贸易全面恢复性增长，出口创历史最好水平。全年边境贸易出口总额达 2.78 亿美元，比上年增长 20% 。出口市场仍以亚洲市场为主，对亚洲出口 9.5 亿美元，增长 14.9% ；对欧盟出口 1.15 亿美元，增长 1.3% ；对北美洲出口 0.65 亿美元，增长 29.6%。在出口产品中，“两烟”出口 7755 万美元，冶金类出口 3.04 亿美元，机电产品出口 1.64 亿美元，化工类出口 3.18 亿美元，农副产品出口 1.21 亿美元，纺织产品出口 1 亿美元。

全年协议利用外资 7.31 亿美元，比上年增长 26.4%；实际利用外资 2.2 亿美元，其中外商直接投资 1.28 亿美元。对外承包工程、劳务合作及设计咨询合同金额 3.04 亿美元，完成营业额 1.54 亿美元。2000 年第八届昆交会成交总金额 19.81 亿美元，其中进出口成交金额 5.32 亿美元，外资合同金额 13.57 亿美元，外经合同金额 0.83 亿美元。以西南六省区市七方的联合协作为基础，滇沪、滇粤和省院、省校合作为重点，与全国 30 个省区市开展了多领域、深层次、多形式的联合与协作。全年引进省外资金 36.3 亿元，比上年增长 10%。

九、财政、金融和保险业

全省财政收支保持稳定增长；金融风险防范工作进一步加强，金融各项存款平稳增长，信贷力度加大；保险业务继续发展。

地方一般预算收入 178.1 亿元，比上年增长 3.1%；一般预算支出 413.9 亿元，比上年增长 9.5%。

年末金融机构存款余额达 2465.68 亿元，比上年末增加 218.92 亿元，增长 9.7%。在金融机构存款中，企业存款余额 1038.40 亿元，比上年增长 10.2%。信贷投放力度继续加大，投向合理，满足了经济发展的合理资金需要。年末全省金融机构贷款余额达 2121.12 亿元(含国家开发银行在云南统贷数)，比上年末增加 203.30 亿元，增长 9.7%。其中短期贷款余额 1298.58 亿元，比上年末增加 64.27 亿元，增长 4.8%；中长期贷余额款 682.30 亿元(含国家开发银行在云南统贷数)，比上年末增加 102.47 亿元，增长 17.3%。贷款主要支持了国家西部建设投资项目及农业、工业、乡镇企业等的发展。现金投放适度。全年金融机构现金收入 5047.79 亿元，现金支出 5060.25 亿元。年末货币流通量为 312.91 亿元，比上年增长 22.2%。

保险事业继续发展。全省各种保费收入 39.01 亿元，比上年增长 4.4%，其中财产险收入 19.06 亿元，增长 4.6%；人身险收入 19.95 亿元，增长 4.2%。赔付额 13.01 亿元，比上年增长 6.2%，其中账产险赔付额 9.89 亿元，增长 4%；人身险赔付额 3.12 亿元，增长 13.6%。

十、科学技术和教育

科技事业取得新成果。全省完成重大科技成果 531 项，其中基础理论成果 54 项，应用技术成果 438 项。受理专利申请 1710 件，获专利授权 1216 件；签订技术经济合同 2054 项，成交金额达 18.77 亿元。已建成 11 个重点实验室和 5 个中试基地。已建立国家级高新技术开发区 1 个，省级高新技术开发区 2 个。省院、省校合作取得新的进展，共实施科技合作项目 57 个。2000 年科技进步对国民经济增长的贡献率达 43.5%，科教兴滇迈出了新的步伐。

教育事业取得新的进展。全省教育系统招收研究生 1231 人，比上年增长 49.8%。普通高等学校有 24 所，招生 3.2 万人，比上年增长 16.4%；在校学生 9.04 万人，增长 22.3%，其中少数民族学生 1.95 万人，比上年增长 25.8%，占在校学生的 21.6%。普通中等专业学校有 123 所，招生 3.76 万人，比上年增长 3%；在校学生 11.92 万人，比上年下降 0.3%。普通中学 2236 所，招生 69.84 万人，比上年增长 11%。在校学生 185.97 万人，比上年增长11.1%。小学招生70.2万人，比上年下降0.6%；在校学生472.06万人，下降1.8%。学龄儿童入学率达99.02%，普及九年义务教育的县(市)达到88个，占全省县(市)的71.6%；小学毕业生升学率达85.84%。成人高等教育学校招生数2.69万人，比上年增51.1%；在校学生5.73万人。成人中等专业学校在校学生7.06万人。全年扫除文盲38.13万人。

十一、文化、卫生、体育和环境保护

围绕建设民族文化大省的目标，以繁荣文艺创作、发展艺术生产力为中心，农村文化工作为重点，积极推进文化体制改革，全省各项文化事业得到了全面发展。各种艺术表演团体130个，文化馆127个，群众艺术馆20个，公共图书馆147个，博物馆28个。广播、电视人口覆盖率分别达到86%和88%。中短波广播发射台和转播台40座，一千瓦以上电视发射台和转播台28座。

卫生事业稳步发展。全省共有卫生机构1.34万个，比上年增长12.5%；共有床位数9.75万张；卫生技术人员12.41万人，其中 医生3.96万人，护师、护士3.61万人。卫生防疫、防治机构卫生技术人员0.61万人，妇幼卫生机构卫生技术人员0.42万人。乡镇卫生院0.15万个。

体育事业取得新成绩。全民健身运动蓬勃开展，竞技体育取得新突破。我省运动员在国际比赛中获金牌1枚，铜牌5枚；国内比赛中获金牌44枚，银牌38枚，铜牌36枚。

环境保护和生态建设取得新进展。依法治理环境得到加强，坚决关停了一批污染严重的企业，大规模开展了城市环境和高原湖泊环境污染保护与治理工程。环境保护系统人员2846人，各级环境监测站90个，环境监测人员1042人。自然保护区121个，其中国家级自然保护区8个，自然保护区面积240万公顷。限期完成环境污染治理项目814个，项目总投资7.24亿元；烟尘控制区25个，噪音达标区18个。

十二、人口与人民生活

控制人口增长取得积极成效。根据第五次人口普查实际登记数据预计，全省人口出生率为19.05‰，死亡率为7.57‰，自然增长率为11.48‰，分别比上年下降0.43个千分点、0.25个千分点和0.18个千分点。年末总人口为4240.8万人，比上年末增加48.4万人；其中城镇人口2014.4万人，乡村人口2226.4万人。老年人口占总人口6%。

城乡居民生活水平进一步提高。根据抽样调查，全年农民人均纯收入达到1479元，扣除物价因素实际增长4%；农民消费支出1271元，扣除物价因素实际增长1.8%。城镇居民人均可支配收入为6324.64元，按可比口径计算，比上年增长6.5%；城镇居民人均消费支出5185.31元，按可比口径计算，比上年增长10.2%。

居民储蓄存款继续增加。年末全省居民储蓄存款余额1138.22亿元，比上年增加109.3亿元，增长10.6%。

扶贫攻坚取得新成绩。2000年，全省又有85万贫困人口解决了温饱，圆满完成了“七七”扶贫攻坚计划既定的任务。贫困地区生产生活条件有了明显改善。

城乡居民居住条件继续改善。城镇居民人均居住面积12平方米，比上年增长5.2%；农村居民人均住房面积22.18平方米，比上年增长3.8%。

社会福利事业不断发展。全省有各类福利院床位1.64万张，收养9024人，得到社会保障救济人数261.51万人，国家抚恤、补助各类优抚对象12.62万人。销售福利彩票1.5亿元，筹集社会福利资金0.45亿元，接受社会捐赠0.4亿元。

注：1.本公报数据为初步统计数。

2.国内生产总值、各项增加值绝对值按当年价格计算，增长速度按可比价格计算。

3.各项指标对比基数均为《2000年云南统计年鉴》公布的年报统计数。

中国统计出版社最新资料书简目

中国统计年鉴—2001
中国统计摘要—2001
中国城市统计年鉴—2000
中国农村统计年鉴—2001
中国劳动统计年鉴—2001
中国人口统计年鉴—2001
中国社会统计年鉴—2000
中国市场统计年鉴—2001
中国建筑业统计年鉴—2001
中国固定资产投资统计年鉴—2001
中国价格及城镇居民家庭收支调查统计年鉴—2001
国际统计年鉴—2001
中国对外经济贸易统计年鉴—2000
中国商品交易市场统计年鉴—2001
中国基本单位统计年鉴—2000
中国食品工业年鉴—2001
中国民政统计年鉴—2001
如何使用统计年鉴
北京统计年鉴—2001
天津统计年鉴—2001
河北统计年鉴—2001
山西统计年鉴—2001
内蒙古统计年鉴—2001
辽宁统计年鉴—2001
吉林统计年鉴—2001
黑龙江统计年鉴—2001
上海统计年鉴—2001
江苏统计年鉴—2001
浙江统计年鉴—2001
安徽统计年鉴—2001
福建统计年鉴—2001
江西统计年鉴—2001
山东统计年鉴—2001
河南统计年鉴—2001
湖北统计年鉴—2001
湖南统计年鉴—2001
广东统计年鉴—2001
广西统计年鉴—2001
贵州统计年鉴—2001
云南统计年鉴—2001
海南统计年鉴—2001
四川统计年鉴—2001
重庆统计年鉴—2001
西藏统计年鉴—2001
陕西统计年鉴—2001
甘肃年鉴—2001
青海统计年鉴—2001

宁夏统计年鉴—2001
新疆统计年鉴—2001
新疆生产建设兵团统计年鉴—2001
石家庄统计年鉴—2001
唐山统计年鉴—2001
廊坊统计年鉴—2001
邯郸统计年鉴—2001
衡水统计年鉴—2001
张家口统计年鉴—2001
邢台经济统计年鉴—2001
太原统计年鉴—2001
临汾年鉴—2001
呼和浩特经济统计年鉴—2001
沈阳年鉴—2001
大连统计年鉴—2001
吉林市社会经济统计年鉴—2001
四平统计年鉴—2001
延吉统计年鉴—2001
哈尔滨统计年鉴—2001
齐齐哈尔经济统计年鉴—2001
双鸭山社会经济统计年鉴—2001
黑龙江垦区统计年鉴—2001
牡丹江统计年鉴—2001
上海浦东新区统计年鉴—2001
宝山年鉴—2001
南京统计年鉴—2001
苏州统计年鉴—2001
无锡统计年鉴—2001
常州统计年鉴—2001
徐州统计年鉴—2001
南通统计年鉴—2001
盐城统计年鉴—2001
连云港统计年鉴—2001
杭州统计年鉴—2001
宁波统计年鉴—2001
绍兴统计年鉴—2001
嘉兴统计年鉴—2001
台州统计年鉴—2001
舟山统计年鉴—2001
金华统计年鉴—2001
温州统计年鉴—2001
福州年鉴—2001
厦门经济特区年鉴—2001
福州经济技术开发区年鉴—2001
南昌统计年鉴—2001
九江统计年鉴—2001
宜春统计年鉴—2001

济南统计年鉴—2001
青岛统计年鉴—2001
潍坊统计年鉴—2001
泰安统计年鉴—2001
德州统计年鉴—2001
日照统计年鉴—2001
郑州统计年鉴—2001
洛阳统计年鉴—2001
开封统计年鉴—2001
三门峡统计年鉴—2001
平顶山统计年鉴—2001
南阳经济统计年鉴—2001
武汉统计年鉴—2001
宜昌统计年鉴—2001
广州统计年鉴—2001
深圳统计信息年鉴—2001
惠州统计年鉴—2001
珠海统计年鉴—2001
东莞统计年鉴—2001
南宁统计年鉴—2001
南宁地区统计年鉴—2001
桂林经济社会统计年鉴—2001
柳州经济统计年鉴—2001
柳州地区统计年鉴—2001
贵阳统计年鉴—2001
海口统计年鉴—2001
成都统计年鉴—2001
广安统计年鉴—2001
攀枝花统计年鉴—2001
西安统计年鉴—2001
兰州年鉴—2001
西宁统计年鉴—2001
乌鲁木齐统计年鉴—2001
巴音郭楞统计年鉴—2001
吐鲁番统计年鉴—2001
石河子统计年鉴—2001
伊犁统计年鉴—2001
巴州年鉴—2001
河北农村统计年鉴—2001
广东农村统计年鉴—2001
福建农村统计年鉴—2001
湖北农村统计年鉴—2001
河南农村统计年鉴—2001
山东城市统计年鉴—2001
湖北工交统计年鉴—2001

昆明华狮啤酒有限公司

昆明华狮啤酒有限公司是浙江开开集团兼并昆明啤酒厂后新组建的一个现代化企业。1998年6月成立以来，由于体制、科技、管理和经营的不断创新，在装备技术、工艺技术、过程监测与控制技术、产品质量、新产品设计与开发、“三废”治理与环保技术等方面处于全省行业的领先水平，对推动行业进步，促进地方经济发展产生了积极和重要的影响，被誉为东西部经济合作成功企业典范。

公司经改扩建后，2000年已形成年产5万吨优质啤酒的生产规模，并预留了新增5万吨/年的配套设施和基础。公司主导品牌——KK啤酒继1999年在全省产品质量行业统检中荣获总分第一名，同年荣获全省“消费者喜爱商品”称号；2000年公司通过了ISO9002质量体系和产品质量双重国际认证，取得了国家产品质量认证标志的许可使用权。目前KK啤酒已发展为不同型号、规格和包装的系列品牌产品。进入新世纪，“人与自然和谐发展”是世界经济和人类活动的主流，为满足消费者的需求，提高云南省啤酒产品的档次，公司率先开发并推出“螺旋藻啤酒”和“纯生啤酒”，将最新的科技与经营管理成就的硕果奉献给社会和消费者。

展望新世纪，挑战与机遇并存，公司恪守“全心投入、正直诚实、团队精神、顾客导向”企业理念，将继续发扬创新争先精神，为企业形象和品牌添金增辉，为全省行业进步和经济发展作出更大贡献。

发酵罐群

糖化车间

昆明超凡地价评估咨询有限公司

（原昆明市地价评估事务所）

及时召开各种会议，发挥全体人员的积极性，把工作做得更好

由本公司独立完成全部过程的第七个土地分等定级及基准地价测标和更新项目通过省级验收

昆明超凡地价评估咨询有限公司是由原昆明市地价评估事务所脱钩改制而成立的，是昆明地区最具实力的地价评估机构。原机构于1993年10月经工商部门注册登记，隶属于原昆明市土地管理局的自收自支、自负盈亏的事业单位，曾先后取得过原国家土地局、云南省土地管理局颁发的地价评估A级资质证书、B级资质证书，国家财政部颁发的单项资产评估资质证书，专门从事城镇土地分等定级、基准地价测算、宗地地价及单项资产评估、地产信息咨询、代理代办土地手续等业务。下设有禄劝、嵩明、石林、五华、东川等五个县市区分支机构。

机构自成立以来，始终把“为土地管理事业服务、为用户服务、为社会主义市场经济服务”作为自己的建所宗旨；恪守“客观公正、热情服务、谨慎高效”的准则。由于这个机构的组成人员中大部分来自于原土地管理局的各个业务部门，熟知土地管理的法律法规和业务知识，具有丰富的地价评估和管理的实践经验，因而以擅长解决地价评估中相关的疑难问题而闻名。几年来，一直承担全市地产评估业中80%的业务，先后完成12个县市区的城镇土地分等定级和基准地价测算及基准地价更新工作，总面积200多平方公里，为昆明地区整个地价评估业务的开展奠定了基础。五年来，共完成宗地评估项目1100多个，协助原中国地产评估咨询中心等评估机构，完成上市公司的评估项目10多个，评估资产总值近500亿元，各项评估业务总收入共1359万元，到1999年底总资产额达500多万元，在全国同行业中处于前列。

2000年，实现整体与主管部门脱钩，改制建立起股份制有限责任公司——昆明超凡地价评估咨询有限公司，向上规模、上档次、建立规范的社会中介机构迈出了可喜的第一步。公司经过一年的运行，逐步建立起一套适应社会主义市场经济需要的机制，继续坚持“三个服务”的宗旨和三条执业准则，因而昆明市土地管理局专门发文，委托该公司承担政府职能性即国有土地使用权出让、企业改制、破产清算、司法仲裁、课税等地价评估业务及公益性评估业务。在土地使用权转让、合资合作、抵押贷款等二三级市场的评估业务中，也占有极大的市场。

热情、周到、认真、负责是昆明超凡地价评估咨询有限公司的过去和今后始终坚持的标准和座右铭。

为配合企业改制，评估人员深入实地，详细勘估

评估人员进行现场调查

一丝不苟，为客户提供准确价格

装备精良的现代化办公系统

法人代表：翟家贵

电话：(0871)3186006

传真：(0871)3186066

业务联系电话：(0871) 3186000 3110298 3110299 3184466 3184991

地址：昆明市人民中路吹萧巷52号

云南第二公路桥梁工程有限公司

玉元高速公路被誉为“亚洲第一”的高挡墙

云南第二公路桥梁工程有限公司是云南省知名较早的公路施工企业，具有国家一级施工资质。公司建于六十年代，从组建至今不断发展壮大。所承建的工程质量稳步上升，不断创建精品工程和名牌产品。为云南的公路事业作出了突出贡献。

云南第二公路桥梁工程有限公司于1996年9月改制为有限公司，下属26个分公司、5个多种经营实体。公司现有员工1780人，其中有中高级职称的600人，有中专以上文化的900人，整体素质较高。现拥有总资产二亿多元，技术装备齐全，技术装备率人均36668元，大中型机械设备606台(套)，总功率27000千瓦，建筑安装年生产能力5亿元以上。

四十年来，公司共修建各种等级公路70条(段)，总里程为2768公里，其中高等级公路310公里；大中型桥梁85座，总长度为7803延米；建成隧道6座，总长度4580米，大多数工程被评为优良工程。

昆明南过境线公路800米的高架桥，被评为全优工程，并荣获省级优质工程一等奖。昆曲高速公路由公司承建的路段被交通部评为优质工程二等奖。已建成的楚大高速公路第七合同段工程质量、工程进度均名列前茅，为云南高等级公路施工树立了精品工程的牌子，第四合同段的加筋土挡墙，为中国高速公路中的第一高墙，被交通部专家鉴定为具有国际先进水平的高挡墙。

云南第二公路桥梁工程有限公司于1961年9月建成的南盘江长虹大桥，桥长171.2米，净跨114.6米，成为单孔跨径世界之最。1992年2月，公司成立云南第一支公路隧道工程队，担当云南高等级公路的修建，八年来共修建高等级隧道4580米／六道，其中有目前云南最长的公路隧道楚大高速公路九顶山隧道，成为修建高级公路隧道的主力军。

昆曲高速公路

1990年以来，公司承担了多项工程艰巨、条件艰苦、施工难度大、施工工艺科技含量高的标段，修建了长隧道、特大桥，成为云南第一家路、桥、隧为一体的先进施工企业。1991年以来进入“中国建筑施工企业500家最佳经济效益和最大经营规模企业”之列；1992年进入“中国建筑企业综合实力百强”，同时被省政府授予公路建设“先进单位”；1993年被中华全国总工会授予全国先进集体称号，并荣获“五一”劳动奖状，同年进入云南省优秀管理十佳企业；1994年获全国优秀施工企业称号；1996年、1997年被交通厅连续评为质量年“先进单位”；1999年被交通厅评为文明单位。这些荣誉的获得与公

楚大高速公路

司全体员工多年的辛劳和汗水密不可分。

从1989年投入云南高等级公路建设以来，云南第二公路桥梁工程有限公司先后参加了安石、昆玉、安楚、昆河、昆曲、玉元、楚大等公路的建设，全部工程质量合格率100%，优良品率90%以上，公司所承建完成的各项工程，在速度、工艺、质量等各项指标都是名列前茅，创出了良好的经济效益和社会效益。从1991年至今不到十年的时间，公司已承建竣工的工程项目中，优良工程就达21项。

1999年底，公司在内部开始试运行ISO9002国际质量体系，并于2000年6月22日通过了ISO9002国际质量体系认证。至此，公司质量管理开始步入国际化规范管理的轨道。

昆明市南过境高架公路　　荣获省级
云南省第二公路桥梁工程公司　　一九九九年度
优质工程一等奖
云南省建设厅
云南省建筑业协会
二〇〇〇年一月

近年来云南第二公路桥梁工程有限公司完成产值保持良好态势：1996年完成2.69亿；1997年完成3.16亿；1998年完成4.1亿；1999年在国际金融危机、国内投资状况不是很好的情况下，努力挖掘市场潜力，完成3.74 亿；2000年公司又迎来了发展中的又一个春天，完成产值5.47亿元，公司竞标情况良好，施工产值有望在2001年有更大的突破，总体发展形势喜人。

全公司员工决心在“西部大开发”的有利环境下，在这难得机遇中加快发展步伐，取得更好的业绩。

昆玉高速公路山心坡隧道

花卉之乡

昆明市呈贡县斗南镇位于云南省中部、省会昆明市东南，为呈贡对外开放的北大门。东邻龙城镇，东北接洛羊镇，北与昆明市官渡区毗邻，西临滇池，南与大渔乡相连。全镇辖11个村民委员会，75个村民小组，有农户8669户，人口26891人。

荷兰阿斯米尔拍卖市场董事局主席到斗南花卉市场参观访问

改革开放以来，在各级领导的关心支持下，斗南镇党委、政府认真贯彻落实党的一系列路线、方针、政策，解放思想、求真务实，积极调整农村产业和产品结构，带领农民致富奔小康。2000年乡镇企业营业收入完成6.15亿元，人均纯收入达到4650元，财政收入完成800万元，城乡储蓄存款余额超亿元。斗南镇是云南省百强乡镇之一，省级文明单位。斗南花卉市场已成为西南地区最大的花卉批发市场，市场荣获由上海大世界基尼斯总部颁发的“大世界基尼斯之最”证书，被国家农业部命名为全国定点花卉市场，据上海无形资产评估中心评估，“斗南花卉”价值32亿人民币。

全国最大的鲜切花交易市场—昆明斗南花卉市场

斗南—全国最大的鲜切花交易市场

斗南镇区位优势突出。全镇交通发达，境内昆玉高等级公路纵贯而过，菜区道路四通八达，交错相连，建设完备。邮电通迅种类齐全，近3000门程控电话直拨国内及180多个国家和地区，无线寻呼覆盖全境。所属斗南村已建成电话村，并拥有全省首家村级邮政航空代办点。斗南镇电力充足，境内建有110千伏安变电站一座，使全镇电力供应有余。这里水利条件优越，基础设施完备。

新世纪伊始，斗南镇党委、政府紧紧抓住机遇，乘势而谋，制定了发展思路和奋斗目标，即：以农民增收、财政增长、社会进步为目标，引导农民蔬菜、花卉种植向规模化、专业化方向发展；加快花卉批发市场和拍卖市场建设，加快“明星小城镇”建设，发展以民营为投资主体的二、三产业和旅游业，使全镇经济更上一个新台阶。

热忱欢迎有识之士到斗南镇投资开发，共谋发展！斗南将提供最优惠的条件、最周到的服务迎接您的到来！

现代化的斗南花卉种植大棚

斗南花卉种苗室

昆明大学

昆明大学是经国家教委批准，由云南省及昆明市人民政府双重领导，云南省内高等学校中唯一的一所全日制综合性的职业大学。学校环境优美，是读书治学的理想园地。学校现有秘书、电子商务、会计、物业管理、工商企业管理、饭店管理、旅行社管理、康乐经营与管理、餐饮管理与烹饪工艺、导游、旅游英语、计算机及应用、应用电子技术、机械电子工程、电气技术、汽车运用与维护、房屋建筑工程、建筑工程管理、建筑装饰设计、环境艺术设计、包装与装璜设计、证券投资、律师事务等专业。现有八十多个教学班、学生近四千多人，教职工近四百人，其中有高级、中级职称教师二百多人，有一批国内外知名的专家学者受聘任教。学校设有“昆明市职业技术教育中心”。经国家劳动部批准设有“国家职业技能鉴定所”、“职业证书考试中心”，经省招办批准设立“全国计算机等级考试昆明大学考点”，经教育部批准设立“教育部信息管理中心昆明大学基地”，经省市政府批准，与浙江大学联合办学，授牌“浙江大学管理培训中心（中德合作）昆明基地”，开展中德职业教育方面的合作。学校每年招收应往届普通高中毕业生外，还招收应往届职业高中、中专、技工学校的毕业生，部分专业还招初中毕业的五年制大学生。学校还举办有成人夜大学、成人高等职业教育全日制班，少数民族干部大专班。另外还举办在职人员岗位培训班、转岗、上岗培训班、各类外语培训班、专业证书班。从97级实施毕业生“专升本”推荐工作，择优选拔毕业生到云南大学等高校读本科。昆明大学建校十多年来为社会输送了近万名毕业生，用人单位普遍反映：昆明大学的毕业生政治思想素质好，专业基础知识扎实，动手操作能力强，具有较强的应变能力。

昆明大学校长、党委副书记　岳怀仁

昆明大学党委书记　张家贵

昆明大学校园全景

旅游系学生在实习酒吧练习调酒

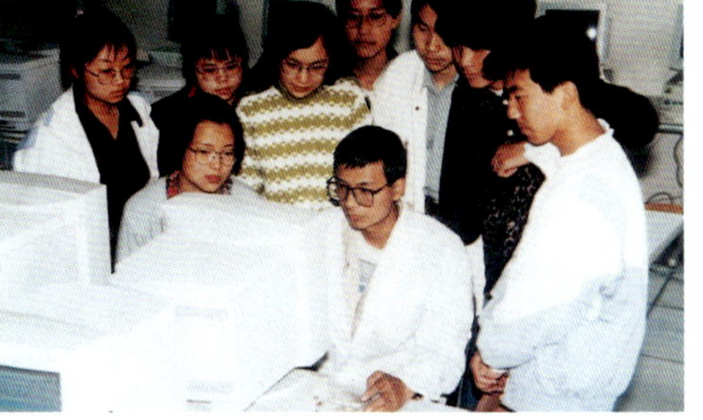
电机系教师在指导学生上机

中国农业银行云南省分行

行长：姜仕俊

中国农业银行云南省分行是中国农业银行总行所属一级分行，自1978年恢复建立以来，在各项金融活动中始终以追求社会效益、经济效益和金融经营业绩相统一为目的，为云南省社会经济的发展做出了重大贡献。

省农行的分支机构、基层营业网点遍布全省乡村、城镇和中心城市、具有完善金融服务功能。

主要业务：

1、办理机关团体、部队、企事业单位存款和集体、个体工商户存款、个人储蓄存款；

2、办理农村和城镇的国有农、工、商企业，乡镇企业，集体经济组织、供销合作社以及农户、个体私营经济等的各项贷款；

3、办理城乡居民个人消费贷款、住房贷款、助学贷款；

4、办理转帐结算、现金结算、票据贴现业务；

5、办理信用卡、储蓄借计卡业务；

6、办理代理、租赁、抵押、房地产按揭、咨询、保管箱等业务；

7、办理国际金融业务；

8、办理经中国人民银行批准的其他业务。

行长：姜仕俊
电话：0871-3179970
地址：昆明市人民中路1号
邮编：650051

云南风情假日之旅

经理辛江先生及东南亚贵宾在94中国昆明国际旅游交易会上

云南聚居着众多的民族，26个民族拥有绚丽多彩的民族风情，中国·昆明风情假日国际旅游公司注重开辟具有浓烈民族特色的风情旅游线路，使海内外旅游者充分领略各民族的历史、文化、舞蹈、建筑、服饰、餐饮……，得到美的享受。

中国云南风情假日之旅是经旅游局批准的旅行社，主要业务包括：接待外国人和港、澳、台、华侨旅游者在中国观光旅游；代办出国考察观光；提供各种委托代办服务；接待各种国际国内会议。我社拥有一批高素质的经营管理人才及英、日、法、德、泰、粤语等语种翻译导游人员，形成集旅游、商贸、信息咨询为一体的企业集团，业务范围遍及亚太、欧美等地区。

我们的宗旨：宾客至上、信誉第一。

热忱欢迎中外旅游者参加神秘的“风情之旅”！

总　　裁：辛江
联 系 人：陈小姐　盛小姐
地　　址：中国·昆明市双龙桥南坝路3号天城花园11层
电　　话：(0871)3510745　3178459　3106531　3520727
传　　真：(0871)3107359
专线电话：3532547
邮　　编：650034

Director:Peter Xin
Add:11/F Sky City Guarden No.3 Nan Ba Ra.Kunming.China
Tel:(0871)3510745 3178459 3106531 3520727
Fax:(0871)3107359
Postcode:650034
Http://tour.kmcom.cm.cn
E-mail:Xin Jiang@public.km.yn.cn

总经理辛江携秘书在日本世界旅游博览会上与日本朋友热情交流

团结奋进的公司领导班子

云南第三公路桥梁工程有限责任公司

云南第三公路桥梁工程有限责任公司系国家公路工程施工一级企业和省乙级测绘资质单位，始建于1951年，现有职工1600人，注册资金6400万元，2000年8月改制为有限责任公司。

公司以“团结进取，严细务实，争创一流。”为企业精神，以“工程完工合格率100%，工程竣工交验优良率85%以上，主要分部、分项工程达到优良”为质量目标，并坚持“科技领先，开拓经营；强化管理，创优树碑。”的质量方针。公司创立五十年来，以公路为家，筑路为业，逢山开路，遇水架桥，共修建各类等级公路3480公里，大中型桥梁157余座；“九五”期间共完成投资额16.1亿元，为我国的公路事业作出了贡献。

董事长、总经理、法人代表：李胜忠
党委书记、副董事长：郑贤富
地址：云南省思茅市思亭路1号
电话：0879-2201833
传真：0879-2201621

公司承建的昆曲公路小哨段获交通部公路工程优质二等奖

思茅行署乡镇企业局领导班子认真学习江总书记“4.21”重要讲话局长何祥生（中）主持学习

思茅地区乡镇企业持续快速健康发展

“九五”期间，思茅地区乡镇企业经受住了市场经济的考验，逐步实现两个根本性转变，发展壮大成为区内农村经济的重要支柱和全区经济新的增长点，为全区经济和社会发展作出了重大贡献。

到2000年末，全区乡企营业收入达到27.19亿元，与“八五”末相比，年均增长26.9%；现价总产值达23.2亿元，年均增长27.4%；不变价工业产值达4.36亿元，年均增长17.8%；增加值达6.08亿元，年均增长19.7%；实交税金1.01亿元，年均增长16.4%，转移农村剩余劳动力14.63万人，年均增长10.4%。

绿色产业已发展成为乡镇企业的主力军，全区已有茶园17.2万亩，橡胶园21万亩，咖啡4万亩，水果3万亩，非公有制经济在乡镇企业营业收入中的比重由“八五”的52%上升到“九五”的78%，已成为全区乡镇企业的主要增长点。

有7个产品被评为省部级优质产品。5个茶叶产品获省部级金奖，2个茶叶产品获国际博览会金奖。13户企业达到省级全面质量管理合格企业标准，20户企业被评为三级计量合格企业。343户建筑企业和53户室内装饰施工资质得到晋升。涌现出5个亿元乡镇和3个大中型企业，17个上千万元以上的骨干企业。

乡镇企业的迅速发展，极大地改变了全区经济特别是农村经济的发展进程。“九五”期末乡镇企业增加值占到全区的13%，工业产值占到20%，税金占财政总收入的18%，占地方财政收入的24%。农村社会总产值的42%和农民人均纯收入的20%来自乡镇企业。

孟连县勐务橡胶有限责任公司橡胶园

云南景谷林业股份有限公司

办公大楼

景谷是一块神奇美丽的绿色宝地，地处云南省西南部与美丽的西双版纳毗邻，是镶嵌在植物王国里的一颗璀璨的“绿海明珠”。全县森林覆盖率达74.71%，林木总蓄积量为5514万立方米。其中思茅松用材蓄积量为4464.5万立方米，松脂储量6万余吨。

云南景谷林业股份有限公司是云南省最大的林化产品生产商和供应商，年产松香1.8万吨，松节油4600吨，各种规格人造板4.5万立方米，木材10万立方米以上，1999年12月经国家外经贸部批准获得林化产品出口经营权，主营本企业自产的脂松香、脂松节油、α蒎烯、β蒎烯等林产化工系列产品及相关技术的出口业务；经营本企业生产、科研所需的原辅材料、机器设备、仪器仪表、零配件及相关技术的进口业务。公司以林业为基础，以科技为依托，以优质、高产、高效为目标，走可持续发展道路为宗旨，主要产品“海帆牌”脂松香、脂松节油，被评为“消费者信得过产品”、“中华驰名品牌”、“云南省名牌产品”。产品远销日本、欧美国家和地区，出口量占云南省的60%以上。

云南景谷林业股份有限公司是一个集林板、林化、林木、森林资源培育为一体较为完整的林产工业企业。1999年3月9日经云南省工商行政管理局批准注册，2000年8月25日景谷林业A股股票在上海证券交易所隆重上市。景谷林业将以产品市场为基础，资本市场为核心，立足主业，不断拓宽领域，做精一类产品，主导一个市场，用活资源，依托科技，纵深发展，回报股东。

董事长：任向前
总经理：李兴平
传　真：（0879）5223881
营销热线：（0879）5224481
驻昆办事处：（0871）8185022
地址：云南省景谷县威远路47号

中国企业最佳形象

AAA级

中国企业形象认定委员会

松香样品

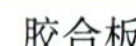
胶合板

部优产品脂松香

昆明供电局

昆明供电局是隶属于云南电力集团有限公司的一个大一型供电企业和国家二级企业，是云南省电力系统的骨干企业之一。担负着以省会昆明为中心的15个县（市）、区的供用电管理，供电半径约为110千米。下设超高压、城区、东区、西区四个分局，调度、计量、继电保护、科研四个专业所及抄表公司、用电稽查大队、供用电实业总公司。

昆明供电局始终坚持“人民电业为人民”的行业宗旨，以向社会各界提供优质、可靠、充足的电力为己任，时刻牢记“安全生产与行风建设是电力行业永恒的主题”。1996年10月，昆明供电局在全省电力系统首家公布了“供电社会服务十项承诺”；1998年1月，正式开通了系统内首家电网故障统一报修业务电话“2800”；树立了良好的企业形象，得到了社会各界和人民群众的赞誉和好评，并先后获得国家电力公司（原电力工业部）“安全、文明生产达标企业”、“全国电力系统纠正行业不正之风先进集体”、“国家电力公司双文明单位”、“云南省文明单位”、“昆明市文明行业”等荣誉称号。2001年7月被国家电力公司命名为“一流供电企业”。目前已按国家电力公司要求积极开展“电力市场整顿与优质服务年”活动，正向国家电力公司双文明单位标兵目标迈进。

局办公大楼

变电设备检修

地址：昆明市拓东路39号
邮编：650011
电话：(0871)3165089
主页：www.kpsc.com.cn

国家
二级企业
STATE SEOND GRADE ENTERPRISE
国务院企业管理指导委员会
国务院生产委员会
1990年

国家二级企业

营业大厅

昆明市规划局长兼市规划设计研究院院长刘学（硕士、高级规划师）

朝气蓬勃，具有创新精神的领导班子　院长兼党支部书记刘学（中）、副院长王学海（右）、副院长任颖晏（左）

昆明市规划设计研究院

昆明市规划设计研究院国家甲级城市规划设计单位，多年来为昆明市和全省城乡的规划建设做出了重大的贡献。拥有城市规划、城市道路交通、建筑、园林绿化、市政设施、环境保护、综合经济分析等多种专业设计实力，能够承担与城市建设相关的各种规划设计任务。

昆明市规划设计研究院自1985年建院以来，承担着昆明市的各类规划设计工作。近期编制完成了跨世纪的《昆明城市总体规划》、《昆明城市道路交通规划》、《昆明城市环境建设与整治规划》、《'99昆明世界园艺博览会选址可行性研究和场馆规划》、《石林国家风景名胜区旅游发展规划》等重大的城市规划项目以及以国家小康住宅样板金康园为代表的各类居住区修建性详细规划。进行了盘龙江沿江绿化、翠湖周围绿化整治、胜利广场、拆除废弃米轨铁路建城市绿化带等多项绿化规划设计；穿金路、龙泉路、金碧路、春城路等一批道路扩建规划设计及《北京路公交示范线路规划设计》、《金马碧鸡坊街区城市设计》、《护国桥恢复工程》等重点地段城市设计，在昆明城市的各项建设中发挥了重要的作用。

近年来，昆明市规划设计研究院积极推进科技进步，不断扩大对外交流，与瑞士苏黎世的合作规划设计项目已从公共交通规划扩展到旧城保护、城市景观设计及城市发展研究，紧紧跟上了世界先进规划潮流。同时，大力推广计算机在城市规划设计中的运用，目前计算机辅助设计和出图率已达100%，在多次规划设计方案竞赛中脱颖而出，先后有9项设计成果获部级优秀设计或科技进步奖，37项成果获云南省优秀规划设计奖，获市级奖若干项。

昆明市规划设计研究院注重物质文明建设与精神文明建设两手抓，连续11年保持区级文明单位称号，连续5年保持市级文明单位称号。1999年被云南省人民政府授予“省级文明单位”称号，同时被国家建设部评为全国建设系统精神文明建设先进单位。

世博园夜景

昆明市区新貌

广场绿地

昆明市机械电子工业局

昆明市机械电子工业局现有企业53户，其中大一型企业3户，大二型企业4户，中一型企业3户,中二型企业9户，小型企业34户，另有厂办集体企业106户和挂靠单位4户。2000年底共有职工24606人。系统内有农业机械、仪器仪表、化工机械、重型矿山机械、机床工具、电线、电缆、变压器，电机电器、基础件、食品包装机械、汽车配套件、民用机械、电子元器件、通用机械、森工机械、轻工机械、烟草机械等18个大类，为社会提供70多个品种系列的上万种产品。产品远销美国、西欧、中东、南美、澳大利亚、东南亚、日本、韩国、香港、俄罗斯等国家和地区。

2000年实现工业总产值21.7亿元，销售收入19.1亿元，利润7967.4万元，分别比上年度增长17.3%、11.7%和29.5%。

地址：昆明市东风东路17号

电话：(0871)3127335

传真：(0871)3183306

党委书记兼局长：许钟麟

昆明电工股份有限公司
电话：(0871) 5632836
传真：(0871) 5632854

昆明晶华光学有限公司
电话：(0871) 4571104
传真：(0871) 4570456

昆明云内动力股份有限公司
电话：(0871) 5633069
传真：(0871) 5633176

云南机床厂
电话：(0871) 3178660
传真：(0871) 3194791

云南圆正轴承有限公司
(云南轴承总厂)
电话：(0871) 8588966
传真：(0871) 8588955

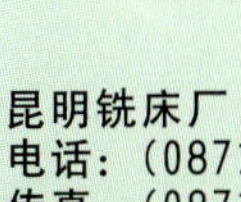

昆明铣床厂
电话：(0871) 5227888
传真：(0871) 5227216

中国第一根导线
昆明电缆股份有限公司(昆明电缆厂)
电话：(0871) 8181041
传真：(0871) 8181325

中国云南国际经济技术合作公司

中国云南国际经济技术合作公司，是云南省人民政府直接领导下的国有大型外经贸企业。

公司主要业务是：对外承建各类工程，对外派遣各类劳务，开展进出口贸易，在海外举办独资、合资企业，实施我国政府交予的对外经济技术援助项目。

公司成立以来，在党中央改革开放的方针指引下，以“履约、保质、薄利、重义”为宗旨，按照“勇于开拓、加强合作、注重实效、稳步发展”的经营方针，同亚、非、欧洲、拉丁美洲、大洋洲四十余国商界，进行效果显著的互利合作，使公司一直保持了持续发展的良好势头。

公司在开展各项业务中严把质量关，本着“质量第一，信誉至上”的原则，认真实施，都取得了圆满结果。

由于业绩显著，公司先后被国务院11个部、委、办评为“中国五百家最大服务企业”之一，被云南省劳动竞赛委员会评为全省大型先进企业。1999年公司获得北京九千标准质量体系认证中心颁发的质量体系认证证书和带有UKAS皇冠标志的国际标准认证证书。

公司以“产品质量保证100%合格，售后服务保证100%履约”为质量目标，愿与国内外客商建立和发展友好合作与交往，竭诚为广大客户提供优质良好的服务。

法人代表：晏连昆
地　　址：中国昆明市春城路202号
邮　　编：650041
电　　话：0871-3545885
传　　真：0871-3547663
E-mail:yietc@public.km.yn.cn

巴基斯坦卡拉奇WI5A供水项目

马尔代夫议会大厦

老挝万荣水泥厂

公司承建的老挝国家文化宫

云南锡业公司

云南锡业公司是中国最大的锡产品生产、出口基地，位于中国“锡都”云南省个旧市，已有100多年历史，现为集采矿、选矿、冶炼、有色化工、有色金属产品深加工、建筑安装、建材、机械制造、仓储运输、锡业科技研究与开发，种植养殖及生物资源加工等为一体的国有特大型有色金属联合企业。具有年采矿371万吨，选矿437万吨、锡冶炼3万吨，铅冶炼2万吨，铜精矿含铜1万吨、锡化工及锡材3600吨，砷及砷化工2000吨的生产能力。

云锡公司主体生产系统拥有4个地下矿山、2个露天矿山、7个选矿厂、1个冶炼化工分公司、1个高新材料分公司、2个科研院所（劳动防护研究和从事有色金属采、选、冶及深加工、新产品开发的研究设计院）。公司的龙头骨干企业—云南锡业股份有限公司是中国锡工业第一家上市公司。

云南省代省长徐荣凯同志视察云南锡业公司

云锡公司产品以精锡、锡铅焊料为主，同时生产铜、铅、锌、有色化工产品等，共20个系列300多个品种。主导产品“云锡牌”精锡连续三次获国优金奖，是国家出口免检产品，在伦敦金属交易所注册“YT”商标，是国际名牌产品，锡铅焊料在国内同类产品中唯一获国家质量金奖。精锡、锡铅焊料均通过ISO9001质量体系认证，产品合格率100%，产销率100%。有41种产品、设备和技术出口56个国家和地区，其中13种设备出口到英国、巴西等世界主要锡生产国。

云南锡业公司技术力量雄厚，拥有全国最大的锡业研究开发机构、国家级企业技术中心—云南锡业公司技术中心。公司拥有先进的采、选、冶生产装备，锡选冶技术和设备居世界领先水平。近20年来先后取得了300多项科研成果，其中国家级18项，省部级135项，国家专利26项。

1996年云南锡业公司被列入国家300户重点骨干企业，1997年列为云南省重点培育的40户大企业大集团之一，目前属国家520户重点企业和云南省42户重点改革试点单位之一。

1991年云南锡业公司荣获全国“五·一”劳动奖状，1998年被评为“全国思想政治工作优秀企业”，2001年公司党委被评为“全国先进基层党组织”。

继1999年锡产品生产总量24320吨，成为中国企业第五批新纪录创造企业之后，2000年云锡公司锡产品总量又达25513吨，再创历史新高。

2000年，云南锡业公司胜利实现了三年改革脱困目标。目前正按照实现“观念上的跨越、体制上的跨越、机制上的跨越、产业上的跨越、地域上的跨越、科技上的跨越”的发展战略稳步前进，将在今后三年实现“投资主体多元化、多个法人结构、产业多元化、跨国经营、资本运营、良性发展”战略目标，实践“产业报国”宏愿，展现中国锡业排头兵的绚丽风采。

2001年7月云锡公司党委被评为“全国先进基层党组织”，公司党委书记肖建明同志参加大会受奖载誉归来

肖建明总经理向“两院”院士介绍云锡科技创新和改革发展情况

在LME注册“YT”商标、畅销国内外的《云锡牌》精锡在浇铸

繁忙的露天采矿

地址：云南省个旧市金湖东路121号
电话：(0873)2123381
传真：(0873)2125416
E-mail:ytc@ public.km.yn.cn

昆明荣成房地产有限公司

昆明荣成房地产有限公司是一九九三年一月经昆明市人民政府批准成立的专业从事房地产开发经营的中港合资企业。注册资本500万美元，具有独立法人资格。

公司秉承“务实创新，团结进取，科学管理，信誉第一”的企业精神，先后开发了“荣成花园”、“荣信花园”和“翠明园”。以快速良好的发展势头，逐渐树立起“荣成”的质量品牌和企业形象。通过加强企业管理和项目的成功运作，公司现在已经拥有一批有丰富实践经验、精通房地产开发经营的专业技术和管理人才。

以人为本，在房地产开发中不断出精品、创品牌，是“荣成人”追求的永恒主题。“荣成”的明天将会更加成功和辉煌。

地址：昆明市新闻路337号云南日报16楼
邮编：650032
电话：（0871）4147973
传真：（0871）4147973
翠明园售楼热线：（0871）5160888 5160868

昆明荣成房地产公司董事长陈玉书

昆明荣成房地产公司翠明园开盘暨向希望工程捐款仪式

翠明园效果图

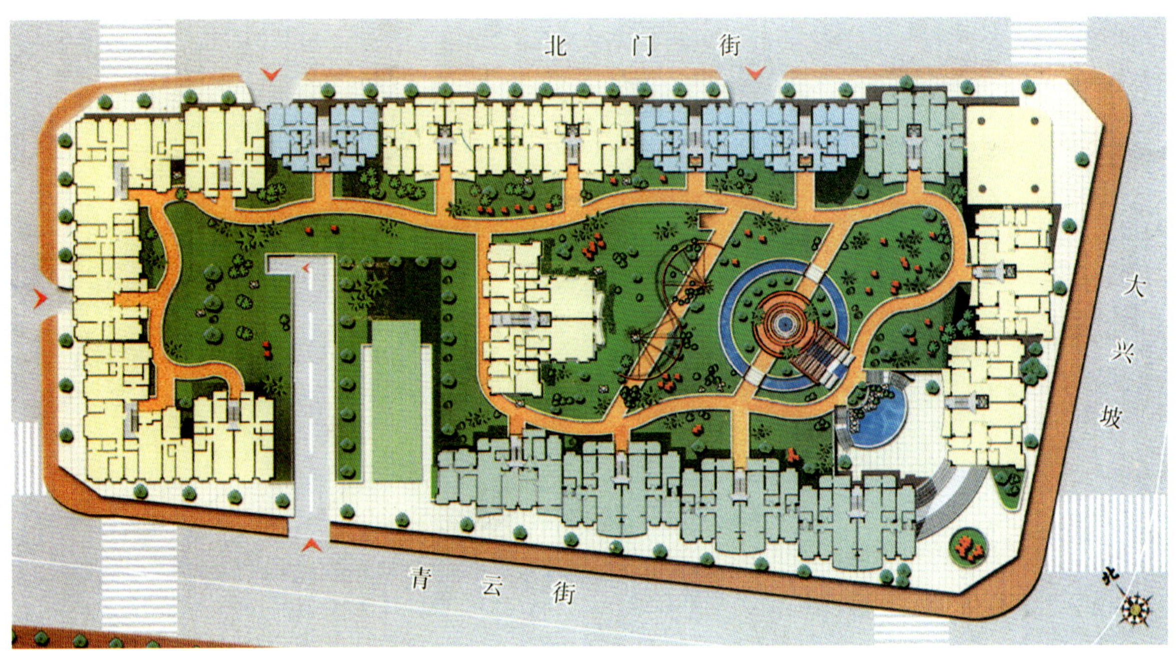

翠明园平面图

翠明园

翠明园座落在圆通山和翠湖水之间，背枕螺峰花潮，面对翠湖金池，宛如苍龙昂首。翠明园坐东北、朝西南、先享旭日东升，继赏夕阳辉煌，夜观翠湖月色。

翠明园占地32.23亩，由多幢小高层、多层转围合而成，建筑面积6.6万多平方米，设计住宅260余套，车位（库）300余个，小区南侧设有专用会所，区内人车分流，井然有序。

翠明园整个立面造型设计采用中西合璧的现代建设风格，小区内5000m²的中庭园林及纵向立体绿化，绿化率高达40% ,区内中式古典园林造景与翠湖景致浑然一体，给住户得到回归自然的真切感受。

翠明园户型设计新颖、多样、合理，有平层、错层、跃层，从2房2厅到5房2厅，面积由110m²至380m²可供不同客户选择，错落有致的设计布局使大部分业主能够享受翠湖、圆通窗景，部分单位甚至二者兼得，圆通、翠湖美景尽收眼底。

小区智能化程度高，单元可视对讲、防护门、电子巡更、周界防越、宽带网入户、电子门禁……一梯两户带电梯使住户上下、出入便捷。

小区实行全天候全封闭管理，保安人员24小时巡逻，会所有300多平方米的健身房及棋牌室、网吧、咖啡厅、洗衣房、阅览室、儿童娱乐室等。

住翠明园，宁静、舒适、温馨，尽显业主尊贵；住翠明园，做翠湖世家，享受美景生活。

(D1户型)162.92m²

(B4、B5户型)154.89m²

翠明园户型图

云南省工商行政管理学校

学校领导：付光明

云南省工商行政管理学校暨云南省工商行政管理干部学校成立于一九八六年三月，隶属于云南省工商行政管理局，是一所担负着为云南省培养工商行政管理和经济管理后备人才，以及培训和提高在职干部文化、业务素质双重任务的全日制普通中等专业学校。

学校位于昆明市新迎小区白龙路中段149号，毗邻昆明理工大学新迎校区，距昆明世界园艺博览园2公里；有60路、69路、70路公共汽车途经我校（新迎路口站）；学校占地面积37亩，具有提供1000余人学习的阶梯教室、教学实验室、计算机网络教室、财会模拟实验室、电教演播、图书室及体育活动中心等教学设备和设施；学校师资力量雄厚，教学设施完善，校园环境优美。

云南省工商行政管理学校在省工商局的正确领导和上级教育行政主管部门的关怀、指导下，始终把正确的

教学、办公综合大楼

校园全景

政治方向作为办学的指导思想，在搞好教学改革、提高教学质量的同时，注重以培育“四有”新人为目标的思想政治教育，重视校园文化建设，努力提高青年学生的社会主义思想道德品质，在“两个文明”建设中相继被评为“区级文明单位”、“市级文明单位”和“花园式单位”称号。全校师生正为取得更大的成绩进行着不懈的努力。

开学典礼、迎新大会

电话：0871-3344069、3314505
传真：0871-3314199
联系人：李群　黄海珊　邹少吉
地址：昆明市白龙路149号

计算机房

昆明铁路局工程总公司

总经理：陈有贤

党委书记：张正康

昆明铁路局工程总公司始建于1953年，是建设部核准的铁路综合工程施工一级企业，具有铁路、公路、桥梁、房建、市政、给排水、通信信号、电力、爆破、设备安装、装饰装潢等多种施工能力以及轨枕等预制构件生产能力。公司下辖第二工程公司、第三工程公司、机械化工程公司、通信信号公司、轨枕厂、物资设备供应段、工程经贸公司、生活供应公司及兴铁宾馆等多家企业。现有员工3000多人，拥有各类专业技术员735人，其中具有中高级职称的有199人。公司总资产近亿元，拥有各型机械设备998台(套)，年生产能力6亿元以上，在全国国有大型建筑施工企业500强及中国铁路、公路、桥梁、隧道建筑业100家最大经营规模建筑企业中榜上有名，在云南省建筑业百强中位列第四，曾多次荣获云南省“先进企业”称号，连续10年获省“重合同、守信用先进企业”称号。

40多年来，昆铁工程总公司先后参加了昆河线、成昆线、贵昆线、南昆线及省内多条铁路支线、专用线的建设，同时还参加了诸如大观河立交桥、新海埂路立交桥、新民航路立交桥、西二环路立交桥、北二环路高架桥、元江大桥、景谷大桥、石安公路、通建公路、大兴公路、鸡石公路、大理机场、阳宗海高尔夫球场、开远、大理某部营房、省内多条旅游索道、多座油库等众多地方和市政工程建设，为云南省铁路建设和地方经济发展做出了积极贡献。

昆明铁路局工程总公司办公大楼

在施工中，昆铁工程总公司坚持ISO9002国际质量体系标准，使工程合格率达到100%，工程优良率保持在90%以上，创造了一大批省级、部级“样板工程”，获得过一系列省部级“优质工程奖”、“科技进步奖”、和“QC成果奖”。2000年，昆铁工程总公司施工产值达6.2亿元，上交税收2801万元，交验工程116项，其中优良111项。经云南省有关部门推荐，昆铁工程总公司于近日荣获中国质量管理协会颁发的“全国质量效益型先进企业”称号。

元江县澧江公路大桥

南昆铁路跨贵昆公路立交桥

科威特住宅

西双版纳跨澜沧江景洪旅游索道

成昆线密马龙新二号隧道

倒锥壳水塔

地址：昆明市春城路321号
邮编：650200
电话：3024817
传真：3024857

大理州电力集团有限责任公司

公司董事长、总经理　赵金林

大理州电力集团有限责任公司，是大理地区电力骨干企业，主要担负州内部分县市的直接供电任务；接纳全州小水电上网电量，负责全州电力电量平衡调度及计划、节约、安全用电管理；在全州电力规划、建设及发供电管理等方面行使部分行业管理职能。公司下设八个生产单位，同时，公司还经营管理洱海宾馆、劳动服务公司。集团公司现有职工864人，其中各类专业技术人员218人；公司直属发电装机容量2.47万千瓦，拥有110千伏变电站2座，35千伏变电站6座。主变容量共计163.115兆伏安，110千伏送电线路159.6千米，35千伏送电线路152.08千米，10千伏输电线路295.72千米；公司资产总额23864万元，其中流动资产6761万元，固定资产14102万元，净资产14205万元。公司有灵活、高效的生产指挥系统，有长期积累形成的生产管理制度及工作标准，有高、中、初级结构合理的专业技术队伍和工人技师队伍，有能适应网内发供电管理的设备和试验手段以及被省、州技术监督部门认定的计量强制检测机构，有建设110千伏及以下送变电工作的勘测、设计、施工资质资格。

公司下属的下关北区变电站

国防工业学校

云南省国防工业学校是成立于1983年，是一所以工科为主的省部级重点中等专业学校，先后获省级文明学校，省级文明单位荣誉称号。

学校从最初的3个专业，150名学生发展到现在11个专业，1800多名在校生。现设机、电、化工、经济四大类11个专业，面向全省招生。学校教学设施齐全，有计算机、数控机床等25个实验室；有车、钳、铣、磨、刨、热处理等工种齐全的机加工实习工厂和电子电工实习车间并在校外建立了几处实习基地。

实验楼

坚持社会主义办学方向，全面贯彻党的教育方针，实施全面素质教育，培养德、智、体全面发展的中等技术人才是学校始终不渝的办学宗旨。按照重视基础，加强实践，拓宽知识，培养能力的原则严格组织教学。努力营建团结、奋进、求实、创新的校风。

学校治教严谨，有一支热爱教育事业，理论基础扎实，工程实践能力强，结构合理、相对稳定，勇于进取的教职工队伍。现有职工143人，其中专任教师89人，高级职称16人，中级职称51人，有11名教师正在攻读研究生或参加研究生课程进修班学习。

学校不断深化教育教学改革，提高教学质量，加强学生德育和能力培养。已毕业的5000名毕业生弛聘在国防工业、机械、烟草、民航、化工、公安、医疗卫生、金融等企事业单位和国家机关，部分走向了经济发达的沿海省区。绝大多数毕业生思想素质好，理论基础扎实、实践能力强、受到用人单位的好评。

校园一角

多媒体语音教室

昆明钢铁集团有限责任公司

昆钢2000立方六号高炉外景

昆明钢铁集团有限责任公司，是国家特大型工业企业和全国520户国有重点企业之一，总部位于昆明市西南32公里的安宁市，现拥有资产总额109.5亿元，具有年产250万吨钢的综合生产能力，是一个集钢铁冶金、机械制造、建筑安装、耐火材料、进出口、工程设计、园林绿化、商贸等为一体的企业集团。

昆钢的主导产品有生铁、钢、圆钢、高速线材、带肋钢筋、热轧中薄板、无缝钢管、中小型材、焊接钢管以及铁合金、焦化产品、耐火材料、建筑材料、氧气等。主要产品均按国家标准和国际产品标准组织生产，1997年通过中国质量体系认证中心和冶金质量评审中心ISO9002标准质量体系认证。带肋钢筋、高速线材、中板、薄板四种产品分别荣获原冶金部“金杯奖”、云南省“名牌产品”称号，属国家免检产品。

昆钢先后荣获全国“五一”劳动奖状、“云南省先进企业”、“全国50家用户满意企业”、“产品实物质量和售后服务双十佳企业”、“质量效益型先进企业”、“云南省思想政治工作先进集体”、“全国冶金思想政治工作优秀企业”、“全国绿化先进单位”、“全国质量管理先进企业”、“全国模范职工之家”等荣誉，荣登全国质量万里行光荣榜。

跨入21世纪，昆钢进入了挖潜与改造相结合走质量效益型发展道路的新时期。随着投资21亿元的板带工程及其配套项目的建成投入，昆钢的主体生产工艺将形成经济合理的配置，产品的市场适应性明显增强，“七五”至“九五”期间投入58亿资金完成的一系列改扩建项目的潜能将得到充分释放。昆钢将继续以党的十五大精神为指针，高举邓小平理论伟大旗帜，在省委、省政府的正确领导下，在社会各界的关心、支持下，抓住国家西部大开发、加快国企改革和发展的机遇，进一步解放思想，深化改革，调整结构，加速发展，形成具有较强竞争力和技术创新能力的跨地区、跨行业、跨所有制和跨国经营的企业集团，以一流的工作、一流的质量和一流的服务为云南经济和社会发展作出更大的贡献。

昆钢高速线材厂外景

云南炭黑第一厂

昆明金象炭黑厂

昆明金象炭黑厂由中橡集团炭黑研究设计院进行设计和生产技术指导，从一九九四年十月投产以来，坚持管理创新和技术创新，注重人本管理，体现价值规律。工厂不断深化用工、分配制度改革，形成了金象管理思想：“点亮人性的光辉、我们追求真善美；回归生命的价值、我们不虚渡人生；共创繁荣与幸福，靠我们风雨同舟”。在管理中充分体现了人性化管理，不断研究和探索人的生存本能，激发和挖掘人的潜力，引导人们为了个体和群体共同利益去努力奋斗，促使炭黑产量、品种年年增加，经济效益年年提高，人均劳动生产率居全国炭黑行业领先水平。

现年产橡胶用炭黑产品壹万吨，产品质量经国家炭黑质量监督中心多次抽检合格，先后被中国质量无投诉活动委员会授予“质量无投诉企业”“中国世纪质量双佳单位”，“全国最受买方推崇的行业单位”，在泰国曼谷被评为2001年石油化工行业科技成果“优秀产品金象奖”。

厂长：普良红
电话：(0871)3138171-63270
地址：昆明市东郊大板桥

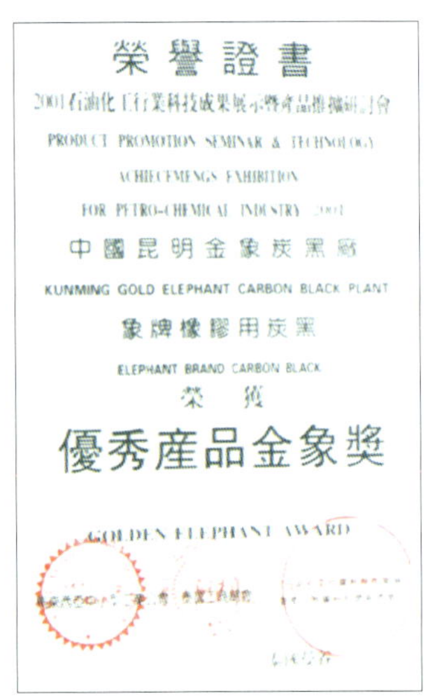
荣譽證書

2001石油化工行業科技成果展示暨產品推擴研討會

PRODUCT PROMOTION SEMINAR & TECHNOLOGY ACHIECEMENGS EXHIBITION FOR PETRO-CHEMICAL INDUSTRY 2001

中國昆明金象炭黑廠

KUNMING GOLD ELEPHANT CARBON BLACK PLANT

象牌橡膠用炭黑

ELEPHANT BRAND CARBON BLACK

榮獲

優秀產品金象獎

GOLDEN ELEPHANT AWARD

托起明天的太阳

云南省财经学校

学校大门

云南省财经学校创建于1934年11月6日，前身是云南省立鼎新初级商业职业学校，1942年易名为省立昆华高级商业职业学校，1959年定名云南省财经学校。

学校位于昆明市北市区龙泉路408号，占地面积249亩，建筑面积6万多平方米。藏书22万册；拥有教学用微机300多台；建有140套设备的两个多媒体教室和具备教学管理和信息交流的校园网，并配有电子阅览设备24套；有标准的田径运动场和室内综合体育馆；教学用摸拟实习室11个；教学、生活，设施配套齐全。学校面向云南省招收初高中毕业生，学制分别为三年、二年。在校全日制普通中专学生2000多人，现有教职工176人，教师102人，其中：高级讲师32人、讲师50人，具有“双师”证的教师14人。学校设有财务会计、财政与会计、会计电算化、会计与文秘、审计电算化、涉外会计、统计与会计、投资经济管理、资产管理等9个专业。

1963年云南省会计学校与云南省财经学校合并，定名云南省财经学校，由省财政厅主管。在省财政厅和省教育厅的领导下，坚持社会主义办学方向，确立了“立一等志向，塑一等品格，求一等学识，创一等事业”的育才目标；形成了“团结、勤奋、求是、创新”的良好校风；炼就了“严谨、务实、敬业、奉献”的文明教风；培养了“虚心、好学、善思、勤勉”的扎实学风。树立了“平等、礼貌、准确、高效”的行政后勤工作作风。造就了一支素质优良的教师队伍，为国家输送了3万多名财经专业人才，被誉为云南省财经管理干部人才的摇篮。学校分别于1980年11月、1994年8月和2000年5月三次蝉联国家级重点中专，并在云南省国家级重点中专学校中名列第一。1995年11月，中共中央政治局常委、国务院副总理李岚清在云南省委、省政府主要领导陪同下视察我校，肯定了学校的教育工作。1996年学校被昆明市人民政府命名为“市级文明单位”和“花园式单位”。

面对新世纪的曙光，学校发展的目标是：规模适当，确保质量，工作上A等，学校创一流。学校发展的方向是：开展多形式、多层次的职业技术教育，创建有特色的职业技术名校。

校长 党委副书记 高级讲师 经济学硕士　李保春

党委书记　吴世汉

地　　址：昆明市龙泉路408号　　邮　　编：650222

电　　话：(0871)5812723　　传　　真：(0871)5812723

经济学硕士、高级讲师、校长：李保春

中共中央政治局常委、国务院副总理李岚清在云南省委、省政府主要领导陪同下视察我校

滇黔桂石油勘探局石油天然气销售总公司

滇黔桂石油勘探局石油天然气销售总公司地跨滇黔桂三省区，地理位置优越，市场容量潜力巨大，已成为越来越多商家的必争之地。按照中国石化集团公司重组改制的要求，2001年3月销售总公司分成两部分，其中成品油销售部分划入上市公司，液化气销售部分留在存续公司——即现在的滇黔桂石油勘探局石油天然气销售总公司（简称滇黔桂油气销售总公司）。

滇黔桂油气销售总公司主要经营民用、管道、车用、工业用液化气及相关燃气具，在滇黔桂三省区液化气市场占有率约15%。销售总公司下辖云南、贵州、广西、北海等4个地区销售公司，截止2001年4月末，公司共拥有资产2.19亿元，其中固定资产1.65亿元，建成了一个较完备的由中心城市辐射三省区的液化气储备、运输、销售网络，遍布滇黔桂三省区的28个市、县。

位于昆明东郊秧田冲的公司液化气储配站

载重40吨的液化气火槽车

大理液化气供气站

大理省级高新技术产业开发区

大理州经济开发区经云政复[2000]160号批准为大理省级高新技术产业开发区。开发区成立8年，开发面积7平方公里，建成区面积5.5平方公里，引进项目615个，引进资金72亿元，实施项目382个，投资43亿元，财政收入2.76亿元，自筹建设资金2.9亿元，现已建成了锦兴、富海等5个约25.5万平方米商住小区，漫湾、金达等15家约3000个床位的星级宾馆酒店，建成广丰食品城、滇西蔬菜批发等七大市场，两所学校，一所医院和云岭大道，初步建成天井商贸旅游区、上登工业区、凤仪仓储区，开发区已具备了良好的投资环境。

大理省级高新区城市标志—高原明珠

“十五”期间，大理省级高新区发挥其得天独厚的区位优势，丰富的动植物、矿产资源条件，致力于天然生物制药园区，绿色食品保健园区，新技术新材料园区的建设，吸引国内外客商，发展高新技术项目，以创建新的经济发展模式和建立新的经济增长点的方式，发展科技生物创新工程，走科技经济发展的路子，把开发区建成21世纪科技、商贸、旅游、信息和现代居住中心城市和通往东南亚、南亚国际大通道的重要枢纽。大理省级高新区发展的三个高新技术产业园区是：

1、生物制药园区

园区位于高新区商贸旅游片区“凤鸣箐”可开发面积有800-1000亩土地。园区道路总长3.21公里，道路面积2.9万平方米，供排水(污)管网8.6公里，绿化面积16.5万平方米。园区市政基础设施投资2.5亿元，一期投资1亿元。园区以赛诺公司投资3亿元，年产值约20亿元的具有高科技含量的“心脉龙、肝龙”等系列生物药品为龙头项目，吸引一批以滇西生物资源开发为对象的项目，组成一个具有特殊政策扶持的“生物制药园”。

2、绿色食品保健园区

园区位于凤仪满江村公所临洱海区域，面积约4000—5000亩，园区内已确立“新机场大道”、“裕龙大道”等城市主干道的建设。园区道路总长59. 3公里，道路面积142.2万平方米。供排水（污）管网36.8公里，绿化面积79.92万平方米.园区市政基础投资3亿元，一期投资8600万元，园区发展无污染、轻污染的高科技含量的终级产品生产加工项目。

3、新技术、新材料工业园区

园区位于高新区上登工业区，建设以滇西地区矿藏资源为开发对象的“两新项目”，即：新技术、新材料工业园区。园区道路总长56.6公里，道路面积83.52万平方米，供排水(污)管网56.6公里，绿化面积80万平方米，园区以总投资7.6亿元年产80万吨的滇西水泥厂和总投资约3亿元的电子粉体氧化铜、氧化锌、高纯碳酸锶等新材料产品基地为龙头项目，发展以滇西有色金属和无机矿盐资源为对象的新技术、新材料产品。

大理省级高新区上登工业区—红塔滇西水泥厂

电话：0872—2123150
传真：0872—2123142
E-mail:dljkxmzx@public.km.yn.cn

建设中的大理省级高新区凤仪仓储区

云南中医学院

云南中医学院始建于1960年5 月，是经国家教育部批准成立的全国第二批高等中医药院校。建院40多年来，已培养出各类型、各层次的中医药人才6200余名，为我省社会经济的发展作出了贡献。

学院占地140余亩，教学、科研设备价值已达901 万元。图书馆藏书24.5万册，其中期刊879种，古籍线装书5000多册，部分是珍本、善本。拥有独具特色的《神龙本草经》标本室和《滇南本草》标本室。学院建成校园网的"云南中医学院网站"。

学院设有8个本科专业及专业方向（中医学、中西医结合、针灸推拿学、中医骨伤科学、针灸学、中药学、中药制药、制药工程），5个专科及高职教专业（中药市场营销、中医康复护理、中医营养与食疗、中医运协保健和中药材种植与养殖），6个硕士研究生学位授予点（25个研究方向），成人教育部开办了夜（函）大中医学专业以及中医学、针灸学和乡镇中医等7 个专科和中医学本科的学历教育。学院是云南省中医学自学考试主考院校，同时开展中医学专科自学考试的脱产助学教育。2000年起学院具有了对留学生开展学历教育的资格。

云南中医学院领导班子

现有教授（主任医师、药师）195 人，硕士生导师35名，享受政府特殊津贴和有突出贡献的专家14人，享有名中医、名誉名中医称号17人。

学院重视学生实践性教学基地的建设。学院已建成一所附属医院，另一所附属医院正在筹建中，6所实习医院、8个医学教学实习点，共计2100张病床。10个药厂和研究所构成院外药学教学基地。聘请兼职教师364位。还与部份省、地、县的医疗卫生机构、制药企业和科研单位建立了相互协用关系。

学院注重教学与科研结合，现有4个省级重点学科，取得了14项省部级和7项厅局级的科研成果。作为国家药品监督管理局"临床药理基地"，承担了3种国家级中药新药，26种省级中药新药的临床试验研究工作。研制了"小儿宝泰康"、"美肤冲剂"、"气血双生液"等12种中药新药和保健制剂。"云南中医学院制药厂"作为教学、科研和产业相结合的一种有效尝试，已正式投入生产。

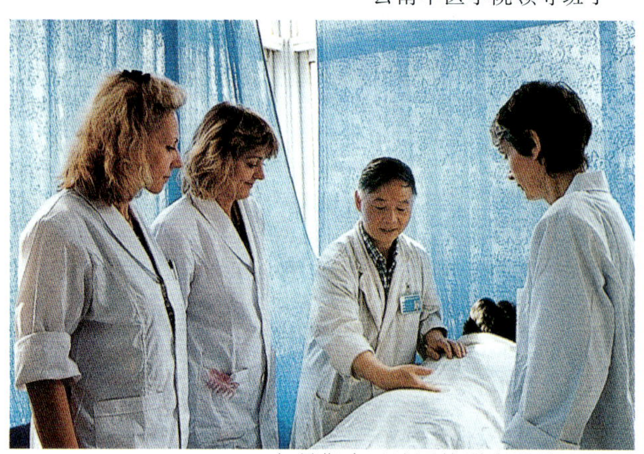

2000年暑期中医法国培训班学员见习

学院积极加强对外交流与合作，通过国际、国内的互访互聘等多种形式，与西班牙、法国、美国、德国等国家和香港特别行政区在教学、科研、管理和信息等方面建立广泛的联系。1994年10月"中国.云南—西班牙.加泰罗尼亚中医学院"正式开学。1997年8月，与法国波比尼大学签署了成立"波比尼大学医学院中医文凭教育培训中心"的合作协议。2000年11月，先后签订了《中国云南中医学院与美国高级性科学研究院合作协议》、《中国云南中医学院与德国慕尼黑自然医学研究院合作协议书》、《中国云南中医学院与法国昆明协会合作协议》、《中国云南中医学院与美国美洲中国文化医药大学合作协议书》等。参与并承建了 99昆明世界园艺博览会"药草园"工程，得到了党和国家领导人的肯定。

在21世纪之初，学院新一届领导班子把学习贯彻《中共中央、国务院关于深化教育改革全面推进素质教育的决定》与落实《面向21 世纪教育振兴行动计划》紧密结合起来，抓住全国高等教育大发展，中医药走向世界，国家实施西部大开发和我省加快发展以天然药物为主的现代医药产业的大好机遇，编制了《云南中医学院"十五"发展规划及2010年远景目标（草案）》总体规划在2010至2015年建成在国内外有一定影响的具有开放式高等中医药教育体系的"云南中医药大学"。同时积极发掘和发展民族医药，争取在2010年建成以中医药为主体，集教学、科研、医疗服务、社区服务医药商贸为一体的"云南中医药文化城"。改革中的云南中医学院正以崭新的姿态迎接着中医药高等教育事业跨跃式的大发展。

地址：云南省昆明市关上双桥路201号　　邮编：650200　　联系电话、传真：(0871) 7150982

云南兴华会计师事务所有限公司

云南兴华会计师事务所有限公司是经云南省财政厅批准改制，由云南省工商行政管理局登记注册的有限责任制会计师事务所，其前身是1993年经云南省财政厅批准成立的云南省第一个集体性质的会计师事务所，先后合并“云高会计事务所”“云公会计事务所”两家事务所组建而成。

兴华事务所所长陈德明，1996年退休后创办云南兴华会计师事务所。在此期间他充分发挥自己的会计专业技术能力，以及20多年第一线会计工作经验和多年领导、管理经验，使兴华所从小到大得到了快速的发展，完成了三年三大步。第一步，从1996年收入3万余元发展到97年收入50余万元。第二步，从97年收入50余万元发展到98年收入100余万元。第三步：从98年收入100余元发展到99年300余万元，2000年收入已超过500万元。经过三年多的努力，兴华所已发展成为云南会计事务所行业一颗耀眼的明星。

兴华所在执业过程中严格遵守国家的法律、法规和职业道德规范、恪守独立、客观、公正原则，遵循“以信誉求生存、以质量求发展”的办所宗旨，注重质量，讲求效率，信守合同，严守客户商业秘密，为广大客户提供了优质、快捷、全面的服务。到目前为止，已经为2000多家客户提供了良好的服务。

随着兴华所的发展，其业务范围不断扩大，现着重开拓以下业务：

一、审查会计帐目、审计会计报表、出具审计报告。

二、单项或整体企业资产评估、出具资产评估报告。

三、验证企业资本，出具验资报告。

四、办理企业合并、分立、清算事宜中的审计业务，出具有关审计报告。

五、审计基本建设施工财务预决算会计报表。

六、担任财务、会计顾问、设计财务会计制度章程。

七、代办纳税申报、提供财务、会计、经济、税务等方面的咨询服务。

热忱欢迎国内外同行进行广泛业务交流，为云南省经济腾飞做出应有的贡献。

联系人：陈德明
电　话：5335304　5310224
传　真：5335304
地　址：云南省昆明市东风西路196号
邮　编：650031

云南旅游从昆明中国国际旅行社(KMCITS)开始

法人代表郑国光

接待国外游客

2001年6月23日，国家旅游局在成都举行的全国旅行社“双百强”颁奖大会上，昆明中国国际旅行社入选全国国际旅行社“双百强第27名，这是我社连续5年获得全国旅行社“双百强”荣誉称号。

昆明中国国际旅行社成立于1956年，是中国国际旅行社集团成员，中国旅行社协会副会长单位，云南省旅行社协会分会长单位，是国家旅游局批准的云南省两家特许经营中国公民出境游的旅行社之一。我社现有七大业务销售中心，在泰国、香港、大理、丽江、均有独资、控股、参股公司，企业总资产近亿元。

从1996年至2000年，我社在全国百强国际旅行社排名中分别取得了25、19、13、7、27名的好成绩。5年共上缴国家财政税金1441万元。各项经济指标均列云南省同行业首位，我社先后被为昆明市政府评为“争创优秀旅游城市先进单位”，“九九世博会先进接待单位”旅行社首位，和云南省地方国有企业50强中唯一入选的旅行社企业。

我社本着信誉为先的原则，为国内外旅客提供完善周到的配套服务。

总经理：郑国光　　电话：(0871)3132895　3541016　3556267　传真：(0871)3132895
许可证号：L-YN-GJ00002　　地址：中国昆明环城南路285号　邮编：650011
网址：http://www.kmcits.com.cn　　E-mail:ynkmcits@public.km.yn.cn

厂长：李国能

寻甸县化肥厂

寻甸县化肥厂，是县属国有企业，亦是原曲靖地区重点骨干企业之一，厂址位于县城东南方向的塘子镇，距县城15公里，距昆明80公里，距曲靖70公里，距贵昆铁路线塘子火车站1公里，320国道与213国道连接线高等级公路从塘子经过，公路铁路交通运输十分便利。

经过30多年的不断改造和扩建，现有固定资产11250万元，占地面积26.6万平方米，主要产品生产能力为:年产硫酸11万吨，磷矿粉6万吨，过磷酸钙15万吨，氧化锌0.3万吨，饲料磷酸氢铵0.3万吨。生产的“牛栏江”牌过磷酸钙荣获省“优质产品”和曲靖地区“用户信得过产品称号”，昆明市连续十年重合同、守信用先进企业。产品畅销省内外。

车间花园一角

为适应市场需要，我厂致力于走化工与冶金相结合的路子，与柳州锌品集团合作建设2万吨／年竖罐炼锌生产线一条，配套4万吨／年锌精矿制酸脱硫装置一套和1万吨／年等级氧化锌生产线。项目概算总投资12654万元，项目投产后年销售收入28138万元，年利润7174万元，投资利润率20.6%。建设10万吨／年S-NPK项目，项目预计总投资4813万元。其中：固定资产投资4414万元，流动资金700万元，项目投产后，年销售收入16256万元，利润2603万元，投资利润率40.38%。

我们竭诚欢迎各界朋友洽谈业务，投资合作，在平等互利的基础上，建立长期友好的合作关系。我们确保投资者的绝对安全和经济效益。

厂长：李国能
联系电话：（0871）2781185

车间一角

改革发展中的

云南省机械工业学校

云南省机械工业学校位于云南省昆明市风景秀丽的黑龙潭公园畔，是一所以工科为主、文理科兼容的综合性全日制中等专业学校。

学校占地面积41521平方米，建筑面积27742平方米，建有综合教学实验大楼、图书馆、实习工厂、食堂和宿舍等教学及生活配套设施，建筑鳞次栉比，布局有序、绿树掩映、环境幽静，是理想的求知和深造之地。

学校一贯坚持社会主义办学方向，全面贯彻党的教育方针，坚持从严治校，重视提高教学质量，精心组织教改教研活动；注重培养综合性、复合性人才，强化学生的实践能力和职业技能，积极推行“双证”制。学校一直把德育工作放在首位，重视校园文化建设，围绕培养“四有”新人，做到教书育人、管理育人和服务育人，倡导“团结、文明、求实、创新”的校风，不断优化育人环境。

1998年被云南省计委和云南省教委表彰为“97年大中专学校毕业生保重点单位先进学校”，2001年2月，被云南省教育厅表彰为2000年“云南省普通大中专学校毕业生就业工作先进集体”。到目前，学校已为云南经济建设培养了4000名合格的中等职业技术人才，主要服务于机械、电子、烟草、公安、金融、税务、劳改系统和乡镇企业等行业和部门，毕业生跟踪调查表明，不少学生已成为企业的技术骨干、中层干部和厂级领导，为社会主义现代化建设做出了贡献。

学校大门

团结进取的领导班子

目前，学校正以邓小平理论为武器，全面贯彻全国教育工作会议精神和全省教育工作会议精神，带领全校教职员工进一步深化学校内部改革，为“科教兴滇”培养更多的合格的中等职业技术人才。

计算机实验室

校长：牛洪光　　党委书记：李加录
电话：（0871）5150048　传真：5215500
地址：云南昆明市茨坝路15号
邮编：650203

教学楼一角

中房集团昆明房地产开发公司

再接再励 再创辉煌

成立于1981年12月的中房集团昆明房地产开发公司(以下简称中房昆明公司)走过20年的历程。20年来，中房昆明公司在省市政府的支持下，在主管部门的领导下，创造过辉煌的业绩。开发了150多万M²的各类住宅两万余套，累计投资10亿多元，上缴国家税金1亿多元，是国家建设部核准的云南省第一家房地产开发一级资质企业。公司80年代开发的昆明东华小区在1986年国际住房年会上受到联合国人居中心的好评；公司90年代开发的昆明西华小区是国家建设部城市住宅试点小区之一，荣获建设部城市住宅试点小区“金牌奖”和全国建筑工程“鲁班奖”（国家优质工程）。中房昆明公司卓有成效的开发为昆明市的城市建设做出了积极的贡献，多次受到云南省和昆明市政府的表彰和奖励。

进入新的世纪，中房昆明公司又迎来了新的机遇。改制后的公司将焕发新的活力；南华小区的开发将再现公司的实力。中房昆明公司面对二次创业，将再接再励，再创新的辉煌，为昆明市的建设做出新的贡献。

中房集团昆明公司总经理兼书记阎立

西华小区一角

2001年夏季房展会销售人员在耐心解答购房者对南华小区需求的咨询

东华游乐园

昆明市勘察测绘研究院

GPS技术应用于昆明市像控点测量

昆明市勘察测绘研究院（原城建局测量队、昆明市测绘管理处），最早成立于1952年，经过近五十年的发展，已逐步成长为一支测绘专业齐全、仪器设备先进、技术力量雄厚、老中青相结合、经验丰富的专业城市勘测队伍。是云南省唯一持有国家甲级测绘资格证书和城市甲级测绘资格证书的单位。主要从事城市控制测量、航空摄影测量、地形测量、变形测量、地下管线探测、外业全数字化测图地图编制、专业地图开发、印刷、地图数字化、数据建库、城市基础地理信息系统、专业GIS系统的建立和维护等业务。

目前，我院以昆明市基础地理信息系统为龙头，以“3S”技术为代表的现代化测绘技术体系正逐步形成，测绘的社会作用、保障能力及产品质量大大提高。我院先后购进了解析测图仪4台、GPS全球卫星定位接收机4台、全站仪9台、高精度电子水准仪1台、A0幅面扫描仪1台、台式微机40台、便携机10台、绘图仪3台等近四百万元的先进设备；完成了大量的生产任务，满足了昆明市城市规划、市政工程、建筑施工、定线拨地、防灾减灾、城市形变监测、城市管理与科学研究等方面的测绘需要。在多年的发展过程中，我院曾被建设部命名为“全国勘察测绘先进单位”，“多边形结构全面导线网方案研究与应用”获建设部科技成果二等奖、“ 99昆明世界园艺博览会国际馆、人与自然馆定位放线测量”获全国城市测绘优秀成果三等奖，有享受政府特殊津贴的老专家，也有建设部、省、市的劳动模范和年轻的先进工作者。

昆明市规划建设用地测量

全院还积极的开拓测绘市场和第三产业，为石林、安宁、曲靖、西盟、中甸、西双版纳、大理、保山、水富等地区和其他建设部门提供了大量的优质测绘服务，足迹遍布大半个云南。面对新的世纪，我院将继续贯彻“用户第一、质量第一、服务第一、信誉第一”的宗旨，依靠先进的技术装备、完善的技术体系、科学的生产管理，竭诚为社会各界提供及时、准确的测绘保障，为昆明的快速、稳定、持续的发展，作出自己的贡献。

全站仪数字采集用于规划用地地形图测量

BAKER NORTON 中美合资昆明贝克诺顿制药有限公司

昆明贝克诺顿制药有限公司座落于风景秀丽，四季如春的昆明市。公司成立于1992年10月，是由国际著名多元化制药跨国集团美国爱华克斯公司（IVAX）与昆明制药股份有限公司合资兴建的云南省首家中外合资现代制药企业，首期投资800万美元，双方各占50%。

公司自成立起就严格按药品GMP标准进行管理和组织生产经营活动，主要以老人、妇女、儿童用药及抗生素为主要的研发方向，先后开发、生产了广谱抗生素——阿莫西林系列；骨质疏松用药——阿法迪三软胶囊；儿童感冒用药——斯耐普系列等优质产品。

阿莫西林系列

公司广纳贤才，拥有一支经全国公开招聘、严格筛选的医药专业销售队伍，在全国三十多个城市设有销售办事处；拥有一支专业化、年轻化的技术队伍，各类专业技术人员占公司员工总数的70%。

公司连续数年被评为外商投资先进企业、高新技术企业、国家重点两密企业。主导产品阿莫西林混悬剂被选为国家重要领导人出访非洲六国的馈赠礼品。1998年8月通过了中国GMP认证（证书号GRC0040），标志着昆明贝克诺顿已建立了具有生产销售优质药品可靠保证的生产质量管理体系和技术装备水平，标志着公司进入制药企业的先进行列。

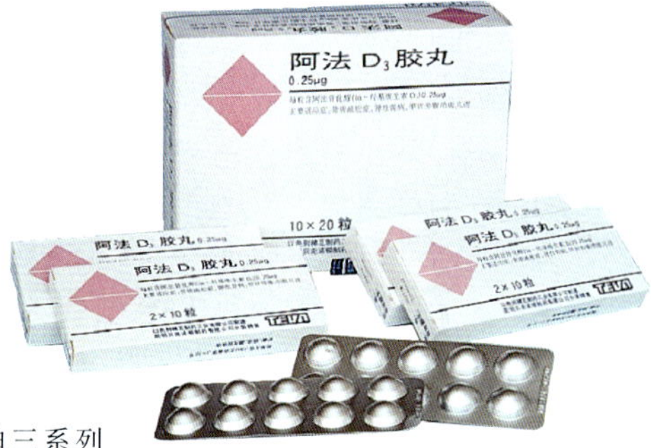

阿法迪三系列

公司全景

云南老年报

反映老年群众呼声
提供医疗保健知识
传播时事政治信息
宣传老龄老干政策

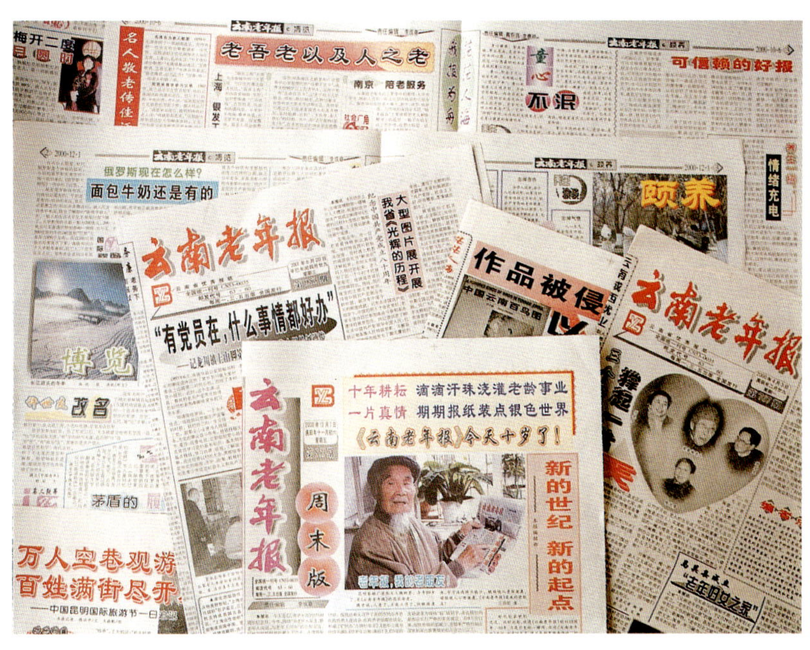

"为老年人服务，替老年人说话，与老年人同乐，做老年人忠实、亲密的朋友"，是《云南老年报》坚持至今的办报宗旨。

《云南老年报》创刊于1990年12月，当时为旬刊，现为周三刊。发行量由创刊时的2.2万份增加到目前的近8万份。在1996、1997年连续两年举办的全省优秀报纸评比中，《云南老年报》均被省委宣传部、省新闻出版局评为全省优秀报纸。

为城乡老年人送去精神食粮

1997年，被中共云南省委评为省老干部工作先进集体。

报社现在工作人员近三十人，拥有固定的办公室、宿舍及微机排版等设备。

现任社长左绍钧、副社长刘淑文，总编辑何蓝，副总编辑郑千、王文锦。

全国统一刊号 CN53-0035

邮发代号 63-60

走上街头为民服务

云南文山电力股份有限公司
砚山供电公司

砚山县代理县长　刘锦超

公司经理　曾树发

砚山县电力企业分为两个供电公司，即平远供电公司、砚山供电公司是云南文山电力股份有限公司下属的两个分公司，属二级核算单位。1998年8月1日中共砚山县委、县政府按照党的十五大精神和水利部“百龙工程”计划要求，加快砚山县电力体制转轨。公司以整体式的方式加入云南文山电力股份有限公司，组建砚山供电公司。截止2000年底统计，全县共有110KV变电站5座，变电总容量26.6MVA；其主干网架以省、州电网为依托，以砚山县城和平远镇为中心向四周辐射供电。

至目前为止，全县12个乡镇，98个行政村已全部通电，通电率为100%；1032个自然村，已通电940个，通电率91.08%。

公司党支部书记张亮

2001年1月，砚山县被国务院列为第三批全国农村水电初级电气化建设替补县。

自1993年至1999年底，砚山县共完成电气化建设总投资11594.29万元，架设10KV线路452.686km；0.4KV线路185.101km；新装变压器322台，容量9693KVA，新增通电行政村4个，自然村330个，共19612户。提前两年完成省委、省政府下达的村村（行政村）通电任务，并于2000年7月顺利实现达标验收，目前正向中级电气化县的目标奋进。

几年来，砚山电力企业为振兴砚山的经济发展起到了推动作用，也为全县经济和各项社会事业的迅速发展作出了重大贡献，有力地保障了全县国民经济实现持续快速稳步的增长，同时也得到各级党委、政府和社会的肯定和认可。近年来，砚山供电公司连续几年被中共文山州委、州人民政府评为“百万税利大户”光荣称号。1999年12月砚山供电公司被中共云南省委、省人民政府命名为“文明单位”。

砚山供电公司被中共云南省委，省人民政府命名为“文明单位”光荣称号牌匾。

云南大朝山水电有限责任公司

施工过程中的大朝山水电站大坝

该公司于1994年11月由国家开发投资公司、云南红塔实业有限责任公司、云南省投资开发有限公司、云南省电力公司四方，以5：3：1：1的出资比例，按现代企业制度组建，资本金17.7亿元。公司负责电站的工程建设及生产经营管理。

云南大朝山水电站位于澜沧江流域云县、景东县交界处，距昆明市630公里。电站总装机容量135万KW(6×22.5万KW)，建成后设计发电量59.31亿KW.h，小湾电站投产后，最终可达70.21亿KW.h。电站枢纽工程采用碾压混凝土重力坝、右岸地下厂房、长尾水隧洞布置方案，总投资88.7亿元。

董事长董述春（左三）、总经理冯励生（左一）在水电站工地现场

大朝山水电站工程1992年7月开始筹建，1994年列入国家预备开工项目，1997年8月4日国家正式批准开工，同年11月实现大江截流。整个工程进展，按照公司董事会制定的“1.3.2”发电目标（即2001年1台机、2002年3台机、2003年2台机）有条不紊的进行。2001年12月底，大朝山电站第一台机组将发电。

大朝山人将通过自己不懈的努力与奋斗，科学管理，改进改善，把公司做实、做强，成为现代企业制度的成功典范、电力行业的领先者及大朝山人的美好幸福家园。

大坝侧面

长尾水隧洞

地下厂房机组安装

信达资产管理公司昆明办事处

前中国信达资产管理公司昆明业务部成立于1999年12月29日，是在云南省成立的第一家资产管理公司机构，2000年9月经中国人民银行批准升格为办事处。中国信达资产管理公司昆明办事处是经中国人民银行批准，并经云南省工商行政管理局注册登记，在云南省的派驻机构。

2001年3月30日，中国信达资产管理公司朱登山与云南省副省长程映萱主持昆明办事处揭牌仪式

昆明办事处自成立以来，在信达总公司的正确领导和省委、省政府以及社会各界的关心支持下，凭借和运用其独有的投资银行功能手段，为化解金融风险，促进云南省经济结构的调整和金融市场的建设，支持和推动云南省经济的发展作出了积极的贡献。

全面完成了中国建设银行云南省分行和国家开发银行昆明分行不良贷款和呆帐贷款的剥离审查与接收工作，为化解银行信贷风险，降低银行不良贷款发挥了积极的作用。

按国家的要求和总公司的部署，完成了对11户债转股企业的调查，债转股协议内容条款的协商、谈判和正式协议的签署，协议债转股金额达32.36亿元，占全省实施债转股总额的65%。

严格贯彻执行国务院颁布的《金融资产管理公司条例》和最高人民法院的专门司法解释，运用经济、法律等手段，尽力保全、催收和追偿金融债权，运用债务重组、资产重组、资产出售、转让、拍卖等手段和方式，全面展开资产处置工作。1999年和2000年分别完成了总公司下达的各项工作任务。

中国长城资产管理公司昆明办事处

开业典礼

中国长城资产管理公司是经国务院批准，具有独立法人资格的国有独资金融企业。中国长城资产管理公司昆明办事处经中国人民银行批准设立、是中国长城资产管理公司在云南省的派出机构，在总公司授权范围内开展业务，并在云南省工商行政管理局注册，于2000年3月17日正式挂牌成立。

根据中国人民银行银复[1999]229号《关于设立中国长城资产管理公司的批复》及中国长城资产管理公司、农总行联合发文中长资党任[2000]25号《关于成立中国长城资产管理公司昆明办事处委员会及郭尔合等同志任免职的通知》、中长资任[2000]25号《关于郭尔合等同志任职的通知》，任命郭尔合同志为中国长城资产管理公司昆明办事处总经理，罗树才同志、韩柏林同志为中国长城资产管理公司昆明办事处副总经理。

根据总公司下达的不良资产 收购规模，昆明办事处始终以财政部、总公司和农总行的各项政策为依据，及时、有效、保证进度，在规定时间圆满完成总公司下达的41.1亿元收购任务，其中债转股企业2户，金额4.1亿元。

根据《金融资产公司管理条例》和中国人民银行文件、中国长城资产管理公司法人授权书，中国长城资产管理公司昆明办事处在以下范围内开展业务：1、收购并管理中国农业银行剥离的不良资产；2、债务追偿、资产转让与销售；3、债务重组、资产重组、企业重组；4、债权转股权的调查与评审、股权管理；5、资产及项目评估；6、企业审计与破产清算；7、投资、财务及法律咨询与顾问；8、以资抵债资产的租赁；9、经公司批准的其他业务。

办事处现有的员工65人，大专以上学历100%，具有高级技术职称6人，中级技术职称21人。办事处下设5个职能部门：综合管理部、资产经营部、评估管理部、资金财务部、资产处置委员会办公室。同时，设立大理、曲靖、版纳三个片区项目经理组及三个昆明项目组，有效加强对收购资产的管理工作。

办事处将严格执行国务院颁布的《金融资产公司管理条例》，对收购的不良资产实行全面的债务追偿，并综合运用公司授权的各项职能进行资产管理和处置，从而在最大限度保全国有资产，有效化解金融风险的同时，支持企业改革与发展，为云南的经济发展出贡献！

业务研讨会

CYMG

迈向特大型企业集团的

云南冶金集团总公司

云南冶金集团总公司是集采矿、选矿、冶炼、化工、加工、勘探、教育、科研、设计、工程施工及内外贸易为一体的大型企业集团，1999年被列为国家520户重点企业（集团）之一

董事长、总经理：陈智

“九五”期间，云南冶金集团总公司在省委、省政府的正确领导下，坚持以邓小平理论和党的十五大精神为指导，紧紧依靠广大干部职工，解放思想，团结拼搏，克服了重重困难，保证了“九五”计划目标的实现，促进了两个文明建设的协调发展，为“十五”计划的顺利实施奠定了坚实的基础，“九五”末的2000年，全司共完成十种有色金属27.95万吨，工业总产值（90年不变价）22.52亿元，实现销售收入30.28亿元，分别比“八五”末的1995年增长了127%、92%和98%。有色金属产量占全省总产量的37.37%。从总量上看，“九五”期间，集团共完成十种有色金属94.06万吨，比“八五”增长了86%，完成工业总产值79.48亿元，同比增长64%，实现销售收入104.46亿元，同比增长116%。2000年，集团总公司实现利润1.38亿元，完成进出口总额1.55亿美元，同比分别增长了44.19%和23.07%，走上了良性循环的发展轨道。

“十五”期间是云南冶金属集团总公司加快改革发展、增强集团实力和做强做大的关键时期，集团总公司将进一步强化管理，深化改革，坚持依靠科技进步和技术升级，通过技改挖潜，着重抓好云南铝业公司节能技改续建工程，兰坪公司引进外资建设年产电锌20万吨采选冶工程，会泽铅锌矿深部资源开发及10万吨/年电锌扩建工程，总公司6—8万吨/年粗铅引进高新技术环保节能技改工程四个重点项目的建设以及澜沧铅矿高铁硫化锌精矿加压直接酸浸新工艺高新技术产业化工程，永昌铅锌股份有限公司矿山资源勘探和技术改造等项目的建设，力争到2005年末，把集团公司建设为总资产达到70亿元，10种有色金属产量60万吨，销售收入70亿元，利润5亿元以上，具有较强实力和竞争力的全国有色冶金行业特大型企业集团，为发展全国有色冶金工业和建设云南省有色金属支柱产业做出应有的贡献。

法人代表：陈智（董事长、总经理、党委书记）
单位地址：云南省昆明市白塔路208号
邮编：650051　　电挂：6200
联系电话：(0871)3164500
传真：(0871) 3135997
总公司网址：www.ymggc.com
电子信箱：info@ymggc.com

云南铝业股份有限公司轧卷车间

云南会泽铅锌矿生产期全貌

云南省第五建筑工程公司

云南省第五建筑工程公司是具有国家建设部一级资质的国有建筑施工企业，信用等级为AAA级。主要从事工业与民用建筑项目和公路、桥梁工程的建筑施工。公司自1953年成立以来，承建了大批工程，积累了丰富的实践经验，在高层及超高层建筑、公共建筑、民用住宅、工业厂房、高级装饰、水电暖通、消防工程安装施工等方面，具有突出的管理和技术优势。

多年来，五建坚持质量兴业，建成了一大批优质工程，其中由五建公司施工的昆明长春花园大厦和云南烟草公司综合业务大楼及昆明巫家坝机场新航站楼分别被建设部评为中国建筑工程鲁班奖（国家优质工程）。至2000年底，五建公司已获国优工程鲁班奖3项、部优、省优工程奖31项，全国用户满意工程奖一项，市优工程奖11项。十几年来，五建公司施工质量合格率始终保持100%，优良品率平均65%以上，近五年的优良品率平均85.7%以上，各项主要经济技术指标连续十七年在全省同类建筑企业中保持领先水平。云南五建公司先后被建设部和云南省授予“创全优工程先进公司”、“全国先进施工企业”、“全国优秀施工企业”、“全国质量效益型先进施工企业”、“省级先进企业”，全国及云南省建筑业“科技成果推广先进集体”“全国工程质量管理先进企业”，昆明市连续十年“重合同守信用单位”等荣誉称号，并连续三年荣获中国建筑工程鲁班奖，被国务院有关部门认定为全国“500家最大建筑业企业”，1998年通过了ISO9002质量管理体系认证，为公司长期、稳定发展提供更多的优质建筑产品奠定了新的基础。

绿洲大酒店/云南省金融保险综合大楼，建筑面积6.87万M^2，五星级宾馆获省优质工程一等奖

泰丽国际酒店/云南通讯大楼,优良工程建筑面积9.48万M^2

天恒大酒店，建筑面积7万M^2，四星级酒店，昆明市安全文明卫生样板工程

昆明巫家坝国际机场新航站楼,建筑面积5.98万M^2，全国五大口岸机场之一，获省优质工程一等奖，2000年度中国建筑工程鲁班奖，国家优质工程

法人代表：冯树发　经理
电　　话：(0871)8184402　8188831
传　　真：(0871)8188705
公司地址：云南昆明西郊黑林铺直街31号
邮政编码：650106

建筑摄影　高玉和

云南省滇西电业局

滇西电业局西洱河一级电站

云南省滇西电业局是云南电力集团有限公司下属的经营发电、输电、配电、电力销售和电力建设的二级法人企业，负责滇西六地州的电力行业管理和滇西地区电网规划工作。全局现有职工1347人，下属19个基层单位，代管了12个州、县电力公司。

西洱河梯级水电站利用洱海作为天然水库，有四座梯级电站，装机13台，发电装机总容量为25.5万千瓦。西洱河电站自1971年12月第一台机组投产发电以来，累计发电量180多亿千瓦时，为云南及滇西地区的国民经济发展作出了很大贡献。年地区售电量7.5亿千瓦时。营业用户共6918户，对大理州12个县（市）及保山地区和怒江州兰坪县进行趸售供电。配电系统供电可靠率达99.8%。

滇西电业局下关220千伏变电站

多年来，滇西电业局严格遵循“人民电业为人民”的行业服务宗旨，发扬“团结进取、严细求实、艰苦创业、安全优质”的企业精神，深化改革，促进发展，不断提高职工队伍素质，两个文明建设成效显著。曾先后获得原电力部“安全文明生产达标”企业、电力部首批“双文明单位”、省电力局“双文明单位标兵”，云南省委授予的“文明单位”、“先进党组织’，大理州、市政府首批“文明单位”、“文明系统”等多项荣誉称号。

滇西电业局努力适应社会主义市场经济要求，造就了一支面向社会、具有较高水平的从事发、供电生产、经营和建设的专业队伍，成为滇西地区从事电力发输变工程安装、调试、生产和检修的企业。滇西电业局努力发挥人才、技术和设备优势，先后为大理、保山、丽江、迪庆、怒江、临沧等地州安装、检修电站、变电站和输电线路，受到当地政府和人民群众的好评。同时，大胆走出国门，承建了缅甸佤邦政府装机3×2500千瓦的水电站。该电站于1997年10月破土动工，1998年4月28日工程开工，1999年4月16日竣工验收，得到了缅甸佤邦政府的好评。

滇西电业局将继续奋斗，努力把企业建设成社会主义一流企业，在新世纪创造新的辉煌，为地方经济发展作出更大贡献。

委托法人代表：张长生
电　　话：（0872）　2125553
传　　真：（0872）　2123564
地　　址：云南省大理市苍山路东延段
邮政编码：671000

滇西电业局客户服务中心

云南省孟连白糖厂

云南省孟连白糖厂，地处西南边陲孟连傣族拉祜族佤族自治县城东郊，思孟公路227公里处，这里交通便利，与缅甸班康、勐养接壤，其中出国境两处口岸为云南省级开放口岸，国内公路网络四通八达；这里边贸繁荣，商旅往来频繁，商品交易活跃，基础设施建设完善，具有得天独厚的地理优势；这里四季如春，气候宜人，土壤肥沃，有大河穿城而过，是名副其实的水乡，是理想的商贸投资、观光胜地。

思茅地区糖业生产会议在孟连白糖厂召开，孟连白糖厂董事长余寿昌作孟连糖业生产情况报告

云南省孟连白糖厂始建于一九八四年十月间，一九八六年建成投产，几经扩建、改建后现如今拥有两条制糖生产线，合计生产能力达日处理甘蔗2250吨，日产食用酒精18000公升，年可产白砂糖三万吨，产食用酒精三千多吨，采用压榨提汁、亚硫酸法清净工艺生产的产品质量稳定，深得客户依赖，有较强的市场竞争力。

云南省孟连白糖厂占地440余亩，其中绿化面积达200余亩；全厂拥有固定资产7100万元，为云南省中型一级企业；九五年初成功改制为股份合作制后，成为思茅地区首家糖业股份合作制企业。

云南省孟连白糖厂建厂以来，荣获云南省首届(1991)100家最大企业第50位；云南省91-92榨季蔗糖生产先进单位；按1993年主要经济指标排序“中国行业一百强”；云南省94-95年榨季蔗糖生产“成绩显著单位”；1995年，被国家统计局、国家技术进步评价中心评为“中国制糖行业十强企业”同时董事长余寿昌同志也获“中国经营管理大师”的荣誉称号；1999年11月被国家民族事务委员会及云南省人民政府评为“民族团结进步模范单位”。

为庆祝香港回归，孟连白糖厂组织全厂职工进行摩托车游行活动

云南省孟连白糖厂，生产设备布局合理，投资环境优越，热忱欢迎国内外各界朋友前来商洽业务、合作、投资、兴办实业，共谋企业发展，共创繁荣。

孟连白糖厂武装部进行民兵军事训练

1995年孟连糖厂被国家统计局、技术评价中心评为“中国制糖行业十强企业”

昆明高新技术产业开发区

高新区园区一角

昆明高新技术产业开发区是1992年经国务院批准的国家级高新区，规划面积11.5平方公里。由梁家河新区、金鼎科技园、科技街和云南民办科技园组成。新区规划面积5.77平方公里。

作为云南省发展高新技术产业的基地和外向型经济的重要窗口，昆明国家高新技术产业开发区充分发挥云南省得天独厚的资源优势和区位优势，确立了以生物技术和生物医药工程、电子信息技术、光机电一体化、新材料技术为主导的产业发展方向，努力为云南省社会经济的可持续发展作出积极的贡献。

“九五”期间，昆明高新区累计实现技工贸总收入169.5亿元；出口创汇2.3亿美元；税利22.18亿元。五年间，以上各项指标率平均增长速度均高于30%，与全国高新区“九五”期间发展速度相近，显示了较强的发展势头和潜力。2000年昆明高新区完成工业总产值55.98亿元；完成技工贸总收入67.5亿元；完成国内生产总值15.5亿元；完成出口创汇1.03亿美元；完成利税8.6亿元。以上各项指标中，高新技术企业均占90%以上，高新技术企业已成为我区经济发展的主力军，新的经济增长点。

昆明国家高新技术产业开发区园区经济不断发展壮大，招商引资成效显著。截止2000年底，昆明高新区拥有进区科技型企业574家，其中经省科技厅认定的高新技术企业111家；三资企业51家。在区内实施的项目442个，累计项目总投资44.5亿元；三资企业的项目总投资1.58亿美元，协议利用外资1.2亿美元，实际利用外资4940万美元。

近年来，高新区加强了科技孵化器的建设，把构建技术创新体系列为重点工作。相继建立了国家级高新技术创业

国家级创业服务中心科技孵化楼

服务中心，国家级“云南软件园”和国家级“大学科技园”。这些科技企业孵化器的发展，培育了一批产业上规模的高新技术企业。

“十五”期间，高新区预计投入9亿元完成5平方公里的开发任务，加大产业孵化，产业发展的基础设施建设力度，完成现代生物医药产业示范园、云南软件园的硬件建设，加强创业服务中心、大学科技园、留学人员创业园、高新技术出口产业基地的工作。不断完善区内文化、教育、体育、商贸等配套设施，加强绿化、美化、亮化建设，通过营造创新的环境，吸引各类人才，实现知识和技术创新，推动经济创新的更快发展，努力把高新区建设成为昆明市以至云南省的重要经济增长点和现代科技新域区。

建设中的国家级云南软件园

留美博士创办的高科技企业—广博科技公司

建设中的高新区北区工地

国家级大学科技园

开拓进取、再创协会工作新局面

云南省建设工程造价管理协会

云南省建设工程造价管理协会经省建设厅、省民政厅批准并注册登记于一九九四年八月三十日正式成立。云南省建设工程造价管理协会是组织研究建设工程造价管理中的理论和实践问题总结交流经验，促进建设工程造价管理有关方面之间协作与联系的地方性社会组织。

云南省建设工程造价管理协会根据“章程”的有关条款设置由有丰富经验和学识专业工作者运作的精干业务部门，具有较强的专业技术实力。可提供建设工程造价管理全程服务，业务含盖：投资估算、初设概算、预、结算及标底的编制、审核。工程造价监理、司法诉讼中工程造价纠纷的技术鉴定。

积极协调解决郊区农村基层工程造价纠纷问题，得到村民群众的好评。

协会还积极开展人才培训工作，几年来与有关单位联合办学，培训土建、安装概预算人员三千余人，为提高工程造价管理人才的专业水准作出了应有的贡献。

要把建设工程造价管理协会办成符合社会主义市场经济体制要求，成为政府联系企业的桥梁和纽带，为建设工程造价的合理确定和有效控制还任重道远。今后要进一步树立市场观念和竞争意识；努力提高自身业务素质，增强自我发展能力，以适应新形势的要求，认真贯彻协会宗旨，坚持三为服务（为政府主管部门中心工作服务、为广大工程造价工作者服务、为社会服务）努力推进各项工作。坚持以“改革求发展、作用求地位、实力求生存、信誉求效益”开拓进取，再创协会工作新局面。

云南省农业科学院

云南省农业科学院是省政府直接领导下的省级多学科的综合性农业科研机构。全院下设粮食作物、油料作物、热带亚热带经济作物、高山经济作物、园艺、甘蔗、茶叶、蚕桑、蜜蜂、科技情报、土壤肥料、植物保护、品种资源、生物技术、热作资源等十五个专业研究所，分布于全省七个地州市。

“九五”以来，全院共承担各类研究项目200余项，占全省省级农业种植业科研项目的60%以上，其中:国家攻关13项,省攻关26项,国家和省自然科学基金43项,省院省校13项,国际合作31项,院项目30项；获省部级以上科技成果奖64项（指第一完成单位），占全省农业科技成果奖的45%，选育优良农作物新品种39个，占同期省级新品种审定的45.35%。在全省农业生产中，我院选育的新品种占有十分突出的地位，部分作物已占生产品种的70%。为云南农业的发展，尤其是全省农产品总量平衡，丰年有余做出了重要贡献。

庆祝建党80周年颂歌献给党

科技开发——鲜切花种苗工厂化生产

近几年来，我院及时调整科研方向，加大优质农作物新品种选育的力度，新选育的一批优质稻、麦、玉米、果树等良种已在生产中推广应用，为全省农业产业结构的调整提供了新的技术支撑。

2001年是新世纪的第一年，又是“十五”开局之年，扎实做好各项工作，将会为新世纪的改革和发展奠定坚实的基础。

根据全国农业科技大会和省委农村工作会议精神，我院“十五”工作的基本思路是：按照省实现三大战略目标的部署和农业发展纲要的要求，一是深化农业科技体制改革，建立适应社会主义市场经济体制的、布局合理、层次分明、结构优化、完整高效的省级农业科技创新体系。二是坚持为农村、农民和农业服务，为政府农村和农业经济发展决策服务的办院方针。力争“十五”农业科学技术研究开发再上一个新台阶，为我省农业产业结构的战略性调整和农业经济发展提供强有力的科技支撑。三是加快自身的发展，在省委、省政府的支持和领导下，多渠道筹措资金，通过“十五”的建设和发展基本实现农业科学研究现代化,使我院综合实力和水平进入全国中上水平。

云南省农科院园艺所花卉研究中心

云南省农科院园艺所花卉研究中心（以下简称中心）是集科研、生产、销售为一体，具有较强技术力量，拥有先进生产设施的专业化花卉种苗研究生产实体。

中心占地面积90亩，总投资1650万元。鲜切花种苗年生产能力可达5000万株（其中扦插苗4500万株，组培苗500万株）。

中心现有科技干部33人（高中级22人），设有选育、植保、栽培、扦插、盆花、种苗过渡生产及开发销售等部门。中心自承担实施国家计委"云南花卉优质瓶苗组培快繁国家重点工业性试验项目（鲜切花部分）"以来，每年为花卉种植者大量提供各类花卉种苗，主要种类有满天星、情人草、勿忘我、非洲菊、洋桔梗、孔雀草、彩色马蹄莲等组培苗和香石竹扦插苗。

香石竹的杂交授粉

中心充分利用栽培设施，向社会推出大量盆花，包括适宜夏季生产的新几内亚凤仙、何氏凤仙、盆栽八仙花、非洲紫罗兰、盆栽非洲菊和适宜冬季生产的玫瑰海棠、仙客来、比利时杜鹃、蝴蝶花、欧洲报春、四季报春、荷苞花等。同时，中心也为盆花生产者提供各类盆花种苗花苗。

中心成立以来先后荣获国家、省、市、院内多项奖励。2000年中心被评为"全国花卉生产示范基地"，2001年被国家科委授于"国家高新技术产业化示范工程"。

今后，中心将以科技为支撑，创新为动力，充分利用本省丰富的花卉种质资源，以生物技术为主要手段进行花卉育种，选育云南花卉名优品种，规模化生产新、优、奇花卉优质种苗。并结合配套综合栽培技术、重大病虫害防治等研究，逐步成为云南花卉独立自主、持续发展的技术支撑，加快云南花卉产业的发展步伐。

1999年5月李岚清副总理视察工试项目

地　　址：云南省农科院园艺所(昆明市北郊龙头街)
邮　　编：650205
电　　话：0871-5893553 5892602(办公室)　5891617(基地)　7497354（斗南门市）
传　　真：0871-5893553
开 户 行：云南省建行茨坝分理处
帐　　号：7362610004027
电子信箱：flower@public.km.yn.cn

用PCP技术测试香石竹尖孢镰刀菌

以色列农业官员参观基地的喷滴灌设施

天南菁莪

昆明第三十中学

校长：闻正学

具有悠久历史和光荣传统的昆明市第三十中学，位于五华区北门街41号，东对圆通山、南瞰翠湖、西邻云南大学，是一所校风优良、教育教学质量较高，周边文化环境浓郁的普高完中。

校园一角

学校的前身为昆明南菁学校，创办于一九三一年，曾是名师荟萃、校风严谨、建筑恢弘、人才辈出的滇中名校。南菁虽被称为“贵族学校”，但在“一二一”学生民主运动中死难的“四烈士”之一的于再，却是南菁学校的教师。在“七一五”反美扶日的爱国运动中，南菁师生经受了血与火的洗礼，被誉为民主战斗的堡垒。

改革开放以来，学校坚持社会主义的办学方向，全面贯彻方针，全面推进素质教育。学校深化“三制”改革和教学改革，建立和健全各项规章制度，依法治校，大力倡导教学科研，运用现代教育技术，促进优良校风的形成，学校面貌焕然一新，教育教学质量稳步提高，办学特色日益凸现，社会影响日益扩大。

团结奋进的领导班子

学校于一九九四年被评为二级二等完中，一九九五年评为昆明市劳动技术教育合格学校，一九九七年晋升为二级一等完中，一九九八年晋升为昆明市文明学校。

2001年11月22日，是南菁学校建校七十周年纪念日，届时学校将举行隆重的庆典活动，热忱欢迎新老校友光临！

电脑教室

云南省国防技校

云南省国防技校位于昆明市世博路8号，是一所中等职业技工学校。至今已有22年的办学历史。

学校拥有较为完善的教学、实验、实习条件，良好的生活和娱乐设施。师资力量雄厚，有教职工100余人，教学设施先进，有物理、化学、电工、电力拖动、化工摸拟、数控机床等实验室，舞蹈排练室、健身室、多媒体电教室、图书阅览室和可供学生实习的校办工厂（内设机加、钳工、焊工及数控等先进设备）、可容纳近千人的多功能礼堂。

学校开设机加、钳工、焊工、化工、电工、旅游服务、烹饪营养等专业20余种。已成为能适应社会发展的多功能、多工种的职业技术学校。在“团结、求实、进取、奉献”的校风鼓舞下，严谨治校，以德育为首，教学为主，育人为本的精神深化教学改革，突出学生动手能力，强化技能训练，寓教于乐，增强了学生的创新能力和社会责任感，使学校真正成为学生健康成长的摇篮。在云南省历届“山茶花”杯技能竞赛中，多次获奖。1998年被云南省政府命名为省级重点技工学校并被官渡区评为“文明单位”。

学校大门

教学大楼

微机室

校园一角

实习工厂

昆明旭光泰房地产开发有限公司

昆明旭光泰房地产开发有限公司是经云南省建设厅批准成立的国家二级房地产开发专营法人企业。公司以精品住宅作为发展方向，坚持住宅开发与环境美化相结合，建筑艺术与城市美化相结合，房屋质量与物业管理相结合，在欧式花园小区建设上独树一帜。

公司积极引入国外民宅设计精华，广泛采用美国、德国、加拿大、澳大利亚、日本及国内著名公司的先进物业设施，全部选择大公司施工，在昆明房地产行业率先推出业主同类化、交通汽车化、住宅极品化的概念，至今累计开发投资壹亿元人民币，开发面积41000平方米。

公司在昆明北面居住中心区营建的裕康花园小区，每亩黄金土地仅设计2户主人居住，全部欧式洋房，平均每户2个高容量车位，每一款都匠心独运，涵盖了大客厅、大卫生间、大厨房、大卧房、大主卧的现代概念，更设计从45平方米至500平方米的私家花园，平面布局实用而有气势。裕康花园以其设计卓越，施工精良，设施先进，管理完善而成为全昆明屈指可数的精品住宅花园，荣选为云南省唯一推荐外商商住小区，一九九九年荣获“中国名牌房产”称号，2000年度荣获联合国人居中心“东方园林杯环境金奖”，2001年度被荣选“全国精品楼盘”。

地址：金星小区东门对面裕康花园
电话：（0871） 5721999 5711919

国家开发银行昆明分行

国家开发银行是直属国务院领导的、我国最大的政策性银行，主要任务是：按照国家的宏观经济政策、产业政策、区域发展政策，筹集和引导境内外资金，重点向国家基础设施、基础产业和支柱产业项目以及重大技术改造和高新技术产业化项目发放贷款，从资金来源上对固定资产投资总量进行控制和调节，促进国民经济持续、快速、健康发展。按照“既要防范金融风险，又要支持经济建设”的方针，不断加大对基础设施等国家重点建设项目的投入。截至2000年底，成立仅短短六年多，资产总量已达8000多亿元。

国家开发银行党委书记、行长陈元同志参加澜沧江水电开发公司成立仪式前与云南省委书记令狐安同志亲切会谈

国家开发银行昆明分行是国家开发银行在云南省的省级分支机构。昆明分行的成立，在云南省各级政府、各有关部门、项目单位与国家开发银行之间架起了联络的桥梁，这对于国家开发银行贯彻落实国家西部大开发政策，增进银企合作，改善服务质量、提高办事效率，增加信贷资金投放，促进云南省经济改革和社会发展都将起到积极作用。

国家开发银行昆明分行党委书记、行长罗林同志

昆明分行筹建2年来，积极响应党中央、国务院关于西部大开发的战略决策，重点支持了南昆铁路、成昆铁路、大保公路、玉元公路、元磨公路、曲靖电厂、大朝山水电站、漫湾水电站、昆明城网改造、玉溪城市基础设施建设、联通公司GSM三期等一大批基础设施、基础产业和高新技术产业项目的建设，截止2000年底，国家开发银行累计向云南省86个项目发放贷款318亿元，其中2000年全年发放各类贷款62.16亿元；贷款余额263亿元，剥离核销26亿元。国家开发银行在云南省的贷款投放，对于改善云南省基础设施条件、增强优势行业的竞争力、加速云南省资源的开发和利用、拉动云南省经济增长起到了应有的作用。

国家开发银行昆明分行在今后的工作中，还将以支持云南省经济建设和社会发展为已任，以增加信贷投入为重点，以建立和完善社会信用结构为目标，积极支持包括以小湾电站为代表的"西电东送"工程、西南国际大通道等电力、交通、铁路、石油石化、电信、城建等重点行业的重点项目建设。截至2001年6月底，昆明分行已经评审和承诺贷款326.6亿元，其中：已正式签订合同尚未发放的贷款额为47亿元；已经正式承诺尚未签订合同的贷款额52.05亿元；已经上报总行待评审的贷款额191.55亿元；比较成熟待上报项目贷

国家开发银行昆明分行领导班子成员，左起为纪委书记韩磊同志、行长罗林同志、原副行长陈云华同志

国家开发银行与云南省政府签订金融合作协议

款额共36亿元。按照总行统计，这个数字在西部地区是最高的，在全系统范围内，列第6位，约占全行储备规模的4.8%。

国家开发银行的经营目标是按照国际标准，建成现代化政策性银行。在保持和完善传统贷款业务的同时，将不断开拓包括资本运作、债券承销、咨询服务在内的新业务，通过资产重组、重新注册，甚至把一些项目做成上市公司，使尽可能多的资产找到资本市场的出口，达到资产升级、质量升级。

国家开发银行贷款项目—漫湾水电站

国家开发银行贷款项目—宣威电站

国家开发银行贷款项目—玉元公路

昆明南珠电子工程有限公司

昆明南珠电子工程有限公司，是在原昆明电子技术研究所改制基础上，成立的云南省内唯一一家以有线电视网络产品研发、生产和电子工程设计、施工为主的按现代企业制度进行管理的新型公司。公司创建3年来，建立了以市场为中心，以创新为主导，以管理为保证三位一体的经营模式，走一条自我探索、自我适应、自我发展的道路。

公司在市场方面，本着脚踏实地、稳步开拓的原则，以高指标、高可靠、高性价比的产品为拳头，树立公司信誉，做到“做好一个客户带出一片市场”，逐步建立起一个稳定的用户群。在产品研发方面，针对市场特点，努力创新。通过挖掘潜力和采用新器件新工艺，使生产成本大大降低，增强了公司的竞争力。

公司在研制网络设备方向上，力求充分发挥我们在这一领域的创新成果，提出多项创新项目，并于2000年9月通过云南省高新开发区企业发展局的正式认定，上报国家科技部，申报国家中小企业创新基金。目前，公司已成为云南省内有线电视行业中一支实力较强的队伍之一。

值此新世纪的第一年，公司全体员工谨向新老朋友致以亲切问候，祝大家在新世纪的未来里，事业有成，万事如意。

云南省图书馆

云南省图书馆创建于1909年，由当时的经正书院、育才书院、五华学院和学务公所图书科藏书组合而成。原馆址位于昆明市翠湖公园北侧，经正书院旧址。1950年云南省人民政府在昆华图书馆的基础上，将志舟图书馆、明伦学社等图书馆并入，成立昆明人民图书馆，馆藏书刊资料25万册，工作人员25人，1953年正式命名为云南省图书馆，之后曾迁延馆址至翠湖公园湖心亭及圆通山脚北侧等地。至1965年馆藏书刊资料135万册（件）。1974年，云南省图书馆全部迁入翠湖公园西侧翠湖南路141号的新馆，馆舍面积9050M^2，其中书库面积4000余M^2，阅览室7个，共500个阅览座席。至2000年底馆藏书刊资料227万余册（件）。

多年来，云南省图书馆通过外借（个人、集体、馆际、邮寄外借等）、馆内阅览（开架、半开架、闭架阅览等）、图书展阅、书目报导及编制各种专题资料、解答咨询、定题服务、代译、代查资料、照相及静电复制、专题报告会、橱窗宣传等方式为广大读者提供服务。1998年以来实行全年天天对外开放，现有持证读者6万余人，年接待读者30余万人次，提供图书期刊资料40余万册（件）。

1998年4月16日，云南省图书馆改扩建工程在原址破土动工兴建，建筑面积28652M^2，主要功能为典籍收藏及流通阅览、计算机网络管理与对外服务、信息服务、电子与多媒体阅览、综合阅览等。主楼20层、群楼5层，内设22个阅览室及报告厅、展厅、教室等，建设预计投资1000万元，建成千兆以太网；第一阶段建立本馆所藏书刊资料约36万条的书目数据库和若干特色专题数据库；电子与多媒体阅览室各一个，供读者使用的微机120余台。

新馆建成之后，其规模、硬件及服务等综合水平力争达到全国同级图书馆的中上水平。本馆将以改革开放的精神，更新思想观念，拓展服务领域，务实奋进，把云南省图书馆建成为云南省藏书最丰富、服务功能最齐全的云南省大型综合性图书馆，为云南的发展作出更大贡献。

昆明图书馆

昆明图书馆主楼。外部造型酷似装满图书的书架，阶梯式建筑意寓图书馆引导读者不断攀登知识的高峰

昆明图书馆是国家创办的社会公益服务事业机构。始建于1926年，1958年重建。1987年在东华小区建成新馆，馆舍面积1万余平方米。现有普通中文图书、外文原版图书、港台版图书、古籍线装图书、中外文期刊报纸、电子文献资料、非书资料等馆藏37万余册（件）。年购书经费120万元（年递增10%）。1999年实行计算机自动化管理。设有成人外借部、少儿部、报刊部、参考咨询部、多媒体阅览室，少儿电子音像馆等服务部门对外开放，各部门均设有阅览室，共有座位500余个。常年开放自习室，免费提供自学者使用。在全市农村、工厂、学校、军警部队等设有图书流通点20个。坚持为残疾人免费送书上门服务20余年。本馆全年天天开放服务，从1998年新馆开放至2000年，共接待读者226.7余万人次，流动书刊资料328万余次。1999年被国家文化部晋升为二级图书馆。在新的世纪，我馆将不断建设成为多功能、多载体、网络化的新型现代信息机构，全方位服务于昆明的现代化建设，为历史文化名城增光添采，为实现云南省政府提出的建设“民族文化大省”、“绿色经济强省”、“通往南亚、东南亚大通道”的大目标作贡献。

少儿电子音像馆视听借阅室

十多位眼科专家组成的专家顾问团，使医院始终保持行业领先水平

华山眼科医院

华山眼科医院是目前西南地区投资规模及院区面积最大，拥有当今世界最先进专业设备和国内一流专家队伍的现代化专业眼科医院。

医院秉承“忠于科学、爱心护眼”的服务宗旨，率先引进通过美国FDA（食品和药物管理局）核准的世界先进的维赛克斯巨星级(VISX STAR-S3)准分子激光治疗仪，以及从美、日、德、法等国引进具有国际领先水平的蔡司高级手术显微镜、角膜地形图仪、电脑验光仪、电脑视野计、电脑非接触眼压计、白内障超声乳化仪、眼部A/B超、激光美容仪、电脑全自动配镜和检测仪等全套顶尖设备。

医院技术力量雄厚，以著名眼科专家、我国眼科屈光手术先驱者之一、云南眼科学会副主任委员、原成都军区昆明总医院眼科主任宫枢政教授为院长，云南省眼科学会副主任委员、云南省医学美学与美容学会顾问、原昆明市第一人民医院眼科主任樊良弼教授为副院长，共有包括8名高级职称和3名中级职称在内的专业医务人员20余名。特聘我国著名眼科专家、博士生导师北京同仁医院副院长李志辉教授及我省曾令柏教授等10多名眼科专家组成学术顾问团，定期到我院坐诊，并与国内外眼科界开展广泛的学术交流。

医院大楼设有门诊部、眼科手术室、视光学配镜部医学美容部和宾馆式的住院部，可开展近视、远视散光、斜视、弱视白内障、眼底病、青光眼等各种眼病诊治。同时，提供视光学配镜和医学美容等配套服务。

热忱恭迎广大眼疾患者和社会各界人士前来垂询、检查和治疗。

华山眼科医疗大楼

尽心尽力，促进妇女儿童健康

云南省妇幼保健院

尧挥彬厅长（右一）莅临我院检查工作，左一为刘凤英院长，左二为王兴田书记

云南省妇幼保健院是全省妇幼卫生业务技术指导中心，属省卫生厅直属事业单位，是一所集保健、临床、康复、管理、培训、科研、信息统计、健康教育、医学遗传于一体，为广大妇女儿童提供富有专业特色服务的三级乙等妇幼保健院和“爱婴医院”。建院十四年来，我院始终坚持“以保健为中心，保健与临床相结合，面向群体，面向基层”的妇幼卫生工作方针，以促进全省妇女儿童健康水平的提高为已任,全心全意为妇女儿童服务。全院共获得各种荣誉称号和奖励共63项。

我院积极创造条件，为广大妇女儿童提供家庭式的“爱婴”门诊、住院服务；专业化的妇女儿童保健服务；妇女儿童疾病防治，妇女各期保健，儿童生长监测，儿童眼、口保健，计划免疫；以及妇女儿童心理、营养咨询、指导与治疗，儿童智力测试等特色服务项目，并努力探索妇幼卫生社区服务模式。

到2000年，我院共承担了云南与联合国儿童基金会、人口基金、世界卫生组织、世界银行、美国福特基金会、英国无国界卫生组织、英国儿童 救助会、加拿大国际开发署、加拿大儿童健康基金会、世界粮食计划署等10个国际组织合作及国家卫生部组织的15类覆盖省内117个县的妇幼卫生国际、国内合作项目工作的技术指导重任。

十四年间，我院检编印了《妇幼保健院制度、职责、操作常规丛书》一套七本，完善了院内及全省妇幼卫生业务技术指导工作的全程目标管理，促进了妇幼卫生工作系统化、规范化、标准化管理。

建院以来，全院共派出1587人次历时15039天（年均1157天），深入全省16个地、州、市128个县指导、监督、评估妇幼卫生业务工作，促进了妇幼卫生工作全面、系统和开展。并已着手建设全省妇幼卫生信息网络和本院的管理信息系统，以促进信息工作的规范统一和实现现代化管理。开展了不同内容、不同形式的健康教育试点研究，开发、制作了10类健康教育材料，为地、县级妇幼保健机构举办业务培训班172期，轮训基层妇幼骨干19933人次（每年1533人次），为开展妇幼卫生服务打下了坚实的基础。

昆明国家经济技术开发区

昆明国家经济技术开发区始建于1992年，是经国务院批准的国家经济技术开发区，是未来5年昆明城市重点开发的新区域，具有良好的区位优势、政策优势和环境优势。

1997年中共昆明市委《关于加快昆明经济技术开发区发展的决定》、昆明市人民政府《昆明经济技术开发区管理暂行办法》的颁布，进一步明确了开发区管委会的职能职权和财政管理体系；1998年12月，开发区被云南省人民政府批准为高新技术产业开发区，成为云南省技术创新高新技术发展的基地之一；2000年2月13日，开发区被国务院批准为国家经济技术开发区，享受国家给予的各项优惠政策。开发区以工业为主、吸引外资为主、出口创汇为主，致力于发展高新技术产业的功能性开发已初见雏形。在地区经济发展中的带头作用正在凸现。

“九五”及2000年成就回顾 “九五”期间，开发区累计实现：国内生产总值(GDP)24.88亿元；工业总产值90.61亿元；营业收入98.58亿元；税收50231万元；地方财政收入10985万元；出让土地1085亩；固定资产总投资21亿元。2000年实现国内生产总值8.23亿元，为1995年3.06亿元的2.7倍，年平均递增22%；完成工业总产值23.16亿元，为1995年的5亿元的4.6倍，年平均递增35.88%；实现销售收入26.75亿元，为1995年11.38亿元的2.35倍，年均递增18.64% ;进出口总额4000万美元。其中：出口1400万美元，为1995年31万美元的45.16倍，年平均递增114.26%；实现税收26294万元，为1995年4433万元的5.93倍，年均递增43%；实现地方财政收入4230万元；完成固定资产投资31991万元；引进项目51个，项目协议投资3.6亿元，为1995年0.51亿元的7.05倍。截止2000年，开发区已累计开发土地面积4平方公里，累计引进企业(项目)316个，其中外资企业42个；累计协议投资44.5亿元，其中协议外资13588万美元，外商实际投资8388万美元；全区从业人员14502人，其中：大学本科以上学历人数1600多人，中级及中级以上职称人数1100人。

“十五”展望 “十五”期间，开发区发展的重点是“七大产业”和“二区二园”，即：生物食品及生物保健品产业、光机电一体化产业、电子信息产业、高科技农业、新材料及新型建材业、服装服饰及贸易业等产业。开发建设营养保健及绿色食品工业园、出口加工区、大型商品交易市场区和科技创新园。积极营造有利于技术创新和发展高科技，实现产业化发展的政策环境和运行机制。拓宽筹资渠道，加快基础设施建设，积极探索招商引资的新路子，促进项目、资金和人才的引进，发挥高新技术开发区功能，培育高科技企业，发展高新技术产业，依法治区，为区内企业营造宽松的生产、经营环境，大力发展开发区的文化、教育、卫生、体育及公共交通事业。到“十五”末期的2005年，开发区力争实现国内生产总值18亿元，年均递增21%；实现工业总产值54亿元，年均递增18%；销售收入50亿元，年均递增16%；各种税收2.5亿元，年均递增16.5%；地方财政收入0.8亿元，年平均增长17%；进出口总额1亿美元，年平均增长22%；计划期内累计引进资金50亿元（其中外资占30%），累计新开发土地3平方公里。

云南省电信公司

2001年电信工作会议

“5.17” 电信日走上街头为用户排忧解难

抢修电缆施工现场

云南省电信公司

省领导在电信工作会议上讲话

国务院外宣办和省外宣办领导参观云南信息港

云南省电信公司吴永权总经理为省公司荣获集团公司“二十一世纪优秀人才”称号的同志颁发证书

建国五十多年来云南省电信事业得到快速发展，特别是在党的十一届三中全会以后发展迅猛，成绩辉煌。全省现已实现县以上城市和大部分乡镇传输光缆化，建成了全省最大的固定电话交换网和全省覆盖面最广、传输速率最高、容量最大的数据多媒体信息网，电话网规模容量达到500多万门，用户数达到330多万户，光缆总长度达到了4.5万公里，全省行政村通话率达到98%，电信的发展有力地支持了其他行业的建设，担负起了为国民经济传递和交换各种信息、为人民群众提供普通信息服务以及党政专用通信、应急通信等任务，为云南省的改革开放和现代化建设做出了积极贡献。

2000年是云南电信完成重组、实施政企分开、进行公司化运作的第一年，按照信息产业部、中国电信集团公司的部署，云南省电信公司于2000年7月12日正式挂牌成立。一年来，在信息产业部、中国电信集团公司、省委、省政府的领导下，云南电信始终坚持“改革、发展两不误”的工作思路，在总经理吴永权同志的带领下，全公司上下共同努力，做了大量艰苦细致的工作。深入开展了“三项制度”改革，以机制创新为突破口，在人事制度改革方面迈出了实质性步伐；积极稳妥地实施了电信企业主附、主辅业务分